EVALUATION
A Systematic Approach
SEVENTH EDITION

プログラム評価の
理論と方法
システマティックな対人サービス・政策評価の実践ガイド

PETER H. ROSSI
MARK W. LIPSEY
HOWARD E. FREEMAN

ピーター・H・ロッシ
マーク・W・リプセイ
ハワード・E・フリーマン
●著

大島　巌
平岡公一
森　俊夫
元永拓郎
●監訳

日本評論社

文化人、学者であるとともに、政治家で、
応用社会調査の提唱者でもあった
Daniel Patrick Moynihan をしのんで

EVALUATION: A Systematic Approach
SEVENTH EDITION
by
PETER H. ROSSI
MARK W. LIPSEY
HOWARD E. FREEMAN

English language edition published by Sage Publications, Inc. of Thousand Oaks,
the United States, London, and New Delhi, © 2004 by Sage Publications, Inc.
Japanese language edition published by arrangement with
Sage Publications, Inc., Thousand Oaks, California
through Tuttle-Mori Agency, Inc., Tokyo

Evaluation: A Systematic Approach（7th Edition）
日本語版への序文

ピーター・H・ロッシ
マサチューセッツ大学アマースト校教授

　この10年、日本において、システマティックなプログラム評価を行うことについての関心が非常に広がってきていることは、アメリカの評価界にも聞こえてきていました。日本の民主的な政策策定過程が、その社会状況を改善するために、社会プログラムの成功と失敗をシステマティックにアセスメントしていこうという方向に大きく転換されてきたことに対して、私たちの日本の同僚たちは、きっとわくわくした思いで見てこられたことだろうと思います。

　評価研究は、重要な社会問題に適用される高度な専門技術を要するものでありますが、これは多くの社会科学者や政策アナリストにとって、非常に魅力的なキャリア追求であります。しばしば評価は、社会的行動の因果関係の筋道を明らかにしますが、これはすべての科学の基本課題であります。社会プログラムやその他の介入の本質は、人々の社会的行動に変化をもたらそうという取り組みであり、それゆえその効果を測定する機会を評価者に与えてくれるものであります。評価者は、社会科学で用いられる方法論に関して堪能でなければなりません。また評価者は、社会に関する深い知識をもっていなければなりません。プログラムは「現実の」社会に適するようにあつらえられなければなりません。加えて評価は、社会的制度の改善やその企画に対して貢献するものであります。それは決して「肘掛け椅子の社会科学」（実践を伴わない評論家的な社会科学）ではなく、重要な政策課題に密接に結びついたものであるのです。

　本書はまた、評価がどのように最もよく企画され、分析されるのかを理解しようとする政策策定者やプログラム運営者にも読んでいただくつもりで書かれています。実際、たくさんの評価がさまざまな市町村や他の地方団体で行われているわけですから、評価を監督したり、資金を拠出したり、あるいはまた直接評価を取り仕切る立場にある人たちが、どういう評価実践がすばらしい、あるいは少なくとも許せる範囲のものであるのかを学ぶことは大切なことであります。この日本語版がこうした意味でも役立つものとなることを、私たちは願っています。

日本の研究者の方々が本書翻訳の労をとっていただいたことを、マーク・リプセイと私は、とてもありがたく感じております。私たちは、重要な現実的問題に対して行われた多くの評価事例を包括的に概観し、よい評価活動を行うために必要なスキルを紹介することによって、評価界の発展に寄与することができることを誇りに思っています。本書のなかで要約した多くの評価実践は、おもにアメリカにおけるものであって、私たちの日本での評価活動に関する知識は非常に浅いものであります。それでも、ここに示された例が役立つものであることを私たちは願っています。

　とりわけ私たちは、日本とアメリカの評価界のあいだで、定期的な専門的、現実的意見交換ができるようになればよいと考えています。私たちは、日本において評価研究の専門学会が立ち上げられたことを承知しており、いくつかの評価専門誌が、評価の方法論や実践に批判的な評価を提供するようになるだろうと考えています。評価に関する専門学会や雑誌は、きっとより豊かな意見交換を可能にしてくれるでしょう。

（2005年7月）

Evaluation: A Systematic Approach（7th Edition）
日本語版刊行に寄せて

長尾 眞文
広島大学教育開発研究センター教授（現名誉教授）
日本評価学会理事（現幹事）

  P. H. Rossi, M. W. Lipsey & H. F. Freeman 著による *Evaluation: A Systematic Approach*（7th Edition, SAGE Publications）の邦訳が出版されることになった。1979年の初版から7回版を重ねていることからも推察されるように、世界各国で最も標準的な評価の教科書として高い評価を受けている書である。日本国内で、政府・自治体、企業、大学・学校、独立行政法人、NPOと各界で評価に対する関心が本格化しつつある今日、その邦訳書の刊行はたいへん喜ばしい。
  原著者らが「はじめに」で言っているように、この書の目的は初版より一貫して評価の入門書として役立つこと。そのため、評価理論の根幹を成す基礎的な社会科学の理解と評価の実践に必要な経験・技能の習得について、用語の整理・解説や事例の紹介を交えつつ体系的な教材の提供を心がけている。とくに、評価理論の中核を占めるプログラム理論と複雑な事象を計量的に扱うための実践的工夫に関する説明の部分は、古典的扱いを受けている。また、新版を出すたびに評価理論の最新知識と実践の最前線の課題を書き加えており、第7版でも、各国で成果管理志向が強まるなかで、業績測定・モニタリング慣行の普及状況の解説やインパクト評価手法の説明、さらには総合的な評価関心の高まりに対応するメタ分析の記述などの新たな加筆修正を加えている。
  国内におけるこれまでの評価に対する関心は、主として組織がいかに説明責任の遂行のために内部自己評価システムを導入するかにあった。評価慣行の普及・定着に向かうこれからは、内部評価の質の改善とともに外部評価の実施による評価結果の透明性、信頼性の確保である。そこで急務の課題として浮上するのは、評価研修・教育機会の拡充による評価人材の育成である。評価の総合的ガイドの書と評されるこの書は、そのような評価の研修・教育の場で主要教材として活用されるものとなろう。

（2005年8月）

【凡例】日本語版の表記法について

・ブランケット［　］は、訳者の注を示す（語句説明は［訳注：　］とし、翻訳上の言葉の補足は［　］のみとした）。
・文献引用についてはハーバード方式を用い、著者が2名以上の場合は、Rossi ら（1990）のように「ら」で省略した。
・専門用語（名詞）の単数形と複数形がある場合は、どちらかに統一して表記した。
　　need と needs は「ニーズ」
　　standard と standards は「スタンダード」（ただし第12章などの実践スタンダードについてのみ。一般的な意味で使用される場合は「標準」と訳す）。
・各章末にキー・コンセプトとして掲げた語句につき、本文中および事項索引の該当語句、該当頁数を太字で示した。
・原著の本文中イタリックで表記された語句につき、圏点を付した。
・原著中の用語解説（Grossary）（キー・コンセプトと同一）、著者索引（Author Index）は省略した。
・見出しに、1．……、1）……、a）……を付した。

【目次】　『プログラム評価の理論と方法──システマティックな対人サービス・政策評価の実践ガイド』

　　　日本語版への序文／ピーター・H・ロッシ　i
　　　日本語版刊行に寄せて／長尾眞文　iii
　　　凡例　iv
　　　はじめに　ix

第1章　プログラム評価の概要 …………………………………………………………1

　1．プログラム評価とはなにか　3
　2．評価の歴史の概略　8
　3．プログラム評価の定義的特性　15
　4．評価研究の実際　21
　5．だれが評価を行えるのか　27
　　まとめ　28

第2章　プログラム評価をあつらえる ……………………………………………31

　1．評価計画のどの側面を「あつらえ」なければならないか　33
　2．評価計画はどのような状況を考慮すべきか　34
　3．評価者－利害関係者関係の特徴　47
　4．評価クエスチョンと評価方法　51
　　まとめ　60

第3章　課題を同定し、評価クエスチョンを形成する …………………65

　1．よい評価クエスチョンとはなにか　67
　2．評価が答えるべき特定のクエスチョンを決定する　78
　3．評価クエスチョンを整理し、優先順位を設定する　91
　　まとめ　92

第4章　プログラムに対するニーズをアセスメントする　……………95
1．社会状況やサービスニーズを診断するうえでの評価者の役割　97
2．扱われるべき問題を定義する　99
3．問題の範囲を特定する──いつ、どこで、どの程度の大きさなのか　102
4．介入の標的集団を定義し同定する　110
5．標的集団を記述する　113
6．サービスニーズの性質を記述する　116
　　まとめ　122

第5章　プログラム理論を明示し、アセスメントする　……………125
1．評価可能性アセスメントの観点　128
2．プログラム理論を記述する　130
3．プログラム理論を引き出す　136
4．プログラム理論をアセスメントする　143
5．プログラム理論のアセスメントから生じうるアウトカム　155
　　まとめ　156

第6章　プログラムプロセスをモニターし、アセスメントする　……………159
1．プログラムプロセスの評価とモニタリングとはなにか　161
2．プログラムプロセス・モニタリングに対する観点　167
3．サービス利用をモニターする　172
4．組織機能をモニターする　180
5．プログラムプロセス・モニタリングデータの分析　186
　　まとめ　187

第7章　プログラムアウトカムを測定し、モニタリングする　……………191
1．プログラムアウトカム　193
2．適切なアウトカムを特定する　196

3．プログラムアウトカムを測定する　201
　　　4．プログラムアウトカムをモニタリングする　210
　　　　まとめ　216

第8章　プログラムインパクトをアセスメントする　219
無作為化フィールド実験法
　　　1．インパクトアセスメントはいつ行うのが適切か　221
　　　2．インパクトアセスメントにおけるキーコンセプト　222
　　　3．無作為化フィールド実験法　224
　　　4．無作為化実験法を用いることの限界　240
　　　　まとめ　243

第9章　プログラムインパクトをアセスメントする　247
代替的デザイン
　　　1．プログラム効果の推定値におけるバイアス　249
　　　2．準実験的インパクトアセスメント　256
　　　3．インパクトアセスメントに準実験法を用いるうえでのいくつかの注意　274
　　　　まとめ　276

第10章　プログラム効果を検出し、解釈し、分析する　279
　　　1．プログラム効果の大きさ　280
　　　2．プログラム効果を検出する　282
　　　3．プログラム効果の実際的有意性（意義）をアセスメントする　290
　　　4．プログラム効果の変動（ばらつき）を検証する　293
　　　5．メタ分析の役割　299
　　　　まとめ　302

第11章 効率性を測定する ... 305
1. 効率性分析の主要概念　308
2. 費用便益分析を実施する　316
3. 費用効果分析の進め方　333
    まとめ　336

第12章 プログラム評価の社会的文脈 ... 339
1. 評価をとりまく社会生態　342
2. 評価の専門職　360
3. 評価のスタンダード、ガイドライン、倫理　369
4. 評価結果の利用　374
5. エピローグ――評価の未来　381
    まとめ　382

References　385
索引　403
著者紹介　411
監訳者あとがき　413

Evaluation: A Systematic Approach（7th Edition）
はじめに

　この第7版では、いくつか新しい題材が取り上げられ、また前版の大幅な改訂が行われている。改訂された部分としては、アウトカムの測定とモニタリング部分の大幅な修正、インパクトアセスメント設計の解説部分の改良、評価研究上キーとなるいくつかの統計学的問題の全面改訂、メタ分析についての記述の詳細化が挙げられる。こうした修正によって、本書がこの領域の最先端の方向に沿ってより完全なものとなったと信じている。

　しかし、本書の中心テーマが、プログラム評価という領域を読者に紹介することであるという点は、一貫して変わっていない。ここには、社会プログラムの設計、実施、その効果性や効率性を査定する際に用いられる評価研究活動の全範囲が網羅されている。本書の改訂を重ねるなかで、私たちはずっと、評価を職業と考えている人たちや、いったい評価とはなにかについて知る必要のある人たちに、その専門知識や評価の実践経験を伝えたいと思い続けてきた。私たちの意図する読者層は、学生、実践家、社会プログラムのスポンサー、社会問題解説者、そして社会状況改善のための試みの成功や失敗をどのように測定するのかについて関心のあるすべての人たちである。

　評価を理解し、評価をアセスメントするために十分な知識を本書は提供していると、私たちは信じている。しかし、本書は評価のやり方に関するクッキングブックではなく、そのやり方についてより詳細に述べられている情報源を示し、先に進みたい人たちのための参考文献を示すものである。結局のところ、何者もいかに評価を行うのかを教えることはできないし、評価の設計や運営の実際の経験を伝えることもできない。これから評価研究の領域に入ろうと考えている方々すべてに対して、私たちはまず実際に実践してみることを強くお勧めする。

　本書初版が発刊された1970年代には、評価は社会プログラムをアセスメントする方法のひとつとして、まだ十分に確立されたものではなかった。21世紀に入り、その規模にかかわらず世界中のすべての行政活動の日常業務のなかに、そして民間組織の運

営のなかに、さらには社会的課題に関する公衆の議論のなかに、評価研究はしっかりと組み込まれるようになってきた。今や、メディアがなんらかの評価結果について報じない週などほとんどない。評価研究は社会政策の策定や改善に重要な貢献をなしていると、私たちは信じている。評価者であれば、その専門的・対人的スキルをはたらかせることによって、社会的ウェルビーングの発展に参加する機会を得て、そこでわくわくするような専門的役割を担うことができるのである。

　本版を先に逝去された Daniel Patrick Moynihan に捧げる。この半世紀以上にわたり、Pat Moynihan は学界において（ハーバード大学）、連邦政府機関において（ケネディとジョンソン時代の労働補佐官）、ニクソン時代の都市問題に関するホワイトハウスのアドバイザーとして、そしてニューヨーク選出上院議員として二期務めるなど輝かしい役職を占めた。また彼は、連邦政府の社会政策および意思決定に関する影響力ある数冊の書物を著した。彼が上院議員として在任中は、明らかに、上院での社会政策審議の知的レベルが向上した。彼が就いたすべての役職において、社会政策の改善が常に彼の中心的関心事であった。加えて、彼は社会調査、とりわけ評価研究の断固たる、そして雄弁な支持者であった（その例として、第1章の Exhibit 1-A 参照）。Pat Moynihan は連邦政府の評価活動をかたちづくり、そしてそれを支持し、同時に社会的ウェルビーングの向上に重要な役割を担ったのである。

ピーター・H・ロッシ
マーク・W・リプセイ

第1章

● An Overview of Program Evaluation

プログラム評価の概要

●本章の概要

1．プログラム評価とはなにか

2．評価の歴史の概略
    1）社会科学的活動としての評価研究
    2）評価調査の急成長期
    3）社会政策と行政の展開
        a．政策および行政専門職の発展
    4）「偉大な社会」の時期から今日に至る評価の取り組み

3．プログラム評価の定義的特性
    1）社会調査法の適用
    2）社会プログラムの効果性
    3）評価を政治的・組織的文脈に適合させる
    4）社会活動に知識を提供して、社会状況を改善する

4．評価研究の実際
    1）社会プログラムの移ろいやすさと評価
    2）科学的評価姿勢と実用的評価姿勢
    3）評価に対する見解とそのアプローチの多様性

5．だれが評価を行えるのか

最も広い意味において、評価とは、なんらかの事物の値打ちを確かめること、あるいは価値を定めることを意味する。しかし本書では、評価という用語を、より限定的に、プログラム評価（program evaluation）もしくは（これと互換的に用いる語としての）評価研究（evaluation research）という意味で用い、社会プログラム（social program）の働きと効果に関する情報の収集、分析、解釈、伝達を目指す社会科学的活動と定義する。評価は、プログラムを継続すべきか、改善すべきか、拡張すべきか、それとも縮小すべきかということの決定を支援すること、新しいプログラムや先駆的事業の有用性をアセスメントすること、プログラムの運営や管理の効果性を高めること、プログラムのスポンサーからの説明責任（アカウンタビリティ）の要求に応えること、といったさまざまな実用的目的のために実施される。また評価は、実質的もしくは方法論的な社会科学的知識を生み出すことに貢献する可能性もある。

　現在行われている評価を理解するためには、その歴史、その独自の概念と目的、その実践に内在する緊張や困難を正しく認識する必要がある。プログラム評価とは、社会的介入に関する研究という課題に対して社会調査法を適用することを意味し、それを行うことによって、取り組んでいる社会問題に関して、そして、それら問題に取り組むプログラムの設計、実施、インパクト、あるいは効率に関して、適切な判断を下すことができる。個々の評価研究、および多くのそのような研究において得られた知識の累積は、人々の状況を改善することを目指す社会活動（social action）に必要な知識を提供するうえで決定的に重要な貢献をなしうるのである。

　人々の状況における欠陥を記述し、理解し、その緩和を図ろうとする組織的な努力は、太古より行われてきた。本書も、社会問題に関する科学的研究の伝統に根ざしたものである。その伝統とは、知識の体系的な創出と適用を通して、私たちの物理的環境と社会的環境の質を改善し、私たちの個人的な福祉および社会全体としての福祉の向上を図ることを切望する伝統である。プログラム評価および評価研究という用語は、比較的最近になってつくられたものではあるが、今日私たちがこのような名称で指している活動自体は、最近始まったものではない。こうした活動の始まりは、近代科学の最初期にまで遡ることができる。Cronbachら（1980）が指摘しているように、3世紀前に、トマス・ホッブスとその同時代の人たちは、社会状況を評価し、死亡、罹病、社会解体の原因を明らかにしようとした。

　社会実験でさえ——これは現代評価研究のなかでも最も技術的に困難なものであるが——、最近の発明とはいえない。最も早い時期の「社会実験」のひとつは1700年代に行われているが、そのときイギリス海軍の船長は、食料に柑橘系果実が含まれている地中海沿岸諸国の船員たちの間には壊血病が発生していないことを発見したのである。そこで彼は、自分の船の乗組員の半数にはライムを摂らせ、残り半数には、通常の食事を摂らせつづけた。この素晴らしい船長はおそら

く、自分がある実証プロジェクト（demonstration project）の評価を行っていることも、明示的な「プログラム理論」（この用語については後述する）、すなわち、壊血病はビタミンC欠乏の結果であり、ライムにはビタミンCが豊富に含まれている、ということも知らなかったであろう。しかしながら、この介入は成果をもたらし、イギリス船員たちは柑橘系果実の定期的摂取を義務づけられるようになった。そして、この実践が、今なお有名な呼び名「ライミーズ（limeys）」［訳注：英国水兵、英国船、または英国人のこと］の起源である。なお、この船長の「社会プログラム」が広く採用されるまでには約50年かかったという。今日と同様に当時も、評価結果の普及と受容は、簡単にはいかなかったのである。

1．プログラム評価とはなにか

　さまざまな場合において、政策立案者（policymaker）や助成団体、プランナー（planner）、プログラムの管理者、納税者、プログラムの利用者は、実施に値する**社会プログラム**（social programs）と非効率的なものとを区別して、ある望ましい結果を達成できるよう新しいプログラムを始めたり、既存のプログラムを修正したりする必要に直面する。こうしたことを行うためには、以下の問いに対する答えが得られなければならない。

- 問題の性質と範囲はどのようなものなのか。それはどこにあり、誰に対して影響していて、何人が影響を受けていて、どのように影響しているのか。
- どのような問題、あるいはその影響があるから、新しい、あるいは拡大した、あるいは修正した社会プログラムの導入が必要とされるのか。
- その問題をかなりの程度まで緩和しそうな実施可能な介入とはなにか。
- 介入に対して適切な標的集団（target populations）とはなにか。
- ある特定の介入がその標的集団に届いているか。
- 介入がうまく実施されているか。意図されたサービスが提供されているか。
- その介入が望まれるゴールや便益を達成するのに効果的であるか。
- プログラムの費用はその効果性や便益との関連からして妥当であるか。

　このような問いに対する答えは、保健、福祉、教育改革といった広く全国・州レベルのプログラムだけでなく、たとえば小都市における職業訓練、小学校における新しい算数カリキュラム、あるいは地域精神保健クリニックにおける外来サービスといった地域レベルあるいは専門的プログラムにおいても必要とされる。これら答えを提供することが、プログラム評価分野の人たちの仕事である。**評価者**（evaluator）は、社会調査法を用いて、社会プログラムを研究し、査定し、その改善を助ける。そしてそこで対象とされる事柄のなかには、取り扱われている社会問題に対してプログラムが行っている診断の適切さ、プログラムの概念化のされ方や実施のされ方、得ら

れているアウトカム、およびその効率性などが含まれる（Exhibit 1-A は、プログラムの効果性に関して評価による証拠が必要であることを、いらだちをもって訴えているある上院議員の見方を示している）。

　本書は、社会プログラム、とくに対人サービスプログラムの評価を重視しているが、プログラム評価は、その分野に限られるものではない。プログラム評価がいかに幅広いものであるかを知るためには、連邦会計検査院（General Accounting Office；GAO）が実施している評価を見るとよい。その評価がカバーする範囲には、軍事用機器の調達とテスト、水質の規制、主要な高速道路の維持、肉牛の成長を刺激するためのホルモン剤の使用など対人サービスから遠く離れた組織的活動が含まれている。

　実際、本書で述べられている技法は、組織的な社会活動の効果性が問題となるほとんどすべての活動領域で、有用である。たとえばマスコミおよび広告業界では、メディアのプログラムを開発したり、製品のマーケッティングを行ったりする際に、基本的にこれと同じアプローチを使っている。また、企業は、従業員を選抜し、訓練し、昇格させる際に、あるいは、職場組織を編成する際に用いる手続きを評価している。選挙に立候補する政治家は、異なる戦略による有権者に与えるアピール度の違いを評価することにより選挙運動を展開していく。消費者向け製品は、そのパフォーマンスや耐久性、安全性がテストされる。公的部門でも民間部門でも、管理者はしばしば、組織の経営、財務、人事の慣行に関するアセスメントを行う。こうした例を挙げていくと限りがない。

　このようなさまざまなプログラム評価の応用は、まず評価される活動の性質とそのゴールによって相互に区別される。本書では、利益を増加させることや、影響力や勢力を増すことを目的としている活動よりも、社会プログラム——人々の状況に利益をもたらすよう意図されたプログラム——の評価に関することを重視するという選択を行っている。この選択は、一冊の本で取り上げる範囲は限定せざるをえないという実際上の必要だけでなく、とくに重要な意義をもち、活発な活動が展開されている分野に的を絞りたいという気持ちからくるものである。なお、本書の全体を通して、評価（evaluation）、プログラム評価（program evaluation）、評価研究（evaluation research）という用語をそれぞれ互換的に用いることとする。

　社会プログラムの評価をより具体的に説明するために、以下に、地方・州・連邦政府機関、国際機関、民間財団や慈善団体、非営利組織や営利企業の支援により実施されたさまざまな社会プログラムの例を紹介する。

- ある大手民間財団は、アメリカ合衆国の主要都市のいくつかにおいて、低所得層の居住地域に地域保健センターを設立するための資金を提供した。こうしたセンターは、もしそれがなければ多額の公費を使って病院の外来クリニックや救急処置室で受けるしかなくなるであろう外来診療を、地域住民に提供するために設立されたものであった。さらにまた、こうした診療に対するアクセスを改善することによって、適切な時期の治療が可能になり、より多くの時間と費用を要する入院治療の必要性を減らすことができるという期待もあった。評価の結果、こうしたセンターは、病院診療に比べてしばしば費用効果的であるということが示さ

れた。
- 学校バウチャー（school voucher）［訳注：貧困な家庭の子どもに対して私立学校の授業料を補助して、成果のあがらない公立学校からの転校を支援する制度］の支持者たちが、ニューヨークにおいて、公立小学校に通う3年生以下の児童をもつ貧困家庭のために、私的資金によるプログラムを開始した。これは、要件を満たす家庭に対して行きたい私立小学校の授業料分に見合う奨学金を提供するというものであった。約1万4000家庭が奨学金に応募し、抽選により1500家庭が選ばれた。評価チームは、こうした選考方法を利用して、このプログラムを無作為化実験（randomized experiment）として扱い、奨学金を受けて私立学校に転校した生徒と、選から漏れた生徒との間で、教育上のアウトカムを比較した。
- ここ数十年間、連邦政府はその福祉プログラムを、州が利用者と費用に対する効果を評価しさえすれば修正してもよいとしてきた。いくつかの州は仕事に就くことや職業訓練を受けることに対する強い要求を福祉プログラムに組み込んだ。また別の州は給付期間に制限を設けた。少数ではあるが、受給期間中に生まれた子どもに関して給付加算を行わないという措置がとられた州もあった。評価研究の結果、このような政策が福祉受給者を減らし、雇用を増加させることが明らかになった。これらプログラムの特質の多くの点が、1996年に立法化された連邦福祉制度改革に組み込まれた（個人責任と就労機会調停法）。
- 世界の農村地域の児童の少なくとも3分の2が、軽度ないし重度の栄養失調状態にあり、彼らの健康、身体発育、および精神発達に深刻な影響を与えている。そこで中米において、栄養補助食品を支給することにより児童の健康状態と精神発達の改善を図ろうとする大規模な実証プログラムが実施された。妊婦、授乳期の母親、および12歳までの児童に対して、毎日摂取する高タンパク高カロリーの栄養補助食品が提供された。評価の結果、このプログラムの対象となった児童は、身体は大きく発育し、認知機能もいくらか発達したことが明らかになった。
- 労働者の満足度を向上させ、製品の質を向上させるための努力の一環として、ある大手製造企業は、従業員をそれぞれ独立した労働チームに再編するという取り組みを行った。各チームのなかで、労働者が仕事を割り振り、生産量の割当を経営陣に提案し、生産性と品質向上に対するボーナスの分配を投票で決めた。このプログラムの評価の結果、欠勤日数、退職率、および従業員の非効率性に関する指標が減少したことが明らかになった。

以上の例は、これまでシステマティックな（体系的な）評価の対象となってきた社会的介入が、じつに多様であることを示している。しかし、評価活動という点からみると、これらはすべてひとつのもの、すなわち、プログラムのアウトカムのアセスメントである。後段で論じるように、プログラム評価は、このほか、プログラムに対するニーズ、プログラムの設計、運営、サービス提供、あるいは効率性といった点に焦点を当てることもできる。

■ EXHIBIT 1-A ■　評価結果を知りたがっているベテラン政治家

　しかし、この大がかりな——現時点からみれば、大成功を収めた——取り組み（原注：財政赤字の削減）に取り組んでいるあいだじゅう、私たちは、いつも、この社会プログラム、あの社会プログラムにもっと予算をつけてほしいという行政官に取り囲まれてきた。……このような寄せ集めのプログラムのなかで、私のお好みは、カテゴリー別の扶助プログラム（同種のものはこのほか10以上実施されていた）のひとつで、「家庭維持（family preservation）」プログラム［訳注：家庭機能を強化・保護して児童の家庭外措置を防止することを目的とする、アメリカで発展したソーシャルワークの援助プログラム］と呼ばれていたプログラムであった。このプログラムは、いくらかの社会サービスを提供するものにすぎず、議会の小委員会の委員長が記者会見を開いて説明するという程度の規模のものでしかなかった。このプログラムは、1994年度に6000万ドルの予算でスタートし、5年間で9億3000万ドルの費用を要するものであった。私は、30年にもわたり、この社会で、家族がバラバラになるのを見てきた。ところが、今度は、新しいチームのほとんど全員が、私に対して、もうひとつ新しいプログラムを実施すれば、問題が解決するというのである。……こういうことをすると軽率の誇りを免れないかもしれないが、1993年7月28日に、当時、経済諮問協議会（Council of Economic Affairs）の議長の要職についていたローラ・ダンドレア・タイソン博士宛に書いた家庭維持プログラムに関する手紙を、記録として示したい。

拝　啓

　先週の木曜日に、民主党政策委員会の会議の場までご足労いただいた折に、大統領の家庭維持プログラム案について議論したことを覚えていらっしゃることと思います。あなたは、大統領がいかにこの案にご執心であるかお話しになっていたかと思います。私も、まちがいなく賛成だと申し上げましたが、その後、これが効果をもたらすというエビデンスがあるかどうかお尋ねしました。あなたは、たしかにそういうデータがあるとおっしゃいました。そこで、関心があったので、そういう資料の引用文を2つ見せていただきたいと申し上げました。

　翌日、あなたのスタッフのシャロン・クリードさんが、たくさんの引用文と一点の論文をファックスで送ってくださいました。この論文は、「結果の評価」という題で、ここワシントンにある社会政策研究センター（Center for the Study of Social Policy）のフランク・ファロー氏と、シカゴ大学のチェイピン・ホール・センターのハロルド・リッチマン氏によるものでした。この論文は、かなり単刀直入です。「家庭維持サービスが、州の全般的な［里親ケア等への児童の］措置率に影響を及ぼすという確固たる証拠はまだ不足している」と述べています。

　まだ昨日のことですが、そのチェイピン・ホール・センターが、「イリノイ州ファミリー・ファースト措置予防プログラムの評価：最終報告」を発表しました。これは、1987年のイリノイ州家庭維持法に基づいて実施されたイリノイ州ファミリーファースト事業の大規模な研究で、「家庭外措置、および、その後の児童虐待［出現率］などその他のアウトカムに対するこのプログラムの効果をテストすることをねらいとしている」ものでした。ファミリーファースト事業のケースワーカーによって、ケースとサービスの特性に関するデータが4500ケースに関して提供されています。おおよそ1600の家庭が、無作為化実験に参加しました。その知見は、十分に明確です。

　全体として、ファミリーファースト措置予防プログラムは、わずかながら措置率の増加を引き起

こしました（すべての実験実施場所のデータを結合させた場合）。しかし、この効果は、ケースごと、実験実施場所ごとの条件の相違を考慮した場合には、消えてしまいます。言い換えれば、否定的な効果があったか、効果がなかったかのいずれかだということになります。

　これはとくに新しいことではありません。手元に、ピーター・ロッシの「家庭維持プログラムの評価」という1992年の論文があります。その結論は、その時点までに実施された評価の結果は、「家庭維持プログラムが効果的かどうかを確定できる十分な根拠にならない」ということでした。どちらの知見に関しても、まったく驚くべきことはないと申し上げてもよいでしょうか。1960年代半ば以降、このようなことが繰り返し起きてきました。こういうことは、評価研究の一貫したパターンとでも申し上げたいと思うのです。ほとんど効果がない、あるいは否定的な効果がみられるということです。たとえば、1970年代半ばの負の所得税実験［訳注：所得税の課税最低限を下回る所得しかない世帯に、一定の方式により現金を支給する負の所得税が、就業行動などに及ぼす影響を検証するために行われた大規模な社会実験］は、家族崩壊を増加させたように思えたわけです。

　このような「直観に反する」知見は、グリーリーとロッシの研究、私のいくつかの研究、コールマンの研究などにおいて、1960年代にはじめて見出されたものです。今日に至るまで、そうした結果が、方法論によって人為的に作り出されたものであるのか、社会プログラムのより大きな、そして動かしがたい事実であるのか、決めかねています。いずれにせよ、1978年までの間に、ロッシは、［評価研究の］鉄則を見出しました。すなわち「過去10年の広範な評価活動から明らかになった経験則があるとすれば、それは、社会プログラムの測定された効果の期待値は、ゼロだというものである」。

　この手紙がこのように長くなってしまったのは、重要な目的があるからです。これまで6ヶ月の間、クリントン政権のメンバーの方たちが、たいへんな熱意をもって、繰り返し、社会政策のある領域に関してかくかくしかじかのことがわかっているといって私を納得させようとするのには、強い印象を受けました。私の知るかぎりでは、実際には、なにもわかっていないはずなのですが。これは危険なことのように思います。不確実性とともに、可能性とともに生きていくこと、さらには、まちがっているのかもしれないという見通しをもって生きていくことは、十分可能なことです。確実ではないのに、確実だということには注意しなければなりません。イデオロギー的な確実性は、容易に無知への固執へと堕落してしまうのです。

　今のような時期の（そして、この世代における）政治的保守主義の大きな強みは、物事が複雑なのだという考え方を受け入れられる点にあります。リベラルな人たちは、これを否定する思考パターンに陥りました。20年ものあいだ野に下っていれば、これが変わるかもしれないと期待していました。しかし、かえってそういう思考パターンが強化されてしまったようです。そうだとすれば、現在のリベラリズムの復活は短期間のものに終わり、たいした意味をもたないものになるでしょう。

敬　具
上院議員　ダニエル・パトリック・モイニハン

タイソン博士殿

出　典：D. P. Moynihan, *Miles to Go: A Personal History of Social Policy* (Cambridge, MA: Harvard University Press, 1996), pp. 47-49. より許可を得て、一部修正のうえ引用。

2．評価の歴史の概略

その歴史的起源は17世紀にまで遡ることができるが、システマティック（体系的）評価研究 (systematic evaluation research) が広まり発展したのは、比較的最近、20世紀に入ってからである。社会調査法をプログラム評価に応用するということは、イデオロギー、政治、人口学的な変化、そして調査研究方法の発展と軌を一にして起きた現象である。

1）社会科学的活動としての評価研究

社会プログラムに対するシステマティック評価 (systematic evaluation) は、教育および公衆衛生領域において最初に普及した。たとえば、第一次世界大戦前、最も熱心に行われたのは、読み書きと職業訓練プログラム、および感染症による死亡率や罹患率の抑制を目指す公衆衛生の先駆事業に対するアセスメントであった。1930年代までには、社会科学者は、さまざまな領域における社会プログラムをアセスメントするための厳密な調査法を用いるようになっていた (Freeman, 1977)。たとえば、Lewin のパイオニア的な「アクションリサーチ」研究や、Lippitt と White の民主的リーダーシップと権威主義的リーダーシップの研究などは、広く影響を与えた評価研究である。労働者の生産性に関するあの有名なウェスタン・エレクトリック社の実験は、社会科学の用語集にホーソーン効果という言葉を加えるほどの貢献を果たしたが、やはりこれもこの時期の研究である（より広範な議論については、Bernsteinら（1975）を参照。やや異なった歴史的視点については、Bulmer (1982), Cronbachら（1980）, Madausら（1989）を参照）。

こうした黎明期から、応用社会調査は、第二次世界大戦中の貢献をバネにして、加速度的に成長した。Stouffer らは、アメリカ合衆国陸軍と共同で、兵士のモラールをモニターする方法を開発し、人事方針とプロパガンダ技術を評価した。一方、戦争情報局は、標本調査を用いて市民のモラールをモニターした (Stoufferら, 1949)。また、アメリカ人の食習慣を変えるための価格統制とメディアキャンペーンが当時行われたが、その有効性をアセスメントするために多くの小規模研究が行われた。同様の社会科学的取り組みは、イギリスを初めとして世界各国で行われた。

2）評価調査の急成長期

第二次世界大戦後、都市開発、住宅、技術・文化教育、職業訓練、予防的保健活動、といった分野で連邦政府もしくは民間資金による多くのプログラムが実施された。家族計画や保健、栄養、農村開発に関する国際的プログラムに対する連邦政府機関と民間財団による重要なかかわり

がみられたのもこの時期であった。こうしたプログラムは支出規模が巨大であったため、「結果について知る」ことへの要求も同時に大きくなった。

1950年代末までには、プログラム評価はごくふつうに行われる事柄となった。社会科学者は、非行予防プログラム、心理療法および精神科薬物療法、公営住宅プログラム、教育活動、地域組織化先駆事業、その他数多くの先駆事業のアセスメントにかかわるようになった。研究は、アメリカ合衆国、ヨーロッパ、およびその他の工業化された国々ばかりでなく、発展途上国においても実施された。アジアにおける家族計画、ラテンアメリカにおける栄養とヘルスケア、アフリカにおける農業および地域開発といったプログラムに、評価活動が含められる傾向が強まった（Freemanら，1980; Levinら，1981）。標本調査や高度な統計解析などを含む社会調査の方法論に関する知識の拡大と、研究費の増加や管理上のノウハウの向上により、大規模かつ多地点実施の評価研究が可能となった。

1960年代には、評価研究に関する論文や著書の数が急増した。Hayes（1959）の開発途上国における評価研究に関するモノグラフ、Suchman（1967）の評価研究法に関するレビュー、Campbell（1969）による社会実験の提唱などは、そのいくつかの例にすぎない。アメリカで評価研究への関心が噴出するきっかけとなったのは、リンドン・ジョンソン大統領のもと始まった「貧困との戦い（the War on Poverty）」［訳注：豊かな社会において再発見された貧困の問題に社会保障制度の拡充などを通して積極的に取り組む姿勢を示すためにジョンソン政権が用いたスローガン的な用語］であった。1960年代終わり頃には、評価研究はひとつの成長産業となっていた。

1970年代初め、評価研究は、社会科学におけるひとつの独立専門分野として出現した。さまざまな本が出版され、そのなかには初めての教科書（Rossiら，1972; Weiss，1972）、評価研究の方法論的質に関する批評（Bernsteinら，1975）、評価研究における組織および構造的制約に関する検討（Rieckenら，1974）などが含まれる。また、評価領域の最初の雑誌 *Evaluation Review* が、1976年に Sage Publications より刊行された。他の雑誌も次々と刊行され、今日では評価を主なテーマとしている雑誌は少なくとも10誌にのぼっている。この時期には、研究者および実践者グループの会議で、評価研究に関する特別部会が設けられるのはごくふつうのこととなり、評価研究者のための専門学会も設立された（主要な雑誌と専門組織のリストについては Exhibit 1-B を参照）。1980年までには、Cronbachら（1980）が「評価はアメリカ社会科学の最も元気なフロンティアであった」と述べられるほどになっていた（pp. 12-13）。

評価研究の成熟化に伴い、ある質的な変化が起こった。初期においては、評価は主に研究者の関心によって行われていた。しかし後になると、評価研究のコンシューマー（consumer）がこの領域に重要な影響力を発揮するようになった。今や評価は、主としてその知見を利用する政策立案者、プログラム計画者あるいは管理者の資金によって、そして一般市民や評価されるプログラムの利用者の関心によって維持されている。評価結果が新聞の一面の見出しを飾ることはないかもしれないが、しかしそれらは、しばしば情報をもっている市民、プログラムのスポンサー、政策決定者、そして当該プログラムによって直接的であれ間接的であれ、生活上の影響が出てくる人たちにとって、強い関心を呼ぶ事柄である。

コンシューマーの視点が組み込まれることにより、評価研究は、学術的な社会科学の領域を越

■ **EXHIBIT 1-B** ■ 主要な評価専門誌と専門職組織

主として、プログラム評価・政策評価を扱っている雑誌 ：
Evaluation Review: A Journal of Applied Social Research（Sage Publications）
American Journal of Evaluation（JAI Press）（1998年以前は、Evaluation Practice）
New Directions for Evaluation（Jossey-Bass）
Evaluation: The International Journal of Theory, Research, and Practice（Sage Publications）
Evaluation and Program Planning（Pergamon）
Journal of Policy Analysis and Management（John Wiley）
Canadian Journal of Program Evaluation（University of Calgary Press）
Evaluation Journal of Australasia（Australasian Evaluation Society）
Evaluation & the Health Professions（Sage Publications）
Educational Evaluation and Policy Analysis（American Educational Research Association）
Assessment and Evaluation in Higher Education（Carfax Publishing Ltd.）

プログラム評価者・政策評価者の専門職組織 ：
American Evaluation Association（Web page: http://www.eval.org/）
Association for Public Policy Analysis and Management（Web page: ）[http://www.appam.org/]
American Educational Research Association（Evaluation Division）（Web page: http://aera.net）
Canadian Evaluation Association（Web page: http://www.unites.uqam.ca/ces/ces-sce.html）
Australasian Evaluation Society（Web page: http://www.parklane.com.au/aes/）
European Evaluation Society（Web page: http://www.europeanevaluation.org）
UK Evaluation Society（Web page: http://www.evaluation.org.uk）
German Evaluation Society（Web page: http://www.fal.de/tissen/geproval.htm）
Italian Evaluation Society（Web page: http://www.valutazione.it/）

えていった。今日では、評価研究はひとつの政治的・経営的な活動となっている。それは、モザイク様の複雑さのなかに意義ある情報を注入し、それによって人々の状況をよくしていくためのプログラムの開始、拡大、変更、あるいは維持に関する政策決定と資源が生み出されるのである。この観点からすれば、評価研究は、社会政策および行政活動において不可欠な一部としてみられなければならない。

3）社会政策と行政の展開

　社会プログラムおよびそれと関連する評価活動の出現は、比較的最近のことであり、国家の社会的・環境的状態と市民の生活の質に関する責任が政府機関に移されたことの結果である。Bremner（1956）が述べているように、第一次世界大戦前においては、退役軍人のためのものを除き、対人サービスの提供は主として個人と自発的結社（voluntary association）の社会的責任とされていた。貧しい人たち、身体的もしくは精神的な障害をもつ人たち、困難を抱える家族

は、主に、より裕福な階層のボランティアがスタッフとなって働く地域の慈善団体のサービスを利用していた。裕福な家庭の婦人が、貧しく不幸な人たちに与える食品と古着の入ったバスケットを持ち歩くといったボランティアに関する私たちのイメージは、いくらか誇張されたものではある。市民団体に加えて、慈善病院、郡および州の収容施設、地域社会の支援を受ける公立学校、州立師範学校、宗教団体の老人ホーム、そしてボランティアが、私たちの対人サービス「システム」の砦であった。実際、1930年代になるまでは、政府——とくに連邦政府——は比較的小さなものであった。たとえば、毎年何十億ドルもの連邦政府のお金を、高齢者と貧困者のために支出するなどということは、1920年代の政府の行政官にとっては、理解しがたいことであっただろう。ところが、今日では、数ヶ月分の公教育費としてワシントンから流れ出る金額は、20世紀初頭の10年間分の費用総額を上回るほどになっている。

　また、かつては社会・経済情報に関する需要などほとんど存在しなかった。1930年代後半になってもまだ、社会科学的研究および統計のための連邦政府支出は、4000～5000万ドルにすぎなかった。今日ではその額は、その何十倍何百倍にもなっている。また、1930年代以前は、政府の主要行政官は、概して、客観的能力基準なく選ばれていた。つまり、客観的に能力を判定する方法がほとんどなかったのである。専門的な公務員の人数は、今日の規模からみるときわめて少なく、ほとんどの仕事は技術的ノウハウを必要とせず、公式の研修プログラムも広く行き渡ってはいなかった。

　これらはすべて、1930年代に変わりはじめた。対人サービスは大恐慌の到来とともに急速に拡大し、そしてもちろん政府も拡大した。こうした急成長に伴う問題をどう扱うかという問題もあって、政府のプログラムや活動に、産業界で重視されていたいわゆる科学的管理法の概念と技術を適用することに対する強い圧力が発生した。こうした発想は、まず国防省において定着し、その後対人サービス機関を含む他の政府機関へと浸透していった。計画策定、予算編成、品質管理とアカウンタビリティ、そして後には、より洗練された費用−便益分析やシステムモデリングという概念が、対人サービス領域でも時代の風潮となったのである。

a．政策および行政専門職の発展

　同じ時期に、社会科学領域の学者が、執行部門やその他の政府機関で行われている政治的・組織的・行政的意思決定についての調査研究を始めた。こうした学者の関心は、部分的には、純粋に学問的なものであり、政府がどのように機能しているかを彼らは知りたかったのである。しかしながら、政府機関の指導的地位にある人たちは、多数のスタッフと巨額の財源を扱う方法を模索しており、政策、行政、プログラム、計画に関する自分たちの責務を扱う秩序だった明示的な方法の必要性を認識していた。彼らは、経済学、政治学、心理学、社会学の概念、技法および原理の多くが有益であることに気づいた。こうして、公共セクターの研究は、今日では通常、「政策科学」もしくは「政策分析」と呼ばれる広範に応用される専門的学問領域へと発展していったのである。

　政府がますます複雑かつ専門的になるにつれて、そのプログラムはもはや、知的水準の高いジェネラリストや、政治的後援者や親類、友人のコネで雇われることになった人では適切に管理で

きなくなってきた。中間管理職の仕事の大部分や多くの上級管理職ポジションは、特定の実質的かつ専門的なスキルを必要とし、その職務につく人に対して、仕事を十分にこなせるためのトレーニングや広範な経験が求められるようになった（Exhibit 1-C 参照）。これに対応して、経営学、公衆衛生学、ソーシャルワークの多くの大学院が、政府の役職を目指す学生のためのトレーニング・プログラムを開始するようになり、また通常「行政学（public administration）」と冠される、より専門化された学校が設立されたり、拡充されたりすることになった。

　今日、評価の重要性は、政策的、行政的役割を担っている人たちによって広く認められている。多くの連邦政府機関は独自の評価部局を有しており、それは多くの州機関でも同様である。また、連邦、州、地方の諸機関は、大学の研究者や調査会社やコンサルタントと、定期的にプログラム評価の契約を結んでいる。評価研究は、教育、方法論、理論、社会プログラムの性質や効果の研究を志向する学術的側面をもちつづけてはいるが、今日では、政策形成、プログラム管理、あるいは利用者の権利擁護という文脈のなかで行われるほうが一般的である。このように、その歴史が社会政策や行政の動きと絡み合っているばかりでなく、その実践自体が政策分析や行政学と同じ政治的、組織的領域で行われているのである。

4）「偉大な社会」の時期から今日に至る評価の取り組み

　評価活動は、1960年代のケネディおよびジョンソン政権時代に、急速に増加した。この時期、「貧困との戦い」や「偉大な社会（the Great Society）」［訳注：機会均等の保障と福祉施策の拡充によって実現すべき望ましい社会のあり方を示すためにジョンソン大統領が用いた言葉］の旗印のもと実施されたさまざまな社会プログラムが、失業、犯罪、都市荒廃、医療へのアクセス、精神医療といった問題を扱うための巨額の資金を提供したのである（Exibit 1-D）。こうしたプログラムは、しばしば性急に実行に移されたものであり、そのかなりの部分が、不十分な理解に基づくものであったり、実施のしかたが不適切であったり、運営が効果的ではなかった。効果に限界があるとか、便益対費用の比率が低いという知見により、社会プログラムに期待できる効果の大きさそのものを見直そうとする動きが各方面でみられるようになった。

　多くの先駆的事業の有効性が乏しいことがはっきりしたこともあって、またそれと財政的保守主義の台頭に直面するなかで社会プログラムの支出が増えつづけたことから、1970年代には、政府のプログラム拡張に対する抵抗が増加した（Freemanら，1979）。そのことが、今度は、評価領域における重点の変化を引き起こした。とくに、便益との対比において社会プログラムの費用を評価することと、財政的説明責任（アカウンタビリティ）と効果的マネジメントを示すことにより多くの注意が払われるようになった。その過程で、しばしば社会科学に対して懐疑的であった多くの財政的、政治的保守主義者たちが、社会プログラムの擁護者たちと合流して、評価が提供する情報を求めるようになっていった。

　1980年代のレーガン政権時代に始まって今日に至るまで、連邦政府の内政関連予算は、インフレの抑制、連邦政府の財政赤字削減のため縮小されてきた。そして大規模な予算削減の多くがタ

■ **EXHIBIT 1-C** ■　　政策分析の興隆

　政府が直面する政策課題の数と多様性、複雑性と社会的重要性が着実に増加しているために、公職者とそのスタッフはますます多くの知的活動を要求されることとなった。原子力の安全性、ティーンエイジャーの妊娠、都市の衰退、病院の経費の増加、黒人の若者の失業、配偶者や子どもへの暴力、有毒廃棄物といった問題に対してなにをなすべきか。こうしたテーマの多くは、20年前には公的な議論の主題にならなかったが、今日では、優先的に対応すべき事項となっている。そして、類似した性格の新しいテーマが、毎年のように出現する。このような複雑で論議を呼ぶ諸問題は、選挙で選ばれる公職者にとっても、任命されて職に就く公務員にとっても、あるいは、そのスタッフにとっても、ほとんどの場合、判断能力やそれまでの経験が及ぶ範囲を越えるものである。しかしながら、そうした問題を避けて通ることはできない。行政機関は、そうした問題に対して責任をもって効果的に対応することが期待されている。

　公職者は、そのような事柄について考え、意思決定を行うにあたって、調査や政策分析、プログラム評価や統計から得られる知識にますます依存するようになっている。公職者のそうした事柄に関する見解は、そのような知識から情報を得て支えられている。

　連邦判事から都市行政委員にいたるまでのさまざまな部門やレベルの政府機関で働く、選挙で選ばれた公職者や任命されて職に就いた公務員が、自らの行動を正当化する根拠の少なくとも一部分を、研究や政府統計、専門家の意見に求めることが、かつてより多くなっている。またこうした人たちのもとで働くスタッフは、ここ数十年の間に、人数が増加するとともに、責任も重くなってきているのであるが、そうしたスタッフのなかに、情報を収集して評価する分析技法の教育を受け、そうした技法に慣れ親しんでいる人が含まれるようになっている。ますます多くの量の調査研究、分析およびデータ収集が行われている。

　私たちの政府のシステムにおいて政策に影響を及ぼす力は広範な人たちによって共有されているために、政策に影響を及ぼそうとする公職者は、――すなわち政策ゲームでうまくプレイしようとする公職者は、説得力をもたなければならない。しかし、政策課題が変化しやすくなっているため、説得力をもつことは、かつてよりも困難になっている。年長者ないし先任者であることや、愛想がよいことや、要領がよく駆け引きが上手であることは、知識が全般に豊富で現実的な判断力をもつことや、広範な支持を得られるようなアイディアや解決策を提供できる能力をもつこと、あるいは、知識の豊富な批評家であるという評判を得ていることに比べて、影響力に結びつきにくくなっているだろう。上は大統領から下は最下位の公職者に至るまで、政策討論において、正しく数字を言えなかったり、対立する専門家によって自分のアイディアや議論が論破されてしまった場合には、影響力を失う傾向がますます強まっている。実際、ある課題なり問題を徹底的に、詳細にわたるまで理解していることが、しばしば必須になっている。立法府は、行政府に対して、所管するプログラムや課題に関する専門家であることを要求している。判事は、行政的な決定が、恣意的であったり気まぐれのものではないことの詳細な証明を求めている。予算担当官は、肯定的なプログラム評価結果を要求する。住民は、説明責任を要求する。このようにして、私たちの政治システムが社会問題に直面する動態的なプロセスは、劇的にとまではいかなくても、目に見えるかたちで、公的責任の遂行における実体的および経営的能力の標準を引き上げているのである。

出　典：Laurence E. Lynn, Jr., *Designing Public Policy* (Santa Monica, CA: Scott, Foresman, 1980). より許可を得て、一部修正のうえ引用。

■ **EXHIBIT 1-D** ■　1960年代における政策分析と評価研究の成長

　ひとつの独立した研究部門としての「政策分析・評価研究」の発展にとって、1965年は重要な年であった。「貧困との闘い－偉大な社会イニシアティブ」のための一連の先駆的事業（The War on Poverty - Great Society initiative）と計画別予算決定方式（Planning-Programming-Budgeting system, PPBS）という連邦政府レベルの2つの新たな展開が、この点からみてきわめて重要であった。このいずれもが、公的施策の資源配分の効率性や施策が個人の行動に及ぼすインパクト、あるいは施策が計画した目標達成に関する効果、さらには、施策が裕福な人たちの福祉と貧しい人たちの福祉、少数派（マイノリティ）集団と多数派集団の福祉、北部州の福祉と南部州の福祉に与える効果の違いを検証することに自分のスキルと関心を向けようとする学者たちに、地位と正当性と財政的支援を与えたのである。

　1965年から始まった「貧困との闘い－偉大な社会」の展開は、前例のない規模での一連の社会的介入の実施を意味していた。その影響を受ける者のだれもが、こうした介入がうまく機能しているのか、そして、だれがどのような影響を受けているのかを知ることを望んだ。こうした問いに答えるスキルをもつ者は、その努力に対する財政的支援を獲得し、またそれに関心をもつ関係者を見出すことができた。そして、社会科学の学界がこれに反応した。その年には、以前からロバート・マクナマラが長官を務めていた国防省で計画別予算決定方式（PPBS）というかたちで適用されていた公式的評価と分析方法が、政府全体で採用された。この点に関する大統領命令は、効率、効果、および公平に関する問いに自らが有する分析上の技術を用いることを望む何千人もの人たちに、雇用と財政的支援を与えた。

出　典：Robert H. Haveman, "Policy Analysis and Evaluation Research After Twenty Years", *Policy Studies Journal*, 1987, 16: 191-218. より。

―ゲットにしたのが、社会プログラムであった。多くの州や市も同様の姿勢であり、実際、経済状況の悪化に対する地方自治体や州の反応のなかには、きわめて厳しいものもある。このような展開は、一部は、所得税や財産税の耐えがたい負担に狼狽した地域住民の不信感、敵意、そして政治的行動の結果である。しかし前述のように、それは同時に、過去数十年の間、行政官やプランナー、あるいは政治家がきわめて熱心に支持してきたプログラムが、わずかの効果しかあげなかったことや、実施の仕方が粗末であったことによる幻滅の結果でもあった。

　すでに明らかなとおり、社会プログラムは、それゆえ評価という企ても、変化する時代の影響を強く受けて形作られる。ここ数十年間、政治的関心は、アメリカのみならず多くの西欧諸国においても、とくに社会プログラムの便益と費用のバランスに向けられるようになった。知的側面からいえば、「偉大な社会」に対する保守主義・リベラル双方からの批判が、プログラム評価の分野に影響を与えた。これら批判は、ときには、エビデンスというよりイデオロギーに基づくものであったが、社会プログラムに非難を浴びせるにあたっては、彼らもまた評価結果を引き合いに出してきたのである。こうして、評価という分野は、社会的介入の概念そのものに関する激しい議論の只中に投げ込まれ、重要な先駆的プログラムが効果をもちえているかどうかを示すという新しい課題に直面するようになっている。

　21世紀に入り、国家政策は、財政的保守主義、州への責任の委譲、そして以前から続いている

社会プログラムに対する懐疑論に支配されている。こうした風潮は、評価にとって、二重の意味合いをもっている。ひとつは、社会プログラムの修正と改革は、その財政的・社会的インパクトについてなにかを知ろうとするかぎり、評価を必要とするという点であり、実際、多くの全国的なプログラム評価がいま進行中である（Rossi, 2001）。もうひとつは、評価を実施する責任の多くが、プログラム自体の実施責任とともに、州に委譲されている点である。州および地方自治体レベルで実施されている評価は、その量・質ともに着実に増大しているにもかかわらず、多くの州は、厳密な評価を定期的に行う能力をもたず、またその能力を開発する手段も持ち合わせていないのである。

政治的風潮はともあれ、評価にまつわる現在の環境に関して、以下の2点は明らかであると思われる。第1に、プログラムの資金提供者は、これからもその資源上の制約から、資源を集中させるべき社会問題の領域や、優先権を与えるべきプログラムを選択しつづけるであろう。第2に、その効果性および効率性を証明できないものは縮小するか廃止するという圧力があるため、現行プログラムの徹底的な精査は、今後も続くであろう。さらにまた、現行プログラムへの不満の存在と政治的潮流の変化が相まって、より効果的で、より費用がかからないという約束を掲げて新しい修正プログラムが登場してくることになるだろう。こうした状況はすべて、評価研究の重要な役割をつくりだしている。

3．プログラム評価の定義的特性

こうした歴史的文脈を押さえたうえで、次に、現代という文脈におけるプログラム評価という事業の性質について、より詳しく記述していこう。きちんとした教科書はそうであるべきだが、まず定義から始めることにしたい。

プログラム評価（program evaluation）とは、社会的介入プログラムの効果性をシステマティックに検討するために、プログラムを取り巻く政治的・組織的環境に適合し、かつ社会状況を改善するための社会活動に有益な知識を提供しうる方法で、社会調査法を利用することである。この定義の各要素について詳述することによって、プログラム評価の実践に不可欠だと私たちが考える主要テーマに光を当てることができる。

1）社会調査法の適用

評価という概念に内含されるものは、ひとつは、評価される実体の実績（performance）に関する記述と、もうひとつは、その実績について判断を下すための標準（standard）あるいは基準（criteria）である（Exhibit 1-E参照）。つまり、プログラム評価の中心的な課題とは、適用可能な基準と的確に照合できる形式で、プログラム実績の妥当な記述を構築することだということで

■ EXHIBIT 1-E ■ プログラム評価の2つの部門

　評価とは、物事の優れた点、有用性、価値を定めるプロセスである。評価結果は、そのプロセスの産物である。評価は、たんに、意思決定にとって明らかに重要なデータを累積し、要約することのみを意味するのではない。この累積や要約を評価の定義としている評価理論研究者がまだいるのだが。……どのような文脈においても、意思決定に必要なデータの収集と分析は、それがしばしば困難を伴うものだとしても、評価における2つの主要な構成要素のひとつを含むにすぎない。もうひとつの構成要素を欠き、2つの構成要素を結びつける手続きを欠くとしたら、評価と呼ばれるに値する資格がないのである。「消費者レポート」[訳注：消費者のための商品テストの結果の報告を目的として刊行されているアメリカの雑誌の名称]は、たんに製品をテストし、その得点を報告しているのではない。そのレポートは、製品を (i) そのメリットや費用効果性によって、(ii) 評定（rate）し、ランクづけ（rank）している。そのような種類の結論に至るためには、通常の意味でのデータ以外のなにかを取り入れることが必要である。優れた点や純利益に関する結論に到達するためには、第2の要素が必要とされるのであり、その第2の要素とは、評価の前提もしくは標準なのである。……もっと直接的な言い方をすれば、評価とは、2つの部門からなっており、データ収集を行うのはそのひとつの部門にすぎない。もうひとつの部門は、関連する価値や標準を収集し、明確化し、検証するのである。

出　典：Michael Scriven, *Evaluation Thesaurus*, 4th ed. (Newbury Park, CA: Sage, 1991), pp. 1, 4-5. より許可を得て引用。

ある。プログラム実績についての相当程度の妥当性をもった記述に失敗したならば、プログラムの達成度を歪めて示し、その成功を認めることを拒み、プログラムの責任に帰すべき欠陥を見過ごすことになるだろう。さらに、その記述は、詳細で正確なものでなければならない。プログラム実績についての記述が、過度に曖昧もしくは多義的であると、その実績が適切な標準を実際に満たしているのかどうか、確信をもって決定することが不可能になるだろう。

　社会調査法（social research methods）は、そしてその方法論的質の標準は、長年にわたり、しっかりと事実に即して社会現象を記述するという明確な目的のもとで発展し、改良されてきた。とくに、体系的な観察、測定、標本抽出、調査設計、データ解析といった現代社会科学の諸技法は、妥当性と信頼性を備え、かつ正確な社会行動の記述を生み出すための手続きとして高度に発展したものである。そのため社会調査法は、可能なかぎり信頼できる正当な方法でプログラム実績を記述するという課題に対し、とりわけ適切なアプローチとなる。

　したがって、研究対象となる社会的介入のタイプにかかわらず、評価者は、通常、プログラム実績についてのエビデンスを収集し、分析し、解釈するための社会調査手続きを採用することになる。いずれにせよ、社会調査のルールの遵守は、本書で示している評価に対する見方の中核であり、本書（原著）の副題「システマティック・アプローチ」が意味するのは、そのことなのである。しかしながら、このことは、評価研究が特定の社会調査のスタイル——量的か質的か、実験的かエスノグラフィックか、「実証的」か「自然主義的（naturalistic）」か——、あるいはそのいくつかのスタイルの組み合わせに従わなければならないと言っているのではない。また、社会

科学の方法を遵守するということが、現行の方法に改善の余地がないということを意味するわけでもない。評価者は、社会プログラムについてのエビデンスを集めるための正当で信頼できる方法を見つけようとする際、しばしば、新たな方法を開拓したり、即興的にある方法を作りあげたりしなければならない。実際、評価者は、応用社会調査の方法論的発展に対して、とりわけ生産的な貢献者であったし、また今後もそうでありつづけるだろう。

　つまり、この見方は、方法論的な質がかならずしも評価の最も重要な側面となるわけではなく、また、いっさい妥協のない最も高い技術標準のみが常に評価研究にとって適切であるわけでもないということを意味している。Carol Weiss（1972）がかつて述べたように、社会プログラムというものは、研究という目的に対する環境としては、本来あまり居心地のよくないものである。特定のプログラムを取り巻く状況、および評価者が取り組むことを求められている特殊な課題は、しばしば、教科書にある方法論的標準に固執せず、それを［状況・課題に］適合させることを評価者に強いる。評価者にとっての難題は、研究手続きを評価クエスチョンや状況にできるかぎりうまく適合させることであり、また、どのような手続きをとるにせよ、それを実施可能な最も高い標準において、評価クエスチョンや状況に適用することである。

2）社会プログラムの効果性

　定義上、社会プログラムとは、その主たる存在理由が「善いことをする」こと、すなわち社会問題を改善し、社会状況を向上させるための活動である。したがって、社会プログラムに投資している側が、社会的な善への貢献に関する説明責任を社会プログラムに負わせるのは適正なことである。このことに対応して、社会プログラムに関する評価がその名に値するものであるためには、社会的利益の産出という面での効果性に関連させつつプログラムの実績の質を評価――すなわち、判定――しなければならない。より明細化して言えば、プログラムの評価は、一般に、以下の5つの領域のうち1つ以上のアセスメントを伴うものである。(1)プログラムのニーズ、(2)プログラムの設計、(3)その実施とサービス提供、(4)そのインパクトあるいはアウトカム、(5)その効率性。

　次章以降において、評価者はどのようにしてこれらのアセスメントを行うのかについて述べる。

3）評価を政治的・組織的文脈に適合させる

　プログラム評価は、プレハブ住宅を組み立てるとか、ワープロのスペルチェック・プログラムで文書をチェックする、といった型どおりの活動ではない。それどころか、評価者は、当該のプログラム、およびそれをとりまく状況に合わせて、初期段階の評価計画をあつらえ、そして通常はその後、必要に応じてそれを改定、修正していかなければならない。評価の形式や範囲は、主にその目的とオーディエンス［評価結果を受け取る人たち］、評価対象となっているプログラムの

性質、そしてとりわけ、評価が実施される政治的・組織的文脈に依存して特定される。ここでは、その最後の要因である評価の文脈に焦点を合わせる。

評価計画は、一般的に、**評価スポンサー**（evaluation sponsor）と呼ばれる評価の委託者、および他の直接の**利害関係者**（stakeholders）——プログラムがどの程度うまく機能しているかということに重要な利害関係をもつ個人、集団、または組織——がプログラムに関して提起したクエスチョンを中心にしてまとめられる。ここで出てくるクエスチョンが、評価契約書のなかに、きわめて特定的、固定的に記載されていて、ほとんど柔軟性を発揮する余地がない場合もある。しかし、多くの場合は、評価者が評価スポンサーおよび利害関係者と協議して、クエスチョンを発展させ、洗練させていかなければならない。おそらくこうした人たちは、自分たちの関心や目的をわかってはいるのだろうが、彼らはかならずしもその関心事を、評価者が評価計画を組み立てるのに利用できるようなしかたで、系統立てて語ってはくれないものである。たとえば、最初出されるクエスチョンは、あいまいであったり、一般的すぎたり、あるいは翻訳しないとより広く理解を得られないようなプログラム分野の隠語で表現されているかもしれない。ときには、出された評価クエスチョンは基本的に形式的なものであって（たとえば、「このプログラムは効果的か？」）、関係する諸問題に関して注意深く検討した結果として引き出されたものではないことがある。そのような場合、評価者は、そのクエスチョンが評価スポンサーとプログラムの利害関係者にとってどのような意味をもつのか、なぜ彼らはそこに関心をもっているのかを確定するために、徹底的に探りを入れなければならない。

同様に重要なことは、そのプログラムに対してそのクエスチョンが出された理由であり、とりわけ、答えの利用の仕方である。評価は、重要課題についての情報を提供し、その情報を意思決定者にとってタイムリーで意味あるものにつくりあげ、そしてそれを彼らの目的に活用できるかたちにして伝達しなければならない。たとえば、もし評価が、サービスの質に関する情報をプログラム管理者に対するフィードバックとして提供し、彼らがその結果を用いて徐々にプログラムを改善しようとするものであれば、その目的に即した評価が設計されるだろう。もしも情報の種類は同じであっても、それを外部の助成団体に提供し、それによって彼らがプログラムへの助成を更新するかどうかを決定しようとするのであれば、また別の仕方で評価は設計されるであろう。しかしながら、どのような場合においても、評価者は、政治的な文脈を鋭敏にとらえて、評価を設計、実施しなければならない（Exhibit 1-F を参照）。

こうした主張は、評価というものは、その知見を受け取り、少なくとも可能性としてそれを利用することに関心をもつオーディエンスがいなければ行われることはないだろう、という想定に基づいている。しかし残念ながら、ときにスポンサーは、その知見を利用する意図がほとんどないにもかかわらず評価を委託する。たとえば、評価が行われるのは、そうするようにプログラムスポンサーから言われているためであって、その要求に従っていることを示すためだけにしか評価が使われないかもしれない。責任感のある評価者は、このような「儀礼的な」評価という状況に巻き込まれることを避けようとする。そこで、評価を計画する際は、その初期に、評価スポンサーの動機、意図されている評価の目的、そして知見の利用のされ方を徹底的に調べあげるのである。

■ EXHIBIT 1-F ■　政治とプログラム評価の出会うところ

　評価は、政治的文脈のなかで行われる合理的な企てである。その際、政治的に考慮を要する事項が、主に3つの仕方で侵入してくる。その存在を認識していない評価者は、ショックと欲求不満に何度もさいなまれることになる。

　第1に、評価が扱う政策やプログラムは、政治的決定が創り出したものである。それらは、政治過程のなかで、提案され、定義され、討議され、法制化され、資金が提供される。また、それらは、実施過程において、政治の作用から生じる——支持的もしくは敵対的な——圧力にさらされる。

　第2に、評価は、意思決定に活用するために取り組まれるものであるために、その報告は、政治的世界に入り込むことになる。そこでは、評価によって明らかになったプログラムのアウトカムに関するエビデンスは、注目を集めるために、政治過程で重要となる他の要因と競合しなければならない。

　第3に、おそらく最も認識されていない点であろうが、評価自体が、政治的なスタンスを有している。評価というもののそれ自体の性格によって、評価は、次のような事柄に関する政治的な言明を暗黙裏に行っている。すなわち、あるプログラムには問題がありそうであるが、他のプログラムには文句のつけようがないという判断、あるいは、プログラムのゴール（上位目標）と戦略の正統性、漸次的な改革の有用性、さらには、政策やプログラムの形成における社会科学者の適切な役割などの問題についての言明である。

　政治的な制約や抵抗があることを知っていることは、評価研究を放棄する理由にはならない。むしろ、そのことは、評価研究が有用であるための前提条件である。評価者がシステムの他の関係者の関心と動機、あるいは自分が意識的にまたは意識せずに果たしている役割についての洞察力を有しているとき、そして、評価の努力に影響を及ぼす障害や機会、評価結果を役立たせることの限界と可能性についての洞察力を有しているとき、はじめて、評価者は、本来有するべき創造性と戦略的有用性をもつことができるのである。そしてそのような洞察力は、評価研究の政治的側面についての感受性を伴ってはじめて実現する。

出　典：Carol H. Weiss, "Where Politics and Evaluation Research Meet", *Evaluation Practice*, 1993, 14(1): 94. より。この論文は、もともと1973年に発表されたものであるが、評価という分野の古典的論文のひとつとして、このとき、再度、この雑誌に掲載された。

　実際的な問題として、評価はまた、そのプログラムの組織構造にも合わせて「あつらえ」られ（tailored）なければならない。評価を設計する際、評価者はかなり多数の組織要因を考慮に入れなければならない。たとえば、管理面での協力や支持の可能性、プログラムに関する資料やデータの保管方法とそれへのアクセス方法、提供されているサービスの性格、そしてプログラム−利用者間の接触の性質、頻度、期間、場所などである。また、評価が始まった後で、変更や「飛行中の［実施している最中の］」修正が求められることもよくある。予期せぬ実際的あるいは政治的な障害、プログラムの運営における変化、あるいは利害関係者の関心の移ろいによって、収集するデータのタイプ、量、あるいは質を修正すること、あるいは、ことによると、それらの点について譲歩することさえ必要となるかもしれない。

4）社会活動に知識を提供して、社会状況を改善する

　私たちは、プログラム評価の役割は、プログラムに関するクエスチョンに対して有益で、実際に利用される回答を与えることであることを強調してきた。この点は評価にとって根本的なことであり、評価の目的は、活動に対して知識を提供することである。したがって評価は、評価結果に基づいて意思決定を行い、アクションを起こす可能性のあるオーディエンス（正確にいえば複数のオーディエンスの人たち）のために行われる。評価の知見は、それらの人たちが、プログラムの一部修正、あるいは、プログラム全体の新規導入あるいは継続を行うか行わないかの意思決定をする際に役立てられるであろう。彼らは、政治的考慮、実際的考慮、あるいは資源にかかわる考慮に影響を及ぼすであろうし、あるいは影響力をもつ人たちの考え方を動かすであろう。彼らは、プログラムの結果に関する説明責任を果たすための監視過程の一部として、プログラムの価値に関する判断に直接的な影響を及ぼすかもしれない。あるいは、プログラムのもつ課題が明確にされ、議論の性質が定まってくる際に、間接的な影響を及ぼすかもしれない。

　プログラム評価はまた、評価対象となっている特定のプログラムを越えたところの社会活動上の目的をもつかもしれない。あるひとつのプログラム、たとえばある高校で実施された薬物使用予防プログラムの評価から学んだことは、体重減量プログラムや禁煙プログラムといった類似のプログラム領域全体についても、なにかを教えてくれる。社会的介入に携わる人たちの多くは、個々の事例というよりも、プログラムのタイプを考えつつ意思決定を行い、アクションを起こしていかなければならないものである。議会のある委員会はいくつかの補償教育［訳注：低所得層等の子どもたちの文化的不利を補うための教育］プログラムのメリットについて審議するだろうし、ある州の矯正局は少年犯罪者のための基礎訓練所の設立をいくつか検討するだろうし、あるいは、ある慈善財団はシングルマザーに訪問看護を提供するいくつかのプログラムを奨励し、助成を行うことを決定するだろう。これらのタイプのプログラムに関する評価知見の総体は、同種の意思決定や社会的アクションに対しても強く関連するものとなる。

　ひとつの重要な評価研究の形態として、実証プログラム（demonstration program）、すなわち革新的なプログラム概念の価値を明確に検証するために企画され実施される社会的介入プロジェクトに対して行われるものがある。この場合、その評価の知見は、プログラム概念の解明という点からみて重要な意味をもつものであり、その知見は、どの単一プログラムよりももっと幅広い範囲で、政策形成やプログラム開発に携わっている人たちによって用いられる。もうひとつの重要な評価関連活動は、政策形成やプログラム計画に対して知識を提供できるよう、あるタイプのプログラムに関する複数の評価の知見を統合することである。

　このように、評価は社会活動に対して知識を提供するものであり、計画立案や政策的目的のために情報を提供し、コミュニティの問題に対するある革新的なアプローチが、行う価値のあるものであるのかどうかを示し、あるいは、専門的実践のいくつかの原理についてその有用性を示すものである。ある種の幅広い介入形式の効果を検証することによって、計画的な社会変動の引き起こし方についての一般的理解を形成するのに、評価研究が役立つことさえあるかもしれない。

すべての評価研究の共通項は、直接的で即時的に有用である場合も、実践的知識の漸進的な蓄積に貢献する場合もあるだろうが、ともかくそれが有益であって実際に使われることを意図しているという点である。

4．評価研究の実際

ここまで、評価研究をかたちづくり、プログラム状況へのその適用を導く全般的な考慮事項や、目的およびアプローチについて概観してきた。実際にこれらの概念を適用する際には、競合する諸力の間でバランスを取ることが必要となる。ここで最も問題となるのは、評価研究に必要な体系的調査やデータ収集の要求と、サービス提供と日常業務の遂行に対する社会プログラムの組織上の責務との間には、本質的な対立があるという点である。評価の計画段階と、とりわけデータ収集段階においては、必然的に尋常ではない、ときには歓迎されない要求を担当職員やプログラムの工程に課すこととなる。たとえば、データ収集のためには資料、利用者、スタッフ、そして施設へのアクセスが必要となるだろうが、それがプログラムの通常の工程を妨害し、プログラムの第一義的な責務であるサービス機能を混乱させたり、ときには低下させたりすることさえあるかもしれない。

したがって、どの評価計画も、交渉を通して、状況を研究目的にとって最適なものにすることと、通常業務への撹乱を最小化することとの中間点を求めなければならない。私たちはここであえて「交渉する（negotiate）」という言葉を使っているのだが、それはつまりプログラム職員と協議しつつ評価計画を練っていくことが最良の方法だからである。もし評価のニーズと目的が、研究開始前に詳細に説明されているのであれば、そして（管理者だけでなく）研究によって影響を受ける職員らの意見を聞く機会をもち、さらにその他の方法でデータ収集計画の策定に協力する機会が与えられるならば、通常は、結果的にみて、より実行可能性の高い計画ができあがり、プログラム管理者およびスタッフに対して不可避的に負担がかかる状況のなかでも、より多くの協力が得られることになる。

評価に対するニーズとプログラムの機能との間の対立に加えて、評価の実施にあたっては、触れておかなければいけない本質的な緊張が他にもある。ここで、評価者が直面せざるをえない、より顕著なジレンマのいくつかを紹介しておく。それは、固定的な評価計画と社会プログラムの移ろいやすさとの間の矛盾、評価に対する科学性への要求と実用性への要求との間の緊張、そして、きわめて多様でコンセンサスに乏しい分野であるがゆえの評価の諸アプローチの競合である。

1）社会プログラムの移ろいやすさと評価

　プログラム評価の最も困難な側面のひとつは、評価対象となっている社会プログラムの意思決定環境が常に変化していることである。資源、優先順位、およびさまざまなスポンサーや利害関係者の相対的な影響力の強さは動態的なものであり、政治的文脈や社会的動向の転換とともに頻繁に変化する。たとえば、1996年の福祉制度改革立法［訳注：個人責任－就労機会調停法］は、貧困家庭のための所得援助の性格を劇的に変容させた。この大規模なプログラム変更の結果、その評価も新しいアウトカムを設定し、また違うプログラム要素を問題としなければならなくなった。

　プログラム実施主体である組織の優先順位と責任もまた、大きく変わることがある。たとえば、裁判所によって強制バス通学［脚注参照］の実施を免除された学校は、マイノリティに属する生徒が多数を占める学校に割り当てられることを受け入れる白人生徒を増やすプログラムに対して、関心を失うかもしれない。あるいは、介入に伴って予期せぬ問題が発生したためプログラムの修正が必要となり、その結果、評価計画をも修正しなければならなくなるかもしれない。包括的医療を提供することによって低所得階層の高校生の欠席率を下げようとするプログラムは、もしそのプログラムの利用資格をもつ生徒の大半がサービスの利用を拒んだとすれば、頓挫してしまうであろう。

　少々皮肉なことに、評価それ自体から得られた予備的知見が、プログラムの変化を刺激してしまい、そのため評価計画の残りの部分が役に立たないものになるということもあるかもしれない。たとえば、あるアルコール治療プログラムに対して行われた6ヶ月後、1年後フォローアップを含むインパクト研究の事例をみてみよう。この研究では、6ヶ月後フォローアップ時点で、治療群のなかでの飲酒率が高いことが示されたため、このプログラムのスタッフが介入方法をまったく変えてしまったのである。

　評価者は、こうしたプログラムの変化を予測し、できるかぎりそれに対して備えるよう心がけなければならない。おそらくさらに重要なことは、評価を計画する時点で、プログラムを取り巻く状況や見通しに対して評価を適合させておくことである。関係する意思決定者が大幅なプログラムの改定を検討しているときに、そのプログラムのインパクトに対して厳格なアセスメントを設計することは、一般的にほとんど意味をなさない。しかしながら、評価課題に対して評価者が柔軟性を発揮することも、これと同じくらい重要である。プログラムの動態的な性格を知ったうえで、評価者は、当初の計画がもはや状況に対して適切ではないことが明らかになったならば、いつでも評価を修正する準備をしていなければならない。そこには、評価に利用できる資源の問題、結果の提示にいたるタイムスケジュール、プログラム管理者や評価スポンサーとの関係にまつわる困難な問題などが含まれ、事はそう簡単ではない。しかし、社会プログラムは研究実験室

＊［訳注］　各学校の生徒の人種別・民族別の構成のバランスを保つことでマイノリティに属する生徒の不利な条件を和らげるため、裁判所の命令等により、バスを用意して生徒の一部を別の学区の学校に通わせること。

> ■ **EXHIBIT 1-G** ■　実験としての改革
>
> 　アメリカ合衆国および他の近代国家は、社会改革に対する実験的アプローチに取り組む用意をするべきである。このアプローチにおいては、特定の社会問題を解決するために設計された新しいプログラムを試行し、そのプログラムが効果的であるかどうかを知り、不完全ではあるが利用可能な複数の基準を用いた効果性の判断に基づき、プログラムを続行したり、模倣したり、修正したり、放棄したりするのである。
>
> 出　典：Donald Campbell, "Reforms as Experiments", *American Psychologist*, April 1969, 24: 409. より引用。

ではないのであり、評価者は自分たちの統制外の力や出来事に翻弄されることを覚悟しておかなければならない。

　研究実験室イメージと、社会調査を行う場としての社会プログラムの現実との対比は、評価に固有のもうひとつの緊張、すなわちその過程に対する科学的観点と実用的観点との間の緊張という問題にそのままつながっていく。

2）科学的評価姿勢と実用的評価姿勢

　おそらく評価領域で最も影響力をもった論文をひとつ挙げるとすれば、1969年に発表された故ドナルド・キャンベル（Donald Campbell）の論文であろう。この論文は、数十年間にわたってキャンベルが発展させてきた視点を概説したものであり、政策やプログラムに関する決定は、社会状況を改善するための方法を検証する継続的な社会実験から引き出されるべきだとしたものである。キャンベルは、社会調査のテクノロジーが、実験モデルを評価研究にまで拡張し、ひとつの「実験社会」をつくりだすことを実現可能にしたと主張した。その後の著述で、彼はこの主張を弱めたが、評価研究を科学的研究のパラダイムにあてはめたのは彼であるとみなして差し支えないだろう（Exhibit 1-G 参照）。

　キャンベルの主張は、評価領域におけるもう一人の巨人、リー・クロンバック（Lee Cronbach）の挑戦を受けることになる。クロンバックは、科学的研究と評価がともに同様の研究手続きをとることは認めるけれども、評価の目的は科学的研究から明確に区別されるものだと論じた（Cronbach, 1982）。彼の見解によれば、評価は、科学というよりアートであり、プログラムの意思決定者や利害関係者のニーズの充足を志向すべきものである。科学的研究はもっぱら研究の標準を満たすことに励むが、評価は、政治的状況やプログラム上の制約、および利用可能な資源の許す範囲で、最大限に有益な情報を提供することにその身をささげるべきだと、クロンバックは考えた（Exhibit 1-H 参照）。

　この両方の意見に賛成したいと思う人は多いだろう。すなわち、評価は科学的研究の高い水準

> ### ■ EXHIBIT 1-H ■ 教師としての評価者
>
> 　社会プログラムの評価研究は、政治機構（the polity）の機能を促進する範囲において正当化される。したがって、評価研究は、公衆による判断に対する貢献、および評価の後、提供されたサービスの質によって、その価値・意義がまず第一に判断されるべきである。……評価は、どの程度まで、差し迫って必要とされる行動に重要な意味をもつアイディアを提供し、結果として人たちがより明確に考えをめぐらせるようになったかに応じて、成果を収めたというべきである。人たちの啓発のためには、よいデータを集める以上のことをしなければならない。適時の報告──通常、それは「最終」結果ではない──によって、当該の問題に正当に関与する人たちに情報を提供し、その情報を受け取った者は、その情報を、自分の判断に活用すべきである。もっと広い視点からみれば、評価は、社会システムの作動に対して知識を提供し、それによって、その改善がはかられるべきなのである。
>
> 出　典：Lee J. Cronbach and Associates, *Toward Reform of Program Evaluation* (San Francisco: Jossey-Bass, 1980), pp. 65-66. より引用。

を満たすべきであり、同時にプログラムの意思決定者の情報ニーズに仕えるべきであると。ところが、現実には、この2つの目標はしばしば両立させにくいという点が問題なのである。高い科学的水準の社会調査を行うためには、一般的に、評価プロジェクトが利用できる範囲を超えた資源が必要となってくる。そうした資源には時間も含まれる。というのも質の高い研究を短期に行うことはできないからである。しかるにプログラムに関する決定はしばしば短期間のうちに行わなければならない。必要な資源には、質の高い研究に必要とされる専門知識や努力の水準を確保するのに必要な資金も含まれる。さらにまた、科学的枠組みのなかで構造化される研究方法は、プログラムの意思決定者の見方とあまりかみ合わないようなものであるかもしれない。たとえば、科学的標準に照らして適切に定義され、測定されるよう変数を特定化することは、政策立案者からすれば、プログラムのもつ複雑でダイナミックな諸相を矮小化するものとみえるかもしれない。同様に、プログラムのアウトカムを検討する場合（観察された変化はプログラムによるものだったか？）などにおける、因果関係の推論のための科学的標準は、精密な実験的統制を要求するが、その要求にしたがうと、研究の対象としているものが、プログラムの通常のサービスではない不自然なものとなってしまい、現実のプログラムとの関連性が不明確なものとなるかもしれない。

　そうかといって、評価における科学性を軽卒にもないがしろにすることもできない。科学的アプローチとは、正しく理解すれば、妥当で信頼性のある結論を生み出すためのよく考え抜かれた企てのことである。たとえ、あるプログラム評価がこうした理想まで達していないとしても──どの評価もある程度はそうだが──、科学に基礎をおいた知見は、意思決定の文脈に対して重要な貢献を果たすのであり、それがなければ利己的な認知や主張、イデオロギー的偏向、証拠のない主張がはびこるだろう。ただしこれは、評価が意思決定者の関心事に対して意味ある結論を出している場合にかぎって言えることであり、もしそうでないならば、その結論の妥当性と信頼性

は称賛に値するとしても、的はずれなものであろう。

　したがって、現実には、評価者は、知見の妥当性を確保するための手続きと、その知見をコンシューマーにとってタイムリーで、意味があり、有用なものとするための手続きとの間に、到達可能な均衡点をみつけだしていかなければならなくなる。どこにその均衡点があるべきかは、評価の目的、プログラムの性質、政治的あるいは意思決定の文脈によって異なってくるであろう。多くの場合、たとえそれが、プログラムの条件や利用可能な資源の制約のために、科学的立場からみて最善のデザインでなかったとしても、関連する政策やプログラムクエスチョンに対して「まあ十分な（good enough）」回答を出せれば、それで良しとされるであろう。

　さらに面倒なことは、だれが評価を最終的に利用するのか、あるいは研究デザイン上、どの潜在的利用者に優先権を与えるべきなのかが、しばしば不明確なことである。一般的に、評価は多様なオーディエンスをもっており、そのなかには研究対象のプログラムのある特定の側面にきわめて直接的な利害をもっている人たちもいれば、広くそのプログラムに代表されるタイプの介入全般に関心をもっている人たち、あるいはその中間のどこかに位置する人たちもいる。ときには、評価の目的と優先的利用者が事前に明確かつ明示的に定義されていて、科学性と実用性のバランスの取り方にさほど困難がないこともある。しかしながら多くの場合、評価に関する状況はそれほどクリアカットではない。あるときには、評価は、たんにそれによって得られる情報が、プログラム管理者、評価スポンサー、その他の関係者にとって一般的に有益があるという想定に基づいて資金助成や契約の条件のひとつとしてルーティン（定型）的に行われるものかもしれない。別の場合には、評価は、マネジメントのための情報を必要としているサービス機関と、その種の介入プログラムに関心をもっている研究者との間の協力関係から発展してきたものかもしれない。この状況下では、プログラムの意思決定者にとっての有用性と科学的厳密性との兼ね合いは難しく、両者の関心をともに満たす評価が設計されることは少ない。

　評価理論家のなかには、**評価の利用**（utilization of evaluation）を最重要事項とみなし、評価者が密接に協働関係を結んでいるある特定の利害関係者の情報ニーズを中心において設計される評価を支持する人たちがいる（e.g., Patton, 1997）。一方、応用研究学術誌のレビュー論文の著者たちで、さまざまな介入の効果性に関する研究の統合化を試みている人たちは、これと対極の見解を示している。一般的にこうした学者は、評価研究の方法論的な質の低さを嘆き、より高い標準を主張する。この両方の主張に与する論者もいて、評価は、プログラムの利害関係者に対する有用性をもつよう奮闘するとともに、社会的介入に関する知識の蓄積に貢献すべきだと主張している（Lipsey, 1997）。私たちの見解は、本書の教科書的目的に合わせて次のようにしておく。これらすべての意見は支持できるものである。しかし、ある評価状況下においては、それらはかならずしも同等には支持できない。そしてこれが、もうひとつの問題、すなわち評価者が自分なりの判断を下し、特定の目的と状況に合った評価デザインをあつらえるよう務めなければならないという問題を提起するのである。

> ■ **EXHIBIT 1-I** ■　理想的な評価理論
>
> 　理想的な評価理論（実際にはありえないのだが）があるとすれば、それは、評価者が直面する状況の違いにもかかわらず、ある評価実践が特定の種類の結果をもたらす理由について記述し、それを正当化するものであろう。そのような理論は、(a) 評価の活動、過程およびゴールを明確にし、(b) 評価活動と、そうした評価活動が促進するところの過程およびゴールとの関連を解明し、(c) そのなかで、評価に関する研究、およびその他の批判的吟味を経た知識と対立するものを判別し、それに対処するために命題を経験的に検証するものであるだろう。
>
> 出　典：William R. Shadish, Thomas D. Cook, and Laura C. Leviton, *Foundations of Program Evaluation: Theories of Practice* (Newbury Park, CA: Sage, 1991), pp. 30-31. より引用。

3）評価に対する見解とそのアプローチの多様性

　これまでの議論が示すように、評価という分野は多様で、論議の多い分野である。歴史的にはキャンベルとクロンバックによって代表される根本的に相違する二つの見解は、この多様性のひとつの例にすぎない。評価の実践者は、幅広い学問分野や専門職種から出てきてそれぞれ違った志向性や方法論をもっている人たちであり、これらが混ざり合っているため、そこには非常に多様な観点が生まれている。そのほかに、評価者の動機づけや彼らの働く場と関連する見解の相違がある。地方機関と契約しつつ一人で短期的な評価を行っている実務家と、財団から長期助成を受けているテニュア（終身保証）付きの教授では、評価活動に対する見方が相当違ってくるだろう。

　評価という分野が成熟化し、制度化するのに伴って、評価に対する姿勢の違いやさまざまな「陣営」のリーダーたちが好む方法論の解明に対する関心が広がってきた。また、それぞれの観点の間にみられる共通要素を同定して、「評価理論」と呼ばれるものを発展させようとする動きも存在する（Shadishら, 1991）。評価理論運動の支持者たちが目指すところは、作業を進めるうえでの評価者たちの判断の基礎として役立つ理論の開発である（Exhibit 1-I参照）。

　現在のところ、少なくとも評価は科学であると同時にアートであり、おそらくそうであるべきであり、これからも常にそうでありつづけるだろうということを、私たちは認めなければならない。不可避的に、評価者の行う仕事は、多くの競合する関心や目標を創造的に編み込んで、ひとつのタペストリー（つづら織り）を織り上げることになるのであり、そこに見る人は違ったメッセージを見出すのである。私たちはまた、アートの型を教えること、とくにそれを文字を通して教えることの困難さを認識している。評価を教えることは、一般医を教育して診断専門医を養成することに似ている。知的に水準の高い人であれば、教えられれば検査結果を理解できるようにはなるだろうが、実践と経験を積むこと、そして個々のケースの特異性に注目することによってしか、明敏な診断専門医になることはできない。その意味で、教科書は、有能な評価者になるために必要な知識のほんの一部しか提供できないのである。

■ **EXHIBIT 1-J** ■　アメリカ評価学会会員の多様性（％）

主要な活動（2003年）		所属組織（2003年）		主要な専攻分野（1993年）	
評価	39	大学・カレッジ	36	教育	22
研究	15	民間企業	18	心理学	18
経営管理	10	非営利組織	17	評価	14
ティーチング	8	連邦政府機関	7	統計手法	10
コンサルティング	10	州／地方政府機関	6	社会学	6
学生	6	学校	3	経済学・政治学	6
その他	4	その他	6	組織開発	3
不明	9	不明	8	その他・不明	21

出　典：2003年のデータは、Susan Kistler, AEA (February 19, 2003) に報告されているものであり、3429名の会員に関するデータである。1993年のデータは、*Evaluation Practice News* (October 1993) に掲載された2045名の AEA 会員（1993年6月1日現在）に関するデータを一部修正。

5．だれが評価を行えるのか

　システマティック評価は、その基礎を社会科学の研究技法に置いており、ゆえにほとんどの評価専門家は、なんらかの社会調査の教育を受けてきている。その共通点を除くと、評価者は、学問的背景と、受けてきた専門職教育という点で多様である（Exhibit 1-J）。理想としては、どの評価者も、社会調査の方法のすべてに通暁しているべきである。また評価者が、当該プログラムの対象としている問題（犯罪、保健、薬物乱用等）について、および過去の評価研究から得られた知見について、十分な知識をもっていることも重要である。これが必要であるのは、第1に、評価者がプログラムの扱っている問題や文脈を理解するため、第2に、評価者が当該プログラムの実態およびその種のプログラムに関連する既存の知識を反映した適切な評価計画をつくりあげていくためである。

　最も複雑なレベルのものになると、評価活動は技術的に込み入ったものとなり、洗練された構想が必要で、費用のかかる、長期間を要するものとなる可能性があり、そこには最新の社会科学理論、プログラムの知識、データ収集法、および統計的手法を自由自在に使いこなせる高度な教育を受けた専門家の熱心な参加が求められるであろう。そのような複雑なプログラム評価は、通常、専門評価スタッフによって行われる。これに対して、もう一方の極として、そこそこの専門知識と経験をもつ人たちによって簡単に行える評価業務も数多くある。

　本書の目的は、現在の立場、職業的関心、あるいは自然な好奇心に刺激されて、評価をどのように実施するのかを学びたいと思っている人たちに、この分野の入門的知識を提供することである。この教科書を学ぶことは、もちろん、評価の熟練者になる道で最初の一歩を踏み出すことでしかない。経験に代わりうるものはないのである。私たちはまた、対人サービスプログラムの運

営・管理に責任をもつ人たちに対して、評価の概念と方法についての十分な理解を提供し、そうした人たちが自分たちのプログラムやプロジェクトにとってどのような種類の評価が適切なのかを自分で判断することができ、その研究結果を理解することができるようになることをもねらっている。簡単にいえば、私たちは、評価を実施する人にも、それを委託する人にも、評価スタッフを監督する人にも、評価研究のコンシューマーにも役立つ教科書を提供しようと努めているのである。

まとめ

- ■プログラム評価とは、社会的介入プログラムの効果性をシステマティックに検討するために、社会調査法を利用することである。プログラム評価は、社会科学の技法と概念に依拠するものであり、社会問題の緩和を目指すプログラムの改善と社会活動に有用な知識を提供することをねらいとしている。

- ■近代評価研究は、1930年代のパイオニア的努力により生み出され、第二次世界大戦後、急速に拡大した社会プログラム領域に適用可能な新しい方法論が開発されたことにより急成長した。社会政策や行政の動きが、この分野の専門化を引き起こし、眼の肥えた評価調査のコンシューマーを生み出した。

- ■プログラム評価に対するニーズは、現代においても減ずることなく、むしろ増すことさえ期待されるであろう。実際、今日では、希少な資源の分配への関心の高まりが、社会的介入の効果性の評価を以前にもまして不可欠なものとしている。

- ■評価は、当該プログラムの実績もしくは特性を正確に記述し、それらを関連する標準あるいは基準に照らしてアセスメントすることを必要とする。

- ■評価は、通常、以下の5つのプログラム領域のうち1つ以上に関するアセスメントを伴う。(1)プログラムに対するニーズ、(2)プログラムの設計、(3)プログラムの実施およびサービス提供、(4)プログラムのインパクトあるいはアウトカム、(5)プログラムの効率性。評価は、その対象となるプログラムの政治的および組織的文脈に合わせて、「あつらえ」られなければならない。

- ■実践する際、評価者は多くの難題に直面する。プログラム環境やその活動は、評価の過程で変化するかもしれず、評価の設計にあたって、その科学性と実用性との間の適切なバランスがとられなければならず、また評価分野においてはその見解やアプローチに著しい多様性があり、そのため評価を進める最善の方法についてのしっかりした指針がほとんどない。

- ■ほとんどの評価者は、応用社会調査の授業科目をもつ社会科学系の学科か専門大学院で教育を受けている。高度に専門化し、技術的で、複雑な評価は、専門的な評価スタッフを必要とするであろう。しかしながら、評価分野の基礎知識は、将来評価を実施するであろう人たちだけでなく、評価研究のコンシューマーにとっても意味あるものである。

キー・コンセプト

社会調査法（Social research methods）
　社会的行動を研究するために社会科学者によって考案された手続きのことであり、体系的な観察と、それら観察と推論の論理方式を基礎とする。

社会プログラム；社会的介入（Social program; Social intervention）
　社会問題を緩和する、あるいは社会状況を改善するためにデザインされた組織的、計画的、そして通常は現在継続中の取り組みのこと。

評価スポンサー（Evaluation sponsor）
　評価を依頼もしくは要求し、それを実施するのに必要な資源を提供する個人、集団、もしくは組織。

評価の利用（Utilization of evaluation）
　意思決定者や他の利害関係者が評価の概念や知見を利用すること。それは日々のマネジメントレベルのこともあれば、より大きな資金提供や政策レベルのこともある。

プログラム評価（Program evaluation）
　社会的介入プログラムの効果性をシステマティックに検討するために、プログラムを取り巻く政治的・組織的環境に適合し、かつ社会状況を改善するための社会活動に有益な知識を提供しうる方法で、社会調査法を利用すること。

利害関係者（Stakeholders）
　あるプログラムがどの程度機能しているかに対して重大な関心をもっている個人、集団、または組織のこと。たとえばプログラムに関して意思決定の権限を有する者、助成者やスポンサー、管理者や職員、利用者または意図されている受益者など。

第2章

● Tailoring Evaluation

プログラム評価をあつらえる

●本章の概要──────

1. 評価計画のどの側面を「あつらえ」なければならないか

2. 評価計画はどのような状況を考慮すべきか
   1）評価の目的
      a．プログラムの改良　　b．説明責任（アカウンタビリティ）
      c．知識生成　　d．裏の目的[隠された評価課題]
   2）プログラム構造とプログラム環境
      a．プログラムの発達段階
      b．プログラムの管理運営上および政策上の社会的文脈
      c．プログラムの概念構造と組織構造
   3）評価に利用可能な資源

3. 評価者－利害関係者関係の特徴

4. 評価クエスチョンと評価方法
   1）ニーズアセスメント
   2）プログラム理論のアセスメント
   3）プログラムプロセスのアセスメント
   4）インパクトアセスメント
   5）効率アセスメント

すべての評価は、それを取り巻く状況の特異性に合うように「あつらえ」られ (tailored) なければならない。評価者が取り組む課題は、その評価の目的や、評価されるプログラムの概念的および組織的な構造、利用可能な資源によって異なる。評価者は、評価計画を策定するために、評価スポンサーやその他の重要な利害関係者とともに、評価状況のこれらの諸側面を、まず検討することが求められる。こうした予備的検討に基づいて、はじめて評価者は回答すべき評価クエスチョン、そのクエスチョンに回答する方法、評価過程を通じて築かれるべき利害関係者との関係性などを特定する計画の策定ができる。

　評価デザインのプロセスを方向づける厳密なガイドラインはない。とはいえ、評価計画とプログラム環境との良好な適合性を達成するためには、注意すべき重要なテーマがいくつかある。なかでも最も重要なことは、評価スポンサーと主要な利害関係者に理解されるように、評価計画が評価の目的に対応していることである。プログラムの政策決定者に対してフィードバックすることを意図したあるプログラムを改善するための評価と、プログラム継続の可否を資金提供者が決めることを支援するよう意図された評価とでは、異なるアプローチが用いられるだろう。さらに評価計画では、問われたクエスチョンと集められたデータが評価の諸状況にふさわしいものとなるように、プログラムの設計方法や体系化の方法を理解しておかねばならない。最後に、当然のことであるが、どのような評価であっても、利用可能な時間や人員、資金の制限内でデザインされなければならない。

　細目はこのように多様であるが、評価者が直面する状況は、概してわずかな多様性のなかの一部である。それゆえ実際には、評価を「あつらえ」る作業は、通常は、せいぜい慣れ親しんだ一連の評価スキームの1つや2つを選択し、目前にある評価状況に適用させる程度のことである。一組の評価スキームは、評価者－利害関係者間の関係性の性質を中心に展開するものになる。また、もう一組の別のアプローチは、評価クエスチョンとその通常の回答方法の一般的組み合わせの周辺に位置づく。本章では、評価者が評価計画を「あつらえ」る際に配慮すべき課題と考慮点について概説する。

　プログラム評価の最も難しい側面のひとつは、「すべてに適合する (one size fit all)」のアプローチが存在しないことである。どの評価状況も、それぞれ異なる、ときとして特有のプロフィールを持っている。それゆえ、評価デザインは、評価状況の性質と、評価者が有するアプローチや技法、概念のレパートリーとの間の相互作用を含まなければならない。よい評価デザインとは、そのデザインを動機づける評価クエスチョンに対して信頼できる有用な回答を生み出しつつ、それがその評価状況に合致したもののことである。私たちはまず、プログラムや評価の社会的文脈に対して「あつらえ」る (tailored) べき評価計画の諸側面をじっくり振り返ることによって、このゴール（上位目標）を達成する方法を議論することにしよう。

1．評価計画のどの側面を「あつらえ」なければならないか

　評価デザインは、非常に単純で直接的なものになることがある。すなわち、限定された評価クエスチョン、たとえばコンピュータによる教育プログラムを用いることで、小学校3年生が文字をよく読めるようになるか否かといった単独のクエスチョンに取り組むような場合である。あるいは、評価デザインが並はずれて複雑になることもある。複数都市部の物質乱用を減少させるための多様性のあるプログラムを運営し、効果を評価するような国家的評価プロジェクトなどの場合である。しかしながら基本的には、どのような評価も、本章で紹介し次章以降でより詳細に述べる3つの課題を中心に構成されているとみることができる。

評価が答えるべきクエスチョン
　どんな社会プログラム（social program）に対しても、利害関係のある当事者からたくさんの評価クエスチョンがあがってくるだろう。それらは、あるプログラムの対象とする**標的集団**（targets；個人や家族、あるいは社会的な集団）のニーズに関することや、彼らが適切なサービスが受けられているのかどうかに関することかもしれないし、そのプログラムの管理や運営はどうか、プログラムが望んだようなインパクト（成果）をもたらしたのかどうか、その費用や効率はどうか、ということかもしれない。
　プログラム評価は、こうしたすべての関心に取り組むことはできないし、一般的にそうすべきではない。そのため、評価デザインの主要な機能は、プログラムの指針となる目的や、それが焦点を当てることになる評価クエスチョンを明確化することにある。

クエスチョンの回答に用いられる方法と手順
　評価者にとっての重要なスキルは、プログラム実績（performance）の諸側面についての有用で時宜を得た信頼性の高い情報をどのように得るかを知っていることである。数ある社会調査技法やその概念的ツールのレパートリーがこの課題に活用される。
　評価デザインは、問題となっている各クエスチョンへの回答に用いる方法を特定し、それを実行可能な作業計画にまとめていかなければならない。さらに、選択された方法は、実践的なものでなければならないとともに、クエスチョンに対して、可能なかぎり評価状況にふさわしい科学的に厳密で、意味ある回答を提供するものでなければならない。

評価者－利害関係者関係の性質
　システマティック評価（systematic evaluation）の初期数十年間における経験から得た最も重要な教訓のひとつは、かかわった利害関係者によって評価結果が自動的に利用されることなどはないということである。したがって、評価デザインの一部は、利害関係者とともに協働して、課題を同定し明確化して、プログラム評価を行い、評価結果を効果的に用いる設計になっている。

この相互作用は、評価の計画や実行、そして利用に主たる責任をもつ利害関係者に対して、評価者がコンサルタントやファシリテータとして役割を担う協力関係のかたちをとることがある。いまひとつには、評価者はその責任を有しているが、基本的な指示や情報は利害関係者から得るといったこともある。したがって、評価計画は、どのオーディエンス［評価結果を受け取る人たち］がいつ情報を得るべきか、文書による報告とブリーフィング［口頭による簡単な報告］の性質や報告のスケジュール、そして評価スポンサーを越えて評価結果をどの程度はば広く普及させるべきか、などを示すものでなければならない。

2．評価計画はどのような状況を考慮すべきか

　評価計画を立てる際には、評価者は評価の文脈を注意深く分析して、それに従わなければならない。評価状況として考慮すべき最も重要な点は、(1)評価の目的、(2)プログラムの構造と環境、(3)評価に利用可能な資源、についてである。

1）評価の目的

　評価はさまざまな理由から開始される。それは、経営管理を援助してプログラムを改善する意図による場合もあるし、支援者や評論家による権利擁護的な主張をサポートすることや、プログラム効果の知識を得ること、プログラムの資金や構造、運営管理に関する決定に知見を提供すること、あるいは政治的圧力に対抗するといった意図を持つこともある。評価者がなすべき最初の決定のひとつは、まさにある特定の評価目的がなにか、を決めることにある。しかしこれはかならずしも常に簡単なことではない。評価の目的が記述された文書が、通常は最初の評価依頼とともに持ち込まれるが、これらの伝えられた目的が評価の全体状況を物語っていることは稀である。ときとして美辞麗句を並べただけのこともある。さらに、プログラム上決まっているから行うという評価もあるし、スポンサーの意図が明確でなく、ただ単によいアイデアだと思われるからという理由だけで評価が求められることもある（Exhibit 2-A 参照）。

　これからの評価者は、その評価をだれが求めているのか、そしてなにを求め、なぜそれを必要としているのかを判断しなければならない。これを実践するための型どおりの方法はないが、通常は、ジャーナリストが報道内容を探し出すような方法でこの課題に取り組むのが最善の方法といえる。評価者は、情報源となる文書を精査し、異なる観点をもつ主要な情報提供者に面接をし、関連する歴史や背景を明らかにする必要がある。一般的にいって、評価の目的は、プログラムの改善、説明責任、あるいは知識生成と主に関連しているが（Chelisky, 1997）、ときとしてまったく異なる動機が影響を及ぼすことがある。

> ■ **EXHIBIT 2-A** ■　この評価を求めている人物はいるのか？
>
> 　私たちが最初に地域サービス局の行政官との会合をもったとき、評価する理由について、漠然とした説明しかなされなかった。彼らが言うには、ニュードーンとペガサスの各施設の費用対効果と、各施設がどの程度うまく実施されているのかに関するいくらかの情報を求めているとのことだった……。少しずつ明らかになってきたことは、最も評価に関心を寄せている人たちは矯正部（Department of Corrections）の契約責任者である行政官であることだった。しかし、私たちは、どこでどのように評価が用いられるのかということについて明確な情報を得ることができなかった。私たちはただ、州立施設の評価を命じられたことはわかったが、だれが委託したのかは明らかではなかった。
>
> ───────
>
> 出　典：Dennis J. Palumbo and Michael A. Hallett, "Conflict Versus Consensus Models in Policy Evaluation and Implementation", *Evaluation and Program Planning*, 1993, 16(1): 11-23. より引用。

a．プログラムの改良

　プログラムの改良を導くための情報提供を意図した評価は、**形成的評価**（formative evaluation）と呼ばれている（Scriven, 1991）。それは、その目的が、プログラムをよりよく遂行できるように形成、あるいはかたちづくることを援助することにあるためである（たとえば Exhibit 2-B 参照）。形成的評価にかかわる関係者は、通常は、プログラム効果を最適化することに関心のあるプログラム企画者であったり、運営管理者、監査委員会のメンバー、あるいは資金提供者である。求められる情報は、プログラムに対するニーズや、プログラムのデザイン、その実施やインパクト（影響）、効率性に関連すること、などである。この状況で評価者は、評価を設計して実施し、報告するうえで、プログラム管理者やその他の利害関係者と密接に共同作業を行うのが一般的である。プログラム改善のための評価は、時宜を得た、具体的ですぐに役立つ結果を強調する特徴がある。そのため、評価者とそれぞれの関係者間でなされるコミュニケーションは、評価期間を通じて、定期的で、そして比較的インフォーマルに行われるであろう。

b．説明責任（アカウンタビリティ）

　たとえば納税者の税金といった社会資源を対人サービスプログラムに投資することは、そのプログラムが社会に対して有益な貢献をするという見込みがある場合において正当化される。このようにプログラム運営者（program managers）は、資源を効果的かつ効率的に利用することや、意図された利益を実際に生み出すことが期待されている。こうした期待に合致しているかどうかを判定するために行われる評価は**総括的評価**（summative evaluation）と呼ばれる（Scriven, 1991）。それは、その目的がプログラムの実績（performance）に対して総括的な判断を提供することだからである（Exhibit 2-C に例示）。総括的評価による知見は、通常、プログラム管理に重要な役割を果たす意思決定者、たとえば、資金提供機関や運営委員会、立法府の委員会、政策決定者、あるいは上層の経営陣に提供されることが意図されている。そのような評価は、プログラ

■ **EXHIBIT 2-B** ■　だれも電話しない禁煙テレフォンライン

　健康維持機構（health maintenance organization: HMO）［訳注：包括的な保健・医療サービスの提供を、前払い方式によって行うアメリカの私的健康保険の一種］が出資する癌抑制プロジェクトの、成人喫煙者向け「禁煙」ホットラインプログラムの設計支援のために、形成的評価の手続きが用いられた。ホットラインカウンセラーが使用する電話の台本や、計画されたサービスの他の側面について、喫煙者によるフォーカスグループで議論した。また、喫煙しているHMO加入者の代表サンプルを対象に電話インタビューを行い精査した。これらの情報提供者からのフィードバックにより、台本は洗練され、運営時間は参加者が最も電話をかけやすいという時間帯に調整し、プロジェクトの全参加者に定期的に配られていたニューズレターや「禁煙キット」を通してサービスの宣伝をするようになった。こうした努力にもかかわらず、ホットラインが運営されていた33ヶ月間の月平均電話回数は3回以下であった。この期待はずれの反響をアセスメントするために、近隣地域の類似サービスとの比較が行われた。その結果、低い利用率は標準的なものだったが、他のホットラインでは、より大きな人口規模を対象としており、そのためにより多くの電話がかかってきていることが明らかとなった。プログラムスポンサーは、成功のためには、喫煙者ホットラインをより大きな人口に提供し、集中的に宣伝しなければならないと結論づけた。

出　典：Russell E. Glasgow, H. Landow, J. Hollis, S. G. McRae, and P. A. La Chance, "A Stop-Smoking Telephone Help Line That Nobody Called", *American Journal of Public Health*, February 1993, 83(2): 252-253. より一部修正のうえ引用。

ムの継続や資源分配、機構再編、あるいは法的行為に関する重要な決定に影響を及ぼす場合がある。こういった理由から、総括的評価には、活動に自信のある根拠を提供し、結果を疑うような批判に耐えられるような科学的基準のもとで、十分に信頼性のある情報が必要とされる。

　評価者は、評価の計画や実施、報告において、比較的独立した役割を果たすことが期待されることがある。そこでは、利害関係者に情報提供をすることはあっても、意思決定に直接的には関与しないのである。こうした状況では、早計で配慮に欠けた結論は避けることが重要であろう。そのため、評価結果の伝達は比較的フォーマルで、主に文書によって、基本的には評価の最終段階においてなされるであろう。

c．知識生成

　評価のなかには、知識への貢献として、介入プログラムの性質や効果を記述するために行われるものもある。たとえば、ある学術的な研究者が、革新的な科学カリキュラムのような、理論的基盤に基づいてデザインされたプログラムがうまく機能し効果的であるかどうかを検討するために評価を開始することがある（たとえば、Exhibit 2-D参照）。同様に、ある政府機関や民間財団が、ある社会問題に対する新しいアプローチを詳細に検討するために、実証的プログラムを開始しそれを評価することもある。このプログラムは、もし成功すれば、次に、より広範に実施することが可能となる。この種の評価は、社会科学的な知識基盤に貢献することを意図したり、主要なプログラム革新のための根拠になることを意図している。このため、これらは通常、実行可能

> ■ **EXHIBIT 2-C** ■ 乳房X線撮影（マンモグラフィー）の質的基準法の
> 初期効果に対するアメリカ会計検査院によるアセスメント
>
> 　1992年の乳房X線撮影の質的基準法は、食品医薬品局（FDA）に全米における乳房X線撮影スクリーニングの新しい標準的手続きに関する規定を運用するよう要求した。この法律が通過した際、連邦議会は、もし提供施設が新しい基準に見合うよう機能を向上するのではなく、サービスを中止することを選択するとしたら、この新しい乳房X線撮影サービスへのアクセスが減少するのではないかと懸念した。アメリカ会計検査院（GAO）は、法律施行後の初期効果をアセスメントし、連邦議会に結果を報告するよう求められた。これにより、FDAは要求基準の実施を徐々に進めるアプローチを取り、この方法はサービスへのアクセスの悪影響を最小限に抑えることに役だっていることが明らかになった。FDAの検査官は、新しい基準を満たさなかった多くの施設を閉鎖せず、その代わりに経過観察期間中に発見された問題点を修正するための猶予期間を与えた。比較的少数の施設が古い基準の乳房X線撮影サービスを終了させたにとどまったが、これらの施設のほとんどは、他の認定された施設から25マイル以内にある小さな提供施設であった。GAOは、乳房X線撮影の質的基準に関する法律は、連邦議会が意図していたとおり、乳房X線撮影サービスの質によい影響を与えるものであると結論づけた。
>
> 出　典：U. S. General Accounting Office, *Mammography Services: Initial Impact of New Federal Law Has Been Positive*. Report 10/27/95, GAO/HEHS-96-17（Washington, DC: General Accounting Office, 1995）. より一部修正のうえ引用。

で最も厳密な方法で行われる。その知見のオーディエンスには、関心のある研究者や政策立案者といった幅広い層とともに、研究スポンサーも含まれるだろう。こうした状況では、評価による知見は、学術雑誌や研究モノグラフ、学会発表論文、およびその他専門的な発表の場を通して広められることが多い。

d．裏の目的［隠された評価課題］

　ときに、プログラム実績に関する情報を得ることが、少なくとも評価を開始しようとする人たちにとって、真の評価目的とはいえない場合がある。プログラム管理運営者や運営委員会が、評価の実施が広報活動となり、資金提供者や政策決定者に好印象を与えるだろうと信じて、評価活動を開始することがある。またときには、すでに裏でプログラムを終結したり運営者を解雇したりすることが決定されており、それに対して合理的な根拠を与えるために評価が委託されることがある。あるいは、批判を鎮めたり、難しい決定を留保するための引き延ばし策として、評価が委託される場合もある。

　実際のところ、すべての評価にはある程度の政治的駆け引きや広報活動的側面が含まれている。しかし、それらのことが主目的である場合、これからの評価者は、難しいジレンマに直面することになる。評価の健全性を損なってでも、その政治的目的や広報目的に合わせて評価を行うのか、評価を委託する者にとってじつは関心のない、もしかすると脅威にさえなるかもしれないプログラムの実績に焦点を当てて評価を行うのか、そのいずれかにせざるをえない。どちらにし

> ■ **EXHIBIT 2-D** ■　病的賭博に対する革新的治療理念の検査
>
> 　病的賭博（Pathological gambling）は、ギャンブル衝動に対する統制感の喪失、ギャンブルの程度についてつく嘘、家庭と仕事の崩壊、金を盗む、および、損失埋め合わせのためにギャンブルを繰り返すことなどによって特徴づけられる。近年、ギャンブルが身近なものになってきており、それに伴って、病的賭博の有病率も増加している。しかし、この病気の被害者を援助するための治療プログラムは、ほとんど開発されていない。ギャンブルの心理に関する研究から、問題となるギャンブラーは、統制できているという錯覚をもつようになっており、元々ゲームの勝率はランダムに決まっているにもかかわらず、自分の勝率をあげられる方略を知っていると信じ込んでいることが明らかにされた。カナダの臨床研究者チームは、こうした誤った信念に対する「認知修正」に基づく治療を行うことが、効果的な治療法となるだろうと仮定した。過度のギャンブルは、財政的な問題や対人関係上の困難につながるので、彼らは、認知的介入に問題解決技法とソーシャルスキル・トレーニングを組み合わせた。
>
> 　彼らの治療概念を検証するため、研究者は、治療に同意した40人の病的賭博者を対象とした。これらの対象者は、治療群とコントロール群に無作為に割り付けられ、病的賭博、統制感、ギャンブル欲求、自己効力感、ギャンブルの頻度に関する測定を治療の前後で行った。その結果、治療群ではすべてのアウトカム測定において有意にポジティブな変化を示し、これが6ヶ月後と12ヶ月後のフォローアップ時でも維持されていた。しかしながら、この結果は、脱落者が多かったため、解釈には注意が必要であるかもしれない。治療を開始した20人のギャンブラーのうち8人、およびコントロール群の20人中3人がドロップアウトしたが、これは嗜癖問題に対する介入ではよくみられることである。このような限界はあるものの、研究者は治療概念の効果を実証するのに、十分に説得力のある結果であると結論づけた。
>
> ───
> 出　典：Caroline Sylvan, Robert Ladouceur, and Jean-Marie Boisvert, "Cognitive and Behavioral Treatment of Pathological Gambling: A Controlled Study", *Journal of Consulting and Clinical Psychology*, 1997, 65(5): 727-732. より一部修正のうえ引用。

ても、そのような状況を評価者は回避するよう心がけるべきである。これからの評価者は、最初に評価内容の説明があった際に、評価に対する真剣な意図が欠如していることが明らかになったとしたら、評価への関与を断ることを考えてもよいだろう。あるいはそのかわりに、評価者はその時点でコンサルタントの役割を担い、関係者が評価の性質を明らかにして、彼らの目的によりふさわしいアプローチにその努力が向けられるよう軌道修正する手助けしてもよいだろう。

2）プログラム構造とプログラム環境

　「同じ」サービスを提供しているように見えるプログラムであっても、その組織構造や、環境的、社会的、政治・政策的な環境がまったく同一であるプログラムは存在しない。プログラム構造とそれを取り巻く状況の各構成要素が、評価状況を主に特徴づけるのであり、それに合わせて評価は「あつらえ」られなければならない。このような構成要素のなかでも、評価者にとってと

■ **EXHIBIT 2-E** ■ プログラムの発達段階と関連する評価機能

プログラム発達段階	尋ねるべき評価クエスチョン	評価機能
1. 社会問題やニーズのアセスメント	どの程度、地域のニーズや標準に見合っているか	ニーズアセスメント・問題の記述
2. ゴール（上位目標）設定	それらのニーズや標準に適合するために、なにがなされるべきか	ニーズアセスメント・サービスニーズ
3. プログラムの選択肢設計	求めるような変化を生み出すために、どのようなサービスを用いることができるか	プログラムの論理やプログラム理論のアセスメント
4. 選択肢の選択	どのサービスアプローチが最善となりうるか	実施可能性の調査・形成的評価
5. プログラムの実施	どのように、そのプログラムを運営すべきか	実施アセスメント
6. プログラムの運営	そのプログラムの運営は、計画どおりか	プロセス評価・プログラムモニタリング
7. プログラムのアウトカム	そのプログラムによって、望まれた効果が得られたか	アウトカム評価
8. プログラム効率性	そのプログラムの効果は、妥当な費用で達成されたか	費用便益分析・費用効果分析

出　典：S. Mark Pancer and Anne Westhues, "A Developmental Stage Approach to Program Planning and Evaluation", *Evaluation Review*, 1989, 13(1): 56-77. より一部修正のうえ引用。

くに重要になるのは、大きく分けて以下の3領域である。それは、プログラムの発達段階と、プログラムの管理運営上および政策上の文脈、そしてプログラムの概念構造と組織構造である。

a．プログラムの発達段階

　ひとつの社会プログラムは、その生涯を発達的にとらえることができる。その異なる段階において、異なる評価クエスチョンが課題となり、そのため段階に応じて異なる評価アプローチが必要になる（Exhibit 2-E 参照）。評価計画の初期段階におけるプログラムのアセスメントは、十分に確立されたプログラムのアセスメントとは明確に異なるだろう。同様に、確立されたプログラムであっても、再編が検討されたり、再編途上にあるプログラムに対するアセスメントは、基本的な運営や機能が安定していると考えられるプログラムとは異なるだろう。

　新しいプログラムが開始されるとき、とくにそれが革新的なものである場合、評価者はしばしば、そのプログラムが扱う社会的ニーズや、プログラムの設計と目標、標的集団の定義、期待されるアウトカム、プログラムがそのアウトカムを達成するための方法、などについて検討するよう求められる。それゆえ評価者は、プランニングコンサルタントとして、プログラム開始前、あるいは実施の初期段階において、プログラムデザインのアセスメントや改善の手助けをするようになることがある。

　ときに新しいプログラムの評価に対して、インパクトや効率性に関するクエスチョンを扱うこ

とが期待される。しかし、プログラム開始当初の何年かはプログラムが不安定な状態にあり、この課題はしばしば時期尚早である。新規プログラムにとって、設備を整え、スタッフを確保して訓練し、プログラムの標的集団に接触を持ち、サービスを望ましいレベルにまで発展させるには、容易に1年以上かかってしまう。この時期には、プログラムが影響を及ぼそうと意図する社会状況に多大なインパクトを期待するのは現実的ではないだろう。形成的評価は、第4章から第6章で議論するようなアプローチを用いて、標的集団のニーズを明らかにし、プログラムの運営方法を改善し、サービス提供の質を向上することをねらいとしており、新規プログラムの評価により適している。

　新しいプログラムへの評価はたしかに重要な活動であるが、確立されているプログラムの評価は、通常実行上の課題という観点から、はるかに多大な労力がつぎ込まれる。確立され安定しているプログラムへの評価は、基盤となるプログラムの概念構造の評価、すなわちプログラムの基本設計に立ち入る理論的根拠の評価に焦点を当てることはほとんどない。十分に確立された社会プログラムの利害関係者たちは、一般的にいって、根本的なプログラム変更の検討を余儀なくされる危機が訪れないかぎり、プログラムの伝統的な形態やアプローチを変えたがらないものである。そのため、利害関係者たちは、十分に確立されたプログラム、たとえば、社会保障年金や、学校のガイダンスカウンセラー、障害者への職業プログラム、受刑者の仮出所監督プログラム、疾病予防のための地域健康教育といったプログラムを、当然、価値あるものと思っている。さらに、実質的に全住民に利用資格がある昔から続いているプログラムに対して、そのインパクトや効率を評価することは難しいであろう。このような場合、評価者は、プログラムのアウトカムおよび費用を、そのプログラムがなかったら事態がどうであるかを示す代替的状況と比較することしかできない。したがって、普遍的に利用可能なプログラムに対する評価は、どの程度目標が明確化されているか、そしてそれはプログラムのスポンサーやスタッフ、および他の利害関係者の関心とどの程度関連しているか、そのプログラムがうまく実施され、計画に従っているかどうか、そして実際に標的集団のすべてにサービスが行き届いているかどうか、といったことに向けられることが多い。たとえば、アメリカ農務省は、フードスタンプ・プログラム［訳注：米国における貧困者向けの食糧援助の公的扶助制度］に関する定期的な研究を行い、利用資格がある世帯が登録されている程度を測定し、参加者を増やすためにアウトリーチ［訳注：こちらから出向いて提供するサービス］の努力を指導している（Trippe, 1995）。

　しかしながら、ときにはプログラムの現状が問題視され、確立されたプログラムに対する評価が求められることがある。これは、政治的攻撃や競争、プログラムコストの増大、標的集団の変化、プログラムの実績に対する不満などの結果生じることがある。そのようなことが起こった場合、プログラムの再編はひとつの選択肢であろうし、プログラム評価は、その変化をガイドするために求められるだろう。このような状況下では、評価はプログラムのあらゆる特徴に焦点を当てる可能性がある。すなわち、それが必要とされているのか、その概念化とプログラムデザイン、運営と実施、インパクトと効率性などである。

　たとえば、アメリカのフードスタンプ・プログラムは、国家的なプログラムとして30年以上も実施されてきた。これは、食料品店で承認された食品と交換できるフードスタンプを貧しい世帯

> ■ **EXHIBIT 2-F** ■　自宅拘束プログラムをめぐる利害関係者間の葛藤
>
> 　仮釈放中の犯罪者に対する電子モニタリングを用いた自宅拘束プログラムの評価において、評価者は利害関係者たちの視点について、以下のようなコメントをした。
> 　異なる機関が重要と考える多くの対立するゴール（上位目標）がある。それには、コスト削減と刑務所の転用、統制と公共の安全、中間的な刑罰と矯正の選択肢の増加、そして治療とリハビリテーションが含まれる。異なる利害関係者が異なるゴールを強調している。立法者のなかには、コストの低減を強く主張する人がいれば、公共の安全を強調する人や、さらには刑務所から犯罪者を移転することに主に関心を示す人もいた。実施者のなかには、統制の必要性と「機能不全」の状態にある人への訓練を強く主張する人がいる一方、リハビリテーションと犯罪者が社会に再統合するように援助することに焦点を当てる人たちがいた。このように、権限を与えられた「主要な政策決定者や管理者、スタッフ」が、どのゴールが優先権をもつべきか、あるいはなにがプログラム改善の要素なのかについて合意に達する共通の基盤が欠けていた。
>
> 出　典：Dennis J. Palumbo and Michael A. Hallett, "Conflict Versus Consensus Models in Policy Evaluation and Implementation", *Evaluation and Program Planning*, 1993, 16(1): 11-23. より。

に供給することで、消費される食品の量と質を高めることを意図したものである。ある時期、農務省はフードスタンプに代わって小切手を発行し、それによってフードスタンプの印刷や配給、引き替えに要する高いコストを削減できると考えた。この構想を検討するために、農務省は、フードスタンプを受けている世帯の食料品消費と、同金額の給付金小切手を受けている世帯の食料品消費とを比較する4つの実験プロジェクトを開始した（Frakerら，1995）。その結果、小切手を受けた世帯はフードスタンプを受けた世帯より、食料品を買う量が少ないことが示された。そのため農務省は、その処理にかかる経費がかさむにもかかわらず、フードスタンプ・プログラムの継続を決定した。

b．プログラムの管理運営上および政策上の社会的文脈

　知識生成を目的として自ら発案した評価研究を行う学術研究者を除いて、評価者は、そのプログラムがなんであるかについての定義や、ゴール（上位目標）や目標、どのような評価クエスチョンを扱うべきかといった点について自由に決めることができない。評価者は、評価スポンサーやプログラム管理者、その他の利害関係者と協働し、この本質的な背景部分をつくりあげる。こうした多様な集団からは、異なる見解が出されることが予想される。ほとんどの場合に、評価者は主要な利害関係者すべてから意見の表明を求めて、それぞれの関心を組み込むように試み、できるだけ評価が包括的で多くの情報をふまえたものになるようにする。

　もし主要な利害関係者の間で、プログラムの使命（mission）やゴール、その他プログラムの重大案件について、実質的な合意に至っていなければ、評価の設計は非常に困難なものとなるだろう（Exhibit 2-F参照）。評価者は、対立する見解をデザインに組み込もうとすることはできるが、それは容易ではない。評価スポンサーは、彼らが対抗勢力と見ているグループから出される

課題や観点を進んで取り入れようとはしないであろう。さらに、これらの見解があまりに異なると、利用可能な時間と資源では、単一の評価計画に組み入れることは簡単にはできなくなる可能性がある。

　代わりの方法として、評価者がある利害関係者だけの観点（多くの場合それは評価スポンサーだが）から、評価計画を立てるというやり方はある。もちろんこれは、対立する見解をもつ利害関係者からは歓迎されないだろうし、さらに、彼らが評価に反対して評価者を批判する、といった事態になる可能性が高い。評価者に課せられた挑戦課題は、たとえ反対論があっても、評価のなかで意図された観点とその理由を明快にそして率直にしておくことである。評価スポンサーが、評価は自分たちの観点を強調すべきだと主張することはかならずしも不適切なことではないし、対立する見解に対して評価者がはっきり対応することなく、評価スポンサーの観点から評価を行うということはかならずしも悪いことではない。

　たとえば、非就労者に対する就労訓練プログラムの資金提供者が、そのプログラムがやりやすいケースを主に扱っているのではないか、加えて、市場性のある仕事スキルの訓練ではなく、職業カウンセリングサービスだけを提供しているのではないか、という懸念をもっている場合のことを考えてみよう。評価スポンサーが、これらのクエスチョンを検討するために評価を委託することは適切なことであろう。これに対して、プログラム運営者は、自分たちの利用者の選択や、プログラムの活動内容、運営は正当であるというはっきりと対立する見方を示すかもしれない。良心的な評価者ならば、運営者側の見解を聞き、彼らの意見をよく引き出して、プログラムが実施していることやその理由について彼らが正当に抱いている事柄に対して、評価ができるだけ鋭敏に反映できるものとなるようにするだろう。しかしそれでもやはり、その評価デザインは、プログラムの資金提供者の観点とそこで問題とされていることを出発点として構築されるべきである。評価者の主な責務は、評価が取り入れている観点を率直に述べて誤解のないようにすること、そしてプログラムの職員を公平かつ誠実に扱うことである。

　利害関係者葛藤（stakeholder conflict）のある状況に対するもうひとつのアプローチは、争点となっているプログラムの諸側面について、意見の対立がある関係者間でよりよい理解が進むような評価を、評価者が設計することである。この作業は、それぞれの利害関係者グループごとに異なる関心や前提、ものの見方の性質を明らかにする努力を通してなされるべきであろう。たとえば、特殊教育を受ける子どもの親は、自分の子どもは偏見を受けており、普通学級のクラスに入れられると差別されると信じているかもしれない。教師は同じくらい強く、そのようなことはないと感じていることがある。その場合、評価者が普通学級児と特殊学級児の相互作用についての入念な観察研究を行い、親が主張するような問題があることを明らかにするかもしれない。しかしそれは、教室の外の校庭や、その他子どもたちのインフォーマルな関係性のなかで生じていることが明らかになるかもしれず、これは教師の見解に合致した結果になる。

　利害関係者葛藤が根深く敵対的である場合には、その対立は、評価がどんなに包括的で普遍的であっても調停できない、政治的価値観やイデオロギーの根深い相違に基づいていることがある。評価研究領域のある学派は、多くのプログラム状況がこのような状態なので、価値やイデオロギーの対立は、評価者が注目しなければならない中心的な課題であると考えている。この視点

に立つと、プログラムが取り組む社会問題やプログラムそれ自身、そして、そのようなプログラムの意味や重要性は、すべて社会的に構築されたものであり、個人や集団によって必然的に異なってくるとされる。このように評価者は、プログラムの目標や決定、アウトカムなどに焦点を当てるよりも、さまざまな利害関係者から出される多様な主張や関心、課題、そして価値に、直接取り組んだほうがよいとされるのである。

こうした評価構築論 (construction of evaluation) の中心的な提唱者である Guba と Lincoln (1987, 1989, 1994) は、評価者の適切な役割とは、プログラムの利害関係者間で解釈的な対話を促進することにある、と論じてきた。この観点からすると、評価の主要な目的は、利害関係者間の話し合い・折衝を促進することにあり、その話し合い・折衝のなかから、異なる利害関係者のさまざまなイデオロギーや関心を尊重するという価値やプログラムの社会的意義に関するより共有化された構築物が生まれてくるのである。

最後に、評価者が知っておかなければならないことがある。それは、評価者がいくら効果的にコミュニケーションをとり、適切で反応性のよい評価計画を発展させる最善の努力をしても、プログラムの利害関係者たちは、やはり自分たちの地位やその政治的な位置に対して、第一の忠誠を尽くすものだと考えているということである。これは、もし評価結果が自分たちの主張した政策や見解と相反するものであれば、評価スポンサーやその他の利害関係者は、評価者を突然攻撃しはじめ、評価をきびしく批判するかもしれないということを意味している。このように、いくら利害関係者と協働し、彼らの視点や関心を評価計画に組み入れる優れた仕事をしている評価者でも、評価結果が出たときには、すべての人から英雄と賞賛されることを期待すべきではない。利害関係者の観点が多様であるため、どのような結果になろうとも、だれかが不幸な思いをすることは避けられないのである。したがって、すべての人があらかじめ評価クエスチョンやそれに回答する評価計画に同意していなくとも、あるいは、利害関係者グループのそれぞれが、嘘偽りのない結果がそれぞれの立場に有利にはたらかないことがあることを理解していなくとも、それはべつにかまわないだろう。それでもやはり、評価者が次のことに早い時期から配慮しておくことを強くお奨めしたい。それは初期に利害関係者を同定すること、利害関係者の異なる視点による不一致を最小化するための戦略を工夫すること、そして評価結果に対する彼らの期待を調整することである。

ｃ．プログラムの概念構造と組織構造

当然のことであるが、もし利害関係者たちが、あるプログラムがなにをするつもりのものかについて明確な考えをもっていなければ、そのプログラムがどの程度うまくいっているのかを評価するのは困難であろう。したがって、評価デザインをかたちづくるひとつの要因は、プログラムの概念化、すなわち**プログラム理論** (program theory) であり、それは、プログラムの運営計画、そのプログラム活動が意図したアウトカムにつなげる論理、そしてプログラムの実施理由に対する理論的根拠、などからなっている。本章の後半で議論することになるが、この概念構造はそれ自体が評価の対象・焦点となりうる。プログラムの概念化が明確でかつ説得力があるほど、評価が焦点を当てるべきプログラムの機能と効果を、評価者が識別することは容易になるであろ

う。もしもそのプログラムの概念化が著しく不明確で、それがプログラムの扱っている社会問題にとって適切なものかどうかわからないのであれば、概念がどの程度うまく実施されているかに焦点を当てる評価デザインなど、ほとんど意味をなさないであろう。このような場合、プログラム計画をアセスメントし、よりよくその計画を発展させることに専心すれば、評価もその有用性が増すだろう。新しいプログラムの計画段階では、評価者はプログラムデザインの形成からかかわれることが多いので、それをより明確なものにすることができるとともに、目標達成をより効果的にすることができるのである。

あるプログラムが十分に確立されている場合は、毎日の実践や日常業務の運営手続きがすべてになりがちであり、主要な関係者が、プログラムの基になっている原理を言語化しにくかったり、どれかひとつの原理にみなの意見がまとまりにくくなることがある。たとえば、学習上の問題を抱える子どもを援助するために、ある学区と契約を結んでいるカウンセリング機関の管理運営者は、自分たちのカウンセリング理論や利用者のゴール、そして治療技法についてかなり明確に意見を述べることがある。しかしながら、彼らは、家族コミュニケーションの改善に焦点を当てることが、成績向上にどのようにつながるかについては明確な見解を述べることができないかもしれない。そこでは、プログラムにかかわる職員が、潜在的だが論理立てられていないプログラム活動の原理を定式化できるよう援助するのが、評価者の職務になるであろう。

より具体的なレベルでは、評価計画を立てるときに、評価者はプログラムの組織的構造をも同時に考慮する必要がある。多様なサービスをもち、複数の標的集団に援助し、サービスの提供場所や機関が分散し、他の組織団体と広範囲な協働関係にあるといったプログラムの特徴は、プログラム評価に強力な示唆を与える。一般的にいって、その組織構造が大きく、より複雑、より分権的で、地理的にも分散している組織的な構造をもつ活動は、単純な組織構造の活動よりも、大きな実践的困難を抱えるだろう。このような場合には、評価者チームが必要になることが多く、そこには、プログラムのサイズと複雑さに釣り合った資源と時間が伴ってくる。複雑で複数サイトのプログラムを評価することに伴うチャレンジは、評価研究の文献で個別的論議のトピックスとなる、十分に厄介なテーマといえる（Exhibit 2-G 参照; Turpin ら、1991）。

同様に重要なのは、プログラムが提供する特定の介入や、特定のサービスの特徴や構造である。評価が最も容易な介入プログラムは、個別の、具体的な活動（ホームレスの人たちに食事を提供する、など）を含むもので、比較的迅速で目に見える効果をもつこと（プログラムの受益者が空腹でないこと）が期待される。このような介入における組織活動と供給システムは、ふつう直截的なサービスであり（貧困者のための無料食堂）、サービスそのものが単純であり（食糧をただで配布する）、アウトカムは直接的である（人々が食べる）。これらの特徴は、挙がってきそうな評価クエスチョンや、それを扱うために求められるデータ収集、そして結果の解釈をおおいに単純化する。

これに対して、評価が最も困難な介入プログラムは、性質上拡散し（たとえば、地域の組織化）、長期間にわたり（小学校の算数カリキュラム）、適用が広範囲にわたるもの（心理療法）であり、あるいは長期にわたるアウトカム（就学前補習教育）や明確でないアウトカム（生活の質の改善）が想定される介入なのである。このような介入プログラムに対しては、そのサービスや潜在

■ **EXHIBIT 2-G** ■　　刑事司法システムにおける多施設評価：成功をはばむ構造的な障壁

　信頼性のある評価を行うことに関連した通常の方法論についての考慮のほかに、刑事司法システムにおける構造的特徴によって、社会的、政治的、組織的な制約が生じている。そのために、多施設評価の実施が困難で危険性の高いものとなっている。

　まず、刑事司法のシステムはきわめて地方分権的である。たとえば、警察は、自治体の行政区分や、郡、大学キャンパス、公営住宅、公共交通機関、そして州といった枠内で機能できる。刑事司法システムもまた、高度に分散化している。市政府が警察や拘置所を管理し、郡政府が保安官事務所や検察官事務所、拘置所、そして保護観察機関を管轄し、州政府が刑務所を運営している。それぞれの機関は、異なる政治的状況に組み込まれており、それぞれ課税と経費に対する独自の優先性がある。

　加えて、刑事司法機関は、自分の仕事についての秘密主義的サブカルチャーを育てており、これが評価者にとって深刻で重大な結果をもたらす。評価者は、管理運営あるいは裁判所、政治的な課題を抱える個人に対する「詮索者」と容易に見なされるのである。系列スタッフは、外部の評価者に対して、「彼らに対抗する私たち」的な考え方を容易に取り入れる。また、刑事司法機関は、通常高度に緊張した政治環境に置かれている。それらは、地方政府の最もコストの高くつく部署であるとともに、最も目に見えやすい部署であり、その活動はしばしばメディアに監視されている。メディアは歴史的にこのシステムの監視人だと、あるいはこのシステムに敵対的な構えをするものだと彼らは決めてかかっている。

　最後に、刑事司法システムは、手続き論的な課題においては個人の権利と法的制約の文脈のなかで運営される。またこのシステムは、個々の事例では不当行為をすることに消極的であり、個別化された処遇を提供すると明言された方針のなかで運営されている（実際に実施はされないが）。これを翻訳すると、たとえば、ランダム性やバイアスのない割り付けの概念や、プログラム効果について説明可能な情報を生み出す最適デザインの品質保証に対して、一般的な嫌悪感をもっているということができる。

出　典：Wesley G. Skogan and Arthur J. Lurigio, *Multisite Evaluations in Criminal Justice Settings: Structural Obstacles to Success*, New Directions for Evaluation, no. 50 (San Francisco: Jossey-Bass, summer 1991), pp. 83-96. より一部修正のうえ引用。

的な効果が曖昧なため、プログラムのプロセスやアウトカムを扱う多くの評価クエスチョンが提起されうる。また評価者は、プログラムの実施やアウトカムの主要な側面をとらえるための尺度開発に困難を抱えるかもしれない。実際のデータ収集もまた、それが広範な期間にわたって行われなければならなかったり、多くの異なる変数や観察を含むのであれば難しいものとなるだろう。これらすべての要因が、評価計画、とくに計画を完遂するのに必要な労力や資源に影響を与えるのである。

3）評価に利用可能な資源

　プログラム評価を行うためには、さまざまな種類の資源が必要となる。人員が評価活動に配備

されなければならないし、用具や機材、施設が、データ収集や分析、報告書作成を支えるために調整されなければならない。これらの資源は、プログラムスポンサーや評価スポンサーがいまもっているものから提供されるかもしれないし、別に資金調達されることもある。したがって、評価を計画する重要な一側面は、必要な人員や物資、資金を詳細に見積もることができるように、業務を細分して、業務遂行に必要なスケジュールを組み立てることである。もちろん、そこで必要とされる資源の総量は、利用できる資源の範囲内に収められなければならない。そうでなければ、計画か資源のどちらかの変更が不可欠となる。資源計画や予算編成・管理、スケジュール決定の進め方については、Hedrickら（1992）やCardら（1992）、Fink（1995，9章）を参照するとよいだろう。

　利用できる資金は、評価計画を立案しなければならないときに、当然、重大な資源となるが、それが評価者の気遣うべき唯一のものではないことを理解することが大切である。そこには専門分化した専門知識・技術が必要になることが多く、評価をうまく実施するには、それを利用できるようにしておかなければならない。とくに大きなプロジェクトでは、多くの熟達した評価者と、データ収集者、データ管理者、分析者、アシスタントが質の高い仕事をするために必要となるだろう。いくら潤沢な資金があっても、必要な専門知識を有する人材を十分に確保することは、いつも容易にできるわけではない。大規模で複雑な評価プロジェクトが、常勤スタッフに適切な人材をそろえている調査研究企業との契約を通して行われることが多いのは、このためである。

　評価にとってもうひとつ重要な資源は、プログラム管理スタッフと、それと密接に関連する他の利害関係者たちからの支援である。たとえば、プログラム職員が提供することになるデータ収集に、どの程度協力が得られるかは、あるプログラム評価がどの程度のことを達成できるかに大きく影響してくるだろう。データアクセスへの障壁と、プログラムからの協力の欠如、さらに深刻な場合は積極的な抵抗があると、評価の取り組みにとって大打撃である。これらの障害に打ち勝ち、評価を完遂するためには、かなりの時間と労力が必要になるだろう。最も深刻な場合には、このような抵抗は、評価の目的や妥当性を危うくし、評価を完遂することさえ不可能にすることがある。

　評価者が、サービスを受ける利用者数やその特徴、受けているサービスの種類や量、サービス提供にかかる費用を特定するプログラムの記録や文書、その他の内部データ資料にアクセスできることは特別に重要なことである。プログラム記録からの確かな情報が得られるのであれば、別個にお金をかけて情報を得る必要などない。しかしながら、プログラム記録は、評価目的で使用するのがどのくらい容易であるかによって異なる。書面で保存された記録は、コーディングと処理手続きがかなりの作業量を必要とすることが多い一方で、機械読み取りのデータベースで保存された記録は、ふつう比較的わずかの加工で利用が可能になる。多くの場合お奨めするのは、実際のプログラム記録のサンプルを検討して、それにアクセスしたりそれを用いた作業を実際に試みることで、記録の網羅性と質を測ることである。

　ともかく重要な点は、評価者が評価を計画する際に、資源の問題としてプログラム職員からの協力と、プログラム文書・用具へのアクセス、そしてプログラム記録から得たデータの特徴や

質、利用可能性を調べておかなければならないということである。評価者が、評価スポンサーやプログラム職員と話し合う初期の段階で、評価に必要な資源や支援を明確に説明すれば、誤解や抵抗が生じる可能性はかなり低くおさえることができるだろう（Harty, 1994）。

経験を積んだ評価者は、時間が最も貴重な資源のひとつでもあることを知っている。評価を完了させるのに割り当てられた時間とその締め切り期限の柔軟性は、評価計画において本質的に考慮する点であるが、それを評価者の好みによって決められることはめったにない。通常は、政策過程からのスケジュール要請が、評価に許される時間を規定する。それは、政策決定に一定の役割を果たすためには、一般的にある特定の日までに結果が利用できなければならず、それを過ぎるとその結果はあまり役に立たなくなってしまうことがあるからである。さらに状況を困難にするのは、評価スポンサーが、評価を行うのに要する時間を過小評価する傾向があることである。評価スポンサーが、人目を引く印象的な課題をもち、かなり労力がかかるプログラム評価を要求しながらも、せいぜい数ヶ月程度で結果を出すことを期待することはめずらしいことではない。

兼ね合い（trade-offs）というものが、ここではとても重要である。評価は、広さと深さと厳密さをもつことができるが、それにはそれと比例した資金や時間が必要となる。逆に、安くて早くできるものもあるが、必然的にそれは狭い範囲の課題を扱うものか、あまり深みのないもの（または両方）となるだろう。優れて見識のある人たちを除くすべての評価スポンサーは、たいてい、広さと深さと厳密さをもち、かつ安くて早くもある評価を求めるものである。その結果、過重な仕事を抱え込んだ評価者は、不十分な資源のなかで締め切り期限に血まなこになり、また苛立った評価スポンサーは、出資した成果物を受領するのが遅れてうろたえるというようなことが非常に頻繁に起こるのである。評価に利用可能な時間や技術的な専門知識と、実際的に計画された方法と手続きとの間には、とりわけ強い直接的関連性が存在する。ほとんど例外なく、評価が満たすべき科学的な基準が高ければ高いほど、必要とされる時間や専門知識・技術、労力、プログラムとの協働が多くなるのである。

一般的に、評価がより多くの評価クエスチョンに対して不十分にしか答えられないよりも、いくつかの重要な評価クエスチョンに十分に答えられるほうがよい。評価者が失望するのを防ぐのに最もよい方法は、評価に利用できる資源と、そこからもたらされる避けられない制約との兼ね合いについて、評価スポンサーと腹蔵なくはっきりと話し合うことである。

3．評価者-利害関係者関係の特徴

どのプログラムも、かならずそれは社会的構造物であり、そこではさまざまな個人や集団がプログラムを構成する役割や活動——プログラム運営者が管理し、スタッフがサービスを提供し、参加者がサービスを受けるなど——を担っている。加えてどのプログラムも、関連する政策立案者や、競合するプログラム、権利擁護団体といったプログラムに関連や関心をもつ人たちの政治的、社会的関係のなかでの結合体である。評価者は、計画過程の初期に、これらの利害関係者た

ちや、評価に加わるかもしれない、あるいは評価プロセスや評価結果に関心をもつその他の利害関係者たちとの関係性のあり方に、はっきりとした注意を払うべきである。より具体的には、評価者が考慮する必要がある主要な利害関係者には、以下の人たちが含まれる。

- **政策立案者と意思決定者**　プログラムを開始するか、続けるか、中止するか、拡大するか、再編するか、短縮するかを決定する責任者。
- **プログラムスポンサー**　プログラムを開始し、プログラムの資金を提供する組織。彼らはまた、政策立案者や意思決定者と重複することもある。
- **評価スポンサー**　評価を開始し、評価の資金を提供する組織（ときに、プログラムスポンサーと評価スポンサーが同じであることがある）。
- **標的となる参加者**　評価される介入やサービスを受ける個人や世帯、その他の単位。
- **プログラム運営者**　介入プログラムの監督、運営の責任者。
- **プログラムスタッフ**　プログラムサービスの提供を担う職員、あるいはサポート的役割を担う職員。
- **プログラムの競合者**　利用可能な資源について、そのプログラムと競合する組織や集団。たとえば、オルターナティブスクール［訳注：従来とは異なる教育方法・カリキュラムを採用している学校］を提供する教育プログラムは、新しい学校が競合者とみなされるため、公立学校の注目を集めるだろう。
- **社会文脈上の利害関係者**　プログラムの近接環境にあり、そのプログラムがなにをしており、プログラムになにが起こっているのかについて関心をもっている組織や集団、個人（プログラムの行われている管轄地域内にある他の機関やプログラム、公務員、市民団体など）。
- **評価と研究の学界**　評価の技術的な質や信頼性を評価・査定する評価専門家、およびプログラムの関連領域で働く研究者。

　これら集団のすべて、あるいはそのいくつかが、どのような評価にも関係してくるであろう。しかし、たとえその利害関係者の取り合わせがどのようであっても、評価者は利害関係者たちの関心を承知しておかなければならず、評価計画のなかに、少なくとも主要な利害関係者とどうかかわるかについての適切な方法を盛り込んでおかなければならない（その方法については Exhibit 2-H に示す）。

　利害関係者リストのトップにくるのは評価スポンサーである。評価スポンサーは、評価に着手し、通常は資金を提供し、評価をどのように、いつ、だれがすべきかについて決定をする主体である。評価スポンサーとの間にはさまざまな関係性がありうるし、それはスポンサーの好みや、評価者との間での交渉いかんによるところが大きいだろう。よくある状況は、評価スポンサーは評価者に独立した専門的実践家としての役割を期待するというもので、そこでは評価者は、とくにはじめの段階ではスポンサーからガイダンスを受けるだろうが、それ以外は評価の計画、実行、報告に全責任を負うだろう。たとえば、プログラム助成者は評価を依頼する際に、しばしば提案依頼書（RFP: request for proposals）あるいは申請依頼書（RFA: request for applications）を

■ **EXHIBIT 2-H** ■　評価への利害関係者の関与：実践への示唆

　通学区域スタッフとの協働作業の経験に基づき、ある評価者は、利害関係者の関与を通して評価の利用を強化するために、次のような意見を提案した。

- 利害関係者の同定：　まず最初に、プログラムに最も密接にかかわる人たちに重点をおいて関与し、そのプログラムに大きな利害関係がある特定の利害関係者を明確にする。
- 利害関係者に早くから関与する：　利害関係者が同定されたら、可能なかぎり速やかに、その人たちを評価過程に引き入れる。それは、評価に影響を及ぼす重要な決定の多くが、この初期の過程に出現するからである。
- 利害関係者に継続して関与する：　主要な利害関係者たちの関与は、実質的にすべての評価局面の一部でなければならない。可能であれば、定期的なグループ会議を予定する。
- 利害関係者に積極的に関与する：　利害関係者が関与することの本質的な要素は、それが活動的なことにある。利害関係者は、評価デザインの課題に取り組み、調査クエスチョンの起草を援助し、最終報告に意見提供をし、プロジェクトの重要な全側面を審議するように求められるべきである。
- 構造を確立する：　利害関係者が慣れ親しんだ内容に基づき、対話に焦点を当てつづけるのに役立つ、概念的枠組みを開発して用いる。この枠組みは、利害関係者たちが関心や考えを共有し、情報的ニーズを明確にして評価結果を解釈できるように、その地域状況内の主要な課題に、議論のための話題として焦点を当てるべきである。

出　典：Robert A. Reineke, "Stakeholder Involvement in Evaluation: Suggestions for Practice", *Evaluation Practice*, 1991, 12(1): 39-44. より一部修正のうえ引用。

発行するが、それに対して評価者は、依頼に応じて、自分たちの能力、提案デザイン、予算、スケジュールなどを文書で回答する。次に評価スポンサーは、これら回答のあったもののなかから評価者を選び、作業内容に同意するための契約協定を結ぶ。

　評価スポンサーとのより強い協働作業が必要となる他の状況もある。評価の計画、実施、そして結果の分析にかかわりたいと考えるスポンサーがいるかもしれない。それは、スポンサーのかかわり方として、評価者がプロジェクトを展開させるなかで段階ごとに反応していく形態か、それぞれの段階で実際に評価者とかかわる形態かのどちらかであろう。この型の関係性は内部評価者（internal evaluators）、すなわち評価対象プログラムを行う組織に評価者が所属している場合によく見られる。この場合、評価者は一般的に、評価を計画し実施するうえで管理者側と密接な関係をもちながら作業することになり、その管理者とは評価部門の管理者、評価対象プログラムの管理者、その組織の上層部のだれか、あるいはその組み合わせであろう。

　評価スポンサーが評価者に対して協働を求めてきて、その相手は他の利害関係者集団にしてほしいと、はっきりと要求してくる場合もある。たとえば、民間財団はしばしば、彼らが出資しているプログラムの地域の利害関係者たちと協働して評価を進めていくことを望む。このアプローチの変形としてとりわけ興味深いのは、プログラムサービスの受け手が、評価の計画、優先順位

の設定、情報収集、結果の解釈に主たる役割を担うことが求められる場合である。

評価スポンサーや他の利害関係者たちと評価者との関係性は、評価文脈や計画過程にとってきわめて中心的な問題であり、さまざまな環境を記述するための特殊な用語がつくられてきた。評価者－利害関係者関係で広く認識されている形態には、以下のものがある。

独立評価

独立評価（independent evaluation）においては、評価者は、評価計画を立て、評価を実施し、結果を伝えることにおいて主たる責任を負う。社会科学者がその内訳を自身の裁量に委ねられている研究費を用いて、知識生成を目的とした評価を行う場合のように、評価者が、かなり自律的に評価を開始し指揮することもあるだろう。より一般的なかたちは、スポンサー機関が独立評価者に評価の委託をする際に、その目的と性質は規定するものの、評価計画の詳細や評価の実施は評価者に委ねるというかたちである。しかしそのような場合でも、評価者は評価を形成するなかでなんらかの影響をある範囲の利害関係者たちに与えるために、彼らと協議するのが一般的である。

参加型・協働型評価

参加型・協働型評価（participatory or collaborative evaluation）は、評価者およびひとつ以上の利害関係者集団の代表者がチームをつくり、チームプロジェクトとして組織される（Greene, 1988; Markら, 1985）。参加する利害関係者は、評価の計画、実行、分析に直接的に関与し、評価者は、チームリーダーやコンサルタントから、必要なときにだけ呼ばれる人、というまでの幅広い役割を担いつつ、協働的に作業していく。参加型評価でとりわけよく知られている形態のひとつに、Patton（1986, 1997）の利用焦点型評価（utilization-focused evaluation）がある。Pattonのアプローチは、評価知見を用いることになる人たちとの密接な協働関係を強調している。それは、評価がその使用者の必要性に応えるものであり、使用者が利用可能で、また実際に利用すると思われる情報をつくりだすことを保証するからである。

エンパワーメント評価

評価者－利害関係者関係における利害関係者の主導権、権利擁護、自己決定を強調する視点を発展させてきた評価者たちがいる（Fettermanら, 1996）。エンパワーメント評価（empowerment evaluation）においては、評価者－利害関係者関係は参加型かつ協働型である。それに加えて、評価者の役割にはコンサルタントやファシリテーターの役割も含まれ、評価者は参加する利害関係者が自身で評価を行える力、権利擁護や変革のために評価結果を効果的に使える力、彼らの生活に影響を及ぼすプログラムに対してなんらかのコントロール感をもつという体験的なものを開発していくことになる。それゆえ評価過程は、参考になり有用な知見を生み出すことだけではなく、参加者の自己開発と政治的影響力を高めることをも指向する。これらのテーマが示しているように、エンパワーメント評価は、評価に参加しなければプログラムという文脈のなかでほとんど力をもつことはない利害関係者、通常それはプログラムの受け手や受益者とみなされている人

たちであるが、それらの人たちを含むことが最も適切なかたちである。

　参加型評価およびエンパワーメント評価的な観点の重要な貢献は、独立評価が常に適切であるとする前提に疑問を差し挟んだことにある。評価スポンサーやその他の利害関係者集団の参加は、評価結果がより彼らの関心に近いものとなり、彼らに役立つものとなることを保証するだろう。さらに、それは評価に対する所有感覚（a sense of ownership）を醸成させ、そうなれば評価知見の重要性は大きくなり、抵抗が生ずることも少なくなる可能性がある。そして、エンパワーメントの理論家が指摘するように、公的な力をほとんどもたない利害関係者集団が評価を行い、それを使えるようになると、彼らの影響力と自己効力感の高まりによって、プログラムという文脈におけるパワーバランスを変えることが可能となるだろう。このように、評価スポンサーと評価者は、どう評価責任を分担するのか、そして評価者－利害関係者の協働をどう組織するかに関する取り決めについて、明確に考慮しておくことが望ましい。

　評価が独立評価者によって計画され実施されるのか、利害関係者チームによって行われるのかによって、意思決定の性質や評価者の役割、そして最もありそうなこととして評価の焦点や特性が、かなり変わってくる。それでもなお、結果は、確立されたプログラム評価の概念や方法論を用いて示されなければならない。したがって私たちは、利害関係者たちとの協働作業プロセスを、すなわち独立の評価者としてか、協働者か、促進者か、あるいは人材資源（resource person）としてかどうかを、そのプロセスの結果生じた評価計画とは区別して考えている。それが評価の文脈や対象プログラムに見合ったよい計画であれば、たとえその計画や実施がどのようなプロセスを経たものであろうとも、ほとんど同じような評価計画の特徴をもつものになるだろう。そこで、本章の残り部分において、一般的な計画問題について議論するが、評価者の役割についての言及がある場合、それは独立評価者か協働チームのどちらかを意味していると考えていただきたい。

　評価者－利害関係者関係に加え、評価計画には、評価知見の伝達と普及に関するなんらかの準備を含むべきである。役に立てるためには、評価知見はプログラムに関心をもっている人たち、とりわけ重要な決定を行う責任をもっている人たちに伝えられなければならない。評価知見をきわめて詳細な部分まで伝えることは困難であるし、どの情報に対して利害関係者は最も関心をもつのだろうか、ということについて、もともとはっきりしていないという場合もしばしばある。したがって、この問題を主要な利害関係者とともに議論して、初期のうちから伝達と普及の系統的な計画を立てておくことが、通常最善の方法である。効果的な伝達と普及活動を計画するための有用な示唆がTorresら（1996; Exhibit 2-Iも参照）に示されている。

4．評価クエスチョンと評価方法

　プログラム評価とは本来、プログラムの実績（performance）と効果性に関するクエスチョン

> ■ **EXHIBIT 2-1** ■　利害関係者との上手なコミュニケーション
>
> 　Torresら（1996）は、アメリカ評価協会（American Evaluation Association）の会員に対して利害関係者とのコミュニケーションや、評価知見の報告についての評価者の経験を調査し、面接を行った。回答者によると、効果的なコミュニケーションの要素は、以下のように同定された。
>
> - 継続的で協働的なコミュニケーション過程は最も効果的なものである。定期的な会議とインフォーマルな会話は、評価過程を通して密接な接触を維持するために使用され、中間報告書と報告書の草稿は、結果を構築させながらその知見を伝えるために使うことができる。
> - さまざまな形式のコミュニケーション方法を用いることが大切である。そのなかには、短報と要約（サマリー）、口頭発表、インフォーマルな交流の機会などが含まれる。
> - コミュニケーションの内容は、対象者に合わせて行うべきであり、対象者が理解しやすいようにすべきである。コミュニケーションには、明快な言語と、グラフやチャート、生き生きした具体的ないくつかの実例を用いるべきである。また、そのプログラムと評価に関する背景的・文脈的な情報を示し、肯定的な結果も否定的な結果も双方とも取り上げ、明確で具体的な提案をすべきである。
>
> 出　典：Rosalie T. Torres, Hallie S. Preskill, and Mary E. Piontek, *Evaluation Strategies for Communicating and Reporting: Enhancing Learning in Organizations* (Thousand Oaks, CA: Sage, 1996), pp. 4-6. より一部修正のうえ引用。

に回答するための情報収集と解釈のことである。評価を設計する際の重要なステップは、したがって、評価が回答しなければいけないクエスチョンを定めることである。これはときにきわめておざなりに行われているが、そこに熱心で細心の注意が向けられなければならない、というのが私たちの主張である。注意深くつくりあげられた一連の**評価クエスチョン**（evaluation questions）は、評価に構造を与え、適切で周到な計画を導き、そしてだれがその回答に関心をもち、どのようにそれが使われるのかに関する根本的な議論の基礎を提供する。さらに、そうしたクエスチョンの構築、およびそれらにどう答えるかの計画立案は、精査を受けるプログラム個々を取り巻く独特の環境に対して、評価を「あつらえ」ていく際の主要な方法である。

　扱われる評価クエスチョンは、評価計画において要となるきわめて重要なものなので、第3章ではその章のすべてを割いて、とるべき形式、どのようにしてつくられるのか、評価デザインを構造化するためにそれがどのように選び出され、まとめられ、統合されるのかについて議論する。ここでは、一連の適切な評価クエスチョンがすでに同定されているものと仮定して、その特性が評価の「あつらえ」や計画に対してどのような意味合いをもつのか、より幅広くみていくことにしよう。その観点から次のように認識することは有用である。すなわち、評価クエスチョンは、一般的に、取り扱うプログラムの課題に応じて、認識可能ないくつかの種類に分類されるということである。通常は、5種類の評価クエスチョンが特定される。

- **ニーズアセスメント**　プログラムの改善しようとしている社会状況、およびそのプログラム

に対するニーズに関する評価クエスチョン
- **プログラム理論のアセスメント**　プログラムの概念化とデザインに関する評価クエスチョン
- **プログラムプロセスのアセスメント（またはプロセス評価）**　プログラムの運営、実施、サービス提供に関する評価クエスチョン
- **インパクトアセスメント（インパクト評価またはアウトカム評価）**　プログラムのアウトカム（成果）やインパクト（影響）に関する評価クエスチョン
- **効率アセスメント**　プログラムの費用や費用対効果に関する評価クエスチョン

これらの評価形態については、第4章から第11章で詳しく論じられる。ここでは、それぞれが最も適切と思われる状況について、いくつかの指針を提供することにとどめよう。

1）ニーズアセスメント

　社会プログラムの主要な理論的根拠は社会問題を緩和することである。たとえば、ある集団において読み能力に乏しい人たちがかなりの割合にのぼっているという認識は、識字能力を向上させる新しいプログラムに対して推進的にはたらくだろう。同様に、青年期ドライバーの自動車事故率は依然として高いままであるために、高校における自動車運転教育が公衆の支持を得ている、といったように、いま行われているプログラムは、社会問題の持続によって正当化されるだろう。
　したがって、評価の重要な形態のひとつは、社会問題の性質や大きさ、広がり、介入の必要性の程度、そしてその介入を設計するための社会状況の意味合いをアセスメントすることである。こうした診断学的活動のことを評価領域では**ニーズアセスメント**（needs assessment）と呼ぶが、これは他領域で社会疫学とか社会指標研究などと呼ばれているものと重なる（McKillip, 1987; Reviere ら, 1996; Soriano, 1995; Witkin ら, 1995）。ニーズアセスメントはしばしば、新しいプログラムを計画したり、確立されたものを再編したりする際の第一段階として行われ、どのようなサービスが必要とされ、どうすればそれらが最もよく提供されるのかについての情報を提供するものとなる。またニーズアセスメントは、確立されたプログラムが標的となる参加者の現在のニーズに応えているのかどうかについて検討するのにも適しており、改善に向けた指針を提供するだろう。Exhibit 2-J に、行われたいくつかのアプローチのうちひとつを例として示す。第4章では、ニーズアセスメントのさまざまな側面を詳細に論ずる。

2）プログラム理論のアセスメント

　問題が認識され介入の必要性が明らかになったとしても、どのようなプログラムでも、手当たりしだいにやってみることはできない。プログラムの概念化と設計は、問題の特徴についての確

■ **EXHIBIT 2-J** ■　ホームレス男女の援助ニーズ

[Exhibit 4-J 参照]

　男女のホームレス1260人の代表サンプルに対して、彼らのニーズに対する認識を明らかにするために、ニューヨーク市が運営する独身成人のための保護施設で面接を行った。その面接は20項目をカバーしており、それぞれの項目は特定の領域における援助ニーズを表すものであった。ほとんどの回答者は複数のニーズを認識しており、その平均数は6.3個であった。

　住む場所を見つけたり、安定した収入を得たりすることへの支援ニーズは、全体的に最も共通して指摘されたニーズであった。また仕事を見つけることや仕事のスキルを磨くことに対する支援ニーズが同じくらい多く挙げられていた。男性は、女性に比べて、飲酒の問題や薬物の問題、お金の使い方の学習、退役軍人手当ての受け取り、警察との問題、他の人とうまくつきあうこと、および住む場所を見つけることへの支援ニーズを多く報告していた。女性は、健康と医学的問題、および護身スキルの学習に対する支援ニーズを多く報告していた。

　評価者は、プログラムがこれらの多面的なニーズに真に応えるためには、包括的な範囲のサービスを利用しやすいように提供する能力や利用を仲介する能力をもたなければならない、と指摘した。

出　典：Daniel B. Herman, Elmer L. Struening, and Susan M. Barrow, "Self-Reported Needs for Help Among Homeless Men and Women", *Evaluation and Program Planning*, 1994, 17(3): 249-256. Copyright © 1998, John Wiley & Sons, Inc. より一部修正のうえ引用。

かな仮説を反映しなければならないし、その問題を解決するのに実現可能なアプローチを示さなければならない。言い換えれば、すべての社会プログラムは、それが「機能すると思われる」方法を示す、なんらかの計画や青写真に基づいているのである。この計画は詳細まで完全に記述されることはあまりないが、それでもなお、主な利害関係者の間で共有された概念化（conceptualization）として存在する。このプログラム計画は、基本的にゴールを達成するためにプログラムがどのようにその役割を果たすべきかに関する仮説と期待から構成されるため、私たちはこれをプログラム理論と呼ぶことにする。もしこの理論に欠陥があると、その介入は、いくらそれがエレガントに着想され、いくらうまく実行されていようとも失敗するだろう（Chen, 1990; Weiss, 1972）。

　プログラム理論のアセスメント（assessment of program theory）は、プログラムが概念化されたり、設計される方法に関連した評価クエスチョンに焦点を当てる。このアセスメントは、まず、プログラム理論を明確かつ詳細なかたちで記述することを必要としている。次にさまざまなアプローチが使用されて、それがどの程度合理的であり、実行可能で、倫理的、かつその他の点でも適切であるかを検討する。このプログラム理論アセスメントのスポンサーは、一般的に新しいプログラムを立ち上げようとする資金提供機関か、その他の意思決定者である。Exhibit 2-K は、家庭維持プログラム［4頁 Exhibit 1-A の訳注参照］のための概念的基礎を検討した結果を示しているが、そのプログラムはほとんど成功の見込みがない概念に基づいていることが指摘されている。第5章では、プログラム理論のより進んだ議論と、それを評価する方法を示す。

■ EXHIBIT 2-K ■　家庭維持プログラムのデザイン上の欠点

　評価可能性アセスメント（第5章参照）の一部として、アメリカ連邦政府保健対人サービス部と契約を結んで働く評価者は、家庭維持プログラム（family preservation programs; FPPs）の設計を評価した。FPPs は、危機状態にある家族に対する期限つきの集中的な在宅サービスであり、［施設入所など家庭外での］子どもの養育ケアへの措置を防止することを意図している。評価者は、FPPs の定義について連邦政府のスタッフと全国レベルの民間機関と討議し、利用できる文献をレビューし、州および地域のプログラム記録を入手し、4つのプログラムに対して視察を行った。これらの情報から、彼らは、そのプログラムがどのように運営されるようになるかについての「モデル」をつくりあげて、政策立案者やプログラム運営者、そして運営レベルのスタッフから、次の主要な4側面に関する視点を得た。それは、(a)プログラムのゴール、(b)プログラムに影響を及ぼす児童福祉制度の諸側面、(c)標的集団、(d)他の在宅サービスから FPPs を区別する特徴、である。彼ら自身の分析と専門家諮問委員会との討議に基づいて、評価者は次のように結論した。すなわち現在のプログラム設計では、FPPs は、養育ケアへの措置を予防するという、政策立案者の主要な目標を達成することはできないだろうということであった。プログラム設計にみられた主要な欠陥は、措置の「差し迫ったリスク」がある子どもの特定が実践的に困難であることであった。これは、プログラムが真に措置のリスクのある子どもをもつ家族を、継続して標的としつづけることができないことを意味していた。

出　典：Joseph S. Wholey, "Assessing the Feasibility and Likely Usefulness of Evaluation", in *Handbook of Practical Program Evaluation*, eds. J. S. Wholey, H. P. Hatry, and K. E. Newcomer (San Francisco: Jossey-Bass, 1994), pp. 29-31. より一部修正のうえ引用。Wholey の説明は Kaye ら（1993）．に基づいている。

3）プログラムプロセスのアセスメント

　正確に診断された社会問題に対して、どのように介入すべきかを明らかにした妥当なプログラム理論があったとしても、そのプログラムがうまく実施されないかぎり、その状況が実際に改善する機会を得ることはできない。プログラムが、その意図したデザインに従って実施、遂行されないことはめずらしいことではない。プログラムが十分に管理されていなかったり、政策的な妨害によって妥協せざるをえなかったり、実行不可能な方法で設計されていることがあるからである。ときとして、適切な人材が揃わなかったり、設備が不適切であったり、プログラムスタッフに動機づけや専門性、訓練が欠けていることもある。意図したプログラムの参加者に必要な人数が揃わなかったり、はっきりと特定されることができなかったり、また協力的でないこともあるだろう。

　基本的で広く用いられている評価形態である**プログラムプロセスのアセスメント**（assessment of program process）は、プログラム実施のフィデリティ［忠実性、モデル適合度］と効果性を評価する。このようなプロセスアセスメントは、プログラムの活動と運営を評価しており、通常**プロセス評価**（process evaluation）と呼ばれたり、あるいはその評価が進行中の機能を評価すると

■ **EXHIBIT 2-L** ■　最前線の失敗：福祉制度改革の実施

[Exhibit 6-G 参照]

　労働報酬プログラムは、勤労意欲を確立し、要扶養児童家庭扶助（Aid to Families with Dependent Children: AFDC）［訳注：主にひとり親世帯を対象とする貧困層のための所得保障制度。1997年には、AFDCに代わってTANF（貧困家庭一時扶助）制度が施行された］の福祉プログラムに留まる気持ちを弱めるようにデザインされた、カリフォルニア州における、州レベルの福祉改革実証プログラムである。プログラム管理者たちは、次のように認識していた。すなわち、政策立案者の意図を実現するためには、地域の福祉事務所のワーカーが、新しい政策の情報を利用者に伝えるとともに、彼らに、労働と福祉についての義務と選択に関する理解を深めるような、肯定的で個別化された方法で、この情報を示さなければならないだろう、ということであった。そこで、研究者が労働報酬プログラムについて福祉ワーカーと面接し、利用者との面接回数を観察するアセスメントが行われた。

　この調査結果によって、新しい政策に基づいて福祉ワーカーと利用者間で行われることが期待されたやり取りは、ごく稀であることが明らかにされた。利用者との面接の80％以上において、ワーカーは新しい政策に関する情報を提供したり、解釈したりすることがなかった。ほとんどのワーカーは、資格要件に関する情報を収集・確認し、福祉規則について書いてあることをただ復唱するという日常業務のパターンを繰り返していた。しかしながら、評価者はまた、福祉ワーカーが労働報酬プログラムについて最小限の情報しか与えられておらず、変化について莫大な数のケースを教育するための時間や資源が追加されていないことを明らかにした。これらの知見から、カリフォルニアの街中では、福祉改革が十分には行われていないことと、その改革がなぜ行われていないのかについてのいくつかの理由が明らかにされた。

出　典：Marcia K. Meyers, Bonnie Glaser, and Karin MacDonald, "On the Front Lines of Welfare Delivery: Are Workers Implementing Policy Reforms?", *Journal of Policy Analysis and Management*, 1998, 17(1): 1-22. より一部修正して引用。

きにはプログラムモニタリング（program monitoring）と呼ばれたりする。プロセス評価では、そのプログラムがどの程度よく運営されているかが調査される。そこでは、実際に提供されているサービスがプログラムのゴールとどの程度一致しているか、サービスが適当な受益者に提供されているのか、サービス提供がどの程度よく体系化されているのか、プログラム管理の有効性、プログラム資源の利用やその他の課題について調査されるだろう（Exhibit 2-L に例を挙げた）。

　プロセス評価は、プログラム評価で最も頻繁に用いられる形態である。独立した評価として、あるいは、より包括的な評価の一部として（以下で述べる）インパクトアセスメントと組み合わせて用いられることもある。独立した評価としては、品質保証（quality assurance）の情報を生み出し、プログラムがどの程度意図したとおりに実施され、そのプログラムのためにつくられた標準（standards）に合致して運営されているかをアセスメントする。適用されたプログラムモデルが確立された有効性を持つプログラムである場合、そのプログラムがうまく実施されていることを示すことは、期待されるアウトカムが同様に導き出されるという推定証拠ともなりうる。プログラムが新しいものである場合は、プロセス評価を行うことによって、管理者やその他の利害関係者たちに、プログラム計画を実行することでもたらされた進展について貴重なフィードバッ

クを提供することになる。管理的な観点からすると、プロセス評価は、プログラムが高いパフォーマンスで管理されるためのフィードバックを提供する（Wholeyら，1992）。関連データの収集と主要な指標の報告は、経営情報システム（MIS）の形式に体系化され、日常業務で継続的な実績フィードバックの提供が可能である。

その他の代表的な適用として、プロセス評価はインパクトアセスメントに不可欠の補助役として使用される。インパクト評価が提供するプログラムのアウトカムに関する情報は、そのアウトカムを生み出すプログラム活動やサービスを知らなければ、不完全で曖昧なものになる。プログラムになんのインパクトも認められなかったとき、プロセス評価は、その失敗が実施上の失敗だったのかどうかを示すことで重要な診断学的な価値をもつことになる。すなわち、意図したサービスが提供されなかったので期待した利益がもたらされなかったのか、あるいは理論上の失敗、すなわちプログラムは意図したとおりに実施されたが期待した効果を生み出すことに失敗したのかを示すことができるのである。一方で、プログラム効果が認められたときには、プロセス評価は、その効果が見せかけのものからきているのではなく、プログラム活動によってもたらされたことを確証し、その効果を生み出すのに最も有益なサービスの諸側面とはなにかを同定するのに役立つ。プロセス評価については、第6章でより詳細に述べる。

4）インパクトアセスメント

インパクトアセスメント（impact assessment）は、インパクト（影響）評価あるいはアウトカム（成果）評価と呼ばれることもあり、あるプログラムが扱う社会状況において、意図した改善がどの程度もたらされるのかを評価したものである。インパクトアセスメントでは、望むようなアウトカムが達成されたのか、そしてこれらの変化に意図しない副次的悪影響（side effects; 副作用・逆効果）が含まれているかどうかが問われる。

プログラムのインパクトをアセスメントする主な困難は、通常、望まれたアウトカムがプログラムとは関係のない要因によっても生じうるということである。したがって、インパクトアセスメントには、プログラムの純効果——すなわち、標的とした社会状況に影響を及ぼす他の過程や出来事から生じる変化以上の、介入によってもたらされた変化——を推定することが必要となる。インパクトアセスメントを行うために、評価者は、まず、プログラム利用者（program recipients）の状態を、関連するアウトカム尺度上で確証し、次にもし介入を受けていなかったら、彼らの状態がどうであったのかを推定できるように研究をデザインしなければならない。インパクトアセスメントの複雑さは、その大部分が後者の状態——すなわち、これはプログラム利用者に実際に起こったことと反する状況のことであるため反事実的条件（counterfactual）と呼ばれているが——の妥当な推定値を得ることと関連している。（Exhibit 2-Mにインパクトアセスメントの例を挙げる）。

いつインパクトアセスメントを行うのが適切で、どのような評価デザインを用いるべきかを決定することは、評価者にとってかなりの難問である。評価スポンサーは、しばしば、インパクト

■ **EXHIBIT 2-M** ■　ゴミ問題への影響なし

　台湾はゴミ問題を抱える人口密度の高い島国である。ゴミの蓄積は近年急激に増大してきており、26の河川がゴミで汚染され埋め立て処分地の数は徐々に限られてきた。その結果、1993年にゴミ削減実証プログラム（garbage reduction demonstration program: GRD）が、台北郊外のネイフで開始され、このプログラムの廃棄物量への影響が評価された。台湾では、ゴミは毎日収集されており、GRDの計画は火曜日の収集を一時中止することにより、この日課を崩すことにあった。理論的には、住民に週に1日分のゴミを自分の家に蓄えておくことを要求することで、その家屋がゴミを貯蔵する機能の乏しい造りになっているため、住民が不便さや不快さを十分に経験し、ゴミ問題への意識が高まるだろうと考えられた。結果として、住民は自分たちの出すゴミの量を減らす努力をするだろうと期待された。プロセス評価は、そのプログラムが計画どおり実施されていることを明らかにしていた。

　インパクトアセスメントが、プログラム開始前の4ヶ月と開始後4ヶ月の期間、ネイフと類似の近郊都市ナンカンにおける1日廃棄物量の記録を取ることによって行われた。分析の結果、プログラム実施期間にネイフで集められた廃棄物量は、プログラム前の量や比較地域の量に比べて減少していないことが示された。この結果は、住民が火曜日の通常量を蓄えてそれを水曜日に廃棄しており、各週の残余量に持ち越し効果がみられないことを示している。住民たちとの面接によりプログラム理論がまちがっていることが明らかにされた。すなわち、住民たちは、自宅にゴミを蓄えておくことにおいて期待された不便さや不快さを報告することはなかった。

出　典：Huey-Tsyh Chen, Juju C. S. Wang, and Lung-Ho Lin, "Evaluating the Process and Outcome of a Garbage Reduction Program in Taiwan", *Evaluation Review*, 1997, 21(1): 27-42. より一部修正して引用。

アセスメントが必要であると信じており、実際に、インパクトアセスメントはプログラムが意図した影響を有しているかどうかを決定する唯一の方法である。しかしながら、インパクトアセスメントはその性質上、専門性と時間と資源をおおいに必要とするものであり、日常的なプログラム運営の制約のなかでは適切に立ち上げることが困難である場合が多い。もし、アウトカム情報に対するニーズがインパクトアセスメントを十分に正当化するものであったとしても、プログラム環境がそのような評価を行うのに適切であるかどうかという疑問がなお残っている。たとえば、十分に構造化されていなかったり、適切に記述できないプログラムのインパクトを証明することはほとんど意味のないことである。したがって、インパクトアセスメントは、十分定義されたプログラムモデルをもち、必要な労力に見合う、評価の成果を明瞭に使用できる、成熟して安定したプログラムに対して行うのが最も適しているといえる。第7章から第10章では、インパクトアセスメントについて論じるとともに、それを設計し実施するさまざまな方法について検討する。

■ **EXHIBIT 2-N** ■　　精神障害をもつ人たちへの地域治療の費用効率

　もし支援サービスが提供されるならば、精神障害をもつ人たちは州立精神病院ではなく地域での生活が維持できることが多いであろう。しかしこのような地域援助は、入所による病院ケアより費用がかかるのではないだろうか。オハイオの研究チームは、州が認定した重症精神障害をもつ利用者の住宅補助や、ケースマネジメントを提供する地域プログラムの費用と、地域の精神病院に入院する患者の費用とを比較した。プログラムの利用者は2年以上にわたって毎月面接を受け、彼らの精神保健サービスや、医療・歯科医療サービス、居住サービスの利用と、他の個人消費が割り出された。これらサービスの費用に関する情報は、それぞれのサービス提供者と地域プログラム自体の直接費用を統合したものから入手した。患者が90日以上滞在する病棟の費用は、オハイオ州精神保健課の予算データから集められ、地域プログラム参加者のための分類表にできるかぎり近く対応するよう下位分類された。精神保健ケアは、プログラム利用者にとっても病院利用者にとっても、サービス費用の最も大きな要素をなしていた。しかしながら、全体として、すべてのサービスの総費用は、最も集中的なタイプの地域プログラムサービスの費用で月1730ドル、入院ケアは月およそ6250ドルと見積もられた。したがって、地域ケアは病院ケアよりもかなり安く、あまり費用はかかっていないのである。

出　典：George C. Galster, Timothy F. Champney, and Yolonda Williams, "Costs of Caring for Persons With Long-Term Mental Illness in Alternative Residential Settings", *Evaluation and Program Planning*, 1994, 17(3): 239-348. より一部修正して引用。

5）効率アセスメント

　プログラムが標的とする問題に正の効果を持つことがわかっても、プログラムの社会的価値をアセスメントするには不十分であることが多い。社会プログラムのための資源は限られているので、プログラムの功績は、同時にその費用と比較して判断されなければならない。効果的なプログラムのなかには、プログラムにかかる費用が、他の代替的なプログラムと比較して、そのインパクトと比べて相対的に高いため、魅力的でないものもあるだろう（Exhibit 2-N に例示）。

　効率アセスメント（efficiency assessment）は、プログラム費用とその効率性との関係を考慮に入れるものである。効率アセスメントは、**費用便益分析**（cost-benefit analysis）あるいは**費用効果分析**（cost-effectiveness analysis）の形式をとることがある。典型的な課題には、あるプログラムがその費用と比較して十分な利益を生み出すかどうかということや、他の介入あるいは提供システムがより低い費用で利益を生み出すことができるかどうか、という課題がある。

　効率アセスメントは、プログラム関連活動に金銭的価値を仮定しなければならず、ときにはプログラムの利益を金銭に帰属させるために、トリッキーで議論の余地のあるものにもなりうる。それにもかかわらず、このような評価は、プログラムに対する資源配分の決定や、与えられた一定の資金内で最も強い成果を生み出すプログラムモデルを特定するためには、欠くことのできないものである。

インパクトアセスメントと同様に、効率アセスメントは、十分に構造化されたプログラムモデルをもった、成熟し安定したプログラムに最も適している。この評価の形態は、プロセスアセスメントとインパクトアセスメントを基盤に構築されている。効率性の評価クエスチョンが適用される前に、プログラムがうまく実施されていなければならないし、望まれるアウトカムが生み出されていなればならない。効率アセスメントを行うために必要な専門的財政学的知識があったとしても、明らかなニーズが存在し、効率性の情報に関する利用者が同定されている場合にのみ、効率アセスメントを行うべきだということも、また明らかなことである。しかし、いろいろなところでプログラム費用に対する関心が高まっている昨今、これは特異な社会状況とはいえないのかもしれない。第11章では、効率アセスメントの方法についてより詳細に論じる。

まとめ

- すべての評価は、それを取り巻く一連の環境の特性に合わせて「あつらえ」られなければならず、それによってはじめて、課題となる評価クエスチョンに対して信憑性のある有用な回答を生み出すことが可能となり、また利用できる資源の範囲内で現実に実施できる、十分に実際的な評価となるであろう。
- 「あつらえ」られなければならない評価計画の主要な側面には、評価が回答するべきクエスチョン、それらクエスチョンに回答するために用いられる方法や手続き、そして評価者－利害関係者関係の性質が含まれる。
- 評価の文脈における3つの主要な特徴が、評価計画において考慮されなければならない。それは、評価の目的、評価されるプログラムの構造と環境、そして評価に利用できる資源である。
- 必然的に、評価の全般的な目的がその焦点、範囲、構造をかたちづくる。一般的に評価は、プログラム管理者や評価スポンサーにフィードバックを提供すること、意思決定者たちへの説明責任を確立すること、あるいは社会的介入についての知識に寄与することを意図している。
- 評価計画はまた、プログラムの構造および環境に敏感でなければならず、そこにはそのプログラムがどのくらい新しいか、あるいはどのくらい変化に開かれているのか、プログラムの性質や使命についての利害関係者間での一致あるいは葛藤の程度、プログラムの理論的根拠に内在する価値や概念、そしてプログラムの組織や運営方法が含まれる。
- 評価計画は、評価の取り組みに利用できる資源面での避けられない制約を斟酌したものでなければならない。重要な資源には、資金だけでなく、作業完遂までに許されている時間、直接的に関連する専門知識や技術、プログラムや利害関係者の協力、および重要な記録やプログラム資料へのアクセスといったものも含まれる。評価の立場から最も望ましいことと、利用可能な資源という点から実行できることとの間のバランスをはかられなければならない。

■しばしば軽視されるが、しかし重要な評価計画の一側面は、評価者と評価スポンサーや他の主要な利害関係者たちとの適切な関係性を詳細に示すことである。評価者－利害関係者関係の3つの主要な類型は、(1)独立評価（評価者が評価の設計や実施に主要な責任をもつ）、(2)参加型・協働型評価（評価は利害関係者を含んだチームプロジェクトとして行われる）、(3)エンパワーメント評価（評価は、評価に参加する利害関係者らがそのスキルや政治的影響力を高められるように、その能力開発を援助するようデザインされる）である。

■評価が取り組むクエスチョンは、一般的にいくつかのカテゴリーに分類されうる。評価者たちはこれまで、これらの異なる課題に対して、比較的はっきり区別できる概念的、方法論的アプローチを発展させてきた。評価によって扱われる事柄の主な類型とそれに関連した方法は、(1)サービスに対するニーズ（ニーズアセスメント）、(2)プログラムの概念化とデザイン（プログラム理論のアセスメント）、(3)プログラムの実施（プログラムプロセスのアセスメント、プロセス評価またはプログラムモニタリングとも呼ばれる）、(4)プログラムのアウトカム（インパクトアセスメント）、(5)プログラムの効率性（効率アセスメント）である。実際的には、評価計画のほとんどは、回答されるべきクエスチョンの類型に対応したアプローチを定めて、そして次にプログラム状況に合わせてその細目を「あつらえ」ることによって構成される。

キー・コンセプト

インパクトアセスメント（Impact assessment）
プログラムアウトカムや、あるプログラムが改善を意図する社会状況への影響に関するクエスチョンに対して回答を与える評価研究のひとつ。インパクト評価（impact evaluation）またはアウトカム評価（outcome evaluation）としても知られている。

エンパワーメント評価（Empowerment evaluation）
参加する利害関係者が自身で評価を行い、権利擁護や変革のために評価結果を効果的に使い、彼らの生活に影響を及ぼすプログラムに対してなんらかの影響を及ぼすために、評価者の役割のなかに、コンサルタントやファシリテーターの役割を含んでいる、参加型あるいは協働型のプログラム評価のひとつ。

形成的評価（Formative evaluation）
プログラムの改善を導くための情報提供を意図した評価活動。

効率アセスメント（Efficiency assessment）
プログラムが取り組む社会条件にもたらされる変化の観点から、プログラム費用を、プログラムの便益や効果の金銭的価値と対比するクエスチョンに解答を与える評価研究のひとつ。

参加型・協働型評価（Participatory or collaborative evaluation）
評価計画を立て、評価を実施し、その結果を普及し使用することにおいて、評価者とひとつ

以上の利害関係者グループが協働して作業するチームプロジェクトを組織して行うプログラム評価のひとつ。

総括的評価（Summative evaluation）
プログラム実績のある重要な側面に対する総括的な判断をするために行う評価活動、たとえば特別なゴールや目標が満たされているかどうかを判断することなどがある。

独立評価（Independent evaluation）
評価者が、評価計画を立て、評価を実施し、その結果を普及することにおいて、主たる責任を負うプログラム評価のひとつ。

ニーズアセスメント（Needs assessment）
プログラムが改善しようとしている社会状況、およびそのプログラムに対するニーズに関するクエスチョンに対して回答を与える評価研究のひとつ。

評価クエスチョン（Evaluation questions）
評価者や評価スポンサー、その他の利害関係者によって作成された一連のクエスチョンである。そのクエスチョンは、評価が調査することになる課題を明らかにしており、かつ、利害関係者に役立つやり方で、評価者が用いることのできる方法を使用しながら、回答可能な言葉で述べられている。

費用効果分析（Cost-effectiveness analysis）
プログラム効率を決定する分析手続きであり、ある介入のアウトカムをそのプログラム費用との関係から得るもの。

標的集団（Target）
プログラムの介入が対象とする、個人、家族、地域などのユニット。プログラムによってサービスを提供される地域内にあるこれらすべてのユニットは、その標的集団を構成している。

費用便益分析（Cost-benefit analysis）
費用とアウトカムとの関係を、通常の金銭的用語で評価して表現された、プログラムの経済的効率性を決定する分析手続き。

プログラムプロセスのアセスメント（Assessment of program process）
プログラムの運営、実施、サービス提供に関するクエスチョンに回答を与える評価研究のひとつ（an evaluation study）。プロセス評価あるいは実施評価とも呼ばれている。

プログラムモニタリング（Program monitoring）
プログラムが意図されたように、あるいは、ある適切な基準に従って機能しているかどうかを示す、プログラム遂行面の体系的な文書の収集。モニタリングは、通常、プログラムプロセスやプログラムアウトカムのどちらか、あるいは両方にかかわるプログラム遂行を含んでいる。

プログラム理論（Program theory）
　プログラムが生み出すことが期待されている社会的便益や、プログラムがそのゴールや目標を達成するために採用する戦略や戦術に関連する様式に関する一連の仮説群。プログラム理論のなかでは、プログラム活動によってもたらされる社会状況変化の性質に関連したインパクト理論（impact theory）と、プログラムの組織計画とサービス利用計画を示すプロセス理論（process theory）を区別することができる。

プログラム理論のアセスメント（Assessment of program theory）
　プログラムの概念化や設計に関するクエスチョンに回答を与える評価研究のひとつ。

プロセス評価（Process evaluation）
　標的集団のサービス受け手に、意図されたようにサービスが届いているかどうかを判断するよう設計されたプログラムモニタリングのひとつ。

第3章 課題を同定し、評価クエスチョンを形成する

Identifying Issues and Formulating Questions

●本章の概要

1. よい評価クエスチョンとはなにか
    1) プログラム実績の次元
        a. 評価クエスチョンは妥当かつ適切なものでなければならない
        b. 評価クエスチョンは回答可能なものでなければならない
    2) プログラム実績の基準
    3) 典型的な評価クエスチョン
    4) 評価階層

2. 評価が答えるべき特定のクエスチョンを決定する
    1) 評価スポンサーおよび主要な利害関係者の関心を記述する
        a. 利害関係者の意見(情報)を聴く
        b. 利害関係者との議論のための話題
    2) プログラムの仮定や理論の分析

3. 評価クエスチョンを整理し、優先順位を設定する

前章において、評価を「あつらえ」る（tailoring）際に、考慮しなければならない多くのことを概観した。それらはすべて、評価を設計する際に重要となるものではあるが、評価の本質的部分とは、ある社会プログラムの実績に関するクエスチョンに対して、信頼性のある回答を出していくことにある。よい評価クエスチョン（evaluation questions）は、プログラムの性質との関連で意味ある課題を扱っていなければならず、またそれは主要な利害関係者の関心でもある。それは、評価者が使用できる研究技法で回答できるものでなければならず、プログラムの実績を判定する基準が明示されているか、その基準を明確に決定できるようなかたちでつくられていなければならない。

　それゆえ、注意深くつくられた一連の評価クエスチョンとは、評価がその周りを回転する中心になるハブのようなものである。評価クエスチョンを注意深く、明確に形成しておくことによって、評価の設計はおおいに促進され、得られた知見の利用も高まる。評価クエスチョンにはさまざまな形式があり、ある種のものは他のものよりも、利害関係者やプログラムの意思決定者にとって、より有用で意義のあるものとなるかもしれない。さらに、ある種の形式の評価クエスチョンは、信頼性の高い回答を出すという評価者の仕事により向いており、あるものは重要なプログラムの効果性をより直接的に記述するだろう。

　本章において、効果的な評価クエスチョンをつくるための実際的な方法について論じる。そこで必須となるステップは、評価の結果を利用することになる意思決定者を同定し、彼らはどんな情報を求めていて、どのようにそれを使いたいと思っているのかを知ることである。この目的のためにとりわけ役に立つひとつのアプローチは、プログラム理論の明示化、すなわちそのプログラムがどのように、そしてなぜ機能すると思われるかについての詳細な説明である。プログラム理論の考察は、評価のなかで取り上げられるとよいと思われる重要な出来事や前提とはなにかに対して、私たちの意識を集中させてくれる。

　評価における重要な段階のひとつは、評価が行われるべきクエスチョンの同定とその形成である。人は、このステップはとても簡単なものだろう、いやむしろ、評価クエスチョンというものは評価が依頼される過程のなかでかならず明記されてくるものだろうと思うかもしれない。しかしながら、第2章で述べたように、評価を始める当初に、機能する評価クエスチョンの決定版が評価スポンサーから明確に特定されてくることなどほとんどない。また通常、評価者がその専門知識のみに基づいて、これらクエスチョンに踏み込み、それを定めることができるわけでもない。そのような策略は、その評価が利害関係者の関心に答えていないものとなって、役に立たないか使われない、そして的はずれだとか不適切なものだといって攻撃されることになるといったリスクを増大させるであろう。

　評価を直接関係のある意思決定者や利害関係者の最大の関心事に焦点を当てたものとするためには、彼らとの対話や交渉を通して、最初の評価クエスチョンを最良のものにしておくことであ

る。同じく重要なことであるが、ここに主要な利害関係者らの関与があると、後に評価知見が出てきたとき、それを彼らが正しく理解し、認識し、効果的に使用する可能性が高くなる。

　利害関係者の意見は重要であるが、評価者は彼らの見方にのみ頼って評価課題を同定してはならない。ときに、評価スポンサーが評価についてとても見識深く、評価が取り組むべき一連のクエスチョンを全部、機能的につくってしまうことがある。しかし多くの場合は、評価スポンサーや利害関係者はとくに評価に詳しいわけでもなく、もしそうであったとしても、評価を焦点づけるために必要な準備をすべてしてくれているわけでもない。これはすなわち、評価が役に立ち、解釈可能で、完全な結果を出すために扱うべき課題リストの決定版を、評価者がはじめの時点で提示されることなどほとんどないということである。また、通常そこで出てくるクエスチョンが、すぐに研究デザインに組み込めるようなかたちでつくられていることもないだろう。

　それゆえ評価者もまた、評価クエスチョンの枠組みづくりにおいて重要な役割を担う。利害関係者はそのプログラムが直面している実践的および政治的課題については熟知しているであろうが、評価者はどのようにプログラムを分析し、評価をどこに焦点づけるかに関して最大限よく知るべきである。評価者は、他の人たちが見逃しがちな課題を取り上げられるように準備し、調査が妥当と思われるプログラムの運営および成果の側面を同定し、利害関係者らとともに作業して、彼らの関心事を評価研究が実際に回答できるクエスチョンのかたちへと翻訳していかなければならない。

　評価者が評価デザインをガイドしていく特定のクエスチョンの要約を書き記しておくことは、一般的に賢明な方法である。この要約は、評価を設計し研究手順を選択していく際に、有用なコンサルテーション資料となる。おそらくより重要なことは、こうした要約文があると、評価者は評価スポンサーや主要な利害関係者らとともにこれを議論でき、彼らの関心をしっかりとここに盛り込んでいくことができる点である。こうした手続きはまた、この評価がなにを達成するために行おうとしていたのかについての後々の誤解を防ぐことにもつながる。

　その他に本章では、評価を導いていくクエスチョンの特定化に関連した次の2つの最も重要な話題について検討する。(1)評価者が使用できる研究手順を使って、どのように評価クエスチョンを記述し構成していくのか、(2)評価が焦点を当てる特定のクエスチョンをどのように決定するのか、についてである。

1．よい評価クエスチョンとはなにか

　評価クエスチョンが取るべき形式は、それらが果たさなければならない機能によって決まる。その第1の役割は、評価の焦点を、主要な意思決定者や利害関係者にとって課題となっているプログラム実績（パフォーマンス）の領域に合わせることである。またそれは、その実績領域について、意味ある情報提供をするデータ収集手順の設計を促進させられるものであるべきである。とくに、よい評価クエスチョンとは、関連するプログラム実績の次元を明確に同定できるもので

> ■ **EXHIBIT 3-A** ■ なにかを評価するとは、どのようなことなのか
>
> 　法学、医学、科学といった実践分野においては、それぞれ違った種類の調査が存在する。どの種類の調査においても共通していることは、実践を導き特徴づける推論の一般的パターンまたは基礎論理があることである。……プログラム評価は調査の一種であり、それもまた、基礎論理または推論の一般的パターンをもっている（マイケル・スクリブンによって発表されているように）。……プログラム評価のこの一般的論理は以下のとおりである。
>
> 1. メリットの基準を確立すること：どの次元において被評価体（評価を受けるもの）はうまく行わなければならないのか。
> 2. 標準を構築すること：どのくらいうまく被評価体は実行すべきなのか。
> 3. 実績を測定し、標準と比較すること：被評価体はどのくらいうまく実行したのか。
> 4. データをメリットや価値の判定に総合し統合すること：被評価体のメリットや価値はなにか。
>
> ……なにかを評価することとは、基準や標準と照らし合わせて、あることのメリットまたは価値に接近することを意味する。スクリブンによって詳説された基本論理は、私たちが評価するという用語を用いる際にそれが意味するものを反映している。
>
> 出　典：Deborah M. Fournier, *Establishing Evaluative Conclusions: A Distinction Between General and Working Logic*, New Directions for Evaluation, no. 68 (San Francisco: Jossey-Bass, 1995), p. 16. より引用。

なくてはならず、またその実績の質を信頼性高くアセスメントできなければならない。さらに、そのアセスメントには、プログラム実績の性質についての正確な記述と、評価を可能とするある種の標準が必要となる（Exhibit 3-A参照）。こうしたよい評価クエスチョンの各側面は、さらなる議論の進展を保証するものである。

1）プログラム実績の次元

　よい評価クエスチョンとは、第1に、妥当かつ適切なものでなければならない。すなわちそのクエスチョンは、プログラムにおける利害関係者の期待と直接関連しており、プログラムが現実的に達成を望める領域を表すプログラム実績の次元（dimensions of program performance）を同定していなければならない。たとえば、低所得者住居の耐寒構造化プログラムがその地域での薬物取引数を減少させるかという問い（クエスチョン）は、まず正当でも実際的でもないだろう。また、そのプログラムのなかで、オフィスのファイルキャビネット購入のためのバーゲンを開くかどうかを厳密に問うのも、一般的に役に立つとは思えない。さらに加えて、評価クエスチョンは回答可能なものでなければならない。すなわち、それらは十分に特定的で、具体的かつ実践的

で、その状態について意味ある情報が得られる測定可能なプログラム実績の次元を含んでいなければならない。ある成人のリテラシー（読み書き能力）プログラムが、世界経済においてある地域の競争性を改善するかどうか、あるいは、ある薬物予防プログラムのカウンセラーたちがクライエントとの関係において十分に思いやりがあるかどうかといったことを、評価者が決定するのは非常に困難であろう。

a．評価クエスチョンは妥当かつ適切なものでなければならない

　プログラムの先導者たちは、しばしば壮大なゴールを公言し（たとえば、子どもたちのQOLを改善する）、非現実的に大きな効果を期待するか、あるいは現実の可能性を明らかに越えてそのプログラムが達成されることを信じているものである。よい評価クエスチョンは、そのプログラムにとって適切で現実的なプログラム実績の次元を扱う。これはつまり、評価者はしばしば、関連する利害関係者らと協働して評価クエスチョンを縮小し焦点化していかなければならないということである。たとえば、地域保健プログラムの運営者は最初、「私たちの教育およびアウトリーチサービス［40頁の訳注参照］活動は、人々にAIDSのリスクについて伝えることに成功しているだろうか？」と尋ねてくるかもしれない。しかし実際は、そのサービスとは、市民クラブの会合や健康祭りにプログラムスタッフがたまに出かけていって話をするくらいのものかもしれない。このようなかなり小さな活動レベルでは、幅広い人たちがAIDSに関して多くの情報を得ることを期待するほうが非現実的であろう。もしかりに、このサービスに関して評価クエスチョンを考えるとすれば、それはたとえば「私たちの教育およびアウトリーチサービス活動は、そこに参加する人たちのAIDS問題に対する意識を高めるだろうか」とか「その参加者は、他の人たちのAIDS問題に対する意識に影響を与えそうな地域のリーダーたちを代表しているだろうか」といったもののほうがよいだろう。

　評価者が、直接関係のある利害関係者らと協働しつつ、候補となっている評価クエスチョンがどの程度適切で現実的なものであるかをアセスメントするには、2つの相補的な方法がある。ひとつは、そのクエスチョンをそれと関連する実際のプログラム活動の文脈において検討することである。たとえば上記の例において、その教育およびアウトリーチサービス活動が控えめであることは、明らかに「人々にAIDSのリスクに関して伝える」ところまで至っておらず、これを実際のアウトカムとして評価してもほとんど意味がないであろう。評価者と関連利害関係者は、プログラム実績に関連してくるプログラム構成要素、活動、人的配置を精査して同定し、それらの特徴に対して妥当な評価クエスチョンを形成するべきである。

　候補となっている評価クエスチョンが妥当かつ適切なものであるかどうかをアセスメントする2つめの方法は、応用社会科学や社会サービスの関連文献中に報告されている知見と関連させつつ、そのクエスチョンを分析することである。たとえば、少年非行に対するあるプログラムの評価スポンサーは最初、次のような信念から、このプログラムは非行少年の自尊感情を高めるだろうか、と問うてくるかもしれない。それは、そうした非行は不十分な自尊感情が問題なのであり、その改善はよりよい行動につながるであろうという信念に基づいている。しかしながら、関連する社会科学研究を調べれば、非行少年は一般的に自尊感情の問題を抱えておらず、さらに

は、自尊感情の向上は一般的に非行減少と関連しないことがわかるであろう。この情報に照らし合わせれば、評価者と評価スポンサーは、自尊感情に対するプログラムインパクトのクエスチョンは適切でないとの意見の一致をみるであろう。

　適切で現実的な評価クエスチョンを形成するための基盤は、詳細で完全なプログラムの記述である。そのプロセスの初期において、評価者はそのプログラムに関する知識を完璧にしていくべきである。すなわちそれは、どのように構造化されているのか、どんな活動が行われているのか、さまざまな職員の役割や仕事、参加者の性質、その主要な機能に内在する仮定などである。評価者が協働する利害関係者集団（とくにプログラム運営者とスタッフ）もまた、もちろん、プログラムについての知識をもっているだろう。実際のプログラム活動やその仮定についての緻密な考察から引き出された評価クエスチョンは、ほとんど自動的に、適切で現実的なものとなるだろう。

ｂ．評価クエスチョンは回答可能なものでなければならない

　明らかに、評価計画がそれを中心に展開していく評価クエスチョンは回答可能でなければならない。回答できないクエスチョンは、哲学者にとってはおもしろいかもしれないが、評価結果を利用しようと思っている評価者や意思決定者のニーズには役立たない。しかしながら、それとは気づかずに、いかにたやすく回答不能な評価クエスチョンを形成してしまうかについては、おそらくそれほど明らかではない。これは、クエスチョンのなかで使われている、一見常識的ではあるが、いざ具体的に解釈しようとするととても曖昧で漠然としている用語のために引き起こされることがある（「このプログラムは家族の価値を高めるか」など）。あるいは、わかったように聞こえるクエスチョンが、観察可能な指標をあまり含んでいないために、それらについて知ることがほとんどできないという問題を引き起こすかもしれない（「ケースマネジャーはクライエントの社会環境に対して敏感か」など）。また、ある種のクエスチョンは、意味ある回答を出すために必要で十分な関連基準の指標を欠いている（「このプログラムは成功しているか」）。さらに、ある種のクエスチョンは、専門技術やデータ、時間、資源の面で実際評価に使用できる以上のものが得られた場合にのみ回答可能となるかもしれない（「このプログラムで高リスク女性に提供される出産前サービスは、その子どもたちが大学を卒業する機会を増やすか」など）。

　評価クエスチョンが回答可能であるためには、それが、現実的に得ることができ、回答の根拠として信頼できるようなエビデンスや「観察できるもの」を同定できなければならない。このことが一般的に意味することは、曖昧でなく議論の余地がないよう定義づけられている用語を用いて、測定可能なプログラム実績の次元を含んだクエスチョンをつくる、ということである。加えて、関連する標準（standard）あるいは基準（criteria）が同等の明確さをもって特定されていなければならない。たとえば、ヘッドスタート［訳注：1964年にアメリカ連邦政府が始めた教育福祉事業］のような補償的教育プログラムに対して提案された評価クエスチョンが、「このプログラムを必要としている子どもたちの大部分にプログラムが行き届いているだろうか」であったとしよう。これが回答可能なクエスチョンであることを確かめるために、評価者は以下のことができればよい。

1．問題となっている子どもたちの集団を定義する（たとえば、これこれの調査地域、4歳または5歳、年間所得がアメリカの貧困線［貧困であるか否かを区分する最低収入］の150％未満の家庭の子ども）
2．最大のニーズを示すような測定可能な特性やカットオフ値を同定する（たとえば、アメリカの貧困線を下回る年間所得、中卒以下の学歴をもった片親家庭）
3．評価の結果として得られる可能性のある知見の例を示す（たとえば、現在把握されている子どもたちの60％が高ニーズ群に属している。キャッチメントエリア（catchment area；プログラムが提供されている地理的範囲）における高いニーズをもつ子どもたちのうち75％は本プログラムに登録されていない）
4．評価基準を明記する（たとえば、満足できる基準として、本プログラム内の子どもたちの少なくとも90％が高いニーズをもち、キャッチメントエリアにおける高いニーズの子どもたちの少なくとも50％がプログラムに参加していること）
5．これらの基準を満たした知見がそのクエスチョンに対する回答であることについて、評価スポンサーおよび他の直接的な利害関係者（評価プロセス全体に関与すべき人）からの同意を得る

　こうした条件が満たされ、さらにデータを収集して分析し、実用的なデータ報告をするための資源が使えるのであれば、この評価クエスチョンは回答可能と考えることができる。

2）プログラム実績の基準

　妥当かつ回答可能なクエスチョンあるいは一連のクエスチョンから研究を始めることは、もちろん、社会科学（ここではしばしばクエスチョンは仮説として設定される）における慣例である。評価クエスチョンと区別するものは、評価クエスチョンはプログラムの実績を扱い、その実績を判定できるようななんらかの基準と関連しているか、あるいは少なくとも暗黙のうちに関連したものであるという点にある。関連する基準を同定することについては、評価クエスチョンを回答可能にするものの一部としてすでに前述したとおりである。しかし、これは評価クエスチョンのとても重要で特有の側面であり、別個の議論が必要である。
　プログラム運営者や評価スポンサーが、たとえば「私たちは適切な利用者集団を対象としているだろうか」とか「私たちのサービスはその受益者のためになっているだろうか」などと問うとき、彼らはたんにサービスの適切な利用者への提供、あるいはそのサービスがもたらす利益についてのプログラム実績に関する記述のみを求めているのではない。彼らは同時に、そのプログラム実績がなんらかの標準や判定と照らし合わせて十分なものであるのかどうかを尋ねているのである。少なくとも「適切な利用者集団」の何人かはサービスを受け取っているだろうし、そのサービスからなんらかの利益を得ていると思われる受益者がいることは、おそらくほとんど疑いのないことである。それでも、それは十分なのか。そうしたプログラム実績次元に関して、数や量

> ■ **EXHIBIT 3-B** ■　多くの基準がプログラムの実績に関連しているだろう
>
> プログラム評価において、プログラムの実行を判定している標準には、以下のものがあるだろう。
>
> - 標的集団のニーズまたはウォンツ（wants）
> - 声明されたプログラム目的や目標
> - 専門的標準
> - 通例の実践、他のプログラムでの規範
> - 法的要件
> - 倫理的または道徳的価値、社会正義、公平性
> - 過去の実績、史的データ
> - プログラム管理者によって設定された標的
> - 専門家の意見
> - 標的集団の介入前ベースラインレベル
> - 当該プログラムがない場合（反事実的条件）に予想される状態
> - 費用または相対費用

といった評価できるものによる、なんらかの基準が設定されなければならない。

　評価におけるこの特有の特徴が示唆することのひとつは、よい評価クエスチョンは、それが可能なときは、課題となるプログラム実績次元とともに、実用的な**実績基準**（performance criterion）あるいは標準（standard）をもたらすということである。したがって、評価クエスチョンは次のようなものであるべきである。すなわち、「プログラム利用者の少なくとも75％はサービスに適切な人たちであるか」（適切さの明示的定義を伴うこと）、あるいは「就業サービスを受けた人たちの大多数が、少なくとも3ヶ月間受けたトレーニング終了後30日以内に職を得ているか」などである。加えて、これらクエスチョンに含まれるプログラム実績の標準は、プログラムが扱っている社会的ニーズを多少なりとも、おそらく間接的にでも、保護するようなものであるべきである。なぜ標準を達成することが大事かの理由がなければならず、そして最も強力な根本的理由は、標的集団の社会的状況を改善するというプログラムの全体目的に対して、プログラムが効果的に機能するには、どのくらいの実績レベルがなければならないのかを示すのがその標準だからである。

　評価者にとってかなりやっかいな点は、プログラム実績基準の実用的形式は、プログラム実績次元によってさまざまに変わってくるという点である（Exhibit 3-B参照）。さらには、データを収集し、その結果を報告するに先立って、みなが合意できる明示的なプログラム実績の標準を常に設定できるとはかぎらないということもある。それでもなお、最初に形成する評価クエスチョンのなかに、主要な利害関係者の同意できる明示的な基準が含まれていれば、評価計画の作成はより容易となり、評価結果の解釈についての意見の相違が出てくる可能性は少なくなるだろう。

　基準問題（the criterion issue）は避けられないものであることを強調しておく。プログラム実績を記述しているだけで、それをアセスメントしようとしていない評価は、真の評価とはいえない（その定義は Exhibit 3-A に示してある）。せいぜいいって、そのような評価は、基準を設定し

プログラム実績を判定するという課題を、その情報の消費者（consumer）に押しつけているだけである。

これらのことを踏まえたうえで、役に立つ評価クエスチョンの形成に関連するプログラム実績基準の種類に話を移す。おそらく最もふつうの基準とは、そのプログラムのゴールや目標に基づくものである。この場合、達成が望まれることとは、プログラム担当者やスポンサーたちのいうプログラムのねらいである。しばしば、こうしたゴールや目標のなかで述べられていることは、そのプログラム実績の性質やレベルに関して、あまり特定的でないことが多い（本章の後で述べるように、評価者は一般的なプログラムのゴールと、特定され測定可能な目標とを区別すべきである）。たとえば、暴力被害女性保護施設のゴールのひとつは、「彼ら自身の生活をコントロールできるようエンパワーすること」かもしれない。この言葉は立派な価値を反映しているけれども、そうしたエンパワーメントの具体的な表れ方について、あるいはどのレベルのエンパワーメントになればこのゴールを達成したことになるのかについて、なんらの指摘もしていない。この言葉を翻訳して、意図するアウトカムを具体的に記述し、そのアウトカムの観察可能な指標を同定し、語られたゴールの達成に成功したと考えられる達成レベルを特定するような、相互に受け容れられる言葉にしていくためには、利害関係者らとの相当な議論が必要となるであろう。

一方で、ある種のプログラムの目標はきわめて特定的なものであることがある。それは、日常のプログラム機能のための目標値として採用された、管理的目標のかたちで表れることが多い。その目標値レベルは過去の経験や対照可能なプログラムの経験、妥当性や望ましさについての判断に従って設定されることがあり、それはたんに「最良の推測」かもしれない。管理的目標の例として、求職面接希望者の90％に対して30日以内に採用面接を完了させること、利用者の満足度調査において85％が「よい」か「とてもよい」に評定すること、ケースマネジメントを受ける各個人に少なくとも３つの適切なサービスを提供すること、などがあるだろう。こうした基準レベルは、概していくらか恣意的である。しかし、もしそれらを行政上明文化できたり、利害関係者のコンセンサスを通して確立できるのであれば、そしてもしそれらが妥当であるならば、評価クエスチョンの形成や後に得られる結果の解釈においてかなり有用となる。しかしながら、もしそのプログラムに特定された標的となる実績レベルがなかったり、それをつくっていく準備がきちんとできていない場合は、その明文化を評価者が迫るのは一般的に賢明とはいえない。

場合によっては、プログラム実績基準として引用可能な確立された専門的標準（established professional standards）が存在することもある。これはとくに医学や保健プログラムにおいてよくみられ、そこでは実践ガイドラインやマネジドケアのスタンダードが発展してきており、それらは望ましいプログラム実績のレベル設定に関連してくることがある。しかしながら、まったくなにも確立された基準がない、あるいは引用できる恣意的な管理目標すらないことのほうが、はるかに多い。典型的な状況は、プログラム実績の次元については明確に認識されているが、その次元におけるよい実績基準が曖昧であることである。たとえば、そのプログラムのドロップアウト率が低く、サービスを完了するクライエントの比率が高く、クライエントの満足度が高いレベルであるほうがよい、などという点に関しては、利害関係者らは同意するかもしれないが、どのレベルをもって「低い」とか「高い」というのか、ぼんやりとした考えしか彼らはもっていな

い。評価者として、ときには、以前の経験を使うことができたり、評価研究やプログラムに関する文献のなかから情報を見つけることができたりして、基準レベルの設定に妥当な根拠を提供できることもあるだろう。あるいは他の方法として、基準レベルまたはおそらく基準範囲を確立するために、関連の利害関係者らが判定の評価点を書いてそれを回収し、たとえば実績レベルを「高い」「普通」「低い」で区分していくといったやり方もある。

　基準レベルを確立していくことは、評価クエスチョンのなかの実績次元が、アウトカムやインパクトを含んでいる場合にとりわけ困難となるだろう。プログラムの利害関係者と評価者は双方ともに、そのアウトカム変数（たとえば、薬物使用に対する態度尺度）における変化がどの程度大きいものなのか小さいものなのかについて、ほとんどなにも知らないことがある。通常その場合、これらの判断はしばしば統計学的基準に基づいてなされている。たとえば、測定された効果が統計学的に有意であることのみによって、そのプログラムは効果的と判断されるといったようにである。これはまずい慣例であって、その理由は本書のインパクト評価のところ［第8章］でより深く検討される。統計学的基準は、アウトカム次元における変化の実践的重要性となんら本質的な関連性をもつものではなく、人々を誤らせる可能性がある。ある非行少年プログラムは非行累犯を有意に2％下げる効果をもつことがわかっているが、これはこのプログラムを続ける価値があるだけの十分に大きな差ではないかもしれない。したがって、できるかぎり、評価者は上に挙げた技術を用いながら、どのような「成功」レベルがそのプログラムの効果の性質や強度を表すのに適切であるのかについて、実用的な用語でその境界を定め、特定するよう心がけるべきである。

3）典型的な評価クエスチョン

　これまでの議論から明らかなように、よく形成された評価クエスチョンは、非常に具体的で、今取り上げられているプログラムや将来評価の対象となりそうな環境に対して特定的である。つまり、さまざまな社会プログラムに関連すると思われるクエスチョンの多様性は膨大なものとなるということである。しかし、第2章で述べたように、評価クエスチョンは通常5つの一般的なプログラム課題のうちのひとつを扱う。それぞれのカテゴリーにおいてよくみられるクエスチョンは、要約すると以下のとおりである。

プログラムサービスのニーズに関するクエスチョン（ニーズアセスメント）
- 扱われるべき問題の性質と強度はなにか。
- ニーズのある集団の特徴はなにか。
- その集団のニーズはなにか。
- どのようなサービスが必要なのか。
- どのくらいの量のサービスが、どのくらいの期間必要なのか。
- そうしたサービスをその集団に提供するためには、どのようなサービスの提供方式が必要なのか。

プログラムの概念化またはデザインについてのクエスチョン（プログラム理論のアセスメント）
- どのような利用者集団がサービスを提供されるべきなのか。
- どのようなサービスが提供されるべきなのか。
- そのサービスにおける最良の提供システムとはなにか。
- そのプログラムはどのようにして利用者集団と思われる人たちを同定し、集め、それと確認することができるのか。
- そのプログラムはどのようにして組織されるべきか。
- そのプログラムに対してどのような資源が必要であり、また適切であるのか。

プログラム運用とサービス提供方式についてのクエスチョン（プログラムプロセスのアセスメント）
- 管理目標およびサービス目標は見合ったものであるか。
- 意図したサービスは意図している人たちに提供されているか。
- そのプログラムが必要であるのに届いていない人たちがいるか。
- サービス利用を開始したのち、十分な数の利用者がサービスを完了しているか。
- 利用者はサービスに対して満足しているか。
- 行政、組織、および個人はうまく機能しているか。

プログラムのアウトカムについてのクエスチョン（インパクトアセスメント）
- アウトカムのゴールや目標は達成されているか。
- そのサービスは受益者に対して利益効果をもっているか。
- そのサービスは受益者に対して副作用効果をもっているか。
- 他のものよりもそのサービスから、より大きく影響されている参加者がいるか。
- そのサービスが目を向けている問題や状況はよくなっているか。

プログラムの費用や効率についてのクエスチョン（効率アセスメント）
- 資源は効率的に使われているか。
- 便益の大きさに対する費用は妥当であるか。
- 代替アプローチは、より少ない費用で同等の便益を産み出すであろうか。

　評価者が理解しておかなければならない、これら評価クエスチョンのカテゴリー間には重要な関連がある。連続するクエスチョンの種類はそれぞれ、その前の群のクエスチョンに対する答えからその意味の多くを得ている。たとえば、プログラムの概念化およびデザインについてのクエスチョンは、非常に多くの部分をそのプログラムが想定しているニーズの性質に依拠している。違ったニーズに対しては、また違うタイプのプログラムが最も合う。もし、あるプログラムが標的としているニーズが経済的資源の欠如であるならば、適切なプログラム概念およびそれらについて問われる評価クエスチョンは、そのプログラムが飲酒運転減少を意図している場合とは異なったものになるであろう。さらに、そのプログラムデザインを判定する最も適切な基準は、それ

がどのくらいよくそのニーズやニーズのある環境に適合しているかに関連する。

　同様に、プログラム運用やサービス提供方式についての一連のクエスチョンの中心は、そのプログラムデザインがどのくらいよく実際に実施されているかを扱わなければならない。これに付随して、プログラム運用やサービス提供方式のアセスメントの主要な基礎は、意図されているプログラムデザインに対するフィデリティ（fidelity）[プログラムデザインへの適合度]に関するものである。それゆえ、鍵となる評価クエスチョンは、意図されたプログラムが実際に実施されているかどうかに関連する。これはすなわち、プログラム実施をアセスメントするための基準は、少なくともその一部は、そのプログラムがどのように機能することを意図されているのかについての仮説、すなわち、プログラムの基本的概念化やデザインから引き出されていることを意味している。もしあるプログラムの基本的概念が、給食施設を通してホームレスの人たちに食事を提供することであるとわかっていれば、ホームレスの人たちに実際まったく食事を提供できていない場合、これはプログラム運用上の問題であるとすぐにわかる。

　次に、プログラムのアウトカムについてのクエスチョンであるが、これはそのプログラムデザインがうまく実施されている場合にのみ意味をもつ。プログラムサービスが実際には提供されていない、あるいはそれは意図されたサービスとは違うのであれば、望まれるアウトカムを期待するのは一般的に無理であろう。評価者はこれを**実施上の失敗**（implementation failure）と呼ぶ。これは、望まれる改善をもたらすために必要であると仮定されたプログラムサービスが実際には行われなかったためにアウトカムが乏しい場合のことである。もし給食施設があまり開いておらず、実際にそこに食事をしに来る人たちがほとんどいないために、ホームレスの人たちの栄養状態にまったく改善がみられなかったのであれば、これは実施上の失敗であろう。

　プログラムはうまく実施されているのに、関連するサービスに含まれているプログラム概念が不完全であるために望ましい結果を出せていないこともあるだろう。どのようにうまく実施したとしても、そのプログラムの概念化やデザインが望ましいアウトカムを産み出せない場合のことを、評価者は**理論上の失敗**（theory failure）と呼ぶ。したがって、先に示した評価クエスチョンの配列でいうと、プログラム運用とサービスがよく実施されている場合にのみ、アウトカムに関連したクエスチョンは意味をもつということである。また、運用とサービスを決めるプログラムデザインが、いま解消しようとしている社会問題やニーズに対して適切なものである場合にのみ、そのよい実施が意味をもつのである。給食施設の場所がホームレスの人たちが集まるところから非常に離れたところにある計画ならば、たとえそれをいかによく実施したとしても彼らにほとんど便益を提供できないであろう。この場合、そのプログラムの基本デザインの重要な一側面（場所）が、標的集団のニーズとうまく連結していないのである。

　先のリストの最後にあるプログラムの費用や効率に関する一連の評価クエスチョンもまた、その意義の多くをその前の課題に負っている。ある成果を得るための費用やその効率性を高める方法に関心をもつ前に、まずそのプログラムは少なくとも最低限のアウトカムを産み出していなければならない。たとえば、ホームレスの人たちへの食糧提供のための給食施設にかかる費用についてアセスメントするとしよう。しかし、もしだれ一人として実際にそこで食べていないためにまったく便益が出ていないのであれば、かかる費用がいくらであれそれは高すぎるというほかな

EXHIBIT 3-C　プログラム評価階層 (the evaluation hierarchy)

- プログラムの費用と効率のアセスメント
  (Assessment of program cost and efficiency)
- プログラムのアウトカム／インパクトのアセスメント
  (Assessment of program outcome/impact)
- プログラムのプロセスと実施のアセスメント
  (Assessment of program process and implementation)
- プログラムのデザインと理論のアセスメント
  (Assessment of program design and theory)
- プログラムのためのニーズのアセスメント
  (Assessment of need for the program)

い。正のアウトカムの欠如は、それが貧しい実施状況からくるものであろうと、不完全なプログラムデザインからくるものであろうと、費用問題を相対的に瑣末なものとしてしまう。

4）評価階層

　いま述べた評価クエスチョンの種別間の関係は、評価の階層性という問題を特徴づけるものであり、それはクエスチョンのたんなる構成カテゴリー以上の意味をもつ。第2章の評価研究の種類の概観で述べたように、評価クエスチョンとそれらへの回答方法のさまざまな種別は、それぞれ別個のものであり、それ自体でひとつの評価形式である。こうした一連の評価クエスチョンと方法論は、評価研究の建造ブロックを構成しており、個別で、あるいは組み合わせによって、事実上すべての評価研究を認識できる。Exhibit 3-C に示すように、評価とは順に積み上がっていく階層形式をもった建造ブロックのようなものと考えることができる。

　評価階層（the evaluation hierarchy）の基礎レベルは、プログラムに対するニーズに関連したものである。社会問題や介入ニーズの性質に関するアセスメントは診断学的情報を産み出し、それは効果的なプログラムデザイン、すなわち改善しようと意図する社会的状態への取り組み方についてのプログラム理論を支えるものとなる。信頼できるプログラム理論が得られたならば、次なる評価のレベルは、それがどのくらいよく実施されているかをアセスメントすることである。これがプロセスあるいは実施評価の仕事である。

　もし社会的ニーズが正確に理解されていて、それを扱うプログラム理論が妥当であり、そして関連するプログラム活動やサービスがよく実施されているならば、次にプログラムのアウトカムをアセスメントすることは意味あることであろう。したがって、アウトカムをアセスメントするインパクト評価に着手するには、評価階層でその下に位置するアセスメントから満足な結果が得

られていることが、かならず前提となる。もしもインパクト評価がなされる際に、論理的に先立つ問題に関するアセスメントが行われていないのであれば、その結果は、そうした問題に対する仮定が正当であるかぎりにおいてのみ解釈可能である。

　階層の最上段に、プログラムの費用と効率に対するアセスメントがある。これらの問題を扱うクエスチョンは相対的に上位の評価課題であり、階層上でその下にある課題すべてについての知識があることを想定している。これはつまり、費用と効率に関する回答は、一般的に、プログラムのアウトカム、実施、理論、そして扱われている社会問題に関する情報が使える場合にのみ解釈可能となるからである。

　つまり、プログラム評価で回答されるべき評価クエスチョンを同定する際に、主に考えなければならないことは、そのプログラムについてすでにわかっていること、あるいは確信をもって仮定できることはなにかということになる。たとえば、もし改善しようとしている社会的状態の性質との関連で、そのプログラムがどの程度よく概念化され実施されているのかに関して不確実な情報しかないのであれば、評価の焦点をアウトカムのアセスメントに置くことは賢明とはいえないであろう。もし、より基礎的問題についての関連クエスチョンがあるのなら、アウトカムクエスチョンに合わせてそれらも評価計画のなかに組み込んでおかなければならない。

　評価計画が展開していく中心となるクエスチョンをつくりあげる際、最もよいのは、評価階層の底辺から始めて、まずわかっていることはなにかを考え、知る必要のある最も基礎的課題はなにかを考えることである。そう仮定しても問題がないと思われるものが同定され、回答されるべきクエスチョンが定義されたならば、それから階層の次なるレベルに移るというやり方が適切である。そこでより基礎的課題についてわかっていることと照らし合わせれば、そのレベルでそのクエスチョンが意味あるものかどうか、判断できるであろう。

　評価階層とそれに対応する評価の基礎要素（evaluation building blocks）との間にある論理的相互依存性を頭に入れておくことによって、評価者はその評価を、そのプログラム状況に最も適切なクエスチョンへと焦点づけることができる。同時に、より上位の評価クエスチョンに対して、時期尚早に注意が向くという過ちを避けることができる。

2．評価が答えるべき特定のクエスチョンを決定する

　あるプログラムのニーズ、デザイン、実施、アウトカム、そして費用に関する評価クエスチョンの一群は、相互に排他的なものではない。評価の対象となっているプログラムに、2つ以上のカテゴリーのクエスチョンが関連してくることもありうるだろう。適切な評価計画をつくるためには、可能性のあるたくさんのクエスチョンのなかから、そのプログラム環境に最も関連する特定の一群を選び出し、絞り込んでいかなければならない（Exhibit 3-D、80-81頁に、ある実際のプログラムに対する評価クエスチョンの特定化の例を示す）。

　第2章で強調したように、評価計画を構造化するクエスチョン形成の際には、評価スポンサー

や他の主要な利害関係者の関心が中心的な役割を担う。したがって、以下の議論において、私たちはまず、評価の設計段階前およびその最中に行われる、評価スポンサーや直接の利害関係者からの適切な情報の入手という問題についての検討から始める。

しかしながら、評価スポンサーや利害関係者の意見にのみ頼って、評価が焦点を当てるべきクエスチョンを決定するのが適切であることなどめったにない。利害関係者たちはそのプログラムにあまりに慣れ親しんでいるがために、逆にプログラムの実績的側面の重大な、しかし比較的当たり前の点を見逃している可能性がある。また、評価者の経験や知識が、関連する評価クエスチョンを同定する際に重要になるプログラム課題やそれらの相互関係について、特有の洞察をもたらすかもしれない。それゆえ一般的に、評価者は調査と直接関連のありそうなプログラムの実績領域については、独自に分析を行うことが望ましい。したがって、続く議論において述べられる2番目の話題は、評価を設計する際の考慮点として、潜在する重要な評価クエスチョンを発見するために、どのようにプログラムを分析するのかについてである。先に述べた評価階層は、この目的に使えるひとつのツールである。なかでもとくに役立つのはプログラム理論という概念である。プログラムの成功が依拠する意義ある仮定や期待を描写することによって、そのプログラム理論は評価が調べるべき重要課題を浮かびあがらせてくれるだろう。

1）評価スポンサーおよび主要な利害関係者の関心を記述する

評価を計画し実行するとき、評価者は通常、複数の利害関係者がそのプログラムやその評価に対して異なった、ときには対立する見解をもっており、そのアウトカムのあり方によって彼らの利害に影響が出てくるだろうと思われる事態に直面することになる（その実例については Exhibit 3-E 参照）。第2章を思い出していただきたいのだが、よく出会う利害関係者とは、政策決定者や意思決定者、プログラムやその評価のスポンサー、標的となる参加者、プログラム運営者とスタッフ、プログラムの競合者、社会状況的な利害関係者、そして評価や研究の学界、である。計画段階において、評価者は通常、評価で扱われるべきクエスチョンに関して重要な見解をもっているすべての利害関係者を同定し、その見解に優先順位をつけ、できるかぎり多くの関心をその評価計画のなかに統合しようと試みる。

その出発点は、もちろん、評価スポンサーである。評価を依頼し資金提供する人たちが、取り扱われるべき課題を定義することに優先権をもつのは正当なことである。ときには評価スポンサーが評価クエスチョンや評価方法のすべてを規定し、評価者にはその実務的な細部の運営だけを望んでいることがある。このような環境においては、もし必要であれば、評価者は利害関係者の観点がスポンサーのクエスチョンによって排除されているかどうか、そしてその観点は十分に明確かつ重要であり、それらを省けば評価が危うくなるものであるかどうかをアセスメントすべきである。もしそうなら、評価者はその方法で得られる結果の限界やバイアスをスポンサーに報告しつつ、そうした制約のなかで評価を実施するのかどうかを決断するか、あるいは評価の枠組を広げて別の観点をも含むようにスポンサーとの交渉に努めるか、する必要がある。

> ### ■ EXHIBIT 3-D ■　ある地区の放課後プログラムのための評価クエスチョン
>
> 　ある経済的貧困地区における放課後プログラムでは、その地区の小学校の施設を用て、近隣地区の児童のために午後3：30から6：00まで無料の放課後ケアを提供している。このプログラムの目的は、鍵っ子たちのために安全で、監督された環境を提供すること、そして学業強化活動を通して彼らの学業成績を向上させることである。以下にあるのが、このプログラムにおける利害関係者のために、プログラム評価が答えを出せるようデザインされた評価クエスチョンの例である。そして続けて、その評価クエスチョンを回答できるための標準（standards）を記しておく。
>
> このプログラムのためのニーズはあるか。
> クエスチョン：当該学校の周囲、半径1.5マイル以内に居住する鍵っ子は何人か。鍵っ子とは、その年度において少なくとも週に1回は、放課後のある時間帯に大人の監督者をもたない小学生年齢の者とする。
> 標準：定義された近隣地区に少なくとも100名のそうした児童がいるべきである。本プログラムの計画受け容れ児童定員は60で、どの日においてもスタッフの配置効率に見合う十分な参加児童数を生むべきであり、またここではさまざまな理由のために申し込まない該当児童がいることを仮定している。
> クエスチョン：このプログラムに申し込んでいる児童の何割が、実際に鍵っ子なのか。
> 標準：申し込み児童の少なくとも75％が鍵っ子の定義に合っているべきである。これが行政上の標的であり、この定義には合っていないけれども本プログラムに魅力を感じる、あるいは本プログラムが適切である他の児童がいることを認めながらも、登録者の大多数は鍵っ子であるべきだというプログラムの意図を反映している。
>
> このプログラムはうまくデザインされているか。
> クエスチョン：計画上の教育活動は、このクライエントらにとって、また彼らの学校での成績を向上させるという目的に対して、最良のものであるか。
> 標準：これらの活動が効果をあげる可能性をもっていることを示すために、教育学研究文献上の指摘があるべきである。加えて、関連学年レベルの経験ある教師がこれらの活動の妥当性を保証すべきである。
> クエスチョン：このプログラムにおけるスタッフ配置数は十分か。
> 標準：そのスタッフー生徒数比は、児童保護認可施設のための国家基準を上回っているべきである。

　しかし実際は、評価スポンサーが最初に出してくる評価の明細は、他の利害関係者の関心を排除するほど制約的なものでも、交渉の余地がないほどのものでもないことのほうがはるかに多い。この場合、評価者は通常、その状況の制約のなかで最大限の努力をはらって、すべての利害関係者と話し合い、妥当な優先順位を設定し、それぞれの集団の関心に役立つ情報を出せるよう評価計画を発展させていくこととなる。
　プログラムの利害関係者や彼らの観点の多様性が通常範囲のものであっても、またそれらを包含しようという評価者の努力にもかかわらず、評価が扱うべき課題について、評価者と1人以上の利害関係者との間に意見の相違が生まれてくる可能性はかなり高い。それゆえ、とりわけ重要

このプログラムは効果的に実施されているか。
クエスチョン：登録児童の出席率はどのくらいか。
標準：登録児童全員が予定されている午後はすべて出席しているか、親の許可を得て欠席しているべきである。
クエスチョン：このプログラムは、学校の宿題や関連課題に対する定期的援助を提供しているか。
標準：どの午後にも、宿題の完了と読書のための監督者がいる勉強時間が、平均45分あるべきであり、すべての出席児童がそれに参加しているべきである。

このプログラムは意図されたアウトカムを得ているか。
クエスチョン：登録児童の学校に対する態度に改善はあるか。
標準：年度はじめと年度末の間で、少なくとも80%の児童が、学校に対する態度に関して測定可能な改善を示すべきである。同様の生徒の通例は、小学校で毎年その態度を悪化させる傾向にある。本プログラムの目標は、たとえその改善がわずかなものであったとしても、この傾向を逆転させることである。
クエスチョン：学校の定期課題において、登録児童のその学業成績に改善はあるか。
標準：教科の学期平均評定点が、児童が本プログラムに参加していなかった場合に取ったであろう点よりも、少なくとも0.5点上がっているべきである。

このプログラムは費用－効果的か。
クエスチョン：このプログラムを運営するため、通常の学校運営にまつわる固定経費を超えて必要な費用は、児童1人あたりいくらか。
標準：児童一人あたり費用は、他の学校区域で行われている同様のプログラムでの平均に近いか、それよりも低くあるべきである。
クエスチョン：もしスタッフを有給の教員助手ではなく地域のボランティアにした場合（管理職者は除く）、このプログラムは同様に効果的で費用的に低くなるだろうか。
標準：ボランティアを主とするプログラムの年間費用には、ボランティアの募集、トレーニング、サポートが含まれ、それは現行プログラムの費用より少なくとも20%は低くならなければならず、そのような変更努力を正当化するためにはプログラムの効果性の損失があってはならない。

なことは、評価計画過程のできるだけ早い時点から、評価者が利害関係者グループと率直なコミュニケーションを十分に取ることである。このやりとりから、プログラムに関する利害関係者の重要な意見が得られるだろうし、さらにきっと、評価がなにを行い、なにを行わないのか、そしてその理由はなにかについての現実的で明確な理解が共有されるだろう。最も基本的なことは、主要な利害関係者らが、評価プロセスの性質、評価が産み出すと思われる情報の種類、あれこれ結果が出てきたとき、それがなにを意味するのか、曖昧な点やまだ答えられておらず疑問として残っているものはなにかを理解し、それらを受け入れられるようになること、これらを確保できるよう評価者は努力すべきである。

> ■ **EXHIBIT 3-E** ■　ホームレスに対する多機関プログラムの評価における
> 　　　　　　　　　　利害関係者の多様な見方
>
> 　モントリオールにおけるホームレスの人たちの保健社会サービスへの接近性（アクセシビリティ）を改善するために、州、地方、市の機関および20を超える非営利団体や公的機関が協働活動を行う共同プログラムが開始された。そのサービスプログラムとして、ウォークインサービスと紹介サービス、移動訪問センター、地域保健センター内のアウトリーチチーム、保護施設における医療および看護ケア、そしてケースマネジメントが整備された。プログラム評価への利害関係者の参加を確保するために、プログラムに関与するさまざまな機関の代表者からなるプログラム評価指導委員会が設置され、そこがプログラムに責任を負う他の2つの利害関係者委員会と共同する形態が取られた。
> 　すべての利害関係者はホームレスの福祉にしっかりとかかわる共通の動機をもっていたが、彼らのプログラム評価に対する観点はかなりさまざまであった。それらのいくつかについて、評価者は以下のように記している。
>
> 　　最も目立った不均衡は、さまざまな機関における組織文化の違いであり、それがプログラム評価への彼らの参加体験をまったく異なったものにしていた。この共同プログラムおよびその評価に関与していたサービス機関のいくつかは最前線の公的機関であったが、そこでは自分たちの活動を対象者との委託事項としてみることが常であった。評価プロセスは、彼らにとって、行政手続きとしても説明責任の測定としてもお馴染みのものであった。ところが、非営利団体のなかでも比較的新規の参入者で、コミュニティベースの介入分野における革新者である者たちがプログラム評価に期待したものは、自分たちのアプローチの強みを確認することと、改善への示唆を得ることであった。他の非営利団体は宗教または慈善団体の支部で、かなり以前よりホームレスの人たちとかかわってきていた。そうしたグループにとって、プログラム評価（および論理的で計画ベースのプログラム自体）は完全に今までの体験外のことであった。彼らは評価者たちのことを、彼らがきわめて困難な状況のもとで今までなんとかやってきた現実に干渉する部外者であると受け取った。彼らの主たる関心はクライエントであった。公的機関以上に、おそらく彼らはプログラム評価を、時間と金とエネルギーの浪費とみたであろう。このプログラムに関与しているデイセンターのほとんどもこのカテゴリーに属した。彼らは今まで馴れ親しんでいないプロセスに参加するように要請された人たちであり、調査研究手順についてははるかに精通している公的部門に所属する人の片割れとして横に座っていた。(p. 471)
>
> 出　典：Céline Mercier, "Participation in Stakeholder-Based Evaluation: A Case Study", *Evaluation and Program Planning*, 1997, 20(4): 467-475. より引用。

a．利害関係者の意見（情報）を聴く

　定義上当然であるが、主要な利害関係者はプログラムとその評価に対して重大な関心を抱いている。したがって彼らを同定し、評価が採択すべき課題やクエスチョンについての彼らの見解を入手することは、一般的に簡単なことである。評価スポンサー、プログラム管理者（彼らは同時に評価スポンサーでもあるかもしれない）、意図されているプログラムの受益者は、実際、常に主要な利害関係者である。他の重要な利害関係者の同定は通常、プログラムを取り巻く関係性のネットワークを分析することによって達成できるであろう。隠れているものを最もよく露見させる

関係性には、プログラムへの、あるいはプログラムからのお金の流れ、プログラムへの、あるいはプログラムによる政治的影響、その行動がプログラムに影響を与える、あるいはその行動がプログラムによって影響される人たち、そしてプログラムとそれにまつわるさまざまな委員会、後援者、協働者、競合者、利用者などとの間にある直接的な相互作用の一群などがそこに含まれるであろう。

　プログラムに関係するさまざまな利害関係者グループや人々を同定するためには、スノーボールアプローチが役に立つかもしれない。その代表者それぞれがわかり、そして彼らと接触をもったとき、評価者は彼らに、このプログラムに重大な関心を寄せている他の人たちまたはグループを指名してもらうのである。次に、それら代表者たちが、同じ質問を受ける。この手続きがもはや新しい重要な推薦が生じなくなったとき、評価者はすべての主要な利害関係者が同定されたと合理的に考えることができる。

　もしその評価が、その設計や運営に利害関係者らが直接かかわるという協働型あるいは参加型の構造をもつのであれば（第2章で述べたように）、そこに参加する利害関係者は、当然、評価クエスチョンを形成するうえで直接的な役割を担う。同様に、プログラムを運営する組織に所属している内部評価者なら、プログラム担当者からの率直な意見を得られやすいであろう。しかし、そのように利害関係者が評価のなかに組み込まれている場合であっても、それで直接利害関係者の観点の全範囲を表したというには通常不十分である。参加型構造のなかに含まれてはいないけれども、プログラムやその評価に対して重要で異なる観点をもっている重要な利害関係者グループは存在するかもしれない。また、評価プロセス中に登場するグループメンバー間には観点の幅があるかもしれず、評価チーム内に指名された人たち以外からの、より幅広い意見を抽出することが必要となるかもしれない。

　それゆえ一般的に、感度のよい評価クエスチョンの形成には、評価チームを直接代表しない利害関係者グループのメンバーとの議論が必要となる。評価チームが多くの利害関係者を代表しているなら、そうした接触の必要性は少なくなるだろうが、その数が少ないか、あるいはまったくないのであれば、その必要性は増すだろう。評価がその初期に、利害関係者らとの協働的取り組みとして組織されてこなかった場合、評価者は、評価の設計や実施に主要な利害関係者が直接関与し、彼らの見解が十分に反映されるような設定を考えてもよい。その参加型の設定としては、利害関係者諮問委員会（stakeholder advisory boards）、運営委員会（steering committees）、あるいはたんに評価者と主要な利害関係者の代表との間の定期的協議を通して形成されることがある。その手続きやそうしたアプローチの利点についてより多くの情報を得るには、Fettermanら（1996）、Greene（1988）、Markら（1985）、Patton（1997）を参照されたい。

　組織化された設定の外部では、評価者は一般的に、重要な評価課題についての面接を通じて利害関係者たちの見解を入手する。利害関係者たちとの初期の接触は元来オリエンテーションや予備調査のためのものであるから、通常この段階での面接は構造化されたものではなく、あるいはおそらく、評価者にとって関心あるテーマのいくつかにまつわるせいぜい半構造化されたものである。利害関係者グループを代表する人物からの意見聴取は、フォーカスグループ（Krueger, 1988）を通しても行ってもよい。フォーカスグループは、たくさんの人たちから情報を得られる

という効率性と、考えを刺激し合い観察し合うというグループの相互作用効果を促進するという利点をもっている。同時に、この目的には不利な点もあり、とくに政治的に不安定な状況下における対立の可能性や、グループで行うため守秘の欠落が問題になることがある。場合によっては、利害関係者らはプログラムやその評価について、評価者と一対一で話すより、より率直に話すことがある。

評価者がすべての利害関係者グループのすべてのメンバーから意見を聴取することはほとんど無理であろうし、評価が取り組むべき課題やクエスチョンを多数同定する必要は、通常はそれほどないと思われる。重要なグループあるいはプログラムに対して異なった立場にあるグループを代表する利害関係者の情報提供者を慎重に選択していれば、その数が少なくとも、主体となる課題を同定するには通常十分である。逆の立場の利害関係者との議論において新しいテーマがもう出てこないようであれば、最も重大で広く行き渡った課題は、おそらくすでにすべて見つかったといってよいだろう。

ｂ．利害関係者との議論のための話題

評価が依頼される際に評価スポンサーによって同定されている課題は、そのスポンサーが他の利害関係者とさらなる議論を要するようなものであることが多く、これらの課題がさまざまな当事者たちにどのような意味をもち、どのような種類の情報が彼らにとって役に立つのかを明確にする必要がある。こうした議論のなかでどのような話題が取り上げられるべきかは、ほとんどその評価状況の特殊性にかかっている。ここでは、しばしば関連する一般的な話題について概観する。

なぜ評価が必要なのか？ 評価者が評価の望まれている理由を探ることは、通常、行う価値のあることである。その評価はなにか外的な要請によって動機づけられていることがあり、その場合、その要請の性質や結果がなにに使われるのかを知っておくことは重要である。その評価はプログラム運営者によって望まれているのかもしれず、プログラムが効果的であるのかをどうかを判断したい、それを改善する方法を見つけたい、あるいは将来の資金提供者、施主、批判者などといった人たちに向けてその価値を「証明」したいのかもしれない。ときにはその評価は、たとえばあるおもしろくない決定を回避するための妨害工作といった、政治的に動機づけられたものであることもある。その理由がなんであれ、それらはどのようなクエスチョンが、その評価にとって、そしてだれにとって最も重要となるかを判断する出発点を提供してくれる。

そのプログラムのゴールや目標はなにか？ あるプログラムがそのゴールや目標とされているものを達成しているかどうかという点は、かならずや、評価が回答すべき中核的クエスチョンとなってくる。ゴール（上位目標）と目標の区別は重要である。**プログラムゴール**（program goal）とは、そのプログラムの全体的使命（overall mission）のことであり、典型的にはそれは幅広い、かなり抽象的な言葉で述べられている。たとえば、ホームレスの人たちのためのプログラムは、そのゴールとしてキャッチメントエリアの都市の「ホームレス者の削減」を掲げている

かもしれない。わかりやすいものではあるけれども、このようなゴールは、曖昧すぎて結果が満たされたのかどうかを判定することができない。「ホームレス者の削減」とは、5％、10％、それとも100％削減なのか。「ホームレス者」とは街頭生活者だけを指すのか、それとも保護的または一時的住居で生活している人たちも含めるのか。評価目的のためには、幅広いゴールは、具体的な、扱われるべき状態を特定した、成功基準としてより測定可能なものを伴った言葉へと翻訳されなければならない。一般的に、測定可能な達成物に関する特定された陳述のことを**プログラム目標**（program objectives）と呼ぶ。目標として語られるものは、そのプログラムのゴールを達成するために必要と目される特定の達成物を同定するものである。Exhibit 3-F は、目標の特定化の例として示唆深い。

　したがって、評価者の重要な仕事のひとつは、関連する利害関係者らと協働してプログラムのゴールを同定し、それらの過度に幅広く、曖昧な、あるいは理想化された表現を、明確で明示的、具体的な目標の陳述へと変換していくことである。目標が直接に信頼性をもって観察できる状況をより厳密に記述していればいるほど、評価が意味あるものとなる可能性は高くなる。さらに、評価者と利害関係者らとの間で、プログラム目標が評価の中核であり、アセスメントする際に用いられる基準の中核であるというきちんとした合意が形成されていることが不可欠である。たとえば、もしある職業訓練プログラムの目標が、そのプログラムからの脱落率の低さを維持することであるとするならば、主要な利害関係者は、評価が設計されていく際に焦点を当てられる課題のひとつとしてそれを受け容れる以前に、そのことの重要性について合意しているべきである。

　重要な目標についてコンセンサスが得られない場合のひとつの解決法は、さまざまな利害関係者から出されたものや、おそらく、関連領域における最近の見解や理論から抽出された追加の目標をすべて入れておくことである（Chen, 1990）。たとえば、職業訓練プログラムのスポンサーは、プログラム終了後の雇用の頻度と継続期間にしか関心をもたないかもしれない。しかし評価者は、生活状態の安定性、家計能力、およびさらなる教育を受ける努力をもプログラムのアウトカムとして考慮したほうがよいと提案することがある。というのも、こうした生活スタイルの特徴もまた、雇用や職業関連スキルの増加に伴ってよい方向に変化する可能性があるからである。

　評価が答えるべき最も重要なクエスチョンはなにか　　Patton（1997）の見解をここで繰り返すならば、優先されるべきは、最も使われそうな情報を産み出す評価クエスチョンをつくることである。評価者や評価スポンサーが、その評価の結果を「知識のための知識」にするつもりであることなどほとんどない。そうではなく、評価の結果は、そのプログラムに関する意思決定の責任を負う人たちにとって役立つ、彼らに使用されるように意図されたものであり、それは日々の管理レベルの話であれ、より広い資金や政策レベルの話であれ同様である（このプロセスに関する評価運営者の観点については、Exhibit 3-G 参照のこと）。

　残念ながら、評価で得られた知見がその報告を受けた人たちによって事実上無視されるといった体験を評価者はよく経験する。なぜこのようなことが起こるのかについては多くの理由があり、またその多くは評価者のコントロール外のことである。評価活動の初期と完了時点における

■ EXHIBIT 3-F ■　目標を特定する

　有用な目標を記す際にとりわけ役立つ技術として次の4つがある。(1)強い動詞を用いる、(2)目的やねらいをひとつだけ述べる、(3)最終産物または結果をひとつ特定する、(4)達成までにかかると思われる時間を特定する（Kirschner Associates, 1975）、である。

　「強い」動詞とは、起こるであろう観察可能または測定可能な行動を記述する活動志向性の動詞である。たとえば、「健康教育教材の利用を増すこと」というのは、観察できる行動を含んだ活動志向性の文言である。対照的に、「健康教育教材のおおいなる利用を増進すること」というのは、より弱い、特定度の低い文言である。

　明確な目標を記すための第2の示唆は、ねらいや目的をひとつだけ述べることである。ほとんどのプログラムは複数の目標をもつことになるだろうが、それら目標のそれぞれにおいてその目的はひとつだけ明確に記述されるべきである。2つ以上の目的や望まれるアウトカムについて述べている目標では、それには異なるプログラムの実施やアセスメント戦略が必要となったり、その目標達成に関する判定を困難にしたりするかもしれない。たとえば、「妊娠女性のために3つの出産前学級を開講し、1学級につき25名の女性に交通機関のアウトリーチサービスを提供すること」という文言は、困難を発生させる。この目標には2つのねらい——出産前学級を提供することとアウトリーチサービスを提供すること——が含まれている。もしひとつのねらいは達成されたが、もうひとつは達成されなかったとしたならば、この目標はどの程度満たされたことになるのだろうか？

　ひとつの最終産物または結果を特定することというのが、有用な目標に寄与する第3の技術である。たとえば、「市記念病院との下請け契約による妊娠女性のための3つの出産前学級を開講すること」という文言には、2つの結果、すなわち3つの学級と下請け契約が含まれている。これらの目標は別個に述べられるほうがよく、とりわけこの場合そのうちのひとつが、より低次の目標（下請け契約を結ぶこと）完了にその一部を依存するより高次の目標（3つの出産前学級を開講すること）であるからである。

　明確に記された目標というものは、ひとつのねらいとひとつの最終産物または結果の両方をもっていなくてはならない。たとえば、「保健システム機関とのコミュニケーションを確立すること」という陳述は、ねらいは示しているけれども望まれる最終産物または結果を示してはいない。コミュニケーションの証拠を構成するものはなにか——それは電話、会合、報告書？　明確な最終産物の同定の失敗は、アセスメントの実施を困難なものにする。

　目標を記し、それを評価するために、2つの問いを心に留めておく必要がある。ひとつは、だれが読んでも意図されているものと同じ目標をそこに見出すであろうか？　2つめは、どんな可視的な、測定可能な、または把握可能な結果が、目標に見合う証拠として掲げられているのか？　目的またはねらいは、なにがなされるかを記述するものであり、最終産物または結果は、それがなされたときに存在するであろう証拠を記述するものである。これが保証であり、「それを見たときにそれを知る」ということである。

　最後に、目標達成までに見込まれる時間を特定することは有用である。「できるだけ早くウォークインクリニックを設置すること」という文言は、「できるだけ早く」の曖昧さのため有用な目標となっていない。標的となる日付を特定するほうが、あるいは日付の特定にある程度の不確実さが存在する場合は、標的となる日付の幅——たとえば、「3月1日から3月30日までの間のいつか」——を特定するほうが、はるかに有用である。

出　典：Stephen M. Shortell and William C. Richardson, *Health Program Evaluation* (St. Louis, MO: C. V. Mosby, 1978), pp. 26-27. より許可を得て、一部修正のうえ引用。

■ **EXHIBIT 3-G** ■　プログラム評価の利用に関するレッスン

　ある社会サービス機構のためのプログラム評価管理者は、プログラムの意思決定者によるプログラム評価知見の利用について観察されたことを、以下のように要約した。
1．プログラム評価または調査研究の利用は、それ自体勝手に進んでいくものではない。評価報告書は非生命体であり、評価知見や勧告を使い、それを実施するのは、人々の関心や個人の行動にかかっている。プログラム評価の示唆は、文書からプログラム管理者らの議題へと移しかえられなければならない。
2．プログラム評価の利用は、それを通してプログラム課題が同定されるのであるが、通常行動または政策の変化を要請する。これには、運営管理者の優先項目の変更や新しいアクションプランの開発を要する。
3．プログラム評価研究の利用には、政治的活動が含まれる。それは、その組織のなかのだれがどんな権威をもって x、y、または z を起こすのかに焦点を当て、その認識を基礎としている。プログラム評価の結果としてのプログラムまたは組織変更には、より高位の管理者からの支援が必要となる。
4．プログラムの利用を生む継続システムのためには、組織学習プロセスの正当化と形式化が必要である。そうでないと、その利用は個人的問題となり、プログラム評価は権力や管理に張り合う別の自己利益グループだけを弁護するものとなるかもしれない。

出　典：Anthony Dibella, "The Research Manager's Role in Encouraging Evaluation Use", Evaluation Practice, 1990, 11(2): 119. より引用。

　プログラム環境が変わってしまい、届けられた評価結果が的はずれのものになってしまう場合もある。しかし評価が実際に行わなければならない決定に対して役に立つ情報を提供していないために、結果が利用されないこともあるだろう。これは能力のなさから生じることもあるが、あまり罪なく起こることもある。評価計画が直接関連する情報を提供するように立案されているように見えても、実際その情報が出てくると、受け取る人が期待したほどには役に立つものではないこともある。評価結果を伝えられる人たちが、最初どんな情報がどんな目的のために必要であるのかについて、心のなかで明確に描ききれていないといったこともあるだろう。

　これらのことを考慮して私たちは、評価クエスチョンをつくる際には逆行マッピング法（backward mapping）を用いることを推奨している。この技法は、まず望ましい終点の特定から始め、次にそこへ至るためになされなければならないことを逆行して決定していくというものである（Elmore, 1980）。このアプローチを使いつつ、評価スポンサーや他の主要な利害関係者とかならず議論をして、だれが評価結果を使い、またどのような目的で使うのかを確定していかなければならない。ここで注意しておきたいのは、問題はだれがその評価知見に関心をもっているかではなく、だれがそれらを使うかだという点である。評価者は、とくにだれがその評価を使い、とくになんのためにそれを使うのかを、明瞭かつ詳細に理解したいのである。たとえば、プログラム管理者や理事会は、その評価結果を使って、来年度の管理運営的優先項目を設定するつ

もりなのかもしれない。あるいは、あるプログラム領域を監督している立法委員会は、当該プログラムに対する継続的予算措置に関する審議に向けての必要情報として評価を望んでいることがある。あるいは、あるプログラムを始めた政府機関のなかのプログラムモニターは、それが他の地域にも広めていくべき成功例であるのかどうかを知りたいことがあるのかもしれない。

どのような場合でも、評価者はそれぞれの評価ユーザーとともに協働して、将来考慮することになる決定や行動の範囲、または審議の際に直接関連してくる情報の形式や性質について記述していくべきである。特定化のレベルを最大限に押し進めていくために、評価者は評価が産み出しうる架空の情報さえつくり（たとえば、「プログラム完了者の20％が30日以内に再発する」）、将来利用者になる可能性のある人たちと、これが彼らにとってなにを意味するのか、どのように彼らはこの情報を使用するのかを議論することもある。

評価結果の使い方や、役立つことが期待される情報の性質についての慎重な特定化は、評価が回答を試みなければならないクエスチョン（たとえば、「このプログラムを完了した者のうちどのくらいが最初の1ヶ月間に再発するか」）の形成に直接つながるものであり、最も重要なクエスチョンの同定のための優先順位設定に役立つ。このとき、時期の問題も考慮されなければならない。あるクエスチョンは他のことが問われる前に答えられていなければならないことがあり、あるいは利用者としてはその意思決定のタイムスケジュール上、ある種のクエスチョンに対する回答を他のものより先に必要とするかもしれない。そこから、重要な一連のクエスチョンが関連したグループのなかに整理され、適切に結びつけられて統合される。そして、時間軸のうえで適切に配列され、そして指定された利用者との協議のなかで最終フォームへと落とし込まれるのである。こうしたことを考慮しつつ、評価計画は、ほとんどが逆行的に発展して、測定方法、観察内容、手順などを決めていき、利用者が必要とするときまでに要求する形式で、重要なクエスチョンに回答を提供するよう取り組まれなければならない。

2）プログラムの仮定や理論の分析

この議論のはじめのところで述べたように、評価者が関連する適切な評価クエスチョンを設計する際には、利害関係者たちとの協議に加えて、独自のプログラム分析を行うのがふつうである。ほとんどの評価クエスチョンは、「起こると思われていることが実際に起こっているか」というテーマにまつわるバリエーションである。たとえばよくある例は、「意図されている標的参加者集団にサービスが届いているか」「サービスは十分に提供されているか」「目的が満たされてきているか」などである。したがって、重要な評価クエスチョンを同定するという目的にとても役立つ分析は、起こるだろうと考えられていることの細部を描き出すことである。評価者は、そのプログラムはどのように作用することが期待されているのかについての、またプログラムのさまざまな活動や機能と意図する社会的便益との間にどのような関連が想定されているのかについての、概念的モデルを構築していく。ここで出てきたモデルは、プログラムの効果的実行に最も不可欠な側面とはなにかを同定することに使用できる。そこから、中心となっている仮定や期待

は妥当で適切なものなのか、そしてもしそうであるなら、プログラムはそれらを効果的な方法で実践しているのか、といった評価関連クエスチョンが浮かびあがってくる。

ここで私たちが述べているのはプログラム理論の詳細な説明であり、プログラム理論とは、そのプログラムが採用してきた戦略や戦術と、期待される社会的便益との関係に関する一連の仮説のことである。理論というとかなり大げさに聞こえるし、またプログラム指導者のなかで、彼らがなにか明確な理論に基づいて活動していると主張する人などほとんどいないだろう。しかし、辞書で調べてみると、理論とは「なにかされていること、またはそれをする方法についての、ある特定の概念または見方」のことである。評価者がプログラム理論というときは、一般的にこの意味で用いている。別の言葉を使えば、それはプログラムの概念化とか、おそらくプログラム計画や、青写真、またはデザインとも呼べるであろう。

評価者たちは長くこのプログラム理論の重要性を認識してきており、それは評価クエスチョンを形成し、その優先順位をつけ、評価研究を設計するための、そして評価知見を解釈するための基盤であると考えてきた（Bickman, 1987; Chen ら, 1980; Weiss, 1972; Wholey, 1979）。しかしながら、それはさまざまな名前で記述され、使われてきている。たとえば論理モデル（logic model）、プログラムモデル（program model）、アウトカムライン（outcome line）、因果関係マップ（cause map）、アクション理論（action theory）、などである。加えて、どうすればプログラム理論を最もよく描いたり示したりできるのかについて一般的な合意はなく、共通の要素について表わしているにもかかわらず、評価の文献上にはたくさんの異なる見解が載っている。プログラム理論はそれ自体が評価の目的になりうるため、どのように示して評価するのかについての詳細は、このテーマについてのみ論じる第5章に委ねたい。

ここで強調したいのは、あるプログラムを評価クエスチョンの形成を目的として分析する際、プログラム理論は有用なツールとなるということである。たとえば、よくあるプログラム理論の記述法のひとつに論理モデル（logic model）形式というものがあるが、ここでは期待されるステップがプログラムサービスからクライエントのアウトカムまで順に配列される。Exhibit 3-H に、未成年の母親のための育児プログラムにおける論理モデルを示す。このプログラムにおいては、サービス機関や地域の高等学校が、育児学級に参加する妊娠中の未成年者を募集することが期待される。そして育児学級のなかで、いくつかの話題についての教育がなされ、それを受けて未成年の母親たちが妊娠中の栄養摂取や育児方法についてより知識を深めることが期待される。そこで得られた知識が、次に、適切なダイエットや育児行動へとつながり、最終的には健康な乳児へとつながっていくことが期待される。

この形式でプログラムの論理を配列するだけで、適切な評価クエスチョンの同定がかなり容易となってくる。たとえば、該当する妊娠中の未成年者がそのプログラムのキャッチメントエリアに何人いて、栄養や育児に対する彼らの知識不足はどの程度か。そのなかでプログラムに実際参加している人たちの割合はどのくらいか。学級において意図された話題が実際にすべて取り上げられているか、そしてその教示の内容は未成年の参加者たちに見合ったものであるか。未成年者たちは実際どんな学びをその学級で得ているのか、そしてさらに大事なことは、結果としてどのような行動上の変化が起こっているのか。最後に、生後12ヶ月時点で彼らの乳児たちはプログラ

■ EXHIBIT 3-H ■ 未成年母親のための育児プログラムにおける論理モデル

[Exhibit 5-G 参照]

プログラム：未成年母親のための育児教育

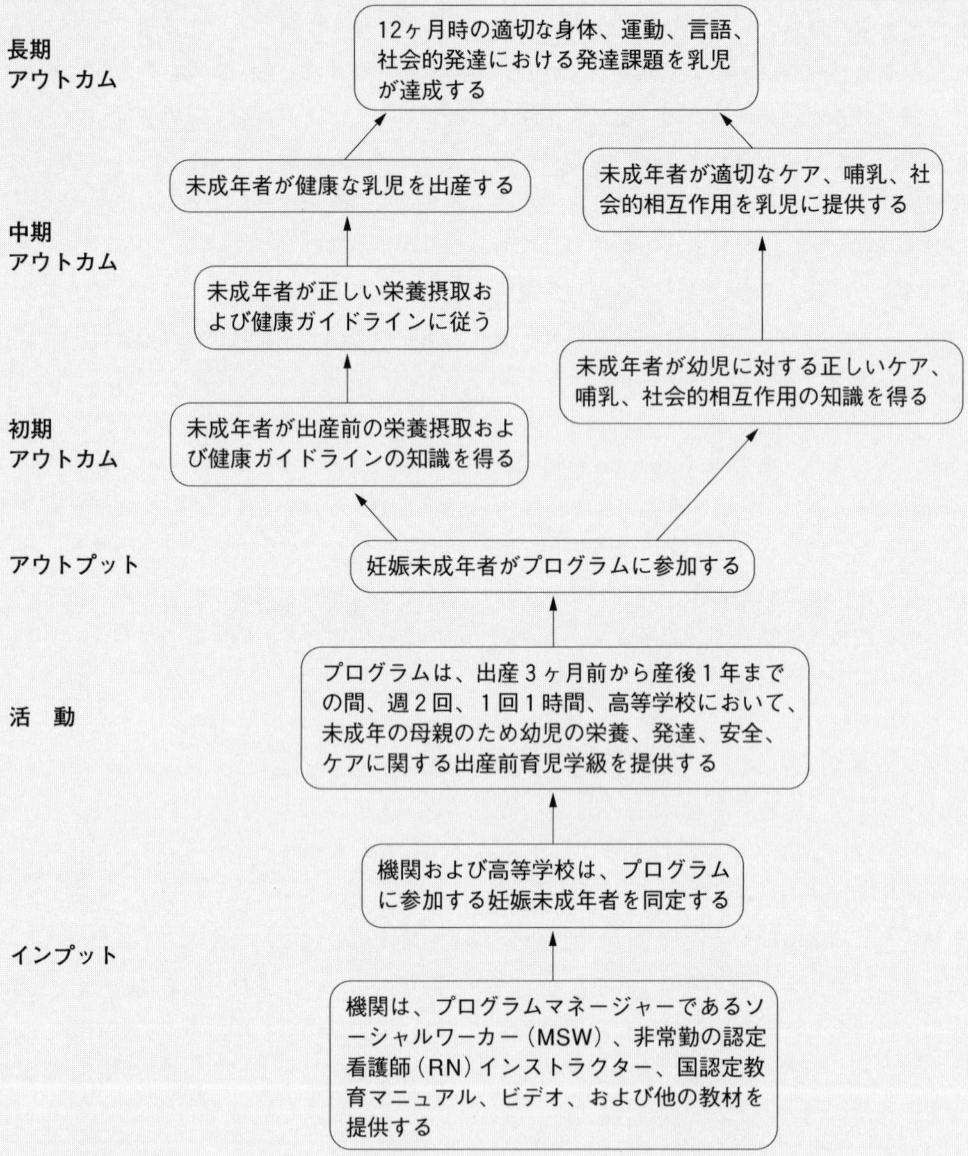

長期アウトカム
- 12ヶ月時の適切な身体、運動、言語、社会的発達における発達課題を乳児が達成する

中期アウトカム
- 未成年者が健康な乳児を出産する
- 未成年者が適切なケア、哺乳、社会的相互作用を乳児に提供する

- 未成年者が正しい栄養摂取および健康ガイドラインに従う

初期アウトカム
- 未成年者が出産前の栄養摂取および健康ガイドラインの知識を得る
- 未成年者が幼児に対する正しいケア、哺乳、社会的相互作用の知識を得る

アウトプット
- 妊娠未成年者がプログラムに参加する

活動
- プログラムは、出産3ヶ月前から産後1年までの間、週2回、1回1時間、高等学校において、未成年の母親のため幼児の栄養、発達、安全、ケアに関する出産前育児学級を提供する

- 機関および高等学校は、プログラムに参加する妊娠未成年者を同定する

インプット
- 機関は、プログラムマネージャーであるソーシャルワーカー（MSW）、非常勤の認定看護師（RN）インストラクター、国認定教育マニュアル、ビデオ、および他の教材を提供する

出　典：United Way of America Task Force on Impact, *Measuring Program Outcomes: A Practical Approach*. Alexandria, VA: Author, 1996, p. 42. United Way of America. より許可を得て、一部修正のうえ引用。

ム体験がなかったとした場合よりも健康になっているのだろうか、などである。

これらのクエスチョンの一つひとつをより洗練させて、評価デザインの基礎として用いるために必要な、より特定的な言葉にしていくことができるだろう。またそれぞれの領域において、どのようなプログラム実績が期待されるのかを探求することによって、その実績をアセスメントするためのより特定的な基準を開発していくこともできるだろう。もし論理モデルなり、その他の理論記述形式なりが主要な利害関係者らと共同開発され、それに対するコンセンサスが得られたとしたならば、そこから出てくる評価クエスチョンはかなり関連度の高い、そして重要なものとなる可能性が高いだろう。しかし、評価者にとってこの技法がとりわけ有用となるのは、これを行うと、もしこれを行っていなければ利害関係者か評価者のどちらかが認識しなかったかもしれない重大なプログラム課題やクエスチョンを、しばしば明らかにできるからである。また他の利点として、これによってプログラムの全側面を系統的に振り返ることができ、評価者が重大な課題を確実にひとつも見逃さないことの助けとなる点も挙げられる。

3．評価クエスチョンを整理し、優先順位を設定する

評価者が徹底的に利害関係者の関心を探求し、注意深く記述されたプログラム理論から導かれるプログラム課題の分析を行えば、その評価が扱うであろうたくさんのクエスチョンが掘り起こされる。この時点での仕事は、それら評価クエスチョンをテーマ別にまとめ、それらの間に優先順位を設定することである。

評価クエスチョンの組織化は、一般的に比較的容易な仕事である。評価クエスチョンはプログラム機能別に（たとえば、募集、サービス、アウトカム）、またすでに議論したように、評価課題別に（ニーズ、デザイン、実施、インパクト、効率）クラスター化する傾向がある。また評価クエスチョンの自然の構造として、きわめて特定的なクエスチョン群（たとえば、「公営住宅プロジェクトに関係する外出困難の高齢者はそのプログラムのことを知っているか」）は、より広範なクエスチョン群（「私たちは標的集団に届いているか」）に組み込まれる傾向がある。

それよりはるかに難しいのは、評価がどのクエスチョンに対して回答できるよう設計されるべきかを決定する優先順位の設定であろう。いったん組織化してみると、そこまでの評価過程のなかで挙がってきたプログラムに関するクエスチョンの大部分は、利害関係者のだれかにとって、あるいは評価者自身にとって、興味深いものに思えてくるものである。しかしながら、その全部を扱えるだけの資源を利用できることはほとんどないだろう。このとき、評価者にとってとりわけ重要なのは、評価の主目的およびその知見の使われ方に焦点を当てることである。どの利害関係者にもほとんど使われないような情報を産み出すことに時間と労力を費やすことなど、ほとんど意味がない。

そうはいうものの、どんな情報が役に立つのかに関して過度に狭く解釈してしまうことは注意しなければならない。評価の利用に関する研究において、プログラムに関する意思決定のための

実用的または手段的利用は、評価情報がもたらす貢献のひとつにすぎないことが示されている（Levitonら，1981; Rich, 1977; Weiss, 1988）。多くの場合、同様に重要となるのは、概念的または説得的利用——評価が応答するプログラムや社会問題が理解され議論されることへの評価知見の貢献——である。評価はしばしば課題を同定し、分析を組み立て、論点を明確にして意思決定過程に影響を及ぼすが、これは評価知見と特定プログラムの決定との間になんら明白な直接関連がない場合でも起こる。この問題については第12章でより詳しく記すことにして、ここでは、ある種の評価クエスチョンは、たとえ即時の使用法または使用者がだれかが明白でなくとも、回答されるべき重要なものである可能性があるという点を指摘するにとどめたい。

あるプログラムに対して優先される評価クエスチョンが選定されたならば、評価者はそれらに答えるために費やす評価の実質的部分を設計することにとりかかれる。本書ではこれ以降、そのほとんどの部分でこの作業に関連するアプローチ、方法、考慮点について論じる。その議論は、先の評価階層のところで示した評価クエスチョンの自然な論理的進行の順に整理されている。したがって順に示すと、あるプログラムのためのニーズをアセスメントする方法、そのニーズを扱うためのプログラム理論または計画、プログラム計画および関連するプログラム過程の実施、社会的ニーズに基づいたプログラム実施のインパクトまたはアウトカム、そしてそのプログラムが得たアウトカムにまつわる効率性、である。

まとめ

- ■評価計画の策定において重要な段階は、評価が取り組むクエスチョンの同定と形成である。それらクエスチョンは、評価の焦点を主要な利害関係者らにとって最も問題となっているプログラム実績の領域に当てさせ、評価のデザインをプログラム実績に関する意味ある情報を提供できるほうへと導く。
- ■よい評価クエスチョンは妥当かつ適切なものでなければならず、回答可能なものでなければならない。すなわち、それらは、当該プログラムのゴールと関連しており、またそのプログラムが現実的に達成を期待できる領域を表すような、明確で観察可能なプログラム実績の次元を同定していなければならない。
- ■評価クエスチョンを最も特徴づけるものは、それらが、同定されたプログラム実績次元を判定できるようなプログラムの実績標準（performance standards）を含んでいることである。もし評価クエスチョンに、主要な利害関係者が同意するプログラムの実績標準を含めることができるならば、評価計画の策定はより容易となり、結果の解釈をめぐる意見の不一致が起こる可能性は少なくなるであろう。
- ■評価課題は、最も基礎的な課題を下に置く階層に配列することができ、これは有用である。一般的に、その階層においてより高いレベルのクエスチョンは、より低いレベルの課題についての知識が得られているか、その仮定に確信があることを前提としている。
- ■最も重大な事柄が評価デザインのなかに包含されていることを保証するために、評価ク

[第3章] 課題を同定し、評価クエスチョンを形成する　93

エスチョンの形成は、評価スポンサーおよび重要なグループを代表する、またはプログラムの意思決定に関して異なった立場をもつ他の利害関係者らとの対話や交渉を通して行われることが最良である。
■利害関係者の意見は重要ではあるが、評価者もまた、調査を是認するであろうプログラム課題の同定を行う準備をしておかなければならない。このためには、評価者は当該プログラムが基礎としている仮定や期待に対して独自の分析を行う必要がある。
■重要である可能性のあるプログラム実績の側面を明らかにすることに役立つひとつの方法は、プログラム理論を明示化することである。プログラム理論は、そのプログラムで行われている活動と、産み出されることが期待されている社会的便益とがどのように関連しているのかに関する、プログラムに内在する仮定を記述するものである。プログラム理論の批判的分析によって、それを行っていなければ見逃されていたかもしれない重要な評価クエスチョンを浮かびあがらせることができる。
■こうしたさまざまな方法によって、候補となる評価クエスチョンが十分に多く形成されたならば、評価者はそれらを関連したクラスターに整理していき、利害関係者の意見や専門的判断に基づいてそれらの間に優先順位を設定しなければならない。そのプログラムにおいて優先される評価クエスチョンが決定されたならば、それに答えるために必要となる評価部分のデザインを設計していくことになる。

キー・コンセプト

キャッチメントエリア（Catchment area）
あるプログラムによってサービスされる地理的範囲

実施上の失敗（Implementation failure）
意図する社会的改善をもたらすためには必要だと考えられ、プログラムデザインのなかで特定されている活動について、その活動実績が十分ではないプログラムのこと。サービスがまったくない、サービスが十分でない、あるいはまちがったサービスが提供されている、あるいは標的集団間でサービスが過度に異なるといった状況がここに含まれる。

実績基準（Performance criterion）
それと対照させて評価ができるように設定された、あるプログラム実績次元における標準。

プログラムゴール（Program goal）
通常、一般的で抽象的な、プログラムが指向する望ましい状態についての叙述。プログラム目標と比較せよ。

プログラム目標（Program objectives）
プログラムがその達成を望まれていることを詳述する特定的叙述で、ひとつ以上の測定可能な成功基準を伴う。

理論上の失敗（Theory failure）
　計画どおりに実施されているのにそのサービスが、期待する参加者、または意図する最終的な社会的便益、またはその両方に対して、直接の効果をもたらしていないプログラムのこと。

第**4**章　● Assessing the Need for a Program

プログラムに対するニーズを
アセスメントする

●本章の概要────

1. 社会状況やサービスニーズを診断するうえでの評価者の役割

2. 扱われるべき問題を定義する

3. 問題の範囲を特定する──いつ、どこで、どの程度の大きさなのか
    1) 推定の発展のために既存データソースを使用する
    2) 動向を同定するために社会指標を用いる
    3) 社会調査を通して問題のパラメーターを推定する
        a. 機関記録　　b. 標本調査と全数調査　　c. キーインフォーマント調査
    4) ニーズを予測する

4. 介入の標的集団を定義し同定する
    1) 標的集団はなにか
    2) 直接標的集団と間接標的集団
    3) 標的集団を特定する
        a. 標的集団の境界　　b. 標的集団の特定に対する変化する視点

5. 標的集団を記述する
    1) リスク、ニーズ、デマンド(需要)
    2) 発生数と有症数
    3) 率

6. サービスニーズの性質を記述する
    1) ニーズ記述のための質的方法

> プログラムが改善しようとする社会問題の性質に関する評価クエスチョンは、そのプログラムの評価にとっての基礎である。こうしたクエスチョンを扱う評価活動のことを、通常、ニーズアセスメントと呼ぶ。プログラム評価の観点からすると、ニーズアセスメントは、プログラムへのニーズがあるかどうか、またもしあるならば、どのプログラムサービスがニーズにいちばん適しているのかを、評価者が決定するための手段となる。そのようなアセスメントは、新しいプログラムを効果的にデザインするために重要なものである。しかし、確立されたプログラムに対しても同じく関連してくることがあり、それは、そのプログラムが必要であると仮定できなかったり、または提供しているサービスがニーズの性質にうまく合っていると仮定できない場合である。
>
> ニーズアセスメントは必須のものである。なぜなら、もし、扱うべき問題が存在しなかったり、プログラムサービスがその問題と実際に関連していないのであれば、プログラムが社会問題の改善にとって効果的とはなりえないからである。したがって、本章では、介入プログラムのデザインや評価に結びつけうる、システマティック（体系的）でかつ再現が可能な手続きを通して、社会問題を診断するという評価者の役割に焦点を当てる。

第1章で述べたように、効果的なプログラムは社会状況を改善するための手段である。それゆえ社会プログラムの評価にあたり、そのプログラムが重要な社会的ニーズを妥当なやり方で扱っているのかどうか、そして、それはニーズのある人たちの状況に責任あるやり方で取り組んでいるかどうかを問うことは、必要不可欠である。

あるプログラムに対するこうしたクエスチョンに答えるためには、まずはじめに、プログラムが取り組んでいる社会問題の記述が必要となる。それから評価者は、そこでのプログラム理論が、問題を妥当に概念化し、適切な改善手段を具体化しているかどうかを問うことができる。もしその問いが確固として回答されたならば、プログラムが実際にそのプログラム理論に沿って行われているのかどうか、もしそうなら、意図する社会状況の改善が結果として得られているのか、そしてその費用は、といったことに注意を向けることができる。このように、プログラム評価の論理は、そのプログラムによって改善が期待される社会問題についてのていねいな記述のうえに積み上げられていくものである。

社会的ニーズをシステマティックに（体系的に）記述し、診断するために、評価者や他の社会調査者によって用いられる一連の手続きのことを、一般に・・・・・・・・・・・ニーズアセスメント（needs assessment）と呼ぶ。

ニーズアセスメントを行うプログラム評価者にとって必須の作業は、主要な利害関係者にかかわる「問題」をできるかぎりていねいに、客観的に、そしてできるかぎりすべてのグループに意味があるように記述し、そうした診断作業から効果的な介入方法の構築に関して示唆が得られるようにすることである。この作業には、問題の正確な定義を構築すること、問題の範囲をアセス

メントすること、介入の標的集団を定義し同定すること、そしてその集団のサービスへのニーズの性質を正確に記述することが含まれる。本章ではこれらの活動の詳細について述べる。

1．社会状況やサービスニーズを診断するうえでの評価者の役割

　広い目でみると、社会問題の同定と改善に対する評価者の貢献は、政治団体や権利擁護団体、報道関係者、あるいはカリスマ的著名人の影響力のある活動と比較して地味なものである。社会問題に取り組む勢いは、個人的にあるいは職業的に、ある特定の状況を扱うことに利害関係を有している政治的または道徳的指導者たちや、コミュニティの権利擁護者たちから出てくることが最も多い。たとえば、第二次世界大戦後の精神疾患に対する関心は、ある一人の国会議員［アメリカ大統領］の努力に大きく影響を受けたものであった。知的障害に対する連邦政府のプログラムは、ジョン・F・ケネディが大統領だった時代に大きく後押しされたが、それは彼の妹が知的障害だったからである。自動車の安全性の改善は、かなりの程度ラルフ・ネーダー［訳注：アメリカの消費者運動家］の主張に帰するものだったといえる。また保健福祉サービスを提供するうえでの不正や不適正を取り締まる努力は、マスメディアのすっぱ抜きや、ニーズのある人たちの組織的努力を含む利害団体や圧力団体の活動によって行われることが最も多い。

　それでもやはり、評価者は、人々や社会の状況を改善する取り組みに重要な貢献をなすのであり、それは不満分子を動員したり、バリケードを襲撃したり、口撃したりすることなく行われるのである。それはおもしろみのないものかもしれないが、しかし、本質的な貢献である。それらは、系統的に社会問題の性質を記述し、提案されまたは確立された介入プログラムの適切さを測定し、社会状況改善のためのそれらプログラムの効果性をアセスメントするためにさまざまな調査研究技法を適用するといったものである。

　結果として出てくる診断学的情報の重要性は誇張されてはいけない。憶測、主観に基づく観察、政治的圧力、また意図的ともいえる偏向情報は、政策立案者や企画者や助成団体を駆り立て、活動を開始させたり、現行プログラムを支援させたり、あるいはその支援から撤退させたりするかもしれない。しかし、もしそのことについて正しく判断しなければいけないのであれば、プログラムが扱おうとしている問題の性質やその範囲について十分な理解をもつことは必須のことであり、また、プログラムの標的集団や、介入が行われているかあるいはこれから行われようとしている社会的文脈についての正確な情報も必要である。ここで、適切な診断手続きが無視された場合に、なにが起こりうるかについて、いくつか例を示す。

　都心住民の高い失業率の問題はその地域の雇用機会の不足を反映している、と今までしばしば言われてきた。それゆえ今まで行われてきたプログラムは、都心の事業所に対して実質的報奨を提供するようなものであった。その後の経験から、これら事業で雇われた労働者のほとんどは、支援しようとした地域の外からやってくるということが明らかになることが多かった。

　1960年代に行われた多くの都市再開発事業の企画者たちは、彼らが老朽とみなした建物に居住

している人たちもまた、自分たちの家を欠陥住宅だと思っているだろう、だからその家の取り壊しを支持し代用住宅への移転を受け入れるだろう、と思っていた。しかしながら、どの都市においても次々と、都市再開発地区の住民たちはこの事業に強く反対した。

　癌の初期徴候を発見するために健康診断に行くことを奨励しようと企画されたメディアプログラムはしばしば、多数の利用者が保健センターに殺到して対応不能となるという結果を招いた。メディアの取り組みは、癌症状がないのにその徴候があると信じている多くの心気的な人たちを刺激したのである。

　AIDS同定の臨床方法を改善する取り組みの一環として、地域の一般医に対して、高リスク患者群のなかから血液検査を用いて本症候群を診断する方法の詳細を記した文献が配布された。だがその資料が配られた後に、ほとんどの医師は、病歴聴取の際に性行為のことを聴いていないということがわかった。だから大部分の医師は、どの患者が高リスクなのかわからなかったのである。したがって、医師がその新しい知識を用いることのできる唯一の方法は、全患者を検査することであった。結果として、過剰な量の検査が行われ、費用がかさみ、患者にリスクを与えた。

　ある大都市センターにおいて報告された高い妊娠中絶率を下げるため、避妊プロジェクトが拡大されたが、そのプログラムはその後多くの参加者を引きつけることができなかった。後に、対象となる都市部のクライエントは、そのほとんどがすでに適切にサービスを受けており、高い割合で避妊を行っていることがわかった。その高い中絶率は、中絶を受けるために地方からその都市にやってきた若い女性が、主に引き起こしていたのである。

　拳銃の犯罪使用の問題は、重大犯罪者への銃販売禁止の法制化へとつながってきた。しかし、犯罪者のほとんどは銃を合法的な業者からは買わず、「闇市場」においてか、窃盗によって手に入れているのである。

　これらすべての例において、良質のニーズアセスメントが行われていれば、プログラムが不適切であったり、不必要なサービスを実施することを防げたかもしれない。いくつかの例では、問題が存在しなかったために、その企画されたプログラムは不必要なものとなった。別の例では、標的集団が提供されたサービスを望んでいなかったり、その人たちがまちがって同定されていたり、プログラムが期待するように人たちが行動しなかったり、できなかったりしたために、その介入は効果的でないものになっていた。

　すべての社会プログラムは、取り組まれる問題の性質や、サービスの標的となる集団の特徴、ニーズ、反応に関する一連の仮定に基づくものである。それが新しいプログラム計画のための評価、既存プログラムの変更のための評価、あるいは現行プログラムの効果性の評価のいずれであっても、この仮定についてはかならず考慮しなければならない。もちろん、問題診断や標的集団についての記述はすでにもう十分にされているかもしれず、その場合には、それは既定のものとして先に進むことができる。あるいは、プログラムに対するニーズの特徴は独立した調査対象ではないというように、評価作業の性質を規定されるかもしれない。しばしばプログラム職員やスポンサーは、社会問題や標的集団についてはよく知っており、さらなる調査は時間の無駄だ、と思っている。この状況に対して注意深くアプローチしなければならない。上に挙げた例のように、いとも容易にプログラムは誤った仮定のうえに行われ、それは不十分な問題の初期診断、プ

ログラム開始後の問題や標的集団の変化、あるいは偏見につながる選択的曝露や固定観念のいずれかによって起こるのである。

　それゆえ、どのような場合でも、評価者はプログラムの中身を決めることになる、標的問題や標的集団に関する仮定を吟味すべきである。なにかそこに曖昧な点があるなら、評価者は主要な利害関係者とともに作業して、その仮定を明確化することが望ましい。評価者が独自にプログラムの標的問題や標的集団の性質に関する最低限の調査を行うことが、役に立つ場合もしばしばあるだろう。新しいプログラムを始める場合、あるいはその有用性が疑問視されてきた既存のプログラムに対しては、徹底したニーズアセスメントを行うことが必須となるかもしれない。

　ニーズアセスメントが社会プログラムやその提案に関連して常に行われているわけではないことに注意すべきである。またニーズアセスメントの技術は、競合するニーズや要求に優先順位をつけなければならない政策立案者のための計画や決定補助ツールとしても用いられる。たとえば、地方の共同募金会（United Way）や大都市の市議会は、多様なサービス領域に対して資金をいかに配分すべきかを決定する参考にするために、ニーズアセスメントを委託するかもしれない。また州の精神保健部は、そのサービス部門のなかで資源を最適に配分するために、異なるいくつかの精神保健サービスに対する地域ニーズをアセスメントするかもしれない。このようにニーズアセスメントには、そのニーズがどの程度深刻で、放置されており、顕著であるかに応じて、優先順位づけをすることが多い。こうしたより幅広いニーズアセスメントは、ある特定のプログラムに対するニーズのアセスメントとはその規模も目的も異なるが、そこに関連してくる方法はほぼ同じものであり、こうしたアセスメントも一般的に評価研究者によって行われている。

　Exhibit 4-A にニーズアセスメントのステップの一覧を示す。このなかに、ニーズアセスメントに利害関係者を巻き込むことを強調しているステップがあることに注目してほしい。これについては前章で十分に述べたので、本章でその詳細を検討する必要はないだろう。ニーズアセスメントの適用やその技法についての書籍レベルの考察は、McKillip（1987）、Reviereら（1996）、Soriano（1995）、Witkin（1995）が有用である。

2．扱われるべき問題を定義する

　政策変更の提案、新しい、もしくは修正されたプログラム、または既存のプログラムの評価といったものが出てくるのは、概して、現在の政策やプログラムの有効性に対して利害関係者のだれかに不満があったり、新しく起こってきた社会問題に対する関心があったりするからである。いずれの場合も、ある社会問題が同定され定義されてきたことを意味するが、ことは見かけほど単純ではない。実際、なにをもってして社会問題とするのかという問いは、何世紀にもわたって宗教指導者や哲学者、そして社会科学者の頭を悩ませてきた。この領域での論争点は、たとえばウォント（want）や望み（desire）といったものと対比してニーズ（needs）の意味するものはなにか、そしてどんな理想や期待がニーズを識別する基準を提供するのかにまつわるものである

■ EXHIBIT 4-A ■　ニーズ分析のステップ

1. **利用者と利用の同定**　分析の利用者は、結果に基づいて行動する人たちや分析によって影響を受けると考えられる関係者である。両者を巻き込むことは、その勧告の分析と実施を通常促進する。ニーズアセスメントの使用を知っていることは、抱えている問題やその解決に調査者が集中することを助けるが、また以下のステップ3で同定される問題やその解決を制限するかもしれない。

2. **標的集団とサービス環境の記述**　標的集団の地理的分布や交通移動、人口学的特徴（影響力の強さも含めて）が重要である。また、サービスを受ける資格の制限やサービス供給能力も重要である。社会指標が標的集団を直接的にまたは間接的に記述するためにしばしば用いられる。利用できるサービスの詳細な資源目録は、当該サービスと補完サービスまたは競合サービスとのギャップを同定できる。サービス利用者と標的集団の比較によって、サービスに適合していないニーズを明らかにしたり、解決策の実施を妨げている障壁を明らかにできる。

3. **ニーズの同定**　ここでは、標的集団の問題や可能な解決策が記述される。通常、2つ以上の情報が用いられる。同定には、アウトカムへの期待や現状でのアウトカム、解決策の効力や実行可能性、そして利用可能性に関する情報が含まれるべきである。社会指標や標本調査、地域フォーラム、直接的視察がしばしば用いられる。

4. **ニーズアセスメント**　問題や解決策が同定されたならば、これらの情報は行動への勧告を生み出すために統合される。量的と質的の両方の統合アルゴリズムが利用できる。その手続きが明白でオープンであればあるほど、結果がよりよく受け入れられ実行されることになるであろう。

5. **コミュニケーション**　最終的に、ニーズ分析の結果は、意思決定者や利用者、他の関係者に伝達されなくてはならない。この伝達を遂行する努力は、ニーズ分析の他のステップと同程度の重きをもってなされるべきである。

出　典：Jack McKillip, "Need Analysis: Process and Techniques", in *Handbook of Applied Social Research Methods*, eds. L. Bickman and D. J. Rog (Thousand Oaks, CA: Sage, 1998), pp. 261-284. より一部修正のうえ引用。

(McKillip（1998）、Scriven（1991）を参照）。私たちの目的から要点を挙げるとすれば、社会問題はそれ自体、客観的現象ではないということである。むしろそれらは社会的に構築されたものであり、ここには、ある社会状況が公共の注目や改善に役立つプログラムを必要とする問題を構成しているのだという主張が含まれている。この意味において、地域構成員は、ある特定の問題に関係する利害関係者とともに、認知された社会問題を構成する社会的現実を文字どおり創り出すのである（Millerら，1993; Spectorら，1997）。

たとえば、貧困が社会問題であることは一般に同意できる。観察される事実は、収入や資産の分布統計である。しかしながら、そうした統計は貧困を定義しておらず、その定義が与えられた

ときに何人が貧困であるのかの決定を許すにすぎない。また統計は、貧困を社会問題として確認することもなく、たんに個人や社会的機関が問題とみる可能性がある状況の特徴を述べているのみである。さらに、貧困の定義も貧困者数を改善するプログラムのゴールも、ともに時間によって変化しうるし、地域間や利害関係者間でも異なるものである。それゆえ、貧困を減少させるための先駆的事業は、たとえば雇用機会の拡大から、たんに低所得者の期待を下げることまで、幅広いものとなるかもしれない。

したがって社会問題の定義や介入ゴールの特定化は、最終的には政治的なプロセスであって、状況固有の特徴から自動的に導かれるものではない。こうした事情は、連邦会計検査院（GAO）(1986) によって行われた、青少年の妊娠率の引き下げのための法制化についての分析によく表れている。GAO は、審議中の議案のどれもが問題を定義する際に、青少年の妊娠を若い母親の問題として扱っており、子どもの父親のことをまったく含めていないことを見出した。青少年の妊娠についてのこの視点は、効果的なプログラムにつながるのかもしれないが、それでもなお、問題の性質やどのように解決されるべきかに関する仮定に議論の余地があることは明らかである。

問題の社会的定義は政策的対応の中核となるものであり、法案の前文には通常、その法案が改善しようとしている社会状況について明記する部分が含まれている。たとえば、2つの競合する議案がホームレス問題に対して出されたとして、片方はホームレスを、頼れる親戚をもたない困窮者とし、もう片方はホームレスであることを伝統的なシェルターにアクセスしないこと、と定義するかもしれない。前者の定義は潜在的クライエントの社会的孤立に対して主に注意を向けさせ、後者は住居の整備に焦点を当てる。これらの定義によって正当化される改善策もまた、異なるものになってくるであろう。たとえば前者の定義は、ホームレスの人たちと疎遠となった親戚との調整を試みるプログラムを支持するだろうし、後者は住居費補助プログラムを支持するだろう。

それゆえ、通常、主たる政治関係者が問題を何と考えているのかについての、評価者の見極めが有益である。たとえば、評価者は、政策や施策の提案書や、[制度利用の] 授権法の定義を研究するかもしれない。そういった情報は、法制化の手続き、施策文書、新聞や雑誌の記事、問題や施策に関する議論が出てくるその他の情報源のなかにも見つかることがある。またそうした資料には、問題の性質やプログラムの開始計画について、資金提案書にあるように、明確に述べられているかもしれないし、あるいはプログラムの活動、成功、計画に関する記述の根底にある仮定を通して問題が暗示的に定義されているかもしれない。

この調査は、そのプログラムが対応するよう企画された社会的ニーズの予備的記述に役に立つ情報を、かなり確実に掘り起こしてくれるであろう。またこれは、どのように問題が定義されているのか、そして別の観点がそこに適用できるのかどうかについての、さらなる徹底的なニーズアセスメントへと導いていくかもしれない。

この段階で、政策立案者やプログラム運営者に対して、その政策やプログラムに内在する問題の定義に関する批評を提供したり、より役立つと思われる別の定義を提案したりすることが、評価者の重要な役割となることがある。たとえば評価者は、未成年者の妊娠を主に私生児の出産で

あるとして定義すると、既婚の未成年者に発生する多数の出産について無視することとなると指摘し、そうした定義から、プログラム上どういうことが起こるかについての示唆を与えることができるだろう。

3．問題の範囲を特定する──いつ、どこで、どの程度の大きさなのか

　プログラムの扱う問題が明確に定義されたならば、評価者は次に問題の範囲をアセスメントできる。明らかに、社会プログラムのデザインや資金は、標的となる問題の規模、分布、そして密度に見合うものであるべきである。たとえば、ホームレスの人たちのための緊急シェルターのアセスメントで、その地域のホームレス総人口が350人なのか3500人なのかで、事情はまったく違ってくる。またホームレスの人たちのいる場所が主に家族の近くなのか地域のアパートなのか、そのうちの何人が精神障害や慢性アルコール症、身体障害をかかえているのかも重要である。
　問題の存在を確認することのほうが、その密度や分布についての妥当な推定を行うことよりずっとたやすい。被虐待児を一握り同定すれば、それで児童虐待の存在について懐疑的な人を納得させるには十分だろう。しかし、問題の規模や地理的、社会的な所在を明細化するには、被虐待児集団、加害者の特徴、行政管轄地域全体での問題の分布についての詳細な知識が必要となってくる。児童虐待のような一般的ではない行動については、このことは難しいだろう。社会問題の多くはほとんど「目に見えない」ものであり、そのため、その率については不正確な推定値しか得られない。そうした場合しばしば、複数の情報源からのデータを用い、発生率推定のために異なるアプローチを適用する必要が生じてくる（たとえば、Ards（1989）参照）。
　また発生率の推定のためには、少なくとも全体を代表すると考えられるサンプルをもつことも重要である。サービスプログラム内で把握される集団のように、全体よりも高いリスクをもつ集団から推定値を引き出すことは、とりわけ過ちにつながりやすい。たとえば、シェルターに暮らす妊娠中の暴力被害女性からの報告に基づいた女性の夫からの虐待の推定率は、妊娠女性の一般集団での発生頻度を過大に推定する結果となる。より代表的なサンプルからの推定は、やはり妊娠女性への暴力が深刻な問題であることを示しているが、それは現実的な観点での問題の広がりを明らかにしている（Exhibit 4-B参照）。

1）推定の発展のために既存データソースを使用する

　ある種の社会的課題においては、標本調査（surveys）や全数調査（censuses）などによるデータがすでに存在しており、その信頼性は社会問題のある側面をアセスメントするのに十分なものと思われる。たとえば、アメリカ国勢調査局（the U. S. Bureau of the Census）の「最新人口動態調査」（the Current Population Survey）や「十年国勢調査」（the decennial U. S. Census）によって

■ **EXHIBIT 4-B** ■ 妊婦に対する家庭内暴力の頻度の推定

　すべての女性には暴力を受けるリスクがある。妊娠は、女性本人にとっても、胎児にとっても、重度の傷害やその結果の不健康状態になるリスクの増大をもたらす。一地域の探索的研究によって、被虐待女性の40～60％が妊娠時にも暴力を受けていることが示された。たとえば、ダラス保護施設入所の542名の女性のなかで、42％が妊娠時に暴力を受けていた。ほとんどの女性が、妊娠中か、あるいは子どもが幼児期に暴力がより激しくなったと報告した。別な研究では、全米にわたる被暴力女性270名の面接調査で44％が妊娠中に暴力を受けていたことがわかった。

　しかし、妊娠中の暴力に関する報告のほとんどは被暴力女性、通常、保護施設に入所している女性からのものである。典型的な産科受診の集団における妊娠中の暴力の有症率を確立するために、マクファーレンらが、人口300万人以上の大都市の公立または私立クリニックから無作為に抽出された健康な妊婦290名に面接調査を行った。290名の妊婦は黒人、白人、ラテンの女性で、18歳から43歳であった。大部分の人は既婚者で、80％は少なくとも5ヶ月間妊娠していた。女性は虐待に関する9つの質問を受けた。たとえば、あなたは現在の妊娠中に、叩いたり、平手打ちをしたり、蹴ったり、あるいは他の方法で身体的に傷つける男性パートナーと関係があったかどうか、そしてもしあるならば、暴力は増加しているか、である。290名の女性のうち8％が現在の妊娠中に暴力を受けたと報告した（これは調査を受けた女性12名に1人の割合である）。さらに別に15％の女性が現在の妊娠以前に暴力を受けていたと報告した。暴力の頻度は、人口学的変数によって変化することはなかった。

出　典：J. McFarlane, "Battering During Pregnancy: Tip of an Iceberg Revealed", *Women and Health*, 1989, 15(3): 69-84. より一部修正のうえ引用。

　収集された項目に関しては、正確で信頼性の高い情報をいつも得ることができる。「十年国勢調査」には、地区データに集計できる地域調査（約4000世帯を含む小地域）のデータが含まれている。Exhibit 4-C は、あるフロリダの郡における問題出産の性質や重症度をアセスメントするために重要な統計記録や調査データの利用について述べている。このニーズアセスメントは、母子保健ニーズを推定し、適切なサービス計画を立てることがねらいであった。たとえ既存の記録から関心のある問題についてのこのような直接的情報が利用できない場合でも、利用可能な情報と問題の指標との関係が経験的にわかっているならば、間接的な推定は可能となるであろう（たとえば、Ciarlo ら（1992）参照）。たとえば、ある地区における無料学校給食の対象児童数の割合は、しばしばその地区の貧困有症数の指標として用いられる。

　その妥当性が全数調査ほどには認められていないデータソースを用いるときには、そのデータ収集法を注意深く調べて、データの妥当性をアセスメントしなければならない。経験的にみて、それがどんな課題であっても、違うデータソースは異なる推定、あるいは矛盾する推定さえも提供することがある。

■ EXHIBIT 4-C ■ 母子保健ニーズをアセスメントするため人口動態統計や全数調査データを用いる

フロリダのヘルシースタート・イニシアティブ（The Healthy Start Initiative）［訳注：特定地域の妊婦と幼児がヘルスケア・サービスを受けやすくすることで、幼児の死亡率を低減し、その特定地域における出産結果の改善を目指した全国事業］は、州における妊娠や出産の結果の改善を意図した一連の立法案からなっている。この先駆的事業によって、関連する地域や政府、サービス提供者、利用者グループの代表者から構成される、地域を基盤とした出産前・乳幼児保健ケア連合が設立されることとなった。各連合は、サービス提供領域内でニーズアセスメントを行い、サービス提供計画を発展させることが求められた。健康乳児のためのカズデン市民連合のニーズアセスメントは、小規模で地方のアフリカ系アメリカ人がほとんどを占めるフロリダ州北部の郡を代表したものである。このアセスメントでは、郡における母子保健問題の深刻度や分布を推定するために既存データを用いた。

第1に、郡内の妊娠状況と関連する母親の属性が、出生と死亡に関して年1回集計されるフロリダ人口動態統計データを用いて調べられた。とくに以下の指標が調べられた。

- 幼児死亡率　郡における率は、全米や州よりもかなり高かった。
- 胎児死亡率　郡における率は、州目標よりも高かった。そしてアフリカ系アメリカ人の母親における率が、白人のアメリカ人より高かった。
- 新生児死亡率　率は白人の母親に対する州目標より高かったが、アフリカ系アメリカ人に対する州目標を下回った。
- 新生児を除いた乳児死亡　率は州の目標を下回った。
- 低出生体重児　青年と35歳以上の女性に高い発生数がみられる。
- 超低出生体重児　郡全体での率は、アフリカ系アメリカ人や白人の母親における州全体率や州目標率の2倍である。
- 青年の妊娠　10代での出産割合は、州平均の2倍を越える。アフリカ系アメリカ人の10代の率は、白人の10代より2倍以上高い。
- 母親の年齢　幼児死亡率と低出生体重は、16～18歳年齢で出産した母親の子どもにおいて最も高かった。
- 母親の教育　高卒未満の母親は、わずかに低出生体重児の出産をしやすい傾向にあるが、幼児スクリーニング尺度での高リスクと同定される割合が、8倍高い傾向にあった。

これらの知見に基づいて、不良の出生状況となる高リスク群として、3つの群が同定された。

- 19歳未満の母親　・高卒未満の母親　・アフリカ系アメリカ人の母親

そして、アメリカ国勢調査局のデータが、これらのリスク分類ごとの出産可能年齢の女性数や低所得者層におけるそれら女性の割合、出生可能年齢女性の郡内での地理的集中状況を同定するために用いられた。この情報は、郡内における主要な問題を有する地域を同定し、目標を設定し、サービスを計画するための連合によって用いられた。

出　典：E. Walter Terrie, "Assessing Child and Maternal Health: The First Step in the Design of Community-Based Interventions", in *Needs Assessment: A Creative and Practical Guide for Social Scientists*, eds. R. Reviere, S. Berkowitz, C. C. Carter, and C. G. Ferguson (Washington, DC: Taylor & Francis, 1996), pp. 121-146. より一部修正のうえ引用。

2）動向を同定するために社会指標を用いる

　ある種のトピックに関しては、既存のデータソースは社会の歴史的動向を描く定点測定値を提供している。たとえば、国勢調査局の「最新人口動態調査」は、大規模な世帯サンプルを用いて、アメリカの人口特性に関する年間データを収集している。そこには世帯構成、個人および世帯所得、世帯メンバーの年齢、性別、人種に関するデータなどが含まれている。定期的に行われる「所得およびプログラム参加調査」(Survey of Income and Program Participation) は、全米人口における失業年金、フードスタンプ、職業訓練プログラムなど、さまざまな社会プログラムへの参加状況を示すデータを提供してくれる。

　いま述べたような定期的に行われる測定のことを**社会指標** (social indicator) と呼ぶが、これは社会問題やニーズをさまざまなかたちでアセスメントするのに重要な情報をもたらしてくれるだろう。第1に、適切に分析されれば、しばしばこのデータは、その経過が長年にわたって追跡されている社会問題に関してその規模と分布を推定するために用いられるだろう。第2に、そこで示された動向は、ある社会問題が改善しているのか、不変であるのか、それとも悪化しているのかについて、意思決定者の注意を喚起するために用いられるだろう。第3に、社会指標の動向は、すでに実施されている社会プログラムの効果についての、もしまだであれば、最初の推定を出すために用いられるだろう。たとえば「所得およびプログラム参加調査」は、フードスタンプや職業訓練といった全国的プログラムのカバレッジ（到達範囲）の推定に用いることができる。

　社会指標データは、社会プログラムが影響を及ぼすであろう社会状況の変化をモニターするためにしばしば用いられる。1996年の個人責任と就労機会調停法 (the Personal Responsibility and Work Opportunity Reconciliation Act) の制定による急進的な福祉改革が行われた後、貧困世帯の状況は悪くなったのか改善されたのかを判断しようと、社会指標データの収集に多大な労力が費やされてきている。都市研究所 (the Urban Institute) と人材開発研究所 (The Manpower Development Research Corporation) は、子どもの福祉に特化した特別調査を繰り返し行っている。加えて、国勢調査局は「所得およびプログラム参加調査」を拡大し、福祉改革の実施前後で繰り返し面接を行う世帯パネル調査を行っている (Rossi, 2001)。

　残念ながら、現在利用できる社会指標は、それがカバーしている社会問題の範囲が限定されており、主に貧困や雇用、全国的プログラムへの参加、世帯構成の項目に絞られている。多くの社会問題に関しては、社会指標が存在しない。加えて、今あるものは、全国および地方の動向分析にだけ使えるものであり、それを細分化して州やより小さな管轄区域の動向を知る指標として使うことができない。

3）社会調査を通して問題のパラメーターを推定する

　多くの場合、関心のある問題の範囲や分布の推定値をもたらすデータソースは存在しない。た

とえば、家庭用殺虫剤の誤用が子どものいる家庭などにおいて問題となっているのかどうかを示す情報源は準備されていない。他にも、全国や地方のサンプルに対してはよい情報を得られても、それを関連する地域レベルに分割できない問題がある。たとえば、「家庭内薬物使用に関する全国調査」(the National Survey of Household Drug Use) は、物質乱用の性質や程度を探るため、全国を代表するサンプルを用いている。しかしながら、ほとんどの州においてその回答者数は、薬物乱用の州レベルでのよい推定値を出すのに十分な数とはいえず、また市レベルになるとそこから妥当な推定値を出すことはまったくできない。

　適切なデータが存在しないか、不十分である場合、評価者は新しくデータを収集することを考えなければならない。社会問題の範囲や分布を推定するには、専門家の意見聴取から大規模な標本調査 (sample survey) まで、いくつかの方法がある。どの種類の調査を行うかの判断は、使える資金や正確な推定値を得ることの重要度も考慮してなされなければならない。もし、立法上またはプログラムの設計上、ある行政区域における低栄養幼児に関してその正確な数を知る必要があるのであれば、注意深く計画された健康面接調査が必要となるだろう。一方、もしそのニーズが幼児のなかに低栄養の者がいるのかどうかを知りたいという単純なものであれば、有識者からの情報提供があれば十分であろう。本節では、評価者が適切なデータを掘り出せる3つのタイプの情報源について概観する。

a．機関記録

　問題となっている対象に対してサービスを提供している機関で記録されているもののなかに、社会問題の範囲の推定に役立つ情報が含まれていることがある (Hatry, 1994)。利用者に関する良質の記録を保有している機関もあれば、その記録の質が高くないところやまったく記録を保管していない機関もある。対象となっている問題を呈するすべての人がその機関を利用しており、そしてその記録がきちんと保管されているのであれば、評価者はさらなる調査を行う必要はない。残念ながら、そうした状況はあまり多くない。たとえば、薬物乱用クリニックで治療を受けた患者の記録から、ある地域での薬物乱用の程度を推定したくなるかもしれない。薬物使用集団が今あるクリニックによって完全にカバーされているのであれば、その推定は正確なものだろう。しかしながら、すべての薬物乱用者が実際にクリニックを受診しているかどうかは一般的に疑わしく、その推定が示すよりも問題はもっとずっと広まっている可能性が高い。より正確な推定は、問題となっている地域住民すべてからの標本調査によってもたらされるだろう（利用者集団から得られた推定値と一般集団からの標本調査から得られたそれとの違いについて、暴力被害妊娠女性の例を Exhibit 4-B に示した）。

b．標本調査と全数調査

　問題の範囲や分布に関するきわめて正確な情報が必要で、しかし信頼できるデータが存在しない場合、標本調査 (sample survey) か全数調査 (census) を用いた評価者独自の調査を行う必要が出てくるかもしれない。そこには規模の問題と技術的複雑さの問題が入り込んでくるため、どちらにしてもかなりの労力と技能を要し、また資源の十分な投入が必要であることはいうまでも

■ **EXHIBIT 4-D** ■　　シカゴのホームレス研究のための標本調査の使用

　ほとんどの標本調査が、すべての人が住居を基にして数えあげて調査できるという仮定に基づいている。しかしその定義ではどのホームレス調査においても失敗する。そこで、シカゴ研究で工夫された戦略は、居住でない単位で標本が集められたという点、そして住居がある人とホームレスの人とを明確に区別したうえで調査を実施したという点において、伝統的調査とはかけ離れたものであった。2つの最新の標本が得られた。それは、(1)ホームレスのために提供された保護施設で夜間過ごした人の無作為抽出、(2)シカゴ国勢調査細分区から無作為抽出した場所での非居住単位での継続調査で、深夜から朝6時までに出会った人たち全員の数えあげ、である。保護施設と街頭の両者を合わせることで、シカゴのホームレスのバイアスのない標本が構成される。

　ホームレス用の保護施設に入居している人の場合や、細分区調査で出会った人で、自室を賃貸したり所有していない人、すなわち、一般住宅の賃貸または購入した世帯の一員でない人の場合、その人たちは調査時点でホームレスと分類された。なお、一般住宅には、アパート、家、ホテルや似た構造の建物の一室、移動住宅を含めた。

　深夜の街頭調査においては、非番のシカゴ警察官も参加したインタビューチームが、抽出された細分区のホームレスに出会いそうなすべての場所を調べた。たとえば、夜間営業の店、裏道、玄関、屋根や地下、廃墟の建物、駐車中の車やトラック、などである。街頭調査で出会ったすべての人は必要ならば起こされ、ホームレスかどうか確認するために質問された。保護施設サンプルでは、同種の場所で夜を過ごした人すべてがホームレスと仮定された。ホームレスと同定されたならば、ただちに彼らの仕事歴や居住歴のデータが社会人口統計学的特徴と同様に得られるようインタビューが行われた。協力してくれた回答者全員に5ドルが支払われた。

出　典：P. H. Rossi, *Down and Out in America: The Origins of Homelessness* (Chicago: University of Chicago Press, 1989). より一部修正のうえ引用。

ない。

　ひとつ極端な例を示そう。Exhibit 4-Dは、シカゴのホームレス集団の規模と構成を推定するために実施されたニーズアセスメント調査について述べている。調査は、緊急シェルターに入っている人とシェルターを利用していないホームレスの人の両方をカバーした。後者の調査には、真夜中シカゴの貧困街を探索することも含まれていた。この調査が実施されたのは、ロバート・ウッド・ジョンソン財団とピュー記念信託が、ホームレスの人たちがもっと医療ケアにアクセスするようになるためのプログラムを計画していたからである。都心のホームレス集団の間に深刻な医学的状態が存在するという証拠はたくさんあったが、ホームレス集団の規模についても、彼らの医学的問題の範囲についても信頼できる情報はまったくなかった。そこで、財団がその情報を収集するため調査プロジェクトに出資したのである。

　しかしながら、通常は、Exhibit 4-Dに述べられたほどていねいなニーズアセスメント調査が行われるわけではない。多くの場合、伝統的な標本調査で適切な情報は得られるであろう。たとえば、新しい施設計画のためにケアを必要としている子どもの数と分布について信頼できる情報が必要であるとき、たいていは電話による標本調査から情報を得るのが便利だろう。Exhibit 4-Eには、AIDS予防行動の効果に関する公衆の知識の程度を確かめるために、ロサンゼルス郡の

■ **EXHIBIT 4-E** ■　AIDS予防に関する知識の範囲をアセスメントする

　HIV感染を避けるための方法についての知識の範囲を測定するために、ロサンゼルス郡の住民標本に対して電話調査が行われた。住民は4種の方法の効果について尋ねられた。それは、「ある人が性交渉を通してのAIDS感染を避けるために使用している」方法についてである（表参照）。最も効果的と判断されたのは、HIVネガティブの単一パートナー間の性行為であった。ただし12％の人は、そのような状況であってさえも安全の保証はないと判断した。コンドーム使用は、破損や漏れ、誤使用が報告されているが、回答者の42％がとても効果ありと判断し、やや効果ありは50％であった。他の方法と組み合わせて使用するかどうかにかかわらず、殺精子剤の効果については、回答者はあまり評価しなかった。

異なる4種の方法の効果評価の割合分布（％）

予防法	とても効果あり	やや効果あり	まったく効果なし	わからない
HIVネガティブの単一パートナー間の性行為	73	14	12	1
コンドームのみ使用	42	50	7	1
殺精子剤つきのペッサリーの使用	9	35	50	6
殺精子剤のみ使用	7	32	53	8

　出　典：D. E. Kanouse, S. H. Berry, E. M. Gorman, E. M. Yano, S. Carson, and A. Abrahamse, *AIDS-Related Knowledge, Attitudes, Beliefs, and Behaviors in Los Angeles County* R-4054-LACH (Santa Monica, CA: RAND, 1991). より許可を得て、一部修正のうえ引用。

1100名以上の住民に対して行われた電話調査について示した。AIDS予防法についての意識の増大をねらったマスメディアの教育プログラムに対して、こうした調査は公衆の知識におけるギャップの範囲と性質をともに同定するものである。

　多くの調査機関が、ニーズアセスメントのための標本調査の計画や実行、分析を行う能力を有している。加えて、定期的に実施される研究に質問を追加することもしばしば可能で、そうすれば別の機関は時間を稼ぐ、つまり費用を削減することになる。どのようなアプローチであれ、標本調査を設計し実行するためには、高い技術レベルを要する複雑な努力が求められる可能性があることを認識しておかなければならない。実際、多くの努力のなかでも最も実際的なアプローチは、評判のよい調査機関と契約を結ぶことなのかもしれない。標本調査方法論の多様な側面についてのさらなる議論は、Fowler（1993）やHenry（1990）を参照されるとよい。

c．キーインフォーマント調査

　社会問題の範囲を推定するアプローチで、最も信頼できるものとは決していえないが、おそら

> ■ **EXHIBIT 4-F** ■　ホームレス集団についてのキーインフォーマントの推定を使用する
>
> 「専門家」によるホームレス推計数が、「路上」や保護施設、シングルルーム専用ホテル（SRO）における実際のホームレス数にどのくらい近くなっているかを確かめるために、調査チームが、どや街地域にある8ヶ所のサービス提供者、つまり保護施設管理者、社会機関職員などの人に、50区画のホームレス総人口を推定するよう求めた。得られた推定値は以下のとおりである。
>
> 提供者1：　　6,000から10,000
> 提供者2：　200,000
> 提供者3：　　30,000
> 提供者4：　　10,000
> 提供者5：　　10,000
> 提供者6：　　2,000から15,000
> 提供者7：　　8,000から10,000
> 提供者8：　　25,000
>
> 明らかに推定値が重複している。2ヶ所の提供者（4と5）は、保護施設、SRO、路上の集計に基づいて、調査者が最も可能性の高い数字として推定した値とかなり近かった。
>
> 出　典：Hamilton, Rabinowitz, and Alschuler, Inc., *The Changing Face of Misery: Los Angeles' Skid Row Area in Transition - Housing and Social Services Needs of Central City East*（Los Angeles: Community Redevelopment Agency, July 1987）．より一部修正のうえ引用。

く最も簡単なものは、**キーインフォーマント**（key informants）（鍵となる情報提供者）、すなわちその地位や経験から問題の強度や分布に関してなんらかの知識を有している人に質問することである。キーインフォーマントはしばしば、標的集団の特徴やサービスニーズの性質について、非常に有益な情報をもたらしてくれるだろう。ただそこからは、社会状況によって影響されている人の実数やその人口学的および地理的分布について、残念ながら、良質の推定を行えるだけの視点や情報源は得られにくいであろう。たとえば、信頼できるキーインフォーマントは、ホームレスの人たちとの体験をもっているかもしれないが、その体験からその集団全体の規模を推定することは難しい。実際、その地域のホームレス数についてのインフォーマントたちの推測は大きく分散しており、一般的にそれは誤ったものである（Exhibit 4-F 参照）。

　問題の範囲についてまったく情報がないよりはキーインフォーマントの報告があるほうがまだましだという理由で、よりよいアプローチが使えないときには、キーインフォーマント調査を評価者は用いたくなるだろう。そうした状況においては、その調査はできるだけ注意深く行われなければならない。評価者は必要な専門知識をもつ調査対象者を選ぶべきであり、また注意深く彼らに質問していかなければならない（Averch, 1994）。

4）ニーズを予測する

　政策やプログラムを策定する場合においても、それらを評価する場合においても、社会問題の強度が将来どうなっていきそうかということを推定する必要がしばしば出てくる。現在深刻な問題が、何年か後にはより深刻になることもあるかもしれないし、軽くなることもあるかもしれず、プログラムの立案にあたってはそうした傾向を考慮に入れるよう心がけなければならない。しかし、将来の傾向を予測することはかなり冒険的なことにもなりかねず、とくに時間軸が延びるにつれそうなるだろう。

　予測というものは、一部未来は現在や過去と関連するだろうという必然的仮定から導き出されるものであるが、そこにはたくさんの技術的、そして実行上の困難が存在する。たとえば、一見、10年後に18歳から30歳になるであろう人の数の予測は、現在の人口データから簡単になされるように思える。しかしながら、もし人口学者が20年前に中央アフリカにおいてこのような予測を行ったとしたならば、それはかなり的外れのものとなっただろう。というのも、若者たちの間にAIDSが大流行し、予期しない悲劇的な影響を被ったからである。より長い時間軸での予測はさらに問題が多く、出生率、移住、死亡率の動向をも考慮に入れなければならなくなる。

　私たちはニーズアセスメントにおける予測の使用に反対しているわけではない。そうではなく、どのようにして予測がつくられたのかについて十分な検討なしに無批判に予測を受け入れることに対して、警告をしたいのである。現在の動向を単純に敷衍すればよいものについては、その予測が基づいている仮定はその数も少なく、比較的容易に確かめられるだろう。計算機ベースの多重方程式モデルから発展してきたもののように高度に複雑な予測においては、その仮定を検討するには高度なプログラマーや経験ある統計学者の技術が必要となるであろう。ともかく、最も単純なものを除いて予測はすべて、専門的な知識と手続きを必要とする技術的活動であることを認識しておかなければならない。

4．介入の標的集団を定義し同定する

　社会問題の性質を理解し、標的集団の規模や特徴を推定することは、プログラムのニーズを確かめるうえで不可欠なことである。しかしながら、プログラムが効果的であるためには、その標的集団はなにかを知るだけではなく、そのサービスをうまくその集団に届けることができなければならないし、またその集団に所属していない人を除かなければならない。したがって、標的集団にサービスを提供するためには、標的集団の定義が、標的と標的でない群とを効率的に判別できるように、そう曖昧でないかたちでなされていることが求められ、それがプログラムの通常の運営手続きの一部として組み込まれている必要がある。

　プログラムの標的集団の明細化は、その定義と対応集団の推定される規模が時がたつにつれ変

わってくるかもしれないという事実によって、複雑なものとなる。たとえば、1980年代はじめ頃は、ホームレスとは道路や路地、あるいは自分で作った掘っ立て小屋のようなところで暮らす人たちのこととされていた。それが、ホームレスの権利擁護活動がますます活発となり、いくつかの対応プログラムが始まると、まもなくホームレス集団の定義は、安定した住居をもたず、親戚や友人、ときには他人の家を転々としている人たちのことも含むようになった。またある種の利害関係者は、賃貸契約書などがない日払い、あるいは週払いのシングルルームに住む多数の人たちをも、ホームレス集団のなかに含めた。このように定義が変わると、ホームレスのためのプログラムがどの集団にサービスを行おうとしているのか自体が、かなり違ってくるということになる。

1）標的集団はなにか

社会プログラムの標的集団（targets）は、通常、個人である。しかしそれがグループ（家族、作業チーム、組織）であったり、地理または行政と関連する区域（たとえばコミュニティ）であったり、物理的な単位（家、道路網、工場）であったりするかもしれない。標的集団がなんであれ、ニーズアセスメントの立ち上げ時期においては、関連する単位を明確に定義することが絶対に必要である。

それが個人である場合、標的は通常、その社会的および人口学的特徴、あるいはその問題、困難、状況によって同定される。たとえば、ある教育プログラムの標的集団は、学校での通常学年より1年から3年遅れている10歳から14歳の子どもたちとされるかもしれない。また母子ケアプログラムの標的集団は、妊娠中の女性と幼児をもつ母親で、年間所得が貧困ラインの150％未満の人と定義されるかもしれない。

集合体（グループや組織）が標的集団である場合、しばしばそれは、それを構成する個人の特徴、すなわち公式または非公式の集合的特性や共有している問題から定義される。たとえば、ある教育的介入の組織レベルの標的集団は、少なくとも300名の生徒を有し、その生徒のうち少なくとも30％が政府の無料給食プログラムの有資格者である初等学校（幼稚園から8年生まで）となるかもしれない。

2）直接標的集団と間接標的集団

標的集団はまた、サービスがプログラムから直接提供されるのか、プログラムが設定した活動を通して間接的に提供されるのかによって、直接標的集団（direct targets）あるいは間接標的集団（indirect targets）とみなされるであろう。ほとんどのプログラムは、苦痛を抱える人たちを治療する医学的介入のように、直接標的集団を指定する。しかし、場合によっては、経済的あるいは実行可能性の理由から、媒介となる集団や状況に働きかけることで、意図している標的集団

に影響が及ぶように、プログラムが設計されるかもしれない。たとえば、農業開発プロジェクトにおいては、集中的トレーニングを受ける影響力ある農業従事者の選抜が行われるかもしれないが、その意図は、彼らがその新しく得た知識を近隣の農業従事者に伝えてくれることであり、この場合、近隣農業従事者がこのプログラムの間接標的集団となる。

3）標的集団を特定する

　一見、プログラムの標的集団を特定することは単純なことのように思える。しかしながら、標的集団の定義は容易に書けるけれども、プログラムあるいは評価者がそれを使って、プログラムサービスに含められる人、またはそこから除かれる人を適切に同定しようとすると、その結果はしばしば期待に添わないものとなる。人々が体験している問題の特徴を、簡潔で曖昧ではない言葉によって、容易にかつ納得のいくように記述できるような社会問題などほとんどない。

　ひとつ例を示そう。ある地域において癌になった住民とはなにか。答えは「住民」と「癌」という２つの言葉の意味による。「住民」とは定住者だけを含めるのか、それとも一時的住民も含めるのか（この判断は、フロリダ州オーランドのように多数の休暇滞在者がいる地域ではとくに重要となるだろう）。「癌」に関して、「回復した」事例を含むべきなのか、彼らを内とするのか外とするのか、どのくらいの期間再発がなければ回復とするのか。癌事例とは、診断を受けた事例だけを指すのか、まだ癌が発見されていない人もそこに含まれるのか。型や重症度に関係なくすべての癌が含まれるのか。これらに似たクエスチョンを他のプログラムに対して掲げ、その回答を作成することも可能であろうが、この例は、プログラムの標的集団をどのように定義するかを正確に決定するにはかなりの困難が伴うと、評価者は思う必要があることを示している。

ａ．標的集団の境界

　適切な標的集団の特定化は、境界、すなわちその特定化が適用されるときにだれが、あるいはなにが含められ、また除かれるのかを決定する規則を設定する。標的集団を特定する際の危険性のひとつは、広すぎる、あるいは多くを含みすぎる定義をつくってしまうことである。たとえば、犯罪者を、今までに法律を破ったことのある人とするのは無益な特定である。というのも、故意にしろそうでないにしろ、なんらかの法律を一度たりとも破ったことのない人というのは聖者のみだからである。この犯罪者の定義は多くを含みすぎており、些細なものと重大犯罪とを、そしてまれな違反者と常習重罪犯とをひとつのカテゴリーのなかに一塊にしてしまうものである。

　定義が厳密すぎた、あるいは限定しすぎたものとなることもあり、ときにはほとんどだれも標的集団のなかに入ってこないことさえある。釈放重罪犯の社会復帰プログラムの設計者が、薬物やアルコールを今まで一度も乱用したことのない人のみを対象に含めるとした場合を考えてみよう。釈放受刑者における物質乱用の頻度は非常に高いものであるため、この除外基準だと適格者がほとんどいなくなるであろう。加えて、長期拘留者や有罪判決を受けた人ほど物質乱用者であ

る可能性が高いため、この定義によると当プログラムの標的集団として最も社会復帰のニーズの高い人たちを排除することになる。

　役に立つ標的集団の定義はまた、実際に適用できるものでなければならない。観察が難しかったり、今ある記録にそのデータがまったくなかったりするような特徴に基づく特定化では、実践に移すことが実際的に不可能であろう。たとえば、職業訓練プログラムの標的集団が、職業訓練を受けることに前向きな人と定義された場合の、同定作業の困難さを考えてみればよい。詳細な情報を必要とする複雑な定義も、同様に適用が難しいであろう。「農業共同組合のメンバーで、少なくとも2シーズンにわたり大麦を植えており、青年男子の子どもをもつ者」と定義された標的集団を同定するデータは、不可能とはいわないまでも、収集するのが大変困難となるであろう。

ｂ．標的集団の特定に対する変化する視点

　標的集団の定義についてはもうひとつの問題があり、それは専門家、政治家、およびその他の利害関係者——もちろんここにはサービスの潜在的受益者も含まれる——の間でその観点が異なることから派生する。たとえば、行政の立法者でもそのレベルによって視点に食い違いが出てくるだろう。連邦政府レベルにおいて、議会は自然災害の財政負担を軽減するために、100年洪水が起こりうるすべての地域を標的集団とみなしてプログラムを計画するかもしれない。しかし、その名のとおり、100年洪水とは1世紀に平均1回どこかの場所で起こるものである。地方の観点からすれば、所定の氾濫源は標的集団の一部とはみなされないことがあり、とくにそれが高額の治水施策を地方自治体が講じなければならないという意味であるならば、そうだろう。

　同じように、観点の違いは、プログラムスポンサーと対象となる受益者の間でも起こりうるだろう。貧しい人たちが住む住宅の質を改善するプログラムの計画者が考える住宅の質は、実際そこに住んでいる人たちの住宅と大きく異なっているかもしれない。そのため、改築が必要な標準以下の住宅に住む標的集団とはなにかに関するプログラム上の定義は、そうした住宅に住んでいてそれで十分だと感じている居住者が行う定義よりも、ずっと多くのものを含む可能性がある。

　ニーズアセスメントは、そのうちのどの観点がプログラムの標的として「正しい」のかを確証することはできないけれども、当事者間の今までの話し合いのなかから起こってくるであろう葛藤を取り除くことの手助けにはなるだろう。これを果たすには、すべての重要な利害関係者の観点を調査すること、そしてだれもがその標的集団の定義の決定プロセスから除かれないということが保証されることが必要となる。さまざまな観点から集められたニーズに関する情報は、標的集団やプログラムの再概念化へとつながるかもしれない。

5．標的集団を記述する

　プログラムがサービスを提供しようとしている標的集団の性質は、当然ながらプログラムのア

プローチとその成功の可能性にかなりの影響を与える。本節では、評価者が標的集団を記述する際に、それがプログラムの設計やその実施に対して重要な示唆をもたらすための有用な一連の概念について議論する。

1）リスク、ニーズ、デマンド（需要）

　公衆衛生学上の概念である**リスク集団**（population at risk）は、予防的な性質をもつプロジェクトにおいてプログラムの標的を特定するのに役立つ。リスク集団は、プログラムが扱おうとしている状態にある、またはその可能性の非常に強い人たちや構成単位からなる。したがって、産児制限プログラムのリスク集団とは、通常、妊娠可能年齢の女性と定義される。同様に、台風やハリケーンの影響を和らげるためのプロジェクトは、よくそうした暴風雨の進路にあたる地域をその標的と定義するであろう。

　リスク集団は確率論的な用語でのみ定義される。妊娠可能年齢の女性は、産児制限プロジェクトにおけるリスク集団かもしれないが、ある特定の女性は、所定の期間内に妊娠するかもしれないし、妊娠しないかもしれない。この例では、リスク集団をたんに年齢のみで特定しているので、必然的に過剰包含となる。つまり、性生活をもっていなかったり、他の理由で妊娠できないために家族計画の取り組みの必要がない多くの女性をも、この定義は標的集団に含んでしまうことになる。

　プログラムの標的集団は、リスクよりむしろ現在のニーズという言葉で特定されることもあろう。**ニーズのある集団**（population in need）とは、プログラムと関連する状態を現在呈している特定地域の標的単位グループのことである。ニーズのある集団は、彼らの状態を直接測定することで最も正確に同定できるだろう。たとえば、信頼性と妥当性のある読み書き検査があり、これは機能性の読み書き能力障害者という標的集団を特定するのに使用できるであろう。貧困軽減に向けたプロジェクトにおいては、ニーズのある集団は家族サイズを調整したうえで、年間所得がある特定の最小値を下回った家族と定義されるであろう。その人がニーズのある集団の一員であるということは、その人が当該のプログラムをかならず求めるということを意味するものではない。サービスに対する希望やプログラムに参加したい気持ちは、あるサービスへの**デマンド（需要）**の程度を示すものであり、この概念は部分的にしかニーズと重なり合わない。たとえば、地域の指導者やサービス提供者は、一泊シェルターのニーズを道路で寝ているホームレスの人たちと定義するかもしれないが、そうした人たちの間の無視できない数の人が、その種の施設を使いたいと思っていない場合でもそうなのである。そのため、ニーズとデマンドが同義ではない場合がある。

　問題の範囲を推定するために行われるニーズアセスメントのなかには、今述べた定義からして、実際は**リスクアセスメント**（at-risk assessment）あるいは**デマンドアセスメント**というべきものもある。そうしたアセスメントは、ニーズを測定することが技術的に実行不可能であったり、プログラムがニーズのある集団だけを扱うというのが実際的でなかったりする場合に、真の

ニーズアセスメントの代用となるかもしれない。たとえば、家族計画情報が直接に適切となるのは性生活をもっている人たちだけであろうが、ほとんどの家族計画プログラムの標的集団は、一般に15歳から50歳といったような年齢幅で定義されるリスクがあると仮定される女性である。プログラムがそうした性生活のある人だけを標的集団と同定し、選定しようとすることは、困難であるし、また侵入的でもあろう。同様に、夜間教育プログラムのニーズのあるグループは、機能性の読み書き障害をもつ成人全員であるが、参加希望者あるいは参加を勧めることのできる人だけが、標的集団（定義上「デマンドのある（at demand）」集団）と考えられる。このように、リスクのある、ニーズのある、デマンドのある集団をそれぞれ区別することは、問題の範囲を推定したり、標的集団の規模を推定したり、プログラムを設計し、実施し、評価したりするうえで重要となってくる。

2）発生数と有症数

プログラムがその改善を目指している状態を記述するうえで役立つ区別は、発生数と有症数の違いである。**発生数**（incidence）とは、ある特定の地域または繋がりのなかで、ある一定の期間内に新たに同定されたあるいは起こった、ある特定の問題事例の数のことである。**有症数**（prevalence）とは、ある特定の時点でその地域に存在する事例の総数のことである。これらの概念は公衆衛生領域からきており、そこでは両者は明確に区別されている。例を挙げれば、ある1ヶ月間のインフルエンザ発生数は、その月に報告された新患者数と定義される。有症数は、いつ最初に罹ったかにかかわらず、その月病気であった人の総数である。保健学領域では一般に、上気道感染や軽症の怪我のような持続期間の短い障害を扱うときは、プログラムは発生数に関心を払う。慢性のものや長期にわたる疾患のような長期の管理や治療を要する問題を扱うとき、プログラムは有症数により関心を払う。

発生数や有症数の概念は社会問題にも適用される。たとえば、犯罪の影響を研究する際、重要な測定値は被害の発生数――所定の地域における期間あたりの新規被害者数――である。同様に、飲酒運転による事故を減らす目的のプログラムにおいても、その事故の発生数は介入ニーズを測るうえで最も適したものだろう。しかし、低い教育達成度や犯罪、貧困といった慢性的状態に対しては、一般的に有症数が適した測定単位である。たとえば貧困の場合、有症数は、いつ貧しくなったかにかかわらず、ある地域における所定の時点での貧しい人や家族の数と定義されるだろう。

他の社会問題においては、発生数と有症数の両方が、標的集団の関連特性を表すだろう。たとえば失業を扱う際、有症数、すなわち、ある時点での失業者の割合を知ることは重要である。しかし、もしプログラムの関心が新たな失業者に対する短期の経済支援の提供にあるのであれば、標的集団を定義するものは発生数である。

3）率

　発生数や有症数を、ある地域や集団での率（rate）として表わすことが有用である場合がある。たとえば、あるコミュニティにおける所定期間中の新規犯罪被害者数（発生数）は、そのコミュニティの1000人対の率（たとえば、住民1000人対23人の新規被害者）で記述できよう。率はとくに地域や集団間で問題の状態を比較するのに便利である。たとえば、犯罪被害の記述において、性別や年齢別の推定値があれば情報的価値が高い。ほとんどどの年齢集団もなんらかの犯罪被害者となるが、若年者は強盗や暴行の被害に非常に遭いやすく、一方、高齢者は住居侵入や窃盗の被害者となりやすい、あるいは、男性は女性よりも性的虐待の被害者となりにくい、などである。ニーズアセスメントによって標的集団が抱える問題やリスクのプロフィールを同定できれば、その異なるグループにあわせてプログラムが「あつらえ」られているか（またはいないか）を検討することができる。

　ほとんどの場合、年齢別、性別の率の算定が慣習的に行われており、有用である。文化的多様性を有する地域においては、人種や民族、宗教による違いもまたプログラムの標的集団の一側面として重要となるかもしれない。標的集団の特徴の同定に関連してくるかもしれない他の変数としては、社会経済状態、地理的位置、転居などがある（Exhibit 4-Gに、性、年齢、人種別の犯罪被害率の例を示す）。

6．サービスニーズの性質を記述する

　これまでに述べたように、ニーズアセスメントの中心的機能は、所与の問題とそれに関連した標的集団における範囲と分布の推定を発展させることである。しかし、一方で、調査を行い、その集団内のニーズの特性に関する有用な記述情報を生み出すことも重要になることが多い。社会プログラムは、たんにその問題やニーズに責任があると考えられるなんらかの標準的方法によって標準的サービスを提供するだけでは十分とはいえない。効果的であるためには、プログラムはそのサービスを、問題の地域性や標的集団を取り巻く環境の特殊性に適合させる必要があるだろう。このためには、その集団に属する人たちがどのように問題を体験しているのか、関連するサービスやプログラムに対する認知や帰属、そして彼らがサービスにアクセスしようとする際に出会う障壁や困難についての情報が必要になってくる。

　たとえば、ニーズアセスメントは、なぜその問題が存在するのか、そして他のどんな問題が関連しているのかを立証することがある。高校生の外国語学習の割合が低いという調査結果は、多くの学校がそうしたコースを提供していないことを示すかもしれない。したがって、問題の一部は外国語学習の機会の不十分さである。同様に、低い社会経済的背景をもつ初等学校の子どもたちの多くが、学校で疲れやぼんやりした感じを示しているという事実は、その多くがきちんと朝

■ EXHIBIT 4-G ■ 性別と年齢別、人種別の暴力犯罪被害者の率

12歳以上の1000人中の被害者数（2001）

被害者の特徴	全暴力犯罪	レイプ・性的暴行	強盗（略奪）	加重暴行	単純暴行
性別					
男性	27.3	0.2	3.8	6.5	16.7
女性	23.0	1.9	1.7	4.2	15.1
年齢					
12-15	55.1	1.7	5.2	8.7	39.6
16-19	55.8	3.4	6.4	12.3	33.8
20-24	44.7	2.4	4.2	10.7	27.4
25-34	29.3	1.1	3.6	6.5	18.1
35-49	22.9	1.0	2.1	5.2	14.5
50-64	9.5	0.2	1.2	2.0	6.2
65＋	3.2	0.1	1.3	0.4	1.4
人種					
白人	24.5	1.0	2.6	5.1	15.7
黒人	31.2	1.1	3.6	8.1	18.3
ヒスパニック	29.5	1.1	5.3	6.6	16.6
その他	18.2	1.6	2.4	2.6	11.6
全数	25.1	1.1	2.8	5.3	15.9

データは、司法統計局のために国勢調査局により行われた全米犯罪被害者調査（National Crime Victimization Survey）から得られた。約4万世帯の12歳以上の全数（約8万人）が、この6ヶ月間に犯罪の被害にあったかどうかについて調査された。この調査は、施設入所でないアメリカ人集団の無作為抽出サンプルから構成される。

出　典：U. S. Department of Justice, Office of Justice Programs, Bureau of Justice Statistics, *Criminal Victimization in the United States, 2001 Statistical Tables*（Washington, DC: U. S. Department of Justice, January 2003）. www.ojp.doj.gov/bjs. より。

食をとっていないという知見によって説明されるのかもしれない。もちろん、問題の性質やその原因については、異なる利害関係者は異なる見解をもちやすいので、それらを網羅したものを示すことが重要となる（多様な利害関係者の観点の例は Exhibit 4-H 参照）。

標的集団を特徴づける文化的要因または認知や帰属は、とりわけ標的集団の個々に対するプログラムの到達度合いと、サービスの提供方法とに関連してくるだろう。たとえば、アパラチア山脈地方の貧困に関する徹底したニーズアセスメントは、標的集団のもつ自己充足や独立に対する敏感な心性を映し出すだろう。慈善事業ととられるようなプログラムや施し物と思われるものを提供するプログラムは、ニーズはあるが誇り高い家族からは避けられる可能性が高い。

もうひとつのサービスニーズの重要な次元として、標的集団の一部がもっていると思われるサ

■ **EXHIBIT 4-H** ■　地域保健サービスについて、利害関係者間に感じ方の相違がある

　癌関連の保健サービスの問題を同定するために、コロラドの3つの田園地域において電話調査が行われた。各地域の研究参加者は、(1)保健ケア提供者（医師、看護師、保健師）、(2)地域の有力者（教師、図書館員、地域機関の指導員、ビジネスリーダー）、そして、(3)癌の経験をした患者や家族、であった。サービスへの有用性やアクセスについての問題は、各利害関係者間で一般的な意見の合意があるが、問題の性質については三者間でいくぶん異なった印象をもっていた。

医師や保健ケア提供者
　地域の施設は支払い能力のある患者しか受け入れなかったりあるいは閉鎖されている
　地域が遠隔にあることでサービス不足が生じる
　低い収入や過重労働、難しい患者という理由で、医師が不足している
　高技術のケアを行える訓練と設備がない

地域の有力者
　住民は数ヶ月にわたってサービスの待機者リストにのっている
　ここには十分な専門家やボランティアがいない
　サービス提供者が特定のサービスについて不適切な知識しかもたない

患者と家族
　ここに医師がいないことは一度や二度ではない
　医師がいても、患者はお金を持っていないため、立ち去ったと聞いた
　私たちはこの地域にあった治療を必要としている
　出張X線撮影検診車が到着する前に、3週間も待機者リストに載っていた

出　典：Holly W. Halvorson, Donna K. Pike, Frank M. Reed, Maureen W. McClatchey, and Carol A. Gosselink, "Using Qualitative Methods to Evaluate Health Service Delivery in Three Rural Colorado Communities," *Evaluation & the Health Professions*, 1993, 16(4): 434-447. より一部修正のうえ引用。

ービス利用上の困難が挙げられる。これは、移動手段の問題や限られたサービス利用時間、託児サービスがないこと、その他多くの同様の障碍からくるものであろう。プログラムがもっているサービス提供方式がニーズのある人たちに対して効果的かそうでないかの違いは、しばしば主にこうした障碍を克服することにどれだけ注意払われているかによってくる。参加者に託児サービスを提供する職業訓練プログラム、高齢者の自宅に食事を配達する栄養プログラム、そして夜間も診療する地域保健クリニックは、利用者ニーズの複雑さの認識に基づいてサービス提供を行った好例である。

1）ニーズ記述のための質的方法

　多くの社会調査は量的なもの（関心の対象を数字で表す）であるが、質的（数的に扱われない）研究は、問題となっている特定のニーズの詳細で文脈的な知識を得るために、とくに有用であろう。そうした調査は、数人のインタビューやグループ討論から、人類学者が行うような精緻なエスノグラフィ（記述的）研究まで多岐にわたる。そうした研究の活用例として、一般の人たちの信念の構造に関する質的データがあれば、効果的な教育キャンペーンの仕方についておおいに参考となるだろう。たとえば、喫煙の楽しみとその結果として生じる健康上のリスクとの兼ね合いを人々がどこに置いているのか。よい教育プログラムというものは、そうした人たちの認知に適合したものでなければならない。

　慎重かつきめ細かく実施される質的研究は、プログラムサービスがどのように形成されるのかに関する情報を明らかにするためにとりわけ重要となる。たとえば、高等学校における規律問題のエスノグラフィ研究は、規律問題がどのくらい広まっているのかを指摘するのみならず、ある学校が他の学校より規律問題が少ない理由も示唆するであろう。学校間の相違に関する知見は、プログラムの設計の仕方に影響を及ぼすかもしれない。あるいは、家庭におけるエネルギー消費についての質的研究は、世帯主の大部分が家庭電気製品のエネルギー消費特性について情報をもっていないことを明らかにすることを考えてみよう。どのようにエネルギーを消費しているのかを知らずして、世帯主がその消費量を減らすための効果的戦略をうまく練っていくことはできないだろう。

　社会問題に関する豊富な情報を得るための有用なテクニックに、**フォーカスグループ**（focus group）がある。フォーカスグループとは、ファシリテーターのスーパービジョンのもと、特定のトピックスやテーマについて討論するために、選ばれた人たちを一堂に集めるものである（Dean, 1994; Krueger, 1988）。適切な参加者には、一般に知識のある地域リーダー、サービス機関の役員やそこで利用者と直接対応している職員、権利擁護グループの代表者、社会問題やサービスニーズを直接体験している人たち、といった利害関係者が含まれる。参加者の選定とそのグループ化を慎重に行うことで、フォーカスグループの数をそれほど多くしなくとも、彼らが体験している社会問題、サービスニーズの性質、そのニュアンスについて、豊富な記述的情報を得ることができるだろう（ニーズアセスメント・フォーカスグループに役立つプロトコルを Exhibit 4-I に示す）。ニーズアセスメントのための情報を引き出す他の一連のグループ技法については、Witkin ら（1995）のなかにふれられている。

　ニーズアセスメントにおいてキーインフォーマント（鍵となる情報提供者）を用いる場合は、その個人やグループの選定を慎重に行い、その人たちの認知の仕方を常に考慮に入れておかなければならない。そのようなインフォーマントの同定のための有用な方法に、第3章で触れた「スノーボール」アプローチがある。**スノーボールサンプリング**（snowball sampling）をより手順的にいうと、まずなんらかの妥当な方法や調査を通して、最初の適切なインフォーマント群が設定される。次に、その最初のインフォーマントたちに、問題となっていることについて知識がある

■ **EXHIBIT 4-I** ■　ニーズアセスメント・フォーカスグループのサンプルプロトコル

　フォーカスグループのプロトコルとは、フォーカスグループセッションで話し合いを誘導するために用いる項目のリストのことである。プロトコルは、(1)参加者がお互いに期待をもてるよう、論理的で発展的なやり方で話題を取り上げ、(2)参加者が取り組んでいるか、関係している事柄や集約的な反応をグループにもたらすような事柄を開かれたかたちで投げかけ、(3)区切りのよい時点で、扱いやすい話題の「かたまり」を取り出して検討する。たとえば、次のプロトコルは、低所得の女性のフォーカスグループで、家族支援サービスを受給するにあたっての障壁を検討するために用いるものである。

- 導入：あいさつ。このセッションの目的の説明。名札への記入。オブザーバーの紹介、一般的ルールの説明、フォーカスグループの作業はどのようなものかの説明（10分）
- 参加者の紹介：ファーストネームのみ。どこに住んでいるか、子どもの年齢。受けている家族支援サービスと受けている期間。受けている他のサービス（10分）
- サービスへの障壁に関する意見の導入：家族支援サービスを受けるにあたっていちばん大きな障壁はなにか意見を参加者に尋ねる（交通や機関のスタッフの対応、規則、ウェイティングリストに関して細かく調べる）。サービスを中断したり望んでいたのに受けられなかったことがあるか（30分）
- いちばん大きな障壁を選んだ背景にある理由を細かく調べる（20分）
- 障壁を乗り越えるにはなにがなされればよかったか意見を聞く。サービス参加や利用継続がより手軽になるにはなにがあればよいか（30分）
- ディブリーフと終了：司会によるまとめ、解明、追加のコメントや質問（10分）

出　典：Susan Berkowitz, "Using Qualitative and Mixed-Method Approaches", in *Needs Assessment: A Creative and Practical Guide for Social Scientists*, eds. R. Reviere, S. Berkowitz, C. C. Carter, and C. G. Ferguson (Washington, DC: Taylor & Francis, 1996), pp. 121-146. より一部修正のうえ引用。

と思われる他のインフォーマントはだれかと尋ねる。それから順に、その別のインフォーマントたちと接触し、また他の人を紹介してもらう。あるコミュニティのなかで人々の関心事に加わり活動している人たちはお互いに面識があることが多く、そのためスノーボールサンプリングは社会問題についてのキーインフォーマント調査を行う際に、とりわけうまく機能する。この手順でもはや一人も新しい名前が挙がらなくなったとき、キーインフォーマントと思われる人のほとんどを同定したと考えていいだろう。

　ニーズアセスメントの際に見逃されるべきでないとくに役立つインフォーマントグループに、現在のプログラムの利用者、あるいは新しいプログラムの場合は利用者となる可能性のある人たちを代表する人たちがいる。このグループはもちろん、問題の特徴やそれと関連するニーズについて、その問題に影響を受けつつ日々生活しているのであるから、とりわけ知識が豊富である。彼らはかならずしも問題がどのぐらい広まっているのかを報告するのに最適な位置にいるわけではないけれども、問題が個々人にいかに深刻に影響を及ぼしているのか、そしてどの側面が最も差し迫った問題なのかについての、重要な証言者である。Exhibit 4-J に、サービス受益者とな

■ **EXHIBIT 4-J** ■　ホームレスの男女が援助ニーズを報告

　ホームレスを援助する取り組みが、一時保護施設の準備からより進んだ段階へと移行するにしたがい、支援のニーズについてホームレスの個々の観点を理解することが重要となる。ニューヨーク市の保護施設でインタビューを受けた1260名の男女の代表標本の回答をみると、ひとつのサービスでは簡単には満たされない複数のニーズを有していることが示される。各20項目に関する援助の必要性を報告する割合は次のとおりである。

生活場所を見つける	87.1
安定した収入を得る	71.0
仕事を見つける	63.3
職業スキルの改善	57.0
機関から自分が受けられるサービスの取得方法を教えてもらう	45.4
公共の支援を得る	42.1
健康や医学的問題	41.7
金銭管理を学ぶ	40.2
家族と一緒に生活する	22.8
SSI・SSD［脚注参照］を得る	20.8
薬物の問題	18.7
他人との上手なつきあいを学ぶ	18.5
神経や情緒的問題	17.9
自分をどう守るかを学ぶ	17.6
読み方や書類への記入方法を学ぶ	17.3
法的問題	15.0
飲酒問題	13.0
町の歩き方	12.4
退役軍人年金を得る	9.6
警察との問題	5.1

出　典：Daniel B. Herman, Elmer L. Struening, and Susan M. Barrow, "Self-Reported Needs for Help Among Homeless Men and Women", *Evaluation and Program Planning*, 1994, 17(3): 249-256. より許可を得て、一部修正のうえ引用。

＊［訳注］　SSI: Supplemental Security Income（補足的保障所得）
　　　　　SSD: Social Security Disability（障害者社会保障）

るかもしれない人たちの独特の観点を紹介する。

　質的アプローチと量的アプローチのそれぞれがもつ利点の特徴からして、ニーズアセスメントを2段階で実施するという戦略が有用であり、またしばしばそうされる。最初の探索的段階においては、問題の性質について豊富な情報を得るために質的研究アプローチを用いる（たとえばMitra（1994）を参照）。そしてこの情報をもとに、推定の第2段階で、問題の範囲や分布について信頼性の高い推定値を得るための量的アセスメントを設計するのである。

まとめ

- ニーズアセスメントとは、プログラムが扱おうとしている社会状況やプログラムのニーズに関するクエスチョンに回答する、あるいは新しいプログラムが必要かどうかを判断するための取り組みである。より一般的には、ニーズアセスメントはプログラム対象範囲内およびその範囲を横断する、ニーズの同定、比較、優先順位づけのために用いられるであろう。
- 適切な社会問題の診断および介入の標的集団の同定は、効果的なプログラムの設計と運営の必須条件である。
- 社会問題は客観的現象ではなく、むしろ、社会的に構成されたものである。評価者は、政策立案者やプログラム運営者を支援しつつ、プログラムが扱う社会問題の定義を洗練させるという有益な役割を担うことができる。
- 問題の規模や分布を明細化するため、評価者は、国勢調査などの既存データを収集し分析したり、動向をつかむために継続的社会指標を用いることができる。必要となる情報がこれら情報源からは得られないこともしばしばあるため、評価者は社会問題に関する独自の調査を行うことも多い。その際に有用となるアプローチには、機関記録の検討、標本調査、全数調査、そしてキーインフォーマント調査がある。それぞれに有用性と限界とがあり、たとえば、キーインフォーマント調査は実施が比較的簡単であるが信頼性が疑わしい、機関記録は一般にサービスのニーズのある人の標本を示すが、不完全なものかもしれない、標本調査や全数調査は妥当性や代表性のある情報をもたらすが、高価で技術的な要求度の高いものになる可能性がある、などである。
- 将来のニーズの予測はしばしばニーズアセスメントと深くかかわってくるが、これは複雑で技術を要する仕事であり、通常は専門家によって行われる。予測を用いる場合、評価者は、その予測が基礎としている仮定について、慎重に検討しなければならない。
- 介入の標的集団となる人の数やその特徴についての適切な定義と正確な情報は、介入の初期計画段階から始まり、プログラム実施上の全段階を通して重要となってくる。標的集団は、個人、集団、地理的範囲、あるいは物理的単位であることがあり、またそれらは介入の直接的あるいは間接的対象として定義される。
- 標的集団の優れた特定化は、適切な境界を設定し、その結果、介入が標的集団に正確に向けられ、そして現実に適用できるものになる。標的集団を定義する際、異なる利害関係者のさまざまな観点が取り入れられるよう注意が払われなければならない。標的集団を定義する際に役立つ概念として、リスク集団、ニーズのある集団、デマンドのある集団、発生数、有症数、そして率がある。
- プログラムの計画や評価の目的上、社会問題の地域特性やプログラムサービスを必要とする人たちを取り巻く環境の特異性について詳細な情報を得ることが重要である。そうした情報は通常、各方面の利害関係者やオブザーバーから代表者を選んで行われるエス

ノグラフィー研究やフォーカスグループといった質的方法を通して、最もよく得られる。

キー・コンセプト

キーインフォーマント（Key informants）
その個人的または職業的地位によって、社会問題や標的集団の性質や範囲について見識をもっている人たちのことで、彼らの見解はニーズアセスメントのなかで得られる。

社会指標（Social indicator）
社会状況の経過を追跡するようデザインされた定期的測定のこと。

スノーボールサンプリング（Snowball sampling）
非確率的サンプリング法のひとつで、面接対象者それぞれに、面接するとよい他の有識者を紹介してもらう方法のこと。これは新たな名前が挙がらなくなるまで続けられる。

ニーズのある集団（Population in need）
ある特定の問題となる状態を現在呈している個人、またはある特定範囲における構成単位。

発生数（Incidence）
ある一定期間内にある特定範囲で新規に発生したある特定の問題や状況の数のこと。有症数と比較すること。

標本調査（Sample survey）
集団の標本群に対して行われた調査のこと。その結果から統計学的に関連母集団における値が推定される。

フォーカスグループ（Focus qroup）
ファシリテーターの支援のもとである話題について議論するために、その話題に関して知識をもつ人を選んで召集した小集団パネルのこと。そこでの議論は、重要なテーマを同定したり、焦点となる話題についての見解やその経験の要約的記述を作成するために用いられる。

有症数（Prevalence）
ある特定範囲において特定時点に存在するある特定状態の事例の総数。発生数と比較すること。

リスク集団（Population at risk）
ある特定の状態である、またはそうなる可能性がきわめて強いことを示す特性をもつ個人、またはある特定範囲における構成単位。

率（Rate）
ある特定状態の発生や存在を関連集団人口内での割合で表わしたもの（たとえば、成人1000人あたりの死者数）。

第5章 プログラム理論を明示し、アセスメントする

● Expressing and Assessing Program Theory

●本章の概要

1. 評価可能性アセスメントの観点
2. プログラム理論を記述する
    1) プログラムインパクト理論
    2) サービス利用計画
    3) プログラムの組織計画
3. プログラム理論を引き出す
    1) プログラムの境界を定める
    2) プログラム理論を詳細に説明する
        a. プログラムのゴールと目標　　b. プログラムの機能、構成要素、活動
        c. プログラム機能、活動、構成要素をつなぐ論理あるいは時間的連鎖
    3) プログラム理論の記述を確証する
4. プログラム理論をアセスメントする
    1) 社会的ニーズに関連したアセスメント
    2) 論理性と説得力のアセスメント
    3) 研究や実践との比較によるアセスメント
    4) 予備的観察を通したアセスメント
5. プログラム理論のアセスメントから生じうるアウトカム

第3章で述べたように、プログラム評価者は、重要度の高い評価クエスチョンを見出すための手がかりとしてプログラム理論を分析する。本章ではプログラム理論の話題にふたたび戻るが、ここではプログラム理論を、評価クエスチョンを見出す際の枠組みとして扱うのではなく、評価が行われているプログラムを構成する一要素として扱う。

　プログラムが扱う社会問題はとても複雑で難しいことが多く、わずかに改善することさえ難しい挑戦課題となることがある。プログラム理論とは、目指す社会的利益をもたらすにはなにをなすべきかという構想や計画を示したものである。したがって、どんなプログラムでも、その基盤にはプログラム理論がある。

　プログラム理論が、望ましい結果を達成するのにプログラムに必要とされる「ノウハウ（仕事のやり方）」を示したものであれば、それは有用性の高い理論である。そうでなければ、たとえ十分にプログラムを実施しても目指す効果が得られない、有用性の低いプログラム理論である。したがって、プログラム理論の有用性を評価することはプログラム評価の一側面をなす。とくに、プログラム理論がどのくらい明確に体系化されているか、また標的となる社会状況の改善へ向けてどのくらい信憑性（plausible）のある、実現可能なプランを提示しているかが重要である。しかし、プログラム理論を評価するときにまず必要なのは、その理論を明確に完全なかたちで記述し、吟味に耐えるものにすることである。したがって本章では、評価者がプログラム理論をどのように記述しうるかについて述べ、次にどのようにその有用性を評価するかについて述べる。

　元ニューヨーク州知事のマリオ・クオモは、かつて母親の言葉を紹介し、成功への法則は、(1)自分がなにをしたいのかを把握すること、そして、(2)それを実行することだと述べた。これは、社会プログラムが効果をあげるための必要な法則にもほぼ当てはまる。プログラムに関する意思決定者は、同定されたニーズに基づいて、(1)そのニーズを満たすことができるプログラムを概念的に説明し、(2)それを実行しなければならない。本章では、私たちが「プログラム理論」と呼ぶもの——プログラムを概念化（conceptualization）したもの——の質を評価する際に適用できる概念と手順、を論評する。そして次の章では、評価者がプログラムの実施の質をどのように評価できるのかについて述べる。

　プログラム理論は、詳細なプログラム計画と理論的根拠というかたちで示されていることもあれば、プログラムの構造と活動のなかに、たんに潜在的に示されていることもある。いずれにしてもプログラム理論を通じて、プログラムがなぜ現状のように活動しているかが説明され、その活動によって望ましい結果が達成できると期待する理論的根拠が提供される。プログラム理論を検討してみると、そこにあまり説得力がないことがわかる場合も多い。十分にデザインされていない欠陥のある社会プログラムが多いのは、どうすれば目指す社会的利益を達成できるかという根本的な概念が不足しているからである。新たなプログラムの計画を立てる段階で、プログラム

の目標を慎重に明確に概念化することや、どのようにしてその目標を達成しようとするかについて十分な注意が払われていないため、このようなことが広範に生じている。プログラムが起案された政治的な文脈によっては詳細な計画が立てられないこともある。しかし、そうでない場合でも、従来型のプログラムデザインでは、根底となるプログラム理論にはほとんど注意が払われなかった。たとえば対人サービス専門職（human service professions）は、各専門分野に関連したさまざまな確立されたサービスや、多様な介入方法を用いて仕事をしている。そのため、プログラムをデザインするときは、おなじみのいろいろな「既成のもの（off the shelf）」をパッケージにまとめることが中心になる場合も多い。これは一見社会問題に適しているようにみえるが、こういったサービスがその問題固有の特性に合っているかどうかについて、綿密な分析は行われていない。

　たとえば、アルコール・薬物乱用、犯罪行動、低年齢での性行為、10代の妊娠といった逸脱行動に関連した社会問題に取り組む場合、カウンセリングと教育サービスとを組み合わせて標的集団に提供するプログラムが実施されることが多い。このようなアプローチは、情報と対人的サポートがあれば問題行動が変わるだろうという仮定に、主に基づいている。しかし、それがプログラムの計画段階で明示されることはほとんどない。このように仮定することは妥当であるようにみえるが、これまでの実験や研究によると、たとえどのように行動を変えるかという情報を得たり、最愛の人から強く励まされたりしても、そのような行動は変化しにくいというエビデンスが十分に示されている。そのため、教育と支持的カウンセリングによって逸脱行動を減らすことができるというプログラム理論は、プログラムデザインの妥当な基盤とはいえない可能性がある。

　したがって、プログラムの理論的根拠と概念化は、プログラムのその他の重要な側面と同じように、プログラム評価において厳密に吟味しなければならない。プログラムのゴール（上位目標；goal）と目標（objectives）が、プログラムが改善を目指している社会的状況に妥当な方法で関連していなければ、あるいは、プログラム機能に暗に含まれている仮定と期待が、改善をもたらす信頼性の高いアプローチを示していなければ、プログラムが効果的である見込みはほとんどない。

　プログラム理論をアセスメントする第一歩は、それを明確化することである。つまり、プログラムを構造化し運営する理論的根拠をかたちづくっている概念、仮定、期待を、明確に記述することである。しかし、プログラムの根底にある理論を完全に記述した文書をすぐに評価者に示せるプログラムなど、めったにない。プログラム理論はプログラムの構造と運営のなかに常に潜在してはいるが、それがプログラム文書のなかで詳細に説明されていることはまれである。さらに、プログラム理論についてなんらかのかたちで書かれたものがある場合でも、それは資金計画や広報活動の目的で準備された資料のなかにあることが多く、実際のプログラム活動とは十分に一致していない可能性がある。

　そのためプログラム理論のアセスメントでは、ほとんどの場合、プログラム理論を統合して明確に示し、分析しやすいかたちにする必要がある。したがってこの章で議論することは、次の2つのテーマにまとめることができる。(1)評価者はどのようにして、プログラムに対する主な利害関係者の現実の理解を代表するように、また評価目的を果たしうるように、プログラム理論を詳

細に説明し表現することができるか、(2)評価者はどのようにして、そのように明確化されたプログラム理論の質をアセスメントすることができるか、である。そこで、まず、プログラム理論の評価において最も発展したアプローチをもたらしてきた観点について簡単に述べることにする。

1. 評価可能性アセスメントの観点

　プログラム理論を記述し評価しようとするごく初期の系統的な試みのひとつは、1970年代の都市研究所（Urban Institute）の評価研究グループの経験から生まれた（Wholey, 1979）。彼らは公的なプログラムを評価することが困難、ときには不可能であることに気づき、その障壁を分析し始めた。その結果、評価に必要な最低限の前提条件が満たされているかどうかを質的にアセスメントすることこそ、たいていの評価活動より前にまず行われるべきであるという見解に達した。Wholeyとその同僚らは、このプロセスを評価可能性アセスメント（evaluability assessment）と名づけた（Exhibit 5-A）。

　評価可能性アセスメントには主に3つの活動がある。(1)細心の注意を払ってプログラムモデルを記述し、プログラムのゴールと目標を定義すること、(2)そのモデルがどのくらい十分に定義されており、評価可能であるかをアセスメントすること、(3)利害関係者の評価に対する関心、および評価所見の活用可能性を確認すること、である。

　評価可能性アセスメントを行う評価者は民族誌学者（ethnographers）のように行動する。つまり、プログラムスタッフや他の重要な利害関係者がとらえている「社会的現実」が明らかになるよう、インタビューや観察を通してプログラムを記述し理解しようとする。評価者はまず、公文書や公的な情報に示されているプログラム概念から開始するが、その後、プログラムに可能なかぎり近づいてそれを理解しようとする。このような評価を行う目的は、プログラムを現在あるがままに記述すること、そして関係者にとって本当に重要なプログラム問題を理解することである。このプロセスは、評価者側の判断と裁量とをかなり必要とする。しかし、評価可能性アセスメントを他の評価者も再現できるように手続きを体系化する試みが、さまざまな実践家によって行われている（Rutman, 1980; Smith, 1989; Wholey, 1994参照）。

　評価可能性アセスメントに共通してみられる成果は、プログラム運営者（program manager）やスポンサーが、プログラムを修正する必要があることに気づくということである。評価可能性アセスメントを行うことにより、プログラムの提供システムに欠点があることや、プログラムの標的集団が十分に定義されていないこと、または介入それ自体を概念化しなおさなければならないといったことが明らかになることがある。あるいは、利害関係者が合意するようなプログラム目標がほとんどないことや、その目標の達成度を測る実施可能な指標がほとんどないことが明らかになることもある。そのような場合、評価可能性アセスメントによってプログラムデザイン上の問題が明らかになったといえ、プログラム管理者はあらゆる重要な実績評価（performance evaluation）を行う前に、それを修正しなければならない。

■ **EXHIBIT 5-A** ■ 評価可能性アセスメントの理論的根拠

　もし、評価者側と評価を用いる側とで、プログラムのゴール（上位目標）、目標、情報の優先順位、プログラムの実績に関する情報をどのように使うかなどについて意見が一致していなければ、デザインされるプログラム評価は、政策や運営の決定とは関係のない評価クエスチョンに答えることに焦点をあてることになる。もし、重要なプログラム活動に十分な資源が投入されず、プログラムが十分に実施されなかったり、プログラムのゴールと目標をどのように達成するかという知識が管理者に欠けていたりするために、プログラムのゴールと目標が非現実的なものになってしまっていたら、プログラム担当者は正式な評価活動を行う前にプログラムの資源、活動、目標を変更したほうが実り多いということになる。もし、関連するデータを利用できず、妥当なコストで得ることもできなければ、その後に評価作業を行っても要領をえないものとなるだろう。もし、政策立案者やプログラム運営者が、評価の所見をプログラム改善のために活用できなかったり活用したがらなかったりしたら、たとえ最も確実な評価をしたとしても、せいぜい「活用してくれる人を探し求めている情報」を生み出すことにしかならない。これらの問題が克服できなければ、プログラム評価を行ったとしても、プログラムの実績を改善することにはつながらないだろう。

　上記の4つの問題は、多くの公的または私的なプログラムの特徴としてみられるものである。しかし、質的な評価プロセスである評価可能性アセスメントをおこなえば問題を減らすことができ、場合によっては克服することができる。評価可能性アセスメントはこれら4つの問題の大きさを示し、プログラムとその後のプログラム評価作業が次のような基準（criteria）に合うように手助けする。

- プログラムのゴール（上位目標）、目標、重要な副作用、優先度の高い情報ニーズが十分に定義されていること。
- プログラムのゴールと目標に説得力があること。
- 関連する実績データを得ることができること。
- 評価結果を活用することになる人たちが、情報の活用方法について同意していること。

　評価可能性アセスメントはプログラムデザインを明確にし、プログラムの実態を探り、必要があればプログラムがこれら4つの基準に確実に合うようにデザインし直すのを助けるプロセスである。評価可能性アセスメントは有意義なプログラム評価が可能であるかどうかを示すだけでなく（どんなプログラムでもプログラム評価は行える）、評価を行うことによってプログラムの実績の改善に貢献できそうかどうかを示す。

出　典：Joseph S. Wholey, "Assessing the Feasibility and Likely Usefulness of Evaluation", in *Handbook of Practical Program Evaluation*, eds. J. S. Wholey, H. P. Hatry, and K. E. Newcomer (San Francisco: Jossey-Bass, 1994), p. 16. より引用。

評価可能性アセスメントの目的は、好意的な雰囲気をつくり、プログラムの性質や目標に関する理解を一致させることによって、プログラム評価のデザインをしやすくすることである。このように評価可能性アセスメントは、評価者がプログラム評価を仕立て、評価クエスチョンを立てるときのアプローチとして不可欠なものといえるだろう（第2章、第3章参照）。Exhibit 5-Bは、評価可能性アセスメントの実例を示したものであり、典型的な手続きについて説明している。

　評価可能性アセスメントを行う場合、プログラムの利害関係者は、プログラムのデザインと論理（プログラムモデル）を明確にしなければならない。しかし、評価可能性アセスメントは、プログラム理論を記述し、アセスメントする目的で実施することも可能である。実際、プログラムがどんな活動をどんな理由で行うかを概念的に表したものを記述し、アセスメントする概念と手続きがプログラム評価の文献のなかで最もよく発展しているのは、評価可能性アセスメントのアプローチである。ここでは、プログラム理論を同定し、評価する手続きについてより詳細に議論することとし、とくに評価可能性アセスメントの実践に重点を置いて述べていく。

2．プログラム理論を記述する

　プログラム理論の重要性は以前から評価者たちに認識されており、評価クエスチョンを明確にして優先順位をつけ、プログラム評価研究をデザインし、プログラム評価結果を解釈する基盤ととらえられてきた（Bickman, 1987; Chen ら, 1980; Weiss, 1972）。しかし、プログラム理論はこれまで、論理モデル（logic model）、プログラムモデル、アウトカムライン（outcome line）、因果関係マップ（cause map）、アクション理論（action theory）といったさまざまな名称で記述され、活用されてきた。プログラムの理論をどのように記述すればいちばん適切かについての一般的なコンセンサスがまだないため、ここでは筆者ら自身のプログラム評価活動のなかで有用性が明らかとなった枠組みを記述する。

　そこで以下では、プログラム運営と対象者との間に生じる相互作用に重点を置いて、社会プログラムを描写する（Exhibit 5-C）。こうしたやり取りが生じるプログラムとは、心理療法士のオフィスでの摂食障害の女性へのカウンセリングセッション、地域センターにおけるハイリスクの若者たち対象のレクリエーション活動、地元の市民グループ対象の教育講演、クリニックの栄養ポスター、潜在的な投資家に郵送される連邦委任の優遇税制ゾーンおよび税法に関する情報パンフレット、高齢者の玄関までの食事配達、といった、直接的な接触のあるサービスである。このようなプログラム－標的集団間の交流（program-target transaction）の一方の側にプログラムがある。これは、さまざまな設備、スタッフ、資源、活動などをもつ組織的実体としてのプログラムである。そしてもう一方の側に、標的となる参加者がおり、その一人ひとりの生活空間にはプログラムのサービス提供システムと関連したさまざまな環境や経験がある。

　このシンプルな図式から、プログラム理論の互いに関連する3つの構成要素が浮かびあがる。

■ **EXHIBIT 5-B** ■　アパラチア地方委員会における評価可能性アセスメント

　都市研究所（Urban Institute）から派遣されたプログラム評価者は、アパラチア地方委員会（ARC）の運営者および政策立案者と共に、健康と子どもの発達プログラムのデザインについて検討した。このときの評価可能性アセスメントでは、評価者は

- ARCが出資している13の州の健康と子どもの発達プログラムについて、それぞれ既存のデータを検討した。
- 5つの州を訪問し、さらに2つの州を選んで評価デザインと実施に参加した。
- 議会や委員会、州政府、およびプロジェクトの目標と活動に関連する文書を再検討した（根拠を与えている法律、議会聴聞会や委員会報告書、州計画の文書、プロジェクトの交付申請、ARCの契約報告書、地方計画の文書、プロジェクトの資料、研究プロジェクトなどを含む）。
- 議会職員、委員会本部、州政府のARCおよび健康と子どもの発達プログラムのスタッフ、地方計画部、地方プロジェクトの約75名にインタビューを行った。
- 健康と子どもの発達のその他の実践家、ARCの州職員、外部評論家ら約60名によるワークショップに参加した。

　得られた結果を分析し総合したところ、プログラム活動、プログラム目標、それらの間の予想される因果関係を示す論理モデルが得られた。次に、プログラム目標の測定可能性と信憑性（plausibility）とを分析し、確実に効果的な実績に結びつくと思われる新たなプログラムデザインを示した。そこには、全般的なARCのプログラムモデルと個別的な一連のモデルとが両方含まれており、それぞれ確認されたプログラム目標と関連していた。

　この報告書を検討するなかで、ARCのスタッフは、いくつかの代替案から活動方針を選択することを求められた。ARCと都市研究所のスタッフは、この検討プロセスにおいて、目標とプログラムモデルにひとつずつ焦点を当て、一連の集中的な議論を行った。各セッションにおいて評価者らとスタッフは、提示されたモデルの妥当性、それぞれの目標の重要性、どのくらいその情報の選択肢を続けて検討すべきかについて合意に達するよう試みた。

　ARCは修正したプロジェクトデザインを採用し、健康と子どもの発達のプロジェクトすべてについて実績を体系的にモニタリングし、「革新的な」プロジェクトの効果を評価することを決めた。それ以来、13州のうち12州のARCが実績モニタリングシステム（performance monitoring system）を導入した。これらの州の代表者が行った報告によると、現在ではプロジェクトデザインが以前よりもずっと明確であり、プロジェクト自体が改善してきていると考えるとのことである。

出　典：Joseph S. Wholey, "Using Evaluation to Improve Program Performance", in *Evaluation Research and Practice: Comparative and International Perspectives*, eds. R. A. Levine, M. A. Solomon, G.-M. Hellstern, and H. Wollmann (Beverly Hills, CA: Sage, 1981), pp. 92-106. より一部修正のうえ引用。

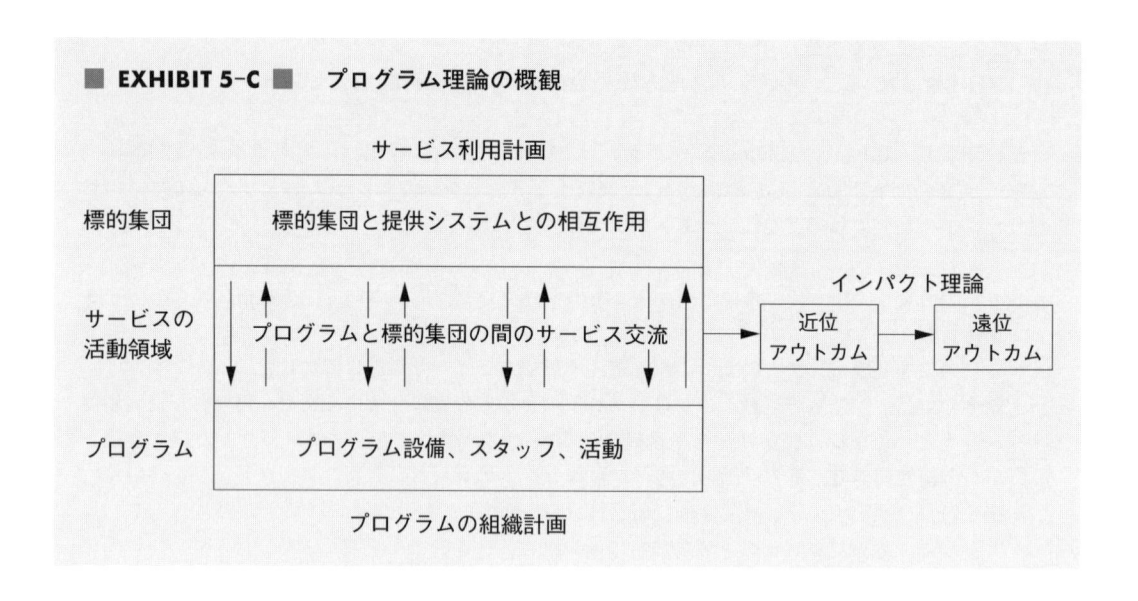

■ **EXHIBIT 5-C** ■ プログラム理論の概観

	サービス利用計画	
標的集団	標的集団と提供システムとの相互作用	インパクト理論
サービスの活動領域	プログラムと標的集団の間のサービス交流	近位アウトカム → 遠位アウトカム
プログラム	プログラム設備、スタッフ、活動	
	プログラムの組織計画	

　それは、プログラムインパクト理論、サービス利用計画、プログラムの組織計画である。プログラムの**インパクト理論**（impact theory）は、プログラムによって生じる変化のプロセスと、結果として期待される改善状態についての仮定から構成される。インパクト理論は、プログラム－標的集団間の交流（program-target transaction）によって操作的に定義される。それは、プログラムが目指す効果は、このような交流によって達成できると期待されるからである。インパクト理論は、薬物乱用の否定的影響に関する情報に接すれば高校生は薬物をやめる気になるだろうと仮定するように単純な場合もあれば、自然現象のより深い理解につながる8年生のカリキュラム方法のように複雑な場合もある。高齢者に温かい食事を提供すれば栄養が改善されるだろうと常識的に仮定するように形式ばらないこともあれば、伝統的な条件づけ理論を恐怖症の治療に適用するように形式立った場合もある。しかし、どんな性質のものであるにせよ、インパクト理論はある種、社会プログラムの本質をなすものである。プログラム活動を通じて望ましい変化がどのようにもたらされるかについて、理論に示されている仮定が不完全なものであれば、あるいは、妥当ではあるがプログラムにおいて十分な操作的定義がなされていなければ、目指す社会的利益は達成されないだろう。

　プログラムのインパクト理論が仮定している変化のプロセスを促すには、まず所定のサービスを標的集団に提供しなければならない。プログラムの**サービス利用計画**（service utilization plan）は、プログラムに関する次のような仮定と期待によって構成される。すなわち、標的集団への届け方、サービスコンタクト（service contact）をどのようにどんな順序で提供するか、サービスが不必要になった場合や適切ではなくなった場合にどのようにして関係を終了するか、という仮定や期待がある。たとえば、エイズの危険性についての認識を高めるプログラムでは、地下鉄に情報ポスターを貼れば適切な人が読んでくれるだろうという単純なサービス利用計画もありうる。しかし一方で、多角的なエイズ予防プログラムでは、アウトリーチワーカーが紹介したハイリスクの薬物乱用者が、近くの通りに面したクリニックを受診し、適切な検査と情報を受け

るといった仮定に基づいてプログラムを組織することも可能である。

　当然ながら、プログラムは所定のサービスを実際に提供できるよう計画されなければならない。したがって、プログラム理論の第3の構成要素は、プログラムの資源、スタッフ、運営、全般的組織に関連したものである。こうした構成要素を、プログラムの**組織計画**（organization plan）と呼ぶ。組織計画は一般には次のような一連の提案によって表される。すなわち、プログラムにこれこれの資源、設備、人材などがあり、これこれの方法で組織・運営され、これこれの活動と機能に関与できる場合、それが可能な組織が、目指すサービス提供システムを運営できるというものである。プログラムの組織理論に含まれる要素としては、たとえば、ケースワーカーは修士レベルの学位をもっていて最低5年以上の経験があることが必要である、ケースワーカーを最低20人雇用すべきである、機関は地元の事業主の代表からなる諮問委員会をもつべきである、それぞれの現場に管理コーディネーターを置くべきである、公衆衛生局との協力関係を維持するべきである、といった仮定が挙げられる。

　この図式では、適切な資源と効果的な組織があってこそ、標的集団が利用できるようなサービス提供システムを開発・維持することが可能になると考える。組織がサポートするプログラム組織とサービス提供システムは、プログラムのなかでも、プログラム管理者とスタッフとが最も直接的にコントロールできる部分である。これらの2つの側面は合わせてプログラムプロセスと呼ばれ、このプロセスの基盤となる仮定と期待はプログラムの**プロセス理論**（process theory）と呼ばれる。

　以上のような概観に基づき、これからプログラム理論の各構成要素についてより詳細に議論する。とりわけ、評価者がどのようにして、分析とアセスメントが可能になるかたちでこれらの構成要素を記述しうるかに注意を払う。

1）プログラムインパクト理論

　プログラムインパクト理論は因果関係の理論である。この理論では、あるプログラム活動が引き金となる原因で、その結果としてある社会的利益が生じるような、因果関係の系列が記述される。したがってプログラムインパクト理論は、プログラム活動と期待されるアウトカムとの関連性を仮定した因果連鎖を図示した、因果ダイアグラムのかたちで表現されるのが典型的である（Chen, 1990; Lipsey, 1993; Martinら, 1996）。改善しようとする社会的状況をプログラムによって直接的にコントロールできることはめったにない。そのため、その状況におけるなんらかの重要な、しかし扱いやすい側面を変えることで、間接的な活動を行うのが一般的であり、そのことがもっと先の改善につながるのだと考える。

　プログラムインパクト理論の最もシンプルなかたちは、サービスがなんらかの介在状況に影響を与え、さらにはその状況が問題となっている社会的状況を改善するという基本的な「2段構え」である（Lipseyら, 1989）。たとえば、プログラムによって人々がアルコールを乱用できないようにすることはできないが、アルコールを乱用しないようにアルコールに対する態度や動機

づけを変えようとすることはできる。より複雑なプログラム理論ではプログラムから社会的利益に至るまでの道筋により細かいステップがありうるし、おそらくその道筋もただひとつではないだろう。

　プログラムインパクト理論をどのように表現する場合にも共通する明確な特徴は、各要素が原因か結果のいずれかである点と、要素間の因果関係が、プログラム活動に始まってプログラムが目指している社会的状況の改善に終わるような出来事の連鎖として示される点である（Exhibit 5-D）。きっかけとなるプログラム活動から直接生じる出来事は最も直接的なアウトカムであり、近位または即時的アウトカム（proximal or immediate outcomes）と呼ばれる（たとえば Exhibit 5-D の最初の例にある、食生活についての知識と自覚）。連鎖の先のほうにある出来事はより遠位または最終的アウトカム（distal or ultimate outcomes）である（たとえば Exhibit 5-D の最初の例にある、より健康な食生活）。プログラムインパクト理論により、より遠位的な、すなわち一般的にはより重要なアウトカムを達成するには、より近位的なアウトカムがうまく達成されることが必要だとわかる。

2）サービス利用計画

　明確なサービス利用計画では、想定しているサービスの受け手が、どのようにして、どんな理由で実際にプログラムとかかわりをもち、プログラムインパクト理論に示された変化のプロセスが始まるだけの十分なサービスを受けつづけるのかという重要な仮定に焦点が当てられる。ここでは、標的集団の視点から、またプログラムに出会う可能性のある彼らの生活空間という視点から、プログラム－標的集団間交流が記述される。

　プログラムのサービス利用計画は、プログラムの標的集団を、プログラムとの最初の接触に先立つなんらかの適切な地点から、いかなる接触もなくなる地点までたどれるような、さまざまな道筋を描いたフローチャートのかたちで描写すると役に立つ。Exhibit 5-E は、退院した精神科の患者のアフタケアに関する架空のプログラムについて、サービス利用の簡単なフローチャートの例を示したものである。このような図のひとつの特徴は、プログラムの標的集団が意図したようにはプログラムに接触しないなどの、起こりうる状況を確認できるということである。たとえば Exhibit 5-E では、以前入院していた精神科患者が、計画されていたソーシャルワーカーの訪問を受けない可能性があることや、地域機関に紹介された結果、まったくサービスを受けなくなる可能性があることがわかる。

3）プログラムの組織計画

　プログラムの組織計画は、プログラムマネジメントの視点から明確化される。この計画には、プログラムが実行しようとしている機能と活動、およびそのために必要な人的、財政的、物理的

■ EXHIBIT 5-D ■　プログラムインパクト理論の図示

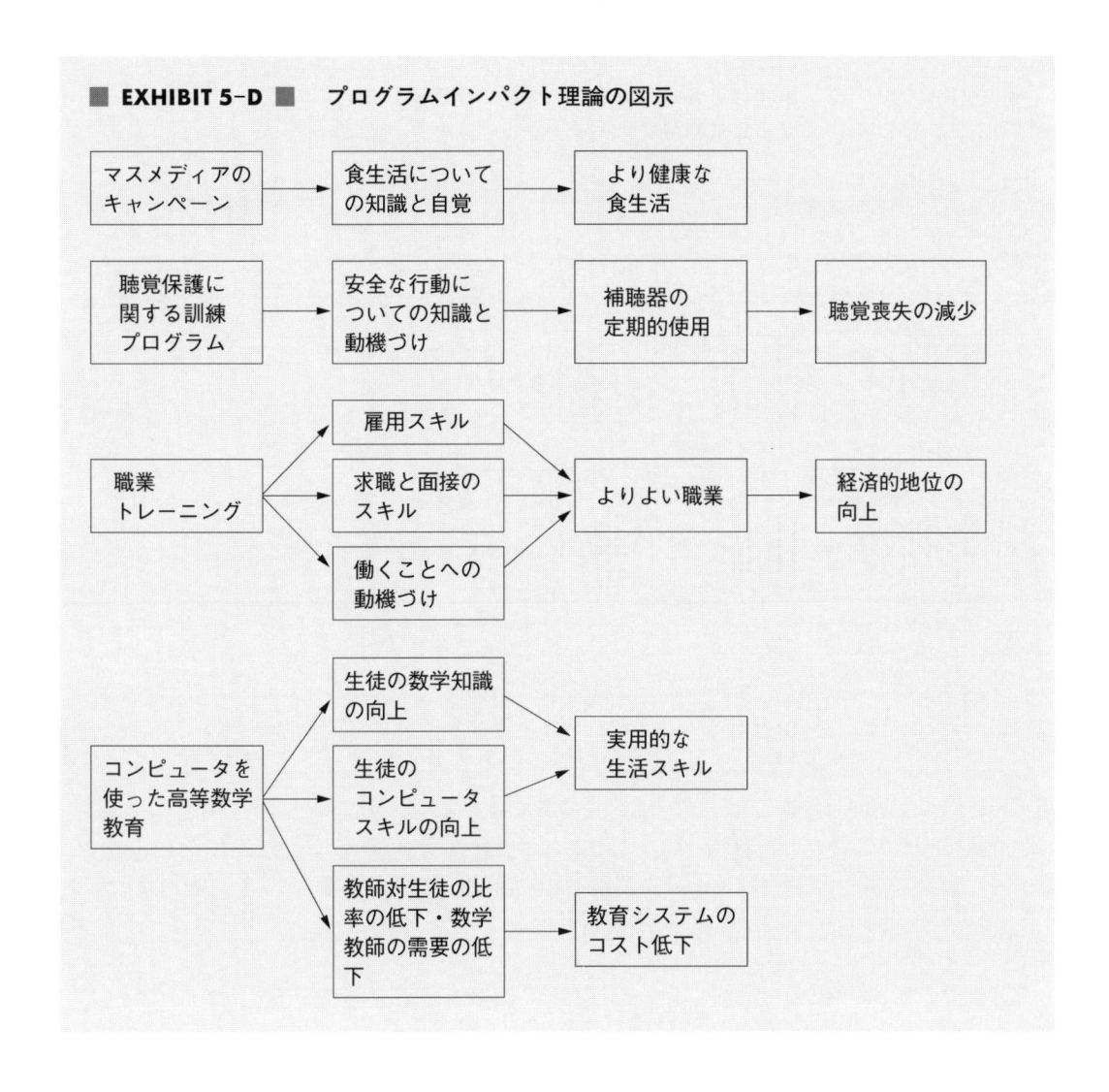

```
マスメディアの      食生活について        より健康な
キャンペーン    →   の知識と自覚      →   食生活

聴覚保護に        安全な行動に         補聴器の         聴覚喪失の減少
関する訓練    →   ついての知識と   →   定期的使用    →
プログラム        動機づけ

                  雇用スキル
                     ↘
職業          →   求職と面接の      →   よりよい職業   →   経済的地位の
トレーニング      スキル                                     向上
                     ↗
                  働くことへの
                  動機づけ

                  生徒の数学知識
                  の向上
                     ↘
コンピュータを                             実用的な
使った高等数学  →  生徒の            →   生活スキル
教育              コンピュータ
                  スキルの向上

                  教師対生徒の比
                  率の低下・数学    →   教育システムの
                  教師の需要の低        コスト低下
                  下
```

資源とが両方含まれる。この図式の中心にあるのはプログラムサービスである。すなわち、社会的利益につながると期待される標的集団－プログラム間活動のうち、プログラム側の役割を構成する具体的な活動である。しかしそれだけではなく、基本的なサービスを提供できる組織力をもつうえで必要な前提条件や継続的支援といった機能も、組織計画に含まれている必要がある。たとえば、資金調達、スタッフマネジメント、設備の獲得と維持、政治問題に関する渉外などである。

　プログラムの組織計画を記述するには多くの方法がある。標的集団－プログラム間活動に焦点を当てるならば、組織計画における最優先の要素は、提供しようとしているサービスに関するプログラムの目標を記述することだろう。つまり、どんなサービスを、どのくらい、だれに、どんなスケジュールで提供するかということである。次に重要な要素は、それらのサービス活動に従事するのに必要な資源と機能を記述することだろう。たとえば、適切な資格とスキルをもつ十分な人材が必要だろうし、後方支援（logistical support）、適切な施設と備品、財源、スーパービジョン、事務的サポートなども必要だろう。

■ **EXHIBIT 5-E** ■ 精神科患者のアフタケア・プログラムについての
サービス利用フローチャート

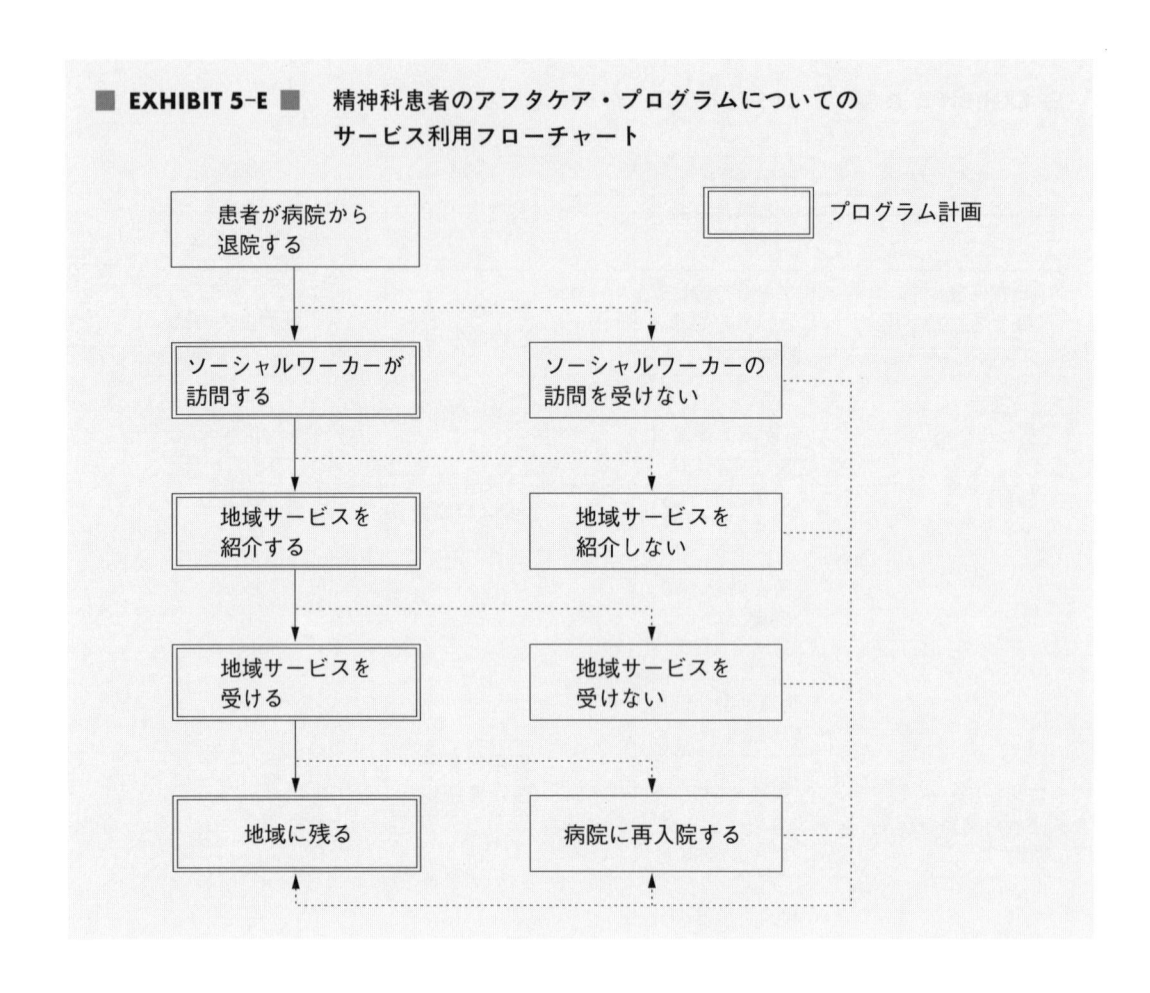

```
患者が病院から
退院する
    │                                    ┌─────────┐
    │                                    │ プログラム計画 │
    │                                    └─────────┘
    ▼
┌──────────────┐        ┌──────────────┐
│ソーシャルワーカーが│        │ソーシャルワーカーの│
│訪問する      │        │訪問を受けない │
└──────────────┘        └──────────────┘
    │                        │
    ▼                        ▼
┌──────────────┐        ┌──────────────┐
│地域サービスを │        │地域サービスを │
│紹介する      │        │紹介しない    │
└──────────────┘        └──────────────┘
    │                        │
    ▼                        ▼
┌──────────────┐        ┌──────────────┐
│地域サービスを │        │地域サービスを │
│受ける        │        │受けない      │
└──────────────┘        └──────────────┘
    │                        │
    ▼                        ▼
┌──────────────┐        ┌──────────────┐
│地域に残る    │        │病院に再入院する│
└──────────────┘        └──────────────┘
```

　プログラム理論の他の部分と同じように、プログラムの組織計画についても、図示することが役に立つことが多い。Exhibit 5-F は、Exhibit 5-E にサービス利用の図式を示した精神科患者のアフタケア・プログラムについて、組織の主な構成要素を描いた例である。プログラムの組織計画を表現するときに共通する方法は、インプット（そのプログラムに適用可能な資源および制約）と活動（プログラムが提供しようとしているサービス）に関するものである。プログラムの完全な論理モデルでは、サービスを受けること（サービス利用）はプログラムアウトプットとして表現され、それは望ましいアウトカムと関連する。Exhibit 5-G は、広く使われているアメリカ共同募金会作成のワークブックから引用した、典型的な論理モデルである。

3. プログラム理論を引き出す

　プログラム理論がプログラム文書に明確に示され、スタッフと利害関係者に十分に理解されている場合、プログラムは明示的プログラム理論（articulated program theory）（Weiss, 1997）に基

■ **EXHIBIT 5-F** ■ 精神科患者のアフタケア・プログラムにおける組織に関する図式

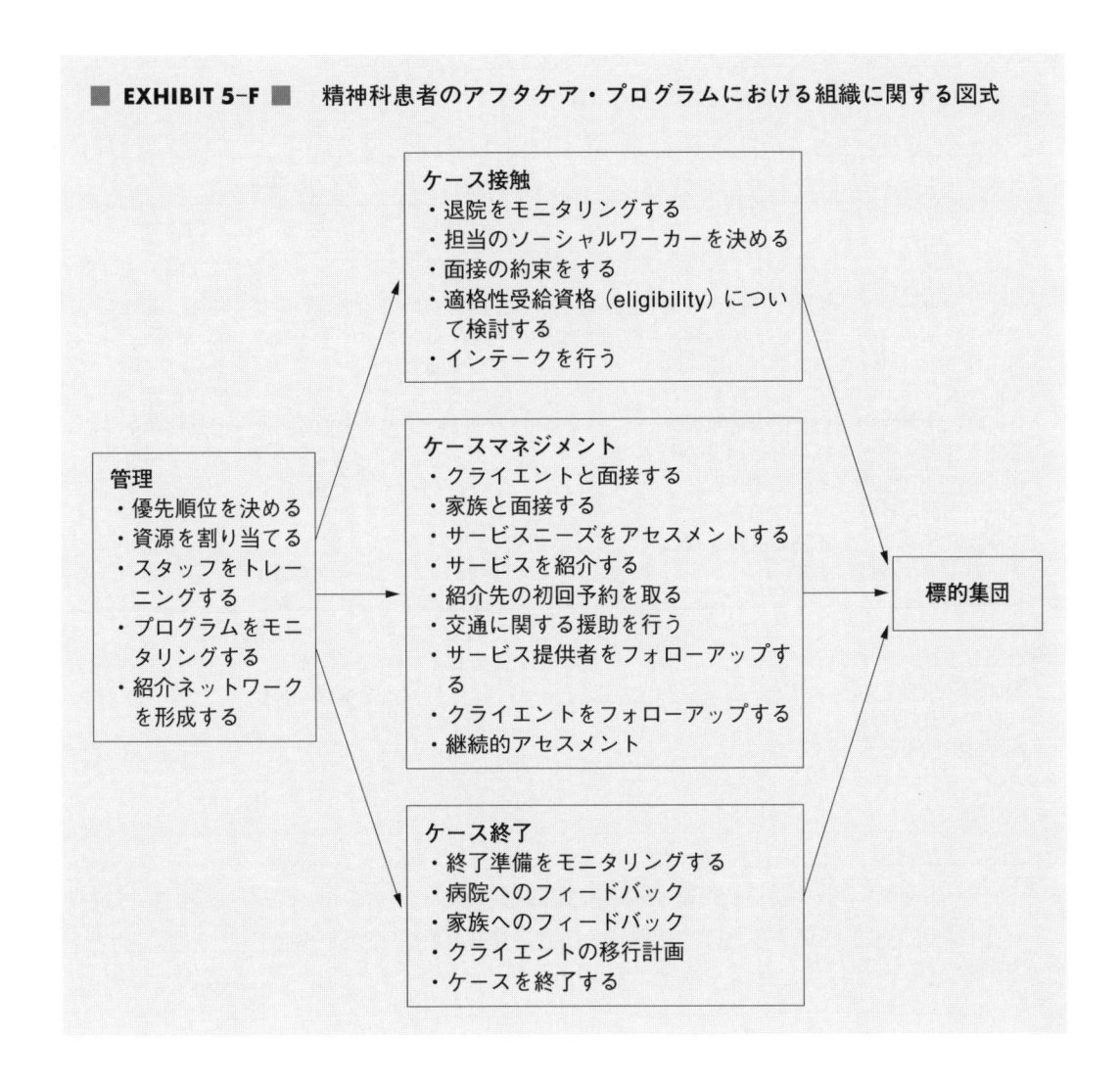

```
                    ケース接触
                    ・退院をモニタリングする
                    ・担当のソーシャルワーカーを決める
                    ・面接の約束をする
                    ・適格性受給資格（eligibility）につい
                     て検討する
                    ・インテークを行う

                    ケースマネジメント
                    ・クライエントと面接する
  管理               ・家族と面接する
  ・優先順位を決める    ・サービスニーズをアセスメントする
  ・資源を割り当てる    ・サービスを紹介する                 標的集団
  ・スタッフをトレー    ・紹介先の初回予約を取る
   ニングする         ・交通に関する援助を行う
  ・プログラムをモニ    ・サービス提供者をフォローアップす
   タリングする        る
  ・紹介ネットワーク    ・クライエントをフォローアップする
   を形成する         ・継続的アセスメント

                    ケース終了
                    ・終了準備をモニタリングする
                    ・病院へのフィードバック
                    ・家族へのフィードバック
                    ・クライエントの移行計画
                    ・ケースを終了する
```

づいているという。こういうことが最も起こりうるのは、プログラムの元来のデザインが社会科学理論から引き出されている場合である。たとえば、学校ベースの薬物使用予防プログラムが仲間グループ内での断る行動のロールプレイを特色とする場合、このプログラムは、社会的学習理論と、そこから示唆される思春期の行動に与える仲間の影響に由来しているかもしれない。

　プログラムのサービスと実践によってどのように目的を達成できるかという背後の仮定が十分には明確でなく、記録もされていない場合、そのプログラムは**潜在的**（非明示的）**プログラム理論**（implicit program theory）をもつという。これを Weiss（1997）は暗黙の理論（tacit theory）と呼ぶ。こういったことが起こりうるのは、たとえば結婚生活の問題を抱えた夫婦のカウンセリングプログラムである。結婚生活の問題を訓練された専門家と話し合うことが役に立つと仮定するのは妥当かもしれないが、それがどのようにして婚姻関係の改善につながるのかは明確な理論としては記述されないし、他のカウンセラーがそのプロセスに同意するともかぎらない。

　プログラム理論が明示的でなく、むしろ潜在的ならば、プログラム理論を分析しアセスメント

■ **EXHIBIT 5-G** ■　未成年母親のための育児教育プログラムにおける論理モデル

[Exhibit 3-H 参照]

インプット	活動	アウトプット	アウトカム		
			初期	中間	長期
機関は、プログラムマネジャーであるソーシャルワーカー（MSW）[Master of Social Work]、非常勤の認定看護師（RN）インストラクター、国認定教育マニュアル、ビデオ、および他の教材を提供する。 機関および高等学校は、プログラムに参加する妊娠未成年者を同定する。	プログラムは、出産3ヶ月前から産後1年までの間、週2回、1回1時間、高等学校において、未成年の母親のため幼児の栄養、発達、安全、ケアに関する出産前育児教育を提供する。	妊娠未成年者がプログラムに参加する。	未成年者が出産前の栄養摂取および健康ガイドラインの知識を得る。 未成年者が乳児に対する正しいケア、授乳、社会的相互作用について知識を得る。	未成年者が正しい栄養摂取と健康ガイドラインに従う。 未成年者が健康な乳児を出産する。 未成年者が乳児に対する適切なケア、授乳、社会的相互作用を提供する。	1歳時の身体面、運動面、言語面、社会的発達面における発達課題を乳児が達成する。

出　典：United Way of America Task Force on Impact, *Measuring Program Outcomes: A Practical Approach*. Alexandria, VA: Author, 1996, p. 42. United Way of America. より許可を得て、一部修正のうえ引用。

する前に、それを抽出して記述しなければならない。評価者の目的は、「プログラムが目指しているとおりに」それを記述することである。つまり、プログラムがなにを行い、どんな結果が起こるかについて、意思決定者が実際に期待していることを記述するのである。このことを念頭に置きながら、次に、プログラム理論を抽出し明示化するときに評価者が活用しうる概念と手続きについて検討する。これは、プログラム理論をアセスメントする前提条件となるものである。

1）プログラムの境界を定める

　プログラム理論を明確にする最初の重要なステップは、問題となっているプログラムの境界を定めることである（Smith, 1989）。対人サービス機関には多くのプログラムがあって多数のサービスが提供されており、地域のプログラムには多くの機関と現場がある。ふつうプログラムのただひとつの正しい定義というものはなく、評価者がどのように境界を定めるかは、評価スポンサーの関心とそのプログラムの領域に大部分が左右される。

プログラム理論を明確にするためにプログラムの境界を定める方法のひとつは、評価所見に基づいて決定を下す意思決定者の視点から作業することである。評価者がプログラムを定義する際に最低限必要なのは、そうした意思決定者の権限を明らかにし、その人が決定すると思われる組織の構造と活動とを明らかにすることである。たとえば、評価スポンサーが地方の地域精神保健機関の所長であるなら、プログラムの境界は、その所長が管理しているサービスパッケージのひとつとしてはっきり区別できる部分の近辺に定められるだろう。たとえば、摂食障害の外来カウンセリングなどである。しかし、評価スポンサーが州の精神保健部長であるなら、関連するプログラムの境界は、州内の全地方精神保健機関における外来カウンセリングの構成要素の有効性に関する問題の近辺に定められるだろう。

　プログラム理論では主に手段－目的の関係が扱われる。したがって、プログラムの境界を定める際に最も重要なのは、努力の中心になると考えられるアウトカムの少なくともひとつと関連する、あらゆる重要な活動、出来事、資源を確実に含むことである。そのためには、プログラムが生み出そうとしている利益から始め、そこからさかのぼって、そうした目標の達成に貢献すると思われる組織的な賛助を受けている活動と資源とをすべて確認するとよい。こうした観点からみると摂食障害のプログラムは、それが地方レベルであれ州レベルであれ、サービス該当集団（eligible population）の摂食障害を緩和しようというはっきりとした役割をもった、各精神保健機関が組織するひとまとまりの活動として定義されるだろう。

　このようなアプローチは概念としてはわかりやすいが、実践するとなると問題が多いものである。プログラムにはさまざまな分野横断的資源、活動、ゴールがあって複雑であり、しかも、プログラム定義の要として上に述べた特徴は、それ自体明確にすることが難しい。したがって評価者は、プログラム評価における他の多くの側面と同じように、プログラム定義について評価スポンサーや主な利害関係者と協議し、合意が得られるよう備えなければならない。また、評価が進むにしたがって定義を修正する柔軟さをもつ必要がある。

2）プログラム理論を詳細に説明する

　プログラムの初期の計画段階では、計画立案者は従来の実践や研究をもとにプログラム理論を構築することがある。この段階であれば評価者は、説得力のある十分に明示的な理論を形成する手助けをすることができる。しかし、すでに存在するプログラムなら、プログラムの構造と運営に実際に暗に含まれている理論を記述することが、実施しうる課題となる。そのためには、利害関係者と連携し、彼らの活動と仮定のなかに表現されている理論を引き出さなければならない。その一般的な手続きとして連続的接近法（successive approximation）がある。まず、通常は評価者が、プログラム理論を記述した草案を作成する。そして、プログラムに詳しい利害関係者が情報提供者となって共に議論し、フィードバックを得る。その後、この草稿は提供された情報に基づいて修正され、ふたたびしかるべき利害関係者に示される。このようにして記述された理論は、インパクト理論やプロセス理論、あるいは評価の目的と関連するすべての構成要素や組み合

■ **EXHIBIT 5-H** ■　適職サービスのプログラムプロセス理論の形成

　適職サービス（Adapted Work Service; AWS）はテネシー州のナッシュビルにあるロシェル・センターが始めたもので、初期段階のアルツハイマー病の患者にストレスの少ない有給の仕事と社会的交流を提供するものである。このプログラムが基盤とする信念は、保護された環境で仕事をすることは情緒的、認知的にプラスになるということと、家族がケアの負担からときどき解放されることは家族にとってプラスになるということである。このプログラムのプログラムプロセス理論を形成する手続きについて、評価者は次のように記述した。

　　AWS プログラムの運営モデルを作成するにあたり、付箋紙と模造紙を使って壁のサイズにプログラムを描写した。最初のセッションは研究者とプログラム責任者だけでおこなった。最初の質問は"利用する可能性のある人が情報を求めてセンターに電話をかけてきたらどんなことが起こるだろう？"であった。それについての回答を付箋紙に記録し、模造紙に置いた。それから次のステップを同定し、これについても記録し、模造紙に置いた。このプロセスを、すべての（知りうる）活動を同定して模造紙に置くまで繰り返した。プログラム責任者がそれ以上の活動を同定できなくなったら、付箋紙をクラスターごとにまとめた。そしてクラスターについて、潜在する構成ラベルが浮かびあがるまで議論した。この作業はたった2人で行ったため、つくりあげたものを使っていない部屋に2週間置いておき、事務局長や運営チームの他の全メンバーの反応が得られるようにした。彼らは見落とされている活動、正しくない活動、置き場所がまちがっている活動を見つけ、提案された構成要素についてコメントした。スタッフメンバーからのフィードバックセッションと、事務局長との議論を何度か行った後、できあがったものをタイプし、諮問委員会でのプレゼンテーション用に準備した。諮問委員会のメンバーは内容について検討し、さらに議論し、追加すべき修正点を示した。事務局長は、毎月行われる諮問委員会において、数回にわたり、プログラム計画を立てるためにモデルを再検討するよう要請した。これによって活動がさらに明確になり、プログラムについてのグループの意見もよりはっきりしたものになった。

出典：Doris C. Quinn, *Formative Evaluation of Adapted Work Services for Alzheimer's Disease Victims: A Framework for Practical Evaluation in Health Care*（doctoral diss., Vanderbilt University, 1996），pp. 46-47. より許可を得て引用。

わせに関連したものとなる。Exhibit 5-H は、どのようにしてプロセス理論を引き出すかを、ある評価者が説明したものである。

　プログラム理論の記述を作成し、他との違いを明らかにするための主な情報源には、次のようなものがある。(1)プログラム書類を精査する、(2)プログラムの利害関係者に、またその他の情報提供者を選んで、インタビューを行う、(3)プログラムの機能と環境について現場を訪問し観察する、(4)社会科学の文献、である。これらの情報源から評価者が抽出できる情報としては、次の3つのタイプのものがとくに有用であろう。

a．プログラムのゴールと目標

　プログラムの情報源から明らかになる最も重要な問題は、おそらく、プログラムのゴールと目

標に関するものだろう。これは、プログラム理論、とくにインパクト理論にはどうしても不可欠な部分である。しかし、プログラム理論において記述しなければならないゴールと目標は、プログラムのミッション文（mission statements）に示されたものや、プログラムのゴールについて利害関係者から尋ねられたときの回答とは、かならずしも同じではない。プログラム評価を行ううえで有意義なプログラムゴールとは、プログラム活動によって現実的に達成しうる状況を示したものでなければならない。つまり、プログラムが実施することと達成しようとしていることの間に、なんらかの妥当な関連性がなければならない。Smith（1989）は、具体的で明確な議論を続けるには、評価者はゴールを直接尋ねるのではなく、因果関係を尋ねる質問をしたほうがいいと述べている。たとえば、主なプログラム活動を振り返る場合、評価者は活動一つひとつについて、「なぜそれを行うのか。どんな結果が期待されるか。そのような結果が実際に生じることがどうやってわかるのか」といったことを尋ねるとよい。

このようにして得られたゴールに関する記述は、次に、プログラム理論の記述として統合しなければならない。ゴールと目標が、プログラムが社会的状況にもたらそうとしている変化を記述していれば、それはプログラムインパクト理論と関連したものである。たとえば、失業を減らすというプログラムゴールは、インパクト理論でいえば遠位アウトカムを同定したものである。プログラムのゴールと目標が、プログラム活動とサービス提供に関連したものであれば、それはプログラムプロセス理論を明らかにするのに役立つ。働いている両親に鍵っ子の放課後のケアを提供することがプログラムの目的なら、サービス利用計画の一部が明らかになる。同様に、1週間に4回読み書き教室を行うことがプログラムの目標なら、組織計画の重要な一要素を決めることができる。

b．プログラムの機能、構成要素、活動

プログラムプロセス理論を正しく記述するには、一つひとつのプログラム構成要素、機能、そしてそれらの機能と関連した特定の活動と運営を、明確に同定する必要がある。プログラム機能に含まれることとしては、「クライエントのニーズをアセスメントすること」「インテークを行うこと」「担当のケースマネジャーを決めること」「紹介機関を募集すること」「現場で働く人を訓練すること」といった運営に関するものがある。このような機能は通常、さまざまなプログラムスタッフの活動と職務記述書を確認することで同定できる。これらの機能を主題グループごとにクラスター化すれば、それらはプログラムプロセス理論の構成要素を示す。

c．プログラム機能、活動、構成要素をつなぐ論理あるいは時間的連鎖

プログラム理論の重要な側面は、期待されるさまざまなアウトカムとプログラム機能がどのように互いに関連しているかということである。これらの結びつきが、プログラムの主な活動とその効果のたんなる時間的な連鎖である場合もある。たとえば、重罪犯罪者の釈放後のプログラムでは、刑務所職員は、そのプログラムがサービスを調整するために受刑者に最初に接触できるのはその人が釈放されてからであることを知らせなければならない。また別の例では、アウトカムとプログラム機能とが結びつくには、活動や出来事のコーディネートが必要ということもある。

たとえば、職業訓練セッションを行うときに保育と交通手段とを手配しなければならない場合である。あるいは、補助的機能が必要なこともある。たとえば、看護師の実務教育を行う講師をトレーニングするといった場合である。その他、プログラムインパクト理論にとくに示されるような論理的または概念的な関連性が必要なこともある。母親が乳児の世話の仕方を知ることが実際にケアを提供するという行動につながると考える場合、情報が行動に影響するまでの心理的プロセスが仮定される。

このような関連の数や種類は相当なものになることが多いため、評価者は、よく表や図をつくってそれらを記述する。たとえばリストやフローチャート、階層図などどんなかたちでも工夫してつくり、プログラム理論のなかの主な要素とその関連性を示すようデザインすることができる。このような表示をすることにより、プログラム理論を描き出すことができるだけでなく、プログラムスタッフや利害関係者の関心を引きつけるのに十分に具体的で固有の手段を得ることができる。

3）プログラム理論の記述を確証する

上記のような手続きで記述したプログラム理論は、通常、プログラムの実際の姿というよりは、目指す姿を表している。プログラム運営者や政策立案者（policymaker）は理想的なプログラムが「実在する」と考える。そして、理想に足りないさまざまな点を、プログラム本来の姿に届かない欠陥であるととらえる。一方で、日々の運営から遠く離れたところにいる人たちは、そのような欠点には気づかない。そのため、実際にはプログラムがイメージしたものにあまり応えられていなくても、そのプログラムのあるべき姿だと思う内容を、そのまま記述するだろう。

したがって、プログラム理論と現実との間にいくらかずれがあるのは自然なことである。実際、このずれの性質と程度を調べることは、次章で述べるプロセス評価または実施評価の役割である。しかし、理論が過度に誇張されていて、実際に起こりそうなことが記述されているとは現実的に思えないなら、理論を修正する必要がある。たとえば、職業訓練プログラムのサービス利用計画において、各クライエントとケースマネジャーが毎月連絡を取ることが必要とされたとする。もしケースマネジャーを支援するプログラム資源が不十分で、だれ一人として雇用されなければ、理論のこの部分は非現実的である。そのようなときは、プログラムが実際に達成できそうなことをより現実的に描き直すよう、再出発するべきである。

もしプログラム理論が現実的なシナリオを描いているなら、次に、その理論が、該当するプログラムスタッフや利害関係者からみてプログラムの目指している活動を有意義に説明したものかどうか、確認しなければならない。もし、関連する利害関係者全員が妥当性を認めるような理論の記述ができないのなら、それは、プログラムの定義が不十分であるか、またはその理論に競合する理念が含まれていることを示している。そのような場合に最も適切な方法は、評価者がコンサルタントの役割を取り、そのプログラムの仮定や期待を明確にして、すべての主な利害関係者が納得するような理論を記述できるように支援することである。

評価者が理論を記述する作業をすることで、プログラムが目指しているとおりにプログラムを詳細に完全に記述するという最終結果が得られる。それによって、プログラム理論をプログラム評価の明確な一側面として分析しアセスメントすることが可能になる。しかし、記述した理論について利害関係者の同意が得られたとしても、実際には、プログラムの機能の仕方に関する利害関係者の理解と一致していることを確かめたにすぎないので、その点に留意する必要がある。それはかならずしもその理論の有用性を示すものではない。プログラム理論の妥当性を判断するには、理論を記述するだけでなく、評価しなければならない。次のセクションでは、評価者が用いるそのための手続きについて述べる。

4．プログラム理論をアセスメントする

　プログラム理論のある側面をアセスメントすることは、プログラム評価では比較的よくあることである。それは、プログラムプロセスやインパクトの評価と連動して行われることも多い。にもかかわらず、このようなアセスメントをどのように行うべきかを具体的に示した文献はじつに少なく、評価可能性アセスメントに関する文献がわずかにあるだけである。このようなアセスメントが比較的軽視されているのは、理論のアセスメントが重要でないとか珍しいからではなく、それらが通常は、それほど説明のいらない常識的な判断に頼ったインフォーマルなやり方で行われているからだと解釈できる。実際、プログラムサービスがそのまま目標と直結している場合には、プログラム理論の妥当性を、限られたエビデンスや常識的な判断に基づいて確認できることがある。外出できない高齢者に温かい食事を配達して栄養摂取を改善する食事宅配サービスは、その一例である。この例では、プログラムの活動（温かい食事の提供）が目指す利益（栄養の改善）につながるという理論に、あまり厳密な評価は必要ない。

　しかし、高齢者に食事を配達して栄養を改善するというような単純な期待に基づいているプログラムは少ない。たとえば、子どもが養子に出される可能性のある両親に対して、地域サービスをコーディネートするケースマネジャーを配置する家庭維持プログラム［54頁の訳注参照］では、なにをどのようにして達成するかについて、厳密に多くの仮定が置かれる。このような例ではプログラム理論は不完全なものになりやすいため、当然、かなり綿密な評価を行うことになる。

　プログラム理論に表現されている仮定や期待を一つひとつ評価することはめったに可能ではないし、実用的でもない。しかし、それらが妥当であることを保証する確実で厳密な検証方法がある。このセクションでは、そのようなアセスメントを行う際に評価者が活用できる、さまざまなアプローチと手続きについてまとめることにする。

1）社会的ニーズに関連したアセスメント

　第4章で述べたように、プログラム理論をアセスメントする際の最も重要な枠組みは、ニーズアセスメントの結果に基づいて構築される。あるいはより一般的には、プログラムが取り組もうとしている社会問題や、サービスに対する標的集団のニーズを、十分に理解することが基盤となる。プログラム理論が争点である社会的状況の実際の性質や環境と適切に関連していなければ、どんなに十分にプログラムを実施し管理したとしても効果的なプログラムにはならないだろう。したがって、プログラム理論のアセスメントを、サービス対象である標的集団のニーズと関連させて行うことは必須のことである。

　社会的ニーズの満たし方をプログラム理論が適切に概念化し、記述しているかどうかをアセスメントするとき、評価者が活用できる押しボタン式の手順（push-button procedure）は存在しない。必然的に、このようなアセスメントでは判断を下すことが必要となる。アセスメントの重要性が非常に高い場合は、基盤となる観点や専門知識の幅を広げるため、関連する専門家や利害関係者と協力し合ってそのような判断を行うと、アセスメントの妥当性が高まる。たとえばそういった協力者として挙げられるのは、介入に関連する研究や理論について豊富な知識をもつ社会科学者、そのようなプログラムをマネジメントした長い経験をもつ管理者、標的集団と関連した権利擁護団体の代表者、そのプログラムや問題領域に非常に精通している政策立案者や政策顧問、などである。

　アセスメントに貢献する集団がどのようなものであれ、このプロセスにおいて非常に重要なのは、特異性（specificity）である。プログラム理論と社会的ニーズが一般的な用語で記述されている場合、一見、両者が一致しているようにみえても、詳細に検討すれば違うとわかることも多い。たとえば、急増する青少年犯罪問題に取り組むためにある大都市圏で開始された、18歳未満の青少年に午前0時以降の外出を禁止する夜間外出禁止プログラムについて考えてみよう。プログラム理論を一般的な用語で記述すると、夜間外出禁止プログラムを行うことによって青少年は夜に自宅にとどまるようになり、自宅にいれば彼らは犯罪をおかさないだろうということになる。プログラムが取り組む一般的な社会問題が青少年犯罪であるため、プログラム理論もその社会的ニーズに応えているように見える。

　しかし、より詳しく問題を診断し、サービスニーズのアセスメントを行ったところ、青少年の犯罪の大部分が、放課後、午後遅くに行われる住居侵入窃盗であることがわかったとする。また、そのような犯罪者は青少年のなかでも比較的少数であり、彼らの犯罪率が高いために与える衝撃が大きすぎることがわかったとする。さらに、このような青少年の大部分が、放課後に目を配る人のいない鍵っ子であることがわかったとする。ここで、先ほどのプログラム理論を少し詳しく検討すれば、この理論が、重大な青少年犯罪は夜遅くに発生すると仮定していること、また、潜在的な犯罪者が夜間外出禁止令のことを知っていて、かつそれに従うだろうと仮定していることは明らかである。さらに、もし青少年が自発的に従わない場合には、両親や警察からの強制に頼ることになる。

■ **EXHIBIT 5-I** ■　プログラム理論のアセスメント基盤としてのホームレスのニーズ

　第4章の Exhibit 4-J において、ニーズアセスメント調査に対するホームレス男女のサンプルの回答を示した。答えた人の割合が最も高かったのは、住む場所と、仕事や安定した収入をもつことであった。また、半分には満たないがかなりの割合の人たちが、医学的問題、物質乱用問題、心理学的問題、法律的問題についての援助も必要だと答えた。そこで評価者は、サービス提供についてニーズアセスメントの結果からいえることとして、ホームレスの人たちが、さまざまな領域において、さまざまな密度の継続的サポートを提供する介入を必要としていると報告した。したがってそれに応えるには、プログラムは包括的な範囲のサービスを提供するか、または橋渡しをすることができなければならない。

　このような所見から、プログラム理論をアセスメントするにあたって2つの分析が必要であることがわかる。第1に、ホームレス問題を解決しようとするプログラムはすべて、ホームレスの人たちが経験している主な問題を扱うサービスを提供しなければならないということである。つまり、ホームレスの状況を適切に改善するには、このようなサービスから期待されるアウトカムとして、最も問題のある領域が改善されることを示す必要がある（インパクト理論）。第2に、サービス提供システムは、ホームレスの人たちの資源が限られ、困難な状況にあったとしても利用できるよう、多面的なサービスを手軽に柔軟に提供できるようにデザインしなければならない（プログラムプロセス理論）。このように、ホームレスを標的とするどんなプログラムにも含まれているプログラム理論と、ニーズアセスメントのデータとを個々に注意深く詳細に比較することにより、その理論が、効果的な介入の設計として、どのくらい適切であるか、明らかになるであろう。

出　典：Daniel B. Herman, Elmer L. Struening, and Susan M. Barrow, "Self-Reported Needs for Help Among Homeless Men and Women", *Evaluation and Program Planning*, 1994, 17(3): 249-256. より。

　これよりももっと特異性を高めるほうが望ましくはあるが、このように詳しく検討することで、プログラム理論がどのくらいニーズに合っているかがわかり、プログラム理論の欠点を見出すことができる。たとえばこの例において、プログラム理論とプログラムが取り組んでいく社会問題の細目を検討すると、大きな食い違いがあることがわかる。まず、このプログラムは問題のある少数の青少年を標的にするのではなく、市全体に標的を広げている。また、ほとんどの犯罪が実際には午後の早い時間に起こっているのに、このプログラムは夜遅くの活動に焦点を当てている。さらに、すでにより深刻な法律違反をしている青少年が夜間外出禁止令に従うだろうと仮定していること、より早い時間帯には非行少年である子どもに目を配っていない両親が、遅い時間帯の行動には目を配ることができるだろうと仮定していること、仕事を抱えすぎるほど抱えた警察官が夜間外出禁止令に違反した青少年を逮捕することに十分な労力を割き、命令を遵守させようとするだろうと仮定していることなど、このプログラムの仮定にはいくつも疑問がある。こうした詳しい点を注意深く検討するだけで、このプログラム理論の妥当性には深刻な疑問があることがわかるだろう（Exhibit 5-I にもうひとつの例を示す）。

　プログラム理論と、現在わかっている（または仮定されている）それに関連した社会的ニーズとを比較するひとつの方法として、インパクト理論とプログラムプロセス理論とを別々にアセス

メントするアプローチが役に立つ。これら2つの理論と社会問題とはそれぞれ異なった道筋で関連している。これらの理論をそれぞれ詳しく検討することによって、理論的な仮定が実際の社会的状況の性質とどの程度合致しているかについて、具体的な問いを立てることができる。そこで次に、プログラム理論を構成するこれらの要素それぞれについて、主な比較のポイントを簡単に述べる。

プログラムインパクト理論では、プログラムサービスによって標的である社会的状況の改善というアウトカムが達成されるまでの、因果関係の流れが示される。そのため、プログラムインパクト理論と社会的ニーズとを比較する主なポイントは、プログラムが社会状況にもたらすと期待される効果が、そうした状況を改善するために必要なことと一致しているかどうかである。これは、ニーズアセスメントを行うことによって明らかにすることができる。たとえば、小学校の児童が適切な食習慣を学び実行できるようになることを目的とした学校主体の教育プログラムについて考えてみよう。このプログラムが改善しようとしている問題は、学齢期の子ども、とりわけ経済的に恵まれない地域の子どもが、栄養に関して不適切な選択をしているということである。プログラムインパクト理論では、計画した教育課題によって食物の栄養学的価値に関する子どもたちの認識が高まり、その結果として子どもたちがより健康的な選択をするようになり、栄養状態が改善されるという一連の関連性が示される。

しかし、ニーズアセスメントを詳しく行ったところ、子どもたちの食習慣は実際よくないが、栄養学的知識はそれほど不足していないことがわかったとする。さらに、家で出される食事、また学校のカフェテリアで出される食事でさえ、健康な選択をするチャンスはわずかしかないことがわかったとする。このような背景を考えると、このプログラムインパクト理論に不備があることは明らかである。たとえプログラムによって健康な食事に関する情報をもっと伝えることに成功したとしても、子どもたちは自分たちに手に入る食べ物を選ぶことがほとんどできないので、その情報に基づいた行動をとることができないだろう。このように、このプログラムインパクト理論が示している近位アウトカムは達成できるかもしれないが、それは扱っている問題を改善するために必要なこととはいえない。

一方、プログラムプロセス理論では、標的集団が利用でき、かつ彼らのニーズにも合っているサービスをプログラムが提供できると仮定する。ここでの仮定は、今度は、標的集団がサービスを得る機会に関する情報や、サービス利用を妨げる障壁に関する情報と比較検討することができる。たとえば、地方の高校で夜間に授業を行う成人用の読み書きプログラムでは、教育機能、広告機能、および標的集団が適切なコースを選ぶことが、プロセス理論に盛り込まれていたとする。この図式は、標的集団がこのプログラムを有効に活用するにはどのような物的な（logistical）あるいは心理的な支援が必要かを示すニーズアセスメントのデータと詳しく比較検討することができる。参加する可能性のある人たちのなかには保育と交通手段が重要だという人がいるかもしれない。また、読み書きできない人たちは広告による働きかけだけでなくもっと個人的な働きかけがなければコースに入りたがらないかもしれない。また、標的集団の参加を促しそれを維持するには、講師との文化的、個人的な相性も重要な要因かもしれない。以上のように、プログラムプロセスは、標的集団のこうしたニーズ要因にどのくらい応えているかという観点からア

セスメントすることができる。

2）論理性と説得力のアセスメント

　プログラム理論を明確化する作業を十分に行うことにより、プログラムデザインに含まれている重要な仮定と期待を明らかにする必要がある。プログラム理論のこれらの側面について論理性と説得力をきびしく検討することは、アセスメント形式のひとつとして非常に重要である。プログラム理論のアセスメントに詳しい評論家らは、このような目的のために評価パネル（a panel of reviewers）を組織することを提案している（Chen, 1990; Rutman, 1980; Smith, 1989; Wholey, 1994）。専門家によるこのような評価パネルには、評価者だけでなくプログラムスタッフやその他の主な利害関係者の代表者を含めたほうがよい。しかし、利害関係者はその定義からしてプログラムになんらかの直接的な利害がある。アセスメントのバランスを取り、利用できる専門的知識を広げるには、プログラムに直接関係のない識者を入れるほうが望ましいかもしれない。そのような外部の専門家とは、同じようなプログラムの経験が豊かな管理者、関連する専門領域の社会学研究者、権利擁護団体やクライエント組織の代表者、などである。

　プログラム理論の論理性と説得力を再検討するプロセスは、どうしても比較的構造化されていない、制限のないものにならざるをえない。しかし、そのような場合に取り上げるべき一般的問題もある。そこでこうした点について、評価パネル委員たちが質問できるかたちで以下に示す。Rutman（1980）、Smith（1989）、Wholey（1994）らの文献には、さらに有益な情報が詳しく示されている。また、例として Exhibit 5-J を参照のこと。

- **プログラムのゴールと目標は十分に定義されているか**　　プログラムが説明責任を負うアウトカムは、それが達成できたかどうかを判断できるように十分明確かつ具体的な用語で述べられている必要がある。「生徒にコンピュータ技術を紹介する」といったゴールは、そういった意味では十分な定義ではない。しかし、「コンピュータの使い方についての生徒の知識を増やす」というのは、十分に定義されており測定可能である。
- **プログラムのゴールと目標は実現可能か**　　つまり、プログラムがサービスを提供した結果としてそれらが実際に達成できると仮定するのは現実的であろうか、ということ。プログラム理論では期待されるアウトカムを明確に示す必要があるが、それはプログラムが成功すれば合理的に生じるような性質と範囲のものでなければならないし、非現実的な高い期待を表したものであってはならない。さらに、記述されたゴールや目標は、プログラムが実際になんらかの意味ある方法で影響を及ぼすことができる状況に関するものでなければならないし、影響がはるかに及ばない状況に関するものであってはならない。「貧困を撲滅する」のはどんなプログラムにおいても誇大的だが、「失業率を減少させる」のはそうではない。しかし、慢性的な不況にある労働市場に位置するプログラムでは、たとえ後者のゴールであっても非現実的かもしれない。

■ **EXHIBIT 5-J** ■　メリーランド州の4-Hプログラム［脚注参照］における、
　　　　　　　　　　プログラム理論の明確さと信憑性のアセスメント

　メリーランド州の4-H青少年プログラムの評価可能性アセスメントは、プログラム資料および利害関係者を代表する96名へのインタビューに基づいて行われた。プログラム理論の主な側面について検討したところ、次のような結果がえられた。

クエスチョン：ミッションとゴール（上位目標）は明確か。
結論：4-Hの全般的ミッションについて明確でない部分がある。また、利害関係者の間、およびプログラムの実施に直接かかわっている人といない人の間に、合意がなされていない部分がある。そのようなミッション文の例として、「青少年に農村生活を紹介する」「農業と家庭経済に対する責任感」を育てる、「ライフスキルを高める」などがある。

クエスチョン：プログラムの影響を受けるべき人、参加者がだれかは明確か。
結論：4-Hプログラムの参加者について、4-H職員とその他の利害関係者との間で一致していない部分がある。書面に書かれた資料によると、参加者は青少年および成人である。このプログラムの伝統的な参加者は、8歳から18歳の全青少年である。最近では6歳から7歳の少年も標的になりつつある。情報提供者のなかには、プログラムを支援する大人のボランティアも参加者の一部であるとみる人もいる。

クエスチョン：目指す効果について合意はなされているか。
結論：州のプログラム案内文書には、プログラムの目標として、社会面、精神面、身体面の発達が挙げられていた。4-Hプログラムの主な効果は本質的に社会面にあるという点については、すべてのグループ間でも書面資料でも一致していた。たとえば、自信・自尊感情、リーダーシップ、市民意識などである。精神面の発達に対する効果についてはそれほど合意がみられず、身体面の発達への影響についてはまったく合意がみられなかった。

クエスチョン：プログラム活動によって目指す効果は達成できそうか。
結論：プログラムモデルに示されている活動をすべて計画どおりに実施したとしても、それがプログラムの目指す効果に結びつくかは疑問である。プログラム論理としてはつながりがないようにみえる。たとえば「カリキュラムを決める」というような項目ではつながりがみられない。論理につながりがなければ、プログラムの初期段階において説得力のある活動をすることはできない。つまり、カリキュラム計画がないのに、どうやって郡の職員は、どんなタイプのリーダーを募集すべきか、ボランティアに対してなにを訓練すべきか、彼らやボランティアはなにを行うべきかがわかるだろうか。

出　典：Midge F. Smith, *Evaluability Assessment: A Practical Approach* (Norwell, MA: Kluwer, 1989), p. 91. から引用。

＊［訳注］　米国農務省に本部を置き、各州立大学に州本部を置くアメリカ最大の青少年教育団体（4Hクラブ）が実施しているプログラム。地域ボランティアリーダーたちの指導のもとに、農業技術の振興をはじめ、衣・食・住・美術工芸・機械工作など、生活全般にわたる教育を展開している。4Hとは、Head to clearer thinking, Heart to greater loyalty, Hands to larger service, Health to better living の各頭文字を取った名称。
　財団法人ラボ国際交流センターのWebサイトほかより。

- **プログラム理論が仮定している変化のプロセスには説得力があるか**　プログラムが対象である標的集団に利益をもたらすと仮定する場合、標的がプログラムと相互作用することに始まって、プログラムの予測どおりに標的集団の状況が改善することに至るような、なんらかの因果連鎖が生じることが前提となる。この因果連鎖の段階一つひとつに説得力がなければならない。このインパクト理論に妥当性があることは、プログラムが目指す効果を生み出せるかどうかの鍵となる。そのため、仮定した連鎖や関係が実際に生じることを示す、理論を支持するエビデンスがあると最もよい。たとえば、薬物乱用による健康障害を示した資料に接することで、長期間にわたるヘロイン中毒者は薬物使用を中止することへの動機を高めるだろうと仮定したプログラムがあったとする。このようなケースでは、プログラム理論は説得力のある変化のプロセスを示しておらず、それを支持する研究のエビデンスもまったくない。

- **標的集団のメンバーを同定する、彼らにサービスを提供する、サービスが終了するまでそれを維持する、といった手続きはよく定義され十分であるか**　プログラム理論では、十分に定義され、かつ目的にかなった手続きや機能が明確に示されなければならない。その際は、プログラムがそれを達成できるかどうか、またそれらによって標的集団がプログラムにかかわる可能性がどのくらいあるかという、両方の観点からみる必要がある。たとえば、医療的ケアの必要な人を見出すために貧しい高齢者に高血圧の検査をするというプログラムがあったとする。このプログラムに関連する問いとしては、このサービスがこうした集団の人たちが利用できる場所で提供されるかどうか、住所不定の人の所在を確認する効果的な手段があるかどうかといったことが挙げられる。これらが満たされないなら、標的集団の多くがこのサービスを受けられるとは考えにくい。

- **プログラムの構成要素、活動、機能はよく定義され、十分であるか**　プログラムの構造とプロセスは、プログラムを順序立てて運営し、効果的に運営管理し、実現可能かつ有意義な実績測定尺度（performance measures）を用いてモニタリングできるよう、十分に明確に示されていなければならない。最も重要なのは、プログラムの構成要素と活動が、目指すゴールや目標を達成するために十分かつ適切なものでなければならないという点である。「クライエントの権利擁護」という機能があっても、そこに担当スタッフが割り当てられていなかったり、それが操作的になにを意味するかについて共通の理解がなかったりすれば、その機能にはほとんど実際的意義がない。

- **プログラムに配分された資源やさまざまな活動は適切か**　プログラム資源とは、財源だけでなく、スタッフ、用具、設備、施設、関係性（relationships）、評判などの資産である。プログラム理論に記述されているプログラムは、その運営に利用できる資源と十分に一致していなければならない。利用できる資源からみて現実的でない活動やアウトカムを求めるプログラム理論は、よい理論とはいえない。たとえば、管理者教育プログラムのスタッフがあまりに少なくて、短いワークショップを数回しかできないなら、その組織のマネジメントスキルに重要な影響を及ぼすことは期待できない。

3）研究や実践との比較によるアセスメント

どんなプログラムにもある程度の特色はある。しかし、どのように変化を生じさせ、サービスを提供し、主なプログラム機能を実施するかについて、完全に独自の仮説に基づいているプログラムはほとんどない。社会科学や対人サービス研究の文献にあたれば、プログラム理論のさまざまな構成要素をアセスメントするときに活用できるなんらかの情報が得られると思われる。したがって、プログラム理論をアセスメントするときの有益なアプローチのひとつは、プログラム理論が研究からのエビデンスや他の場所における実践的経験と一致しているかどうかを調べることである（Exhibit 5-K は、このアプローチの一例を要約したものである）。

プログラム理論を研究や実践から得られた所見と比較する方法はいくつかある。最も直接的な方法は、同じような概念に基づいているプログラムの評価を調べることである。それにより、プログラムが成功しそうかどうかについてなんらかの示唆が得られるだろうし、おそらくは重要な問題領域もわかるだろう。もちろんその点では、きわめてよく似ているプログラムの評価がいちばん参考になる。しかし、全般的な理論が似ているプログラムであれば、他の点では異なっていたとしても、その評価結果は役に立つだろう。

乳がんの早期発見のためにマンモグラフィー［訳注：乳房X線撮影］検診を受けるよう女性に勧める首都圏のメディアキャンペーンについて考えてみよう。このプログラムのインパクト理論では、テレビ、ラジオ、新聞からのメッセージに接することで、マンモグラフィー検診の受診率上昇につながるような反応が促進されるという仮定がなされる。情報に接することで受診が増加すると仮定したこのインパクト理論は、他市で行われた同じようなメディアキャンペーンでマンモグラフィー受診が増加したというエビデンスがあれば、より信頼性が高まる。さらに、他の複数のキャンペーンのプログラム評価を調べたところ、標的集団にメッセージを届けるプログラムの機能と枠組みが当プログラムの計画と似ていることがわかったとする。この場合、このプログラムのプロセス理論もなんらかの裏づけを得たことになる。しかし、たとえばマンモグラフィー検診を促進する他市のメディアキャンペーンの評価結果がなにも入手できなかったとする。そのような場合でも、似たようなメディアキャンペーンの情報を調べると参考になるかもしれない。たとえば予防接種、歯科検診など、健康に関するものでサービス提供者を訪れる必要があるような行動を促進しようとするメディアキャンペーンの報告書なら利用できるかもしれない。これらのキャンペーンが類似した原則を含んでいるかぎり、それが成功したという実例は、マンモグラフィーキャンペーンの基盤となるプログラム理論をアセスメントする際に十分参考になる。

なかには、プログラム理論、とくにインパクト理論をアセスメントする際の枠組みとして、プログラムの中核となるような社会学的、心理学的プロセスに関する基礎的研究が活用できる例もある。残念なことにプログラム評価の領域では、介入プログラムに共通する重要な社会的力動に関する基礎的研究は比較的少ない。しかし、そのような研究が存在する場合には、それは非常に有益である。たとえば、マンモグラフィー検診を勧めるマスメディアキャンペーンには、態度や行動を変えようとするメッセージが込められている。社会心理学には態度変容および態度変容と

■ **EXHIBIT 5-K** ■　GREAT のプログラム理論は犯罪学の研究と一致している

　1991年、アリゾナ州のフェニックスにおいて、警察が地元の教師たちと共に、ギャング団メンバーになることに対抗するために必要な手段を小学生に教えるプログラムを始めた。GREAT（暴力団抵抗教育・訓練）として知られるこのプログラムは、連邦政府の補助金を集め、今や全米に広がっている。プログラムを教えるのは制服を着た警察官であり、小学校7年生を対象として学校で連続9週間以上実施する。このプログラムは詳細な授業計画によって構造化されており、どのようにして自分でゴールを設定するのか、どのようにして仲間の圧力に抵抗するか、どのように衝突を解決するか、どのように暴力団が人生の質に影響するかといったことを青少年に教えることに重点を置いている。

　このプログラムでは、Glasser（1975）の現実療法（reality therapy）を除き、理論的裏づけがなにも公には提示されていなかった。しかし、GREAT の訓練担当警官やその他のプログラム関係者は、GREAT の講師を養成するときに、社会学や心理学の概念を参照した。刑事裁判の研究者チームは、プログラムインパクト理論を分析するなかで、よく研究の進んだ犯罪学の理論で暴力団への参加に関連するものを2つ見つけた。Gottfredson と Hirschi の自己コントロール理論（SCT）と Akers の社会的学習理論（SLT）である。その後、彼らは GREAT の授業計画を再検討し、これらの理論の最も核心となる側面とその授業計画とが一致しているかどうかをアセスメントした。彼らの所見を示すため、レッスン4に関する要約を以下に述べる。まずレッスンについて記述し、その後、研究者による分析を斜体で示してある。

　　レッスン4．衝突の解決：生徒は、すべての立場の人がよりよく問題に取り組み、一緒に解決にあたれるような理解ある雰囲気をどのようにつくるかを学ぶ。
　　この授業には、SCT の怒りと攻撃性の対処戦略に関連した概念が含まれている。また、SLT の考え方も示されており、講師は衝突を解決する平和的で対立的でない方法を教えている。このレッスンのなかでは、暴力団に加われという仲間からの圧力に対処する手段や、悪い仲間を避ける手段を教えているが、暴力以外の方法で不一致を解決すればよい結果が得られること（強化）に焦点を当てている。これらの考え方の多くは、社会的学習および暴力団に関する先行研究で用いられている構成概念を直接反映したものである。

　同様の比較を行った結果、犯罪学の理論と授業計画とがよく一致していることが、8つの授業のうち7つにおいて示された。調査団は、GREAT のカリキュラムは自己コントロール理論と社会的学習理論の双方と直接的、間接的に関連していると結論づけた。

出　典：L. Thomas Winfree, Jr., Finn-Aage Esbensen, and D. Wayne Osgood, "Evaluating a School-Based Gang-Prevention Program: A Theoretical Perspective", *Evaluation Review*, 1996, 20(2): 181-203. より一部修正のうえ引用。

行動の関連性に関する膨大な基礎的研究がある。そこで、そうした研究はこのようなメディアキャンペーンのインパクト理論をアセスメントする際のなんらかの基盤となる。たとえば、恐怖を引き起こすようデザインされたメッセージは、行動の肯定的理由を提供するメッセージよりも一般的に効果が低いことが実証されている。したがって、乳がんの危険性についての知識が増えればマンモグラフィー検診が促進されるだろうと仮定しているインパクト理論は、よい理論であるとはいえない。

また、広告やマーケティング領域にも、メディアキャンペーンやそれと関連したアプローチに関する応用的な研究文献が数多くある。このような文献は大部分が商品やサービスの販売に関するものだが、乳がんのメディアキャンペーンのプログラム理論をアセスメントする際のなんらかの基盤を提供してくれる可能性もある。たとえば、マーケットセグメンテーションに関する研究から、どんなメディアが、また1日のうちのどの時間帯が、さまざまな人口学的プロフィールをもつ女性たちにいちばんよく届くかがわかる可能性がある。そこで、評価者はこの情報を活用し、このプログラムのサービス利用計画が、乳がんのリスクが高まる年齢や状況にある女性たちに情報を伝えるのに最適かどうかを調べることができる。

プログラム理論のアセスメントに研究文献を活用できるのは、評価者の調べているプログラムやプロセスが、その文献に示されているものと全体的に十分一致している場合だけとはかぎらない。もうひとつのアプローチとして、プログラム理論を構成要素とそれらの関連性とに分解し、各構成要素について研究からのエビデンスを探すという方法がある。プログラム理論の多くは「もし〜ならば」という提案のかたちで提示することができる。たとえば、もし担当のケースマネジャーがつけばサービスをより多く提供できるだろう、もし学業成績が改善したら非行行動は減少するだろう、もし教師対生徒の比率がもっと高ければ生徒はもっと個別的な配慮を受けるだろう、などである。このような提案一つひとつについてであれば、その信憑性（plausibility）を示す研究があるかもしれない。こうして、とくに弱点のある関連性をより見つけやすくなり、プログラム理論をより広くアセスメントするときの枠組みを得ることができる。このようなアプローチの先駆けとなったのは連邦会計検査院（GAO）のプログラム評価・方法論部門（the Program Evaluation and Methodology Division）であり、彼らは議会から提案されたプログラムを迅速に精査する方法としてこれを用いた（Cordray, 1993; U. S. General Accounting Office, 1990）。

4）予備的観察を通したアセスメント

プログラム理論はもともと概念的なものであり、当然、直接には観察できないものである。しかしプログラム理論では、状況がどのように動いていきそうかどうかについて多くの仮定がなされる。そのため、運営中のプログラムを観察したり、スタッフやサービス利用者と話したり、プログラム理論にとくに焦点を当てたさまざまな質問をすることによって、プログラム理論をアセスメントすることができる。実際、プログラム理論を詳細にアセスメントするにはなんらかの直接観察を盛り込むべきであり、論理的分析や机上の空論のような検討にすべて頼ってはならな

い。直接的に観察することで、記述しようとしているプログラムがプログラム理論と一致しているかどうか、事実を確認することができる。

　良好な栄養状態に関するパンフレットを高齢者市民センターに配布することで、65歳以上の人の摂食行動に影響を与えると仮定しているプログラムについて考えてみよう。観察した結果、センターに参加している人は、だれもめったにそのパンフレットを読んでいないことがわかったとする。標的集団がパンフレットの情報に接することは態度や行動が変化する前提条件であるが、この場合、それが生じると仮定するのはたしかに疑問だということになる。

　プログラムのインパクト理論をアセスメントする際、評価者は、目指すアウトカムをもたらすと考えられる標的集団－プログラム間の相互作用に焦点を当てて、観察やインタビューを行うことがある。このような調査によって、そのアウトカムがプログラムの状況にふさわしいか、またアウトカムが現実的に達成可能なものであるかどうかを調べることができる。たとえば、福祉から就労へというプログラムによって社会福祉を受ける人の大部分が就職しそれを継続できるという仮定について考えてみよう。プログラムが目指しているアウトカムがどのくらい現実的かを判断するため、評価者は、地元の労働市場、社会福祉を受けている人たちの職業レディネス（身体的・精神的に適性のある人の数、技能レベル、職歴、意欲）、福祉を受けつづけた場合と比べたときの経済的利点などについて調べるかもしれない。そして、変化のプロセスを経てサービスが終了する頃、評価者はサービスの現場で職業訓練活動を観察し、参加者にインタビューをして、目指す変化が達成できそうかどうかをアセスメントするだろう。

　プログラムプロセス理論のうち、サービス利用の構成要素を検討する際は、標的集団の状況を調べ、彼らがどのようにして、なぜ、プログラムを利用するようになったのかをより理解するとよい。このような情報により、場所、利用者の募集、対象となる顧客へのサービスといったプログラムのサービス提供計画の質をアセスメントすることができる。たとえば、非行危険度が高い若者たちの非行を減らすことを目的とした深夜のバスケットボールプログラムのサービス利用計画をアセスメントするとする。評価者は、プログラム活動を観察し、だれがどのくらい定期的に参加しているかについて、参加者やプログラムスタッフ、近所の若者たちにインタビューする。非行傾向のある若者たちのほとんどが定期的にプログラムに参加していることがわかれば、プログラムのサービス利用計画における仮定が支持されるだろう。

　最後に、プログラムプロセス理論のうち、組織面での構成要素の信憑性（plausibility）をアセスメントするには、プログラム活動やそれを支える資源についての観察やインタビューを行うとよい。ここで重要なのは、プログラムが意図した機能を実際に実行できるというエビデンスである。たとえば、科学のクラスの生徒を科学に関するフィールド旅行に年2回連れていくには、6年生を受けもつ学区内の理科の教師が必要だとするプログラム計画があったとする。評価者は、多くの教師や校長にインタビューをして、スケジュールの実行可能性やバスや財源の利用可能性などを確認することにより、仮定されていることを実際に実施しうると証明することができる。

　なお、新しくデータを集めてプログラム理論をアセスメントする場合、理論上の仮定が実際に起こるかどうかを本格的に調査することになりやすい。実際、実証的な「理論－検証」研究は、プログラム理論をアセスメントする明瞭なアプローチのひとつである（Bickman, 1990を参照のこ

■ **EXHIBIT 5-L** ■　糖尿病の患者教育モデルの検証

　糖尿病の日常管理では、代謝変数、セルフケア行動、病気をもつことについての心理的、社会的適応が複雑にからみあっている。そのため糖尿病の治療では、患者が自分の担う役割に必要なスキルや知識を身につけるよう教育することが重要な構成要素のひとつとなる。糖尿病をもつことは患者にとってどのような個人的意味があるかにとくに関心のある大学の医学研究者のチームが、患者教育の効果についてのインパクト構成理論を形成し、次のように図示した。

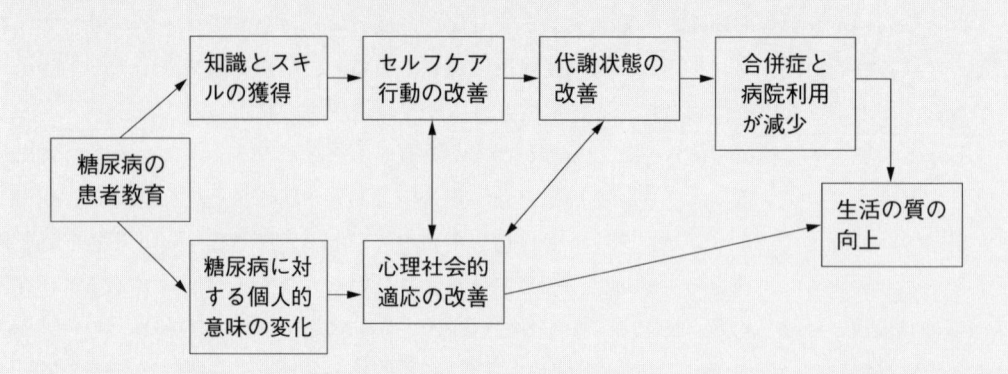

```
糖尿病の       →  知識とスキル  →  セルフケア     →  代謝状態の    →  合併症と
患者教育           の獲得           行動の改善       改善             病院利用
  │                                   ↕                              が減少
  │                                   ↕                                │
  ↓                                                                    ↓
糖尿病に対      →  心理社会的                                         生活の質の
する個人的         適応の改善    ─────────────────────────────→        向上
意味の変化
```

　研究者らはこのモデルを検証するにあたり、複数の州のクリニックから募った糖尿病をもつ220人を対象として調査データを集め、仮説として示した主な関連性のうちいくつかについて、このデータから相関関係を調べた。構造方程式分析（structural equation analysis）を用いてデータを分析した結果、モデルへの適合度はそれほど高くなかった。「糖尿病に対する個人的意味」変数と「心理社会的適応」変数の間には強い関連があり、知識とセルフケア行動の間にも強い関連があった。しかし、モデルにおけるその他の関係についてははっきりしなかった。研究者らは次のような結論を出した。「調査の結果、データは提示されたモデルには十分に適合しておらず、確実な結論は出せなかった。しかし、糖尿病がどのような個人的意味をもつかが、糖尿病の日常管理や病気への心理社会的適応の重要な要素であるという当初の仮説は、おおむね支持された」。

出　典：George A. Nowacek, Patrick M. O'Malley, Robert A. Anderson, and Fredrick E. Richards, "Testing a Model of Diabetes Self-Care Management: A Causal Model Analysis With LISREL", *Evaluation & the Health Professions*, 1990, 13(3): 298-314. より一部修正のうえ引用。

と。Exhibit 5-L も一例を示している）。しかしここで焦点を置いているのは、計画として記述されているプログラム理論の妥当性である。つまり、なにが実際に起こっているかではなく（このアセスメントは後出）、プログラムがなにを目指しているかのアセスメントである。このプロセスでは観察とインタビューの役割が大きいことを考えると、理論のアセスメントに本格的なプログラム評価が必要であるとはかならずしもいえない。むしろ、プログラム活動、標的集団、関連する状況や情報提供者との接触が適切に設定されていれば、プログラム理論がどのくらい信憑性（plausible）があり、現実的かについて価値ある情報を得ることができる。

5．プログラム理論のアセスメントから生じうるアウトカム

　プログラムの概念化が不十分であるか誤っている場合、たとえ概念化したものを適切に操作的に定義したとしても、プログラムが成功する見込みはほとんどない。つまり、プログラム理論が妥当でなければ、その他のプログラム評価課題、すなわちプログラムの実施評価、インパクト評価、効率性評価といった課題についてアセスメントする必要はほとんどない。評価可能性アセスメントの枠組みにおいて、プログラム理論が十分に定義されていないことや深刻な欠点があることがわかったら、それは、そのプログラムを評価することが不可能であることをただ示すだけである。

　プログラム理論をアセスメントした結果その理論に欠陥があることがわかったら、責任者側がプログラムをデザインしなおすというのが適切な対処のひとつである。このようにプログラムを概念化し直すときは、(1)ゴールと目標を明確化する、(2)目指す活動ができない、不必要、妥当ではないことの背景にあるプログラムの構成要素を再構築する、(3)プログラム活動によって望ましいアウトカムに至る論理についてコンセンサスが得られるよう、利害関係者と協働する、といったことが行われる。評価者は、このプロセスをコンサルタントとして援助することができる。

　信頼性のあるプログラム理論を明確にしないままにプログラムプロセス評価やインパクト評価を進めてしまうと、結果にはかなりの曖昧さが含まれてしまうことになる。この曖昧さには2種類のものがあると考えられる。第1に、プログラムプロセス理論が十分に定義されていない場合である。このようなときは、プログラムが運営上、なにを行おうとしているかが曖昧になり、プログラムがどのくらい十分に実施されているかという判断基準を定めることが困難になる。そうした基準は、さまざまな主なプログラム機能一つひとつについて、段階的プロセスを踏んで定める必要がある。たとえば、サービスを提供するクライエントの数や、提供するサービスの量などについては管理基準を定めることはできるが、それらはプログラムの全体的計画には統合されないだろう。

　第2に、プログラムインパクト理論が適切に明確化されていない場合である。このようなとき、インパクト評価によってあるアウトカムが生じるかどうかはわかるが（第7章～第10章参照）、なぜそれが生じたのか、あるいはなぜそれが生じなかったのか（後者のほうがより重要であることも多い）を説明するのが難しくなる。インパクト理論が十分に明確化されていない場合、アウトカムを左右する介入要因を同定したり測定したりすることは難しい。したがって、期待するアウトカムを生み出す過程でなにがうまくいき、なにがうまくいかなかったのかを説明することも難しくなる。このとき同時にプログラムプロセス理論も十分に明確化されていなかったら、重要なアウトカムを生み出す、または生み出すことができないプログラムの性質を適切に記述することすらできないだろう。このような状況のもとで行われるプログラム評価を、**ブラックボックス評価**（black box evaluation）と呼ぶことがある。これは、アウトカムをもたらす要因がなにかについて十分な見通しをもたないままにアウトカムアセスメントが行われることを示してい

る。
　プログラム理論が十分に定義され、十分な妥当性がある場合にのみ、重要なプログラム機能はなにか、また結果としてなにが起こると考えられるかを迅速に同定することができる。このような構造により、プログラム運営者と評価者は双方ともに、実際のプログラム実績と比較する際の有用性の高い基準を得ることができる。したがって、プログラム理論の枠組みによって、プログラムは効果的なマネジメントに向けての青写真を手にすることができるし、評価者は以下の章で述べるプロセス評価、インパクト評価、効率性評価をデザインする際の指針を手にすることができるのである。

まとめ

- プログラム理論はプログラムの一側面であり、それ自体が評価対象となる。プログラムが不十分なまたは誤った概念化に基づいていたら、目指す効果を達成できる見込みはほとんどない。したがって、プログラム理論をアセスメントすることは重要である。
- プログラム理論を評価する最もよく発展したアプローチについて、評価可能性アセスメントのところで説明した。これは、プログラム実績が評価可能であるかどうか、もしそうなら評価すべきであるかどうかを査定するものである。評価可能性アセスメントでは、プログラムのゴールと目標を記述し、プログラムが十分に概念化され評価可能であるかをアセスメントし、評価所見に対する利害関係者の関心を同定する。評価可能性アセスメントを行うことにより、プログラム運営者はプログラムの概念化を改善しなければならなくなる場合がある。また、プログラムが十分に定義されておらず評価に耐えないものであることや、評価所見が活用される見込みがほとんどないことがわかる場合もある。あるいは、プログラム理論が十分に定義され信憑性（plausible）があること、評価の結果得られた所見が活用されそうなこと、有用性の高い評価が実施できそうなことがわかる場合もある。
- プログラム理論をアセスメントするときにまず必要なのは、評価者がその理論をはっきりと明確に、利害関係者が受け入れられるかたちで記述することである。このような努力をする目的は「目指しているとおりのプログラム」およびその理論的根拠を記述することであり、プログラムの実際の姿を記述することではない。こうした記述をする際に必要な3つの主な構成要素は、プログラムインパクト理論、サービス利用計画、プログラム組織計画である。
- プログラム理論を構成している仮定や期待は、十分に系統立てて明確に記述されている場合もあれば（これを明示的なプログラム理論という）、プログラムのなかに内在してはいるがはっきりとは記述されていない場合もある（これを潜在的なプログラム理論という）。プログラム理論が潜在的なものである場合、プログラム文書、プログラムスタッフやその他の利害関係者へのインタビュー、プログラム活動の観察から得られた情報を

照合・統合して、プログラム理論を抽出し明確にしなければならない。とくに重要なのは、プログラムのゴールと目標を明確かつ具体的に記述することである。また、プログラム活動によってどのようにして目指すアウトカムが得られるかを説明することも重要である。評価者は、記述した理論が「目指しているとおりのプログラム」を有意義に正確に示しているかどうか、利害関係者の確認を求めなければならない。

■プログラム理論をアセスメントするには、いくつかのアプローチがある。評価者が実施しうるアセスメントのうち最も重要なのは、プログラム理論に具体的に示された介入をプログラムが対象とする社会的ニーズと比較し、それに基づいてアセスメントを行うことである。プログラムの概念化に関する詳しい重要な点を社会問題と関連させて検討することにより、プログラムがその問題の改善へ向けて妥当な計画を立てているかどうかを知ることができる。このような分析は、当該の社会的状況について、ニーズアセスメントによる系統的診断がなされている場合に促進される（第4章）。

■プログラム理論のアセスメントを補完するアプローチとは、形成されたプログラム理論の明確さ、信憑性（plausibility）、実現可能性、適切さを、利害関係者やその他の情報提供者に評価してもらうことである。

■また、プログラム理論のアセスメントは、重要な仮定を支持する結果が、先行研究や他での実践報告から得られているかどうかという点から行うことも可能である。場合によっては、同じようなプログラムや同じような理論に基づいたプログラムの所見が入手できることもあり、関連するエビデンスとプログラム理論とを全体的に比較することができる。しかし、研究や実践の文献から全体的な比較ができない場合でも、プログラム理論が仮定している特定の主な関連性に関するエビデンスを得ることはできる。

■評価者が直接観察を行い、プログラム理論に示されている重要な仮定についてさらに検証することにより、その他のアセスメントアプローチを有意義に補うことができることも多い。

■プログラム理論をアセスメントした結果、その理論に根本的欠陥があるためにプログラムが評価不可能であるとわかる場合もある。そのような所見はそれ自体が評価の産物として重要であり、プログラムの利害関係者にとっても得るところが多い。そのような場合に最も適切な対応方法のひとつはプログラムをデザインしなおすことであり、評価者はそのプロセスにコンサルタントとしてかかわることができる。信頼性の高いプログラム理論が明確にならないままにプログラム評価を進めると、その結果は曖昧なものとなる。逆に、プログラム理論が健全であれば、理論がどのくらい十分に実施されたか、どのようなアウトカムが得られたか、アウトカムがどのくらい効率的に得られたかといった評価を行う際の基盤となる。これらの話題については、以下の章で議論する。

キー・コンセプト

インパクト理論（Impact theory）
あるプログラム活動が引き金となる原因で、結果としてある社会的利益が得られるような因果連鎖を記述した因果理論。

サービス利用計画（Service utilization plan）
標的集団がどのように最初にプログラムに接触するか、また、それらの人たちが、予定されているサービスが完了するまでどのくらいプログラムにかかわるかについての仮定と期待。サービス利用計画の最も単純なかたちでは、未来のクライエントが未来のサービスと相互作用する一連の出来事が記述される。

潜在的プログラム理論（Implicit program theory）
プログラムのサービスと実践のなかに内在してはいるが、完全には明確化されておらず記録もされていない仮定と期待。

組織計画（Organizational plan）
社会的状況に目指す変化を生み出すプログラム－標的集団間の交流をもたらすために、プログラムがなにをしなければならないかについての仮定と期待。プログラムの組織計画はプログラムマネジメントの観点から明確化される。またここには、プログラムが実施しようとしている機能と活動、および実践に必要な人的、財政的、物理的資源とが、両方含まれる。

評価可能性アセスメント（Evaluability assessment）
プログラムが評価に必要な前提条件を満たしているかどうかを確認し、満たしている場合には評価をどのようにデザインすれば最も有用性が高まるかを確認する話し合いと調査。評価者、評価スポンサー、場合によってはその他の利害関係者が一緒に実施する。

ブラックボックス評価（Black box evaluation）
アウトカムをもたらすのはなにか、またそれはなぜかについての見通しを与えてくれる明確なプログラム理論がないままに行われる、プログラムアウトカムの評価。

プロセス理論（Process theory）
プログラムの組織計画とサービス利用計画とを組み合わせて、プログラムをどのように運営するかという仮定と期待を全体的に記述したもの。

明示的プログラム理論（Articulated program theory）
明確に記述されているタイプのプログラム理論である。プログラム文書やプログラム証明の一部として、あるいは評価者と利害関係者が理論形成に向けて努力した結果として、詳細に明記されている。

第6章 プログラムプロセスをモニターし、アセスメントする

● Assessing and Monitoring Program Process

● 本章の概要

1. プログラムプロセスの評価とモニタリングとはなにか
    1) プログラムプロセスを判定するための基準の設定
    2) プログラムプロセス評価の一般形式
        a. プロセス評価または実施評価
        b. 継続的プログラムプロセス評価(モニタリング)と経営情報システム

2. プログラムプロセス・モニタリングに対する観点
    1) 評価者の観点からみたプロセスモニタリング
    2) 説明責任の観点からみたプロセスモニタリング
    3) 管理の観点からみたプロセスモニタリング

3. サービス利用をモニターする
    1) カバレッジとバイアス
    2) カバレッジを測定し、モニターする
        a. プログラム記録   b. 調査
    3) バイアスをアセスメントする——プログラム利用者、有資格者、脱落者

4. 組織機能をモニターする
    1) サービス提供が基本である
        a. 「無プログラム」と不完全介入   b. 誤った介入
        c. 標準化されていない介入
    2) 提供システム
        a. サービスの明細化   b. 接近性(アクセシビリティ)
    3) プログラム支援機能

5. プログラムプロセス・モニタリングデータの分析
    1) プログラム運営の記述
    2) 施設間比較
    3) プログラムのデザインに対する整合性

社会状況の望ましい改善を効果的に成し遂げるためには、プログラムはよい攻撃計画（a good plan of attack）以上のものでなければならない。最も重要なことは、プログラムはその計画を実施しなければいけないということ、つまり、意図したように意図した機能を実際に実行しなければならないということである。

プログラム概念の実施は簡単なことのようにみえるかもしれないが、実践においてはしばしば非常に困難である。社会プログラムは、通常、多くの相反する勢力と闘わなくてはならず、それはプログラムの運営が適切であるよう十分練られた計画すらも妥協させるかもしれない。その結果、意図したプログラムと実際に実施されたプログラムとの間に重大な乖離が生じるということが容易に起こりうる。

プログラムの実施は、そこで設定されるプログラムプロセスの具体的形式に反映される。したがって、評価の重要な機能のひとつは、プログラムプロセスの適正度、つまり実際に行われるプログラム活動と通常のプログラム運営のなかで実際に提供されるサービスの適正度をアセスメントすることである。本章では、評価者がこれらの課題を調査するために用いる手続きについて紹介する。

　ジョン・F・ケネディ大統領が、新しい法案に署名した後、側近に「さあこれでこの法案はこの国の法律となった。あとはわが政府がこの法案を実行できることを願いましょう」と言ったことは有名である。それが高い地位にいる人であっても、第一線で働いている人であっても、社会プログラムが適切に実施される可能性についてしばしば懐疑的になるのは、もっともなことである。プログラムをその概念から完全実施にまでもっていくためには、その間に多くの段階が必要であり、またそのオリジナルデザインや目的に忠実でありつづけるためには多くの努力が必要となる。したがって、プログラムがスポンサーや運営者の構想どおりに十分実施されているかどうかは、常に問題となることである。

　それゆえ、プログラムがいかにうまく運営されているかを確かめることは、重要かつ有用な評価の一形態であり、プログラムプロセス評価（program process evaluation）として知られている（広く使われているもうひとつの呼び名は実施評価 implementation evaluation である）。これはひとつ独特の評価手続きのことをいうのではなく、むしろ一群のアプローチや概念、手法のことである。プログラムプロセス評価（あるいはたんにプロセス評価）に特徴的なことは、行われているプログラムそのもの――その運営、活動、機能、実績、構成要素、資源など――にその焦点が当てられることである。プロセス評価がプログラム運営に関する継続的な測定や記録を含む場合、ここではそれをプログラムプロセス・モニタリングと呼ぶこととする。

1. プログラムプロセスの評価とモニタリングとはなにか

　第2章で示したように、しばしば評価者は、プロセス（または実施）評価とアウトカム（またはインパクト）評価とを区別する。プロセス評価とは、Scheier（1994）のいうところの「そのプログラムはなんであるのか、またそれは意図したとおりに標的（target）受益者に提供されているのかどうかを実証する」ものである。しかしながら、プロセス評価は、そうした受益者に対するプログラムの効果をアセスメントしようとはしない。そうしたアセスメントはインパクトアセスメントの範囲であり、後の章［第7-9章］で考察する。

　プロセス評価が継続的機能をもち、時間を経た繰り返し測定が行われる場合、これをプログラムモニタリングと呼ぶ。プロセス評価とアウトカム評価の違いに関連させていうならば、**プログラムプロセス・モニタリング**（program process monitoring）とは、プログラムが意図したとおりに、もしくはある適切な標準に従って運営されているかどうかをアセスメントする、プログラムの実績の重要な側面に対するシステマティック（体系的）かつ継続的な傍証のことであり、**アウトカムモニタリング**（outcome monitoring）とは、プログラムの意図するアウトカム、それは通常改善を意図している社会状況のことであるが、その継続的測定のことである。アウトカムモニタリングに関しては、本書では後に、インパクト評価との関連で論ずる。

　プログラムプロセス評価とは、一般的に、サービス利用の領域およびプログラム組織（organization）の領域でのプログラム実績をアセスメントすることである。サービス利用のアセスメントは、意図する標的集団が意図するサービスをどの程度受けているかの検証からなる。プログラム体制をアセスメントするためには、とくにサービス提供に関して、計画上プログラムが行うことになっているものと、実際に行われていることの比較が必要となる。通常、プログラムプロセス評価は、次の2つの主要なクエスチョンのうちひとつ、あるいは両方に注がれる。(1)プログラムが適切な標的集団に届いているかどうか、(2)そのサービス提供や支援機能がプログラムの設計仕様または他の適切な標準と一致しているかどうか、である。プロセス評価はまた、プログラムを実施するうえでどんな資源が費やされてきて、いま費やされているのかを検証することもある。

　より具体的にいうと、プログラムプロセス評価スキームは、次に示すような評価クエスチョンに答えるべくデザインされる。

- 何人の人がサービスを受けているのか。
- サービスを受けている人は意図された標的集団か。
- その人たちは適切な量、種類、質のサービスを受けているか。
- サービスを受けていない標的集団はいるか、あるいは、その標的集団のなかにサービスを受けている人が少ないサブグループがあるか。
- 標的集団のメンバーはプログラムのことを知っているか。

- 必要なプログラム機能は十分に実行されているか。
- 実行されるべき機能に対してスタッフの数と能力は十分なものであるか。
- プログラムはうまく組織されているか。スタッフは互いにうまく連携しあっているか。
- プログラムは協力し合うべき他のプログラムや機関と効果的に協調しているか。
- 資源、施設、そして資金は重要なプログラム機能を支援するのに十分であるか。
- 資源は効果的、効率的に使われているか。
- プログラムは管理委員会、助成機関、そしてより高次の行政機関より課された要求に準拠しているか。
- プログラムは該当する専門的または法的標準に準拠しているか。
- ある場所でのプログラム実績が他よりもかけ離れてよかったり悪かったりすることがあるか。
- 参加者はプログラムの職員やその進行でのやり取りに満足しているか。
- 参加者は自分たちの受けるサービスに満足しているか。
- 参加者はサービス後の適切なフォローアップ行動に取り組んでいるか。

1）プログラムプロセスを判定するための基準の設定

　上に挙げたようなプロセス評価クエスチョンにおける評価テーマをきちんと理解しておくことは重要である。またそのすべてが、適切な、十分な、満足した、意図された、などという語や、評価的判断が必要とされるその他の句を含んでいる。したがってこれらのクエスチョンに答えるためには、評価者や他の監督責任団体は、プログラムの実績を記述するだけでなく、それが満足いくものであるかどうかもアセスメントしなければならない。ということは、このためには判断を下すためのなんらかの基礎、すなわちそこに適用されて弁明できるなんらかの基準や標準が必要となってくる。そうした基準についてまだはっきりしたことがいわれていなかったり、その裏づけがなかったりする場合、評価者は、実用的な基準を確立することは、当を得たプログラム実績次元の決定と同じくらい難しいことだと気づくかもしれない。

　プログラム実績の基準設定という問題に対しては、いくつかのアプローチがある。さらに、プログラム実績の次元ごとに異なるアプローチが適用されることになることがある。それは、たとえば適切なサービス利用者数を決める場合と、適切な資源量を決める場合では、そこで考慮しなければいけない事柄がかなり違ってくるからである。これはすなわち、プログラムプロセス評価において、この基準問題に対する最も広範で、最も汎用性の高いアプローチは、第5章で述べたプログラム理論の適用だということである。

　プログラム理論は、先に示したように、プログラムプロセス理論とプログラムインパクト理論に分けられるということを思い出してほしい。プログラムプロセス理論とは、プログラムがなにを、そしてそれをどう行うことが期待されているのかに関する実質的な計画または青写真について系統的に記述したもののことである。それゆえ、それはプログラムプロセス評価ととくに強く

関連してくるものである。またプログラム理論は、ニーズアセスメント（組織的なものであれ非公式的なものであれ）のうえに築きあげられ、プログラムデザインとプログラムが改善しようとしている社会状況とをつなぐものである、ということも思い出してほしい。そしてもちろん、その理論が導き出され採用されるプロセスには、通常、主要な利害関係者の意見、そして最終的には彼らの承認が含まれてくる。それゆえプログラム理論は、プログラムが行っている「べき」こととはなにか、そしてそれに付随して、適切な実績とはなにによって構成されるのかについて、それなりの権威を有するのである。

　すなわち、プログラムプロセス評価は、プログラムプロセス理論の足場のうえに築くことができる。プロセス理論は、記述されるべき最も重要なプログラム実績の側面を同定し、またどの程度の実績が求められるのかに関する示唆を提供して、実際の実績が基準に達しているかどうかをアセスメントするための基礎を提供する。たとえば、前章のExhibit 5-Eは、退院した精神科患者に対する退院後ケアプログラムのプログラムプロセス理論において、そのサービス利用の構成要素を表している。このフローチャートは、病院から退院した患者がプログラムサービスの結果もつことになるであろう相互作用や体験を、段階ごとに描写している。徹底したモニタリングを行えば、それぞれの段階で実際になにが起こっているかを体系的に再現することができるだろう。とくに、毎月何人の患者が病院から退院し、その何割がソーシャルワーカーの訪問を受け、何人がサービスを紹介され、そしてそれはどのサービスだったのか、実際に何人がそのサービスを受けたのか、などについて報告されることになるだろう。

　もし起こると想定されたプログラムプロセスが起こっていないならば、そのとき私たちは、そのプログラム実績は乏しいと判断することになる。もちろん実際は、ことはそう単純ではない。最もよくあるのは、重要な事象というものが、「すべてか無か」式に起こるのではなく、程度の差で達成されるという場合である。たとえば、退院患者の全部ではないが何人かがソーシャルワーカーの訪問を受け、何人かがサービスを紹介される、といったようにである。さらに、重要な質的次元というものが存在するかもしれない。たとえば、退院患者がそれぞれの地域サービスに紹介されたものの、そのサービスが患者のニーズに合わないものだったとしたら、そのプログラム実績はよいとはいえないだろう。どのくらいの量、あるいはどのくらいうまく行われなければならないかを決定するには、モニタリングが提供する情報に対応した付加的基準が必要となってくる。もしモニタリングが、退院患者の63%が退院後2週間以内にソーシャルワーカーの訪問を受けたと報告するのであれば、何パーセントが「よい」であるかを告げてくれる標準なしに、私たちはこの実績を評価することはできない。100%が望ましいと考えていたのだから63%というのは乏しい実績なのか、それとも、サービス提供の困難な利用者たちであるのだからこれは目覚しい実績なのか、である。

　こうした状況に対して最も一般的で広く用いられている基準は、単純な**管理的標準**（administrative standards）あるいは目標（objectives）、すなわちプログラム管理者または他の監督責任団体によって規定された達成レベルである。たとえば、職業訓練プログラムの監督者やスタッフが、訓練修了率80%の達成や、参加者の60%が訓練後6ヶ月継続して就労することを請け負うかもしれない。上述のアフタケアプログラムでの管理的標的集団は、退院後2週間以内に訪問を受

ける75％の患者だったのかもしれない。この標準に従うとすれば、プログラムモニタリングで判明した63％というのは、基準以下の実績とはいえ、目標をそれほど下回らないものといえる。

また、プログラムプロセス実績における管理的標準や目標の設定が、過去の経験、比較可能なプログラムでの実績、あるいは単純にプログラム運営者やアドバイザーの専門的判断に基づいて行われる場合もある。それが理にかなっているものであるなら、それらは観察されたプログラム実績をアセスメントするうえでの意味ある標準となりうる。これと関連して、ある種のプログラム実績のなかには、該当する法的、倫理的、専門的標準の影響を受けるものがある。たとえば、一般疾患に対する医療において採用されている「ケア標準」は、ヘルスケア領域のプログラム実績をアセスメントする際の一連の基準を提供している。同様に、児童保護サービスはほとんどそのすべてが、児童虐待やネグレクトの疑いのあるケースの扱いに関する法的要件を含んでいる。

実際上は、プログラムプロセス実績のある特定次元のアセスメントは、あらかじめ決められた特定基準に基づくのではなく、事後判断によってなされることが多い。つまり、よいプログラム実績とはなにかに関しては、「みてみないとわからない」式の発想である。プロセスデータを集める評価者は、たとえばそれが高リスクである青少年のうち何割がスポンサーとなっている反薬物メディア広告を見たと報告するかに関するものであるとしたら、それが何割だと容認できるのかについてプログラムスタッフや他の主要な利害関係者たちは語りたがらないということに気づくかもしれない。しかし、結果がもし50％だったとしたら、データを見る前はもっと高い期待を語っていた利害関係者ですら、集団の性質を考えればこれはかなりよい結果だと感じ、そこにコンセンサスが生じるかもしれない。40％とか60％とかであったとしても、かなりよいと捉えられるだろう。それが極端な結果、たとえば10％とかでないかぎり、利害関係者のすべてが悲惨なほど低いと感じるなどいうことはないものである。要するに、特定の測定前基準がなくても、その実績が広範囲に容認されることがあるということである。もちろん、あまりに柔軟すぎてなんでも「通す」になりかねないアセスメント手続きは、役立つものとはいえない。

まったく同様の考え方が、プロセス理論の組織要素に関しても当てはまる。アフタケアプログラムの組織化計画の図が、第5章のExhibit 5-Fに示してある。それを見てわかるように、これもまたプログラム実績の各次元を同定するものであり、これによってそれらが記述され、適切な標準のもとにアセスメントできるようになっている。たとえば、この計画のもとでは、ケースマネジャーは患者やその家族と面接し、サービスニーズをアセスメントし、サービスを紹介することなどが期待されている。プログラムプロセス評価においては、これらカテゴリーごとに、なにが行われたのかを詳細に記録し、そのアセスメントが行われることになる。

2）プログラムプロセス評価の一般形式

プログラム評価において、プログラムプロセスの記述とアセスメントはきわめて一般的なものであるが、そこで用いられるアプローチも専門用語もさまざまである。このアセスメントは単発的に行われることもあるし、プログラムプロセス・モニタリングのように、長期にわたって定期

的に情報を取っていくといった継続的なものである場合もある。「外部」または「内部」の評価者によって行われることもあるし、管理ツールとして組み込まれていて専門的な評価者はほとんど関与しないこともある。さらに、その目的も、管理に向けたフィードバックを提供すること、スポンサーや意思決定者に対して説明責任を果たすこと、独立したプロセス評価を提供すること、あるいはインパクト評価を補うこと、などいろいろである。この多様性のなかで、私たちはプログラムプロセス研究の2つの主要な形式を区別しており、それはプロセスまたは実施評価と継続的プログラムモニタリングである。

a．プロセス評価または実施評価

プロセス評価または実施評価は、通常、評価専門家によって、プログラム職員を巻き込むこともあるかもしれないが彼らの通常業務のなかには組み込まれない独立したプロジェクトとして行われる。プロセス評価は一般的に、その完了時に、またしばしば進行中に、プログラム実績に関する情報をプログラム運営者や他の利害関係者に提供するけれども、それはプログラム運営の定期的、継続的一部分というわけではない。Exhibit 6-A に、子ども向け統合的サービスプログラムのプロセス評価を記す。

評価アプローチとして、プロセス評価は2つの主要な役割を果たす。第1に、これはプログラム評価として独立したものとなりえて、それは課題となっているクエスチョンが唯一、プログラム運営とサービス提供などの問題の健全化にある場合である。こうした言い方がふさわしい状況にはいくつかの種類がある。独立したプロセス評価は比較的新しいプログラムに適したものであり、たとえば、どの程度その運営やサービスが計画どおりに行われているかを検討するかもしれない。しばしばプログラムプロセスは、新しいプログラムの運営者やスポンサーに対し有用なフィードバックを提供するようデザインされる形成的評価の焦点となる。より確立されたプログラムにおいてプロセス評価が求められるのは、そのプログラムは十分に組織化されているのか、そのサービスの質はどうなのか、あるいはそれが標的集団にきちんと届いているのか、などについて疑問が生じてきたときであろう。また、効果的だと知られている、もしくはそう思われているサービス提供方式をもっているプログラムに対しても、プロセス評価が主要な役割を担うことがあり、その場合、最も重要となる実績面は、そのサービスが適切に届けられているかどうかである。たとえば、マネジドケアのもとでは、指定の治療プロトコルが診断の異なる患者群に対して用いられているのかどうかをアセスメントするために、プロセス評価が行われることがある。

プロセスまたは実施評価の第2の主要な役割は、インパクト評価を補完することである。実際問題として、少なくとも最低限のプロセス評価もせずにインパクト評価を行うことは、一般的に勧められることではない。プログラム運営を維持管理したり、一定の基準に基づいて適切なサービスを提供しつづけたりすることはきわめて難しいことであり、プログラムは実施されていて当然だと考えるのは通常賢明なことではない。したがって、完全なインパクト評価には、プログラムが提供しているサービスの質と量を決定するプロセス要素が含まれ、そしてこの情報が、それらサービスのもっているインパクトに関する知見へと統合されていくのである。

■ EXHIBIT 6-A ■　子どものための統合サービスをアセスメントするプロセス評価

　多くの分析者は、子どものサービスに対するカテゴリー別の資金提供の伝統的なシステムが、子どもたちのニーズに十分に合うように提供されていないことを認めている。なぜならこのシステムは、参加資格や支出に関するきびしいルールのなかで、特定の問題に対応するよう資金を配分するからである。評論家たちは、このシステムがサービスを分断しており、協調すればより効果的サービスになりうるプログラム間の調整を阻害していると批判した。1991年に、ロバート・ウッド・ジョンソン財団は、児童サービスと財政の統合を通じて、体系的変革達成の実現可能性を検証するために、児童保健イニシアティブ（Child Health Initiative）を開始した。この先駆的事業は、とくに以下の要素の展開を必要とした。

- それまではカテゴリー別としていたプログラム資金をすべてプールし、単一の児童保健資金を創設するといったカテゴリー化しない仕組み
- 包括的かつ持続的なケアをニーズのある子どもたちに提供するためにプールした資金を活用するよう、ケースマネジメントを用いたケアを調整する手続き
- 地域内での児童の健康や健康関連ニーズを同定し、現存するサービスとのギャップを特定するようなモニタリングシステム

　実証プログラムを始めるために全国の9施設が選ばれた。カルフォルニア大学サンフランシスコ校の健康政策研究所（The Institute for Health Police Studies）が、以下に示す2つの主要なゴール（上位目標）を設定してプログラム評価を行った。
(1) このプロジェクト実施が計画時の本来の目的にどの程度合致しているか（モデルに対するフィデリティ（忠実度））を測定すること。
(2) 主要な各プログラム要素が実施されている程度をアセスメントすること。

　最初の1年は、評価はプログラム展開の政治的、組織的、デザイン段階に焦点があてられた。続いての数年間は、実施と予備的アウトカムに焦点が向けられた。これらの実施には、施設訪問や、プログラムマネジャーにより記入された記入調査、主要な参加者への詳細な面接、サービス提供者やクライエントのフォーカスグループ、プロジェクト関連文書の検討などさまざまな手法が組み合わされ用いられた。

　評価の結果から、9施設のほとんどが、モニタリングとケア調整の実施で、ある程度の成功を収めたが、カテゴリー化しない実践を行ったところは1ヶ所もなかったことがわかった。各要素に対する一般的な知見は次のとおりである。

- カテゴリー化の廃止：いくつかの施設は、自由に使える資金を少額プールできたが、これらはカテゴリー化されたプログラム資金以外からの財源であった。当初導入された定義に見合うかたちで完全にカテゴリー化を廃止できた施設はひとつもなかった。
- ケアの調整：これは、個々のクライエントレベルでは、ケースマネジメントを通じてほとんどの施設でうまく実施された。しかし、組織システムレベルでのケアの調整は概して少なかった。
- モニタリング：この課題をうまく完了するのに、各施設は数多くの障壁に直面したが、多くの施設では適切なプロセスを確立した。

出　典：Claire Brindis, Dana C. Hughes, Neal Halfon, and Paul W. Newacheck, "The Use of Formative Evaluation to Assess Integrated Services for Children", *Evaluation & the Health Profesions*, 1998, 21(1): 66-90. より一部修正のうえ引用。

b．継続的プログラムプロセス評価（モニタリング）と経営情報システム

　プログラムプロセス評価の2つめの主要な形態は、プログラムプロセスのある面に関する指標の継続的モニタリングである。プロセスモニタリングは、社会プログラムの効果的運営を促進する有用なツールとなりうるものであり、プログラムがその重要な機能をどのくらいうまく果たしているかについての定期的なフィードバックを提供してくれる。この種のフィードバックがあると、運営者は問題が生じたときにそれを調整する行動を取ることができ、また利害関係者に対してプログラム実績の定期的アセスメントを報告できるようになる。こうした理由から、このプロセスアセスメントの形式は、しばしば社会プログラムの通常の情報システムに組み込まれ、これによって適切なデータが収集され、定期的にまとめられるようになる。この場合、プロセス評価は、対人サービスプログラムにおける**経営情報システム**（MIS；management information system）と同一の広がりをもつことになる。Exhibit 6-B に、夫婦および家族カウンセリングプログラムのために開発された MIS を記す。

　MIS は定期的に、提供されたサービスについて、サービスを提供したスタッフについて、診断名あるいはプログラム参加の理由、社会人口学的データ、治療およびその費用、成果の状況などに関する利用者ごとの情報を提供する。こうしたシステムのなかには、利用者（または資金提供者）に請求書を発行したり、サービス費用を支給したり、クライエントの治療歴や他のプログラムへの参加状況といったその他の情報を蓄えたりするようなものもある。プログラムの MIS によって、もしそれがなかったならばプロセスモニタリングのため別個にデータ収集を行わなければならなかった多くの情報が使えるようになるため、MIS は多くの事例で主要なデータソースとなってきた。たとえプログラムの MIS が徹底的プロセス評価の要件を完全に満たすように形成されていなくとも、評価者がその目的のため必要とする情報の大部分をそれは提供してくれるかもしれない。このように、MIS は運営者と評価者の双方が使えるデータを供給してくれるものである。

2．プログラムプロセス・モニタリングに対する観点

　プロセスモニタリングがだれの情報ニーズによって行われるのか、すなわち評価者なのか、プログラム運営者やスタッフなのか、あるいは政策立案者、スポンサー、利害関係者なのかにかかわらず、その目的はかなりの部分重なっており、また重なっているべきである。理想的には、評価の一部として行われるモニタリング活動は、これらすべての集団の情報ニーズを満たすべきである。しかしながら、実際には、時間と資源の制限のため、ある一群の情報ニーズを他のものより優先させる必要が出てくるかもしれない。多くの例外はあるけれども、プログラムモニタリングの目的に関して、3つの主要な「消費者（consumer）集団」の観点は、通常それぞれ異なるものである。こうした観点の違いは、一般にアウトカムモニタリングにおいてもあてはまる。

■ EXHIBIT 6-B ■ イスラエルにおける家族および結婚カウンセリング機関のための統合情報システム

　結婚と家族カウンセリング機関（The Martial and Family Counseling Agency: TMFCA）は、テルアビブの福祉局とテルアビブ大学の社会福祉学部との共催で、運営されている。この機関は家族および家族カウンセリングと地域サービスを、テルアビブの最貧困地区のひとつに住むユダヤ人、ムスリム人、クリスチャンのために提供している。

　この機関のために開発された統合情報システムは、クライエントが援助を求めたときから処遇の終了まで、クライエントをフォローアップするようデザインされた。処遇のプロセスやアウトカムをモニタリングし、組織的にまた臨床的に意志決定するために必要なデータを供給することで、この機関と個人カウンセラーにとって役立つことが、このシステムの目的とされた。この目的を達成するために、データは3つの形態で集められ、その後コンピュータ化された情報システムにプログラミングされた。データ要素には次に挙げるものを含んでいる。

- クライエントにより提供される背景的データ。たとえば、社会人口学的特徴や医学及び心理学の治療歴、援助を求めている問題、それらの問題の緊急性、治療に期待しているもの、そのクリニックの存在をどのように知ったかなどである。
- マクマスター臨床評価尺度（McMaster Clinical Rating Scale）は、家族機能と家族の健康全般に関する6次元に基づいて、家族をモニターする標準化された尺度である。カウンセラーは各クライエントに対して、毎月1回この評価表に記入する。
- 処遇後に記入される後ろ向き評価用紙は、カウンセラーとクライエントのそれぞれによってすべての項目が記入される。たとえば、処遇期間や取り扱った問題、クライエントとカウンセラーがその問題について一致した程度、言及されなかった問題があるかどうか、またその理由、というような援助の事実に関する質問が含まれている。また、プロセスの後ろ向きアセスメントや、存在する問題とマクマスタースケール領域での機能の改善評価、プロセスとアウトカムに対するクライエントとカウンセラーの満足度も含まれている。

　カウンセラーは望むときにいつでもこのシステムからデータを入出力することができる。そして、各クライエントの3ヶ月ごとの状態をグラフ化したレポートを、臨床的判断をサポートするために得ることができる。また、クリニックの運営に関するレポートも作成される。たとえば、民族グループ別のクライエント分布の報告によって、アラブ民族集団へよりよくサービスを届けるために、アラブ地域センター内でプログラムが展開するように誘導した。

　別の運営レポートでは、処遇が終わるまでの方法と回数、クライエントが機関に持ち込んだ問題、そして処遇の申し込みをしたが初回セッションに現われなかった人の割合について報告した。情報システムは、研究目的にも用いられた。たとえば、処遇が成功する予測因子に関する研究や、クライエントとカウンセラーによる処遇プロセスとアウトカムの認知の比較に関する研究、存在する問題の性差に関する研究などが実施された。

出　典：Rivka Savaya, "The Potential and Utilization of an Integrated Information System at a Family and Marriage Counselling Agency in Israel", *Evaluation and Program Planning*, 1998, 21(1): 11-20. より一部修正のうえ引用。

1）評価者の観点からみたプロセスモニタリング

　評価研究者がプログラムプロセスをモニターしなければいけない理由の根底には、たくさんの実践上の考慮が潜んでいる。あまりにもしばしば、適切な介入が提供されなかったり、正しい標的集団に提供されなかったり、もしくはその両方であったりするために、プログラムのインパクトが著しく減じ、それどころかときにはゼロにまでなってしまっている。プログラムの失敗は、そのサービスが効果のないものである可能性というよりも、そうした実施上の問題からきていることのほうが多いと、私たちは信じている。それゆえ、インパクトに関する知見を理解し解釈するためには、プロセスモニタリング研究が必須となってくる。なにが起こったのかを知ってはじめて、プログラムがなぜ働いた、あるいは働かなかったのかを説明したり仮説を立てたりすることもできるのである。プロセスモニタリングがなければ、評価者は、インパクトの結果を変えるためにはプログラムの投与量を多くするのか、それとも異なる介入提供方式をとるのか、どちらがよいかを判断するのに、まったく根拠をもたない「ブラックボックス」調査に取り組むことになってしまう。

2）説明責任の観点からみたプロセスモニタリング

　プロセスモニタリング情報はまた、プログラムのスポンサーや資金提供者にとっても重要である。プログラム運営者には、自分たちのスポンサーや資金提供者に対して、行った活動、プログラムの実施の程度、直面している課題、将来なにが控えているか、について通知する責任がある（これに関するひとつの視点としてはExhibit 6-Cを参照）。しかし、評価者は頻繁に同じあるいは類似の情報を提供するよう求められる。実際、ケースによっては、プログラムのスポンサーや資金提供者はプログラム評価者のことを「自分たちの目や耳」、そのプログラムのなかで起こっていることに関する第2の情報筋だとみなしている。
　議会を含む政府系スポンサーや助成団体は、絶えずマスメディアの注目のなかで活動している。その行動はまた、プログラムを認可した立法府や政府系「監視」機関からも見られている。たとえば、連邦政府レベルでは、行政機関の一部である行政管理予算局（the Office of Management and Budget）はプログラム開発、助成、支出に対して相当な権限を行使する。連邦議会の一部門であるアメリカ会計検査院（the U. S. General Accounting Office）は、下院と上院の議員にプログラムの有用性について助言し、また評価を行うこともある。州政府も大都市の自治体もともに類似の監視機関をもっている。外部からの助成（それが公であれ民間であれ）を受けているどの社会プログラムも、監査を避けたり、**説明責任**（アカウンタビリティ；accountability）の要請を逃れたりすることはできない。
　資金提供者やスポンサーに加えて、他の利害関係者からもプログラムの説明責任を迫られるかもしれない。社会プログラムへの支出に関する納税者の留保権に伴い、また利用できる助成の削

> ■ **EXHIBIT 6-C** ■　プログラムとサービス利用研究
>
> 　どのサービス組織も、とくに資源が縮小している時代においては、サービスと活動を評価する必要がある。これらの評価活動を通じて、絶え間なく変化する環境に応じるのに必要な柔軟性を、組織は発展させ維持することができる。理想的な社会においてでさえも、組織は自己評価する必要があることが示唆されてきた。自己評価には、組織が継続的に自らの活動やゴール（上位目標）を検討することを求める。また必要に応じて、プログラムやゴール、方向性を変更するために評価の結果を用いることを要求する。
>
> 　機関内部での評価の必要不可欠な機能は、ゴール達成やプログラム効果に関するデータを、管理部門や中間マネジメント、統治理事会から構成される主要な関係者に提供することである。この主要な関係者は、とくに管理部門と理事会は、頻繁に、国会議員や資金提供機関のような外部における重要な資源からの問い合わせに直面する。これらの問い合わせは、クライエントの利用、利用しやすさ、継続性、包括性、アウトカムまたは効果、費用といった問題に集中することが多い。この情報を収集し組み立てることが、利用研究やクライエント利用研究のパターンとなる。利用研究のパターンは、単純な問い合わせから構成されることもあれば、高度に詳細化され洗練された調査であることもあるが、基本的には記述研究である。利用研究は、だれがどのようにサービスを利用したかを記述する。それが組織の必要性や目的と関係している場合には評価となる。
>
> 出　典：G. Landsberg, "Program Utilization and Service Utilization Studies: A Key Tool for Evaluation", *New Directions for Program Evaluation*, no. 20 (San Francisco: Jossey-Bass, December 1983), pp. 93-103. より一部修正して引用。

減からしばしば派生する財源確保競争の激化がそこに相まって、すべての利害関係者は彼らが支援しているプログラムについても、そうでないプログラムについても詳細に調べている。関係する団体は、自分たちが擁護しているプログラムの拡大を陳情したり、自己利益に合うものを見つけたり、評価に値しないプログラムの縮小や中止を求めたりするために、プロセスモニタリング情報を利用する。注意すべきことだが、利害関係者にはその標的集団の人たち自身も含まれている。彼らの視点を劇的に表すものとして、ロナルド・レーガン大統領が人工心臓の移植患者に電話をかけたときの出来事がある。大統領は患者に「お元気で」と伝えたのであるが、その患者は社会保障手当（Social Security check）をもらっていないと全国の視聴者の前で訴えたのである。

　明らかに、社会プログラムは政治的世界のなかで運営されている。そこに利害関係がからんでこないことなど、ほとんどありえない。社会福祉サービス産業は、金額とそこでの雇用者数が巨大であるばかりでなく、イデオロギーの、そして感情的な重荷をも背負っている。しばしばプログラムは、大勢の口うるさいコミュニティメンバーによって支持されたり反対されたりするが、実際、社会プログラム領域は唯一防衛産業に匹敵するロビー活動の中心点であり、政治家にとってはある特定のプログラムを保証することが、しばしば選挙での彼らの命運を決するのである。説明責任情報は、利害関係者らが擁護者としてまたは反対者として闘う際に用いる主要な武器である。

3）管理の観点からみたプロセスモニタリング

　管理志向的プロセスモニタリング（MISの利用を含む）に関係してくるクエスチョンは、しばしばプログラムプロセス研究や説明責任研究と同じものであるが、違う点は、そこで得られる知見がなにに使われるのかというその目的にある。モニタリングデータに対する評価者の関心の中心は、一般的に、プログラムがもっているだろうインパクトがプログラムの実施とどのように関連しているかを決定することにある。説明責任研究は、主として、意思決定者やスポンサー、あるいは他の利害関係者がプログラム活動の適切性を判断するのに必要な情報や、プログラムを継続すべきか、拡大すべきか、あるいは縮小すべきかどうかを決定するのに必要な情報を提供する。そうした研究であれば、プログラム運営スタッフが使っている情報と同じものを用いるだろうが、しかしそれはたいてい批判の精神に基づいて行われる。それとは対照的に、管理志向的モニタリング活動は、決定の判断にかかわることは少なく、プログラムを調整するための方法として、定期業務としてプログラムのなかに組み込まれていることが多い。

　管理の観点からみたプロセスモニタリングはとくに、新しいプログラム、とりわけ革新的なものの実施やその予備的検証の最中においては、死活問題となるほど重要である。たとえそのプログラムがどれほどうまく計画されていたとしても、しばしばその実施の初期には予期せぬ結果や望ましくない副作用が表面化してくるものである。プログラムの企画者や運営者が迅速かつ完全にこうした問題について知ることができれば、できるだけ早いうちにプログラムデザインの変更を行うことができる。たとえば、働く母親たちの支援を意図した診療所が、日中しか開いていないということを考えてみてほしい。モニタリングは、こうしたサービスに対する需要は非常に大きいものであるけれども、その診療時間は事実上標的集団の大半を予め排除してしまっている、ということを明らかにするかもしれない。あるいは、学校で行動化する子どもたちには重い心理学的問題が存在するという仮定に基づいたプログラムのことを考えてみてほしい。もし早くにそうした子どもたちの多くが、実際には重度の障害をもっていないことがわかったならば、そのプログラムをそれに応じて修正することも可能であろう。

　開発段階を終えて実際の運営に移行したプログラムに対しては、プログラムプロセス・モニタリングは管理ニーズに応えることとなり、プロセスやカバレッジ（プログラムが意図する標的集団に届いている程度）に関する情報を提供し、よってそのプログラムが仕様を満たしているかどうかについてフィードバックすることになる。モニタリング情報が、サービスが標的集団に届いていないとか、プログラム実施費用が当初の予定よりもかさんでいるとか、あるいはスタッフの労働負荷が重すぎる、または軽すぎるといったことを示す場合には、プログラムの微調整が必要となるかもしれない。プログラムを十分にそして組織的にモニターすることを怠る運営者は、その指令とは著しく異なるプログラムを運営するという危険を冒すこととなる。

　モニタリング情報が管理と評価の両方の目的で利用される場合にかならず起こってきそうな問題がいくつかある。データの収集や報告を、どのくらいの情報量で、どんな形式で、どのくらいの頻度で、どの程度の信頼性でもって、どの程度の守秘性をもって行うのがいいのかという問題

は、評価者と運営者との間に意見の相違が出てくる主要な問題のひとつである。たとえば、非営利的児童リクリエーションプログラムの経験豊富な運営者は、最優先されるべきは週単位の出席情報だと考えるかもしれない。一方、評価者は月単位の、あるいは四半期単位の集計データでも十分であろうが、そのデータは天候、祝日の日数などの変動によって調整されてから——たとえその調整に高度な統計手法を用いなければならないとしても——報告されるべきだと考えるかもしれない。

2つめの問題は、データの所有権の問題である。運営者は、モニタリングデータ、たとえばプログラム革新の結果は、理事会の調査委員会で議論されるまでは伏せられていて、理事会でそれは発表されるべきだと考えるであろう。一方評価者は、すぐに論文を書いて *American Journal of Evaluation* に投稿したいと考えるかもしれない。あるいは、利用者のなかにある特定の人種の人たちが入っていないことがわかったならば、プログラム管理者なら直ちにその専門的サービス部長を変えるかもしれないが、評価者の反応は、なぜその脱落が起こったのかを知るための調査をするというものであるかもしれない。一般的にプログラムスタッフと評価者との関係すべてにおいて、これらの問題に関する交渉は必要不可欠となる。

警告　プログラムの運営や管理にはさまざまな側面があるが（たとえば税法や雇用規則の遵守や、労働組合との交渉とか）、その部分を専門的にアセスメントできる評価者はほとんどいない。実際、社会科学分野で教育を受けた評価者や、（とりわけ）主に学術的なキャリアを積んできた人は、何かを経営・管理する資格はないであろう。評価者の役割は、MISからの情報を共有する場合でさえも、組織運営に関して管理者に参画することではない、と心に留めておいたほうが賢明である。

本章の残り部分で集中的に述べられるのは、サービス利用とプログラム組織化の領域においてプログラムプロセス・モニタリングと関連してくる概念と方法である。社会調査の教育を受けた人の能力が最も関連してくるのは、この領域である。

3．サービス利用をモニターする

プログラムプロセス・モニタリングの重要な課題のひとつは、意図する標的集団が実際どの程度プログラムサービスを受けているのかを確かめることである。標的集団の参加は、プログラムの運営者とスポンサーの両者にかかわってくる問題である。プロジェクトを効果的に運営するためには、標的集団の参加が容認できるレベルを保っていることが必要となるし、もしそのレベルを下回ったらそれを修正する措置がとられなければならない。

サービス利用のモニタリングは、プログラムへの参加が自発的なものであったり、参加者が新しい手続きを学んだり、彼らの習慣を変えたり、指導を受けたりしなければならないような介入において、とくに重要となってくる。たとえば、広範囲のサービスを提供するようデザインされた地域精神保健センターは、しばしばサービスの恩恵を受けられる人たちの大部分を引き寄せる

ことに失敗している。地域精神保健センターのサービスを利用するよう勧められた、精神病院から退院したばかりのホームレスの患者でさえ、しばしばセンターに接触できていない（Rossiら、1986）。同様に、住宅購入予定者への情報提供をするプログラムをつくっても、そこにサービスを求めにいく人が少ないということがわかるかもしれない。したがって、プログラム開発者は、標的となりうる人たちにそのプログラムを見つけ出してもらって、そこに参加しようと思ってもらうためには、どうするのが最善かということに関心をもつ必要がある。たとえば、場合にもよるが、プログラムのなかにアウトリーチの試みを組み込む必要があるかもしれないし、プログラム提供施設の地理的配置に特別の配慮を払う必要があるかもしれない（Boruchら、1988）。

1）カバレッジとバイアス

　サービス利用の問題は、通常、カバレッジ（到達範囲）とバイアス（偏り）の問題に分けられる。**カバレッジ**（coverage）とは、標的集団の参加が、プログラムの設計段階で指定されているレベルをどの程度達成しているかを指すものであり、**バイアス**（bias）とは、サブグループ間での参加者数の不均衡の程度のことをいう。明らかに、カバレッジとバイアスは関係してくる。すべての参加予定者に届いているがそれ以外の人はいないというプログラムがあれば、それは明らかにカバレッジ内のバイアスはない。しかし、フルカバレッジに達する社会プログラムなどほとんどなく、したがってたいていはバイアスが問題となってくる。
　第一に、バイアスは自己選択から生じる可能性がある。つまり、あるサブグループの人たちは他の人たちよりもより頻繁に自発的に参加するかもしれない。第二に、それはプログラムの活動に由来するものかもしれない。たとえば、ある利用者には好意的に対応するが、他の人には拒否したり、やめさせたりするプログラムの職員がいるかもしれない。プログラムにおいてよくある誘惑のひとつは、「成功しそうな」標的集団を多く選ぶというものである。しばしばそうした「選り抜き」は、ひとつまたはそれ以上の利害関係者集団の私利追求から起こってくる（その劇的な例を Exhibit 6-D に記す）。第三に、たとえばプログラムを行っている部屋の所在地といったような予見できないものの影響でバイアスが発生することがあり、今の例ではプログラムの活動場所に行きやすいサブグループの人たちの参加が増えるということなのであろう。
　フードスタンプ［40頁の訳注参照］のように、設定した標的集団の全部、あるいはその大部分に対してサービスを提供するという志しに燃えた社会プログラムは数多くあるけれども、たいていは、標的となりうる人たちの一部にサービスを提供する以上の資源をもっていない。こうした事例においては、プログラムの計画や開発段階における標的集団の定義が、十分に特定されたものとなっていないことが多い。プログラムのスタッフやスポンサーが標的集団の特性をより明確に定義し、資源をより効果的に使うことで、この問題は修正できるだろう。たとえば、定期的なケア資源をもたないあるコミュニティに医療を提供する保健センターを設立したとしても、あまりに需要が多くて、サービスを望む多くの人たちに便宜をはかれないという結果に陥るかもしれない。その場合、健康問題の重症度、家族規模、年齢、収入といったもので重みづけをした適格

> ■ **EXHIBIT 6-D** ■ 失業者の「いいとこ取り（クリーミング；creaming）」
>
> 　公共サービスを提供する管理者が、プログラムを提供する集団の最も有利な群に、プログラムの利益を不均衡に提供している場合には、サービス利用調査をすると都合のよい結果が出てくるものである。アメリカ雇用サービス局（USES）は、明確かつ重大な「いいとこ取り」（クリーミング）の実例を提供している。それは、USES が拡張と縮小、再組織化を繰り返し半世紀にわたって存続してきた取り組みである。USES は、労働者に仕事を提供するという目的を軽視し、雇用者に対して労働者を提供することを主な目的としてきた。このことは、USES が、失業者のなかから最もよい候補者を雇用者に送り出し、有望でない人を軽視することにつながった。
>
> 　プログラムが確立された後の世代の USES 管理者たちは、雇用者中心のサービスの望ましさよりも、その必要性を強調することはほとんど驚くべきことではない。デザイン上、プログラムの成功は、失業者の中核群へのサービスではなく、雇用者にサービス提供することによって達成されるのである。都市部の雇用問題に関するリンドン・ジョンソン大統領の専門調査会は、1965年のワット暴動［訳注：ロサンゼルスで起こった大規模な市民暴動］の2週間ほど前に、次のように指摘している。「本当に恵まれていない中核の人たちに、サービスを届け支援することに、私たちはいまだ意味のある進歩をしていない」と。
>
> ―――――――
>
> 出　典：David B. Robertson, "Program Implementation versus Program Design", *Policy Study Review*, 1984, 3: 391-405. より一部修正のうえ引用。

基準を加え、標的集団のサイズを運営できるところまで減らし、最も必要な人たちにサービスを提供できるようにすることが解決となるかもしれない。WIC（Women's, Infants and Children Nutrition Program; 母子栄養プログラム）や貧困者のための住宅保証といったある種のプログラムにおいては、過少カバレッジの問題は組織的問題であって、国会はかつて一度も該当者全員をカバーするに十分な資金を提供したことはなく、おそらく将来予算が拡大されることを望んできただけである。

　逆の結果、過剰カバレッジの問題もまた起こっている。たとえば、『セサミストリート』というテレビ番組は、意図する標的集団（恵まれない就学前幼児）をはるかに超えた視聴者を一貫して獲得しており、そこには恵まれないとはまったくいえない子どもたちや大人たちさえも含まれている。こうした付加的視聴者に届けるために追加費用がかかるわけではないので、この過剰カバレッジは財政的消耗ではない。しかしながら、これはたしかに『セサミストリート』が本来もっていたゴールのひとつ、それは恵まれている子どもと恵まれない子どもとの間にある学習上のギャップを減らすことであったが、それを阻害している。

　他では、過剰カバレッジは費用がかかり問題となる可能性がある。たとえば学校の2カ国語プログラムであるが、多くの場合、多くの生徒の第1言語は英語である。2ヶ国語クラスに在籍する子どもの数でプログラムからの助成金が決まるシステムの学校のなかには、不適切な生徒を登録してその出席者数を水増ししてきた学校がある。また他にも、「問題児」を学級から排除する目的で2ヶ国語指導への割り当てを使い、2ヶ国語クラスを懲戒事例でいっぱいにする学校がある。

しかし、社会的介入において最もよくあるカバレッジ問題は、標的集団の高い参加度を達成できないという問題であり、それは、標的集団を集める、またはそれを保つ方法に偏りがあるためか、もしくは利用者となりうる人たちがそのプログラムのことを知らなかったり、利用できなかったり、あるいはそれを拒否しているためかのいずれかであろう。たとえば、多くの就労訓練プログラムにおいて、利用する権利をもつ失業者のほんのわずかの人しか、これに参加しようとしてこなかった。同様の状況は、精神保健、物質乱用、その他数多くのプログラムで起こっている（Exhibit 6-E 参照）。それではここで、プログラムプロセス・モニタリングの一部として、どのようにプログラムのカバレッジとバイアスを測定するのかをみていくことにする。

2）カバレッジを測定し、モニターする

プログラムの運営者やスポンサーも同様に、過少カバレッジと過剰カバレッジの両方に関心をもつ必要がある。過少カバレッジは、プログラムのニーズのある標的集団で実際にそれに参加している人の割合によって測定される。過大カバレッジはしばしば、プログラムのニーズのないプログラム参加者数で表され、プログラムの全参加者数と比較される。プログラム資源を効率的に用いるためには、ニーズのある人への提供数を最大化することと、ニーズのない人への提供数を最小化することの両方が必要となる。

カバレッジを測定する際、ほとんど常に問題となることは、ニーズのある人の数、つまり標的集団の大きさを特定することができないことである。第4章で述べたニーズアセスメントの手続きが、もしプログラム計画の一部として実行されるならば、この問題はたいてい小さなものとなる。加えて、プログラムがどの程度適切な標的集団にサービスを提供しているかをアセスメントするのに、3つの情報源を用いることができる。それは、プログラム記録、プログラム参加者調査、コミュニティ調査、である。

a．プログラム記録

ほとんどすべてのプログラムは、かかわった標的集団に関する記録を保有している。十分に整備された記録システムからの――とくに MIS からの――データは、プログラムバイアスや過大カバレッジを推定するのにしばしば利用できる。たとえば、プログラム参加のためのさまざまなスクリーニング基準に関する情報をまとめると、サービス提供された集団がプログラム設計上指定された人たちであるかどうか判断できるかもしれない。かりに、家族計画プログラムの標的集団が、少なくとも6ヶ月間その地域に在住しており、10歳未満の子どもが2人以上いる50歳未満の女性であるとしよう。プログラム参加者の記録を調べれば、実際にサービスを受けた女性が参加資格の範囲内であるかどうか、また、特定の年齢集団や出産経歴集団の過少あるいは過大の現れ方がわかるであろう。またそうした分析によって、参加資格特性やその組合せに関するプログラム参加のバイアスも明らかになるかもしれない。もうひとつの例、ホームレスの公立シェルター（保護施設）利用に関する例を Exhibit 6-F に記す。

■ **EXHIBIT 6-E** ■　ホームレスの人に対するフードスタンプ・プログラムの補償範囲

　人口10万人以上のアメリカの都市での保護施設と食料供給所（food kitchen）からサンプルをとった、ホームレスの人たちに対する厳格にデザインされた調査に基づいて、BurtとCohenは、定義によって事実上真実であると私たちが考えていたことに、いくつかの明確な特質を規定した。それは、ホームレスは量的にも栄養的にも不十分な食物摂取量を糧に生きているということである。収入がゼロのほんの少し上をさまよっている人口統計学的グループが十分な食事を摂る手だてはない。ホームレスが飢えていないということは、大部分食料供給所や無料で食事が配給される保護施設のおかげである。

　ほとんどのホームレスの人たちは、収入面からみてフードスタンプの適格受給資格者であるため、彼らのこのプログラムへの参加率はきわめて高いと思われる。しかし、実際はそうではないのである。BurtとCohenは、サンプルの18％の人しかフードスタンプを受け取っておらず、約半数はフードスタンプを使ったことがないと報告した。これはフードスタンプの認証には、所得審査として文書を必要とする手続きを通過する必要があるためという理由が大きい。これは、多くのホームレスにとって簡単なことではない。なぜならば、彼らは、必要書類やチケットを受けとる住所も、その書式を記入する能力をもっていないことも稀ではないからである。

　またフードスタンププログラムは、参加者は地元の食料品店で容易に食料を手に入れて、コンロの上で調理をし、彼らの住居内に食糧の備えを貯蔵しておくことができるという暗黙の仮定に基づいている。この仮定はホームレスにはあてはまらない。もちろん、食料品店は調理せずに消費できる食料品を販売している。また、ちょっとした工夫をすれば、そのような食べ物を集めて十分な食事にすることもできる。したがって、ホームレスの人はフードスタンプからある程度の恩恵を受けることは可能であるが、ほとんどのホームレスの人にとっては、フードスタンプは比較的役に立たない。

　1986年に通過した法律により、ホームレスの人たちがフードスタンプを非営利組織が提供する食事と交換できるようになり、食事が出される場所に住んでいる保護施設の入居者もフードスタンプの適格受給資格者となった。しかし、食糧提供者と保護施設、食糧供給所の調査によって、フードスタンプの受領者として認証を適用した食事提供者はほとんどいなかったということにBurtとCohenは気づいた。サンプルのおよそ3000人の食事供給者のうち、40人しか認証を受けていなかったのである。

　また、フードスタンプの認可を受けた人のうち、大部分の人はフードスタンプを受け取りに来なかったり、あるいは、受け取りに来ても、使用を放棄してしまっていたりしていた。フードスタンプがなくとも無料で食事は提供されるのであるから、フードスタンプを受け取ることはほとんど意味がなかった。この結果、同一の食事配給の行列上で、フードスタンプ非参加者にはなにも提供しないことにし、フードスタンプ参加者は自分の食事をフードスタンプで支払うよう求められた。これによって唯一このシステムを使える食事提供者は、現金支払いか労働を求める者だけとなった。このプログラムでは、フードスタンプはこれらの支払いの代わりになったのである。

出　典：Martha Burt and Barbara Cohen, *Feeding the Homeless: Does the Prepared Meals Provision Help?*, Report to Congress on the Prepared Meal Provision, vols. I and II（Washington, DC: Urban Institute, 1988）．より許可を得て引用．

■ EXHIBIT 6-F ■ ニューヨークとフィラデルフィアの成人ホームレスの公立保護施設の利用

　フィラデルフィア市やニューヨーク市には、市により資金提供され、かつ運営されている保護施設からのサービスを要望する人に対して、標準化された入所手続きがある。公立保護施設システムに加入する人たちはすべて、クライエントの氏名、人種、生年月日、性別を含むコンピュータ登録のためのインテイク情報を提供しなければならない。また、加入者は物質乱用や精神保健上の問題、医学的状態、障害もアセスメントされる。ペンシルベニア大学出身の研究者によって行われたサービス利用調査において、ニューヨーク市の1987年から1994年の登録者（男性11万604人、女性２万6053人）とフィラデルフィア市の1991年から1994年までの登録者（男性１万2843人、女性3592人）のデータが分析された。

　３つの有力な利用者のタイプがわかった。(1)慢性的ホームレス。入所回数は非常に少ないが、１回の入所期間が数年にわたる者。(2)一時的ホームレス。何度か入所しているが、長期的にみるとその入所期間がどんどん短くなっている者。(3)過渡的ホームレス。比較的短期間の１～２度の入所経験がある者。

　最も特筆すべき知見は、慢性的ホームレスの人たちの規模と相対的な資源消費である。たとえば、ニューヨーク市では、はじめの１年に180日以上滞在する保護施設利用者の18％が、初回保護施設利用者の利用日総数の53％を消費している。そしてその利用日数は、保護施設集団の代表的な人たちの３倍である。これらの長期滞在利用者は、高齢者であったり、精神健康上の問題や物質乱用の問題、またいくつかのケースでは医学的問題を抱えている人である傾向がみられた。

出　典：Dennis P. Culhane and Randall Kuhn, "Patterns and Determinants of Public Shelter Utilization Among Homeless Adults in New York City and Philadelphia", *Journal of Policy Analysis and Management*, 1998, 17(1): 23-43. Copyright © 1998, John Wiley & Sons, Inc. より許可を得て、一部修正のうえ引用。

　しかしながら、プログラムによって、その記録の質や範囲、そしてその保管や維持管理の洗練度は大きく異なる。そのうえ、全プログラム参加者の完全かつ継続的記録システムの維持の実行可能性は、介入の性質や利用できる資源によっても変わってくる。たとえば、医療や精神保健システムにおいては、高度にコンピュータ化された管理と患者情報システムが、マネジドケアの目的のために開発されてきたが、これは他の多くのタイプのプログラムにおいては実現不可能であろう。

　標的集団の参加を測定する際の主要な関心事は、データが正確で信頼できることである。記録システムというものはどれも、ある程度の誤差の影響を受けるということに注意するべきである。不正確あるいは時代遅れの情報を含む記録もあれば、不完全な記録もあるだろう。信頼性の低い記録がどの程度意思決定に使えるのかは、その信頼性の低さの種類や程度、そして問題となっている決定の性質にもよる。明らかに、重要なアウトカムを伴う重大な決定には、重要性がより低い決定よりも、よりよい記録が必要となる。プロジェクトを継続するかどうかの決定は、一部信頼できない記録から取り出したデータに基づいてなされるべきではないが、管理手続き上の変更の決定には同じ記録からのデータでも十分かもしれない。

もしプログラム記録が、遠大な課題についての意志決定において重要な役割を担うことになるのであれば、通常は記録の定期的な検査を行うことが望ましい。そうした検査はその目的において、外部の会計士が会計記録に対して行うものと同様である。たとえば、記録のサンプルをとって、各標的集団の記録があるか、記録が完全であるか、記入要項が遵守されているかどうかを審査してみるとよい。

b．調査

　標的集団の参加をアセスメントするのにプログラム記録を用いることに代わるものとして、それ専用のプログラム参加者調査がある。必要なデータがプログラム活動の日常業務からは得られない場合や、標的集団の規模が大きい場合には、標本調査を行うことが望ましい場合があり、また標本調査を実施するほうが、参加者全員のデータを入手するよりも、より経済的で効率的である。

　たとえば、主に両親によって行われる特別個別指導プロジェクトは、地域のほんのいくつかの学校でしか立ち上げられないだろう。すべての学校の子どもたちがそこに紹介されてくるのだろうが、プロジェクトスタッフは、紹介され登録された子どもたちの特性を詳細に記録する適切な学習技能検査やその種の他の用具を施行するための研修を受けていない、またその時間もないかもしれない。このように完全な記録がない場合、評価グループは、選別手続きの適切性を判断したり、このプロジェクトが指定された標的集団に提供されているかどうかをアセスメントするため、サンプルベースで検査を実施してもよいだろう。

　プロジェクトに狭く定義された個人集団の選別という制限がなく、コミュニティ全体を受け入れるような場合、仮定されたニーズのある集団に届いているかどうかを検証する最も効率的な、ときには唯一の方法は、コミュニティ調査の実施である。さまざまなタイプの健康、教育、レクリエーション、その他対人サービスプログラムは、しばしば全コミュニティ的なものであり、たとえその意図する標的集団が非行青年や高齢者、あるいは妊娠可能年齢の女性といった選別集団であったとしてもである。

　『フィーリング・グッド』というテレビ番組の評価が、全国視聴者を対象とするプロジェクトに関するデータ収集調査の利用例をよく表している。この番組は、子どもテレビワークショップ(the Children's Television Workshop：『セサミストリート』のプロデューサー）の実験番組であるが、予防的な健康活動の実践を成人に動機づけることをねらって企画されたものである。どの所得階層の家庭もこれに触れることは可能であるが、その主たるねらいは、低所得層の家族に対してその健康行動を改善するよう動機づけることであった。ギャラップ社が、それぞれ約1500名の成人を対象とした4つの全国調査を、『フィーリング・グッド』放映週のそれぞれ別時期に実施した。これによって視聴者規模が推定され、同時に視聴者の人口統計的、社会経済的、そしてその態度特性に関するデータが得られた（Mielkeら, 1976）。そこで主にわかったことは、番組がほとんど標的集団に届いていないということであり、そして番組は打ち切られた。

　職業訓練や公的雇用といった労働省（Department of Labor）が行うプログラムのカバレッジを測るために、省庁は定期的な全国標本調査を開始した。所得とプログラム参加調査（the Survey of Income and Program Participation) が現在、国勢調査局 (the Bureau of the Census) によって行われているが、これは多くの連邦局によって行われている社会プログラムへの参加状況を測るものである。この大規模調査は、今は3年ごとのパネル調査で2万1000世帯をカバーしているが、面接調査を通して、抽出世帯の成人メンバーが、たくさんある政府プログラムに今まで参加したことがあるかどうか、あるいは現在参加しているかどうかを確かめるものである。プログラム参加者と不参加者を比較することによって、この調査はそのカバレッジ内でのプログラムバイアスに関する情報を提供してくれる。加えて、これはカバーされていないが有資格である標的集団に関する情報も与えてくれる。

3) バイアスをアセスメントする──プログラム利用者、有資格者、脱落者

　プログラム参加におけるバイアスのアセスメントは、プログラムに参加している人と、脱落した人や有資格者だがまったく参加していない人との間の違いを調べることによって行うことができる。一部、プロジェクトからの脱落率や人数減 (attrition) は、介入活動に対する利用者の不満の指標となるかもしれない。またそれは、コミュニティ内にその完全参加を妨げる状況が存在することを示すのかもしれない。たとえば、ある地域では、適当な移動手段がないことが、もしそれがあるなら参加したいと思っている有資格者の参加を拒んでいるのかもしれない。

　標的集団のなかで、まったく参加していない、あるいは最後まで続けられないサブグループを同定できることは重要なことである。そこでの情報は、取り組みの価値を判断する際に貴重なものとなるだけでなく、より多くの標的集団をひきつけ、それを維持するために、どうプロジェクトを修正したらよいのかに関する仮説をつくるためにも必要となってくる。したがって、参加の質的側面が、モニタリング目的のみならず、その後のプログラム計画のためにも重要となってくるかもしれない。

　脱落に関するデータは、サービス記録や不参加者発見のために組まれた調査から得られることもあるだろう。しかしながら、通常は、コミュニティ調査が唯一、有資格であるがまだプログラムに参加したことのない人たちを同定する実行可能な方法である。例外は、もちろん、プロジェクトの実施に先立って、有資格集団全体に関する十分な情報が得られている場合である（全数調査やスクリーニング面接からのデータがある場合のように）。プロジェクトの計画目的で集められるデータと、介入の期間中および介入後のコミュニティ調査で得られるデータ相互の比較には、たんに記述する方法から高度に複雑なモデルまで、さまざまな分析方法が用いられるだろう。

　第11章において、経済効率の測定に至るプログラムの費用便益分析の方法について述べるが、明らかに、費用を算定するためには、ニーズやリスクのある集団の人数、そしてプログラムに参加し始めたが脱落した人およびプログラムを修了した人の数についての算定が重要となってくる。便益を算定する際にも同じデータが用いられるだろう。加えてそのデータは、プロジェクトを継続すべきかどうか、あるいは同一コミュニティまたは他の場所で拡大していくべきなのかどうかを判断するのに、非常に有用なものとなる。さらに、この種の情報はスタッフにとって、運

営責任と説明責任を満たすものとして必要となる。プロジェクトへの参加に関するデータを、プロジェクトの効率性や効果性を判定する際のインパクトの情報に代用することはできないけれども、標的集団の参加状況に関する十分な記述なくしてインパクト分析を進めることなどほとんど意味がない。

4．組織機能をモニターする

　プログラムにおける重要な組織的機能や活動についてのモニタリングが焦点を当てるものは、プログラムがその必須の課題を達成するために、その取り組みをうまく管理し、その資源をうまく使っているかどうかである。それら課題のなかで第一のものは、もちろん、標的集団に意図するサービスを提供することである。加えて、プログラムには、組織の実行可能性と効果性を維持するために遂行しなければならないさまざまなサポート機能があり、それはたとえば、資金調達、宣伝活動、そして統括と管理である。プログラムプロセス・モニタリングは、プログラムの実際の活動や配置が意図したものと十分に近似しているかどうかを見極めようとするものである。

　繰り返しになるが、第5章で述べたプログラムプロセス理論は、モニタリング手続きを設計する際の有用なツールである。ここに関連してくる成分は、私たちが組織化計画と呼ぶところのものである。十分に構成されたプロセス理論は、プログラムの主要な機能、活動、結果を同定し、それらが互いにどのように関連しあっているのか、そしてプログラムの組織構造、スタッフ配置、資源とどう関係しているのかを示してくれるだろう。このプロセス理論の記述は、評価者が重要なプログラム機能とそれを達成するための前提条件を同定するのを導くマップを提供してくれる。そして、プログラムプロセス・モニタリングによって、プログラムがその役割を効果的に果たすために最も必須となる活動や条件を同定し、測定する段階へとつながっていく。

1）サービス提供が基本である

　本章のはじめに述べたように、インパクトを示すことができなかった多くのプログラムにおける問題は、プログラム設計段階で特定された介入を提供できなかったことであり、この問題は一般に実施上の失敗（implementation failure）として知られている。実施上の失敗には3種類あり、1つめは、提供された介入がない、あるいは十分でない、2つめは、誤った介入が提供されている、3つめは、介入が標準化されていない、あるいは統制されておらず、標的集団間で過度にばらついている、である。

a．「無プログラム」と不完全介入

まずはじめに、「無プログラム（nonprogram）」（Rossi, 1978）の問題を考えてみよう。McLaughlin（1975）は、初等中等教育法のタイトル I（Title I of Elementary and Secondary Education Act）、これは貧困に伴う生徒の教育機会喪失問題を克服するため年間数十億ドルを地域の学校に助成するものであるが、この実施に関するエビデンスをレビューしている。学校はこの助成金を使ったものの、地域の学校当局はそのタイトル I 活動内容を詳細に記述することができず、児童生徒への教育サービスとして確認できた活動すらほとんど行っていなかった。要するに、恵まれない子どもたちを支援するというゴールに向けての学校プログラムの存在は、そのエビデンスがほとんど見つけられなかったのである。

他の数多くのサービス提供プログラムの失敗についても同様に報告されている。たとえば Datta（1977）は、キャリア教育プログラムに関する評価をレビューし、指定の標的集団が計画したプログラム活動にほとんど参加していないことを見出した。同様に、PUSH-EXCEL、これは恵まれない高校生がより高い学業レベルを目指すよう動機づけるプログラムであるが［訳注：PUSH は People United to Serve Humanity の頭文字で、1971年に Jackson, RJ によって創設された全国市民権利団体。PUSH-EXCEL は PUSH が企画する公教育改善プログラムで Push for Excellence の通称］を評価する試みがなされたが、その結果、このプログラムは主としてバッチと奨励的な文書、その他ちょっとしたものの配布から成っていることが明らかとなった（Murray, 1980）。

提供システムのあり方が介入を薄くしてしまい、そのため不十分な量しか標的集団に届かないということがある。ここでの問題は、提供システムの最前線の一部のコミットメントが欠如しており、そのため提供量が少なくなっていたり、「うわべだけのもの（ritual compliance）」になっていたりして、プログラムが存在しないのと同じになっていることなのかもしれない。たとえば Exhibit 6-G は、第 2 章で示した Exhibit をさらに詳しくしたものであるが、福祉改革の実行において、福祉ワーカーは利用者と新政策についてほとんど話していない様子が記されている。

b．誤った介入

プログラムの失敗の第 2 のカテゴリー——すなわち、誤った介入の提供——は、いくつかその起こり方がある。ひとつは、提供の様式が介入を無効にする場合である。その一例としてパフォーマンスコントラクトの試みがあるが、これは提携した民間企業が算数と読みを教え、生徒たちの成績の伸びに応じてお金が支払われるというものである。あるところでは、学校側がこの試みに対し故意に妨害し、また別のところでは、企業は設備不足と教師の敵意に直面させられることとなった。

誤った介入が起こりうるもうひとつの場合は、高度に複雑な提供システムが必要となるときである。予備的プロジェクトと高度なプログラムの完全実施との間にかなりの違いが出てくることがある。動機づけの高い訓練された提供者によってうまく機能する介入は、訓練度も動機づけも低いスタッフによって大量提供的に実施された場合には、失敗するかもしれない。ここでもまた、教育分野でのことがよい例を提供してくれる。実験開発センターのなかではうまく機能したコンピュータ支援による学習指導や個別指導という教育方法は、ふつうの学校システムのなかで

■ **EXHIBIT 6-G** ■　第一線で：福祉ワーカーは、政策改革を実施しているか？

[Exhibit 2-L 参照]

　1990年代の初頭、カルフォルニア州は、労働報酬（Work Pays）実証プロジェクトを開始した。このプロジェクトは、仕事探しへの報酬と支援を増大させるために、州の職業準備プログラム（Job Preparation Program: JOBS）を拡大し、要扶養児童家庭扶助（Aid to Families with Dependent Children: ADFC）を修正したものである。労働報酬実証プロジェクトは、「福祉を越えて就労を促進し、福祉依存から自己効力を促進するために、ADFC プログラムへの集中を実質的に変化させる」ようデザインされた。

　地元の福祉事務所のワーカーは、労働報酬の実施に欠かせないものであった。彼らが行ったインテイク面接と再判定面接は、ほとんどのクライエントが福祉システムに対人的に接触するものであることを事実上意味した。この事実は、クライエントと対話している間、どのように福祉ワーカーが労働報酬の政策を伝達しているか評価チームが研究することを促進した。

　評価者は、その政策にふさわしいワーカーとクライエントの交流が、ある種の「情報内容」と「積極的自由裁量」を含むであろうと結論づけた。情報内容は、クライエントに提供される明快なメッセージのことである。ワーカーは、クライエントに仕事と賃金についての新しいプログラムルールについて知らせることを期待された。

　また、より大きい自己効力を達成するために、仕事と福祉を連結できる機会について説明し、そして彼らに利用可能な訓練と支援サービスを知らせることが期待された。積極的自由裁量とは、福祉受領に伴う期待と機会についてワーカーがクライエントに教えたり、社会化したり、示したりする際のワーカーがもつ自由裁量のことである。クライエントと面接する間に、新しい雇用ルールやメリットを強調し、福祉は受給者が仕事への準備をしている間に一時的支援としてのみ提供されるべきとの期待を伝達するようワーカーは望まれた。

　福祉ワーカーの新政策の実施をアセスメントするために、評価者は、労働報酬実証プロジェクトを行っている地域を含む4つの地域における、ワーカーとクライエントとの66のインテイク面接と再判定面接を観察し分析した。構造化された観察フォームが、さまざまな話題が話される頻度の記録やケースの特徴に関する情報を集めるのに用いられた。これらの観察は2つの関心の次元にコード化された。それは、(1)情報内容、(2)積極的自由裁量、である。

　結果は、評価者の言葉によれば……

　　インテイク面接と再判定面接の80％以上において、ワーカーは福祉改革についての情報を提供したり、説明したりしなかった。ほとんどのワーカーが、参加適格に関する情報を集め検証したいというワーカー側のニーズを強調した道具的交流パターンを続けていた。職業関連の政策に関する情報提供を行うことで新しい要求に対処していたワーカーもいたが、その情報を日常業務化し、標準化し、原稿化された福祉規則の日課復唱に加えてはいなかった。場当たり的に、あるクライエントにはある情報をある時間だけ伝えていたワーカーもいた。

　　これらの結果は、これらのカルフォルニア郡の現場レベルでは、福祉改革は十分には実施されていないということを示している。ワーカーとクライエントの交流では、福祉要求の処理や、適格者ルールの励行、JOBSサービスのように少ない資源の配給を行っていた。福祉システムの外側に位置する移行支援や職業、自己効力を強調した新プログラムの目的とはあまり一致していなかった。(pp. 18-19)

出　典：Marcia K. Meyers, Bonnie Glaser, and Karin MacDonald, "On the Front Lines of Welfare Delivery: Are Workers Implementing Policy Reforms?", *Journal of Policy Analysis and Management*, 1998, 17(1): 1-22. Copyright © 1998, John Wiley & Sons, Inc. より許可を得て、一部修正のうえ引用。

は同じようにはうまくいかなかった。というのも、教師が十分なコンピュータ技能をもっていなかったからである。

ここでは介入とその提供様式とを区別しているが、これはかならずしもクリアカットなものではない。所得維持プログラムでは、この違いはかなりはっきりしており、「介入」は受給者に与えられるお金、「提供様式」は口座への自動振込みから現金払いまでのさまざまなもののことである。ここでのプログラムの意図は受給者にお金を届けることであり、したがって、提供が電子的であるか直接であるのかという問題は介入にはほとんど関係してこない。これとは対照的に、カウンセリングプログラムは、現存の職員を再教育するか、カウンセラーを雇うか、あるいは資格のある臨床心理士を採用するかして行われるのであろう。この場合、治療と提供様式の区別は不明瞭なものとなる。というのも一般的にカウンセリングの仕方はカウンセラーによってさまざまであることが知られているからである。

c．標準化されていない介入

実施上の失敗の3つめのカテゴリーは、介入が標準化されていなかったり統制されていなかったりすることからくる失敗である。この問題は、サービス提供の実施システムに関しての自由裁量が多すぎるプログラムデザインであるため、介入が場所ごとに大きく変わってしまう場合に起こりうる。経済機会局（the Office of Economic Opportunity）の初期のプログラムがこの例である。地域活動プログラム（Community Action Program; CAP）は、その活動内容に関してかなりの自由裁量権を地域に与え、プログラムからの要請事項は、貧困者の「実現可能な最大の参加」だけであった。そのため各所間でのプログラム内容に格差が生じ、CAPプログラムが達成したものを報告することはほとんど不可能である（Vanecko and Jacobs, 1970）。

同様に、ヘッドスタート計画（Project Head Start）[70頁の訳注参照]も、恵まれない子どもたちのための就学前教育プロジェクトの立ち上げ資金を地域に提供した。そのはじめの10年間は、各地のヘッドスタート・センターのスポンサー機関やそのカバレッジ、プログラム内容、スタッフの資格、目標、その他の多く特性は多様なものとなっていた（Cicirelliら, 1969）。明確なヘッドスタート・デザインがなにもなかったために、プロジェクトサンプルの評価から、ヘッドスタートのコンセプトが機能したかどうかを結論づけることはできなかった。そこで一般化できたことは、効果的なプロジェクトもあれば効果的でなかったものもあったということ、そして、効果的なプロジェクトのなかでもその効果には違いがあったということだけである。ここ10年でようやくプログラムの標準化が進み、2001年にこのプログラムの効果性を算定する評価が設計され、開始されるところまできた（Advisory Committee on Head Start Research and Evaluation, 1999）。

2）提供システム

プログラムの提供システムを、介入の提供される経路とその活動の組合せとしてとらえることが可能であろう。それは通常、数多くの別々の機能と関係から構成される。一般原則として、先

行経験によってアセスメントする必要がない提供システムの側面がわかっているわけではないのであれば、すべての要素をアセスメントしておくことが賢明である。とくに2つの概念が、プログラム提供システムの実績をモニタリングする際に有用であり、それはサービスの明細化(specification of services)と接近性（アクセシビリティ）である。

a．サービスの明細化

　サービス内容を明細化することは、計画上においてもモニタリング上においても望ましいことである。これは、プログラムによって提供される実際のサービスを操作的な（測定可能な）言葉で明細化することである。まずはじめにすることは、サービス個々に、行われている活動とそこに関与している提供者について定義することである。もし可能であれば、プログラムのさまざまな側面を別々のサービスとして分けるのがいちばんよい。たとえば、もしそのプロジェクトが学校退学者に対して、読み書き訓練、大工技能、見習い実習期間を含む技能教育を提供するものであるならば、モニタリング目的のためには、これを3つのサービスに分けたほうがよい。また、費用便益分析でのプログラム費用の見積もりや会計上の説明責任の際には、それぞれのサービスごとに金銭的価値を当てることが、しばしば重要となる。このステップは、複数のプログラム間でその費用が比較される場合や、プログラムが提供した別種のサービスの数に基づいた償還金を受け取る場合に、重要となってくる。

　プログラムプロセス・モニタリングにおいて、単純で特定的なサービスというのは、その同定、計測、記録が比較的容易である。しかし、複雑な要素をもつものに対しては、しばしばプログラムの目的に見合ったモニタリング実施方法を設計する必要が出てくる。たとえば、小児科への入院の際には、なにか身体的検査が行われるだろうが、その検査の範囲や内容は子どもそれぞれの特性によって決まってくるものであろう。したがって、「検査」という項目はひとつのサービスではあるが、検査を受けた子どもたちそれぞれに対して別のサービス名を与えておかないと、その構成要素をそれ以上に細分化することはできなくなる。戦略上問題となってくるのは、どうバランスをとってサービスを定義するか、つまり、活動が別々に同定されて、その計測の信頼性が高くなるように、また同時に、その区別がプログラムの目標上意味のあるものであるように定義することである。

　かなり広範な活動が展開されているような介入の場合には、主としてサービス提供者の一般的特性と彼らがサービス活動に費やしている時間とによってサービスを記述すればよいだろう。たとえば、ある低所得コミュニティの人たちの住居環境の改善を指導するために、そのコミュニティの熟練職人を配置するプロジェクトの場合、その職人が行う活動の中身はおそらく、各家庭ごとに大きく変わってくるであろう。彼らは、ある家庭には窓枠の取りつけ方をアドバイスするかもしれないし、別の家庭には家の基礎の補強方法をアドバイスするかもしれない。モニタリングスキームがどうであれ、そういったサービスを文書化するには、一般的な言葉で事例を記述していくしかないだろう。しかしながら、提供者の特性を明細化することは可能であるし——たとえば、彼らは住宅建築と修繕の5年の経験をもち、大工、電気配線、基礎工事、外装工事に関する知識をもっていたなど——、サービス受益者それぞれに費やした時間量を明細化することも可能

である。

ｂ．接近性（アクセシビリティ）

接近性（アクセシビリティ；accessibility）は、構造的および組織的配置がどの程度プログラムへの参加を促進しているかを示すものである。すべてのプログラムは、適切な標的集団にサービスを提供するためのなんらかの戦略をもっている。事例によっては、アクセシブルであるということは、たんにオフィスを開設し運営することだけを意味するかもしれず、その場合、指定された参加者は「自然に」やってきて、そこで提供されるサービスを利用するだろうという仮定がある。しかしながら、接近性を確保するために、参加者募集のためのアウトリーチキャンペーンや、介入の場への交通手段、介入中の脱落を最小限に留めるための取り組みが必要となる場合もあるだろう。たとえば、多くの大都市では、非常に冷え込んだ夜、専門チームを街路に派遣し、路上で寝ているホームレスの人たちに対し、シェルターで一晩過ごすよう説得している。

たくさんの評価クエスチョンが接近性との関連で生じてきて、そのなかには、サービスの提供だけに関係するものもあれば、先に論じたサービス利用の問題と対応するものもある。第1の課題は、アクセス促進に関するプログラム上のデザインや意図と、実際のプログラム活動が一致しているかどうかである。たとえば、スペイン系住民が多い地域にある精神保健センターに、スペイン語を話せるスタッフが常時いるのか、などである。

あるいは、標的となりうる人たちが適切なサービスと結びつけられているか。たとえば、本来救急を目的とした医療機関をよく使っていた人たちのなかに、その後一般医療機関を利用するようになる人たちがいる。こうした救急サービスの誤用は費用がかさみ、また他の人たちの利用可能性（availability）を減じてしまうだろう。これと関連して、そのアクセス戦略は、ある社会的、文化的、民族的背景をもつ標的集団によって異なった使われ方をすることを奨励しているのかどうか、あるいは標的集団となりうるすべての人たちに等しいアクセスがあるのかどうか、といった課題もある。

3）プログラム支援機能

意図するサービスを提供することが、プログラムの主機能であり、モニターするべき必須事項であると考えられるが、ほとんどのプログラムはまた、それ自身を維持し、サービスを提供しつづけられるために重要となる支援機能ももっている。これらの機能は、もちろん、プログラム管理者にとって関心ある事柄であるが、しばしばそれらは評価者や外部の意志決定者によって行われるモニタリングともかかわってくる。存続にかかわる支援機能には、資金調達の他に以下のような活動が含まれるであろう。潜在的スポンサー、意思決定者、または一般の人たちのプログラムイメージを高めるための広報活動。スタッフ研修（直接サービス提供スタッフへの研修も含む）；主要職員の募集と維持；関連プログラム、紹介源などとの関係の開発と維持；サービスに必要な資材の獲得；標的集団を代理する一般的権利擁護。

プログラムプロセス・モニタリングスキームのなかに、重要なサポート機能指標とサービス活動関連指標とを同時に組み込んでいくことは可能であるし、またしばしばそうすべきである。その指標やそれらを同定するプロセスの形式は、プログラムサービスのそれとなんら変わりはない。まず行わなければならないことは、その重要な活動を同種のサービスを単位として同定し、特定的、具体的な言葉で記述することであり、それはたとえば、資金調達活動と調達された金額、研修、権利擁護イベントといった感じである。それから、よい実績と悪い実績を区別できるような、そして定期的にそのデータを収集できるような測定方法を開発していくことになる。そしてそこで開発された測定方法は、プログラム実績の他の側面を扱うものと一緒に、プログラムモニタリング手続きのなかに加えられていく。

5．プログラムプロセス・モニタリングデータの分析

データはもちろん、それが適切に分析されたときだけしか役には立たない。一般に、プログラムプロセス・モニタリングデータの分析は、次の3つの課題に取り組むことである。それはプログラム運営の記述、施設間比較、プログラムとそのデザインに対する一致度、である。

1）プログラム運営の記述

実施されたプログラムと設計されたプログラムがどの程度同じものとなっているかのアセスメントができるかどうかは、プログラムが実際どのように運営されているかに関する十分かつ正確な記述があるかどうかによって決まってくる。プログラムプロセス・モニタリングデータから引き出される記述がカバーする話題には、次のようなものがあるだろう。参加のカバレッジやバイアスの推定、提供されたサービスの種類、重要となる参加者たちに与えられたサービスの密度、提供されたサービスに対する参加者の反応。その記述の形式は、とくにそのモニタリングデータが質的な情報源から取られている場合は、ナラティブ（語り）的報告書となるかもしれないし、あるいは、表やグラフなどを用いて量的に要約する形式となるかもしれない。

2）施設間比較

プログラムが2施設以上を含むとき、2番目のクエスチョンは、施設間のプログラム実施の違いに関するものである。施設間比較によって、プログラム実施状況、そして最終的にはアウトカムにおける多様性の原因の理解が深まり、それはたとえばスタッフ、管理、標的集団、あるいは外部環境の違いからくるのかもしれない。そしてまたそれは、プログラムの標準化への取り組み

を促進するであろう。

3）プログラムのデザインに対する整合性

　第3の課題は、私たちが取り組み始めたものであるが、プログラムのデザインとその実施状況との間の一致の程度である。不足が生じるのは、そのプログラムが期待されている機能を果たしていないためか、あるいは、期待されているのと同じようには行われていないためかもしれない。そこに不一致があることは、プロジェクトの実施を本来のデザインにより近づけるような取り組みにつながっていくか、あるいはそのデザインそのものの再特定化につながるであろう。そうした分析はまた、インパクト評価を行うことの適切性を判断する機会をも提供し、場合によってはそこで、デザインと実施との間に望まれる収斂を生み出すためのより形成的な評価が選ばれるかもしれない。

ま と め

- ■プログラムプロセス評価は、プログラムがどのように運営されているかを記述するため、および、意図する機能をそれがどのくらいうまく実行しているかをアセスメントするためにデザインされた評価の一形式である。それは、プログラムが効果的であるためには必要であると考えられる重要な成分、機能、および関係を同定するプログラムプロセス理論のうえに築かれる。プロセス評価が反復測定を含む継続的機能を有する場合、それをプログラムプロセス・モニタリングと呼ぶ。
- ■プログラムプロセス実績をアセスメントするための基準には、プログラム理論における条項、管理上の標準、該当する法的、倫理的、または専門的標準、そして事後判断があるだろう。
- ■プログラムプロセス評価の一般形式には、プロセス（または実施）評価とプログラムプロセス・モニタリングがある。
- ■プロセス評価は、プログラムが意図する標的受益者に提供されているかどうかをアセスメントするものであり、通常はプログラムとは別のプロジェクトとして評価専門家によって行われる。その評価クエスチョンが、プログラム運営やサービス提供など実施状況に関することだけである場合、それは独立したひとつの評価を構成するだろう。またしばしばプロセス評価は、インパクト評価と一緒に行われ、どんなサービスをそのプログラムが提供しているのかを確定し、それらサービスがどんなインパクトをもっているのかに関する知見を補完する。
- ■プログラムに十分発達したMISがあるならば、プログラムプロセス・モニタリングは、プログラムの日常的な情報収集と報告のなかに統合することができる。

■プログラムプロセス・モニタリングを実施する際の観点が、評価なのか、説明責任なのか、プログラム管理なのかで、その形式はいくぶん異なり、目的も変わってくるが、必要なデータの型や一般的に用いられるデータ収集方法は、同じであるかかなり重複している。とくに、プログラムプロセス・モニタリングは一般的に、プログラム実績に関する2領域、すなわちサービス利用と組織機能のどちらか一方または両方によって構成される。

■サービス利用の問題は、通常、カバレッジとバイアスの問題に細分化される。カバレッジをアセスメントするのに有用なデータソースは、プログラム記録、プログラム参加者調査、コミュニティ調査である。プログラムカバレッジにおけるバイアスは、プログラム利用者と有資格不参加者・脱落者との比較によって明らかにできる。

■プログラムの組織機能のモニタリングは、プログラムがその最重要課題を遂行するために、どれだけうまくその取り組みを組織化し、資源を利用しているかに焦点を当てる。とくに注意を向けることは、意図するサービスを標的集団に提供することを妨げているプログラム実践上の欠点を同定することである。こうした実施上の失敗が起こる原因には3つあり、不完全介入と誤った介入の提供、そして標準化されていない、または統制されていない介入、である。

■組織機能のモニタリングはまた、提供システムやプログラム支援機能にも注意を向ける。

■モニタリングデータの分析は、通常、プログラム運営、施設間比較、そしてプログラムのそのデザインに対する一致性の記述といった問題を取り扱う。

キー・コンセプト

アウトカムモニタリング (Outcome monitoring)
プログラムがその改善に対し説明責任をもつなんらかの社会状況のあり方を表す指標に関する、継続的な測定と報告。

カバレッジ (Coverage)
プログラムがその意図する標的集団に届いている程度

管理的標準 (Administrative standards)
プログラム管理者や他の責任団体によって設定された達成目標レベルで、たとえば、紹介された人の90%を1ヶ月以内に受け入れることなど。こうしたレベルは、これまでの経験や類似プログラムでの実績、あるいは専門的判断を基にして設定されるだろう。

経営情報システム (Management information system: MIS)
データシステムのことで、通常コンピュータ化され、利用者へのサービス提供に関する情報、およびしばしば広告、費用、診断および人口統計学的情報、アウトカム状態に関する情

報を日常的に収集、報告する。

接近性(アクセシビリティ)(Accessibility)
プログラムの構造的および組織的配置がプログラムへの参加を促進する程度。

説明責任(Accountability)
プログラムスタッフにかかる責任で、利害関係者やスポンサーに対して、そのプログラムが効果的であり、カバレッジ、サービス、法的および財務的要請事項に合致していることを示すエビデンスを提供すること。

バイアス(Bias)
プログラムカバレッジに対して用いられる場合、標的集団のあるサブグループに対しプログラムが不均等に届けられている程度。

プログラムプロセス・モニタリング(Program process monitoring)
時を経て繰り返し行われるプロセス評価。

第7章 Measuring and Monitoring Program Outcomes

プログラムアウトカムを測定し、モニタリングする

●本章の概要

1. プログラムアウトカム
    1) アウトカムレベル、アウトカムの変化、純効果

2. 適切なアウトカムを特定する
    1) 利害関係者の観点
    2) プログラムインパクト理論
    3) 先行研究
    4) 意図されないアウトカム

3. プログラムアウトカムを測定する
    1) 測定手順と測定特性
    2) 信頼性
    3) 妥当性
    4) 感度
    5) アウトカム測定尺度の選択

4. プログラムアウトカムをモニタリングする
    1) アウトカムモニタリングの指標
    2) アウトカムモニタリングの落とし穴
    3) アウトカムデータの解釈

前章では、プログラムのプロセスと実施がどのようにモニターされるかを論じた。しかし、あらゆるプログラムの究極のゴールは、ただプログラムがうまく機能するだけにとどまらず、変化をもたらすこと、つまりある問題や社会状況に有益な方法で変化をもたらすということである。この変化したところのものは、意図したアウトカム、つまりプログラムの生産物である。プログラムがどの程度アウトカムをもたらしたかを評価することは、プログラム評価者の中核的役割である。

　プログラムの意図したアウトカムというのは、たいていの場合、プログラムのインパクト理論で特定可能である。感度や妥当性の高いアウトカムの測定は、技術的な挑戦課題ではあるが、プログラムが成功したかどうかを評価するのに必要不可欠である。さらに、アウトカムの継続的モニタリングは効果的なプログラム管理のうえで重要である。アウトカムの測定とモニタリングの結果の解釈は、一連のアウトカムがある状況下でプログラムプロセス以外の要因によって生み出されることもあるために、利害関係者にとっては大きなチャレンジ課題といえる。本章では、プログラムアウトカムがどのように特定され、測定され、モニタリングされるか、そしてその結果がどのように適切に解釈されるかについて述べる。

　サービスが提供されるクライエントや、改善することを目的とした社会状況に対するプログラム効果の測定は、最も重要なプログラム評価の課題である。なぜなら、それが社会プログラムの最終結果（bottom line）を扱うからである。たとえそのプログラムがいかにうまく標的としたニーズに取り組み、素晴しい対応計画を実現していても、また標的集団に届き、見かけ上適切なサービスを提供したとしても、ある社会領域において有益な変化が測定されなければ、それは成功とは判断されない。有益な変化の測定は、評価における核心的機能であるのみならず、そのプログラムにとって重要な成否を占う活動なのである。これらの理由から、その知見が妥当であり適切に解釈されていることを保証することは、評価者が最大の注意を払い達成すべき機能である。同じ理由で、これは、評価者が取り組む、最も困難でかつ政治的な責任を負うことの多い仕事なのである。

　本章から第10章まで、私たちはプログラムがもたらすと期待されている変化をいかに最大限うまく特定し、どのようにこれらの変化に対する測定尺度を考案し、そしてどのようにこのような測定を解釈するかについて考えていく。プログラム効果の検討にはプログラムアウトカム（program outcome）という概念から始めることにし、私たちは、まずその中心となる概念について論じよう。

1．プログラムアウトカム

　アウトカム（outcome）とは、あるプログラムが変化をもたらすことが期待されている標的集団や社会状況の状態である。たとえば、高校での禁煙キャンペーン後のティーンエージャーの喫煙量はひとつのアウトカムである。未喫煙者の喫煙への態度もまたアウトカムである。同じく、就学前プログラム参加後の子どもたちの「学校準備性」も、体重減少プログラムへの参加者の体重、そして、管理研修プログラム後のビジネスマンの管理能力、地域の環境保護機関による取締り後の地域の河川の汚染物質量もアウトカムである。

　これらの例から2つの点について気づいてもらいたい。まず第1に、アウトカムとは対象とした人たちや社会状況に関する観察された特性であり、これはプログラムの特性ではない。そして、アウトカムの定義はプログラムの活動とは直接の関係のないものである。プログラム参加者にもたらされるサービスはよくプログラム「アウトプット（産出物）」といわれるが、ここで定義したように、アウトカムとは、サービスやプログラムの産出物がプログラムの参加者に対してもたらす利益に関するものでなければならず、たんに参加者が受けたものではない。すなわち、「支持的家族療法を受けること」は私たちの用語ではプログラムアウトカムではなく、むしろサービスの提供である。同様に、家にひきこもった100人の高齢者に食事を提供することはアウトカムではなくて、むしろサービスの提供であり、つまりプログラムプロセスのある一面である。一方で、高齢者に対するこれらの食事の栄養的な利益はアウトカムであり、やる気、知覚された生活の質、自炊の際に怪我をするリスクの改善もアウトカムである。別な言い方をすれば、アウトカムとは、原則としてプログラムを受けなかった人たちや状況においても常に観察されうる特性に関することである。たとえば、プログラムによる介入のなかった状況での喫煙量、学校準備性、体重、管理技術、そして水質汚染のことである。すなわち、私たちは、後述するようにこれらに関してプログラムが提供された後の状況と比較するためにアウトカムを測定するのである。

　第2に、アウトカムの概念は、私たちの定義のように、プログラム対象の実際の変化とか、プログラムがなんらかのかたちで変化をもたらすことをかならずしも意味していない。高校生のティーンエージャーの喫煙量は禁煙キャンペーンが始まって以来変化しなかったり、体重減少プログラムに参加期間中、体重減少した人はいないかもしれない。その代わりに、変化はしたが、期待した方向とは逆に変化する――つまり、ティーンエージャーの喫煙量は増えるかもしれないし、プログラム参加者は体重が増える――こともある。さらに、なにか起こったとしても、それはプログラムの影響とは別のものによる結果である場合がある。もしかしたら、体重減少プログラムは甘いものをよく食べがちな休暇のシーズン中に行われたかもしれない。あるいは、もしかしたら、ティーンエージャーは人気のある有名なロックミュージシャンの喫煙に関連した死亡ニュースに反応して喫煙量を減らすことがあるかもしれない。評価者にとってのチャレンジ課題は、実際に得られたアウトカムにとどまらず、アウトカムのうちどの程度がプログラム自体の寄与なのかを評価することである。

1）アウトカムレベル、アウトカムの変化、純効果

　前述のように、アウトカムという用語の使い方について、重要な区別を考える必要性がでてくる。

- アウトカムレベル（outcome level）とは、ある時点におけるアウトカムの状態である（例、ティーンエージャーにおける喫煙量）。
- アウトカム変化（outcome change）とは、異なる時点におけるアウトカムレベルの違いのことである。
- プログラム効果（program effect）とは、他の要因による影響に対して、プログラムが特有に寄与しうるアウトカム変化の部分をいう。

　Exhibit 7-Aのグラフ、つまりアウトカム測定レベルを経時的に示したグラフを参照されたい。縦軸は私たちが評価したいと考えるプログラムに関連したアウトカム変数を示している。アウトカム変数とは、プログラムの活動によって影響を受けうるプログラムの標的集団に関する測定可能な特性や状況である。喫煙量、体重、就学準備性、水質汚染の程度、あるいは上記の定義に当てはまるその他のアウトカムのことである。横軸は時間を表し、具体的には、とくに標的集団にそのプログラムがもたらされる前から、その後までの期間のことである。グラフ上の実線は、プログラムサービスをうけたグループのアウトカムレベルの平均を示している。この経時的な変化は、直線の横線で描かれるのではなく、むしろ変動する線であることに注意されたい。これは、喫煙量や就学準備性、経営管理技術、その他のアウトカム要素が定常値をとることが期待されないことを示している。すなわち、それらは、まったくプログラム外部の多くの自然要因や状況の結果として変化している。たとえば、喫煙は10代以前から10代にかけて増加する傾向にある、水質汚染のレベルは、その地域の産業の活動、気象条件、たとえば豪雨によって濃度が希釈されるなどの条件によって変動することがある、などである。

　もし私たちがアウトカム変数（詳細はすぐに述べる）を測定すると、この標的集団がその変数、たとえば喫煙量とか就学準備性の程度について、どのくらい高値であるか、あるいは低値であるのかを判断することができる。私たちはこれをアウトカムレベル、あるいはたんにアウトカムと呼ぶ。標的集団がプログラムのサービスを受けた後に測定されると、その集団がどうであるか、すなわち何人のティーンエージャーが喫煙しているか、就学前の子どもたちの就学準備性の平均的なレベルはどうか、水中の汚染物質の数値はどうか、などについてわかる。もしすべてのティーンエージャーが喫煙していたら、私たちは残念に思うかもしれないし、逆にだれも喫煙していなければ、私たちは嬉しく思うかもしれない。しかし、これだけでは、いくらかの可能性はあるものの、プログラムがどの程度効果的であったかを知ることはできない。たとえば、すべてのティーンエージャーが喫煙していれば、禁煙キャンペーンはあまり成功しないだろうし、あるいはむしろ逆効果かもしれないと確信することがある。もし、ティーンエージャーのだれもが喫煙し

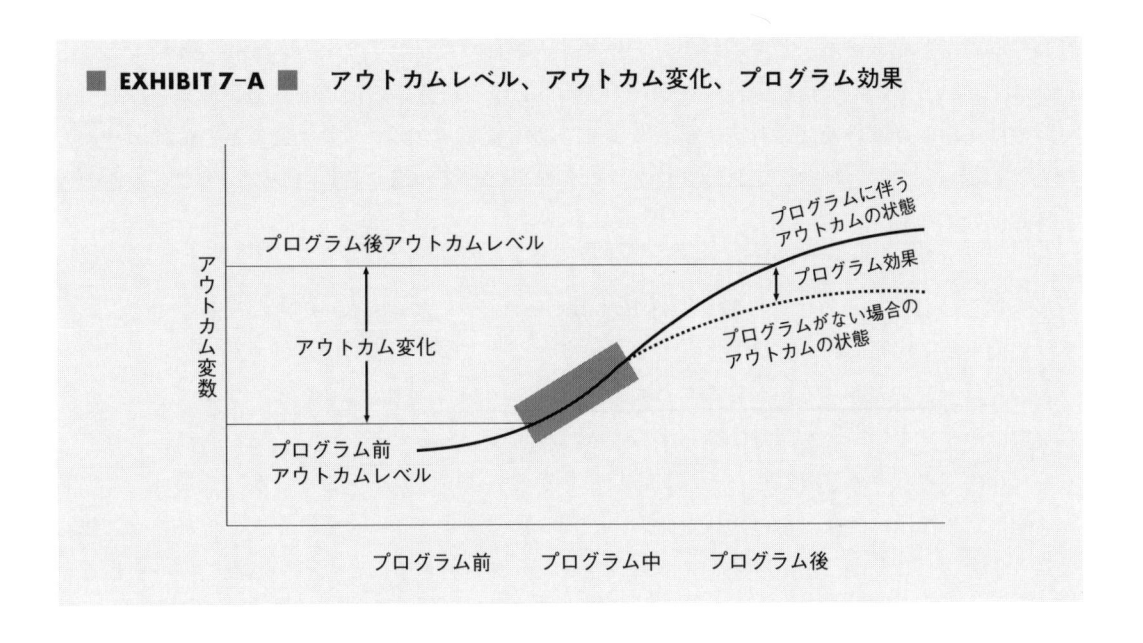

■ EXHIBIT 7-A ■ アウトカムレベル、アウトカム変化、プログラム効果

（図：縦軸「アウトカム変数」、横軸「プログラム前・プログラム中・プログラム後」。プログラム前アウトカムレベルとプログラム後アウトカムレベルの差が「アウトカム変化」。実線は「プログラムに伴うアウトカムの状態」、点線は「プログラムがない場合のアウトカムの状態」、その差が「プログラム効果」。）

ていないのであれば、この結果は彼らが自発的に禁煙をしたとは考えにくいので、プログラムはうまく機能しているという強力なヒントとなるだろう。もちろん、このような極端なアウトカムは稀であり、多くの場合には、アウトカムレベルだけではプログラムの成否の指標として自信をもって解釈することはできない。

　もし、標的集団の人たちが参加したプログラムの前後のアウトカムを測定するなら、私たちはアウトカムレベル以上の情報を記述でき、アウトカム変化を識別できる。もしExhibit 7-Aのグラフが就学前プログラムの子どもの就学準備性を描いているならば、プログラム前は就学準備性が低く、プログラム後は就学準備性が高まり、プラスの効果があったことがわかる。もし、プログラム後の就学準備性がプレスクールの先生が期待したほど高くなかったとしても、前後の変化から方向性としては改善があったことがわかる。もちろん、この情報だけでは、私たちは実際にこのプログラムが子どもたちの就学準備性の改善と関係があるのかどうかはわからない。就学前年齢の子どもたちは、認知と運動技能が通常の成熟過程のプロセスとして、むしろ急激に増加する発達時期にある。他の要因も作用している可能性がある。たとえば、彼らの親が本を読み聞かせたり、あるいは知的成長とか入学に対して支持的であることなど、これらが少なくてもこの伸びを部分的に説明しているのかもしれない。

　Exhibit 7-Aの点線は、プログラム参加者がプログラムを受けなかったら観察されると思われるアウトカム変数の軌跡を示している。たとえば就学前の子どもたちが、就学前プログラムを受けない場合に就学準備性がどのように増加するかを点線は示している。実線は、子どもたちがプログラムに参加した際、就学準備性がどのように発達するのかについて示している。この2本の線を比べることにより、就学準備性が、プログラムへの参加がなくても、大きくはないが改善するであろうことを示している。

　プログラム参加者のアウトカムレベルと、同じ人がプログラムに参加しないときに得られると

思われるアウトカムレベルとの差異が、プログラムがもたらしたアウトカム変化の部分である。これは、プログラムがなければ得られないであろう、アウトカムの追加的な値、あるいは別の言い方ではアウトカムの純益である。私たちはこの増加量をプログラム効果、あるいは代わりにプログラムインパクトと呼ぶ。これはプログラムの成果として正当に認められる、アウトカムのある特定部分である。

プログラム効果の推定、すなわちインパクトアセスメント（impact assessment）は、評価研究で最も難しい課題である。この難しさは Exhibit 7-A をみると明らかである。そこでは、プログラム効果は、実際に起こったアウトカムと、プログラムがない場合に起こったであろうアウトカムの差異として表される。もちろん、同じ人（あるいは同じ特性のもの）が、プログラムを受けた場合とそうでない場合を同時に観察することは不可能である。それゆえ、私たちは、プログラム参加後のアウトカムを観察し、それからなんらかの方法でプログラムがなかった場合のアウトカムを推定しなければならない。後者のアウトカムは、プログラムを受けた人にとっては仮想的なことである。これは、測定や観察よりも推察というべきである。これらの状況で妥当な推量を行うことは困難であり、費用もかかる。第8章、第9章ではこの困難な作業をするうえで有効な方法論と手段について述べる。

アウトカムレベルやアウトカム変化は、プログラム効果を判断するうえでかなり限定的にしか用いられないが、管理者やスポンサーにとっては、プログラムの実績をモニターするうえで一定の価値がある。この適用については本章の後半で述べる。まず当面は、アウトカムが、プログラム評価の目的のために、どのように特定され定義され、そして測定されるのか議論することによって、アウトカム概念の探求を続ける。

2．適切なアウトカムを特定する

プログラムアウトカムの測定を発展させる際の第一歩は、測定のために適切なアウトカムの候補を特定することである。このために、評価者は期待されるアウトカムに対する利害関係者の観点、プログラムのインパクト理論で特定されるアウトカム、そして関連する先行研究について考慮しなくてはいけない。評価者は、プログラムによる意図されないアウトカムについても注意を払う必要がある。

1）利害関係者の観点

さまざまなプログラムの利害関係者は、そのプログラムがなにを達成すべきか、そしてそれに対応してどのようなアウトカムに影響を及ぼすか、についてそれぞれ独自の理解をしている。これら期待されるアウトカムの最も直接的な情報源は、通常、プログラムの目標、ゴール（上位目

■ **EXHIBIT 7-B** ■　　十分測定できる程度に明確に記述されたアウトカムの例

青少年の非行
犯罪が、当局による発見か、犯行による青年の逮捕かにかかわらず、準拠法によって告発される犯罪とされる18歳以下の青年の行動

反社会的な仲間との接触
違法で他人に害のある行為を日常的に行う同年代の複数の青年と親密に交友あるいは一緒に時間を過ごすこと

余暇時間の建設的な使用
学校や仕事以外の自由な時間に教育的、社会的、あるいは個人的に価値ある行動をすること

水質
水を飲んだり、水と接触する人間や他の生物体にとって有害な物質が水中にないこと

有毒廃棄物の排出
環境に有害と知られている物質のある工場からの放出。人間や他の生物体がこれらの物質に曝露される可能性の高いやり方でなされる場合。

認知能力
思考、問題解決、情報処理、言語、心的イメージ、記憶、そして全体的な知能を伴う作業の実行

学校準備性
子どもたちの入学時に学習する能力。とくに、健康面そして体力的な発達、社会的かつ情緒的発達、言語とコミュニケーションの技術、認知スキルと正規の学校に入学後に子どもたちに役立つような一般的知識

学校に対する肯定的な態度
学校に対する子どもの好み、出席に関する肯定的な感情と学校活動への参加に対する意欲

標）、ミッションの記述である。予算案や助成金、他のスポンサーとの契約書でも、そのプログラムが影響を及ぼすことが期待されるアウトカムを特定できることが多い。

　このような情報源に関するありがちな課題は、具体的なアウトカム測定尺度をはっきりと特定するには、特異性や具体性が欠けているということである。したがって、利害関係者からの意見を実行可能なかたちに翻訳して、結果としてえられるアウトカム測定尺度が彼らの期待するところのものを確実に捉えるように話し合うことが、しばしば評価者の役割になる。

　評価者のためには、アウトカムの記述が、そのプログラムによって変化することが期待される適切な特性や行動、状況を示すものでなくてはならない。しかしながら、次に述べるとおり、さらなる特性の明確化と区別が、評価者がアウトカムの記述からアウトカム測定尺度の選択と開発へと進む際に必要となるだろう。Exhibit 7-Bは、評価目的のために通常役立つアウトカムの記

述の例を示している。

2）プログラムインパクト理論

　第5章で述べたように、プログラムインパクト理論を明確に述べることは、プログラムアウトカムを特定し、体系化するうえでとくに有用である。インパクト理論は、社会プログラムのアウトカムをロジックモデルの一部として表現するものである。このロジックモデルとは、プログラムの活動を近位（即時的）アウトカム（proximal (immediate) outcomes）、そして、他のより遠位アウトカム（distal outcomes）をつなげるものである。もしそれが正確に述べられているのであれば、アウトカム変数におけるこの一連の関連づけられた関係性は、プログラムサービスと、そのプログラムが意図して作り出す究極の社会的便益間の、きわめて重要な諸段階に関するプログラム仮説を示している。したがって、測定に考慮されるべきこれらアウトカムを特定する際には、プログラム理論のこの部分に依拠することが評価者にとってとくに重要である。

　Exhibit 7-C は、プログラムのインパクト理論を記述する、いくつかのプログラムロジックモデルの一部を実例として示している（追加的実例は第5章参照）。アウトカムを測定するために、近位アウトカム、そして遠位アウトカムの相違点を認識することは重要である。近位アウトカムは、そのプログラムサービスが最も直接的に、そして即時に影響を現すことを期待されているアウトカムである。これは、「持ち帰り」アウトカム（"take away" outcomes）、すなわちプログラム参加者は参加することの直接的な成果としてそれを経験し、プログラムから離れドアから出るときにはその成果をともに持ち帰るものである。そして、たいていの社会プログラムでは、これらの近位アウトカムは心理的なアウトカム、たとえば、態度や知識、認識、技能、動機づけ、行動上の意図、その他の条件であり、それらはプログラムプロセスやサービスによって直接的な影響を比較的受けやすいものである。

　Exhibit 7-C の例にみるように、近位アウトカムがプログラムの意図する最終的アウトカムと一致することはまれである。この点から近位アウトカムは、社会的あるいは政策的な観点で最重要なものではない。しかしながらこのことは、評価において近位アウトカムが見過されるべきだと言っている訳ではない。これらのアウトカムは、プログラムが影響を及ぼす可能性のある最たるものであり、これらが達成されたかどうかを知ることはとても有益な情報である。もし、そのプログラムが最も直近で直接的なアウトカムを生み出すことがなく、かつそのプログラム理論が正しい場合には、より遠位で最終的なアウトカムが続いてもたらされることはないだろう。さらに、近位アウトカムは、一般的には最も測定しやすく、そしてプログラムの努力に寄与しやすいものである。もしそのプログラムが、これらのアウトカムを生み出すことに成功したなら、そのようにプログラムの功績とするのも当然だろう。より遠位のアウトカムは、測定がより困難で、そしてプログラムの結果に帰するのがより難しいものであり、より曖昧な結果を生み出す可能性がある。もし近位アウトカムが達成されたかどうかの情報があれば、このような成果は、よりバランスがとれ解釈可能なものになるだろう。

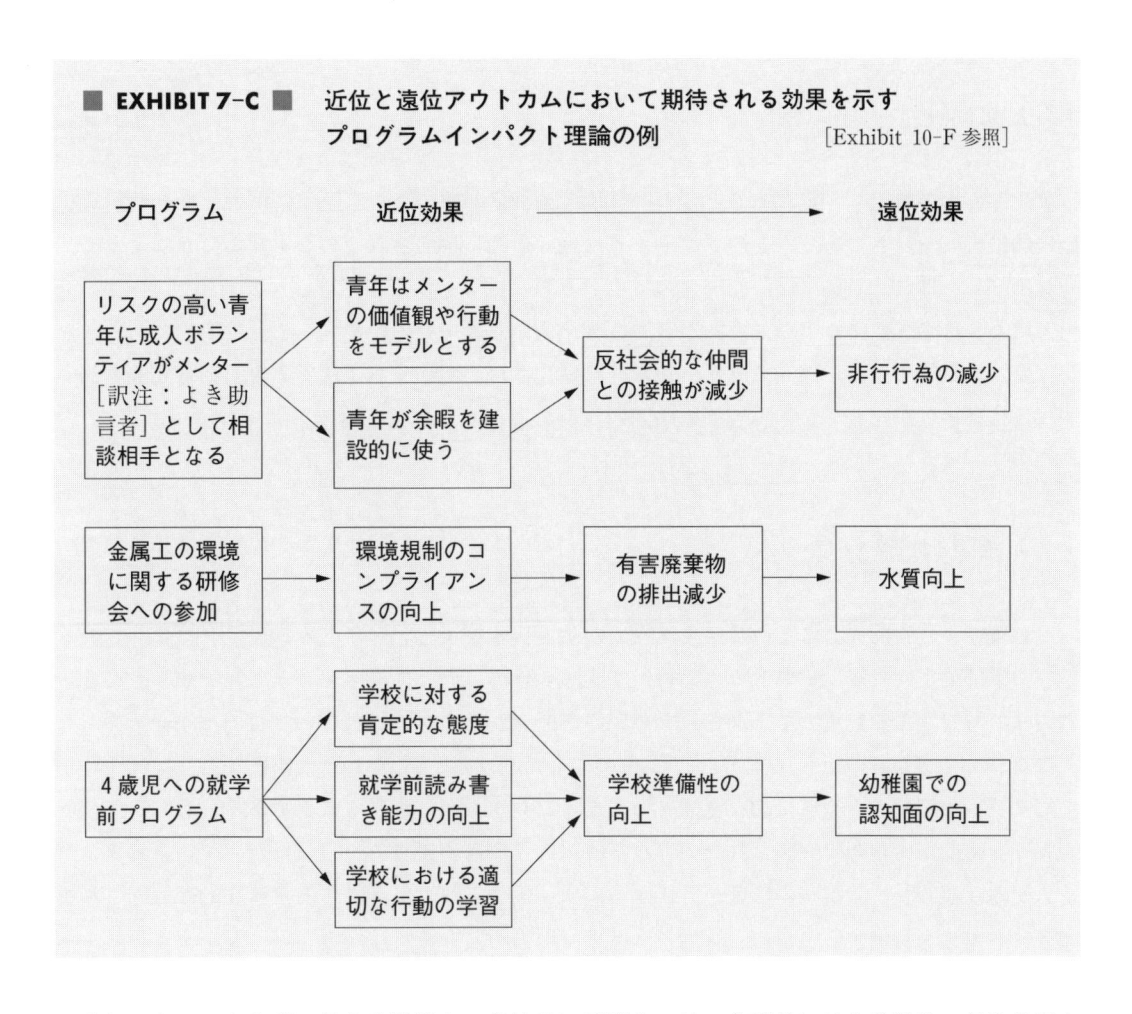

■ **EXHIBIT 7-C** ■　近位と遠位アウトカムにおいて期待される効果を示す
　　　　　　　　　　プログラムインパクト理論の例　　　　　[Exhibit 10-F 参照]

プログラム　　　　　近位効果　　　　　　　　　　　　　　遠位効果

```
リスクの高い青     →  青年はメンター       →  反社会的な仲間    →  非行行為の減少
年に成人ボラン        の価値観や行動          との接触が減少
ティアがメンター      をモデルとする
[訳注：よき助
言者]として相      →  青年が余暇を建
談相手となる          設的に使う

金属工の環境       →  環境規制のコン      →  有害廃棄物       →  水質向上
に関する研修          プライアンスの          の排出減少
会への参加            向上

                     学校に対する
                 →  肯定的な態度
4歳児への就学                            →  学校準備性の     →  幼稚園での
前プログラム      →  就学前読み書          向上                認知面の向上
                     き能力の向上
                 →  学校における適
                     切な行動の学習
```

　それにもかかわらず、最も実践的かつ政治的に重要なのは、典型的にはより遠位の最終的アウトカムである。ゆえに、プログラムから当然期待される結果をはっきりと特定して、記述することはとくに重要である。このためインパクト理論を慎重に発展させることの意義は、そうすることで、所定のプログラムの性質に対して、どのようなアウトカムが実際に妥当であるかを評価する基盤となることなのである。

　しかし一般的には、プログラムはインパクト理論における遠位アウトカムにはあまり直接的な影響を及ぼさない。さらに、遠位アウトカムは、プログラムが制御できない多くの要因からも影響も受ける。このような状況では、プログラムが影響を及ぼしうる社会状況のさまざまな局面をできるだけ整列させて、期待される遠位アウトカムを定義することがとくに重要である。たとえば、学業成績の向上を目的とした、主に読書力に焦点を当てた小学校の個別プログラムを考えてみよう。このプログラム評価で定義される教育的達成のアウトカムは、読書力技能と密接に関連したものと、他の領域のアウトカム、すなわちそのプログラムが実際にはあまり影響を及ぼさない、たとえば算数などと、区別する必要がある。

3）先行研究

アウトカムを特定し、定義するときに、評価者は評価対象のプログラムに関連した先行研究を徹底的に調べるべきである。どのアウトカムが他の研究で検討されたのかを知ることによって、もしそうしなければ見逃すだろう関連のアウトカムに注意を払うことができる。また、先行研究でどのようにさまざまなアウトカムが定義され、測定されているかを知ることは有用である。なかには、政策的な意義が確立された、比較的標準化された定義や測定法がある。ある定義や測定法には、評価者が知っておくべき既知の問題点があることもあろう。

4）意図されないアウトカム

これまで、利害関係者にとってプログラムが生み出す好ましいアウトカムや、プログラムのインパクト理論上明らかなアウトカムの特定や定義の仕方について検討してきた。しかし、これらの方法で特定されない重大で意図されないアウトカムがあるかもしれない。このようなアウトカムはポジティブなものでも、ネガティブなものでもありうるが、しかしその明確な特性は、それがプログラムのデザインや直接的な意図とは異なるプロセスから生じることである。もちろん、そのような特徴があるので意図されないアウトカムの予測は困難である。したがって、そのプログラムが取り組む社会状況への影響を評価する際に、重要となる可能性のある潜在的な意図されないアウトカムを特定するように、評価者は特別な努力をしなくてはならないことがよくある。

先行研究は、この点においてとくに有用であることが多い。他の研究者が、異なる状況において見出した、他の研究者が潜在的な予期しないプログラム効果として注意を喚起しうるアウトカムがあるかもしれない。このことについて、先行研究とは、他の関連する評価研究だけではなく、プログラムが介入する社会状況の力動に関する研究である場合もあるだろう。たとえば、薬物使用と使用者の生活に関する研究は、プログラムの計画時に考慮がなかったプログラムの介入に対する、起こりうる反応のヒントを提供することがある。

多くの場合、起こりうる意図されないアウトカムに関する有益な情報は、これらのアウトカムを観察する立場の人の現場での体験から得ることができることがある。そしてこのテキストの他の部分で述べてきたことと同様に、評価者が、すべてのレベルのプログラム関係者と実質的な接触をもつことが重要なのである。そこには、プログラム参加者や、プログラムとその影響に関する他の重要な情報提供者が含まれている。もし、その意図されないアウトカムが本当に重要であるならば、組織のなかにそのことに気づいていたり、もし尋ねられたら評価者に注意を喚起できる人がだれかいるはずである。これらの人たちは、意図されないアウトカムという言葉でこの情報を表現することはないかもしれない。しかし、もし評価者がロジックモデルで明瞭に述べられていなかったり、中心的な利害関係者が意図しなかった重要なプログラム効果がある可能性によく注意していれば、プログラムに関連して彼らが見たり、経験したものの説明は解釈可能となる

だろう。

3．プログラムアウトカムを測定する

　私たちが述べてきた手順によって特定されたアウトカムすべてが、同程度の重要性や適切さを有するわけではないことに注意していただきたい。したがって、評価者は評価を実施するために、これら測定尺度をかならずしもすべて測定しなくてはならないわけではない。むしろ、いくつかを選択するほうが適切なこともある。加えて、いくつかの重要なアウトカム――たとえば長期的なアウトカム――は、測定困難であったり費用もかかり、したがって評価に含めることが実行可能ではないことがある。

　適切なアウトカムが選択され、それぞれに対する十分で注意深い記述が終わったら、評価者はどのように測定するかという問題に直面する。アウトカムの測定とは、状況における変化や差異に対応して、系統的に値が変わる観察可能な指標によって、アウトカムと定義された状況を代表させることである。プログラムアウトカムのなかには、実際のところ単一の次元での比較的単純で測定しやすい状況に関するものもある。たとえば産業安全プログラムにおける意図されたアウトカムとは、作業者が作業場で安全用ゴーグルを着用することという場合がある。評価者はこのアウトカムを任意の時点で簡単な観察とゴーグルの着用に関する記録によってかなりうまく評価できるだろう。そして定期的な観察で、ゴーグル着用の頻度の指標まで測定を拡大できるかもしれない。

　しかしながら、重要なプログラムアウトカムのほとんどは、安全用ゴーグルの着用の有無ほどには容易でないことが多い。ひとつのアウトカムを十分に描写するためには、それを多次元的に観察することが必要かもしれないし、プログラムが生み出そうとしている効果に関する多くの事象を識別する必要があるかもしれない。Exhibit 7-B では、たとえば告発されるべき犯罪という観点から青年の非行に関する記述を示している。しかし告発されるべき青年の非行は、非行削減プログラムによって影響されるいくつかの明確な特徴がある。まずはじめに、非行の頻度と深刻さは関連することが多い。プログラム担当者は非行の頻度は減少したが、その深刻度が増加したとわかるとあまり喜べないかもしれない。同じように、非行のタイプについても考慮が必要である。薬物乱用を目的としたプログラムは薬物に関する犯罪というアウトカムと関連性があるだろうが、窃盗犯罪をまた調べることも目的にかなっているかもしれない。というのは、薬物乱用者は薬物を買うためにこれらの犯罪を行うことがあるからである。また、他の犯罪分類のほうが適切なところを、単一のアウトカム測定指標ですべてのタイプの犯罪をまとめてしまうと、重要な区別すべき特性を不明瞭なものにしてしまうことがある。

　ほとんどのアウトカムはこのように多次元的である。すなわちこれは、評価者が考慮すべき必要なさまざまな側面や構成要素があるということである。評価者は一般的にアウトカムをできるかぎり包括的に考慮して、重要な局面が見落とされないようにすべきである。このことは、すべ

■ EXHIBIT 7-D ■ アウトカムを構成する多次元あるいは多側面の例

青少年の非行
- ある期間内に告発されるべき犯罪数
- 犯罪行為の深刻度
- 犯罪のタイプ：暴力、窃盗犯罪、麻薬犯罪、その他
- ある指標となる日から初回犯罪までの時間
- 犯罪に対する公的な反応：警察の接触や逮捕、裁判での判決、有罪の判決、処分

有害廃棄物の排出
- 廃棄物のタイプ：化学、生物、特定の有毒物質の存在
- 毒性、廃棄物質の有害性
- 一定期間内に排出される廃棄物の量
- 排出の頻度
- 排出地から人口密集地域への近接性
- 帯水層、大気圏、食物連鎖といった環境への有毒物質の分布率

学校への肯定的な態度
- 教師への好み
- クラスメートへの好み
- 学校活動への好み
- 登校への意欲
- 学校活動への自発的な参加

てのアウトカムが同程度の注目を受け、選択されたアウトカム測定尺度でカバーされるべきといっているわけではない。重要なことはむしろ、評価者が最終的に測定指標を決定する前に、考えられる関連した局面は全範囲において検討すべきであるという点である。Exhibit 7-D はさまざまな観点や次元に分解されて検討されたアウトカムのいくつかの例について示している。

プログラムアウトカムの多次元的な測定で意味することのひとつは、単一のアウトカム測定尺度は、アウトカムの全特性を描き出すのに不十分だということである。たとえば、青年非行の例では、評価において、非行の頻度、深刻度、介入後の初回の非行、そして非行の種類という測定尺度が、このアウトカムを十分に代表するアウトカム測定のバッテリーとして用いられるかもしれない。もちろん、重要なプログラムアウトカムに関する多面的なアウトカムを測定することは、評価者が重要なプログラム成果を、関連するアウトカムの局面をとりこぼしてしまうような偏狭な測定計画のゆえに、見逃すようなことがないように機能するかもしれない。

測定分野を多様化することで、うまく機能していない測定尺度がアウトカムを過少表現したり、プログラムが影響を現す最たるアウトカムの要素を測定しないことによって、実際のプログラムの効果を過少評価することを防ぐことができる。たとえば、観察によるアウトカムでは、複数の観察者がいるということは、それらの観察者に関連したバイアスを避けるのに有用である。

■ EXHIBIT 7-E ■ アウトカムの多面的測定

　オレゴン州における青少年の喫煙防止のための地域介入が、青少年禁煙活動（例、ポスターとTシャツのプレゼント）と家族コミュニケーション活動（例、親へのパンフレット）を含め行われた。インパクトアセスメントで、アウトカムはさまざまな方法で測定された。

青少年のアウトカム
- タバコの使用に関する態度
- タバコに関する知識
- 親とタバコに関する会話の報告
- 喫煙あるいは噛みタバコを始める意図の評定
- 過去1ヶ月間の喫煙あるいは噛みタバコの使用の有無、もしあったならどの程度か

親のアウトカム
- タバコに関する知識
- タバコの使用の地域予防に関する態度
- タバコの使用に対する態度
- 禁煙について子どもと話す意図
- 禁煙について子どもと話したという報告

出　典：A. Biglan, D. Ary, H. Yudelson, T. E. Duncan, D. Hood, L. James, V. Koehn, Z. Wright, C. Black, D. Levings, S. Smith, and E. Gaiser, "Experimental Evaluation of a Modular Approach to Mobilizing Antitobacco Influences of Peers and Parents", *American Journal of Community Psychology*, 1996, 24(3): 311-339. より一部修正のうえ引用。

　子どもにおける友だちへの攻撃的行動を評価する者は、親の観察や教師の観察、そして子どもの行動のかなりの部分を観察しているような人による評価が望ましいかもしれない。多面的なアウトカム測定例は、Exhibit 7-E に示されている。

　重要なアウトカムを多面的な尺度で測定することによって、概念の測定をより広範にカバーし、ある測定尺度の弱点を補う別の測定尺度の長所をもたらすことができる。また統計的には、多面的な尺度を単一の尺度に結合して、個々の尺度で測定するよりも優れた、より確固たる妥当性のある合成尺度をつくることができる場合がある。たとえば、家族の妊娠率に関するプログラムでは、望ましい家族サイズの変化、避妊法の導入、そして望んでいる子どもの平均数が測定され、プログラムのアウトカムを測定するために合成されることがある。測定尺度が包括的なものよりも限定された少数のものになるときでも、実行可能な代りの選択肢から注意深く選択するために、まずすべての次元や変動について詳細に記述することが評価者にとって有用である。

1）測定手順と測定特性

　プログラムアウトカム・データの基本的な情報源は比較的少数であり、観察や記録、面接や質問紙への回答、標準化されたテスト、物理的測定装置ていどである。それらの情報源からの情報は、それが操作的に定義されたときに尺度になる。すなわち、特定の系統的な一連の操作や手順によって生み出される。プログラム評価における多くのアウトカム変数は、それぞれのプログラム領域でその目的のために、すでに確立していたり、受け入れられている手順や評価用具を用いる。これは、より遠位アウトカム、すなわち政策に関連したアウトカムではとくに当てはまる。たとえばヘルスケアでは、疾患の健康問題の有病率や死亡率、発生率は、取り上げられている健康問題の性質とは異なった比較的標準化された方法で測定される。学業成績は、従来的には標準化された達成度テストと平均得点で測定される。職業と就労状況はたいていは国勢局で開発された測定法で評価される。

　他のアウトカムでは、さまざまな既成の測定用具や手順が使えるだろう。しかし、プログラム評価を目的とするとき、なにがいちばん適切かについての合意はほとんど得られていない。これは、うつや自尊感情、態度、認知能力、不安のような心理的なアウトカムについてはとくにそうである。これらの場合、一般的には評価者のすべき事は、可能性のある選択肢のなかから、適切な選択をすることである。どのようにその測定用具を実施するかとか、どのくらいの時間がかかるかといった実際的な配慮は、その決定を行う際に比較検討しなければならない。しかしながら最も重要なことは、評価者が測定したいことにどれくらい既成の測定尺度が当てはまるのかという点にある。Exhibit 7-Bに描写されているように、測定されるべきアウトカムを注意深く記述することは、この決定をする際に役立つ。Exhibit 7-Dに示されたように、評価者が関連したアウトカムの特定のいくつかの次元を識別する際にも有用になるであろう。

　既存の測定用具が使用されるときには、関心をもつアウトカムを、適切に表すのに相応しい測定用具であることを保証することがとくに重要である。ある測定尺度は、たんに測定用具の名称だけでは適切とはみなせない。測定しようとする構成概念に与えられた名称が、関心をもつアウトカムの名称と類似している場合もある。「同じ」構成概念に対する別の測定用具（たとえば、自尊感情、環境的態度）は、むしろ異なる内容や理論志向性をもっていることが多い。それらは、ひとたびアウトカムが慎重に記述されたら、関心をもつアウトカムに合致する場合もあれば、合致しない場合もある、ある特徴をもたらすことになる。

　評価者が関心をもつ多くのアウトカムに対して、選択すべき定評のある尺度や、一連の既成尺度が存在しないことがある。このような場合、評価者は測定尺度を開発しなければならない。残念ながら、測定尺度開発を適切に行う十分な時間と資源がないこともある。なかには、アドホックな測定手順、たとえばその品質がわかっている公的記録から情報を抽出するといった手順が、それ以上実証しなくとも用いることが許容される測定尺度として、すぐに十分に適格とされることもある。しかし、質問紙や態度スケール、知識テスト、そして系統的な観察によるコード化法などは、それほど簡単なことではない。一貫したやり方で、期待される測定内容を測定できるよ

うに、そういった測定尺度を構築することは多くの場合簡単ではない。このような理由で、新たに開発される測定尺度を自信もって使用する前には、いくつかの技術的な検討と、一般的にはかなりの量のパイロットテストや分析、改訂、そして妥当性の検討を要するような確立された測定尺度の開発手順が存在する（DeVellis, 2003; Nunnallyら, 1994参照）。評価者がこれらのステップやチェックを経ずに測定尺度を開発しなくてはいけない場合には、結果として得られる測定尺度は表面的にもっともらしく見えるかもしれない。しかし、プログラムアウトカムを正確に測定するという目的からかならずしも適切に機能するとはかぎらない。アドホックな測定尺度を系統的でかつ技術的に適切な方法を経ずに開発しなければいけないときには、評価において重要な位置づけをする前に、基本的な測定特性を確認することがとりわけ重要である。とくに、既成の測定尺度や、すでに特定のアウトカム測定について一般に認められている手順の場合は、それぞれの測定尺度が用いられている特定の状況でも、それらがうまく機能するかどうかを確認することが賢明である。とくに重要な3つの測定特性は、信頼性、妥当性、感度、である。

2）信頼性

　測定尺度の**信頼性**（reliability）とは、同じ事象を何度もその測定手順で測定したときに同じ結果が得られる程度のことである。これらの測定結果で得られる多様性が測定誤差である。たとえば、「郵便はかり」は同じ封筒を別々の機会に測定しても同じ得点（重量）を示すという点でこの尺度は信頼性があるといえる。いかなる測定用具や分類形態、あるいは回数を数えるという手順でも信頼性が完璧であることはなく、異なった種類の測定尺度はそれぞれの程度で信頼性の問題がある。

　標準化した測定法が使える身体的特性の測定、たとえば身長や体重の測定は、IQテストで測定される知能のような心理的特徴よりも概してより一貫性がある。達成度の尺度、たとえば標準化されたIQテストのような尺度は、今度は、記憶に頼る測定尺度、たとえば消費財の家計支出額の報告に比べると、より信頼性が高いことがわかっている。評価者にとっては、信頼性の欠如は測定用具の特性に起因するものであり、それは研究者によって提示された印刷あるいは口頭での質問に対する参加者の回答に基づく、測定用具の性質ということになる。検査あるいは測定状況での違い、たとえば、測定尺度を実施する際の観察者あるいは面接者の違い、そして回答者の気分の変動も信頼性を低くする一因となる。信頼性のない測定で得られた結果は、実際の「効果」の違いを希薄化するし、不明瞭にする。真の効果的な介入が、信頼性のない測定尺度でアウトカムが測定されると、実際よりも効果のないもののように示される。評価者が、候補となるアウトカム測定尺度の信頼性を調べる最も簡単な方法は、その期間内に変化のみられないアウトカムを少なくても2時点で測定することである。技術的にいうと、この検査の従来的な指標、つまり・**再検査信頼性**とは、2組の得点間の積率相関係数として知られる統計量で、0.00から1.00の値を変動する。しかしながら多くのアウトカムでは、近接して測定が実施されない場合は、アウトカムが変化するかもしれないのでこの調査方法は困難である。たとえば、学生に学校をどれほど

好ましく思っているかを尋ねる質問項目の答えは、1ヶ月後には違った答えが得られるかもしれない。これは測定尺度の信頼性がないからではなくて、質問するという出来事によって学生の学校に対する気持ちに変化を与えた可能性があるためである。一方、測定尺度が人からの反応にかかわる場合、あまり短い間隔での再評価は回答が歪むことがある。なぜなら、回答者は新たな回答をするというよりは、前回の回答を覚えている場合がある。アウトカムが変化する前に繰り返し測定ができないときには、通常、信頼性は、同時に実施された多項目の質問のうち、似通った項目内での一致度を調べる（これは内的信頼性と呼ばれる）。評価者が使う多くの既成の測定尺度では、信頼性に関する情報は他の研究あるいはその測定尺度の開発に関するオリジナルの報告から得ることができるだろう。信頼性は回答者のサンプルと測定の状況によって多様であるが、他で使用した際に信頼性があると思われるような測定尺度でも、今回の評価でふたたび信頼性があるとはかぎらない。信頼性に関する許容レベルの揺るぎないルールはない。測定誤差によって意味のあるプログラムのアウトカムの意味が薄れてしまうかどうかは、大部分はそのアウトカムの重要性に依存する。このことは第10章でさらに検討する。しかしながら大雑把にいえば、研究者は一般的には、信頼性係数が0.90以上であることを好む。この場合、測定誤差は、最も小さなアウトカムの値を除いて、測定誤差をほとんどの場合比較的小さく保つことができる。しかし、これは、プログラム評価の状況下で使用されるアウトカムの測定尺度としては比較的高い標準である。

3）妥当性

　測定尺度の妥当性の課題は信頼性の問題よりも難しい。測定尺度の**妥当性**（validity）とは、その尺度が本来測定しようと意図していたものを実際に測定している度合いのことである。たとえば、青少年の逮捕歴では、青年が有罪となるような行為に関与した程度を正確に反映しているときには、非行に関する妥当な測定尺度の情報とすることができる。警察による逮捕の度合いは、青年が逮捕されるような非行の妥当性のある尺度とはいえない。

　妥当性の概念とその重要性は理解しやすいが、特定の尺度が関心のある特性を捉えるのに妥当かどうかを検討することは難しい。評価で使われる測定尺度は、しかるべき利害関係者に妥当と認められているかどうかに依っているということになる。プログラムが（すでに述べたように）十分にそして注意深く記述されているときには、測定尺度がプログラムが意図したアウトカムを示すかどうかを確認することで、その評価の目的に対してある程度の妥当性を保証することになる。また、多数の測定尺度を組み合わせて用いることによって、関心をもつ実際のアウトカムを引き出せないという事態を防ぐこともできる。

　実証的に妥当性を明らかにすることは、それが真に妥当ならば得られると思われる結果を、その測定尺度が生み出すことを示す比較に依拠している。たとえば、ある測定尺度が、他の評価者によって使用されるなど、同じアウトカムの代替的測定方法とともに用いられるとき、その結果はおおよそ同じでなければならない。同様に、その測定尺度が課題となるアウトカムに関して異なることが認識されている状況に適用されたときには、その結果は異ならなければならない。す

なわち環境に対する態度は、地域のシエラクラブ［訳注：アメリカの環境保護団体］の会員とオフロードバイク連合の会員とでははっきりと違うであろう。妥当性はまた、その測定尺度が、アウトカムに関連すると期待される他の特性と関連があったり、あるいはそれを「予測」するという結果を示すことによって実証できる。たとえば、環境に対する態度は、回答者が環境問題に関して異なった立場の政治家の候補者にどのように好印象を抱くかと関連することがある。

4）感度

　アウトカム測定の主要な機能は、プログラム効果を描出するようなアウトカム変化や差異を検出することである。この機能を十分に果たすために、アウトカムの測定尺度は、そのような効果に対して感度がよくなくてはいけない。測定尺度の**感度**（sensitivity）とは、測定されている事象に変化や差異があるときに、対応してその測定尺度の値が変化する程度のことである。たとえば仮に、減量プログラムのアウトカムとして、体重を測定するとしよう。内科医の診察室にあるような種類の厳密に目盛りが調整された体重計によって数オンスの幅で体重が測定されるとする。それに伴い、その幅において体重減少を検出できる。それに対して各州間ハイウェーのトラック測量用の秤も、また重量計測には妥当性があり信頼性のある尺度であるが、数百ポンド以下の差異を検出するには感度があまりよくない。減量をしている人の体重の意味のある変動の測定をするには、感度不良の尺度は減量プログラムのアウトカム測定にはよい選択にはならないだろう。

　プログラム評価に頻繁に使われるアウトカムの測定尺度が、プログラムがもたらした変化や差異を検出するのに感度不良となる主に2つの状態がある。第1は、その測定尺度にプログラムが変化させると合理的に期待できるもの以外のなにかに関連する要素が含まれている場合である。これらの要因によって、敏感な要素が希薄化されたり、測定の全体的な反応が弱まることになる。たとえば学期のほとんどを分数と割り算の筆算に費やしている小学生の算数個人授業について考えてみよう。評価者は市販の算数到達度テストを選択するかもしれない。しかしそのテストは、分数や割り算の筆算よりも幅広い算数の問題をカバーしているかもしれない。分数・割り算筆算の領域で子どもたちが示した大きな改善は、他の課題領域の設問も加えて平均点を算出し最終得点を出すと不明瞭になってしまうだろう。明らかに、より感度の高い測定尺度は、個人授業で実際に教えた数学のトピックスについてのみカバーするようなものであろう。

　第2に、主に診断目的で開発されたようなアウトカムの測定尺度、すなわち個人差を検出するようなものは、プログラムによる変化や差異に対しては感度が良好でないことがある。このような種類の測定尺度の目的は、測定される特性をもつ人の得点の多寡によって、人を区別できるように得点を分布させていくことにある。標準化された心理測定尺度のほとんどはこの種類の尺度であり、たとえば、パーソナリティー尺度、臨床症状の尺度（抑うつや不安など）、認知能力の尺度、態度尺度がこれにあたる。これらの測定尺度は、一般的には、その測定されている特性に関して高いとか低いとかについて決定するにはよいだろう。それが目的だからである。そしてたとえばニーズや問題の深刻度を測定するには有用であろう。しかしながら、プログラム参加前のあ

る測定項目について多様性のあるグループの人たちに適用されるとき、個人差によって改善された部分は得点上幅広く分布してしまう可能性がある。測定尺度の観点からは、これらの測定が非常によく反応する個人差は、変化や集団の差を検出する目的には無関係のノイズを生み出し、それらの効果を不明瞭にする傾向がある。第10章では、評価者がこの種類の測定尺度の感度不良に関して補正する方法を論じる。候補となるアウトカムの測定尺度が評価に用いられるために十分に感度が高いかを判断するには、評価を受けたプログラムから評価者が重要だと期待する変化や差異をうまく検出できた研究を探すことである。その根拠となる最も明らかな形態は、いうまでもなく、アウトカム評価尺度を用いて有意な変化や差異が検出された同様のプログラム評価に由来するものである。検討されている評価研究のサンプルサイズも批判的に検討しなくてはいけない。なぜなら、サンプルサイズは効果の検出能力に大きな影響を及ぼすからである。

　アウトカム測定尺度の感度を調べる類似した方法として、グループ間での差異や状況の変化について既知のものに尺度を適用して、その尺度がどの程度鋭敏かを判断する方法がある。先に述べた算数個人授業プログラムの例を検討してみよう。評価者は、毎年学校組織として施行されている標準化算数到達度テストが、アウトカム測定尺度として十分に感度がよいかを知りたいとする。この個人教育プログラムは、いくつかの算数のトピックにのみ集中しているが、到達度テストは広範に及んでいるので、これはすこし疑わしいものとしよう。プログラム評価のため、このテストを用いる前に感度を調べるために、評価者は、クラスの子どもたちが分数と割り算の筆算を学ぶ前後にテストを施行するかもしれない。これらのトピックが教えられたときのみ、そのテストがその期間内の変化を検出するのに感受性が十分高いとなれば、そのテストは評価研究に使われるとき、算数個人授業プログラムの効果を検出するのに感度がよいことを保証することになる。

5）アウトカム測定尺度の選択

　これまでの議論が示唆するように、アウトカム評価のための最善の測定尺度の選択は評価研究上の重要な課題である（Rossi, 1997）。私たちは、評価者は必要な時間と資源をしかるべきアウトカム評価尺度の開発と検査に費やすことを強く勧める（Exhibit 7-F は、有益な例を示している）。不適切に概念化されたアウトカム測定尺度は、評価対象となるプログラムのゴールと目標を適切に代表しないことがある。信頼性が低く、感度の不十分なアウトカム測定尺度はプログラムの効果を過少評価しがちであり、プログラムの影響について誤った推論に導く。要するに、不適切に選択、作成されたアウトカム測定尺度は、誤った推測をもたらし、インパクトアセスメントの価値をまったく台無しにする。アウトカム測定尺度に妥当性と信頼性があり、適切な程度に感度が高い場合にのみ、インパクトの推定が信頼できるものと見なされるのである。

■ **EXHIBIT 7-F** ■ ホームレスで重い精神障害をもつ人の
自記式測定尺度の信頼性と妥当性

　ホームレスで重い精神障害をもつ人のプログラム評価は自記式評価尺度によるところが大きい。しかし、その測定尺度はとくに精神科的な問題をもつ人たちに関してどの程度信頼性と妥当性があるのだろうか。ある評価研究グループが、ホームレスで精神障害をもつ利用者に対するケースマネジメントのサービスの評価のなかに、測定尺度研究を組み込んだ。彼らは、自記式の精神科症状、物質依存、そしてサービス利用に関する測定尺度に焦点をあてた。

　精神症状　自記式の簡易症状目録（Brief Symptom Inventory: BSI）が精神症状を評価するための主要な測定尺度であった。内的整合性の信頼性は5段階のデータ収集で検討され、不安、抑うつ、敵意、身体化に関しては概して高い信頼性（0.76-0.86）があり、精神病症状に関してはより低い信頼性であった（0.65-0.67）。この測定尺度の妥当性の根拠を得るために、これらのデータと、比較可能な尺度として簡易精神症状評価尺度（Brief Psychiatric Rating Schedule [scale]: BPRS）との間の相関を得た。なお、これらの評定は、修士レベルの心理士と社会福祉士により行われた。これらの5段階のデータ収集にわたって、これらの相関は、不安、抑うつ、敵意、身体化に関しては控えめな一致率（0.40-0.60）であった。しかし、精神病症状に関してはほとんど一致は認められなかった（-0.01-0.22）。

　物質乱用　評価測定尺度は、嗜癖重症度指標（Addiction Severity Index: ASI）の尺度を利用して、アルコールや他の物質乱用の治療をどの程度必要としているかを利用者が推定したものであった。妥当性評価のために、調査者が同じASI尺度をもとにアルコールや他の物質乱用に対する治療の利用者のニーズを評定した。5段階の評価尺度の相関では、中程度の一致率を示し、アルコールに関しては0.44-0.66であり、物質に関しては0.47-0.63であった。利用者は一般的に、調査者よりもサービス利用のニーズに関して低めに評価した。

　プログラムへの接触とサービスの利用　利用者がどのくらいの頻度で決められたプログラムと接触しているか、そして彼らが14のある特定のサービスのどれを受けているかについて報告した。これらの報告の妥当性は、2つの連続する測定を行ったケースマネジャーからの報告を比較し検討された。一致率はその質問内容の領域によってかなり多様であった。最も相関が高かった（0.40-0.70）のは、プログラムとの接触、支持的なサービス、そして特定の資源の領域（法律、住居、経済、雇用、ヘルスケア、薬物療法）であった。精神保健、物質乱用、そして生活技能訓練サービスで一致率はかなり低かった。不一致は大体において、ケースマネジャーはサービスの報告を行うが利用者は報告を行わないという点にあった。

　ホームレスで精神障害をもつ人に対する自記式評価尺度の使用は、正当化されたが注意が必要であると評価者は結論づけた。利用者は、精神病症状のアセスメントに関して自記式による報告にのみに頼るべきではないとした。また、精神保健や物質乱用サービスに関する情報も同様であるとした。なぜならば、これらの領域において利用者はかなりの過少評価を行うからである。

出　典：Robert J. Calsyn, Gary A. Morse, W. Dean Klinkenberg, and Michael L. Trusty, "Reliability and Validity of Self-Report Data of Homeless Mentally Ill Individuals", *Evaluation and Program Planning*, 1997, 20(1): 47-54. より一部修正のうえ引用。

4．プログラムアウトカムをモニタリングする

　重要なプログラムのアウトカムに関する適切な測定尺度の手順が定式化されたならば、そのアウトカムについてなんらかのことを知るためのさまざまなアプローチが、評価者やプログラム運営者によって着手できる。最も簡単な方法は、アウトカムのモニタリングである。私たちはこれを第6章で、その改善についてプログラムが説明責任をもつ社会状況の状態についての指標の、継続的な測定と報告と定義している。やはり第6章で述べたように、これはプログラムモニタリングと類似している。アウトカムモニタリングは、定期的に収集され、査察される情報が、プログラムプロセスや実績のみに関連するのではなく、プログラムアウトカムに関連している違いがある。たとえば、就労訓練プログラムのアウトカムモニタリングは、プログラム終了後に就労したか、そしてもし就労した場合の職種、給料はどの位支払われているのか、について定期的に6ヶ月ごと参加者に電話で尋ねることがある。アウトカムモニタリングの詳細な議論は、Affholter（1994）と Hatry（1999）をご参照いただきたい。

　アウトカムモニタリングでは、重要なプログラムアウトカムを特定する指標が必要であり、かつ実際的にそれが定期的に収集され、プログラムの効果にかかわる情報である必要がある。後者の条件はとくに困難である。この章で先に述べたように、アウトカムの簡便な測定尺度は、アウトカムの状態やレベルに関する情報、たとえば貧困状態にある子どもの数とか、薬物乱用の有病率とか、失業率あるいは小学生の読解力といった情報などしか知ることができない。その難しさは、その状態における変化を特定し、とりわけ、プログラムの効果やインパクトを測定するために、プログラムの取り組みにとくに関連した変化と関連づけることにある。

　このような困難の原因は、先述のようにたいていの場合、プログラムが制御できない社会状況に関する多くの影響があるためである。すなわち、貧困率や薬物乱用、失業、読解力得点などは、経済や社会動向、他のプログラムや政策の効果などと関連する多くの理由で変化することがある。これらの状況のなかで、当プログラムに起因する成果を分離する妥当な役割を果たすアウトカム指標を探すことは容易ではない。プログラム効果を、他の同じような影響から説得力をもって区別することは、第8章、第9章で述べられるインパクト評価の特別な技法を必要とする。

　それでもやはり、アウトカムモニタリングでは、プログラムの効果に関して有益で比較的安価に情報を提供するとともに、たいていの場合は適当な期間内に行われる。インパクトアセスメントの完了には数年間もかかるのに対して、アウトカムモニタリングの結果は数ヶ月以内に入手できる。さらに、インパクトアセスメントは、一般的にはアウトカム・モニタリングシステムに必要とされるものよりも多額の費用がかかる。しかし、アウトカムモニタリングには前述の限界があり、そのためにアウトカムモニタリングは、主にはプログラム管理者がよりよい運営とプログラム改善を実現していくのを助けるためのフィードバックを生み出そうとする手法であり、改善を図ろうとする社会状況へのプログラム効果を評価するための手法ではない。実例として、アルコール依存の治療プログラムのアウトカムモニタリングについて検討する。80％のプログラム利

用者がプログラム終了後数ヶ月間断酒しているという結果は、20%が断酒しているという結果よりも効果に関する一貫した情報を提示している。もちろん、測定された断酒のレベルは利用者の重症度やプログラムよりも重要な他の作用によるものかもしれないから、どちらもプログラムの真の効果を証明するには不十分である。しかし、優れたモニタリング計画は、開始時点の問題の重症度、他の重要な作用への曝露、そして他の関連要因の指標も含むものである。正式なインパクトアセスメントには不十分であるとしても、そのような指標のとるパターン、さらにはとくにプログラムがその効果を高めようとするときに、これらの指標が示す変化の傾向についての妥当な解釈と比較は、プログラムの効果に有用な示唆を与えてくれる。

1）アウトカムモニタリングの指標

　アウトカムモニタリングに使われる指標は、プログラム効果に用いられるものと同等に鋭敏でなくてはならない。たとえば、実際にプログラムのサービス対象となる人たちのアウトカム指標を測定しなくてはならない。このことは、もしそのプログラムに関与しない人が相当数に上るのであれば、そのプログラムが標的とする地区ですぐに入手可能な社会指標、たとえば国勢調査地区、郵便コード、あるいは市町村は、アウトカムモニタリングにはよい選択とはいえない。また、サービスパッケージが指示されながらも、プログラムを完了しなかったプログラム開始当初の参加者は、指標から除外しなくてはならない。これは、脱落率はプログラムの実績として重要ではないといっているのではない。サービス利用に関する問題として評価されるべきで、アウトカムの問題として扱われるべきではないということである。

　インパクト評価が行われないかぎり、最も解釈可能なアウトカムモニタリングの指標は、そのプログラムだけが、かなりの程度の影響を与えうる変数に関する指標である。これらの変数がプログラムミッションの核心部分に近いアウトカムを代表するときに、非常に情報に富んだ、アウトカム・モニタリングシステムになる。たとえば、市町村の街頭の瓶や落ち葉などを拾うことを狙いとした街頭清掃プログラムを検討してみよう。独立した観察者による街頭の清潔度を評価した写真は、このプログラムの効果を評価するうえで情報に富んでいるかもしれない。というのは、空き瓶を吹き飛ばしてしまうような小型のハリケーンを除けば、単純に街路を清潔にすることが起こりにくそうだからである。

　プログラムの活動に直接関連する最も簡単なアウトカムの指標は、利用者満足度である。これは、最近対人サービスプログラムにおいて、しだいに顧客満足度と呼ばれるようになっている。プログラムによって生み出されていると信じる受益者の利益を直接評価することは、アウトカム評価の一形態である。加えて、参加者においてプログラムとの相互作用に関する満足感を創り出していくことは、参加者の生活を向上させるものではかならずしもないかもしれないが、ひとつのアウトカムといえる。より核心に触れる情報は、特定の利益が得られたかどうかを、参加者の報告から知ることができる（Exhibit 7-G 参照）。このような指標の限界としては、清潔な注射針の使用を勧められている薬物依存者の例にみられるように、プログラム参加者がその利益をかな

> ■ **EXHIBIT 7-G** ■ ある特定の利益に関連する利用者の満足度調査項目
>
> 　利用者の満足度調査は概して、プログラムサービスの満足度に集中している。満足した顧客はプログラムアウトカムの一種であるが、これのみでは利用者が満足と思った特定のプログラムのメリットに関する情報はほとんど得られない。利用者の満足度調査が、サービス自体のこと以外の事柄を調べるために、サービスを受けた結果の満足度、つまりサービスがもたらしただろう特定の変化に対する満足度を調べなくてはならない。MartinとKettnerは、以下のような項目を通常の利用者満足度調査に加えることを提案している。
>
> サービス：情報と紹介
> 質　　問：情報提供や紹介プログラムはあなたが必要とするサービスを得るのに役に立ちましたか？
> サービス：宅配食
> 質　　問：宅配食プログラムはあなたの健康と栄養状態を保つうえで役に立ちましたか？
> サービス：カウンセリング
> 質　　問：カウンセリングプログラムはあなたの人生でストレスに対処するうえで役に立ちましたか？
>
> 出　典：Lawrence L. Martin and Peter M. Kettner, *Measuring the Performance of Human Service Programs* (Thousand Oaks, CA: Sage, 1996), p. 97. より一部修正のうえ引用。

らずしも認識する立場にないことがある。あるいは、高齢者が訪問看護に関して問われる場合、参加者がその利益を報告するが（自分が）批判的にみられるのを嫌って、過大評価することがあるかもしれない。

2）アウトカムモニタリングの落とし穴

　典型的なプログラムが影響をもたらそうとする社会状況のダイナミックな特性や、アウトカム指標の限界、そしてプログラム機関への圧力などのために、プログラムのアウトカムモニタリングをめぐって多くの落とし穴がある。このように、プログラムの決定権をもつものにとって、アウトカム指標は貴重な情報源になりうる一方で、これらは慎重に開発され、利用されなくてはならない。
　ひとつの重要な考慮点は、プログラムスポンサーや他の影響力のある決定者が深刻に注意を払うアウトカム指標は、また必然的にプログラムスタッフや管理者からも強調されるということである。もし、そのアウトカム指標が重要なアウトカムをカバーするのに適切でなかったり、十分でなかったら、プログラム向上の努力はプログラムの活動をゆがめるものとなるかもしれない。たとえば、Affholter（1994）は、ある州が新たに里親として認可された家庭の数を、多数の問題を抱える子どもの［里親への］措置の増加を示す指標として用いたときの状況を記述した。そ

のとき、職員たちは、里親がこれらの子どもたちを受け入れるのに必要とされる十分な技術が不足していても、新しい家庭をリクルートして認可を精力的に与えることで、これに対応したという。その結果、その指標は上昇傾向を続けたが、子どもの里親への適切な措置は改善しなかった。教育領域では、この反応を「テストのための教育」と呼ぶ。よいアウトカムの指標は、それに対して「教育のためのテスト」でなくてはならない。

これに関連した問題としては、「指標の質の低下しやすさ」がある。これは、実際よりもプログラムの実績がよく見えるように、可能ならばいつでも、でっちあげたり水増し評価したりする自然の傾向のことをさす。たとえば、プログラム後の参加者の就労率が主要なアウトカム指標とするプログラムにおいて、プログラム終了後に参加者に電話で就労状態を確認するスタッフへのプレッシャーを考えてみよう。誠実な人でも最たる努力の結果として、たぶん曖昧なケースは就労中とされることが多いだろう。多くの場合、プログラムから独立した人が情報収集するのが最善であろう。もしプログラム内部で情報が収集されるのであれば、慎重に手順が用いられて、ある納得のいく方法でその結果が確認されることが重要である。

もうひとつ起こりうる問題領域は、アウトカム指標の結果の解釈に関連したことである。プログラムの実績よりも、それらの指標に影響を及ぼす広範な要因を考えてみると、このような文脈外からの解釈は誤った結果に導き、そして適切な文脈内でもその解釈は依然難しい問題である。解釈に適切な文脈を提供するために、アウトカム指標は一般的に、これらの指標をめぐってみられる所見の説明や比較に関連した論拠を提示する情報を共に示さなくてはならない。私たちはアウトカムデータの解釈に関する次項の議論において、役に立つ情報の種類について検討する。

3）アウトカムデータの解釈

日常業務としてのアウトカムモニタリングの一部として集められたアウトカムデータは、もしそれらが利用者構成の変化や、関連する人口学的あるいは経済学的な動向の変化などの情報が伴っていない場合に、とくに解釈が難しくなることがある。たとえば、職業紹介率は、プログラム参加者における失業問題の深刻度やその地域における求人状況について検討すれば、プログラム実績の指標としてより正確に解釈される。一方、職業技能がほとんどなく長期間の失業歴のある利用者を対象とするプログラムで、求人がほとんどない経済状況に直面している場合は、職業紹介率の低さはプログラム実績の反映とはいえないだろう。同様に、プログラムプロセスとサービスの利用状況に関する情報があるのならば、アウトカムデータは多くの場合、より解釈可能となる。訓練を修了したプログラム利用者の職業紹介率は好ましいものと思われるだろうが、それでももし同時に、訓練修了率が低ければ懸念材料になるだろう。職業紹介プログラムのための「選び抜かれた精鋭たち（cream of the crop）」だけを残して、深刻な問題をもつ利用者すべてが脱落するために、良好な職業紹介率が生じたのかもしれない。異なる部門や場、プログラムを比較してアウトカム指標を解釈するときには、プロセス情報や利用状況の情報を統合することがとくに重要である。あるアウトカム指標が他のプログラム部門より低いプログラム部門に否定的な判断

をしようとする場合、そこが他部門より困難なケースを扱っているか、あるいはより低い脱落率を維持しているか、また他の酌量可能な要因に対処しているかなどを考慮しなければ、正確で公正な判断にならないであろう。

　アウトカムモニタリングのデータ解釈に等しく重要なことは、判断すべきデータに固有の限界がありながらも、アウトカムの良し悪しについての判断基準を提供する枠組みを整備することである。ある有用な枠組みは、もしそれが適用可能ならば、実際の変化量を明らかにするアウトカム測定尺度を用いて、プログラム前の状態のアウトカムと比較することである。たとえば、就労訓練プログラムの参加者の40%がその後6ヶ月で雇用されたという情報は、参加者の90%が過去一年間に就労していなかったというプログラム開始前の状況からの変化を知ることに比べると、情報量が少ない。アウトカム指標に対するひとつのアプローチは、プログラム参加者に「成功閾値（success threshold）」を定めて、サービスを受けた後に、その「閾値」以下からそれを上回るものがどのくらい出たのかを報告することである。したがって、もしこの閾値を「6ヶ月間フルタイムでの仕事についている」と定めるならば、プログラムの受理面接以前に閾値以下であった参加者の割合と、サービス修了一年の間にこの閾値以上になった参加者の割合を報告してもよいだろう。

　単純な前後比較（pre-post comparison）は、かならずしも日常業務のアウトカムモニタリングの一部である必要はない。それはまた、アウトカム評価の一部として評価者によって実施されうる。このデザインの主な欠点は、すでに述べたように、プログラム介入期間中に同時並行する他のプロセスが前後差に影響を与える可能性があるために、プログラム前後の測定差異を自信をもってプログラム効果に帰属できない点にある。たとえば、就労訓練プログラムに加入する主な理由は、失業していて就職するのが難しいことを経験しているからである。そのために、参加者はプログラム参加時には低得点であり、そこから何人かは、そのプログラム参加とは無関係に仕事に配置されがちである。このように、このプログラムに対する雇用に関する前後比較では、プログラム効果とはほとんど無関係に、ある程度の上向きの変化を常にとることになる。

　2時点間の他の傾向がまた、前後変化に影響を及ぼす可能性がある。犯罪削減プログラムは、もしたとえば、同時に警察官数増員が取り組まれたならば、より効果的に思われるだろう。交絡因子はまた別な方向で前後比較の結果をゆがめるかもしれない。もし引き続き失業率の上昇と経済不況が続いているならば、就職訓練プログラムは非効果的には見えるかもしれない。一般的には、前後の比較はアウトカムモニタリングの一部として、プログラム管理者に有益なフィードバックを与えるが、これは多くの場合にはプログラムインパクトに関しては信頼に足る情報ではない。しかし、まれな例外としては前後の差異の妥当な説明となるような出来事や傾向が、2時点間にまったく起きないという場合もある。Exhibit 7-H はこのような例を提示している。

　プログラムのアウトカム変数測定から得られた情報、すなわちこれらの変数の変化は、一般的には、プログラム管理者や利害関係者、専門職の判断に基づいて、良好な実績と悪い実績に対する彼らの期待との関係で解釈されなければならない。これらの判断は、極端な場合には最も簡単かもしれない。アウトカムが、プログラムと無関係な理由で実際以上に肯定的であったり、プログラムの失敗だけがその説明になるような否定的な結果が得られた場合である。

■ **EXHIBIT 7-H** ■ 低所得者住居における鉛レベル削減プログラムを実証する
前後比較アウトカムデザイン

　鉛の有毒効果はとくに子どもにとって有害であり、子どもたちの行動の発達を妨げ、知性を低下させ、難聴をもたらし、重要な生物学的機能に支障をきたす。低所得の居住者が借りられる住居は一般的に古い家で、それは有鉛塗料で塗装されていたり、鉛汚染源の近くに位置しているので、貧しい子どもたちは鉛中毒に関して不均衡に高いリスクにさらされている。

　屋内の有鉛塗装は微量の鉛を産出するほどに劣化し、子どもたちが手から口にするといった行動によって摂取するかもしれない。また、飛沫あるいは無軌道にただよう埃は、劣化した家の外装の塗料や1980年以前に使われた有鉛ガソリンからの鉛の蓄積のある道端の土壌で汚染されるかもしれない。

　低所得の都市部の住居での鉛レベルを減少させるために、CLEAR団体（地域鉛粉塵教育・削減団体：Community Lead Education and Reduction Corps; CLEARCorps）がボルチモアで官民共同の試みとして開始された。CLEAR団体のメンバーは、清掃し、修繕し、そして家庭を鉛から安全なものにし、鉛中毒予防法を住民に教育し、特別な清掃の取り組みによって鉛塵レベルを低値にするよう住民に働きかけた。

　CLEAR団体が対応した都市部の住居の鉛塵レベルの減少にどの程度成功したかを判断するために、CLEAR団体の会員は、鉛塵収集サンプルを彼らの鉛被害抑制の取り組みの直前と6ヶ月後に集めた。対応した43軒の家において、4つのサンプルが床、窓敷居、窓ガラス、カーペットの4ヶ所から採取されて分析実験室に送られた。

　床、窓敷居、窓ガラスの鉛塵レベルは、対応の前後に統計的な有意差がみられた。6ヶ月後のフォローアップでは、さらに床と窓ガラスにおいての有意な減少がみられ、窓敷居に関してはかろうじて有意な減少がみられた。

　対照群がないので、CLEAR団体のプログラム以外の要因がこの評価で確認された鉛塵レベルの減少に寄与した可能性もある。明瞭ではないが、でも控えめにいっても、フォローアップ期間においてゆるやかな関係がありそうな季節の影響や、別の介入プログラムが同じ対象者宅に対応したというわずかな可能性はあるが、根拠のあるものではない。そしてそれら以外に、この減少に関して別のもっともらしい説明はほとんどない。ゆえに、評価者はCLEAR団体のプログラムは住居における鉛のレベルの減少に対して効果的であったと結論づけた。

出　典：Jonathan P. Duckart, "An Evaluation of the Baltimore Community Lead Education and Reduction Corps (CLEARCorps) Program", *Evaluation Review*, 1998, 22(3): 373-402. より一部修正のうえ引用。

　たとえば、もし2ヶ月のトレーラートラック運転手を養成する就労プログラム終了後、90％以上の参加者が（そのような技能をもっていない人たちから選ばれた）、適当な運転免許を取得できたとしよう。このような成果は、このプログラムは職業スキルを育成するうえでかなり成功したと示唆される。というのは、かつては技能がなかったが、今後トレーラートラック運転手を希望する人の大部分が、自分自身の努力で2ヶ月のうちに免許に合格することはあまり考えられないからである。同じ理由で、もし参加者全員が免許試験に不合格ならばプログラムは効果的ではなかった、と私たちは比較的確固とした判断ができる。

もちろん実際のところ、観察されたアウトカムは、たとえば30%が初回で合格するといった曖昧なものかもしれない。このような典型的な結果は判断するのが困難であり、職業訓練を受けていない比較可能なグループが同様にうまくできたかどうかという疑問が提示される。専門家の判断が、このような場面で必要にされるだろう。たとえば、成人の職業教育や、その領域での介入プログラムの典型的なアウトカムに通じた専門家が、彼らの専門性に基づいて、30%というアウトカムが対象集団の特性を考慮したうえで成功かどうか判断するために意見を求められる。明らかに、このような判断の有用性や妥当性、そしてそれらを用いる評価の価値は、このプログラム領域における判断者の専門的見識と知識によるところが大きい。

可能な場合にはこのようなアウトカムの値が、同様のプログラムの値と比較されるだろう。ある特定のアウトカムにおけるプログラムの実績が、とくに効果的なプログラムと比較されるときに、この方法は「ベンチマーク」と呼ばれることが多い（Keehleyら、1996）。このような比較すべてにみられるように、プログラム評価の目的のため、プログラムの成果が意味をもっているのは、多くの場合満たすのが困難な基準であるが、比較されるプログラム間で他の条件がすべて等しい場合に限定されているのはいうまでもない。

まとめ

- ■プログラムは、ある問題やニーズに対して肯定的な方向に影響を与えることが意図されている。評価者は、アウトカム、すなわちプログラムによって変化がもたらされることが期待される標的集団や社会状況の状態を測定することで、プログラムがどの程度ある特定の改善を生み出したのかを測定する。
- ■アウトカムは、プログラムとは独立した出来事や経験によって影響されるものであるから、アウトカムレベルの変化は、プログラムの効果であると直接的には解釈できない。
- ■プログラムの適切なアウトカムを特定するには、利害関係者からの情報、プログラム関連書類の見直し、そしてプログラムのロジックに具体的に表現されるインパクト理論の明確化が必要である。評価者は関連の先行研究や意図されないアウトカムについても考慮する必要がある。
- ■信頼できる結果を産出するには、アウトカム測定尺度は、信頼性と妥当性があり、そのプログラムがもたらすことが期待される規模の大きさのアウトカム変化を検出できる十分な感度をもつことが必要である。さらには、多次元的測定を使用することが望ましい。すなわち、多次元的なアウトカムを反映し、ひとつ以上の測定尺度の潜在的脆弱性を補正するためのアウトカム変数の使用である。
- ■アウトカムモニタリングは、時宜に適い、比較的安価に、プログラムの微修正や改善を導きうる知見を提供することによって、プログラム運営者や他の利害関係者に貢献できる。効果的なアウトカムモニタリングには、結果として得られたデータの注意深い解釈とともに、慎重な指標の選択が必要である。

■アウトカム測定尺度とその尺度変化の解釈は難しい。責任のある解釈をするには、プログラム環境や、プログラム実施期間中に起こった出来事、そして標的集団が時間の経過のなかで経験した自然な変化を検討する必要がある。解釈には、他のプログラムとの比較（ベンチマーキング）も有用だが、一般的には、なにをもってよい実績とするのかについて専門家の判断に依拠しなければならない。

キー・コンセプト

アウトカム（Outcome）
　プログラムによって変化が期待されている標的集団あるいは社会状況の状態

アウトカム変化（Outcome change）
　時間的に異なる時点におけるアウトカムレベルの差。アウトカムレベルを参照。

アウトカムレベル（Outcome level）
　ある時点におけるアウトカムの状態。アウトカムを参照。

インパクト（Impact）
　プログラム効果参照

感度（Sensitivity）
　測定されている事象に変化や差異があるとき、測定尺度の値が変化する程度。

信頼性（Reliability）
　同じ事象を繰り返し測定する際に、ある尺度が同じ結果を生み出す程度。

妥当性（Validity）
　測定尺度が、測定しようと意図したものを実際に測定している程度。

プログラム効果（Program effect）
　プログラムが独自に寄与する、すなわち他の原因が制御されたり除外された影響に関するアウトカム変化の部分。プログラムのインパクトとも呼ばれる。アウトカム変化を参照。

第8章 プログラムインパクトをアセスメントする

Assessing Program Impact: Randomized Field Experiments

無作為化フィールド実験法

● 本章の概要

1. インパクトアセスメントはいつ行うのが適切か
2. インパクトアセスメントにおけるキーコンセプト
    1) 実験研究デザインと準実験研究デザイン
    2) 「完璧な」インパクトアセスメントと「まあ十分な」インパクトアセスメント
3. 無作為化フィールド実験法
    1) 等質性を確保するための無作為化の使用
    2) 分析の単位
    3) 無作為化実験法の論理
    4) インパクトアセスメントにおける無作為化実験の例
    5) 無作為化フィールド実験を実施するための必要条件
    6) 無作為割り付けの近似法
    7) 無作為化実験法のためのデータ収集戦略
    8) 複合無作為化実験法
    9) 無作為化実験法の分析
4. 無作為化実験法を用いることの限界
    1) 実施初期段階にあるプログラム
    2) 倫理的配慮
    3) 実験的な介入の実施と実際の介入との違い
    4) 時間と費用
    5) 実験の完全性

インパクトアセスメントは、プログラムが目的とした効果を実際に生み出したかどうかを調べるために実施される。このようなアセスメントを正確に行うことは難しく、その信頼性の程度はさまざまである。一般的に、「研究デザインが厳格であるほど、介入効果に関する予測結果の妥当性は信頼できる」という原則が当てはまる。

インパクト評価をデザインする際には、2つの相反する圧力を考慮する必要がある。ひとつは、よりたしかな結論が導かれるよう、評価は十分厳格に実施されるべきであること。もうひとつは、時間や金銭、協力といった実践上の配慮や、対象者の人権的保護のために使用できるデザインの選択肢や方法論が制限されること、である。

評価者は、プログラム参加者のアウトカムに関する情報を、彼らが参加しなかった場合のアウトカム予測と比較することで、社会プログラムの効果をアセスメントする。本章では、この目的を達成するための最も強力な研究デザイン、すなわち無作為化フィールド実験法について述べる。無作為化実験法では、標的集団をなんらかの介入を受ける群と受けない群に無作為に割り付けたうえで、比較する。プログラムの状況によっては、実践上の配慮によって、無作為化フィールド実験法が制限される場合もある。しかし、評価者は無作為化フィールド実験法に精通している必要がある。というのも、無作為化実験法の論理は、インパクトアセスメントにおけるあらゆる種類のデザインと、そのデータ分析の基礎になるからである。

インパクトアセスメントは、プログラムが目的としたアウトカムにどのような影響を及ぼしたのか、また目的外の重要な効果があったかどうかを明らかにするためにデザインされる。第7章でも述べたように、「プログラム効果」や「インパクト」とは、プログラムによってもたらされた標的集団あるいは社会状況の変化を意味するもので、その変化はプログラムがなければ生じない。すなわち、プログラムのインパクトを明らかにすることとは、プログラムがある特定の効果の要因であるのを示すこと、と同じである。

社会科学の分野では、因果関係は通常、確率というかたちで表現される。したがって、「AはBをひきおこす」という記述は通常、「Aがある場合、Aがない場合よりもBが生じやすい」ということを意味している。これは、「Bは常にAによって生じる」とか「Aが先に生じた場合のみBが生じる」ということを意味するものではない。たとえば、失業を減らすための職業訓練プログラムを考えてみよう。成功すれば、プログラム終了後に参加者が雇用される確率は高まるであろう。しかし、非常に成功したプログラムであっても、すべての参加者が雇用されることは難しい。仕事の見つけやすさは、その地域の経済状況など、訓練プログラムとは無関係の多くの要因と関連しているものである。また、プログラム参加者のうち何人かは、プログラムによる援助がなくとも仕事を見つけられたであろう。

したがって、インパクト評価における重要課題は、介入を受けない場合や他の介入を受けた場

合に比べて、プログラムが望ましい効果をもたらしたかどうか、という点にある。本章では、この問題を扱うのに最も強力な研究デザインである無作為化フィールド実験法について考える。まず、インパクトアセスメントを実施する際の全般的な考慮事項から始めよう。

1. インパクトアセスメントはいつ行うのが適切か

インパクトアセスメントは、社会プログラムの成長過程（ライフコース）における多くの時期に関連している。政策形成の段階では、まず試験的プログラムのインパクトアセスメントを実施し提案されたプログラムが、実際に目的とした効果をもたらすかどうかを明らかにする。そして新しいプログラムが認められると、通常、まずは限られた地域でプログラムが開始される。この時期にインパクトアセスメントを行うことは、より広域に普及する前に、プログラムが期待される効果をもたらすことを示すのに適切である。多くの場合、効果が示されれば、政府関連機関にプログラムを採用してもらうことを意図して、私立財団のような革新的プログラムのスポンサーが、限られた地域でプログラムを実行し、インパクト評価を行う。

すでに実施中のプログラムもまた、インパクトアセスメントを受ける。プログラムは、その効果を高めたり、修正された目標を達成するために、プログラム自体が修正を受けたり、洗練されることがある。変更点が大きい場合、修正後のプログラムには当然インパクトアセスメントが必要となる。というのも、それは明らかに新しいプログラムになっているからである。一方で、安定して確立されたプログラムの多くでも、定期的なインパクトアセスメントを行うことは必要である。たとえば、コストの高い医学的治療法の場合、継続的にその効果を評価し、同じ課題を扱う他の手法と比較することが欠かせない。また、長期にわたって確立されてきたプログラムが定期的な間隔で評価される場合もある。サンセット法［訳注：公的組織や政府の事業の廃止予定日を明記した法律のことを指す］により、財源が更改されるときに効果発表が必要な場合、あるいは代替的介入の支持者や公共財源を使用する別の介入の支持者による攻撃から、プログラムを守る手段として行われる場合もある。

インパクトアセスメントがどのような状況下で実施されるのであれ、アセスメントが意味あるものになるためには、満たすべき必要条件がある。まずはじめに、インパクトアセスメントは評価の初期形態［ニーズ評価やプロセス評価、理論評価など］のうえに成り立っているという点である。プログラムのインパクトアセスメントを行う前に、評価者はプログラム理論とプログラムプロセスを共にアセスメントする必要がある。プログラム理論のアセスメントでは、予測された効果を特定するのに十分なだけ目的が明確にされているかどうかを示すことが必要であり、これは効果を評価する際の必要前提条件となる。さらに、これらの効果はプログラム活動によって生じうるという仮定が妥当であることも必要である。プログラムプロセスのアセスメントでは、介入が目的の効果を生む確率が妥当なだけ、十分に実施がなされているかどうかを示す必要がある。測定可能な適切なアウトカムを欠いたり、適切に実施されなかったプログラムのインパクトを予

測しようとするのは、時間や労力、資源の無駄遣いとなる。この最後の考慮事項が示す重要な点は、介入のインパクト評価は、実施上の問題が解決されるだけ十分な期間をとって整備された場合にのみに、行われるべきだということである。

より厳格な形態のインパクト評価では、技術的あるいは管理的に多くの挑戦課題が生じることを認識しておくことが大切である。社会プログラムの標的対象の多くは、個人や世帯であるため、接触することが難しく、アウトカムやフォローアップデータを得ることが難しい。加えて、より信頼性のあるインパクトデザインを行おうとすれば、専門的次元と実践的次元の両方において、より要求が高くなる。最後に、第12章で詳しく議論するが、評価研究は政策的側面も有している。評価者は、タイムリーで明確な結果を生まなければならないという固有の圧力に取り組む一方で、インパクトアセスメントを実施するために、プログラムスタッフや対象者からの協力を常に高めなければならないのである。したがって、インパクトアセスメントを行う前に、評価者はプログラムの状況、利用できる資源、情報へのニーズなどから、プログラムが十分正当化しうるものかどうかを検討する必要がある。プログラム関係者は、プログラムが目的とした便益を生んだかどうかに関心があり、しばしばインパクトアセスメントを要求する。しかし彼らは、インパクトアセスメントが信頼できる方法で行われるために必要なプログラム状況の前提条件や研究資源については、なにも評価しないことも多い。

2．インパクトアセスメントにおけるキーコンセプト

すべてのインパクトアセスメントは、元来比較論的なものである。プログラムのインパクトを特定するには、介入を受けた標的集団の状態と、介入を受けない場合の状態の予測を比較することが必要となる。実践的には、プログラム参加者のアウトカムと、その他の経験をした等質な人のアウトカムを比較して行われることが多い。「その他」の経験を受ける対象グループは、ひとつかそれ以上で、代替サービスを受ける場合や、たんに治療を受けない場合がある。比較のための「等質な」標的集団は、さまざまな方法で選定される。あるいは、検証されるアウトカム情報について、同じ標的集団のより早期の情報と比較を行う場合もある。

理想的には、介入以外のすべての側面において、比較する状況が同一であることが望ましい。この理想に近づくためには、いくつかの排他的でないアプローチがあり、その効果はさまざまである。すべてのアプローチにおいて、対照群すなわち介入を受けない状況にある標的集団を設定する。利用できるアプローチの選択肢（オプション）はさまざまで、あるものは他の選択肢に比べて、より信頼できるインパクト予測を行うという特徴をもつ。また選択肢は、コストや必要とされる専門的技能の程度という点でさまざまに変化する。他の事柄でも同様だが、最も妥当な結果を生み出すインパクトアセスメントの方法は、概してより技能（スキル）を必要とし、時間とコストを要する。大きく分けると、以下に述べる2種類のアプローチがある。

1）実験研究デザインと準実験研究デザイン

インパクトアセスメントに利用できる選択肢に関して、私たちの議論の土台となっているのは、「介入効果を示す最も妥当な方法は、**無作為化フィールド実験法**（randomized field experiment）である」という視点であり、この方法は因果的影響（causal effect）をアセスメントするゴールドスタンダードである研究デザイン、といわれている。実験室における基本的な無作為化実験については、よく知られていることであろう。参加対象者は、2つ以上の群に無作為に分けられる。ひとつは**対照群**（control group）と呼ばれ、介入を受けないか、無害な介入を受ける。もうひとつは**介入群**（intervention group）と呼ばれ、検証される介入を受ける。どのような違いも介入の有無に帰属するようにして、介入群と対照群それぞれにおいてアウトカムが観察される。

無作為化フィールド実験法の統制の条件も、同様の方法で設定される。標的集団は介入が提供される介入群か、介入のない対照群かに無作為に割り付けられる。介入群が複数ある場合もあり、それぞれ異なる介入あるいはバリエーションの違う介入を受ける。ときに、それぞれ異なる数種類の介入、たとえば介入なし、プラセボ介入、同状況下における通常治療などを受ける複数の対照群からなることもある。

残りのインパクトアセスメントはすべて非無作為化準実験法（quasi-experiments）と呼ばれ、プログラム参加者（介入群）と、重要な要素において同様の非参加者群（対照群）を比較する。これらの方法は、真の実験には不可欠な無作為割り付けがないため、準実験法と呼ばれる。インパクトアセスメント・デザインにおいて、非無作為に対照群を設定する主なアプローチについては、次章で説明する。

非無作為化対照群を用いたデザインでは一般的に、うまく実行された無作為化フィールド実験法に比べて結果の説得力が弱い。したがって、プログラム効果の予測妥当性という視点からみると、無作為化フィールド実験法は、常にインパクトアセスメントの最適選択肢であるといえる。しかしながら、真の無作為化実験法が実践的でない場合や、不可能な場合には、準実験法はインパクトアセスメントにおいて有用な方法となる。

プログラム効果をアセスメントするためのさまざまな研究デザインの長所と短所、それらを実施し結果データを分析するための技術的な詳細は、評価における主要なトピックである。古典的テキストとしては、Campbellら（1966）や、Cookら（1979）などがあり、評価に役立つ最近の文献としては、Shadishら（2002）やMohr（1995）を参照されたい。

2）「完璧な」インパクトアセスメントと「まあ十分な」インパクトアセスメント

いくつかの理由によって、評価者は「最もよい」インパクト評価デザインを実施することが難しい状況にしばしば遭遇する。第1の理由として、技術的には最良のデザインであっても、介入

や標的集団の範囲がそのデザインに適さないために、適用されない場合がある。たとえば、人を対象として無作為化実験法を倫理的かつ実践的に実施するには限界があり、評価者は厳格性の低いデザインを用いなければならない場合が多い。第2に、時間と資源の制約によって、デザインの選択肢（オプション）は常に制限される。第3に、最良のデザインは最もコストの高い場合が多く、それを用いることの正当性は、介入の重要度や結果の活用度によって異なることである。その他の点において同等であるならば、重要なプログラム、たとえば非常に深刻な状況を改善するものや、話題となっている介入を扱うプログラムのほうを、より厳格に評価すべきである。逆にいえば、些細なプログラムはインパクトアセスメントを行う必要さえないかもしれない。

評価者は評価に際して最も適切なデザインの選択肢（オプション）を決定できるよう、それらを吟味しておくべきである。選択には、常に妥協が生じるものであり、どのインパクトアセスメントにおいても普遍的に常に最良であるデザインはない。むしろ、研究デザインの構築の際は、私たちが「まあ十分」ルール（"good enough" rule）と呼んでいるものを用いることを薦める。簡単にいえば、評価者は結果の潜在的重要度と、各デザインの実用性、実現可能性、そしてそのデザインを用いた場合に有用で信頼できる結果が得られる可能性を考慮したうえで、方法論的に最も強力で可能なデザインを選ぶべきだ、ということである。この章の残りでは、無作為化フィールド実験法に焦点を当てる。この方法は、方法論的に最も厳格なデザインであり、したがってインパクトアセスメントに適用する最良の可能なデザインを検討する際の出発点となるものである。

3．無作為化フィールド実験法

先にも述べたように、プログラム効果やインパクトとは、特定の介入を受けた標的集団と、介入を受けていない「等質の」集団におけるアウトカムの差、と定義することができる。もし、2つの集団が完全に同等であれば、プログラム以外の要因によって引き起こされる変化の程度は同じであろう。したがって、2つの集団のアウトカムの差は、プログラムの効果を示すといえる。インパクトアセスメント、とくに無作為化フィールド実験法の目的は、このような差を取り出し、測定することである。

この方法でプログラム効果を予測する際に必須となる要素は、プログラムには参加しないが、参加群と「等質の」対照群を設定することである。その際、「等質」とは以下のことを意味する。

- **同一構成**　介入群と対照群は、人やその他の（測定）単位について、プログラムやアウトカムに関連する特徴において、同じ構成をもつ。
- **同一性質**　介入群と対照群は、プロジェクトに等しく配置され、介入がなくても一定のアウトカム状況に達する傾向を同等にもつ。
- **同一経験**　観察経過に伴い、介入群と対照群は、成熟、長期的変動、妨害事象といった時

間経過に関連した過程を同様に経験する。

　介入群の標的対象と同一の対象をマッチングして対照群に含めることによって、理論的には完全な等質性を得ることが可能であるが、実際のプログラム評価においては、これは明らかに不可能である。個人や家族あるいはその他の単位が、すべての面において、一致することはないためである。幸いなことに、すべての性質について一対一に等質である必要はない。介入群と対照群が、アウトカムに関連する要因について、集団として同一であればよい。介入群と対照群の対象が、生まれた場所や年齢に多少違いがあっても、それがアウトカム変数に影響を及ぼさないかぎり、インパクト評価にはあまり関係がない。反対に、アウトカムになんらかの関連をもつ変数について、介入群と対照群に差がある場合は、プログラム効果の予測に誤差を生じさせることとなる。

1）等質性を確保するための無作為化の使用

　介入群と対照群の等質性を得る最良の方法は、標的集団を2群に割り付ける際に、**無作為化**（randomization）を用いることである。無作為化とは、対象者（あるいは対象単位）が、プログラムを受けるか、代わりの対照状況を受けるか、を確率的に決定する方法である。ここでいう「無作為」とは、「でたらめ」や「きまぐれ」という意味ではないことに注意してほしい。一方、対象単位を介入群と対照群に無作為に割り付ける際は、すべての対象単位が等しい確率で、どちらかの群に選ばれるよう十分注意しなければならない。

　真の無作為割り付けを行うには、評価者は、乱数表やルーレット盤、さいころを振る、といった確率を基礎とした明確な方法を用いる必要がある。便利な方法として、研究者はよく乱数列を用いる。乱数表は、最も基礎的な統計学教科書や標本調査の教科書にも載っており、またコンピュータの統計パッケージの多くには、ほぼ決まって乱数計算が含まれている。インパクト評価における各参加者の群の割り付けは、次なる無作為化の結果、つまり乱数表の次なる数字（奇数か偶数か）のみに基づいて決められることが重要である（無作為化の手順に関する議論は、Boruch, 1997とBoruchら、1985を参照）。

　結果として得られた介入群と対照群の違いは、偶然によって生じたものであり、介入と作用してアウトカムを生み出すような要因はいずれも、確率変動を除いては両群に同程度に存在する。これは、手のひら一杯のコインを投げたときには、表と裏が同じ枚数になる傾向にあることと、同じ確率プロセスから生じている。たとえば、無作為化を行えば、プログラムサービスに反応しやすい特徴をもつ人は、介入群と対照群に同程度存在することになる。したがって、介入から便益を得やすい人は、両群に同じ割合で含まれているはずである。

　もちろん、対象単位が無作為に割り付けられたからといって、介入群と対照群がまったく等質になることはない。たとえば、たんに偶然によって、介入群よりも対照群に女性が多く含まれることもある。しかし、無作為割り付けが何回も行われれば、その変動は平均してゼロに近づくで

あろう。一連の無作為化において、特定のサイズの集団における特定の特徴について差が生じる割合は、統計的確率モデルによって予測計算することができる。したがって、無作為化によって生じた介入群と対照群のアウトカムの差を、確率に基づく予測（すなわち無作為化過程; randomization process）と比較することができる。特定の差が、たんに偶然に生じたのか、介入の効果を表しているのかを判断するには、統計学的有意性検定が用いられる。よい実験においては、介入群と対照群の差は、偶然を除くと介入の有無のみによるため、その判断はプログラム効果を識別する根拠となる。計算のための統計学的手順は、非常に簡潔であり、実験デザインの統計学的推定を扱うどんなテキストにも載っている。

確率と統計学的有意性検定が役割をもつということは、インパクトアセスメントが数例以上の対象者を扱うことを示している。介入群と対照群に割り付けられる単位が多くなるほど、二群が統計学的に等質となる確率が高くなる。これは、2枚のコインを投げた場合よりも1000枚のコインを投げた場合のほうが、表と裏の割合が50：50に近づきやすいのと同じ理由による。各群に1単位あるいは数単位の研究では、インパクトアセスメントを行うには十分ではなく、したがって少ない単位をどのように分割しても、二群の差が生じることになるであろう。この点に関しては、第10章で十分議論する。

2）分析の単位

インパクトアセスメントにおいて、アウトカムが測定される単位を**分析単位**（units analysis）と呼ぶ。実験的インパクトアセスメントでの分析単位は、かならずしも人とはかぎらない。社会プログラムは、個人や家族、近隣の人々、地域、学校や会社などの組織、あるいは郡や国といった政治的管轄区域など、さまざまな標的集団を対象として計画されるものである。ある種の単位から他の単位に移行しても、インパクトアセスメントの論理は普遍的であるが、単位のサイズや複雑さによって、フィールド実験を行う際の費用や困難は増加する。たとえば、200名の学生にフィールド実験を行い、データを収集することは、200クラスあるいは200校で同様の評価を行うよりも、より簡単で、費用も少ないであろう。

分析単位は、介入の性質と、それが提供される標的集団の単位に基づいて選択されることが必要である。地方自治体への政府補助金を通じて、ある地域に働きかけるプログラムでは、検証する単位は地方自治体となる。この場合、各自治体は分析の際の一単位となっていることに注意してほしい。したがって、対照的な2つの自治体で実施された政府補助金のインパクトアセスメントでは、サンプルサイズは2となる。それぞれの地域に含まれる多くの個人を観察することはできるものの、このサイズは統計的分析にはきわめて不十分である。

インパクトアセスメントをデザインする評価者は、当該介入の標的集団とされる単位、すなわち分析単位を決めることから始めなければならない。多くの場合、分析単位の定義は明瞭であるが、そうでない場合は、評価者はプログラム計画者の意図を注意深く評価する必要がある。介入が1種類以上の標的集団を扱う場合もある。たとえば、住宅助成金プログラムでは、個々の貧困

■ EXHIBIT 8-A ■　無作為化実験の概略図

	アウトカム測定		
	プログラム前	プログラム後	差
介入群	I1	I2	I=I2-I1
対照群	C1	C2	C=C2-C1

プログラム効果＝I-C

I1, C1＝介入群、対照群それぞれにおける、プログラム実施前のアウトカム変数の測定値
I2, C2＝介入群、対照群それぞれにおける、プログラム終了後のアウトカム変数の測定値
I, C　＝介入群、対照群それぞれにおけるアウトカム

家庭の住居の改善と地域社会の住宅ストック（housing stocks）の改善の両方を狙いとしている。この場合、評価者は地域社会サンプルのなかの個々の家庭サンプルについて、インパクトアセスメントをデザインしたいと考えるであろう。このようなデザインの場合、プログラムが、個々の家庭と地域社会の住宅ストックの両方に与えるインパクトを予測するため、2種類の分析単位を盛り込むことになる。このような重層デザインでも、単純な単位のフィールド実験と同じ論理が用いられるが、統計的分析はより複雑なものが行われる（Murray, 1998; Raudenbushら, 2002）。

3）無作為化実験法の論理

プログラム効果を予測する無作為化実験法の論理を、Exhibit 8-A に示す。これは、単純な前後比較無作為化実験の概略図である。図に示したように、プログラム参加期間の前後におけるアウトカム変数の変化量の平均が、介入群、対照群それぞれにおいて計算される。二群間の（プログラム参加以外の）等質性の仮定が正しければ、対照群における変化量[Exhibit 8-A の C（＝C2-C1）]は、介入群の対象がプログラムを受けなかった場合の変化量を示すことになる。その量[C]が介入群におけるアウトカム変数の変化量[I]から差し引かれた場合、残された変化値が直接的にそのアウトカムへのプログラム効果の平均を推定する。

しかし、この介入群と対照群の差（Exhibit 8-A では I-C）は、前述したようにそもそも無作為化割り付けによって生じた確率的要素も反映した結果である。そのため、介入群と対照群の平均アウトカム得点の数的な差を、たんにプログラム効果と解釈することはできない。代わりに、差の程度がたんなる偶然によって生じるかどうかを判断するために、統計的有意性の検定を適切に用いる必要がある。このような場合に習慣的によく用いられる統計検定としては、t検定、分散分析、（介入前の値を共分散とした）共分散分析などがある。

Exhibit 8-A の概略図では、プログラム効果を、あるアウトカム変数の前後変化として表している。アウトカムの種類によっては、介入前の測定が不可能な場合もある。たとえば、予防プロ

グラムでは、プログラムサービスの提供前には、予防対象となるアウトカムは通常存在しない。10代の妊娠予防プログラムを考えてみると、プログラムは当然まだ妊娠していない10代の者に提供されるが、プログラムの主要なアウトカムは、妊娠の有無となる。同様に、貧しい家庭の高校生を大学に進学させる援助プログラムにおいても、その主要アウトカムは介入後でしか観察することはできない。しかし、可能であれば、前後の測定値があることは統計的に有利である。たとえば、介入前の測定が可能で、個々の標的対象の出発点が同定できれば、プログラム効果をより正確に予測することができるであろう。

4）インパクトアセスメントにおける無作為化実験の例

　実際のインパクトアセスメントに適用された無作為化フィールド実験の論理を説明し、また現実に評価を行う際に遭遇する困難を示すために、いくつかの例を紹介しよう。Exhibit 8-B は、小学生の食事の栄養構成を改善するための介入の効果を検証した無作為化実験の例である。この実験の特徴のいくつかを述べると第1に、分析単位が学校であり、個々の生徒ではない点である。つまり、学校全体が、介入群か対照群かに割り付けられている。第2に、用いられたアウトカム指標が複数であり、介入目標となる複数の栄養素を含んでいる点である。介入効果（介入群における総カロリー摂取ならびに脂肪によるカロリー摂取が低いこと）がたんに確率的な差によるものかどうかを判断するために、統計的検定を行っていることも、適切である。

　Exhibit 8-C には、精神障害患者であった者が提供するケースマネジメントの効果を、精神保健専門家によるケースマネジメントと比較した無作為化実験を示す。この例では、実験的デザインを用いて、新しいサービスの効果を通常のサービスと比較している。したがって、この社会実験では、ケースマネジメントが効果的であるかどうかという問題は扱わず、異なるアプローチが、現在行われている実践よりも、よりよい効果をもたらすかどうかを評価する。このインパクトアセスメントのもうひとつの興味深い側面は、参加対象者にある。ケースマネジメントが適用されるクライエントが代表として集められたが、そのうち25％が（当然の権利として）参加を拒否したため、得られた結果を適用クライエントのすべてに一般化できるかどうかという疑問が残った。この問題は実際のサービス提供においては典型的にみられるもので、インパクトアセスメントにおいては、適切な参加者がさまざまな理由で参加できない、あるいは参加しないということが常に生じるものである。また参加したとしても、別の理由によって最終的なアウトカム測定が得られないこともある。Exhibit 8-C の実験では、当初の参加者96名のうち、サービスを終了できなかったために評価が行えなかったのは2名のみであり、また1年後のフォローアップ時に追跡できなかった人も3名にとどまったことを、評価者は幸運であると述べている。

　Exhibit 8-D では、すでに実施されている国家政策に関するフィールド実験で、最も規模が大きくよく知られているもののひとつを紹介する。この社会実験は、貧困で欠損家族でない（つまり両親がいる）家庭への所得支援給付金が、彼らの雇用時間を減少させる、つまり労働意欲を抑制するかどうかを検討するために計画された。この研究は、政府機関の助成を受けた一連の5つ

■ **EXHIBIT 8-B** ■　CATCH：児童の食事習慣変化の実証プログラムにおける
　　　　　　　　　　フィールド実験

　必要栄養摂取量調査によると、アメリカ人は平均して、脂肪からのカロリー、とくに飽和脂肪からのカロリー摂取が過剰であり、塩分の多い食事を摂っている。これらの食事習慣は、冠状動脈性心臓病や肥満の発症率の高さに関連している。そこで、心臓・肺・血液研究所は、児童により好ましい栄養摂取をもたらす介入の無作為化フィールド実験、児童・青年期心血管系保健試行（the Child and Adolescent Trial for Cardiovascular Health: CATCH）に出資した。

　CATCHは、無作為化比較対照フィールド試験で、カリフォルニア州、ルイジアナ州、ミネソタ州、テキサス州の96の小学校が介入単位とされ、介入校56校と対照校40校に無作為に割り付けられた。介入プログラムでは、給食スタッフに栄養バランスのとれた給食メニューのための理論について情報提供する訓練セッションと、目的達成のためのレシピやメニューの紹介を行った。栄養と運動についての訓練セッションは教員に対しても実施された。また学校管理者と話し合い、生徒の体育教育のカリキュラムの変更を行った。加えて、参加児童の両親にも栄養に関する情報提供を行うよう努めた。

　ベースラインとフォロー時に24時間の食事摂取調査を行った結果、介入学校の児童は対照学校の児童に比べて、食事総摂取量、脂肪、飽和脂肪によるカロリーがいずれも有意に低かった。しかし、コレステロールとナトリウムの摂取に関しては差がみられなかった。これらの指標には、24時間に摂取したすべての食事が含まれているため、学校給食以外の食事習慣の変化も示されていることになる。負の側面としては、介入学校の学童の血中コレステロール値が有意に低くはならなかった点である。しかし介入群において、学校給食プログラムへの参加が拒否されることはなく、したがって参加校数が対照校数を下回らなかったことは、重要である。

　出　典：R. V. Luepker, C. L. Perry, S. M. McKinlay, P. R. Nadar, G. S. Parcel, E. J. Stone, L. S. Webber, J. P. Elder, H. A. Feldman, C. C. Johnson, S. H. Kelder, and M. Wu. "Outcomes of a Field Trial to Improve Children's Dietary Patterns and Physical Activity: The Child and Adolescent Trial for Cardiovascular Health (CATCH)". *Journal of the American Medical Association*, 1996, 275（March）: 768-776. より一部修正のうえ引用。

の研究の1番目にあたるもので、各研究では、異なる形態の所得保障を検討し、それが貧困あるいは貧困に近い人々の労働努力に及ぼす影響を検討している。5つの社会実験はすべて、長期的に実施され、最も長いものは5年以上にわたって行われた。また、すべての社会実験において、当初対象となった家族の協力を維持することが困難であった。研究の結果、所得給付は、とくに10代と幼い子どものいる母親、つまり二次的労働力の人たちにおいて、若干の労働意欲の減退をもたらすことが明らかになった（Mathematica Policy Reseach, 1983; Robins ら, 1980; Rossi ら, 1976; SRI International, 1983）。

■ EXHIBIT 8-C ■　新サービスの効果アセスメント

　フィラデルフィアの地域精神保健センターでは通常、重い精神疾患を有するか、著しい治療歴のあるクライエントに、集中型ケースマネジメントを提供している。ケースマネジャーは、包括型ケースマネジメント（assertive community treatment: ACT）モデルを用い、住居、リハビリテーション、社会活動といったクライエントのさまざまな問題やサービスに関する援助を提供している。ケースマネジメント・チームは、訓練を受けた精神保健従事者からなり、ケースマネジャーのスーパーバイズのもとで働いている。

　近年、当事者による精神保健サービス提供、すなわち自分自身が精神疾患をもち、治療を受けていた人によるサービス提供が注目されていることから、地域精神保健センターでは、当事者が非当事者よりも効果的なケースマネジャーになる可能性に関心をもった。以前患者であった人のほうが、自身の経験から精神疾患についてより深い知識をもち、また患者との共感的絆も築きやすい可能性があり、より適切なサービス計画を立てられるかもしれない。

　当事者によるケースマネジメントの効果を、精神保健センターの通常のケースマネジメントと比較検討するために、評価チームは無作為化フィールド実験を行った。まず、128名の基準を満たすクライエントが研究参加のために集められた。32名は参加を拒否し、残り96名は同意書に署名をして、通常のケースマネジメント群か介入群に無作為に割り付けられた。介入チームのケースマネジャーは、地元にある当事者運営の権利擁護・サービス機関の一部として活動する精神保健サービス利用者で構成された。

　データは面接と標準化された尺度を用いて、ベースライン時、ケースマネジメントへの割り付けから1ヶ月後と1年後に集められた。測定には、社会的アウトカム（住居、逮捕、収入、雇用、ソーシャルネットワーク）と臨床的アウトカム（症状、機能レベル、入院状況、救急利用、服薬態度とコンプライアンス、治療への満足度、QOL）が含まれた。サンプルサイズと統計的分析方法は、十分な検出力をもって差が特定できるよう計画された。とくに、この種の比較では重要な発見となる、有意差がみられない可能性に注意した。96名の参加者のうち、94名は研究期間を通じてサービスを受け、91名が1年後のフォローアップ時までフォローされ、面接を受けた。

　当事者ケースマネジメント・チームのクライエントは、治療への満足度が低く、家族との連絡が少なかった以外は、どのアウトカム指標においても、統計的に有意な差はみられなかった。これら2つの負の結果に関しては、さらなる検討が必要である。しかし、主要アウトカムにおいては同等の結果が得られたことを根拠として、このサービスモデルにおいて、精神保健当事者は、ケースマネジャーとして非当事者と同等の能力があると、評価者は結論づけている。さらに、このアプローチは、精神疾患患者であった者に対して、適切な雇用機会を提供しうる可能性も示している。

出　典：Phyllis Solomon and Jeffrey Draine, "One-Year Outcomes of a Randomized Trial of Consumer Case Management". *Evaluation and Program Planning*, 1995, 18(2): 117-127. より修正のうえ引用。

■ **EXHIBIT 8-D** ■ 　ペンシルバニア州とニュージャージー州の収入維持実験

　1960年代後半、貧困に関心をもっていた連邦政府は、福祉政策から、すべての家族に対するなんらかの年間収入保障の提供への転換を考え始めた。経済機会局（OEO: office of economic opportunity）は、そのプログラムの重要課題のひとつ、すなわち貧困家庭への収入保障給付が、彼らの労働意欲を減退させるかという経済理論予測を検証するために、大規模なフィールド実験を開始した。

　実験は1968年に開始され、ニュージャージー州プリンストンにある調査会社マセマティカ（Mathematica）社と、ウィスコンシン大学の貧困研究所によって、3年間行われた。標的集団は両親のいる家族で、法定貧困レベルの150％未満の収入で、男性世帯主の年齢が18〜58歳の者である。収入保障と、家族の収入に連動する所得税率をさまざまに組み合わせて、8つの介入条件が構成された。たとえば、ある介入条件においては、所得を得る人が1人もいない家族の場合、当時の貧困レベル125％の収入保障を家族が受けた。彼らの税率は50％で、家族のだれかに所得があった場合、1ドル稼ぐごとに50セントが給料から差し引かれることになる。他の条件では、税率は30〜70％に設定され、保障レベルは貧困レベルの50〜125％に設定された。対照群の家族には、給付金がまったくなかった。

　社会実験は、ニュージャージー州の4地域とペンシルバニア州の1地域で行われた。まず、基準を満たす家族を見つけるために、大規模な世帯調査が行われ、基準を満たした家族に参加を呼びかけた。同意が得られた場合には、家族は介入群のひとつ、または対照群に無作為に割り付けられた。参加家族は、プログラム参加前と、その後3ヶ月間隔で、3年間にわたって面接調査を受けた。面接では、雇用状況、所得、消費状況、健康状況、さまざまな社会心理的指標に関するデータが集められた。そして、各月の所得報告とあわせてデータを分析し、給付金を受けている人の労働努力（勤務時間で測定）が、対照群と比較して減少しているかどうかを検討した。

　当初、1300家族が募集されたが、研究の終わりには22％が協力を中止した。面接が実施できなかった者や、さまざまな時期に脱落する者がいた。700家族弱が、継続参加者として分析に残った。全体の結果として、介入群の家族は労働努力が約5％減少していた。

出　典：D. Kershaw and J. Fair, *The New Jersey Income-Maintenance Experiment*, vol. 1. New York: Academic Press, 1976. の要約。

5）無作為化フィールド実験を実施するための必要条件

　インパクトアセスメントにおいて、無作為化評価デザインが望ましいことは広く認識されており、うまく実施する方法についての文献も増えている（Boruch, 1997; Dennis, 1990; Dunford, 1990）。さらに、本章で引用したように、実験デザインをインパクトアセスメントに適用した多くの例が示され、適切な状況下での実行可能性が示されている。

　しかし、介入効果について最も妥当な結論を導くことのできる力をもっているにもかかわらず、無作為化実験がインパクトアセスメントにおいて占める割合は、小さいものとなっている。とくに、倫理的または法的規則に反さずに、プログラムサービスを差し控えることができない場合には、（対照群に代替介入を提供できたとしても）、政策的、倫理的配慮によって無作為化は除外

されることが多い。無作為化が可能で許容される場合でも、無作為化フィールド実験は、大規模で行うにはコストを要し、また時間、専門的技術、参加者とプログラム提供者の協力を要するという点で、実施することが難しい。したがって一般的には、きわめて状況がよい場合にのみ実施される。たとえば、希少なサービスをくじで割り付けたり、同程度に魅力的なプログラムを無作為に割り付ける場合、あるいは課題が政策的にとくに重要な場合などである。Dennisら（1989）は、無作為化フィールド実験を行う際に満たすべき5つの基準状況を挙げている。

- 現行の実践は改善される必要がある。
- 提案された介入の効果は、フィールドの条件のもとでは不確かである。
- 介入を評価するのに、より簡潔な他の方法がない。
- 結果は、政策にとって潜在的に重要である。
- デザインは、研究者とサービス提供者双方の倫理的基準を満たしている。

インパクト評価のための無作為化実験の使用を、促進あるいは阻害する状況については、本章の後半で議論する。

6）無作為割り付けの近似法

無作為化の望ましい点は、適用集団を介入群と対照群に割り付ける際に、バイアスがかからないことである。つまり、最終的に介入群に入るか対照群に入るかの確率は、研究参加者全員に対して同程度にある。良好な状況下であれば、比較的バイアスが少なく、無作為化に十分近似した介入群と対照群が得られる方法として、無作為化に代わるいくつかの手段がある。さらに二群に差があったとしても、その差がアウトカムに関してバイアスを生じさせないと主張できる場合もある。たとえば、無作為化の代替として、比較的よく用いられるのは、連続リスト（serialized list）による系統割り付けである。この方法では、バイアスを生むような順序でリストが作成されていないかぎり、無作為化と同様の結果を得ることができる。高校生を介入群と対照群に割り付ける場合、ID番号が奇数の生徒を介入群に、ID番号が偶数の生徒を対照群にするのは、都合がよい。奇数が女子生徒、偶数が男子生徒というように、奇数と偶数がなんらかの特徴と関連しているのでなければ、割り付け結果は無作為割り付けと統計的に同じである。この方法を用いる前には、評価者はリストがどのように作成されたか、番号振りの過程が、割り付けになんらかのバイアスを生じさせないかどうかを確認することが必要である。

ときには、標的集団のリストによって、発見が難しいほど小さなバイアスが生じることがある。たとえば評価者が、アルファベットリストを用いて、名字がDで始まる人を介入群、Hで始まる人を対照群に割り付けようと考えた場合、ニューイングランドでは、この方法は民族的なバイアスを引き起こすこととなった。というのも、フランス系カナダ人の多くはDで始まる名前（DeFleurなど）が多く、ヒスパニック系の名前はHで始まることがほとんどないためである。同

様に、年齢順につけられた番号表では、年齢のバイアスが生じることもある。連邦政府がソーシャルセキュリティー番号を割り当てる際は、通常小さい番号ほど高齢となっている。

バイアスのかかった割り付けであっても、「無視できる」場合もある（Rog, 1994; Rosenbaumら, 1983）。たとえば、ミネアポリスで行われた、養護施設に入る子どもを家族のもとにとどめるための、家族カウンセリングプログラムの効果検証では、紹介時に定員一杯だったためにプログラムを受けられなかった子どもが、対照群とされた（AuClaireら, 1986）。これは、子どもの紹介時期がアウトカム、すなわち家族調整に対する子どもの期待、にほとんどあるいはまったく関連がないという前提に基づいている。したがって、対象者をサービスあるいはサービスなし（またはサービスへの待機リスト）に割り付ける状況が、対象者の特徴と関連がなければ、結果は無作為化に十分近いものと考えられる。

対象者を介入群と対照群に分ける過程が、バイアスなく割り付けられたか、支障なく無視できる程度のバイアスで割り付けられたかは、状況を精密に調査して判断しなければならない。問題となっている過程が、特定の特徴をもつ対象に、より影響を及ぼす疑いがある場合、その特徴がアウトカムとは無関係であることが確実に示されないかぎり、その結果を無作為化の近似法として受け入れることはできない。たとえば、フッ素添加水が歯科健康に及ぼす影響を評価する場合、フッ素添加された給水を行っている地域を、そうでない地域に対する介入群として設定することはできない。フッ素添加を行っている地域は、独特の特徴がある可能性が高く（平均年齢が低い、サービス志向の行政地域など）、それらと歯科健康は無関係とは考えられないため、ここでいうバイアスとなるであろう。

7）無作為化実験法のためのデータ収集戦略

無作為化実験で得られたプログラム効果の予測を、より改善するためのデータ収集方法として2つの戦略がある。1つめは、アウトカム変数を複数回測定する方法で、介入の前後において行うことが望ましい。前述したように、アウトカム変数の測定が介入後しか行えず、介入前の測定が不可能な場合もある。そのような場合は別として、一般的法則として、介入前後にアウトカム変数の測定が実施されるほど、プログラム効果の予測はよりよいものとなる。介入前の測定は、介入群と対照群の介入前の状態を示すものであり、無作為化では完全に釣り合いの取れなかった先在的な差異を、統計的に調整するのに有用である。また、介入によってどれだけの利益（変化）があったのかを測定するのにも役に立つ。たとえば、職業再訓練プログラムの評価では、介入前に介入群と対照群の所得額を測定しておくことで、評価者は、トレーニングの結果として所得がどの程度改善したかをよりよく予測することができる。

2番目の戦略として、介入期間中に定期的にデータを収集する方法がある。定期的に測定することにより、評価者は介入が経時的にどのように作用するかについて、有用な説明を構築することができる。たとえば、職業再訓練を試みる6週間のプログラムのうち、最初の4週間に大半の効果が得られることがわかれば、トレーニング期間を短縮することは、プログラム効果を大きく

損ねることなくコストを削減する妥当な選択肢となるであろう。同様に、定期的な測定は、標的集団がサービスにどのように反応するのかという理解にもつながるであろう。ゆっくりと反応して加速する場合もあれば、はじめに強く反応し、その後は尻すぼみになる場合もあるだろう。

8）複合無作為化実験法

インパクトアセスメントでは、複合デザインで、いくつかの種類の介入、すなわち複数の別個の介入法を検討することがある。たとえば、ニュージャージー・ペンシルバニア所得維持実験（Exhibit 8-D）では、保障収入の額と世帯所得への税率がそれぞれ異なる8つの種類について検証された。これらのバリエーションは、異なる支給プランが、労働意欲の減退にどの程度影響するかを検討するために用いられた。評価の重要課題は、(1)支給額と(2)稼得収入（給与所得）による支給の減額率、によって、支給が雇用に及ぼす影響が、異なるのかどうかということであった。

このような複合実験は、新しい政策がどのような形態をとるか事前に明確になっていない場合に、潜在的な新しい政策を探索するのに適している。実行可能なプログラムバリエーションをいくつか設定することで、適用可能性のある政策を、より網羅することができ、インパクトアセスメントの一般化可能性が高まることとなる。さらに、さまざまなバリエーションを検証することで、効果を最大限にするプログラムを構築するための情報を得ることが可能となる。

たとえば、Exhibit 8-E ではミネソタ州の福祉政策で行われたフィールド実験について解説している。介入群として2種類のプログラムが導入され、どちらもクライエントが雇用されても、現金給付（financial benefit）は継続されるようになっている。一方の介入では、指定就労（mandatory employment）と訓練活動が含まれ、もう一方には含まれていない。もし2つのプログラムが同等の効果を示したならば、指定就労と訓練活動のないプログラムを実施するほうが明らかに費用対効果は高くなる。しかし実際は、現金給付と指定就労を組み合わせたほうが、大きな効果をもたらした。この情報を元に政策決定者は、収入と雇用に大きな効果を及ぼす、より費用の高いプログラムと、コストは低いが効果がより小さくそれでも正の効果があるプログラムとの、どちらを選択するかを考えることができる。

9）無作為化実験法の分析

単純な無作為化実験の分析は、きわめて簡潔である。適切な無作為化を行っていれば、介入群と対照群は統計学的に同等であるため、それぞれのアウトカムを比較することが、プログラム効果の予測となる。前述のように、［プログラム効果の］予測値が、介入効果がまったくなかった場合の確率変動以上のものかどうかを示すために、統計的有意性検定が用いられる。Exhibit 8-F に、単純な無作為化実験で行われた分析の例を示す。まず、介入群と対照群のアウトカム平均値

■ EXHIBIT 8-E ■ 福祉事業と労働報酬：ミネソタ家族投資プログラム
(The Minnesota Family Investment Program)

　要扶養児童家庭扶助（Aid to Families with Dependent Children: AFDC）プログラムは、AFDC支給額が低賃金雇用で稼げる額よりも概して高いために、受給者が生活保護から抜けて職を探す意欲を損ねているという非難を多く受けてきた。ミネソタ州は、AFDC受給者の職探しを援助し、就職した場合にはAFDCよりも多くの収入が受けられるような実験を行うよう、連邦政府の厚生省から許可を受けた。ミネソタ家族投資プログラム（MFIP）の具体的な主な改善点は、参加者が雇用されると受給額が20％増額され、雇用賃金3ドルにつき、受給額は1ドルのみ減額されるというものであった。また、働きながら育児ケアが受けられるよう、育児手当も共に支給された。つまり、このプログラムではAFDC受給者が雇用された場合、AFDC受給よりも多くの収入を得ることになった。

　1991年から1994年にかけて、ミネソタ州の多くの郡の約1万5000人のAFDC受給者が、無作為に次の3つの条件に割り付けられた。(1)より多くの支給額を受け、就労と訓練活動の義務があるMFIP介入群、(2)より多くの支給額を受けるが、就労と訓練活動の義務はないMFIP介入群、(3)従来のAFDC支給とサービスを受ける対照群、である。3群とも管理データと繰り返し実施された調査によってモニターされた。アウトカムの測定には、雇用状況、所得額、プログラム満足度を用いた。

　18ヶ月追跡した実験参加者9000人の分析により、実証は成功した。MFIP介入群家族は、より多く雇用され、雇用後は対照群家庭よりも多くの収入を得ていた。さらに、MFIP支給に加えて義務的就労と訓練活動を受けていた介入群では、MFIP支給のみを受けていた群よりも、より多く雇用され、収入も多かった。

出　典：Cynthia Miller, Virginia Knox, Patricia Auspos, Jo Anna Hunter-Manns, and Alan Prenstein, *Making Welfare Work and Work Pay: Implementation and 18 Month Impacts of the Minnesota Family Investment Program*. New York: Manpower Demonstration Research Corporation, 1997. より一部修正して引用。

を単純に比較し、続いてアウトカムに影響を及ぼす介入以外の変数を統計的に統制するために、重回帰が行われた。

　予想されるとおり、複合無作為化実験では、相応した複雑な分析方法が必要とされる。全体的な効果を予測するには、単純な分散分析で十分だが、より綿密な分析技法を用いたほうが、より意味深いものとなる。たとえば、高度な多変量解析では、介入効果をより正確に予測でき、評価者は単純な無作為化実験では通常解決できない課題に取り組むことができるであろう。Exhibit 8-Gに、複合無作為化実験が分散分析と因果関係モデルを用いてどのように分析されたかを示す。

■ EXHIBIT 8-F ■ 無作為化実験の分析：ボルティモア LIFE プログラム

ボルティモア LIFE 実験は、労働省の資金提供を受けて、受刑者への少額資金援助が、彼らの市民生活への移行を促し、再逮捕されて刑務所に戻る確率を低下させるのかどうかを検証するために行われた。多くの受刑者は、受刑期間中の労働時間を累積することができず、失業保険の適用ではないため、資金援助は失業保険額を想定して設定された。

メリーランド州立刑務所から釈放され、ボルティモアに戻った受刑者が、介入群と対照群に無作為に割り付けられた。介入群は、雇用されるまで13週にわたり、毎週60ドルを受け取る資格を有した。対照群は、研究プロジェクトに参加しているが、支給金は支払われないことが告げられた。研究者は定期的に参加者に面接を行い、受刑者の釈放日から1年後までの逮捕記録を追跡した。釈放後1年の逮捕記録結果を表8-F1に示す。

表8-F1　釈放後1年間における逮捕率

逮捕罪状	介入群 （n＝216）	対照群 （n＝216）	差
窃盗罪（強盗、泥棒、窃盗など）	22.2%	30.6%	−8.4
その他の重罪（殺人、強姦、暴力など）	19.4%	16.2%	+3.2
微罪（公安妨害行為、飲酒など）	7.9%	10.2%	−2.3

表に示された結果は主効果と呼ばれ、最も単純な実験結果の示し方である。無作為化によって、介入群と対照群は、介入を除いて統計的に等質であるので、逮捕率の差は介入と確率的変動のみによるものと推定できる。

この結果のもつ実質的な意味は、表の右列に要約されており、さまざまな犯罪における介入群と対照群の逮捕率の差として示されている。釈放後1年の窃盗罪については、−8.4%の差が、介入の望ましい潜在的効果を示している。続く問題は、8.4という値が、このサンプルサイズ（n）に予測される確率変動の範囲内にあるかどうかという点である。この状況では、カイ二乗検定、t検定、分散分析など、いくつかの統計的検定が利用できる。この場合、予測される介入効果の方向性が明らかであるため、研究者は片側t検定を用いた。その結果、−8.4%以上の差が偶然に生じる可能性は、同じサンプルサイズの場合、100分の5未満であった（つまり統計的有意水準 $p \leq .05$）。研究者は、少なくとも窃盗犯罪に関しては、介入が望ましい効果を得たことを示すのに十分な差であったと結論づけた。

残りの犯罪タイプについては、t検定の基準を超えるだけの差はみられなかった。つまり、介入群と対照群の差は、通常の統計的水準に従うと、確率変動で十分説明できる範囲内（$p > .05$）であった。

これらの結果から、実践的には次の疑問が生じる。この差は政策的にみて十分な意味をもつか？ 言い換えれば、窃盗犯罪が8.4%減少することは、プログラムの費用を正当化しうるか？ という疑問である。この疑問に答えるため、労働省は費用−便益分析（第11章で議論する）を行い、便益がはるかに費用を上回ることを示した。

より複雑だが参考になる方法として、重回帰を用いた窃盗犯罪データの分析結果を表8-F2に示す。提示された疑問は、前の分析とまったく同じであるが、重回帰モデルでは加えて、支給金以外に逮捕に影響を及ぼしうる要因も考慮にいれている。重回帰分析は、統計的にそれらの要因を統制しながら、介入群と対照群の逮捕率を比較する。

実際、分析に用いられた他変数の各レベル内で、介入群と対照群の比較が行われた。たとえば、ボルティモアの失業率は実験期間の2年の間に変動があったため、ある受刑者は仕事を得やすい時期に釈放され、ある者は不運なときに釈放されていた。釈放時の失業率を分析に含めることは、その要因による個人の変動を減らし、介入効果の予測を精密にすることになる。

表8-F2 窃盗犯罪による逮捕の重回帰分析

独立変数	回帰係数（b）	bの標準誤差
介入群への参加	−.083*	.041
釈放時の失業率	.041*	.022
釈放後3ヶ月間の労働週数	−.006	.005
釈放時の年齢	−.009*	.004
初回逮捕時の年齢	−.010*	.006
過去の逮捕歴	.028*	.008
人種	.056	.064
教育歴	−.025	.022
過去の就労経験	−.009	.008
婚姻状況	−.074	.065
仮釈放	−.025	.051
定数（intercept）	.263	.185

$R^2 = .094^*$ ； $N = 432$ ； * $p \leq .05$

表8-F2で重回帰分析に追加された変数はすべて、先行研究において再犯率や就労率に影響を及ぼすことが示されている変数であることに注意してほしい。これらの変数を追加することは、結果を大きく強化する。各係数は、当該独立変数の単位に関しての、釈放後逮捕の可能性の変化を示している。すなわち、介入群への参加に示された−0.083という値は、介入によって窃盗犯罪による逮捕率が8.3%減少したことを意味する。これは、上記表8-F1に示された結果と非常に一致している。しかし、分析において他変数を統計的に統制しているため、その数を越える係数の確率予測は100分の2まで低下している。したがって、重回帰分析の結果は介入効果をより正確に予測したといえる。加えて、釈放時の失業率や、釈放時の年齢、初回逮捕時の年齢、窃盗逮捕歴は、元受刑者の逮捕率すなわちプログラムのアウトカムに有意な影響を及ぼす要因であることが明らかになった。

出　典：P. H. Rossi, R. A. Berk, and K. J. Lenihan, *Money, Work and Crime: Some Experimental Evidence.*, New York: Academic Press, 1980. より一部修正のうえ引用。

■ **EXHIBIT 8-G** ■　複合無作為化実験の分析：TARP 研究

　表8-F で示したボルティモア LIFE 実験の有望な結果に基づき、労働省はテキサス州とジョージア州の既存の機関を利用した、元犯罪者への失業保険給付を実施させる大規模実験を開始した。提案された新プログラムの目的は、前回同様、元犯罪者に失業保険を適用することにより彼らが収入を得るために犯罪にかかわる必要性を減少させることである。しかし「釈放受刑者への就労支援」（Transitional Aid to Released Prisoner：TARP）と呼ばれるこの新しい実験では、給付期間にばらつきがある点と、就労報酬に対する給付の減額率の段階にばらつきがある点で異なっている。

　介入の主効果は、表8-G の分散分析に示されている（簡潔に示すため、テキサス州の TAPR 研究結果のみを示す）。窃盗犯罪逮捕に対する介入効果はみられなかった。すなわち、介入群と対照群には確率的に予測される以上の差がみられなかった。しかしながら、介入は釈放後1年の勤務週数に強い効果をもたらした。給付を受けている元犯罪者は、対照群に比べて勤務週数が少なく、その差は統計的に有意であった。すなわち、給付金は犯罪とは競合しなかったが、雇用状況とは強く競合したようである。

　要約すると、これらの結果から社会実験介入は期待したようには作用せず、実際は望ましくない効果をもたらしたように見える。しかし、この種の分析は、始まりにすぎない。この結果から評価者は、カウンターバランス・プロセス（平衡作用過程）が働いている可能性の示唆を得た。犯罪学の文献では、元犯罪者の失業状態は再逮捕率の増加と関連することが知られている。したがって研究者は、より多くの給付を受けた、または「税率」が低い参加者で労働週数が少なかったことか

表8-G　窃盗犯罪逮捕の分散分析（テキサスデータ）

A．釈放後1年の窃盗犯罪逮捕

介入群	平均逮捕回数	逮捕率	n
26週の給付、100%税率	.27	22.3	176
13週の給付、25%税率	.43	27.5	200
13週の給付、100%税率	.30	23.5	200
給付なし、職業紹介サービス[a]	.30	20.0	200
面接を受けた対照群	.33	22.0	200
面接なしの対照群[b]	.33	23.2	1000
ANOVA　F値	1.15 (p=.33)	.70 (p=.63)	

B．釈放後1年の勤務週数

介入群	平均勤務週数	n
26週の給付、100%税率	20.8	169
13週の給付、25%税率	24.6	181
13週の給付、100%税率	27.1	191
給付なし、職業紹介サービス	29.3	197
面接を受けた対照群	28.3	189
ANOVA　F値	6.98 (p<.0001)	

a．介入群の元犯罪者は、特別な職業紹介サービス（受けた人は少なかった）を受け、仕事に必要な機材やユニホーム購入の援助を受けた。給付金はほとんどない。
b．逮捕記録のみによる観察対照群；したがって、勤務週数の情報はない。

ら、失業保険給付が労働意欲を減退させ、それが犯罪行動の増加に影響すると仮定した。一方、給付金によって、収入を得るために犯罪に関与する必要性は減少するはずである。したがって、給付金が犯罪行動の減少に及ぼす効果は、給付期間中の雇用の低さによる負の効果によって打ち消されてしまい、逮捕に及ぼす全体的効果が事実上ゼロになってしまったのであろう。

この「カウンターバランス効果」の解釈の妥当性を検証するため、図8-Gに示す因果関係モデルが構築された。このモデルでは、給付金が雇用に及ぼす影響（労働意欲の減退）と、逮捕に及ぼす影響（期待される介入効果）には負の係数が予測された。逆に、失業のカウンターバランス平衡効果は、より短い労働時間が逮捕増加と関連すると示されるため、雇用と逮捕の間の負の係数として表示されるはずである。図8-Gに示された係数は、構造方程式モデルと呼ばれる統計的手法によって実証データから導かれたものである。図に示したように、テキサスデータでもジョージアデータにおいても、仮説の関係が示された。

したがって、高度な多変量解析と組み合わされたこの複合実験によって、介入効果はとるに足らないものであったが、その結果をもたらす原因が明らかになった。とくに本結果から、給付金は犯罪行動を減らすという期待された機能をもつことが示唆されたが、プログラムを成功させるには、負の効果としての労働意欲の減退に対抗する方法を見つけなればならないことが示された。

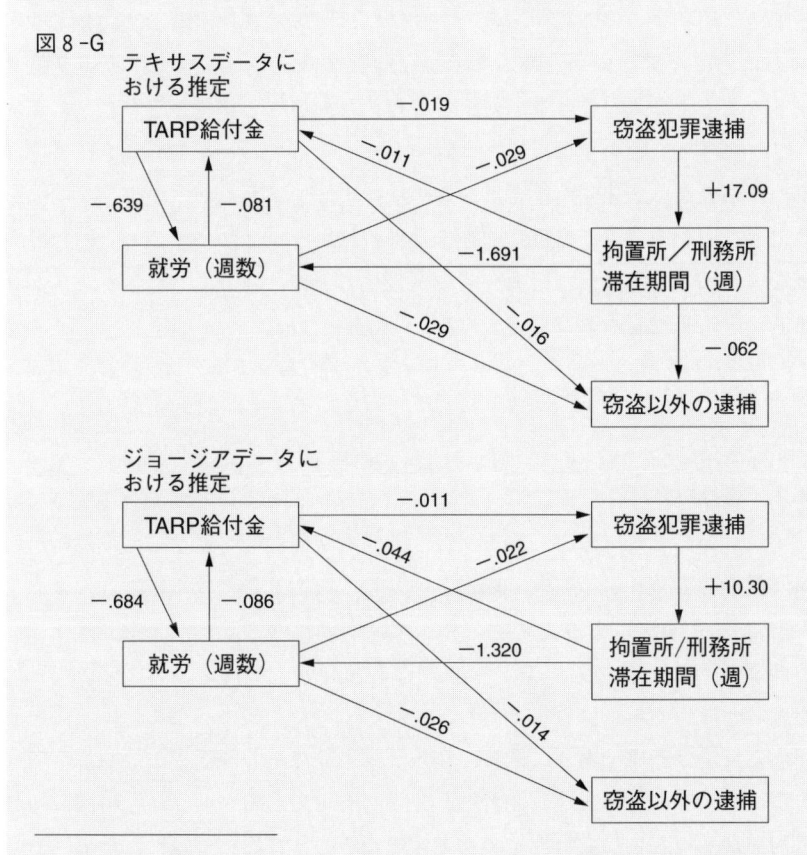

図8-G

出　典：P. H. Rossi, R. A. Berk, and K. J. Lenihan, *Money, Work and Crime: Some Experimental Evidence*. New York: Academic Press, 1980. より一部修正のうえ引用。

4．無作為化実験法を用いることの限界

　無作為化実験は当初、実験室や農業分野のフィールド実験のために考案された。その特有の論理は、社会プログラムを評価するという課題にも適切であるが、しかしその研究デザインはすべてのプログラム状況に適用可能なわけではない。本項では、評価における無作為化実験法の使用の限界について概説する。

1）実施初期段階にあるプログラム

　本章でもいくつか例を示したように、試験的プログラムの無作為化実験は、政策やプログラム計画に有用な情報を提供する。しかし、一度プログラム計画が採用されて、プログラムが実施されると、無作為化実験がうまく答えていたインパクトクエスチョン（課題）は、プログラムが安定し、実施上成熟するまでは適切でないことがある。プログラム実施の初期段階では、介入やその提供方法を完成させるために、プログラムのさまざまな特徴が修正される。無作為化実験では、プログラムのアウトカムを、介入を受けない対象者と対比させることができるが、プログラムが研究の間に変化してしまうと、その結果はあまり意味がなくなってしまうであろう。アウトカム測定前にプログラムが明らかに変化した場合は、どの種類のプログラムがどのような効果を生み出したかを明確にできないため、異なる種類の介入効果の結果をひとつにまとめる場合もある。したがって、高価なフィールド実験は、研究期間中一貫して実施されるよう、しっかりと計画された介入の検証目的に限定して行うのが最善である。

2）倫理的配慮

　無作為化実験法の使用において頻繁に障害となるのは、関係者が倫理的不安を抱え、無作為化を、独断的で勝手に対照群から有益なものを奪い取るものとして考えることである。このような批判はたいてい、以下のような論法による。プログラムを試す価値があるのであれば（すなわち、プロジェクトが対照集団を援助するのであれば）、潜在的に有用なサービスを、それを必要としている人々に提供しないことは、明らかに有害である。したがって、このようなことは非倫理的である、と。これに対する反論は明確である。通常、介入が効果的であるかどうかは明らかでない。実際、だからこそ実験を行うのである。研究者は、介入が有用であるかどうかを事前に知ることができないため、対照群からなにか有益なものを奪っているのではない。逆に、効果的でないプログラムに時間を割くという無駄を省いているのかもしれない。

　介入による有害の可能性が示される場合には、政策決定者はそれだけの理由で、無作為化実験

の許可に難色を示すであろう。たとえば、公共料金価格設定（utility-pricing experiments）の社会実験では、介入によっては家庭の公共料金額（utility bills）が増加する可能性があった。研究者は、超過分を研究終了後に払い戻すことを介入家庭に約束することで、反論した。しかし、払い戻しを約束することによって、おそらく公共料金の無責任な使用が生じ、介入の特徴は変わることとなった。

　最も強力な倫理的反論は、概して対照群の状況に関するものである。従来のサービスが、その問題に対して有効であることが知られている場合、代替サービスを検証するために、従来のサービスを中止することは、一般的に非倫理的であろう。たとえば、新しい算数カリキュラムを検証する社会実験において、対照群を設定するために児童から算数教育を奪うようなことはしない。この場合の重要課題は、新カリキュラムが教育がない場合に比べて優れているかどうかではなく、新カリキュラムが現在の実践法よりも優れているかどうか、である。したがって、新カリキュラムと、現在の教育実践を示す対照群との間で比較実験を行うことが適切である。

　プログラム資源が乏しく、需要にまったく満たない場合には、対照群への無作為割り付けは、とくに難しい倫理的ジレンマを伴う。この過程は要するに、プログラムサービスを受ける数少ない適用対象者を、無作為に選択することと同じである。しかし、適用者のすべてに介入が提供できなくても、無作為化はだれが選ばれるかを決める最も平等な方法であり、すべての対象者が等しい可能性をもっていることで反論できるであろう。実際、介入の効果がまったく不確かな場合には、これは容易に受け入れられる。しかし、よくみられるように、サービス提供者が、実験的根拠がないにもかかわらず介入の効果に確信をもっている場合、サービスを確率的に割り付けることには強く反対し、最も必要としている対象者が優先的にサービスを受けるべきだと主張することも多い。次章で議論するように、このような場合は、無作為化実験の代わりに、回帰−不連続（regression-discontinuity）準実験デザインが適用される状況である。

3）実験的な介入の実施と実際の介入との違い

　評価に無作為化実験を使用する際のもうひとつの限界は、実験的インパクトアセスメントにおける介入提供が、通常の実践での提供方法と決定的に異なるという点である。福祉給付のように、標準化され容易に提供できるような介入であれば、小切手を支払う方法は限られているため、実験的介入であっても、十分に実施されたプログラム状況を代表できるであろう。一方、より手間のかかる、高度な介入（就職支援プログラム、カウンセリング、教育など）をフィールド実験で提供する際は、通常のプログラムで提供されるときよりも、十分な注意と一貫性をもって行われる。実際、第6章で述べたように、介入実施が劣化する危機は、プログラムプロセスを追跡する主な理由のひとつとなる。

　政策決定上の重要性からその必要が認められる場合に、この問題に対するひとつのアプローチとして、実験を2ラウンド行う方法がある。はじめに、研究プロトコルの1部として最も純粋なかたちで介入を実施し、次に公的機関で実施する方法である。Exhibit 8-F と Exhibit 8-G に

示した、労働省による釈放受刑者に対する失業保険給付プログラムでは、この戦略が用いられた。第1段階では、メリーランド州立刑務所から釈放された432名の受刑者について、ボルティモアで小規模の社会実験が行われた。研究者は、釈放前に受刑者を選択し、給付金を提供し、就労と逮捕状況について1年間観察を行った。Exhibit 8-Fに示したように、失業保険を13週にわたって受け取った介入群では、釈放後の窃盗逮捕が減少する結果が得られた。

　より大規模な第2段階の社会実験は、ジョージア州とテキサス州でそれぞれ2000名の受刑者を対象として行われた（Exhibit 8-G）。給付金は、各州の職業安定所を通じて給付され、州の刑務所制度と連携して、受刑者を釈放後1年間追跡した。この第2段階は、プログラムが連邦法によって制定された場合に実施されるに近いと思われる状況で実施された。しかし、第2段階の社会実験では、職業安定所の規則と手続きのもとで実施された場合、給付金は効果的でないことが示された。

4）時間と費用

　無作為化フィールド実験の主な困難は、とくに複数の場所での大規模実験の場合、概して費用と時間がかかることである。そのため、関係者がインパクトのエビデンスに対して大きな関心をもたない場合、政策決定者に受け入れられることの少ないプログラム構想の評価や、すでに確立されたプログラムの評価は、通常行うべきでない。さらに、情報が早急に必要な場合には、社会実験を行うべきではない。この点を強調するために、気に留めておいてほしいのだが、ニュージャージー・ペンシルバニア所得維持実験（Exhibit 8-D）は、3400万ドル（1968年当時）の費用を費やし、計画から結果公表まで7年以上も要したのである。シアトルとデンバーの所得維持実験ではさらに年月を要し、政策としての所得維持が国家政策から消えてしばらくたった後に、最終結果が示されたのである（Mathematica Policy Research, 1983; Office of Income Security, 1983; SRI International, 1983）。

5）実験の完全性

　最後に、無作為化実験の完全性は、たやすく脅かされることに注意すべきである。無作為に形成された介入群と対照群は、実験当初は統計的に等質であることが予測されるが、実験が進行するにつれて、非無作為過程によってその等質性が損なわれる可能性がある。脱落における違いが、介入群と対照群の相違を引き起こすかもしれない。たとえば、所得維持実験では、介入群で最も給付の少ない家庭と対照群の家庭は、研究への協力を中断する傾向にあった。また、その他の状況における少人数の脱落はまったく同等であったと根拠もないまま信じた場合、プログラム効果の推定において生じる潜在的バイアスによって、介入群と対照群の比較可能性は危うくなる。

加えて、「純粋なプログラム」を提供することは困難である。評価者は、特定の介入効果を検証するために実験をデザインするのだが、介入群に実施されたことはすべて介入の一部となるのである。たとえばTARP研究（Exhibit 8-G）は、受刑後の経済的援助の最適額の効果を検証するためにデザインされたのであるが、援助が州政府機関によって提供されたため、政府機関における手続きも介入の一部を構成することとなった。実際、大規模な社会的無作為化実験において、なんの妥協もせず、介入状況のどの側面が、報告されたどの効果に関連しているのかについて、不確かでない研究はほとんどない。そのような問題があったとしても、無作為化フィールド実験は概して、次章で述べる非無作為化デザインを含むその他の方法に比べて、より信頼できるプログラム効果の予測を生み出すものである。

まとめ

- インパクトアセスメントの目的は、プログラムが、目的のアウトカムに及ぼす効果を確定することである。無作為化フィールド実験法は、インパクトアセスメントの最重要手法（flagship）であり、うまく実施された場合は、プログラム効果について最も信頼できる結論を得ることができる。
- インパクトアセスメントは、プログラムのさまざまな段階において実施される。しかし、より強力なインパクトアセスメントでは、相当の資源を必要とするため、評価者は求められたインパクトアセスメントが、その状況下で正当化しうるものかどうかを考慮しなければならない。
- インパクトアセスメントのあらゆる研究デザインの基礎となる方法論的概念は、無作為化実験法の論理に基づいている。この論理の本質的特徴は、研究対象者を無作為割り付けによって介入群と対照群に分割することである。準実験法では、真の無作為化以外の方法によって、群が割り付けられる。評価者はそれぞれの状況において、「まあ十分な」研究デザインに必要なものを判断しなければならない。
- 無作為化実験法の主要な長所は、介入の有無を除いて介入群と対照群が統計的に等質であることを保証することによって、介入の効果のみを取り出せることである。厳密に等質な群では、その構成、観察期間中の経験、研究プログラムに対する性質が同等になる。実践的には、各群が総体として、アウトカムに関連する特徴について比較可能であれば、十分である。
- 確率変動によって、無作為化で得られた二群間になんらかの違いが生じうるが、研究者は統計的有意差検定によって、観察されたアウトカムの差が、介入ではなく確率的に生じる可能性を予測することができる。
- インパクトアセスメントにおける分析単位の選択は、介入と、介入が提供される対象集団の性質によって決定される。
- リスト上の名前を1人おきに割り当てたり、ある時点における新規対象者の定員によっ

てサービスへの選択を決定するなど、いくつかの手続きや状況によって無作為化にある程度近似させることができる。しかし、これらの代替法の結果、介入や期待されるアウトカムに関連する性質について介入群と対照群に違いがみられない場合にのみ、無作為化への十分な代替法となりうる。

■介入後のアウトカム測定はインパクトアセスメントにおいて必須であるが、介入前や介入後の測定、さらにはその後の繰り返し測定によって、効果予測の正確性は増し、評価者は介入が経時的にどのように作用したかを検討することができる。

■複合インパクトアセスメントでは、複数の介入あるいはひとつの介入のさまざまな種類（variants）を検証する。そのような実験では、高度な統計的手法が必要とされる。

■無作為化実験は厳格であるが、インパクトアセスメントによっては適切でなかったり、実行が難しい場合がある。実施の初期段階にあるプログラムに適用された場合には、社会実験では把握しえない方向に、介入が変化する可能性があり、その結果は曖昧なものとなるであろう。さらに、対照群からプログラムサービスを引き止めることが、不公平で、非倫理的であると関係者が考えている場合には、無作為化に同意したがらないであろう。

■社会実験は、資源集約的であり、専門的知識、研究的資源、時間を必要とし、プログラムによる通常のサービス提供の混乱にも耐えなければならない。さらに、介入状況におけるプログラム提供は、実践における日常的な介入提供とは異なった不自然な状況を生み出す可能性もある。

キー・コンセプト

介入群（Intervention group）
介入を受ける標的集団のことで、アウトカム指標について、ひとつあるいは複数の対照群と比較される。対照群を参照。

準実験法（Quasi-experiment）
無作為割り付け以外の方法で介入群と対照群が形成されるインパクト研究デザイン。

対照群（Control group）
プログラム介入を受けない標的集団のことで、アウトカム指標について、介入を受けたひとつあるいは複数の集団と比較される。介入群を参照。

分析単位（Units of analysis）
インパクトアセスメントにおいて、アウトカム指標が測定される単位のことで、すなわち分析データが得られる単位のことを指す。分析の単位は、個人だけでなく、家族、近隣地域、地域、組織、行政区、地理的区域、その他の団体であることもある。

無作為化(Randomization)
　標的集団を確率的に、介入群と対照群に割り付ける方法で、すべての対象者は、等しい確率をもって、どちらかの群に割り付けられる。

無作為化フィールド実験法(Randomized field experiment)
　プログラム設定において実施される研究デザインで、無作為割り付けによって、介入群と対照群を形成し、そのアウトカム指標を比較して、介入効果を検討する。対照群と介入群を参照。

第9章 プログラムインパクトをアセスメントする
代替的デザイン

Assessing Program Impact: Alternative Designs

●本章の概要

1. プログラム効果の推定値におけるバイアス
    1) 選択バイアス
    2) 他のバイアス源
        a. 持続的趨勢　　b. 干渉的イベント　　c. 成熟
    3) 非無作為化デザインでのバイアス

2. 準実験的インパクトアセスメント
    1) マッチングにより対照群を構成する
        a. マッチングするための変数の選択　　b. マッチング手続き
    2) 統計学的手続きによる集団の等質化
        a. 多変量統計解析法　　b. アウトカム変数決定因のモデル化
        c. 選択の決定因のモデル化
    3) 回帰−不連続デザイン
    4) 再帰的コントロール
        a. 単純前後比較デザイン　　b. 時系列デザイン

3. インパクトアセスメントに準実験法を用いるうえでのいくつかの注意

適切に実施された無作為化フィールド実験法は、プログラム効果のバイアスのない推定値を生み出すので、インパクトアセスメントにおける望ましいデザインである。しかし、評価者は実践上の理由から、しばしば非無作為化デザイン（nonrandomized designs）に頼らざるをえない。本章では、非無作為化の手法で対照群を設置してプログラムアウトカムをアセスメントするデザインを論ずる。これらのデザインはたいていの場合、標的集団をプログラムへの参加者と非参加者に無作為にグループ化できなかったときに用いられる。また、再帰的コントロール法（標的集団を彼ら自身と比較する手法）を用いるその他の一連のデザインについても論じる。これらの代替デザインのうちには、プログラム効果の結果推定値のバイアスがない確実さが、無作為化フィールド実験法ほど高いものはひとつもない。

　第8章で論じてきたように、無作為化フィールド実験法はプログラムインパクトをアセスメントする最強の研究デザインである。それが適切に実施されるなら、バイアスのない、インパクトの推定値をもたらすことができる。それはすなわち、プログラム効果の大きさを結果的に過大に、あるいは過小に推定しがちな組み込まれた傾向がないからである。評価者がインパクトアセスメントを行う目標は、当然ながら公正で正確に、プログラムの実際の効果を推定することであり、これこそが無作為化フィールド実験法が実施可能なかぎり一般的に選択されるデザインである理由である。

　無作為化デザインが実現不可能なとき、評価者が用いることができる代替的な研究デザインがある。しかし、それらにはすべてに共通して問題となる特性がひとつある。それは、どれだけ十分精巧に計画され実施されたとしても、プログラム効果の推定値はバイアスがかかっているかもしれないことである。そのようなバイアスは、プログラム効果を体系的に誇張したり、あるいは縮小したりする。バイアスの方向性をあらかじめ知ることは、たいていの場合できない。バイアスは、当然ながら利害関係者の関心に影響を及ぼしうる。もしそうしたバイアスによって、効果がなかったり害になったりするようなプログラムが、効果があるように見えてしまったら、プログラム参加者は不利益を被りかねない。資源の浪費を懸念する財団関係者や政策立案者にも、このような環境は役立たない。他方で、バイアスが、本当に効果のあるプログラムを効果がない、あるいは害があるように見せかける場合には、プログラム実施者の業績を不当に過小評価しかねず、そのプログラムに対するスポンサーからの助成金を減額したり廃止したりする原因となることがある。

　したがって、どのようなインパクトアセスメント・デザインを用いるにせよ、評価者の主要な関心は、プログラム効果の推定値におけるバイアスを最小限にすることに違いない。それに対応して、非無作為化デザインが使われる場合の主な関心課題は、どのように潜在的バイアスを最小限にとどめるかということである。これを確実に成し遂げる方法はないので、非無作為化デザイ

ンを用いたインパクトアセスメントの結果の妥当性には、いつでも、少なくとも多少の疑いが残る。その理由と、研究者たちがそれを取り扱おうとする方法を理解するために、私たちはバイアスがどこから生じるのかを理解しなければならない。この理解ができたら、次に非無作為化デザインの多様な形式について触れ、無作為化デザインが実施できない場合に、プログラム効果を推定するのにそれらを用いる方法について説明する。

1．プログラム効果の推定値におけるバイアス

　標的集団がプログラムに参加した後は、評価者はアウトカムの状態を観察することができ、信頼性と妥当性のある測定尺度によって、許容できる精密さと正確さでそれを記述することが期待できる。第7章で論じたように、プログラム効果は、観察されたアウトカムと、同じ標的集団で他のすべては均質なのだが、プログラムには参加しなかった人たちに生じたアウトカムとの間の差異である。バイアスは、プログラムに参加した場合のアウトカムの測定か、プログラムに参加しなかったら生じたであろうアウトカムの推定値かのどちらかが、対応する「真の」値よりも高すぎるか低すぎるときに表れてくる。これらのアウトカムのどちらかのレベルが、評価データのなかで正しい値をとっていないと、次はプログラム効果の推定値が、実際のプログラム効果よりも小さくなったり、あるいは大きくなったりする。すなわち、バイアスが生じるのである。
　第1の問題は、ある介入プログラムに参加した標的集団に対する観察されたアウトカム測定のバイアスである。この種類のバイアスは、妥当性があり標的集団にふつうみられるアウトカムレベルに十分幅広く対応する測定尺度を使うことで、比較的避けやすい。その結果、インパクトアセスメントにおけるバイアスが最も多く生じるのは、研究デザインに起因するものであり、それは、介入プログラムに参加しなかった場合に発生すると考えられる観察されないアウトカムを体系的に過小または過大に推定してしまう研究デザインの問題である。この種類のバイアスは、プログラム効果を図示した第7章（Exhibit 7-A）のグラフを用いて Exhibit 9-A に示してある。現実に介入プログラムを受けた標的集団が、介入を受けなかったときの、実際のアウトカム値は測定できないために、プログラム効果の推定におけるこの種のバイアスがあるときには、容易に判断をする手段がない。この内在する不確実性こそが、インパクトアセスメントにおいてバイアスの潜在性を大きな問題にするのである。無作為化デザインの利点が次の点にあることは心に留めておくべきである。すなわち、どのような場合においても介入がないときのアウトカムが誤って推定される可能性はあるが、無作為化のおかげで誤推定は偶然にしか生じえない。そのため、過大ないしは過小な推定は同様の確からしさで生じ、そこには体系的なバイアスは生じないのである。
　かなり明らかなバイアスのある単純なケースを、例を挙げて考えてみよう。幼い子どもたちへの語彙発達に重点をおいた読書力プログラムを評価し、アウトカムを測定するのに適切な語彙テストを用意しているとしよう。私たちはこのテストを用いてプログラムの前後に子どもたちの語

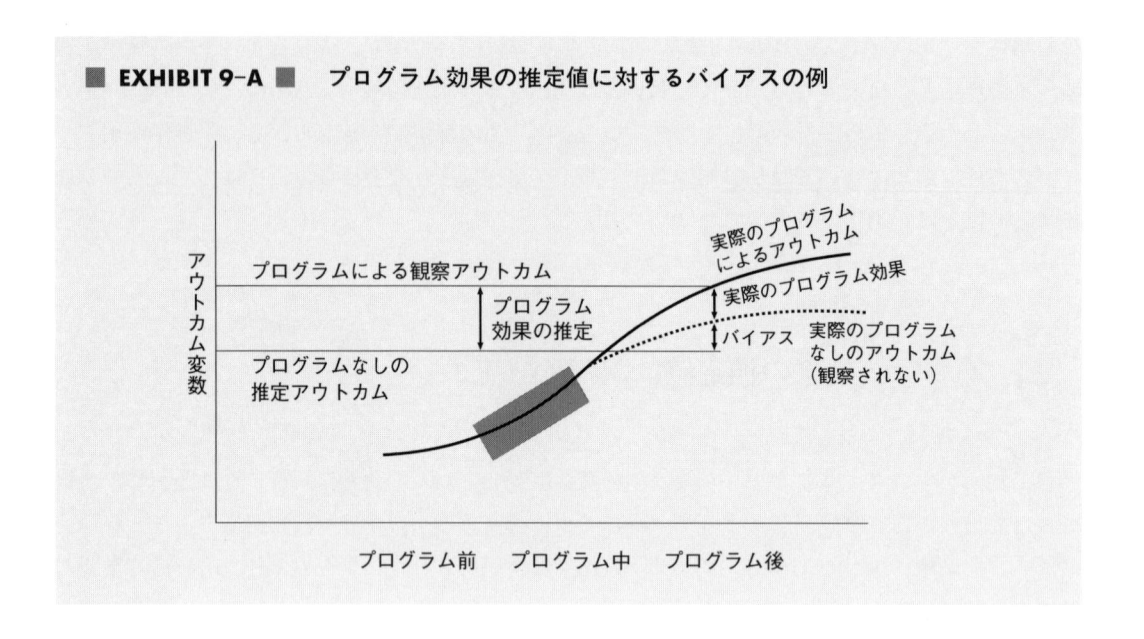

■ **EXHIBIT 9-A** ■　プログラム効果の推定値に対するバイアスの例

（図：アウトカム変数を縦軸に、プログラム前・プログラム中・プログラム後を横軸にとり、「プログラムによる観察アウトカム」「プログラム効果の推定」「プログラムなしの推定アウトカム」「実際のプログラムによるアウトカム」「実際のプログラム効果」「バイアス」「実際のプログラムなしのアウトカム（観察されない）」を示す）

彙を測定する。テストはプログラムが重視している語彙の発達の領域で妥当性があり、信頼でき、感度が高いため、かなりの自信をもってプログラムに参加した後での子どもたちの語彙レベルについての妥当な記述を手に入れることができる。語彙に対するプログラム効果を推定するために、私たちはプログラム実施後の語彙レベルを、プログラムに参加していない子どもたちが取ると思われる語彙レベルの推定値と比較しなければならない。その目的のために、プログラム開始前に実施した語彙テストの結果を用いることにした。ということは、プログラムなしでは子どもたちの語彙がその関心の期間中に変化しないだろうと想定したのである。次いで、介入後の語彙テストから介入前の語彙テストの平均値を引いてプログラム効果の推定値を得るのである。この状況はExhibit 9-Bに描かれている。

　プログラム効果のこの推定値においてバイアスが生じるのは、幼い子どもたちの語彙が実際には静的なものではなく、むしろ時間の経過とともに上昇する傾向がある（かつ通常の環境下では、事実上決して低下しない）ためである。つまり、プログラムに参加しなかった子どもたちでも、いずれにせよ語彙は上昇するであろうが、それでもプログラムの手助けがあるほどには上昇しないだろう、ということになる。この自然に上昇した分も合わせた総量が、実際のプログラム効果とともに推定値に含まれている。これが私たちの推定値におけるバイアス源である（Exhibit 9-Bにみられるように）。このような時間経過に伴う自然の変化が人間行動のとても多くの側面で起こるために、事前－事後測定（before-after measures）はほとんどいつもバイアスのあるプログラム効果推定値を生み出してしまうのである。しかしながら、インパクトアセスメントに携わる評価者にとっては不運なことに、インパクトアセスメントを危うくしかねないバイアスのすべてが、これほど明確なわけではない。それについてここから論じることにする。

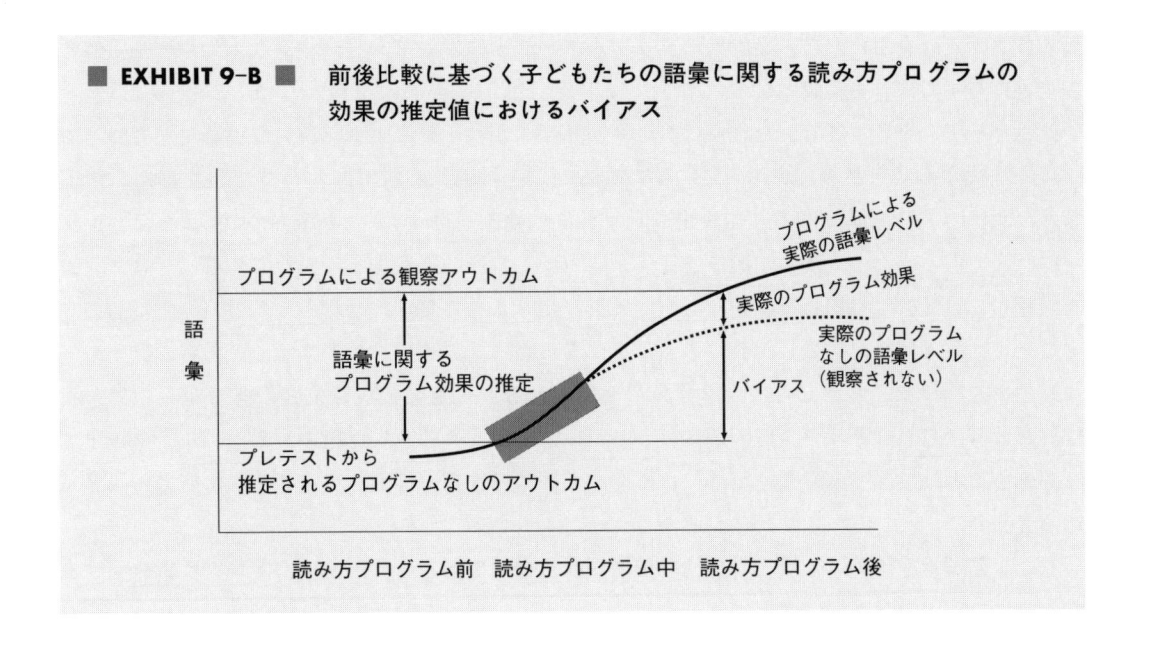

■ EXHIBIT 9-B ■ 前後比較に基づく子どもたちの語彙に関する読み方プログラムの効果の推定値におけるバイアス

[図：読み方プログラム前・中・後における語彙レベルの変化を示すグラフ。プログラムによる観察アウトカム、語彙に関するプログラム効果の推定、プレテストから推定されるプログラムなしのアウトカム、プログラムによる実際の語彙レベル、実際のプログラム効果、実際のプログラムなしの語彙レベル（観察されない）、バイアスが示されている。]

1）選択バイアス

　前章で述べたように、最も一般的なインパクトアセスメント・デザインは、個人または他の単位の2群、つまりプログラムを受けた介入群と、それを受けていない対照群との比較に関するものである。そこでプログラム効果の推定値は、適切なアウトカム測定についての群間の差異に基づいている（たとえば、「（介入群の平均アウトカム得点）－（対照群の平均アウトカム得点）」）。この単純な差異は、以下の仮定が成り立つときのみに成立するプログラム効果のバイアスのない推定値である。その仮定とは、もし両群ともプログラムを受けていないなら、両群の平均アウトカム得点が、適当なプレーポスト2回の測定時点間を通じて同じであるという仮定である。もしその仮定が成り立つなら、どのような実際の得点の差異もプログラム効果に違いない。プログラム群と対照群とに個人を無作為に割り付けることの長所は、統計学的な有意検定によってアセスメントできる偶然の変動の限界内において、この連続的等価性の仮定がまさしく可能だという点にある。

　しかしながら、もし各群が無作為に割り付けられていないなら、この根本的な仮定は疑わしいものになるだろう。各群が無作為化手法を用いて形成されていない群間比較デザインは、群がどれほど等価に見えるかにかかわりなく、**不等価比較デザイン**（nonequivalent comparison design）として知られている。この用語は、プログラムへの参加がない場合でもアウトカムの等価性が、かならずしも仮定できるわけではないという事実を強調している。

　等価性の仮定が保たれないなら、生じうるアウトカムにおける群間の差異は、いずれにせよプログラム効果の推定値に、ある種のバイアスを作り出してしまうだろう。これは**選択バイアス**（selection bias）として知られている。このタイプのバイアスは、不等価（すなわち、非無作為化）

群比較デザインを用いたどんなインパクトアセスメントにおいても、プログラム効果の推定値の妥当性に対する固有の脅威となる。

　選択バイアスと名づけられた理由は、このバイアスが、十分によくわからない影響をもつあるプロセスによって、どの人がどちらの群になるかが選択される状況において出現するからである。これは、純粋に偶然によって決定された各群への割り付け（つまり既知の影響）とは、正反対の状況である。たとえば次の例を考えて頂きたい。自発的に参加する人たちの群にプログラムを実施し、自発的に参加しない人たちを対照群に用いるとしたらどうだろうか。自発的に参加することで、各人は自己選択した群に入ることになるだろう。選択バイアスは、どちらの群ともプログラムを受けないとしたらアウトカム尺度に表れる、自発群と非自発群のあらゆる差異を指す。私たちは自発群と非自発群の間に、いったいどのような関連した違いがあるのか、そのすべてを知ることはできそうもないために、そのバイアスの性質や程度を決定するには能力に限界がある。

　しかし、選択バイアスとは、自発的参加者か非自発的参加者かのように、プログラムを受けるか、受けないかを意図的に選択する結果生じるバイアスだけを示すのではない。ふつうはもっと捉えにくいかたちで生じることが多い。たとえば、ある評価者が、学校規模で薬物予防プログラムのインパクトをアセスメントしているとしよう。その評価者が、すぐ近くの別の学校で、プログラムは実施していないが、他の点では非常によく似ている学校を見つけたならどうだろう。評価者がその学校の子どもたちを、プログラムを行う学校との対照群として用い、一学年度の終わりに２群間で薬物使用レベルを比較できるだろう。開始時点での薬物使用は２つの学校で同じであったとしても、どのようにして評価者は、両校生徒がそのプログラムを受けなかった場合に、学年度末の状態が同じと知ることができるだろうか。子どもたちが生活する場所や、どの学校に在籍しているのかということに影響する、人的、文化的、経済的要因は数多くある。これらの要因は、ある子どもたちがある学校に在籍し、別の子どもたちは別の学校に在籍するという「選択」として作用する。これら子どもたちの学校への在籍に影響するどのような差異も、彼らが対象となっている学年度の間に薬物を使用する可能性に影響を与えうる。そのことが起こることまで考えれば、２つの学校での薬物使用の比較から得られる薬物予防プログラムの効果のどのような推定値にも、選択バイアスがあることになろう。

　選択バイアスは、自然のあるいは意図的な過程を通じて、すでに形成されている介入群と対照群のメンバーに対するアウトカムデータが失われていくときにも起こりうる。これは、**対象者の欠損**（attrition）として知られる状況である。対象者の欠損は、２つの形態で起こりうる。(1)標的集団のメンバーが介入群か対照群から脱落し、連絡をつけることができない場合、あるいは、(2)標的集団のメンバーがアウトカム測定への協力を拒んだ場合、である。プログラム実施後のアウトカム測定のときには、どちらの群もプログラム効果以外の部分は等しいことが重要課題であるため、もともと介入群または対照群に割り付けられたケースのアウトカムデータに欠損があるなら、データが欠損しているケースは、選別されて研究デザインから除外選別されたことになる。対象者の欠損が、はっきりとした偶然の過程（乱数表を使ったり、コイン投げを使った場合、など）以上の結果として生じた場合は、（事実上いつもそういうことになるのだが）差異のある対象

者の欠損が仮定されなくてはならない。つまり、アウトカムデータが欠けている介入群の人たちは、アウトカムデータが欠けている対照群の人たちと同じアウトカム関連の特性をもっている、と仮定することはできないということだ。すなわち、対象者の欠損後の両群の残りの人たちの比較可能性も変化しているということである。これは、選択バイアスで示唆したのとすべて同様である。

　無作為化割り付けデザインでさえ、対象者の欠損により誘発される選択バイアスから免れえないことは明らかであろう。無作為化割り付けは、最初の割り付け時に統計学的に等質な群をつくるが、プログラム実施後のアウトカム測定時の等質性こそが選択バイアスを防ぐものなのである。結果として、介入群または対照群の片方または双方でなんらかの対象者の欠損が生じるなら、選択バイアスは生み出される。それは、そのようなアウトカムデータは当初に無作為化されたすべての単位について集められていないためである。したがって、無作為化フィールド実験法の妥当性を維持するためには、評価者は、アウトカム測定において対象者の欠損を防ぐか、せめて最小限に抑える必要がある。そうでなければその研究デザインは、すぐに不等価比較群へと格が下がってしまうからだ。

　対象者の欠損といっても、研究デザインの質を下げるのは、アウトカム測定からケースが脱落する場合であることは留意しておくべきである。プログラムから脱落した標的集団であっても、引き続きアウトカム測定に協力してくれるのであれば、選択バイアスを作り出すわけではない。これらの標的集団がプログラムを完遂しないのなら、プログラム実行の質は下がるかもしれないが、結果として実行の程度がどうであれ、プログラムインパクトをアセスメントする研究デザインの質を下げるわけではない。従って評価者は、介入群の対象者が実際にプログラムに十分参加していようといまいと、アウトカム測定をそれぞれ全員から得るように試みるべきである。同じように、たとえ終了時にプログラムや他の類似したサービスを受けていた人がいたとしても、対照群のそれぞれ全員からアウトカムデータを得るべきである。もしアウトカムデータが全員から得られたなら、二群比較のデザインの妥当性が保たれたことになる。介入群へのサービスが不十分であったり、対照群へサービス提供を行ってしまうことは、結果として得られたプログラム効果推定値の比較と意味の鋭敏さを損なうだけである。どのようなプログラム効果が見出されたとしても、それは意図した群に提供されたプログラムの効果を表している。それは、十分なプログラムを受けるよりは少ないかもしれないとしても、である。もし対照群がサービスを受けているなら、効果の推定値は、介入群が対照群と比べて相対的により十分なサービス提供を受けることで得られたものを表している。

　以上まとめると、選択バイアスは、標的集団を介入群と対照群とに最初に割り付けるときだけではなく、アウトカム測定に際して各集団から利用しうるデータを入手するときにも適用されるのである。すなわち、選択バイアスは、プログラムを受けた群と受けなかった群間でアウトカム測定の比較に使用しようとする各対象者（分析単位、units）が、プログラム参加の有無に直接関係する特性は別にして、アウトカム測定の状態に影響を与えるいくつかの固有の特性が異なる、すべての状況を含んでいる。

2）他のバイアス源

　選択バイアスを別にすれば、インパクトアセスメントの結果を偏らせうる他の要因は、一般的に、介入期間に発生したイベントや体験したことがらのうち、プログラムを受けること以外のものすべてと関係している。介入群と対照群間でアウトカムを比較することによるプログラム効果の推定においては、両群ともの対象者がアウトカムに関連した特性に関して等質なだけではなく、研究経過中のアウトカムに関連した体験が、プログラムに参加すること以外の点で等質である必要があるからだ。もし一方の群が、プログラム参加以外にも他方の群が体験していない体験をしているなら、それもアウトカムに影響する。すなわち、二群間のアウトカムの差異はプログラム効果だけではなく、その他の体験の効果も反映している。後者の効果は、もちろんプログラム効果を実際の効果よりも過大か、または過小にみせかけてしまうのであり、そのことによりバイアスを構成する。

　介在する出来事（イベント）や体験は、プログラムを受けた対象者が、前後比較デザインにおいて、プログラムを受ける前の同じ対象者と比較されるときでさえ、潜在的問題となる。対象者は、プログラム期間中に、プログラムに関係がなくとも、アウトカムに影響するさまざまな体験をしたり、外的なイベントに遭遇したりする。それらの体験やイベントの程度に応じて、前後比較デザインはプログラム効果の推定値にバイアスを生み出す。私たちは、これまですでに、読書力プログラムへの参加期間中でも、幼い子どもたちが自然に語彙を増やしていくという事例についてみてきたとおりである（Exhibit 9-B）。

　評価者にとっての困難は、通常または自然のイベントの連鎖が必然的に関心の対象となるアウトカムに影響する環境において、社会プログラムが運営されていることである。たとえば、急性疾患を克服する人の多くは、通常の生体防御がそれら疾患を克服するために十分機能しているために、自然に回復していく。したがって、インフルエンザなど、病理学的状態に対する治療法を検討する医学実験は、介入効果を治療せずとも生じる変化から区別しなくてはならない。そうしなければ、治療効果の推定値は、かなりバイアスが生じることになる。状況は社会的介入でも同様である。若い人たちに特定の職業的技能を訓練するプログラムは、同じ技能をプログラムへ参加せずに習得する人たちがいるという事実と格闘しなければならない。同様に、貧困を減らすプログラムのアセスメントは、外部からの支援なしに経済的な状況を改善させる家族や個人がいることを考慮にいれなくてはならない。

　インパクトアセスメントにおけるバイアスを生じかねない体験やイベントは、概ね以下の3カテゴリに分けられる。持続的趨勢（secular trends）、干渉的イベント（interfering events）、成熟（maturation）である。

a．持続的趨勢

　コミュニティや地方、国における比較的長期間の動向は、プログラムの見かけ上の効果を強化したり覆い隠したりする変化を生み出す可能性がある。ときに持続的趨勢と呼ばれるものであ

る。コミュニティの出生率が低下している期間には、出生減少に対するあるプログラムは、出生率下降傾向に抵抗するバイアスによって効果的にみえるかもしれない。同様に、貧困家庭が住まう住居の質を向上させるプログラムは、実収入の全国動向が上昇して彼らの住居にだれもがより多くの資源を費やせるときには、プログラムが実際にもつ効果よりもっと効果的にみえるだろう。持続的趨勢は、プログラムの本当の効果を覆い隠す方向にもバイアスをもたらす。たとえば、ある効果的な収穫量増大プロジェクトは、プログラム実施期間中の望ましくない天気の影響により、プログラム効果の推定値がバイアスを受けるなら、なんのインパクトもないようにみえる可能性がある。同じように、刑務所出所者への雇用機会提供プログラムの効果は、プログラムが労働市場の不況下で実施されるなら、隠されてしまうかもしれない。

b．干渉的イベント

持続的趨勢と同様に、短期間に発生するイベントは変化を生み出し、それはプログラム効果の推定値にバイアスをもたらす可能性がある。停電による通信手段の混乱と食料品供給の障害は、栄養プログラムの効果を妨げるかもしれない。自然災害によって、地域協力を増加させるためのプログラムが効果的であったようにみられることもあるが、そうした場合、実際には危機的状況そのものが地域住民一人ひとりを団結させているのである。

c．成熟

先述したように、インパクト評価では、自然の成熟過程や発達過程がプログラムとは独立にかなりの変化を生み出す可能性があるという事実に対応しなければならないことが多い。もしそれらの変化がプログラム効果の推定値に含まれるのなら、それらの推定値にはバイアスがかかっている。たとえば、若者にスポーツへの関心を高めるキャンペーンを行った効果は、彼らが労働人口に組み入れられるとき、そうした関心が一般的には低下するために覆い隠される可能性がある。成熟の動向は年配者にも同様に影響しうる。成人対象の予防的保健活動プログラムは、健康が加齢と共に低下するために、効果がないようにみえるかもしれない。

3）非無作為化デザインでのバイアス

これまでインパクトアセスメントにおけるバイアスについて検討してきたのは、適切に実施された無作為化フィールド実験以外のすべてのインパクトアセスメント手法のデザインと分析にとって、これこそが中核課題であるという事実に突き動かされてきたからである。実際、ある状況下ではバイアスは無作為化実験においても問題となる。無作為化実験では、アウトカム測定時に対象者の欠損が生じない適切な無作為化で選択バイアスを防ぐことができるはずである。プログラム介入群と対照群とを比較できるよう、無作為割り付けからアウトカム測定時までの間、注意深く環境を管理することにより、集団に生じた他の異なる体験やイベントの影響に起因するバイアスを防ぐことができるだろう。しかし、もしこれらの条件がデザインから欠落するのであれ

ば、プログラム効果の推定値にバイアスが生じる潜在的可能性がある。

これら推定値におけるバイアスを最小限に抑えることが調査デザインの重要な課題となるのは、評価者が非無作為化インパクトアセスメント・デザインを用いる場合や、無作為化しても対象者の欠損が相対的に多かったり、介入群と対照群の間で異なる外部のイベントや体験があったりする場合である。こうした理由のために、私たちはこれから、無作為化フィールド実験に対する代替的アプローチについての議論を整理して、プログラム効果の推定値に生じるバイアスの可能性や、評価者が努力してそれを減少させる方法などについて検討する。

2．準実験的インパクトアセスメント

第8章で記したように、準実験的（quasi-experiment）という用語は、無作為に割り付けられた介入群と対照群ではないインパクトデザインを記述するために用いられる。準実験デザインでは、介入を受ける標的集団が比較されるのは、選択された対照群であり、それには、非無作為的に割り付けられた標的集団と、介入をうけない潜在的な標的集団が含まれる。後者の対照群が介入群と関連する特性や体験で類似しているか、あるいは統計学的に類似するよう補正できる程度に応じて、プログラム効果が合理的な信頼性をもってアセスメントされる。

また、無作為化実験として始まったある評価が、終了時にはその状況でなくなった場合も、結果として準実験的デザインになる。たとえば、ニューオーリンズ・ホームレス物質乱用プロジェクトのインパクトアセスメントを考えてみよう。これはホームレスのアルコールや物質乱用者に対する居住型成人再社会化プロジェクト（residential adult resocialization project）である（Devineら，1995）。インパクトアセスメントは無作為化実験法でデザインされたが、実際に無作為に割り付けられた適格なクライエントは3分の1にも満たなかった。プログラムのスタッフは、参加者がプログラムに「ふさわしい（good）」クライエントにみえる人のときだけ、その人を手続きによって治療がされるように割り付け、そうでなければ対照群に割り付けた。そうすることで、スタッフは無作為化の手続きを覆したのである。さらに、アウトカムデータ収集での欠損は、意図された無作為化デザインの質をさらに低下させた。結果として生じた介入群と対照群は、無作為化実験の必要条件を満たしていないため、評価者はやむなくこの状況を準実験デザインとして取り扱わなければならなかった。

特定の準実験的デザインがバイアスのないプログラム効果の推定値を生み出すかどうかは、評価デザインが、介入群と対照群間の重要な差異をどれだけ最小限に抑えられたかどうかに大きく依拠している。典型的な準実験デザインにはよくあるが、両群間に、ここで問題にすべき差異の可能性があるなら、その差異がプログラム効果の推定値にもバイアスを生み出す可能性がある。たとえば、農業生産を増大させる州プログラムを考えてみよう。農民たちに集中的な教育キャンペーンを行い、適切な肥料を用いて生産を高める方法を指導したとしよう。評価者は、キャンペーンに加える標的集団として、多くの農業区域を選び、農業団体に対して自発的に自分たちの農

業区域で教育キャンペーンを実施するよう依頼する。次に評価者たちは、対照群を選択するが、自発的にキャンペーンを実施しない農業区域のなかから、農業生産に影響しうる数多くの特性（たとえば、平均雨量、平均農家保有地の大きさ、収穫計画量、農家保有地あたりの平均資本設備額）について参加区域とマッチングできる区域を選択する。難しいのはそれ以外にも、おそらく未知の収穫量と強く関連しうる二群間の差異の可能性があることである。もしかすれば、当局がこのプロジェクトに自発参加した区域は、先駆的事業に関してより進歩的で、リスクを負うことにより積極的かもしれない。そうした区域が、作物生産量に影響を与える他の実践をさらに採用してくる程度に応じて、プログラム効果の推定値の誤りを導く選択バイアスが作動するのである。

したがって準実験的デザインを用いるときには、比較される二群が等質であることを可能なかぎり確実にする細心の配慮が必要になる。以下に概説される準実験法の技法は、マッチングによる対照群の構築や、統計学的手続きによる各群の等質化、回帰－不連続デザイン、再帰的コントロール（標的集団を自身と比較すること）を含んでいる。

1）マッチングにより対照群を構成する

準実験法において対照群を構築するひとつの手続きは、マッチング（matching）を用いることである。マッチングされたデザインでは、介入群が最初に特定され、評価者はたいていの場合その後に、選択された特性について介入群とマッチングしながら介入に参加していない標的集団を選択することで対照群を構成する。このデザインの論理は、両群とも介入を受けないという状況下で、関心対象のアウトカムに二群間の差異を生じうる、どのような特性についても両群をマッチングすることが必要だとする。アウトカムに影響しうる特性についてマッチングで両群を等質にしそこねる程度に応じて、選択的バイアスがプログラム効果の推定値に影響していくことになる。

ａ．マッチングするための変数の選択

評価者がマッチングデザイン（matched design）を用いようとする最初の困難は、どの特性がマッチングすべき必須の特性かを知ることである。評価者はこの決定を、そこで問題にしている社会過程についてすでに有している知識と理論的理解に基づいて行わなければならない。関連情報はしばしば、プログラムに関連した実質的分野における調査文献から入手できるだろう。たとえば、未婚の青少年の妊娠を減少するためにデザインされたプログラムにおいては、十代の若者の出産傾向に関する調査が、彼らの性行為や妊娠等に対する動機づけを同定するうえで参考になるだろう。マッチングされた対照群を構成する際の目標は、十代の妊娠の重要な決定要因すべてにできるだけ近いものをマッチングさせながら若者を選ぶということになるだろう。

プログラム参加者と非参加者とに標的集団を分割する選択過程に関連する可能性がある変数を同定するには、特別の注意が支払われるべきである。たとえば、失業中の若者に対する職業訓練プログラムの研究においては、若者の訓練に対する態度と雇用を得ることに対する価値のアセス

メントによって、介入群と対照群をマッチングすることが重要であろう（Chen, 1990）。選択に関する変数で両群をマッチングできないときでもなお、評価者はそれらの変数を同定し測定するべきである。そうすることにより、それらをデータ分析に組み込むことができ、残された選択バイアスを探索し、おそらくさらに統計学的手法を用いてそれを調整することができるだろう。

幸いなことに、関心対象のアウトカムに関連する可能性があると関係調査文献で言及されていたすべての要因についてマッチングさせることは、ふつうはする必要はない。関連する特性はしばしば相関しており、したがって大なり小なり重複しているからだ。たとえば、もしある教育的介入の評価者が、学生を知能検査に基づいてマッチングしようとするなら、彼らの学業成績の平均点についてもかなりよくマッチングされるであろう。それは、知能テストの得点が成績とかなり強く関連しているからである。しかしながら、評価者はそれらの内部相関を承知しておき、すべての影響力のある重複していない要因に対して各群をマッチングするよう試みなければならない。もし各群がアウトカムに影響する可能性のあるいずれかの特性について差異が生じてしまうなら、プログラム効果の推定値にはバイアスがかかることになる。

b．マッチング手続き

マッチングされる対照群は、個別マッチング（individual matching）、もしくは集合的マッチング（aggregate matching）を通して構成される。個別マッチングでは、その試みは、プログラムに参加していない潜在的な標的集団のプール（要員）から、介入を受ける標的集団メンバーのそれぞれと対になる「パートナー」を引き出すことになる。たとえば、学校の薬物予防プログラムに参加する子どもたちについては、評価者は関連するマッチング変数として、年齢、性、きょうだいの数、父親の職業を考えるだろう。この場合、評価者はプログラムに参加しない、たとえばプログラムを実施しない近隣学校の子どもの名簿を吟味するだろう。そしてこれらの変数を検討して、介入群に設定された子どもたち一人ひとりに、最も近い等質な子どもを対にして割り当てるだろう。そのような手続きでは、マッチングが可能になるように近似性の基準は調整されることがある。たとえば、プログラムに参加する子どもたちと参加しない子どもたちの年齢差6ヶ月以内でマッチングするだろう。Exhibit 9-C では、個別マッチングの実例を示した。

集合的マッチングでは、個人はケース毎にはマッチングされないが、それぞれのマッチング変数の、介入群と対照群における全体的な分布が比較される。たとえば、各群には性と年齢が同じ比率の子どもたちが認められるが、この結果は、9歳の女子と11歳の男子を含む介入群の集合的分布に釣り合わせるために、対照群には、12歳の女子と8歳の男子を含めることによって得られたかもしれない。Exhibit 9-D に集合的マッチングの例を示した。

個別マッチングはたいてい集合的マッチングより望ましい。とくに多様な特性が同時にマッチング変数として用いられているときには、なおさらである。個別マッチングの欠点は、マッチング変数が多ければ時間はかかるし実行するのが難しくなるということである。個別マッチングはまた、ときにケースの劇的な減少をもたらすこともある。介入群のある人たちに対してマッチングする人を見つけることができないなら、そのマッチングできない個人は、データ上廃棄されなくてはならない。マッチングされない個人があまりにも多すぎて、プログラムに参加し、マッチ

■ EXHIBIT 9-C ■ 個別マッチングされた対照群を用いた統合教育の効果の研究

重度の障害をもつ生徒は、伝統的には個別対応型の特殊教育クラスで教えられてきたが、現在の政策は、一般的教育環境におけるより「統合」的な設定のほうが好ましいのではないかという論点に焦点があたっている。特別な関心のひとつは、統合学級は、重度の障害を抱えた生徒の社会的発達を促進するかどうかである。統合教育の重要な理論の一部は、伝統的な特殊教育の設定では、障害をもつ生徒ともたない生徒の間に社会的交流が乏しいことを示した研究から導かれている。

重度の障害をもつ中学生の社会的交流に対する統合教育の効果をアセスメントするために、研究者チームはハワイ州オアフ島の中学校の生徒を使ってインパクトアセスメントを考案した。オアフでは、障害をもつ生徒のいる学校では、一般の授業クラスで特殊教育的支援を受けており、別の学校では、学校敷地内にある個別対応型の教室のなかで提供される特殊教育的支援を受けていた。

中学校の一般クラスに通う8人の障害をもつ各生徒が、特殊教育支援クラスに通う生徒と、年齢、性、障害のレベル、適応的なコミュニケーション行動、適応的な社会的行動についてマッチングされた。マッチングされたペアについて統計学的分析がなされたが、両群間で有意な差異は認められなかった。次いで、これらの群は、生徒の友だちネットワークや障害をもたない仲間との相互関係の特徴に関連したアウトカム尺度に関して比較された。結果は、一般教育クラスの生徒は、より広い範囲の活動や状況において、障害をもたない仲間と、より頻繁に相互関係をもち、より大きい友だちネットワークをもち、より長続きする仲間関係をもっていたことを示した。

出 典：Craig H. Kennedy, Smita Shikla, and Dale Fryxell, "Comparing the Effects of Educational Placement on the Social Relationships of Intermediate School Students With Severe Disabilities", *Exceptional Children*, 1997, 64(1): 31-47. より一部修正のうえ引用。

ングできた標的集団が、もはや介入プログラムが適用された母集団を再現できない事態もありうるのである。

加えて、もしマッチングが行われた特性変数が低い信頼性しかないのなら、深刻な統計学的作為が生じかねない事態になる。このことは、マッチングのために選択された個人が、その変数のそれぞれの分布の端から引き出されたときにとくに生じがちである。たとえば、生徒たちが教師による教育適性の評定に基づいてマッチングされるが、その評定があまり高い信頼性をもっていないと想定しよう。もし補習プログラムのための介入群が、対照群が選ばれた学校よりその評定で低得点の学校から選ばれるとするなら、ほとんどのマッチングは、介入標的集団では比較的高得点の生徒と、対照群学校では比較的低得点の生徒から選ばれることになるだろう。これらの状況では、続いて測定されるアウトカム変数の群間比較は、プログラム効果とは関係のない誤った差異を示すだろう（平均への回帰と呼ばれる作為：詳しい議論は、Cambell, 1996; Cambellら, 1975; Hsu, 1995を参照のこと）。

いくら注意深いマッチングがなされても、ある重大な差異が介入群と選択された対照群との間に残っている可能性は常にある。もし関連する変数がわかっており測定可能なら、それでマッチングができないとしても、統計学的コントロールとしてその変数を用いることができる（次項で論じるように）。実際、マッチング対照群デザイン（matched control group design）の有用なバリ

> ■ **EXHIBIT 9-D** ■ 集合的マッチングによる対照群を用いた家族発達プログラムの評価
>
> プログラムはボルティモアで、公的住宅に住む極貧の家族に対し、長期にわたる貧困から脱するために家族を支援し希望をもてるような統合的サービスを提供することにより、始められた。サービスには、子どもや成人に対する特別教育的プログラムの利用、職業訓練プログラム、十代対象プログラム、特別のヘルスケアの利用、子どものケア施設が含まれた。可能なかぎり、これらのサービスはラファイエット裁判所公的住宅プロジェクトのなかで提供された。ケースマネジャーが、住居プロジェクトで支援される家族に、それぞれにふさわしいサービスを選んで割り付けた。このプログラムの特徴は、個人としてではなく家族としてサービスを受けることに力点が置かれていることであった。全体で125家族が登録した。
>
> 対照群を構成するために、125家族が、比較可能な公的住宅プロジェクト、マーフィー・ホームズから選ばれた。家族発達プログラムのインパクトは、登録した家族をマーフィー・ホームズのサンプルと比較することによりアセスメントされた。登録から1年後、参加した家族は有意に高い自尊感情と自分の運命に克つというコントロール感を示していたが、雇用や収入に関する望ましい影響は生じていなかった。
>
> 出 典:Anne B. Shlay and C. Scott Holupka, *Steps Toward Independence: The Early Effects of the LaFayette Courts Family Development Center*. Baltimore, MD: Institute for Policy Studies, Johns Hopkins University, 1991. より一部修正のうえ引用。

エーションとして、重要な変数についてマッチングする一方で、他の変数を統計学的にコントロールするというデザインがある。

事実、統計学的コントロールは、ここ数十年、マッチング法に多くの部分取って代わったり、それを補ったりしてきた。多くの適用では、それらはマッチング法と機能的には等しい。しかし、少なくともいくつかの変数のマッチングは、学校や地域といった少数の集合的単位の比較を扱うインパクトアセスメントでは、引き続き、比較的一般的である。それらはまた、たとえば医学や健康関連の介入といった場合などのように、標的集団が、独特の臨床的、人的、または状況的な特性をもつ特定の人口集団から引き出されている場合にも有用である(その場合、マッチングはしばしばケースコントロール・デザイン(case control design)と呼ばれる)。

2) 統計学的手続きによる集団の等質化

最も一般的にみられる不等価比較デザイン(nonequivalent comparison group design)では、介入群のアウトカムは、その問題にとっては適切と考えられ、かつ便宜的な方法により選択された対照群のアウトカムと比較される。その場合、対照群は、アウトカムと関連する仕方が介入群と異なっていると仮定しなければならない。たとえば、高齢市民を対象とした地域規模の介入プログラムの対照群として、評価者は同様の地域類型でアクセスしやすい地域から選び出すことがある。どんなプログラム効果の推定値も、介入群と対照群とを単純に比較するだけならば、選択バ

■ EXHIBIT 9-E ■ 仮想の雇用訓練プロジェクトのインパクト評価における単純な統計学的対照群

I. 訓練プログラムをやり遂げた35〜40歳の男性群と35〜40歳のプログラムに参加していない男性群とのアウトカム比較

	参加者	非参加者
平均時給	$7.75	$8.20
n	1,000	1,000

II. 受けた教育歴で補正した後の比較

	参加者		非参加者	
	高卒未満	高卒	高卒未満	高卒
平均時給	$7.60	$8.10	$7.75	$8.50
n	700	300	400	600

III. 受けた教育歴と訓練プログラム開始時での雇用（不参加者での等価データ）で補正した比較

	参加者		非参加者			
	高卒未満・無職	高卒・無職	高卒未満・無職	高卒未満・雇用	高卒・無職	高卒・雇用
平均時給	$7.60	$8.10	$7.50	$7.83	$8.00	$8.60
n	700	300	100	300	100	500

イアスを含んだものになるものと推測される。もし関連した群間の差異が測定できるなら、プログラム効果のバイアスを導きかねない群間の差異を統計学的にコントロールするために、統計学的手法を用いることができるだろう。

統計学的コントロール（statistical controls）の論理を説明するために単純な例を挙げよう。Exhibit 9-Eは、35歳から40歳までの無職男性を対象にした、技能の向上とより高給の仕事を得る能力の獲得のためにデザインされた大規模な職業訓練プログラムの、仮説に基づくインパクトアセスメントのアウトカムを示している。対象者は1000人の参加者で、プログラムを実施する前と終了後1年後に面接調査を受けた。他の1000人は同じ年齢集団でプログラムに参加していない人が、同じ首都圏地区から選ばれ、同様にプログラムの開始前と終了1年後の時期に面接調査を受けた。両サンプルの対象男性は現在の収入を尋ねられ、時給が算出された。

Exhibit 9-EのパネルIでは、訓練後の2群の平均時給がどんな統計学的コントロールも用いずに比較された。プログラム参加者は平均時給が7.75ドルで、不参加者は8.20ドルであった。明らかに参加者は不参加者より収入が少なく、これは無作為化実験のアウトカムであったならば、この差はバイアスのないプログラム効果の推定値であっただろう。しかし、この結果は、プロジェクトに参加したか否か、という点以外の、参加者と不参加者間の収入関連変数の差異が選択バ

イアスを含めて調整されていない比較であり、かなり誤解を招きかねない比較である。

Exhibit 9-EのパネルIIは、そのような差異のひとつを考慮して、平均時給を高卒と高卒未満の男性とで分けて比較したものである。プログラム参加者の70%は高校を終えておらず、それに対して不参加者では高校を終えていないのは40%であり、群間の差異が収入の差異に関連していることはほぼ確実である。教育歴を統計学的コントロールとし、比較可能な教育水準の人たちの時給を比較したところ、参加者と不参加者の時給は相互に近づき、高卒未満の場合にはおおむね7.60ドルと7.75ドル、高卒以上の場合は8.10ドルと8.50ドルになった。教育の差異に関連した選択バイアスを補正することで、参加者と不参加者の時給の差異は消失し、よりよいプログラム効果の推定値が得られた。

パネルIIIは、介入群と対照群との他の差異を考慮に入れたものである。すべてのプログラム参加者は訓練プログラム在籍中は無職であったため、介入群をプログラム開始前時点で無職であった不参加者と比較することは適切である。パネルIIIでは、不参加者はプログラム開始時点で無職かそうでなかったかで二分割された。この比較では、プロジェクト参加者は、どの教育レベルでも不参加者よりも結果的に収入が多いことを示している。すなわち、高卒未満では7.60ドルと7.50ドル、高卒以上では8.10ドルと8.00ドルであった。したがって、私たちは群間の差異による選択バイアスを、教育と無職で統計学的にコントロールし、参加者は時給換算量で0.10ドル増加することを示した。

どのような評価でも、実際は、追加のコントロール変数が分析に投入されるだろう。おそらく、過去の雇用経験や、婚姻状況、扶養家族数、人種など、つまり賃金率に関連することが知られているすべての要因が投入される。それでも、これらすべての変数が、プログラム効果の推定値から完全に選択バイアスを消せるという保証を得ることはできない。というのも、影響する差異は介入群と対照群の間になお残存しているかもしれないからである。たとえば、プログラムに参加した人たちは、求職活動に対してより高いレベルの動機づけをもっていたかもしれず、そのような要因は測定しにくく、分析にも導入しにくいからである。

a．多変量統計解析法

Exhibit 9-Eに示した調整は、統計学的コントロールの論理を説明するために、とても簡単な方法で行われている。実際の応用では、評価者は一般的に多変量統計解析法を用いて、多くの群間差異を同時的にコントロールすることになるだろう。これらの方法は、アウトカム変数とコントロール変数との間の一連の全般的関連性を示す統計学的モデルを作り出す。分析の目的は、最初の測定された介入群と対照群の間の差異を説明するとともに、最初の差異に完全に帰属する部分を差し引くことにより、アウトカムをこれらの群間の差異で調整することである。この差し引きの後にいかなる差異が残っていようと、それはプログラム効果と解釈することができる。もちろん群間に、測定されずモデルに含まれていない影響力のある差異があるなら、その効果は差し引かれておらず、プログラム効果の推定値は引き続き選択バイアスを含むものになるだろう。だからこそ、最初に群間で異なり、アウトカム変数に影響しうるすべての変数について同定し、測定することが重要なのである。

不等価比較群デザインの多変量統計解析法では、一般的に2つの異なったタイプのコントロール変数のどちらかまたは両方を用いる。ひとつのタイプは、アウトカム変数に関連する、群メンバーの特性に関するものである。もし介入は効果がないと想定するなら（または介入が行われなかったなら）、これらの変数はアウトカムを「予測」するだろう。たとえば、Exhibit 9-E では教育レベルはそのような変数である。他の条件が同一であるなら、研究開始時により高い学歴をもっている参加者は、終了時にはより高い時給が期待される。同様に、どんな介入努力もないのなら、職業経験のあるほうが、社会的状況に恵まれていたり、居住地がより望ましい労働市場であったりして、アウトカム測定時にはより高い収入率が期待できるだろう。

他のタイプのコントロール変数は、介入群と対照群へ個人を振り分けるものに関連している。このタイプのコントロール変数は、直接的に選択バイアスと関係しており、不等価比較デザインの重要な問題である。このタイプのコントロール変数には、たとえば、プログラム地区のどれだけ近くに対象者が住んでいるか、プログラムに登録することにどれくらいの動機づけがあるか、プログラムスタッフが参加者の選択に用いた特性をどの程度もっているか、といったようなものがある。これらの変数が重要なのは、以下の事実に基づいている。それは、もし私たちが、どのような特性が、個々人の介入群への選択（振り分け）、もしくは対照群への選択の原因かを十分に説明できるなら、これらの特性を統計学的にコントロールし、選択バイアスを完全に相殺できるということである。

これから次の2つの項では、まずアウトカムへの関連が推測されるコントロール変数を用いた多変量解析について論じ、次に選択への関連が推測されるコントロール変数を用いた多変量解析について論じる。後者は基本的には前者の特別な場合であるが、手続き的に十分区別して、個別の論議を保証する。

b．アウトカム変数決定因のモデル化

不等価比較群からのデータに対する多変量解析の目標は、研究開始時に測定されたコントロール変数から、各個人のアウトカム変数値を予測する統計学的モデルを構成することにある。もし介入群の平均アウトカムが、最初の状況から予測したものより高く、対照群ではそうでないのなら、その差異はプログラム効果と解釈される。言い換えれば、この分析が明確にしようとしているのは、コントロール変数による予測的関係性を考慮に入れてもなお、介入の有無自体がアウトカムの有意な予測因子であるかどうかということである。

これらの目的のために用いられる統計学的手続きとモデルは、測定の特徴や、モデル内で推定される変数間の関連性の形式、現実的と考えられる統計学的な仮定、技術的なノウハウと分析者の性向によって異なる。最も一般的には、重回帰分析が用いられ（Mohr, 1995; Reichardt ら, 1994）、ときには構造方程式モデリング（SEM）が用いられる（Loehlin, 1992; Wu ら, 1996）。

Exhibit 9-F では、アルコホリクス・アノニマス（AA）ミーティングへの参加が、問題飲酒者の飲酒量に対して効果をもつかどうかをアセスメントしたデータに重回帰分析を適用した例を示している。Exhibit 9-F 内の表が示しているように、重回帰分析で得られた要約統計量は、飲酒可能性に関連あると考えられたプログラム実施前の変数から、プログラム終了後の飲酒パター

■ **EXHIBIT 9-F** ■　回帰モデルを用いた AA 参加の効果の推定

　アルコホリクス・アノニマス（AA）のミーティングへ参加することは、アルコールの問題を抱えた人の飲酒に影響するだろうか？　問題飲酒者が自発的に参加意志を明らかにしなくてはならないというのは AA 哲学の一部であり、そのため、自己選択が介入の一部となる。それゆえ、AA 参加者と不参加者とで問題飲酒者を比較することによる、インパクトアセスメントのどんな試みも、これら群間の自然な差異に関連した選択バイアスを扱わなくてはならない。統計学的コントロールを用いて群を等質にするために、パロアルト退役軍人ヘルスケア機構の調査者たちは、多様なアプローチを用いたが、そのひとつが単純な重回帰モデルであった。

　最初に、どの変数が AA 参加に関連するかについて検討がなされた。先行研究に基づいて、3 変数が同定された——飲酒の知覚された深刻度、情報や助言を求めることで問題に対処しようとする傾向、性別である。他に 2 つのコントロール変数が、飲酒アウトカムに関連していることがわかっていることから選ばれた——ベースライン時の飲酒得点と婚姻状況である。関心のあるアウトカム変数は、飲酒パターン尺度で測定された飲酒量であった。

　これらの変数は、飲酒の問題を抱えた218人のサンプルで測定され、飲酒アウトカムを従属変数、他の変数を独立（予測）変数とする重回帰モデルで分析された。介入変数、AA 参加（0＝なし、1＝あり）もまた他の予測変数が統計学的にコントロールされたときのアウトカムへの関連性をアセスメントするために予測変数として投入された。

　以下の要約に示すように、これらのうち 2 変数がアウトカムに有意な関連を示しており、うちひとつは介入変数である AA 参加であった。AA 参加の有意な負の係数は、モデル内の他の変数でコントロールされた場合、アウトカム時点で AA 参加者は不参加者と比べて飲酒量が少ないことを示している。この統計学的モデルにおける他の変数が完全に選択バイアスをコントロールしているなら、AA 参加に示された非標準化回帰係数は、飲酒パターン尺度のアウトカム変数におけるプログラム効果を推定している。

飲酒量アウトカムを予測する回帰分析結果

予測変数	係数	標準誤差
性（0＝男、1＝女）	−1.16	1.09
情報探索	−.04	.12
飲酒の深刻さの自覚	−.44	.57
ベースライン時の飲酒量	.20*	.09
結婚（0＝独身、1＝既婚）	−1.69	1.25
AA 参加（0＝なし、1＝あり）	−2.82*	1.15
R^2 ＝　.079		

* 統計学的有意水準は、p ≤ .05 とした。

出　典：Keith Humphreys, Ciaran S. Phibbs, and Rudolf H. Moos, "Addressing Self-Selection Effects in Evaluations of Mutual Help Groups and Professional Mental Health Services: An Introduction to Two-Stage Sample Selection Models", *Evaluation and Program Planning*, 1996, 19 (4): 301-308. より許可を得て、一部修正のうえ引用。

ン尺度の得点を予測するものである。介入変数であるAA参加は、コントロール変数の影響に加えてアウトカムの予測に有意な寄与をするのかどうかを決定するために、コントロール変数とともに回帰方程式に投入された。

係数欄に示された値は、非標準化回帰係数で、予測変数のそれぞれの単位に関連した飲酒パターン尺度のアウトカム得点の増加量を表している。AAミーティングへの参加の係数は－2.82であり、これはアウトカム測定時点では、AAミーティングに参加した問題飲酒者では飲酒パターン尺度の得点が、他のすべての回帰式に投入された変数が一定の状態を保つなら、AAミーティングに参加していない人よりも2.82点低いことを示している。AA参加の回帰係数はしたがって、プログラム効果の推定値であり、それは問題飲酒者がAAに参加するなら、参加後には参加しない人より飲酒量が減ることを示している。

重回帰分析でのコントロール変数は、先行研究でそれらが治療プログラムへの参加や飲酒行動に関連があることが示唆されたために選択された。したがって、参加者の性別や、情報探索、飲酒の深刻性の自覚、ベースラインの飲酒量、婚姻状況がAA参加のいかなる効果にもかかわりなく彼らの飲酒量に影響することがと予測された。Exhibit 9-Fに示された分析が行われた後には、これらの変数のうち、飲酒量のアウトカムに関連していたのはひとつだけであり、ベースラインの飲酒量が多ければ多いほど、アウトカム測定時にも多くの量を飲酒していた。

Exhibit 9-Fに示した分析の価値は、回帰モデルに用いられたコントロール変数が、問題飲酒に関連してAAミーティングへの参加者と不参加者を区別する要因を、どれほど十分に把握しているかどうかに大きく依存している。これらのすべての差異がモデルで表現されるなら、アウトカムに対するAA参加の追加された関連性は、プログラム効果を表している。しかし、もしコントロール変数が選択バイアスを説明するのに不十分であるなら、結果としてのプログラム効果推定値には、そのいくらかの不明な程度に応じて、まだバイアスがかかっているだろう。

c．選択の決定因のモデル化

Exhibit 9-Fに示したような第1段階の重回帰モデルは、アウトカム変数へのコントロール変数の関連性の観点から設定されている。そこには介入群と対照群の選択に関連する変数をも含む場合がある。たとえばExhibit 9-Fでは、3つのコントロール変数、すなわち性別と情報探索、飲酒の深刻性の自覚、が選ばれた。研究者たちがアルコホリクス・アノニマス（AA）参加の見込みに関連するだろうと考えたためである。それにもかかわらず、回帰モデルでは、それらは、介入群と対照群を振り分ける予測因子ではなく、アウトカム予測因子に組み込まれている。したがって、群選択（振り分け）に関連していても、それらがもつ選択（振り分け）効果の情報を十分に活用した方法ではモデルが組み立てられていない。

より一般的になりつつある代替的アプローチは、2段階の手続きを取ることである。そこでは、まず第1段階は、介入群と対照群を振り分ける統計学的モデルの構成に関連するコントロール変数を用いる。第2段階は、全コントロール変数をひとつの合成選択変数（a single composite selection variable）か、傾向スコア（propensity score）（片方の群か他方の群かに選択されやすい傾向）に組み合わせる分析の結果を用いるものである。傾向スコアは、すべてひとつにまとめたあ

る種の選択コントロール変数 (selection control variable) として用いられ、関心あるアウトカムのプログラム効果を推定する分析に投入される。第1段階で非無作為的介入群と対照群への個人の異なった選択（振り分け）を統計学的に記述しようと企てるこの2段階の分析手続きは、**選択モデリング（selection modeling）** と呼ばれる。

効果的な選択モデリングは、次の点に関する評価者の勤勉さに依拠している。すなわち、評価者は、個人が自ら選択したり（たとえば自発的に）、あるいは選択される（たとえば管理的に）ことにより対照群と介入群とに選択されていくプロセスに関連する変数を同定し、測定しなければならないのだ。どちらの群かは二値変数（binary variable）であるため（たとえば、介入群=1、対照群=0）、二分法の従属変数のための回帰モデル、たとえばロジスティック回帰分析（logistic regression）が、選択モデリングのために典型的に用いられる。選択モデリングと、2段階のプログラム効果の推定に関しては、いくつかの異なる方法がある。これらにはHeckmanの計量経済学的アプローチ（Heckmanら、1989; Heckmanら、1985）、RosenbaumとRubin（1983; 1984）の傾向スコア、操作変数法（Greene, 1993）が含まれる。有用な一般的議論が、Humphreysら（1996）の著書や、Stolzenbergら（1997）の著書でなされている。

Exhibit 9-Gは、Exhibit 9-Fで記したAAミーティングに参加した問題飲酒者の自己選択について説明する選択モデリングを適用した例を示している。研究者は、先行研究でAA参加への関連性を示唆されていた3つのコントロール変数を同定した。その分析の結果は、新しい変数ラムダ（Lambda; λ）を作成するのに用いられる。これは、次にこのラムダがAAに参加している問題飲酒者と不参加の問題飲酒者との差異に関するモデルの段階に変数として最適に組み合わされるためである。

ラムダ変数は第1段階の分析から得られ、関心あるアウトカムである飲酒パターン尺度得点を予測する第2段階の分析でのコントロール変数として用いられた。この目的のために、アウトカム飲酒量に関連すると考えられた他の2つのコントロール変数とともに回帰分析に投入された。Exhibit 9-Gに示したとおり、2段階の選択モデリング分析の結果は、Exhibit 9-Fで示された一段階の分析の結果とは異なる。最も目につくのは、AA参加者と不参加者間の選択に関連した差異をよりよくコントロールすると、第2段階モデルでのプログラム効果の推定値は、先に示した単一段階モデルの分析よりもさらに大きくなることである（飲酒パターン尺度に対して、-6.31対-2.82）。

第1段階の分析から得られた合成選択変数は、あるいはまた、その合成選択変数に対しては等価である介入群と対照群のサブセットを作成するマッチング変数（matching variable）として用いることができる。このアプローチは、傾向スコア分析法（propensity score analysis）と呼ばれる（Rosenbaumら、1983; 1984）。これは典型的には、傾向スコアの分配で5等分することである（全体の集団の大きさが等しい5群）。各5等分群には、介入群と対照群のうちの、同じ傾向スコアの人すべてが含まれる（同じ5等分の範囲）。プログラム効果の推定値は、その後この5等分集団それぞれについて別々に行われ、それから全体的推定値に組み合わされる。

傾向スコア法マッチング技法は、Exhibit 9-Fや9-Gで示したような2段階の重回帰分析アプローチよりも、統計学的な仮定がより少なくて済むという利点がある。しかしすべての選択モデ

■ **EXHIBIT 9-G** ■　2段階の選択モデリングを用いたAA参加効果の推定

　アウトカム変数に対する影響とは分離した選択の効果を推定するには、Exhibit 9-Fで示した1段階の重回帰分析よりも、2段階選択モデリングのほうがAA参加の効果の推定をより適切に行う可能性がある。研究者たちは、3変数がAA参加を予測すると考えた。それは、飲酒の深刻性の自覚（自分の飲酒が問題だと信じている人は、より参加しやすいと考えられる）、情報や助言を求めて問題に対処する傾向、性別（女性は男性よりも援助を求める傾向が高いと考えられる）であった。これらの変数は、飲酒アウトカムを予測する1段階モデルに投入するのではなく、AA参加を予測する第1段階の分析に用いられた。この適用により、調査者はヘックマンの手法を用い、AA参加を予測するプロビット回帰モデルに適合させた。以下の要約が示すように、うち2つの変数が参加に有意に独立的関係をもっていた。

　この選択モデルは次に、新しい変数であるラムダを作成するために用いられた。この変数は、個々人が対照群と介入群のどちらに属するかという可能性を推定するものである。ラムダは第2段階の回帰分析にコントロール変数として投入され、飲酒パターン尺度で測定された飲酒量であるアウトカム変数を予測するか検討された。2つのアウトカム関連のコントロール変数もこの段階で投入された。その変数は、ベースライン時の飲酒量と婚姻状況である。最後に、介入変数として、AA参加（0＝なし、1＝あり）も投入され、選択変数も含む他の予測変数が、統計学的にコントロールされたときのアウトカムへの関連性をアセスメントすることができた。

　AA参加の有意な係数は、ベースライン時の飲酒量や自己選択をコントロールしても、AA参加者は不参加者よりもアウトカム時の飲酒量が少ないことを示している。まさに、30点満点の飲酒パターン尺度で、AA参加の純効果の推定値は6点以上の減少であった。2段階モデルの使用は、AA参加の効果は1段階回帰モデルを使用した先の事例で得られた推定値よりも2倍近くも大きいということも記しておく。

第1段階：
AA参加を予測するプロビット回帰分析

予測変数	係　数	標準誤差
性（0＝男、1＝女）	.29	.19
情報探索	.06*	.02
飲酒の深刻さの自覚	.38*	.09
$R^2 = .129$		

*$p \leq .05$

第2段階：
飲酒量アウトカムを予測する最小2乗法回帰分析

予測変数	係　数	標準誤差
ベースライン時の飲酒量	.20*	.08
結婚（0＝独身、1＝既婚）	-1.68	1.23
ラムダ	2.10	1.98
AA参加（0＝なし、1＝あり）	-6.31*	3.04
$R^2 = .084$		

*$p \leq .05$

出　典：Keith Humphreys, Ciaran S. Phibbs, and Rudolf H. Moos, "Addressing Self-Selection Effects in Evaluations of Mutual Help Groups and Professional Mental Health Services: An Introduction to Two-Stage Sample Selection Models", *Evaluation and Program Planning*, 1996, 19(4): 301-308．より許可を得て、一部修正のうえ引用。

リング手続きに関して同様のことがいえるのだが、選択バイアスを消し去るように統計学的に調整するこの手法の能力は、群の選択に関連する変数の同定と、傾向スコアを生み出す統計学的モデルにその変数を投入することとに大きく依存している。

3）回帰－不連続デザイン

　上記の選択モデリングに関する論議で明らかにしてきたように、不等価比較群へ振り分ける基本となる変数に関する完全で妥当なデータがあれば、効果的な統計学的コントロール変数をつくることができる。次のことを考えてみよう。いま、どの変数が選択（振り分け）に関連したのかを解き明かそうとする代わりに、評価者は選択（振り分け）変数をあらかじめ知らされており、それを個別的にその変数スコアに応じて介入群と対照群とに各個人を配置していくのに当てはめることができるとしよう。この状況では、選択モデリングは確実なものに違いない。なぜなら、どのように選択（振り分け）が行われたかについてなんの不確実さもなく、評価者もそれを決定した測定値を手にしているために、である。

　構成された比較デザインの特別なタイプは、回帰－不連続デザイン（regression-discontinuity design）と呼ばれるもので、上述の概念に基づいている。このデザインが適用できるときには、概して他のどの準実験的インパクトアセスメント・デザインより、プログラム効果の推定値にバイアスが少ない。回帰－不連続デザインを適用できる環境とは、評価者が標的を介入群と対照群とに無作為に割り付けることができないものの、プログラムスタッフと協力して、標的集団を体系的に、必要性やメリット、その他の適切な条件に基づいて分類し、最も必要性があり、最もメリットがあるなどの人たちを介入的条件に、それほど必要性がなく、メリットも少ない人たちを対照群の条件に割り付けることができるような場合である。

　回帰－不連続デザインのより記述的な名称は、「カッティングポイント・デザイン（cutting-point design）」である。これは、その主要な特徴が、必要性やメリットや他の関連する選択変数の連続量に対して、あるカッティングポイントを適用することに由来している。連続量に沿って測定された値を用いて、標的集団がカッティングポイント以上であれば一方の群（たとえば対照群）に入り、カッティングポイント未満であれば他方の群（たとえば介入群）に入る。このように、参加者は測定された変数における自分の得点に基づいて選択されるため、選択（振り分け）手続きは明確に知ることができる。このことは、選択バイアスに関連する統計学的コントロールを比較的直接的なものにしている。既知の選択（振り分け）過程が適切にモデル化される程度に応じて、カッティングポイント・デザインは、プログラム効果の偏りのない推定値を算出するその能力ついてほぼ無作為化実験に近づくことができる。

　たとえば、カリフォルニアでの刑務所出所者への失業保険の支払いを適格に提供するプログラムの効果推定のために（Exhibit 8-Fで示したボルティモアLIFE実験の後にある程度モデル化した）、BerkとRauma（1983）は、プログラムの加入適格性（eligibility）は、刑務所内での重罪犯罪者の労働日数を条件とするという事実を利用した。出所した受刑者たちは、報酬の支払いが

受けられるようになるまでに、刑務所で652日以上労働しなければならなかった。そして、その報酬の額は、労働した日数に比例して決められた。その適用した方式は明確でかつ量的であり、加入適格性への「カッティングポイント」は一律に652日の労働日数であった。そして、そのポイント以上では支払いがなされ、それ以下では支払われなかった。

刑務所での労働時間をコントロール変数として（正確に選択（振り分け）をモデリング）、支払いを受けた人たちと受けていない人たちの再逮捕率を比較すると、再逮捕に対する支払いの効果の推定値が示される。回帰分析によれば、支払いを受けた出所者は13％も再逮捕率が低いことが明らかになった。選択（振り分け）過程が、既知であり、「刑務所での労働時間」変数による統計分析に正確に代表されているかぎり、この推定値はバイアスがない。

これらの利点にもかかわらず、カッティングポイント・デザインはそれほど適用されない。それは一部には、すべてのプログラムが加入適格性の明確で緻密な規則をもっているわけではないため、またそのような規則をインパクトアセスメントの目的で応用しようとするわけではないからである。しかし、カッティングポイント・デザインがあまり頻繁に利用されない他の理由としては、それらが評価者にあまりよく理解されていないからのようである。したがってその適用がふさわしいときにさえ利用されていないことがあると思われる。インパクトアセスメントを行う評価者は、このデザインをもっとよく学ぶことに力を入れると有益であろう。出典資料には、Trochim（1984）やBradenら（1990）、Shadishら（2002）、Mohr（1995）の著書がある。

4）再帰的コントロール

再帰的コントロール（reflexive controls）を用いた研究では、プログラム効果の推定値は、期間内の2時点以上において標的集団から得られる情報の全体像からもたらされる。そのうち少なくとも1時点はプログラム参加前の情報でなければならない。再帰的コントロールが用いられるとき、介入によって引き起こされた変化は除いて、観察期間中に、標的集団はアウトカム変数が変化しないという推定をしなければならない。この仮定のもとで、介入実施前と実施後のアウトカム状態のどのような差異もプログラム効果とみなされる。たとえば、大企業の年金受給者が、以前は自分の小切手を郵送で受け取っていたが、現在は銀行自動振替で銀行口座に年金が振り込まれているとしよう。この手続きが実施された前後で、郵便箱からの窃盗率や郵便サービスのレベルなどが変化しなかったのは確かだとして、支払いの遅れや無払いに関する苦情の比較が、プログラムインパクトの証拠として解釈される。これは単純な前後比較研究の例であり、次項でまず説明する手続きである。続いて、再帰コントロールデザインの最も強力なタイプである、時系列デザインについて触れる。

a．単純前後比較デザイン

単純前後比較デザイン（pre-post design）（あるいは、前後比較研究；before-and-after study）は、アウトカムが、プログラム参加の前と、効果が期待されるのに十分な長さのプログラム参加後に

ふたたび、同じ標的集団に対して測定されるものである。二組の測定の比較によって、プログラム効果の推定値を求める。既述のとおり、このデザインの欠点は、測定前と測定後との期間に起きた他の影響の効果がもし含まれるなら、効果の推定値はバイアスをもつということである。たとえば、メディケア［脚注参照］の加入資格が生じる前の健康状態を、加入数年後に同じ尺度を用いて比較することで、メディケアの効果をアセスメントするのは魅力的かもしれない。しかし、そのような比較はまったくの誤りを導く可能性がある。まず、加齢の効果は、概して自らの健康を損なう方向に導き、そのことがプログラム効果の推定値を低めるバイアスとなろう。他の健康状態に影響しうる生活の変化も、メディケア加入資格を得る前後には生じうる。それもまたバイアスになりうる。たとえば、退職や収入の減少などである。

　時間に関連した変化はときにとらえにくい。たとえば、再帰的コントロールはうつ病の臨床治療の効果研究では疑わしい。人は落ち込んでいるときには治療を求める傾向にあり、その後にその症状が自然にいくらか緩和すると、前ほど抑うつ感を感じない。そのために、彼らの抑うつの尺度は、治療の前後で比較すると、その治療が望ましい効果をもっていないときでさえ、ほぼ自動的に改善を示すのである。

　一般的に、単純前後比較再帰デザインは、インパクトアセスメントの目的のためにはほとんど価値のない、バイアスのあるプログラム効果の推定値を提供する。これはとくに、2つの測定間の時間経過が相当にある場合、たとえば1年以上の場合に顕著である。それは、時間の経過によりその他の過程がプログラムの効果を覆い隠してしまうことがよくあるからである。単純な前後比較デザインは、したがって、主には、自らあまり変化しないような条件に対して影響を与えることを試みるプログラムの、短期間のインパクトアセスメントにはふさわしいといえる。第7章に記したように、単純な前後比較もプログラム管理者にフィードバックを行う、日常的なアウトカムモニタリングとしては役立つであろう。しかし、信頼できるプログラム効果の推定値を得るためのものではない。

　単純前後比較デザインは、プログラム実施前とプログラム実施後の期間にわたって、アウトカム測定を多数回行うことができるときには、しばしば強化される。そうした一連の繰り返し測定は、前後比較の効果推定値にバイアスをもたらし、その推定値を補正する、進行中の動向を記述できるかもしれない。これは、次項で議論する時系列デザインの前提である。

b．時系列デザイン

　最も強力な再帰的コントロールデザインは、介入期間中に何回もの観察を行うことにより成立する、時系列デザイン（time-series design）である。たとえば、年金受給者の支払いの遅延や無払いに対する苦情について、ただの測定前後の把握に代わって、たとえば毎月の情報を2年間、支払い手続きにおける変化の前と1年後にわたって収集することを考えてみよう。このケースでは、プログラム効果の確からしさの程度は高くなるであろう。それは、小切手配達方式になんの

＊［訳注］アメリカ合衆国で1965年に制度化された公的医療保障制度。メディケアとメディケイドがあり、メディケアは高齢者を対象とし、メディケイドは低所得者などを対象とする。

変化も起こらないとして、なにが発生するのかについての推定を行う基礎となる、より多くの情報を私たちがもつからである。第2の手続きでは、標的集団の多様な特性によって、アウトカムデータを分解（disaggregate）する方法がしばしば用いられる。たとえば、犯罪発生率の高い地域と低い地域や、農村と都市で、小切手受け取りに対する年金受給者の苦情の時系列データを検討することは、手続き変化のインパクトにさらなる洞察を与えるだろう。

　時系列デザインは、各測定時に同じ回答者を含むこともあれば、含まないこともあるだろう。これらのデザインを用いる研究は、しばしば既存のデータベースからデータを引き出し、関心あるアウトカムに関連する情報を定期的に収集する（たとえば、作況、死亡率、犯罪発生率）。入手できるデータベースは概して、ひとつ以上の政策的管轄区域（political jurisdiction）ごとに算出された平均値とか、比率などの集合的データが含まれている。たとえば労働局は、1948年以降の全国と主要な地域について、毎月の失業率を追跡した素晴らしい時系列データを維持している。

　介入前に比較的長期にわたる時系列の観察が行えるなら、標的集団の長期的な動向をモデル化できることが多く、介入している間に、そしてその後にそれらの動向を投影して、介入後の期間にその投影から有意な偏向（significant deviations）を示すかどうかを観察することができる。ARIMA（自己回帰和分移動平均モデル; auto regressive integrated moving average）（Hamilton, 1994; McClearyら, 1980を参照）などの、一般的期間動向モデリング手続き（general time-trend modeling procedures）は、長期の一般社会的動向や季節性の変動を考慮に入れて、最も統計学的に適合するモデルを同定することができる。それらはまた、一時点において得られた値や得点がどの程度、必然的にそれ以前の値や得点と関連しているかをも考慮に入れている（専門用語では、自己相関（autocorrelation））。この手続きは、専門的でかなり高いレベルの統計学的洗練を必要とする。

　Exhibit 9-H は、アルコールに関連した交通と事故に対する、合法的飲酒年齢（legal drinking age）の引き上げ効果をアセスメントするための、時系列データの使用を示している。この評価は、200以上のアウトカム変数に、比較的長期間の一連の測定を行うことによって可能になった。分析は、飲酒が合法である異なった年代集団ごとに、アルコール関連の交通事故発生率の期待値動向を確立するために、注目する政策変化に先立つ8年から10年にわたって集められた情報を用いた。合法的飲酒年齢を引き上げた後に、経験された年齢層ごとの交通事故発生率を、それ以前の動向に基づいて予想された発生率と比較することで、プログラム効果の測定を行った。

　前述したとおり、社会プログラムに関連する時系列データの分析単位は、ふつう高度に集合化している。Exhibit 9-H は、原則的には1事例、ウィスコンシン州の事例を扱っている。ウィスコンシン州では、事故統計が州全体にわたって集合的で適切なデータとして得られており、運転免許取得者1000人あたりの事故発生率として示されている。そのようにデータに適合するように開発された統計学的モデルは、これまで論じてきた他の同様のモデルと同じようにバイアスに弱い。たとえば、もしウィスコンシン州でアルコールに関連した交通事故の発生率に有意な影響力をもち、モデルから推定された傾向線（trend lines）に示されないものがあるなら、分析の結果は妥当なものだとはいえないだろう。

　時系列データを介入前と介入後とで単純に視覚化して検討する方法は、インパクトについて素

■ **EXHIBIT 9-H** ■　　時系列データからの飲酒年齢引き上げ効果の推定

　1980年代初頭、とくに1984年の連邦統一飲酒年齢法（federal Uniform Drinking Age Act）の通過後、多くの州で最少飲酒年齢を18歳から21歳に引き上げた。このために、21歳未満の飲酒年齢を維持していた州における高速道路建設基金が減少した。この一般的な理由は、低年齢での飲酒は、10代の飲酒関連の交通事故の発生率を劇的に高めるという認識が広く知られているからである。しかし飲酒年齢引き上げのインパクトアセスメントは、新しい自動車安全要因の導入や飲酒運転に関する危険性の一般的認知の向上よって事故発生率の減少傾向があることを考えると、複雑なものとなる。

　ウィスコンシン州は飲酒年齢を1984年の19歳から1986年には21歳に引き上げた。これらの変化のインパクトをアセスメントするために、デイビッド・フィーリョは18年間に渡る時系列の毎月の飲酒関連交通事故観察数を年齢層毎に検討した。これらのデータはウィスコンシン州の運輸局で1976年から1993年にかけて得られたものである。統計学的時系列分析モデルが18歳年齢（1984年以前の法定飲酒可能年齢）と、19歳年齢、20歳年齢（1986年以前の法定飲酒可能年齢）、21歳以上年齢（全期間を通じて法定飲酒可能年齢）でのデータに適合された。これらの分析のアウトカム変数は、年齢集団ごとの運転免許保持者1000人あたりの飲酒関連交通事故率である。

　結果をみると、18歳年齢については、法定飲酒年齢が19歳に引き上げられたことから飲酒関連交通事故の発生率は、運転免許保持者1000人あたりで毎月2.2件であったのが推定値では26%減少した。19歳年齢、20歳年齢については、法定飲酒年齢を21歳に引き上げることで、運転免許保持者1000人あたりで毎月1.8件であったのが推定値はで19%減少した。それに比して、21歳以上の集団における法律改正の効果推定値は、2.5%であり統計学的に有意差はなかった。

　評価者の結論では、ウィスコンシン州での法定飲酒年齢の最少年齢の引き上げの適用は、飲酒関連事故を起こしていた多くの10代にすぐに決定的な効果を与え、結果として法律制定前の動向よりも明らかな減少が生み出されたとしている。

出　典：David N. Figlio, "The Effect of Drinking Age Laws and Alcohol-Related Crashes: Time-Series Evidence From Wisconsin", *Journal of Policy Analysis and Management*, 1995, 14（4）: 555-566. より一部修正のうえ引用。

朴ではあるが、役立つ手がかりを提供する。たしかに、もし介入に交絡的影響が知られており、かなりの確からしさでその影響が最小であるなら、単純な時系列プロットによる検討が明白なプログラム効果を同定する可能性がある。Exhibit 9-Iは、プログラム評価における時系列の古典的な適用の一例である英国飲酒検知器取締研究（Rossら，1970）の一次データを示したものである。Exhibitが示すグラフは、アルコールの影響下での運転に対して、大ブリテン島での大幅に変更した罰則の法律制定と施行前後の交通事故発生率を示している。添付した図は、法律は目に見えるインパクトをもっていたことを示している。法律が施行されてから事故は減少する効果を示し、とくにアルコールに影響される割合が高いと考えられる週末の事故に関して減少は劇的であった。効果は図でかなり明らかであるが、統計学的分析を行いそれを確実にするほうが賢明である。Exhibit 9-Iで視覚化された事故の減少は、実際のところ統計学的にも有意であった。

　時系列アプローチは、かならずしも単一事例に制限される必要はない。時系列データが異なる

■ **EXHIBIT 9-1** ■　交通事故に対する飲酒検知器による強制検査のインパクト分析

　1967年に英国政府は、交通事故現場で警官が飲酒検知器による検査を行うことができる新しい政策を施行した。検査は推定血中アルコール濃度を測定するものである。同時に、飲酒運転での有罪者へのより重い罰則規定も制定された。新しい法律の条文は十分に公知され、1967年10月から効力をもつものとされた。

　以下のチャートは、新しい法律が効力をもつ前後での週のさまざまな時間帯での交通事故発生率をプロットしたものである。チャートを視覚的によく観察すると、法律制定後の事故発生率の減少が示唆された。それは週の大半の時間に影響しているが、とくに週末の時間帯に劇的な影響を与えていることを示している。統計学的検定によって、これらデータを構成する偶然から期待される以上の減少が生じていることが確認された。

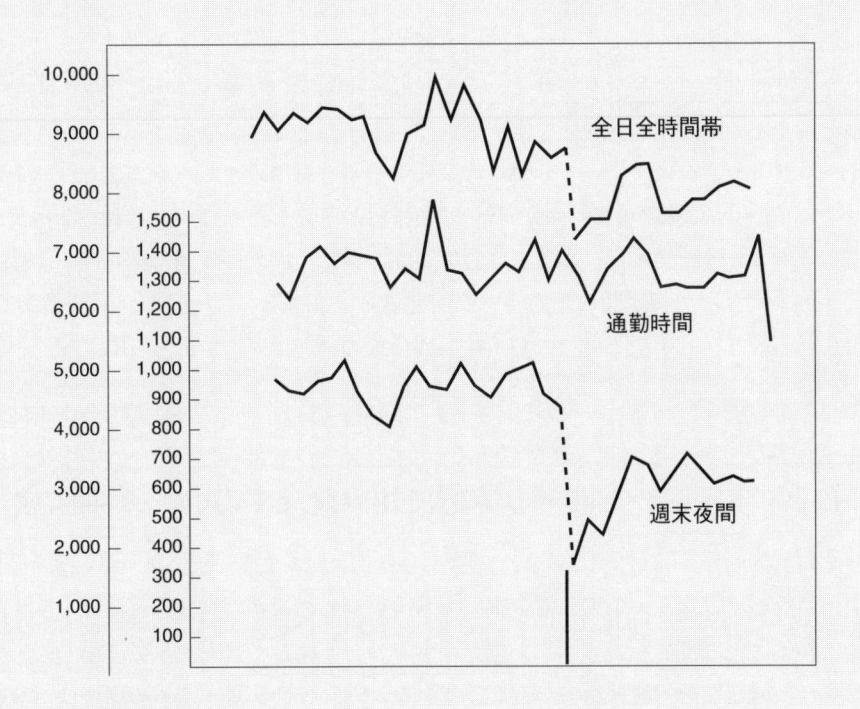

出　典：H. L. Ross, D. T. Campbell, and G. V. Glass, "Determining the Social Effects of a Legal Reform: The British Breathalyzer Crackdown of 1967", *American Behavioral Scientist*, 1970, 13 (March/April): 494-509. の要約。

時点の、異なる場所での介入でも入手可能なら、より複雑な分析を行うこともできるだろう。たとえば Parker と Rebhun（1995）は、全米50州とコロンビア特別区における1976年から1983年の時系列データを用いて、アルコール購入最少年齢を制定する州法の変化と殺人発生率との関係性を検討した。彼らは合併横断時系列分析（pooled cross-section time-series analysis）を行い、ダミー変数（0または1）を飲酒年齢が引き上げられた年度の前後を同定するために用いた。モデルに投入された他の変数は、アルコール消費量（1人あたりのビール売り上げ量（バレル））、乳幼児死亡率（貧困の指標）、不平等の指標、民族構成、宗教、州全体の人口である。このモデルは、異なる年齢集団ごとの殺人発生率に適用された。アルコール購入年齢法の最少年齢を引き上げたことが、21〜24歳のカテゴリでの殺人犯罪犠牲者数の減少と有意に関連していることが明らかにされた。

　私たちがこれまで議論してきた時系列分析は、すべて集合的データを用いてきたが、時系列データの論理は、集合的でないデータにも適用可能である。一例として、小集団の人たちに対して実施した介入プログラムの分析を挙げる。そこでは、参加者の行動が、プログラム参加の前後とそしておそらくその期間中にも何回も測定されている。たとえば治療者は、クライエント各個人の治療インパクトをアセスメントするのに時系列デザインを用いるだろう。また、ある習熟度テストに対する子どもの成績が定期的に、新しい教授法が子どもたちに用いられる前後に測定することもある。あるいは、アルコール乱用の治療の前と後に、成人の飲酒行動を測定することもある。個別ケースにとって長期間の動向や季節性といった課題は、ふつうはさほど深刻でないため、適用される統計学的手法は異なるが、時系列分析の論理は同様である（Kazdin, 1982）。

3．インパクトアセスメントに準実験法を用いるうえでのいくつかの注意

　バイアスのないプログラム効果の推定値を生み出すための適切に実施されたフィールド実験法の科学的信頼性によって、そのデザインを実行するのが、概して最も簡単で、早くて、安価であるなら、それは明白な選択肢となるだろう。残念ながら、社会プログラムの環境は、そのような無作為化実験法を十分に実行するには困難なことが多い。準実験的デザインの価値がそこにある。注意深く実施されるなら、信頼できるプログラム効果の推定値を得る見込みを提示しつつ、より厳格な社会調査の要求と本質的にそぐわないプログラム環境に対して相対的に適用できる。つまり、プログラムインパクト・アセスメントにおける準実験的研究デザインの利点は、無作為化フィールド実験法が実行できない状況において、実践的でかつ利便性が高いということにもっぱら負っている。

　重要な問題は、どのようによい準実験デザインが、一般的にプログラム効果の妥当な推定値を生み出すことができるのかということにある。言い換えるなら、無作為化割り付けされた対照群を用いる代わりに準実験的研究デザインを用いているとき、評価者が求めているプログラムインパクトの推定値に深刻なバイアスが含まれるリスクはどのくらいあるのだろうか。私たちはこの

問いに、異なるプログラム状況での無作為化実験法と、多様な準実験法との結果を比較する一連の調査結果を説明することで答えたいと思う。しかし、そのような研究は多くなく、これらの文脈についてはわずかなエビデンスしか提示されない。少ないが入手できる比較結果には、私たちが期待していることが示されている。すなわち、望ましい環境下で注意深くなされるなら、準実験法はプログラム効果の推定値を得ることができ、それは無作為化デザインから得られるものと比肩しうるものではあるが、結果には広く誤差も生み出される。

FrakerとMaynard（1984）は、ある雇用プログラムの効果の推定値を、無作為化実験法から得られた対照群と、マッチングから得られた対照群とで比較している。彼らは多様な方法を用いて個別マッチングを行ったが、それらの結果には、無作為化実験法から得られた結果ととても近い一致度を示していなかった。しかし、HeckmanとHotz（1989）は、適切なコントロール変数を用いて、より洗練された統計学的モデルをデータに適用し、実験法から得られたものと同様の効果の推定値を得た。雇用訓練プログラムに関する同様の比較をLaLonde（1986）も行っている。ここでは、統計学的コントロールを非無作為デザインに適用した結果を、無作為化実験法の結果と比較している。Londeは、女性の参加群（準実験法では過大推定された効果であった）と、男性の対照群（過小推定された効果）との異なるバイアスを含む十分な相違を見出した。

異なったプログラム分野からのより最近のエビデンスは、より励みとなる結果を示している。Aikenら（1998）は、異なったインパクトデザインを、大学レベルの新入生の文章作成補習プログラムに適用した結果を比較している。彼らは統計学的コントロールを用いた（非無作為化）不等価比較デザインと、回帰—不連続デザインと、無作為化実験法とから得た推定効果について「高い類似性」を見出している。しかし、単純な前後比較デザインが、プログラム効果を明らかに過大に評価していた。

同じプログラム分野内で行われた別々の研究のまとまりに関するインパクトアセスメントの効果推定値を広範に比較することによって、構成された対照群を用いることの結果の妥当性になんらかの光を投じよう。LipseyとWilson（1993）は、心理学的、教育学的、行動科学的介入の74のメタ分析について、無作為化と非無作為化デザインでの平均エフェクトサイズを比較している。メタ分析に含められた一連の研究の多くで、非無作為化法から推定された効果は無作為化法から得られたものと非常に類似したものであった。しかし、同じくらい多くのケースで、明らかな差異を示した。非無作為化研究で無作為化研究より大きい効果の推定値を示したプログラム分野もあれば、より小さい効果の推定値を示したプログラム分野もあった。HeinsmanとShadish（1996）は、プログラム4分野における98研究での効果推定について詳細な検討を行い、非無作為化デザインは無作為化デザインと比較して多様な結果を出している、という知見を得た。すなわち、ときに類似した、ときには、かなり大きかったり小さかったりする知見である。

したがって、私たちがもっている比較可能な証拠からは、準実験的デザインを用いたインパクトアセスメントが適用された場合、無作為化実験法から得られると思われる結果と同様の効果推定値を得ることができるが、しかししばしばそうでないこともあることが示唆される。さらに、この時点での経験的な証拠からは、どのプログラム環境、または準実験的デザインのどの種類が、過大または過小にバイアスされた推定値と関連しているかについては、ほとんど示唆が得ら

れていない。したがって、インパクトアセスメントに非無作為化実験法を用いる評価者は、プログラム効果の妥当な推定値の結果を出す可能性を明らかにするために、選択されたデザインのもつ特定の前提と要求、プログラムと標的人口の特定の特性について、ケースバイケースの分析に大きく依存しなくてはいけない。

この章のなかで指摘された非無作為化インパクトアセスメント・デザインの限界のすべてを考慮すれば、その使用は正当化できるだろうか。明らかに無作為化デザインを用いることができる場合には、非無作為化デザインは用いるべきではないだろう。しかし、無作為化デザインを用いることができず、インパクトアセスメントをする必要性が大きいのなら、評価者は非無作為化デザインを用いてとりかかることができる。その際には、限界があることをわきまえつつ、それらを克服しようと力強く取り組むことが必要である。

非無作為化デザインを用いることでのみインパクトアセスメントの課題が実行できる場合、この課題に直面した責任ある評価者は、結果としてのプログラム効果の推定値が信頼に足るものとみなせなくなる前に、まず利害関係者の助言を求める義務がある。もし非無作為化デザインにとりかかることが決まったら、評価者は関連する調査文献を概観して、統計学的コントロールとして、また選択モデリングの基盤として用いることのできる変数の収集方針を立てるべきである。非無作為化インパクトアセスメントの知見を報告する際には、評価者は同様に、効果の推定値にバイアスがあるかもしれないことを明確に指摘する義務を負うことになる。

まとめ

- インパクトアセスメントは、アセスメントの対象となっている介入に起因するアウトカム変化はなにか、について決定するために行われる。この目的に対する最も強力な研究デザインは無作為化実験法だが、場合によっては妥当な準実験的インパクトアセスメント戦略もいくつかあり、標的集団を介入群と対照群へと無作為に割り付けられなかったときに用いることができる。

- どんなインパクトアセスメント・デザインを用いるにせよ、評価者が主に心がけなくてはならないのは、プログラム効果の推定値におけるバイアスを最小にすることである。準実験的デザインではとくに問題になりうるバイアスの潜在的原因は、選択バイアス、持続的趨勢、干渉的イベント、成熟、である。

- 準実験法では、介入群と対照群は、無作為化割り付け以外の方法で作り出される。準実験法に隠された論理は、本質的には無作為化実験法におけるものと同じであり、介入群と対照群とが等質であると仮定できないだけである。どちらの群も介入を受けていない場合であってもアウトカムを異ならせるような二群間の差異がなにかあるなら、プログラム効果の推定値にバイアスを生じうる。準実験法はしたがって、どんなプログラム効果の推定でもこれらの差異の補正をするためのふさわしい手続きを適用しなければならない。

■準実験デザインのひとつのタイプは、マッチングされた対照群を用いることである。このデザインでは、対照群はプログラム不参加者をプログラム参加者とマッチングさせる（個別にないしは集合的に）ことにより構成される。このデザインから得たプログラム効果の推定値におけるバイアスを避けるため、各群をマッチングするために用いる変数にはアウトカムに強く関連する変数すべてを含まなくてはならない、そうでなければ群そのものが異なることになる。

■介入群と対照群は、統計学的手続きによっても等質にすることができる（統計学的コントロール）。再度、群間で異なる可能性があるどんなアウトカム関連変数も同定され、統計学的補正に含められる。このデザインでは、多くの群間差異を同時にコントロールするために、多変量統計解析法が一般的に用いられる。多変量解析は、アウトカムに関連するか（アウトカム決定因のモデリング）、対照群と介入群への選択に関連する（選択モデリング）と考えられたコントロール変数を用いる。

■もし標的集団を介入群と対照群へと割り付ける際、ニーズ、利点、志向などに関して量的に測定された彼らの得点に基づいて割り付けることができるなら、回帰−不連続デザインによるプログラム効果の推定値は、他の準実験的デザインによるプログラム効果推定値よりも、概してバイアスに影響されにくい。

■再帰コントロールを用いるデザインでは、単純な前後比較を用いてプログラム参加前と参加後の測定を比較するものから、時系列デザインで介入の前後に多数回の測定を行うものまでが定着している。時系列デザインは、たいてい、単純な前後比較デザインよりもプログラム効果の推定値にはるかに優れている。

■評価者が無作為化デザインを実現することが不可能な場合に、準実験的デザインを用いてインパクトアセスメントを行うことは適切であるが、潜在的バイアスを最小限にする努力を考慮することと、その限界について明記することを忘れてはならない。

キー・コンセプト

回帰−不連続デザイン（Regression-discontinuity design）
準実験的デザインのうち、適切な量的尺度の観察値に基づいて介入群と対照群とが選択される、つまり標的集団を得点により、その尺度のカッティングポイントと目された得点より高い人を片方に、低い人を他方に割り付ける方法。カッティングポイント・デザインとも呼ばれる。

再帰的コントロール（Reflexive controls）
介入の前に参加する標的集団にアウトカム変数を測定し、コントロールの観察として用いること。前後比較デザイン、時系列デザインも参照のこと

時系列デザイン（Time-series design）
介入の前と後にアウトカム変数について繰り返し数多くなされる測定に依存する再帰的コントロールデザイン

前後比較デザイン（Pre-post design）
ひとつの尺度が介入の前後に行われる再帰的コントロールデザイン

選択バイアス（Selection bias）
プログラム効果の体系的な過小あるいは過大評価であり、それは介入プログラムを受けていなくてもアウトカムに差異を生じさせるような、介入群と対照群間のコントロールされていない差異に起因する。

選択モデリング（Selection modeling）
不等価比較デザインでの介入群と対照群への選択の可能性を「予測する」多変量解析モデル。この分析の結果は、選択バイアスのコントロール変数を構成するために用いられ、アウトカムに対する介入効果を検討する第2段階の統計学的モデルに組み込まれる。

対象者の欠損（Attrition）
対照群または介入群に割り付けられた標的集団におけるアウトカムデータ測定の欠損であり、たいていは標的の所在がわからなかったり、データに貢献することを拒否されることで生じる。

統計学的コントロール（Statistical controls）
統計学的手法を用いて介入群と対照群との間に存在するアウトカムに関連しうる差異に起因するバイアスに関して、プログラム効果の推定値を補正すること。これらの手法を用いてコントロールされる差異は、統計学的分析に含めることができる測定変数で表現されなくてはならない。

不等価比較デザイン（Nonequivalent comparison design）
介入群と対照群とが無作為化割り付け法以外の手段を通じて構成された準実験的デザイン

マッチング（Matching）
対照群を標的集団から選択し（個別的にまたは集合として）、介入を受けることを別にすれば介入群の人と特定の特性が同一であるように構成すること

第10章 Detecting, Interpreting, and Analyzing Program Effects

プログラム効果を検出し、解釈し、分析する

●本章の概要

1. プログラム効果の大きさ

2. プログラム効果を検出する
   1) 統計学的有意性
   2) 第Ⅰ種／第Ⅱ種の過誤
      a. 統計的検出力
      b. インパクトアセスメントにとって適切な統計的検出力とは

3. プログラム効果の実際的有意性（意義）をアセスメントする

4. プログラム効果の変動（ばらつき）を検証する
   1) 調整変数
   2) 媒介変数

5. メタ分析の役割
   1) インパクトアセスメントへの情報提供
   2) 評価研究分野への情報提供

前3章はプログラム効果を適切に評価するためのアウトカムの測定と研究デザインに焦点を当ててきた。しかし、優れた測定方法とデザインを用いたとしても、プログラムの実際の効果が、その大きさや効果の存在自体に評価者が自信をもてるほど現れるとはかぎらない。また、自信をもてる結果が得られたとしても、評価者はそのプログラム効果の実際的有意性（意義）(practical significance) を吟味する必要がある。

この章では、プログラム効果の検出や解釈に関して議論する。効果の大きさを表現する方法や、その大きさに影響を与える因子の分析にも注目する。これらの点を理解することは、よりよいインパクトアセスメントの計画に役立ち、社会プログラムの効果性に関する知識の獲得に貢献する。

インパクトアセスメントはプログラムの効果に関する評価を生み出す。この評価は対象者がプログラムに参加していなかった場合のアウトカムの結果と比較することによって得られる。第8章と第9章で議論したように、研究デザインは対照群の選択の仕方により、そのアウトカム評価の信頼性に変動（ばらつき）がある。しかし、すべての効果の評価は、それが無作為化実験によって得られたものであったとしても、注意深く検討しその意義を確かめなくてはならない。このようなアセスメントをどのように行うかがこの章の主なテーマである。まず、プログラム効果の大きさをどのように評価するか、データセットからプログラム効果をどのように検出するか、そしてそれらの効果の実際的有意性（意義）をどのようにアセスメントするか、について述べる。次に、より複雑な問題である、標的集団内の異なるサブグループ間のプログラム効果の変動（ばらつき）についての分析について議論する。本章の最後には、インパクトアセスメントの先行研究で示された効果のメタ分析が、評価のための研究デザインの作成と分析の改善に役立つことと、その評価分野の知識の増幅に貢献することについて簡潔に述べる。

1．プログラム効果の大きさ

インパクトアセスメントがプログラム効果を検出し、記述できるかどうかは、プログラムが生み出す効果の大きさに依存する部分が大きい。小さな効果は当然大きな効果と比べて探知することが難しく、その実際的有意性（意義）の記述はより難しい。プログラム効果を探知し記述するためには、まずプログラム効果の大きさとはなにを意味するかを理解しておく必要がある。

インパクト評価においてプログラム効果は、介入を受けているプログラムの対象者のアウトカムと、もし介入を受けていなかったとしたら測定されると推定されるアウトカムとの差として表される。最も直接的にプログラム効果の大きさを表現する方法は、2つのアウトカム変数の平均

の差を比較することである。たとえば、高血圧のリスクのある高齢者に対し、血圧測定を受けることを奨励する公衆衛生キャンペーンがあるとする。もし標的集団で血圧測定を受けた人の割合が0.17で、対照群では0.12であった場合、プログラム効果は0.05の増加と示される。同様に、もし高血圧の知識に関する多項目のアウトカム尺度の平均得点がキャンペーン参加群では34.5点で対照群では27.2点であったとすると、知識に関するプログラム効果はその測定尺度の得点で7.3点の増加ということになる。

　この方法でプログラム効果の大きさを示すのは、有用な面もあるが、アウトカムを評価した特定の測定尺度に特異的なものとなるという面もある。つまり、高血圧に関する知識が、キャンペーンに参加した高齢者では、多項目の尺度で7.3点増加した、という知見は、知識を測定した尺度をよく知らない人にはあまり意味がない。プログラム効果の大きさを全般的に記述したり、統計学的に処理するためには、特定の測定手法に結びついていないかたちで示すほうがより便利であり意味がある。

　プログラム効果の大きさを示す一般的な方法として、増加あるいは減少をパーセントで表すという方法がある。キャンペーンにより高齢者が血圧測定を受けるようになったかどうかは、41.7％の増加と示すことができる（0.05/0.12として計算）。しかし、測定値の増加や減少をパーセントで示すやり方は、真のゼロがある尺度でないと意味がない。真のゼロとは、測定されたものがまったくないことを示す「点」である。調査期間の6ヶ月以内に血圧測定を受けた高齢者がいなかった場合、その割合は0.00となる。これは真のゼロであり、41.7％増加したと記述することは意味がある。

　対照的に、高血圧の知識に関する多項目の尺度は恣意的な単位でしか測定できない。知識についての質問がとても難しい場合、ある人がその尺度で0点になったとしても、一定の知識をもっている可能性がある。たとえば、高血圧に関する知識をいろいろもっていても、「収縮期」とか「カルシウムチャンネル拮抗薬」などの単語についての適切な定義を答えられないかもしれない。もし、測定尺度がそのような質問を多く含んでいたとしたら、対象者の知識を低く見積もってしまい、本当のプログラム効果もぼやかしてしまうかもしれない。加えて、測定尺度によっては、最低点がゼロではなく、たとえば10点であるかもしれない。このような尺度では、たんに34.5点が対照群の27.2点より27％数字が大きいという理由だけで介入群で示された7.3点の増加を、27％の増加と示すことは意味がない。実際の知識の差が同じだとしても、違う質問で尺度が構成されていたら、結果は対照群が75点、介入群が85点になるかもしれず、その場合は13％の増加となるのである。

　多くのアウトカム尺度は恣意的な単位を用いており、真のゼロがない。そのため、プログラム効果の大きさを示すために多くの場合、たんに平均点の差を取ったり、パーセントの変化を示したりするのではなく、**エフェクトサイズ統計**（effect size statistic）が用いられる。エフェクトサイズ統計は、プログラム効果の大きさを標準化されたかたちで示すので、異なった単位やスケールを用いる尺度間の比較に用いることができる。

　最も一般的なエフェクトサイズ統計である**標準化平均差**（standardized mean difference）は、テストにおける点数のように効果が数値で表されるものに用いられる。標準化平均差は、介入群

と対照群のアウトカムの平均値の差を、その尺度の標準偏差を1単位として表す。標準偏差は当該尺度について個人などの単位の変動（ばらつき）を示す統計学的な指標であり、得点の範囲や変動（ばらつき）に関する情報を提供する。プログラム効果のサイズを標準偏差の単位で示すことは、その研究で示された低得点から高得点の範囲と比較してプログラム効果の大きさがどの程度かを示すことになる。たとえば、入学前プログラムのインパクトアセスメントに読解力のテストが用いられ、介入群の平均点が対照群より標準偏差の半分だけ高かったとすると、標準化平均差エフェクトサイズは.50ということになる。この指標の利点として、比較が容易であることが挙げられる。たとえば、語彙力のテストの標準化平均差が.35であったとすると、入学前プログラムは語彙力より読解力の強化により効果的であったことが示される。

　アウトカムによっては、数値ではなく二値変数で示される場合がある。つまり、対象者がなんらかの変化を経験するかしないかである。二値変数アウトカムの例として、非行行為をする、妊娠する、高校を卒業する、などがある。二値変数アウトカムで示されるプログラム効果の大きさについては、オッズ比（odds-ratio）エフェクトサイズがしばしば用いられる。オッズ比は、たとえば、高校卒業などのアウトカムイベントが発生するオッズが、介入群において対照群と比較してどの程度大きいか小さいかを示す。オッズ比が1.0である場合はオッズが同じであることを示す。つまり、介入群の参加者が問題となる変化を経験する確率は対照群と同等である。1.0より大きいオッズ比は介入群の参加者が変化を経験することが多いことを示す。たとえば、オッズ比が2.0であることは、介入群の参加者が対照群に比べて、変化を2倍経験することを示す。同様に、1.0より小さいオッズ比は変化を経験することが少ないことを示す。

　これらの2つのエフェクトサイズ統計の詳細は Exhibit 10-A に示す。

2．プログラムの効果を検出する

　プログラムの実際のアウトカムの効果がまったくのゼロだったとする。このケースでも、インパクト評価のエフェクトサイズでちょうどゼロが示されるとはかぎらない。インパクトアセスメントで得られるアウトカムには常にある程度の統計学的ノイズが含まれるからである。それは測定誤差、調査対象を介入群と対照群に割り付けるときの運、またはその他の偶然に発生する差違である。そのため、適切なアウトカム尺度が用いられ、介入群と対照群に本当の差がなかったとしても、それぞれの群の尺度の平均値がまったく同じであるとは考えにくい。しかし、同時に、真の効果がゼロだとしたら、測定された値の差が大きいことは期待しない。言い換えると、測定された値の差が統計学的ノイズからのみ生じているとすると、そのノイズが大きすぎるために、実際のプログラム効果とまちがえることは避けなければならない。つまり、ある効果が統計学的ノイズから生じる確率をきちんとアセスメントすることが必要である。このアセスメントは統計学的有意性検定によって行われる。

1）統計学的有意性

　インパクトアセスメントにおいて、真のプログラム効果を、検出しようとしている「信号（signal）」だとすると、問題となるのは統計学的ノイズ（雑音、noise）によって生じる効果の信号対ノイズ比（signal-to-noise ratio）が低いときである。幸い、用いるデータのタイプによって期待されるノイズのレベルを評価する統計学的ツールがある。もし「信号」（データから観測するプログラム効果）が期待される統計学的ノイズのレベルと比較して大きい場合、ノイズによる偶然ではなく、真のプログラム効果を検出したことに自信をもてる。一方、プログラム効果の評価が統計学的ノイズとして期待されるものより小さい場合は、真にプログラム効果があったかどうかはあまり自信がもてないということになる。

　「信号対ノイズ比」を評価するには、信号であるプログラム効果と、ノイズである背景の統計学的ノイズを測定しなくてはならない。プログラム効果のいちばんよい測定値は測定されたアウトカムの介入群と対照群の平均値の差である。これはしばしば Exhibit 10-A に示したエフェクトサイズのかたちで表現される。統計学的ノイズによる疑似効果の大きさは、適切な統計学的確率理論を当てはめることによって得られる。この推計は、主にサンプルサイズ（介入群と対照群の人数）と、それがアウトカム尺度上にどの程度ばらつくかによって決定される。

　この信号対ノイズの比較は統計学的有意性検定に組み込まれている。介入群と対照群のアウトカムの平均の差が統計学的に有意であるとすると、有意性検定は、信号対ノイズ比が大きく、効果がゼロであるときに観測されるものとは考えにくいことを教えてくれる。慣例的に、統計学的有意性は $\alpha = .05$ のレベルに設定されている。これは、ノイズによる擬似効果が、プログラム効果と同じぐらい大きい確率が5％以下であることを示す。つまり、観測された効果は統計学的ノイズによるものだけではないことが95％信頼できる、ということである。

　有意レベル.05が最もよく使われているが、特定の状況下ではより低いあるいは高いレベルを用いたほうがよい場合もある。信頼性が高い根拠が必要な場合は、たとえば判断基準を.01に設定してもかまわない。その場合、効果が偶然ではないことは99％信頼できる。あるいは、効果的な介入手法を探索する研究では、.10に設定してもよい（結果が90％信頼できることになる）。

　注意をしなくてはならないのは、統計学的に有意であることが、ただちに実際的有意性（意義）（practical significance）や重要性（importance）を示すものではないことである。統計学的に有意な知見は、理論的あるいは実際的に「有意」であるかもしれないし、「有意」でないかもしれない。それはたんに、偶然ではないらしいことを示すだけである。そのため、統計学的に有意であることは、意味のある結果であることの必要最低条件である（本章の後半で効果についての実際的な意味のアセスメント法について述べる）。もし測定されたプログラム効果が統計学的に有意でない場合は、慣例的に、「信号対ノイズ比」が低すぎて、本当のプログラム効果であることを示唆するものではないことを意味する。

　そのため、統計学的有意性検定は、インパクトアセスメントをする際に評価者がまず行うプログラム効果のアセスメントである。さらに、これは基本的にありか、なしかの検定である。もし

■ EXHIBIT 10-A ■ 一般的なエフェクトサイズ統計

標準化平均差

エフェクトサイズ統計のひとつである標準化平均差は、連続変数であるアウトカム尺度によって介入の効果が測定されるときにとくに適している。そのような尺度は、ある範囲を越えても連続的な値を与えることができるものである。連続変数には、年齢、収入額、入院日数、血圧、達成度テストの得点、その他の標準化された測定尺度、などが含まれる。このような指標のアウトカムは、通常、介入群と対照群の平均値というかたちで示され、その平均値の差が介入効果を示している。このことから、標準化平均差エフェクトサイズ統計は以下のように定義される。

$$\frac{\bar{X}_I - \bar{X}_C}{sd_p}$$

$\bar{X}_I$ = 介入群の平均値、
$\bar{X}_C$ = 対照群の平均値、
sd_p = 介入群と対照群のプールされた標準偏差、すなわち、

$$\sqrt{((n_I-1)sd_I^2 + (n_C-1)sd_C^2)/(n_I+n_C-2)} \; n_C$$

n_I と n_C はそれぞれ介入群と対照群のサンプルサイズを示す。

したがって、標準化平均差エフェクトサイズは、標準偏差を単位として介入効果を示している。慣例的に、介入群でよりよいアウトカムが得られた場合には、エフェクトサイズは正の値を取り、対照群でよい場合は負の値を取る。たとえば、環境への態度尺度の平均点が介入群で22.7点（n=25、sd=4.8）、対照群で19.2点（n=20、sd=4.5）であり、得点が高いほどよりよいアウトカムを示す場合、エフェクトサイズは以下のようになる。

$$\frac{22.7 - 19.2}{\sqrt{((24)(4.8^2) + (19)(4.5^2))/(25+20-2)}} = \frac{3.5}{4.7} = .74$$

すなわち、介入群の環境への態度は、対照群と比較して、アウトカム尺度の0.74標準偏差分よかったことを示す。

オッズ比

オッズ比エフェクトサイズ統計は、二値変数アウトカム尺度、つまりたとえば逮捕される－逮捕

観察された効果が統計学的に有意であれば、それはプログラム効果として議論するに足る効果である。もし統計学的に有意でなければ、それはプログラム効果であるとはいえず、統計学的ノイズを科学的知見として認めることは難しい。

2）第Ⅰ種／第Ⅱ種の過誤

統計学的有意性検定は、アウトカムデータから効果が得られたかどうかについて結論を出す基

されない、生-死、退院-未退院、成功-失敗、のように2つの値のみを取る尺度についての介入効果を示すものである。このような尺度のアウトカムは通常、介入群と対照群それぞれにおける2つのアウトカム分類に含まれる対象者の割合として示される。これらのデータは、下記のような2×2の表に示すことができる。

	正のアウトカム	負のアウトカム
介入群	p	1−p
対照群	q	1−q

p＝介入群の正のアウトカムをもつ対象者の割合
1−p＝負のアウトカムをもつ対象者の割合
q＝対照群の正のアウトカムをもつ対象者の割合
1−q＝負のアウトカムをもつ対象者の割合
p/(1−p)＝介入群の対象における正のアウトカムのオッズ
q/(1−q)＝対照群の対象における正のアウトカムのオッズ

オッズ比は以下のように定義される。

$$\frac{p/(1-p)}{q/(1-q)}$$

したがってオッズ比は、介入群の対象における正のアウトカムのオッズが、対照群のオッズに比べて、どの程度大きい（あるいは小さい）か、という表現で介入効果を示している。たとえば、認知行動プログラムに参加した患者の58％が治療後に臨床的な抑うつ状態を脱し、対照群では44％が脱した場合、オッズ比は

$$\frac{.58/.42}{.44/.56} = \frac{1.38}{.79} = 1.75$$

したがって、介入群において、臨床的レベルの抑うつから脱することのオッズは、対照群のオッズと比較して1.75倍大きいことになる。

礎を提供するが、結論がいつも正しいことを保障するわけではない。統計学的ノイズにより、実際にはプログラム効果がないにもかかわらず、統計学的に有意になるほど大きな疑似効果が偶然生じてしまうことがある。また逆に、統計学的ノイズがたまたまプログラム効果と同じくらい大きいと、実際にはプログラム効果があるにもかかわらずその効果をぼやかし、統計学的に有意でない結果を生じることもある。これらの2つのタイプの統計学的結論の誤りは、それぞれ第Ⅰ種の過誤（Type Ⅰ error）、第Ⅱ種の過誤（Type Ⅱ error）と呼ばれている（Exhibit 10-Bに詳述する）。

■ EXHIBIT 10-B ■ 第Ⅰ種および第Ⅱ種の過誤

介入群対対照群の統計学的有意性検定における正しい結論と誤った結論の生じる確率

サンプルデータにおける 有意性検定の結果	母集団の実際の状況	
	介入群と対照群の 平均に差あり	介入群と対照群の 平均に差なし
有意差あり	正しい結論 (確率=$1-\beta$)	第Ⅰ種の過誤 (確率=α)
有意差なし	第Ⅱ種の過誤 (確率=β)	正しい結論 (確率=$1-\alpha$)

a. 統計的検出力

　当然ではあるがプログラム効果についてまちがった結論を生み出しそうなインパクトアセスメントをデザインするべきではない。とくに、統計学的有意性についての基礎的なレベルでのまちがいを避けるために、第Ⅰ種／第Ⅱ種の過誤のリスクが低くなるよう研究デザインに細心の注意を払う必要がある。

　第Ⅰ種の過誤(実際にはプログラム効果がないのに統計学的に有意な結果がでること)のリスクは比較的容易にコントロールできる。最大限許容される過誤の確率は、統計学的検定を行う際に設定する有意性のための α レベルによって決まる。慣例的に $\alpha=.05$ に設定されるが、これは第Ⅰ種の過誤の生じる確率を5％以下にするということを意味する。

　第Ⅱ種の過誤(実際にはプログラム効果があるのに統計学的に有意な結果が出ないこと)をコントロールすることはより困難である。これには、適切な**統計的検出力**[以下、検出力](statistical power)があるように研究デザインを組む必要がある。検出力とは、プログラム効果が実際に一定の大きさをもっているときに、その推定値が統計学的に有意になる確率である。

　第Ⅱ種の過誤の確率は、この状況で統計学的に有意にならない確率であり、つまり1から検出力を引いた値である。たとえば、もし検出力が.80だとすると、第Ⅱ種の過誤の確率は1−.80、すなわち.20(20％)である。高い検出力をもつインパクトアセスメントのデザインとは、評価者が設定した大きさのプログラム効果を統計学的に有意であることを示すことができるものである。

　検出力は、(1)検出するエフェクトサイズ、(2)サンプルサイズ、(3)使用する統計学的有意性検定、(4)第Ⅰ種の過誤をコントロールする α レベル、によって決定する。α レベルは多くの場合.05に設定されるので、通常、考慮しないでよいが、その他の3つのファクターは十分に検討する必要がある。適切な検出力がある研究をデザインするには、まずどの程度の大きさのエフェクトサイズまでを信頼して検出したいかを決めなくてはならない。このエフェクトサイズは、たとえばExhibit 10-Aで示した標準化平均差のような値を用いる。たとえば、標準化平均差における.20のエフェクトサイズより大きいプログラム効果を重要なものと定義し、研究デザインで統

計学的に有意であることを検出したいと決める。どの程度のエフェクトサイズを評価者にとって意味のあるプログラム効果とするか、を決めることは一筋縄ではいかない。この点については、後述のプログラム効果の実際的有意性（意義）についてのトピックで議論する。

b．インパクトアセスメントにとって適切な検出力とは

検出する最低限のエフェクトサイズを設定したら、次に、どの程度の第Ⅱ種の過誤を許容するかを決めなくてはならない。たとえば、実際に効果があるのに統計学的に有意でないとなるリスクを.05に設定したとする。これは、第Ⅰ種の過誤で通常設定されている.05と同じレベルに第Ⅱ種の過誤の確率を設定するということである。検出力は1から第Ⅱ種の過誤の確率を引いたものであるので、この場合、設定されたエフェクトサイズより大きい効果を.95の検出力で検出する研究デザインが欲しい、ということを意味する。同様に、第Ⅱ種の過誤のリスクを.20に設定すると検出力は.80となる。

最後に、必要なレベルの検出力が得られるように、サンプルサイズと統計学的検定を決めてインパクトアセスメントをデザインする。サンプルサイズの影響力は明瞭である。サンプルが多ければ多いほど、検出力が高くなるのである。その際重要なのは、統計学的モデルにコントロール変数を用いるかどうかである。アウトカム尺度と相関するコントロール変数には、そのアウトカム尺度に関連する変動（ばらつき）をプログラム効果の検定から抽出する、という効果がある。そのため、問題となる要因を反映するコントロール変数は、統計学的ノイズを減らし信号対ノイズ比を高め、検出力を高めることができる。この目的のために最も有用なコントロール変数は、一般的にはその尺度そのものの介入前の測定値である。この種の事前評価によって、プログラムの効果とは関係なくアウトカム尺度の得点に変動（ばらつき）を与える調査前から存在するアウトカム変数に関する個人差をとらえることができる。効果と無関係な分散はすべて統計学的ノイズに影響するため、慎重に選択されたコントロール変数は検出力を飛躍的に高めることができる。

そのためには、コントロール変数はアウトカム変数と比較的大きな相関がなくてはならず、プログラム効果を評価する統計学的有意性検定に投入されなければならない。コントロール変数を利用する統計学的有意性検定としては、共分散分析、重回帰分析、構造方程式モデリング（structural equation modeling）、反復測定分散分析、などがある。

インパクトアセスメントにおいて、検出力の決定は重要な問題である。もし評価者が、プログラム効果が小さいと予想していて、その小さな効果も重要であると感じている場合は、そのような小さな効果も見逃さないような高い検出力をもったデザインが必要である。たとえば、自動車事故による死亡をわずか1％減らすような介入でも、命の大切さのため意味があると判断されるかもしれない。対照的に、もし評価者が、効果が大きい場合にのみ介入の意味があると判断した場合には、小さな効果は検出できない程度の検出力に関するデザインで十分である。たとえば、費用のかかるコンピュータープログラミングの再訓練プログラムは、少なくとも半数の訓練生が介入後に関連した職に就くことができてはじめて導入する意味があると考えられるかもしれない。これは比較的大きな効果であり、この効果を検出できるようなデザインを組めば十分である。

検出力の算出方法、サンプルサイズ、コントロール変数を投入する統計分析／投入しない統計

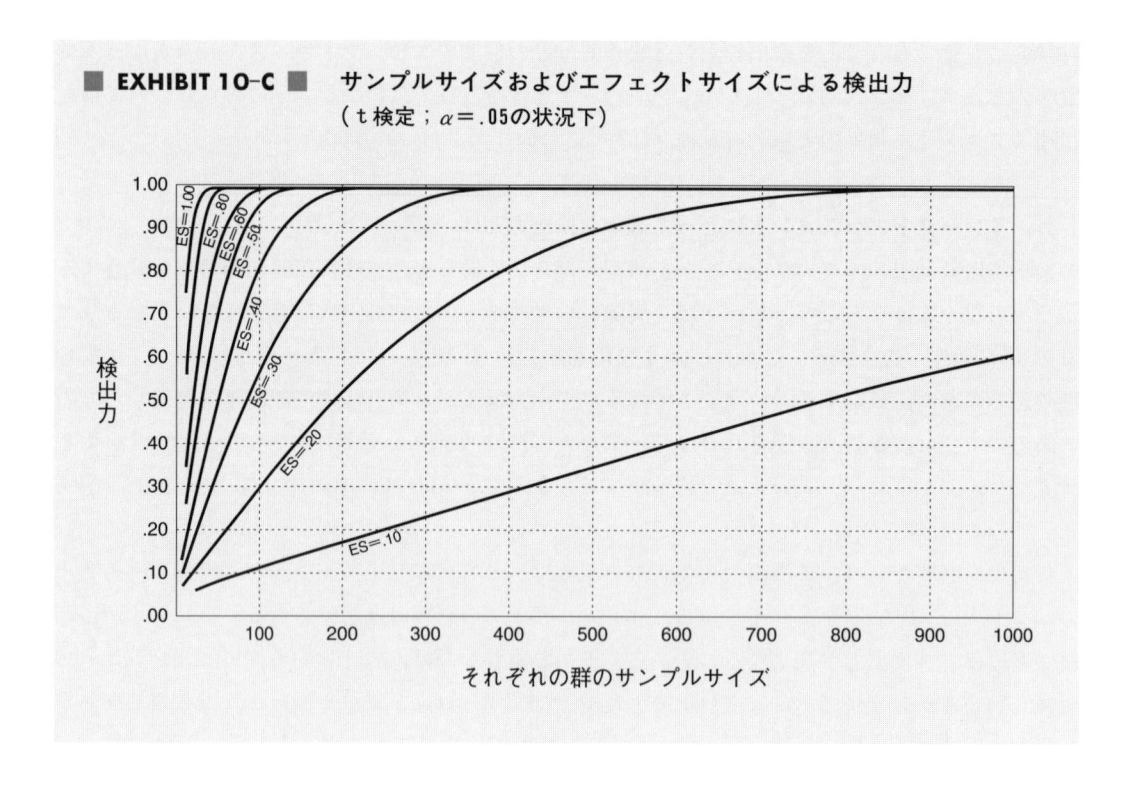

■ **EXHIBIT 10-C** ■ サンプルサイズおよびエフェクトサイズによる検出力
（t検定；$\alpha=.05$の状況下）

[図: 横軸「それぞれの群のサンプルサイズ」（0〜1000）、縦軸「検出力」（.00〜1.00）。ES=.10, .20, .30, .40, .50, .60, .80, 1.00の曲線]

分析といった技術的な議論をすることはこの本の範疇を超える。しかし、この分野に習熟することは適切なインパクトアセスメントを行うには必要であり、そのような研究を請け負うどの評価チームにも必要な技能である。これらのトピックについてのより詳細な情報は Cohen（1988）、Kraemer ら（1987）、Lipsey（1990，1998）から得られる。

Exhibit 10-C に検出力に強い影響をもつ要因の間の関連を示す。最も代表的な統計学的検定である、2群間の平均の差の検定（t検定、あるいはコントロール変数のない一元配置の分散分析で $\alpha=.05$）についての検出力をエフェクトサイズやサンプルサイズの組み合わせで示している。

Exhibit 10-C から、インパクトアセスメントにとって適切な検出力を得ることがいかに難しいかがわかる。比較的高い検出力は、サンプルサイズが大きいか、検出したいエフェクトサイズが大きいときにのみ得ることができる。しかし、これらの状況は非現実的であることが多い。

たとえば、もし、第II種の過誤を第I種の過誤と同レベルである5％に抑えようとすると、検出力は.95必要である。これは、もし、プログラムが産出した意味のある効果を統計学的に有意と検出できないと正当化しがたい損害が生じるだろう、という点からみればたしかに適切な目標である。さらに、エフェクトサイズ.20以上をプログラムのよい結果として検出したいと仮定する。すると、Exhibit 10-C から $\alpha=.05$ でコントロール変数がない統計学的有意性検定では、両群（介入群と対照群）に約650以上、計1300のサンプルサイズが必要であることがわかる。この数字は場合によっては達成可能であるが、通常報告される評価研究のサンプルサイズよりはるかに多い。

実際的な制限のためサンプルが少ないと、かなり大きなエフェクトサイズしか信頼して検出で

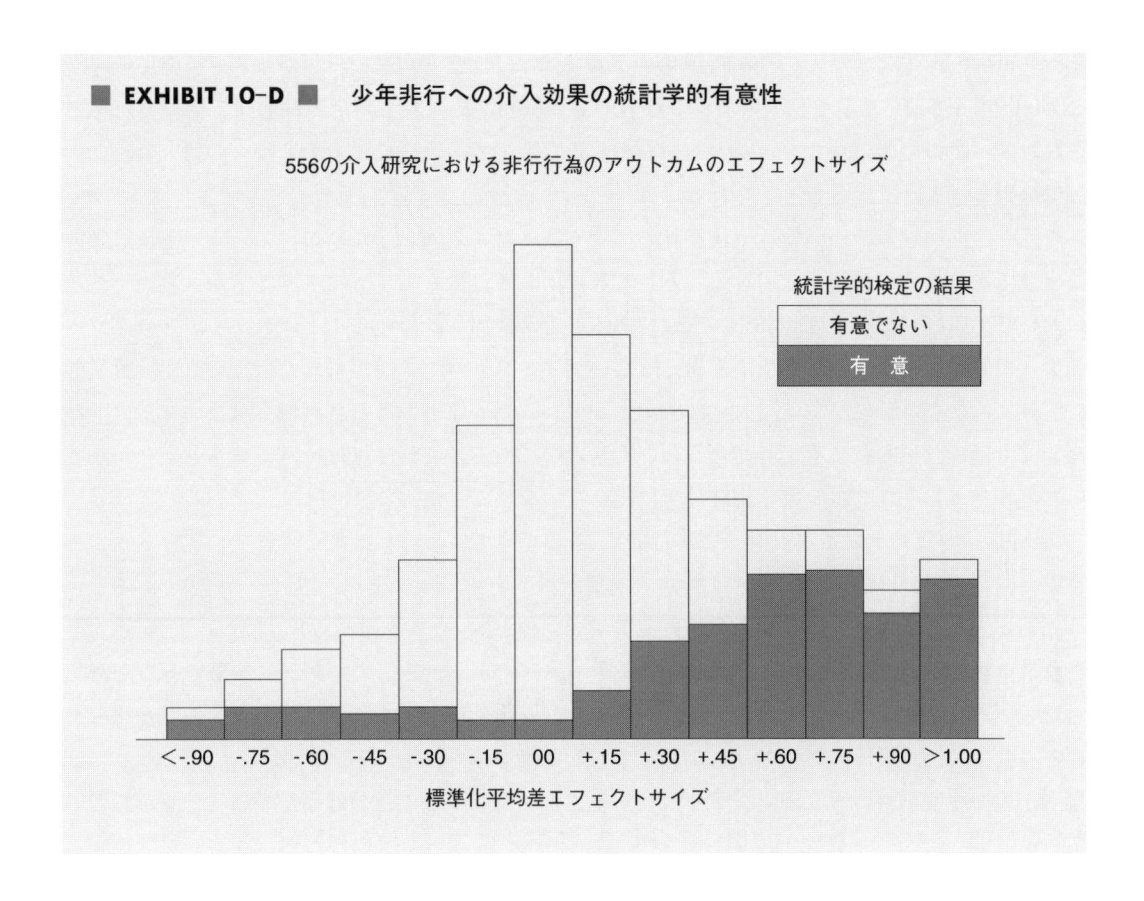

■ EXHIBIT 10-D ■ 少年非行への介入効果の統計学的有意性

556の介入研究における非行行為のアウトカムのエフェクトサイズ

統計学的検定の結果
有意でない
有 意

標準化平均差エフェクトサイズ
<-.90 -.75 -.60 -.45 -.30 -.15 .00 +.15 +.30 +.45 +.60 +.75 +.90 >1.00

きなくなってしまう。たとえば、介入群と対照群にそれぞれ100人ずついるとき（多くの評価研究はこの範囲にあるが）、検出力が.95（すなわち.05の第Ⅱ種の過誤のリスク）ではエフェクトサイズが.50より大きなものにしか得られない。より小さな効果がプログラムの重要性にかかわってくる場合、この評価デザインではその効果を統計学的に検出する確率は高くない。適切に選択されたコントロール変数の価値はこのような場合にある。コントロール変数はエフェクトサイズを大きくする作用があり、少ないサンプルでも検出力を高めてくれる。

　プログラム効果が統計学的に有意でない場合は、その結果は、一般的にはそのプログラムが効果を産出するのに失敗した、と捉えられる。しかし、このような統計学的に有意でない結果の解釈は技術的にはまちがっており、もし統計学的に有意でないことが検出力の低い研究デザインのためであって、プログラムのせいではない場合、非常に不公平な結論であるといえる。このような知見はたんに観測された効果が統計学的ノイズより信頼できるほど大きくなかったことを示しているだけである。統計学的ノイズは検出力の低い研究ではとても大きいことがあるため、プログラム効果が小さかったり無かったりするとはかぎらない。しかし、このようなニュアンスは、統計学的に有意でない研究が与える、「失敗」という印象をぬぐいされない。

　評価実践において検出力の低いインパクトアセスメント研究が引き起こす問題の重大性が、Exhibit 10-Dに示されている。これは大規模なメタ分析（meta-analysis）［訳注：あるトピックに関する複数の研究の統計的効果の分析］によって得られたものである。このグラフには、非行少

年への556の介入プログラムの評価研究のアウトカム尺度のエフェクトサイズ（標準化平均差；Exhibit 10-A 参照）が示されている。これらの評価研究は、公表 - 非公表問わず、記録され報告されたすべての研究のうち、一定の基準を満たしたものである。そのためこれらの研究は、この評価分野を代表していると考えられる。

グラフの網かけの濃い部分はそれぞれのエフェクトサイズのレベルにおいて、効果が統計学的に有意であるとされた割合を示している。これによると、最もエフェクトサイズが大きいレベルにおいてのみ高い割合で統計学的に有意であることが検出されていることがわかる。プログラムの大きな便益を示しているようにも思える高いエフェクトサイズが得られた研究でも、統計学的に有意に達しないものが多い。これは検出力が低いことが原因である。評価されたエフェクトが高くても、統計学的なノイズが同じくらい大きいのである。これは主に、サンプルサイズが小さいことと、コントロール変数を統計分析に用いていないことによる。

Exhibit 10-D のエフェクトサイズが.30のところを見てほしい。これらの研究のアウトカムの多くは非行少年の再犯率、たとえば警察の逮捕記録である。エフェクトサイズが.30であるということは、たとえば介入群の6ヶ月後再犯率が38%のときに、対照群で50%であることを示す。これは再犯率が24%減少したということであり（.12/.50）、重要なプログラム効果であると考えられる。それにもかかわらず、報告された研究のうち半数以上で統計学的に有意な知見が得られなかった。この結果は、プログラムが意味のある効果を産みだすことに失敗することよりも、評価者が適切な検出力のある研究をデザインすることに失敗することのほうが多いことを示している。

3．プログラム効果の実際的有意性（意義）をアセスメントする

これまでに議論したように、インパクトアセスメントの研究は、プログラム効果の統計学的有意性と、Exhibit 10-A に記述したようなエフェクトサイズを産出する。しかし、統計学的なエフェクトサイズは、プログラム効果の実際的有意性（意義）(practical significance) を示すものとはかぎらない。また統計学的有意性のレベルが実際的有意性（意義）を示唆するものではない。統計学的には小さな効果も、実際にはとても重要なプログラム効果であることがある。また逆に、統計学的には大きな効果でも、実際にはあまり意味がない場合もある。たとえば、特定の疾患をもつ患者の入院率がわずかでも減ることは、健康保険会社にとってはコスト的にとても意味があるかもしれない。しかし、患者のケアに対する満足度が統計学的に大きく改善したとしても、その会社にとって経済的にはわずかな影響しかないであろう。利害関係者や評価者がインパクトアセスメントで発見されたプログラム効果を解釈するには、まずそのプログラムの改善目的である社会環境に即した言語に、その効果を翻訳しなくてはならない。ときにはこの翻訳作業は、たんに統計学的エフェクトサイズをアウトカム尺度に置き換えるだけですむ場合もあるが、それはその尺度の実際的有意性（意義）がすぐに解釈できるときだけである。非行少年へのプロ

グラムの例でいえば、よく使われるのがプログラム参加後の一定期間の再犯率である。もしプログラムが再犯率を24％減らすとすると、何人の少年が影響を受けて、何件の非行行為を予防できたか、というように簡単に解釈することができる。少年非行についてよく知っている人ならこの効果の実際的有意性（意義）は容易に解釈できる。その他の本質的に意味があるアウトカム尺度、たとえば何人の命が救えるか、年収の増加、中退率の減少、などは実際的な感覚での解釈が比較的容易である。

　しかし、その他の多くのプログラム効果については、解釈はそれほど容易ではない。たとえば、成績の低い6年生に算数の個別指導プログラムを行った結果、彼らの基礎学力検査の算数のテストの平均点が42点から45点に上がったとする。この結果は、統計学的エフェクトサイズでは標準偏差の単位で.30であり、統計学的に有意である。しかし、これは実際的には算数の能力がどの程度よくなったことを示すものであろうか？　この効果は大きいのだろうか、小さいのだろうか？　この算数のテストについてとてもよく知っていて、点数をみるだけで統計学的エフェクトサイズを解釈できる人はほとんどいないだろう。

　本質的には意味がないアウトカム尺度の統計学的効果を解釈するには、エフェクトサイズを実際的に解釈可能にするなんらかの外的基準と比較する必要がある。たとえば算数のテストでは、プログラム効果をそのテストの標準値と比較することができる。もし国の標準値が50点だとすると、算数の個別指導はプログラムに参加した生徒の標準値との差を38％（8点から5点に）縮めたが、彼らの能力は標準値にはまだ達していないことがわかる。

　他の比較対象として他の学年の生徒の平均点が考えられる。たとえば同じ学校の6年生の平均点が47点で、7年生の平均点が50点だとする。この基準では、算数の個別指導により改善した3点は、1学年分の能力の上昇と等しいことがわかる。しかし、もし7年生の平均点が67点だとしたら、3点の上昇は1学年分の能力と比較してかなり小さいと判断することができる。その他のプログラム効果の実際的有意性（意義）の解釈の方法として、使用したアウトカム尺度にある基準値を用いる方法がある。もし「成功」を判断できる基準値がアウトカム尺度にあり、その点より上にいる者と下にいる者を区別することができるとすれば、プログラム効果は成功率の上昇（あるいは下降）と置き換えることができる。たとえば、うつ病をもつ人を対象にした精神保健プログラムでは、アウトカム尺度としてベックのうつ病尺度を用いることがある。プログラム効果が標準偏差の単位で.50であり、介入群で14.3点、対照群で17.8点だとする。この尺度では、17～20点の得点がうつ病の境界域と判断されるので、実際的有意性（意義）を判断するひとつの方法として、両群の17点以下（境界域以下であることを示す）の割合を調べる、という方法がある。この方法で、たとえば対照群の42％が治療期間の終了時に境界域より下にいて、臨床群では77％であることが明らかになるかもしれない。治療効果の実際的な大きさは、この診断的な判断のほうが、恣意的な尺度の統計学的効果よりも解釈しやすい。

　評価者や利害関係者がプログラム効果の実際的有意性（意義）を解釈する助けになる比較対象として、過去に行われた類似したプログラムの評価で得られた効果の分布がある。たとえば、結婚相談が結婚の満足度に与える効果についてのレビュー論文やメタ分析から、そのようなプログラム効果のエフェクトサイズの平均は.46であり、ほとんどの効果が.12から.80の間にあること

> ### ■ EXHIBIT 10-E ■ エフェクトサイズ統計を実践的な言葉で記述するいくつかの方法
>
> **元々のアウトカム尺度における差**
>   測定に利用したアウトカム尺度が元々実践的な意味がある場合、エフェクトサイズは、介入群と対照群のアウトカムの差として、その尺度を用いて直接的に表現できる。たとえば、予防プログラム後に利用された保健サービスのドルによる価値や、入院期間短縮を目的としたプログラム後の入院日数などは、それぞれの文脈のなかでそれ自体に実践的な意味がある。
>
> **標準的テストとの比較または標準集団の成績との比較**
>   標的集団のアウトカムを一般のレベルに上げることが目的のプログラムの場合、プログラム効果が介入前に一般のレベルとの間にあったアウトカムの差をどの程度減らしたか、という表現でプログラム効果を述べることができる。たとえば、読むことがうまくできない子どもへのプログラムの効果は、彼らの読字能力がその学年の標準値と比較してどこまで差が縮まったか、という表現で述べることができる。学年の標準値は公表されたテストの標準値から得られることもあるし、プログラム参加者と同じ学校の同じ学年の子どもたちの得点で決定されることもある。
>
> **基準となる群間の差**
>   アウトカム尺度データがプログラムの内容と関連する複数群の相違を示しうる場合、プログラム効果はそのアウトカム尺度の差との比較によって示すことができる。たとえば、精神保健施設が日常的にうつ尺度をインテークで使用し、その結果を患者が外来で診るかより重症な場合は入院治療が必要という判断に用いていたとする。そのうつ尺度で測定されたプログラム効果は、入院患者と外来患者のインテーク得点の差と比較することにより、よく理解されている得点差と比べて効果が小さいか大きいかがわかる。
>
> **診断やその他の成功となる基準点を越える割合**
>   アウトカム尺度に成功となる基準値が設定できる場合、介入群の成功となるアウトカムをもつ割合を、対照群の割合と比較することができる。たとえば、雇用プログラムにおける収入への効果

が明らかになったとする。この情報から、ある結婚相談プログラムの結婚の満足度への効果が.34だったとすると、この効果はこのようなプログラムとしては二流であることが認識できる。もちろん、このプログラムの効果が平均より低い理由として、典型的でないクライエントを対象にしていたり、とくに難しい状況で行われたりすることなどがある場合もある。しかし、似たようなプログラムのアウトカムの効果と比較することは、プログラム効果の大きさを評価する出発点となる。

　プログラム効果の大きさを解釈して、実際的有意性（意義）を評価する、いつでも使える最良の方法というものはないが、上述したようなアプローチはしばしば使用できるし、かつ有用である。ここで明らかにしておきたいのは、たんに統計学的有意性や統計学的エフェクトサイズを述べることだけでは、その効果の記述として不十分である、ということである。そのため評価者は、統計学的効果をそれぞれのプログラムの状況に応じて、よりよく理解できるように解釈する方法をひとつ以上準備しなくてはならない。内容によって、最もよい解釈の仕方や参照すべきも

は、介入群の世帯収入が国の定義する貧困レベルより高い人の割合を対照群の貧困レベルを越えた人の割合と比較することで表現することができる。

操作的に決めた成功となる基準点を越える割合

プログラム効果を成功率で表現することは、成功の基準点が比較的操作的に決められたとしても、実践的有意性を示す助けになる。たとえば、対照群のアウトカムの平均を基準点として使うことができる。一般的に、対照群の約半数は平均点より上にいると考えられる。介入群において同じ基準点を越える人の割合は、プログラム効果の大きさの指標となりえる。たとえば、介入群の55%が対照群のアウトカムの平均点より上にいることは、75%が平均点より上にいる場合と比較して影響力が小さいことがわかる。

類似したプログラムの効果との比較

評価に関する文献から、類似したプログラムの類似したアウトカムについての統計学的効果の情報を得ることができるだろう。その場合、他のプログラムの効果と比較して、今回の効果が大きいか小さいかがわかる。系統的にそのような効果を収集し報告するメタ分析は、この目的にとってとくに有用である。たとえば、禁煙プログラム後の連続した非喫煙日数についての標準化平均差エフェクトサイズが.22だとすると、メタ分析によって他の研究の平均エフェクトサイズが約.10である場合は実践的効果が大きいとみなされる。しかしもし他の研究の平均が.50である場合は逆である。

慣例的ガイドライン

Cohen（1988）は、社会科学的研究において一般的に「小さい」、「中程度」、「大きい」効果についてのガイドラインを提示している。これはもともと検出力の検定を行う際に出てきた概念だが、介入効果の大きさのおおざっぱな指標として広く用いられている。たとえば、標準化平均差エフェクトサイズについては、Cohen は.20を小さい効果、.50を中程度の効果、.80を大きい効果、としている。

のが異なってくるため、評価者は、適切な解釈の枠組みを構築するための資源をたくさんもつ必要がある。上述したアプローチや、ある状況で役に立つその他の方法を Exhibit 10-E に項目立てて示したが、もちろん、すべての可能性を網羅するものではない。

4．プログラム効果の変動（ばらつき）を検証する

プログラム効果に関する私たちの今までの議論は、介入群の対照群と比較した包括的な影響に焦点を当てていた。しかし、標的集団のすべてのサブグループのすべてのアウトカムにおいて、プログラム効果が同じであることは少なく、また効果の変動（ばらつき）も評価者にとって意味がある結果として吟味するべきである。そのためには、アウトカム尺度だけではなくその他の変

数や介入群 - 対照群の構成などを考慮する必要がある。標的集団のサブグループごとのプログラム効果の違いに注目すると、ある変数によってサブグループが定義される。その変数は調整変数 (moderator variables) と呼ばれる。また、あるアウトカム変数へのプログラムの効果が別のアウトカム変数にどのような影響を与えているかを明らかにするには、両方の変数を分析に含まなくてはならない。そして、そのうちの片方の変数が媒介変数として働く可能性を調べなくてはならない。以下のセクションでは、プログラム効果の変動（ばらつき）が調整変数や媒介変数とどのように関連しているのかを記述するとともに、どうすればこのような関係を明らかにし、プログラム効果をよりよく理解できるかについて示す。

1）調整変数

「調整変数 (moderator variables)」は、インパクトアセスメントにおいてプログラム効果が異なるであろうと考えられるサブグループの特徴を示す変数である。たとえば、プログラム効果が男性と女性によって異なるかどうかを調べる場合には、性別が調整変数となる。この可能性を検討するには、介入群と対照群の両群を男性と女性のサブグループに分け、あるアウトカムについてのプログラム効果の平均を性別ごとに調べ、その効果を比較する。その結果、プログラム効果は女性のほうが男性より大きく（小さく）、その差は統計学的に有意であるかどうかがわかる。

調整変数の検定を行うことで、プログラムの対象者サブグループにプログラム効果の変動（ばらつき）があることが明らかになることがある。どのような社会プログラムでも、主要な人口統計学的変数である、性別、年齢、人種、社会経済的地位、によって効果が異なる。もちろん、包括的なプログラム効果を知るだけではなく、どのようなグループにより効果があるか、あるいはないかを知ることは意味がある。そのため、調整変数を調べることはインパクトアセスメントの重要な側面である。それにより、プログラム効果がとくに有効である、または有効でないグループを特定したり、全体的なプログラム効果が小さかった場合にも、効果がある群を見つけたりすることで、プログラムの全体的な有効性の結論を強化するのに役に立つ。たとえば、プログラムの影響が最も少ないグループに注目し、そのグループへの効果を高める方法を探ることで、プログラムを強化し全体的な有効性を高めることができる。

評価者がサブグループごとのプログラム効果の違いを、自信をもって明確に検出できるのは、サブグループの定義をインパクトアセスメントの最初にしたときである。それは、その場合選択バイアスがないからである。もちろん、介入の途中で対象者が突然男性になったり女性になったりすることはない。選択バイアスを考慮する必要があるのは、介入の途中でサブグループが定義された場合である。たとえば、対照群や介入群の参加者がそれぞれの群に割り付けられた後に、何人かが引っ越してしまった場合、その行動に影響したなんらかの力が、アウトカムにも影響を与えている可能性がある。結果として、そのようなサブグループが出てきた場合には、分析する際に選択バイアスを考慮しなくてはならない。

調整変数を測定した場合に、プログラムへのニーズが最も高い対象者のプログラム効果を調べ

ることは有益である。最もニーズが高い対象者へのプログラム効果が最も少ないことはよくあることである。たとえば、職業訓練プログラムでは、最近の就職経験があり、関連した技能をもっている人のほうが、慢性的に無職で経験や技能が少ない人、つまり最もニーズが高い人より、多くの場合、再就職のアウトカムがよい。この結果そのものが驚くべきものでも、かならずしもプログラムに問題があるわけでもない。しかし、調整変数を用いた分析を行うことで、最もニーズの高い群になんらかの利益があるかどうかを明らかにすることができる。プログラムの効果がニーズの低い対象者のみにみられ、ニーズが高いほとんどの対象者には効果がまったくなかったり、わずかである場合と、ニーズが高い対象者にも少しであっても効果がみられる場合とでは、プログラムの評価や改善に与える示唆はかなり異なってくる。

　職業訓練プログラムの群別の効果の違いがとても強い場合、慢性的に無職であるサブグループにまったく効果がなくても、プログラムの全体的な効果（たとえば後の年収）が大きいという結果になることがある。調整変数を用いた分析を行わないと、全体の効果が、最も肝心なサブグループには効果がないことを覆い隠して（マスクして）しまう。また、このマスキングは逆に働くこともある。全体のプログラム効果がないことが示唆された場合でも、調整変数を用いた分析で特定のサブグループへの効果が明らかになる場合がある。全体の効果の平均では、大きなサブグループの悪いアウトカムでその効果が隠されてしまう。このような結果は容易に想像できる。たとえば、「普遍的な（universal）」サービスを提供するプログラムでは、そのプログラムが改善目標としている状態のない人をも援助対象にすることがある。たとえば、薬物使用予防プログラムを中学校で行った場合、生徒のうちの多くは薬物を使ったこともなければ、今後使用するリスクも低いと考えられる。どんなにその予防プログラムが優れていても、どのみち薬物を使用しない生徒の薬物使用のアウトカムを改善することはできない。そのため、プログラム効果を評価する際には、ハイリスクなサブグループのアウトカムについての調整変数を用いた分析を行うことが重要になってくる。

　調整変数を用いた分析の重要な役割として、全体のプログラム効果の平均のみによってそのプログラムの効果性についての結論を早急に出してしまうことを予防することがある。プログラム全体でよい効果があったとしても、参加者のすべてのタイプに効果があるとはかぎらないのである。同様に、全体では効果がないプログラムでも、いくつかのサブグループに対してはきわめて効果があるかもしれない。また稀な可能性として、調整変数を用いた分析によって判断しなくてはならないのは、よい効果と悪い効果が混ざっている場合である。あるプログラムが特定のサブグループには悪影響を及ぼしても、他のグループに対するよい効果にその悪い効果が隠されてしまうかもしれない。たとえば、少年非行に対するプログラムは、とくに問題のある少年の後の非行行為を減らすかもしれない。しかし、一方で問題の少ない少年は、プログラムの効果によって、より問題のある少年との仲間関係の影響を強く受け、非行率を増加させるかもしれない（Dishonら、1999参照）。問題がある少年と問題の少ない少年の割合によって、このような負の効果はプログラム全体の効果の平均には表れてこないことがある。

　調整変数の分析は、プログラム効果の差違を明らかにするためだけのものではなく、どのように異なる効果が現れるかの期待値を検証するのにも用いることができる。これは、インパクトア

セスメントの知見が一貫性をもつかどうかを明らかにし、それらの知見から導かれるプログラム効果の全体的な結論を強化するのに役立つ。第7章、第8章および第9章では、妥当なプログラム効果の評価を導くのを困難にするバイアスや曖昧さなどの要因について議論した。方法論的に、適切な測定方法やデザインに代わるよい方法はないが、異なるプログラム効果のパターンを明らかにすることは、他の特定不能の影響ではなく、プログラムそのものがその効果を生み出していることの裏づけのひとつになる。

たとえば、そのような裏づけの例として、用量反応分析（dose-response analysis）がある。この概念は、医学研究における、他のすべての条件が同じであれば、少なくともある至適用量レベルまでは治療の用量が多いほど利益をもたらす、という期待に基づくものである。もちろん、その他のすべての条件を同じにすることは困難であるが、異なるサービスの量や質やタイプについて、可能であれば調整変数を用いた分析を行うことは一般的に有益である。たとえば、あるプログラムのサービス提供施設が2つあり、対象者が似通っていたとする。片方の施設でもう片方の施設よりプログラムをより濃厚に実施したとすると、プログラム効果はその施設のほうが大きいことが期待される。もしそうでない場合、とくにもう片方の施設が、高い効果を示した場合、この矛盾は、測定された効果がプログラムによって生じたものでその他の要因によるものではない、という推測に疑問を抱かせる。もちろん、この矛盾の原因が説明できる場合もある。たとえば、不適切なデータが入力されていたとか、対象者の属性に確認されていなかった差違があった、などである。しかし、この分析によりインパクトアセスメントの結論を支える理論に問題がある可能性が喚起されるのは事実である。

同様の考え方に基づいた別の例を前章のExhibit 9-Iに示した。このExhibitには評価の古典である、イギリスの飲酒検知器プログラムの交通事故に与える影響の時系列評価を示している。この評価に用いられた時系列デザインは、それ自体のプログラム効果はあまり強くないために、平日の通勤時間と週末の夜間を比較した調整変数を用いた分析が重要な役割を果たした。評価者は、もしプログラムが事故の減少に影響を及ぼしているとしたら、その効果は飲酒運転が多い週末の夜間において平日の通勤時間より強いことを期待した。結果はその期待を確かめるもので、プログラムに効果があるという結論を支持した。もし結果が逆で、通勤時間のほうに強い効果があったとしたら、結論の信憑性（plausibility）はかなり弱まったであろう。

つまり、観測された効果にプログラムが及ぼす役割に関する結論を精緻にすることを目的にした調整変数を用いた分析のロジックは、異なる効果についての期待が実際にそうであるかをチェックすることで可能になるというものである。評価者は、もしプログラムが期待されたように働いており、本当に効果があるとしたら、効果はここで大きくなり、ここで小さいはずだ、と推論する。たとえば、改善対象行動が多い群、より多くの、またはよりよいサービスが提供されている群、あるいは通常最も反応がよいはずの群においては、より大きな効果が出るはずだなどと考えるのである。調整変数を用いた分析で、これらの期待が裏づけられると、プログラム効果の存在を支持する証拠となる。また、これも重要な点であるが、もしこれらの分析で期待どおりの結果が得られない場合、測定されたプログラム効果にプログラム以外の影響がある可能性に注意しなくてはならない。

プログラム効果の結論を精緻化するのに調整変数を用いた分析を用いることは価値があるが、問題点もある。たとえば、プログラム対象者へのサービスの量が無作為に割り付けられていないと、調整変数を用いた分析でサービスの量に関連したサブグループの比較をした場合にバイアスがかかる可能性がある。最もサービスを受けた参加者は、最も問題が重い人かもしれない。この場合、用量反応分析をするとサービス量が多い人に効果が少ないという結果が得られることがある。しかし、重症度が同じ群のなかでみれば期待される用量反応がみられるかもしれない。調整変数を用いた分析をプログラム効果の評価に用いることには明らかな限界があり、調整変数を用いた分析は、あくまでもよいインパクトアセスメントの代替ではなく、補完として見なくてはならない。

2）媒介変数

インパクトアセスメントで注目に値するプログラム効果変動のもうひとつの側面は、アウトカム変数間の媒介関係（mediator relationships）の可能性である。ここで用いる**媒介変数**（mediator variables）は、そのプログラムへの曝露の結果、変化する近位アウトカムのことを指し、そして順により遠位のアウトカムに影響を及ぼすものである。このように媒介変数は、そのプログラムへの曝露と鍵となるアウトカムとの間に干渉する変数であり、プログラムがアウトカム変化をもたらす因果連関の1ステップを示す。第5章と第7章で議論した、プログラムのインパクト理論で特定された近位アウトカムは、すべて媒介変数である。

調整変数と同様、媒介変数も2つの理由で興味深い。1つめに、媒介関係の探索は、評価者とプログラムの利害関係者にとって、プログラムへの曝露の結果、対象者に生ずる変化のプロセスをよりよく理解する手助けになる。このことにより、そのプロセスを強化する方法を導き、より効果が得られるようにプログラムを改善することができる。2つめに、プログラム理論で仮定した媒介関係を検定することは、プログラムの効果が観測されたときに、期待されたことに一致しているかを知ることであり、評価の知見を精緻化する方法のひとつである。

第7章で記述したプログラムインパクト理論（Exhibit 10-Fに示す）の例を用いて媒介関係を説明する。この図は、リスクの高い少年に成人ボランティアがメンター［199頁 Exhibit 7-Cの訳注参照］として相談相手となるプログラムについて示している。プログラムが影響を与えようとしている遠位アウトカムは、少年の非行行為を減らすことである。インパクト理論における因果連関の仮説は、メンターと接触することで少年がメンターのよい価値観や行動を真似することと、暇な時間をより建設的に使うこと、である。これは、次に、反社会的なピア（仲間）との接触を減らし、最終的に非行行為の減少につながると期待されている。この仮定された因果連関では、よい価値観や行動と暇な時間の建設的な使い方はプログラム曝露とピアとの接触の間の媒介変数である。ピアとの接触は、同様に、価値観と行動の変化と暇な時間の利用法と、非行行為の減少の間を媒介する。

話を簡潔にするために、よい価値観のみを、メンターの効果と反社会的ピアとの接触の媒介変

■ **EXHIBIT 10-F** ■ 近位アウトカムと遠位アウトカムを示した
プログラムインパクト理論の例

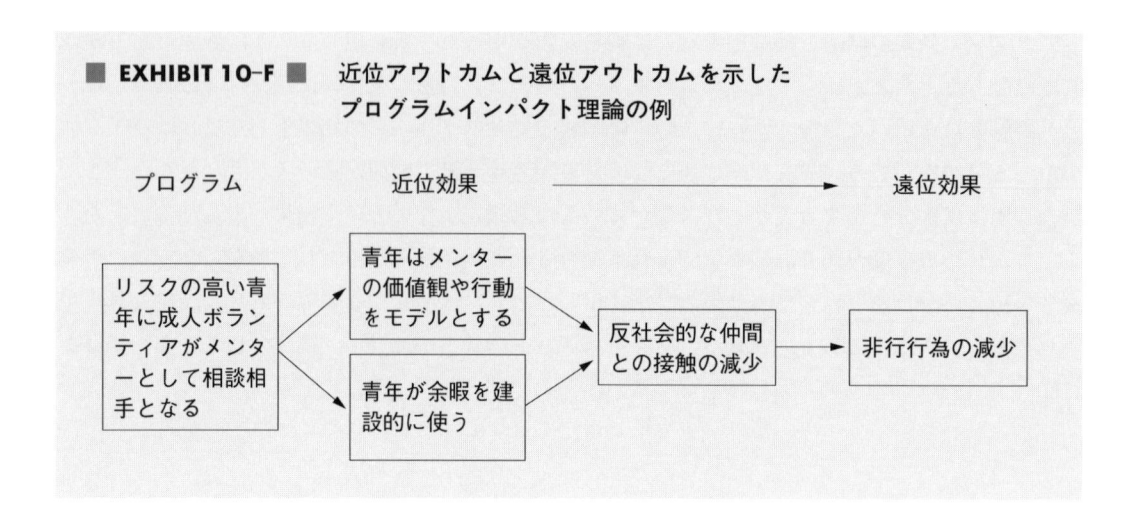

```
プログラム              近位効果        ─────────▶        遠位効果

┌─────────┐      ┌─────────┐
│リスクの高い青│      │青年はメンター│
│年に成人ボラン│   ┌─▶│の価値観や行動│─┐    ┌─────────┐      ┌─────────┐
│ティアがメンタ│──┤  │をモデルとする│ ├───▶│反社会的な仲間│─────▶│非行行為の減少│
│ーとして相談相│   │  └─────────┘ │    │との接触の減少│      └─────────┘
│手となる    │   │  ┌─────────┐ │    └─────────┘
└─────────┘   └─▶│青年が余暇を建│─┘
                  │設的に使う  │
                  └─────────┘
```

数として考える。これらの変数間に媒介関係があるかどうかを検定するためには、まず、近位アウトカム（価値観）と遠位アウトカム（反社会的ピアとの接触）の両方にプログラム効果があることを確認しなくてはならない。もし近位アウトカムにプログラム効果がなければ、それは効果の媒介変数として機能しない。もし遠位アウトカムにプログラム効果がなければ、媒介するものがなくなってしまう。両方に効果があった場合、媒介関係を明らかにするのに必要な検定は、介入の有無が統計学的にコントロールされた状態での近位アウトカムと遠位アウトカムの関係の検定である。この検定のひとつとして、コントロール変数を投入した重回帰分析がある（第9章で違う文脈のなかで述べた）。この例の場合、ピアとの接触が従属変数となり、予測変数（predictor variables）［独立変数の意味］はよい価値観と介入の有無（二値変数；1＝介入群、0＝対照群）となる。メンタープログラムへの参加の有無が統計学的にコントロールされていても、よい価値観と反社会的ピアとの接触の関連が有意であった場合、媒介関係が示唆される。

　媒介関係を検証する統計的手法についてはBaronら（1986）やMacKinnonら（1993）に詳しく議論されている。ここでの主眼は、それらの検定からなにが明らかになるか、である。メンタープログラムのインパクト理論で仮定された媒介関係がこの分析によって裏づけられた場合、プログラムが期待された効果を生み出していることの信憑性（plausibility）を強く支持することになる。しかしもし、仮定されたとおりの結果が媒介変数を用いた分析から得られなかったとしても、この結果はプログラムにとって診断的な意味がある。たとえば、少年のよい価値観がプログラムの効果を受けたが、ピアとの接触や非行行為の減少と媒介関係はなかったとする。一方、暇な時間がこれらの変数と強い媒介関係があったとする。これらの結果から、よい価値観はメンターとのかかわりによって改善したものの、そのほかの意図されたアウトカムを導くものではなかったことがわかる。そのため、プログラムがピアとの接触や非行行為についてよりよい結果を得るためには、暇な時間の建設的な使い方の指導により重点を置くようにメンターを訓練することが考えられる。

5．メタ分析の役割

これまでの章で、新しいインパクトアセスメントをデザインしたり分析したりするときに、すでに行われたインパクトアセスメントの知見を利用することの利点について強調した。また、新しい評価がすでに行われたものに積み重なってゆけば、プログラムについての知識を蓄積することができる。

専門雑誌やインターネットに掲載された、個々のインパクトアセスメントの報告や、古典的なレビュー論文を注意深く検討するのは有用である。しかし、評価者にとって最も有用な要約は、最近増えているメタ分析（meta-analysis）であろう。これは、過去に行われたインパクトアセスメントの得点の知見を統計学的に統合するものである。残念ながらメタ分析は同様の種類のプログラムについてのインパクトアセスメントの数が少ない場合は適用できない。多くの介入、とくに大規模なプログラムについては、メタ分析を実施するほど評価が十分に蓄積されていないかもしれない。しかし、もし十分な研究が行われていたとしたら、メタ分析はとても価値ある情報を提供する。

メタ分析がどのように行われるかを知っておくことは有用である。典型的なメタ分析では、まず特定の介入やプログラムについてのインパクトアセスメント研究の報告を可能なかぎり集める。次に、選択されたアウトカムについてのプログラム効果をExhibit 10-Aに示したようなエフェクトサイズ統計に換算する。その他の評価方法、プログラム参加者、介入方法などの記述的情報も記録する。これらのすべてはデータベースに入力され、効果の変動や、その変動に関連する要因などについての種々の統計分析が行われる（Cooperら，1994; Lipseyら，2001）。その結果は、メタ分析が行われたプログラムと類似したプログラムのインパクトアセスメントをデザインする評価者にとって有用である。また、特定のタイプのプログラムについての多くの知見を要約することは、その評価の分野にとっても有益である。それぞれについてのメタ分析の貢献について以下に短く述べる。

1）インパクトアセスメントへの情報提供

評価者がインパクトアセスメントを計画していた介入と同じタイプの介入について報告されたメタ分析は、研究をデザインする際に有益な情報をもたらす。そのため、インパクトアセスメントの前に関連文献のレビューを行う際には、とくに関連したメタ分析を探すことに注意を払うべきである。Exhibit 10-Gに学校で行われた攻撃的行動の予防プログラムのメタ分析を要約する。この要約にはメタ分析によくある情報の種類が示してある。

メタ分析は主として介入研究から得られる統計学的エフェクトサイズに焦点を当てているため、インパクトアセスメントを行う際にその点がとくに参考になる。たとえば、適切な検出力を

■ **EXHIBIT 10-G** ■　メタ分析の結果の例：攻撃的行動に対する学校での
　　　　　　　　　　　介入プログラムの効果

　多くの学校で、攻撃的行動や破壊的行動を予防または減少させることを目的としたプログラムが実施されている。これらのプログラムの効果を検証するために、そのようなプログラムのインパクト評価研究を行った221の研究結果のメタ分析が行われた。

　就学前から高校卒業までの1学年あるいは複数学年で実施された学校でのプログラムに関する公表されたあるいは公表されなかった研究報告を、徹底的に検索した。メタ分析の対象となった研究は、攻撃的行動（たとえばけんか、いじめ、犯罪、行動の問題、行為障害、行動化など）をアウトカム指標とし、一定の方法論的基準を満たした研究である。

　各研究において、攻撃的行動アウトカムの標準化平均差エフェクトサイズを計算した。よくあるタイプのプログラムにおける平均エフェクトサイズは以下のとおりであった。

治療またはカウンセリングサービス （集団カウンセリング、個別カウンセリング、ケースマネジメントなどの治療的サービス）	.33
認知行動療法的な社会的能力訓練 （認知行動療法アプローチを用いた、社会技能を高め、怒りを理解しコントロールし、葛藤を解決するための訓練）	.27
行動マネジメントやクラスルーム・マネジメント技法 （行動修正のために、報酬、トークンエコノミー、随伴的契約などの多様な行動学的技法を用いる）	.22
認知行動療法を用いない社会的能力訓練 （認知行動療法以外の指示的アプローチを用いた、社会技能を高め、怒りを理解しコントロールし、葛藤を解決するための訓練）	.20
重複モデルプログラム （社会的能力訓練、カウンセリング、クラスルーム・マネジメント、ペアレントトレーニング、学業サービスなどの要素を3つ以上含む介入）	.15

　また、エフェクトサイズの調整変数を用いた分析の結果、プログラム効果は以下の場合に大きくなることが示された。

・ハイリスクの子どもが標的集団である場合
・プログラムが十分に実施された場合
・プログラムが教師によって行われた場合
・一対一の個別的プログラムの形式で実施された場合

出　典：Sandra J. Wilson, Mark W. Lipsey, and James H. Derzon, "The Effects of School-Based Intervention Programs on Aggressive Behavior: A Meta-Analysis", *Journal of Consulting and Clinical Psychology*, 2003, 71 (1): 136-149. より一部修正のうえ引用。American Psychological Association より許可を得て掲載。

考慮する際に、プログラムが産出する可能性のあるエフェクトサイズの大きさをある程度知らなくてはならないし、最小限どの程度のエフェクトサイズを検出するべきか決めなくてはならない。メタ分析ではたいていそのプログラムのエフェクトサイズの平均を示し、しばしば、プログラムの種類による効果の増減についての情報も提供する。エフェクトサイズの標準偏差の情報から、エフェクトサイズの分布の見当をつけることができ、評価するプログラムの効果の上限と下限を予測することができる。

プログラムのエフェクトサイズは、もちろん、異なるアウトカムでは異なることもある。多くのメタ分析では、それぞれの評価研究で用いられた、異なるカテゴリーのアウトカム変数を検討している。この情報から、他の研究でどのような効果を期待し、どのような知見が得られたかを知ることができる。もちろん、他のプログラムでは用いられたことのないアウトカムを評価する場合、メタ分析はあまり使えないだろう。もしそうであっても、似たようなタイプの変数（態度、行動、達成度、など）の結果は、効果がみられることへの期待度と、その効果の大きさの見当をつける助けとなる。

また、インパクトアセスメントを実施して発見されたプログラム効果の大きさを評価するのに、関連するメタ分析の結果を用いることができる。インパクトアセスメントの徹底的なメタ分析から得られるエフェクトサイズのデータには、典型的なプログラム効果とその範囲が示されている。評価者はこの情報を元に、今回評価したプログラムで得られたさまざまな効果は、類似したプログラムと比較してどの程度なのかを判断できる。もちろん、その判断には、今回評価したプログラムの介入の特徴や、対象者、環境が、メタ分析の結果とどう異なるかを考慮する必要がある。

プログラムの特徴と効果の関連を異なるアウトカムで系統的に評価するメタ分析は、効果を比較するのに役立つだけではなく、プログラムのどのような特徴が重要かについての手がかりを与えてくれる。たとえば、Exhibit 10-Gに要約したメタ分析からは、プログラムは素人（両親、ボランティア）が行うより教師が行ったほうが効果があり、グループで行うより一対一で行うほうが効果があることがわかる。そのため、学校で行う攻撃性予防プログラムのインパクトアセスメントを実施する者は、このようなプログラムの特徴に特別の注意を払う必要がある。

2）評価研究分野への情報提供

特定のプログラムの評価を支持する以外に、評価分野の機能として、効果のあるプログラムの特徴について一般的にどのようなことが発見されたかを要約することがある。すべてのプログラムは、なんらかの点で独自性があり異なっているが、なにが、だれに、どのような状況で役に立つか、についての理解を深めるような知見のパターンを発見することは意味がある。この種の信頼できる知識は、評価者にとってプログラム評価の焦点やデザインをよりよくしてくれるだけではなく、政策立案者に社会的問題を改善する、最もよいアプローチの情報を提供する。

メタ分析は、評価者や他の研究者が社会的介入について発見した事柄を統合する最もよい方法

のひとつである。たしかに、社会プログラムは複雑であり、またそれらが生み出す結果がばらついているため、一般化することは難しい。しかし、多くのプログラムの分野で着実な進歩がなされており、よりよいまたは悪い効果のある介入モデル、異なるアウトカムへの効果の本質や大きさ、成功のために最も重要な決定因子、などを特定できるようになってきている。また副次的な効果として、インパクトアセスメントで得られた結果を解釈する方法論についてもよりよく理解されるようになった。

インパクト評価の結果を統合しようとする取り組みが進められていることを考えたとき、重要なことは、評価者が、インパクト評価の結果をメタ分析に加えられるように十分に報告することが必要だということである。この観点では、評価分野自体がすべての評価の利害関係者となる。すべての利害関係者同様、評価分野自体も特有な情報へのニーズをもっているため、評価者が評価をデザインしたり報告する際にはこれを考慮しなくてはならない。

まとめ

- インパクトアセスメントが、プログラム効果とその大きさを検出できるかどうかは、大部分その効果の大きさによる。そのため評価者は、プログラム効果の統計学的な大きさと、実際的な大きさの両方を記述することに慣れる必要がある。
- プログラム効果の統計学的な大きさを記述するには、エフェクトサイズ統計を用いる。たとえば、標準化された平均値の差や二値変数のアウトカムの場合はオッズ比である。
- 小さな統計学的効果は、インパクトアセスメントで検出するのが難しい。なぜならば、どのような調査研究においても存在する背景の統計学的なノイズ（雑音）があるからである。プログラムの統計学的な効果が、背景のノイズと明らかに区別できるほど大きいかどうかの信号対ノイズの比較は、統計学的有意性検定によって行われる。もし効果が統計学的に有意でない場合は、効果があると主張する科学的な根拠がないことになる。
- プログラム効果を統計学的に検出しようとしたときに、アウトカムのデータから誤った結論を導き出してしまうことがある。プログラム効果が実際にはないのに統計学的に有意になってしまったり（第Ⅰ種の過誤）、プログラム効果があるのに統計学的に有意性が出なかったりする（第Ⅱ種の過誤）。
- 統計学的な効果から誤った結論を出さないように、第Ⅰ種-第Ⅱ種の過誤が出にくい研究デザインになるよう細心の注意を払う必要がある。第Ⅰ種の過誤の確率は、統計学的有意性を決定するαレベルによって決定される。αレベルは慣例的に0.05に設定されている。第Ⅱ種の過誤のリスクを下げることはより難しく、研究デザインの検出力が高い必要がある。
- 最小のエフェクトサイズを検出する研究デザインの検出力の大部分は、介入群と対照群のサンプルサイズと、どの統計学的有意性検定を用いるかによって決まる。とくに統計学的検定に投入するコントロール変数の影響は大きい。

■プログラム効果の検出能力は統計学的な大きさによるが、大きな統計学的効果があるからといって実際的有意性（意義）があるとはかぎらない。統計学的効果の実際的な大きさを解釈するには、そのプログラムが改善しようとしている社会状況に直接的に関連するような用語に翻訳することが一般的には必要となる。この翻訳を達成するための、いつでも用いることができる単独の方法はないが、多くの方法が用意されている。

■どのプログラム効果にも、標的集団のサブグループごとに効果の変動（ばらつき）がある。そのため、異なるサブグループを特徴づけるような調整変数を調べることはインパクトアセスメントにおいて重要である。この調査から、サブグループによってプログラム効果がとくに大きかったり小さかったりすることが明らかになり、アウトカムデータをさらに深く理解し、プログラムの効果についての最終的な結論を強化することができる。

■媒介変数を調べることにより、近位プログラム効果の変動（ばらつき）と、より遠位の効果との関連を精査し、プログラムのインパクト理論から示唆されたようにひとつのことがもうひとつの原因になっているかどうかが明らかになる。これらの関連は媒介関係を定義し、評価者やプログラムの利害関係者に、プログラムへの曝露の結果、どのような過程を経て対象者に変化が起こるかについての情報を与えてくれる。

■メタ分析の結果は、インパクトアセスメントのデザインを構築する際に重要な情報である。多くの場合、メタ分析の知見には、プログラムのタイプによるアウトカムの差異や、それらのアウトカムに期待される効果の大きさや範囲などの情報が示される。またその結果より、インパクトアセスメントで得られた効果を、他の類似したプログラムで得られた結果と比較する基礎となる情報を得ることができる。

■また、メタ分析は、評価者や他の研究者が社会的介入について発見した事柄を統合する最もよい方法のひとつである。この役割から、何年にもわたり行われた、数多くのインパクト評価から集められたことからなにがわかったかを、その評価分野に提示してくれる。

キー・コンセプト

エフェクトサイズ統計（Effect size statistic）
標準化された形式でプログラム効果を表現する統計学的公式。異なる単位や尺度を用いたアウトカム尺度間で比較可能になる。最もよく使用されるエフェクトサイズ統計は、標準化平均差とオッズ比である。

オッズ比（Odds ratio）
エフェクトサイズ統計であり、介入群のよいアウトカムのオッズを対照群のオッズとの比で示す。

第I種の過誤（Type I error）
　統計学的な結論の誤りのうち、実際には標的集団に効果がないのに、プログラム効果が統計学的に有意である場合。

第II種の過誤（Type II error）
　統計学的な結論の誤りのうち、実際には標的集団に効果があるのに、プログラム効果が統計学的に有意でない場合。

調整変数（Moderator variable）
　インパクトアセスメントでは、性別や年齢などのサブグループを特徴づける調整変数によって、プログラム効果が異なることがある。

統計的検出力（Statistical power）
　実際にプログラムに効果があるときに、観測されたプログラム効果が統計学的に有意となる確率。もし実際にある効果が統計学的に有意でないとされた場合、第II種の過誤が生じる。つまり、検出力は1引く第II種の過誤の確率である。第II種の過誤参照。

媒介変数（Mediator variable）
　インパクトアセスメントでは、プログラムへの曝露の結果変化する近位アウトカムと、それによって影響される遠位アウトカムがある。媒介変数は、プログラムが遠位アウトカムに変化を及ぼす因果連関に介在する変数である。

標準化平均差（Standardized mean difference）
　エフェクトサイズ統計であり、介入群と対照群のアウトカムの平均の差を標準偏差の単位で示す。

メタ分析（Meta-analysis）
　同じまたは類似した介入についての複数の研究の多くの結果から引き出されるエフェクトサイズ統計の分析。一連の研究の知見を要約したり比較したりすることを目的に行われる。

第11章

● Measuring Efficiency

効率性を測定する

●本章の概要

1. 効率性分析の主要概念
    1) 事前効率性分析と事後的効率性分析
    2) 費用便益分析と費用効果分析
    3) 効率性分析の使用

2. 費用便益分析を実施する
    1) 費用データの収集
    2) 会計学的観点
    3) 費用と便益の測定
        a. アウトカムの貨幣換算　　b. 潜在価格　　c. 機会費用
        d. 二次的効果(外部効果)　　e. 分配に関する考慮　　f. 割引
    4) 費用と便益の比較
    5) 事後的費用便益分析を行うべきとき

3. 費用効果分析の進め方

プログラムが成功裏に実行されたかどうか、あるいはどの程度効果的であるかは、プログラム評価の核心といえる。しかし、プログラムアウトカムにかかる費用と、獲得した便益がそれらの費用を正当化するかどうかを知ることは、まさにそれと同じくらい重要なことである。社会プログラムの費用と便益の比較は、プログラムを拡大するか、継続するか、または中止するかを決定するうえで最も重要な考慮事項のひとつである。

　効率性のアセスメント（efficiency assessment）——費用便益分析および費用効果分析——は、費用をプログラムの結果に関連づけるうえでの準拠枠を提供する。これらは、資源配分の意思決定のための情報提供において有効性を発揮するばかりでなく、社会的介入の取り組みの命運を決定する計画者集団や政治的支持基盤の支援を得るのにしばしば有効である。

　2つのタイプの分析方法で用いられる手順はしばしば高度に技術的であり、本章では、これらの適用については、簡潔に記述するにとどめる。しかしながら、望まれた変化を所与の水準まで実現するために要求される費用や努力の問題はすべてのインパクト評価に必然的に含まれているため、すべてのプログラム評価者は、たとえ技術的な手続きが自らのスキルを越えていようとも、効率性評価に具体化されている考えを理解しなければならない。

効率性の問題は社会的介入に関する意思決定においてしばしば起きてくる。以下に事例で説明する。

- 政策決定者は、数多くの成人教育プログラムのなかで、新しい移民に対する基本的な語学プログラムから配置転換された労働者への職業訓練にまでわたる財源の配分を決定しなければならない。すべてのプログラムは、完了した評価において、相当なインパクトを有することが示されてきた。このような状況では、政策決定者にとって重要な考慮すべき事項は、おそらく、それぞれのプログラムの**便益**（benefits; 直接的および間接的な好ましいアウトカム）がその**費用**（costs; 介入を実行するために要求された直接的および間接的な投入）をどの程度上回っているかに関する証拠であろう。
- ある政府機関が、現在進行中の全国的な疾病管理プログラムを再評価している。もし追加的な財源が疾病管理に配分されるとしたら、支出額1ドルあたりで最高の成果を収めるプログラムはどれだろうか。
- 刑事裁判分野でのプログラム評価により、常習犯を減少することを目的とするさまざまな代替的なプログラムの効果が確かめられてきた。刑事裁判システムにとって、どのプログラムがもっとも費用効果的なのか。政策選択を所与とした場合に、現在の支出パタンをどのように変更すれば、代替的な矯正プログラムの効率を最大化できるのか。

●私的な資金援助グループが、住宅建設のための低利子のローンのプログラムを推進するか、家計所得を増大させるために既婚女性のための労働スキル訓練を提供するプログラムを推進するかを討論している。彼らはどのように意思決定すべきなのか。

　これらは計画者、資金援助グループ、政策決定者が共通に直面する一般的な資源配分のジレンマの例である。再三再四、政策決定者は、乏しい資源が最適に使用されるようにするために、どのように資源配分するかを選択しなければならない。さまざまなプログラムのパイロットプロジェクトのどれもが、望まれるインパクトを生み出すという点で効果的であるという幸運な場合を考えてみよう。どのプロジェクトにより多くの予算を配分するかについての意思決定では、それぞれのプログラムの費用とアウトカムの関係を考慮しなければならない。政治的な事項や価値に関する事項を含む他の要因が作用するにもかかわらず、しばしば優先されるプログラムは、所与の水準の支出に対して、最も多くの対象に最も多くのインパクトを生み出すプログラムである。この簡単な原則は、資源配分分析への体系的なアプローチを提供する費用便益および費用効果の分析・手法の基礎である。

　費用便益分析と費用効果分析は、ともにプログラムの効率性を判断する手段である。後述するように、2つのタイプの分析の差異は、プログラムのアウトカムの表現の仕方にある。費用便益分析では、プログラムのアウトカムは貨幣換算されて表現される。費用効果分析ではアウトカムは直接的に表現される。たとえば、喫煙を減少させるプログラムの費用便益分析では、禁煙プログラムに費消される金額と、喫煙関連疾患のための医療費や労働損失日数などが減少することで節約できた金額との差異に焦点をあてることになるだろう。同じプログラムの費用効果分析を行うと、1人ひとりの喫煙者が非喫煙者に移行するために支出する金額を推計することになる（本章の後半で私たちは費用便益分析を用いるか、費用効果分析を用いるかを決定するための基本原理について考察する）。

　資源配分分析の基礎となる基本的な手順や概念は、1930年代に公共投資活動のための意思決定基準を確立するために実施された活動から発生した。アメリカ合衆国における初期の適用は水資源開発についてであった。イギリスでは、交通投資に関してであった。第2次世界大戦後、世界銀行などの組織は、費用便益分析を、工業化された諸国だけでなく、開発途上国に対する特別なプロジェクト活動や国家的プログラムに適用しはじめた（同時期にどのように効率性分析が連邦政府で適用されてきたかのレビューは、Nelson (1987) を参照）。

　社会プログラム分野における費用便益分析と費用効果分析に類似したものが、費用が常に営業収益と比較されるビジネスの世界にも存在する。たとえば、コンピュータ会社は、家庭市場向けのパーソナルコンピュータの新しい製造ラインをつくる前に収益と費用の関係を評価することに関心があると考えられる。また小さなレストランの経営者は、晩餐時の生演奏を提供することと、昼食時の特別料理を提供することのどちらが、より収益にむすびつくかに関心があるだろう。

　社会的介入の取り組みの有用性を、効率性（ビジネス用語では収益性）の観点から判断する考え方は、広く受け入れられている。しかしながら、社会プログラムの費用便益分析や費用効果分析を現実に実施するための「正しい」手順（"correct" procedures）の問題については、まだ相当な

論議が行われている（Eddy, 1992; Zerbe, 1998）。後述のように、その論議は、用いられる分析手順のなじみ薄さ、多くの社会プログラムのアウトカムを無理に貨幣換算することに対する抵抗、そして、長期間尊重されてきた先駆的事業（initiatives）をやめることへの不本意さの組み合わせと関係している。社会的介入に費用便益分析や費用効果分析を適用する評価者は、費用便益分析や費用効果分析を使用する際に一般的に特徴づける限界とともに、特定の領域に効率性分析を適用する際の特別な課題を承知しておかなければならない（効率性アセスメントの手順の包括的考察については、Gramblin（1990）、Nas（1996）、Yates（1996）を参照）。

1．効率性分析の主要概念

　費用便益分析と費用効果分析は、概念的な観点としてとともに、洗練された技術的手順としても見ることができる。概念的な観点から見ると、おそらく効率性分析の最も偉大なる価値は、私たちが費用と便益の双方について統合的な方法で考えることを促す点にある。事実上すべての社会プログラムの場合に、実際の費用や予想される費用と、すでに明らかになっている便益や期待される便益とを同定して比較することが重要であることが多い。多くのその他のタイプの評価は、主として便益に焦点をあてている。さらに、効率性分析は、介入の相対的な有効性についての比較可能な観点を提供する。社会プログラムは、ほとんど例外なしに、資源制約のもとで行われるため、異なる先駆的事業の比較可能な有効性の判断は避けることができない。継続的な支援を維持できるかどうかは、「ボトムライン（損益）」（たとえば、金額便益や同等のもの）がプログラムを正当化するかどうかに関して、政策決定者や資金提供者を納得させられるかどうかにほとんどいつもかかっている。

　この方向に沿った意思決定の興味深い実例は、従業員を対象にした保育センターに対する大銀行の支援の報告である（Exhibit 11-A参照）。この報告書が記載しているように、効率性分析を実施するための困難性にもかかわらず、また、その分析がいくぶん粗雑に実施されたとしても、会社が支援する社会プログラムが会社にとって金銭的な節約の観点から正当化されるかどうかについての証拠をこの分析が提供することが可能なのである。Exhibit 11-Aにその抜粋が掲載されている論文は、さまざまなビジネス分野で実施されている予防的健康プログラム、保育センターや昼食時の教育プログラムについても考察している。それぞれの場合に、会社への便益と対比した会社の費用という観点からボトムラインを知ることが、会社の意思決定を基礎づけていた。

　しかしながら、これらの有用性にもかかわらず、多くの評価では、公式の完全なかたちの効率性分析がいくつかの理由で実用的でなかったり、賢明な方法ではないと強調されている。その第1は、効率性分析はプログラムの効果がきわめて少ないか、逆に非常に高いとしたら不必要になることがある。効率性分析を行うのは、基本的にプログラムは効果的であるが完全ではないときに意味があることである。第2に、要求された技術的手順には、プロジェクト担当者に利用できないような方法論的洗練が要求されるかもしれない。第3に、政治的あるいは倫理的な論議が、

■ EXHIBIT 11-A ■　　銀行の保育センターからの費用節減

　1987年1月に、ユニオン銀行はロサンゼルスに新しい収益センター（profit center）を開設した。しかしながら、このセンターはお金を貸し出さなかったし、お金そのものを扱わなかった。このセンターは、子どもたちの保育センターであった。

　その収益センターは、銀行のモンテレイ公園支店にある保育センターである。ユニオン銀行は10万5000ドルの補助金をそのセンターに提供した（1987年）。結果として、これにより銀行は23万2000ドル相当を節約できた。もちろん、保育センター自体は特別なことではない。特別であったのは、23万2000ドルという金額であった。この金額は、保育センター支援やウェルネスプラン、育児休暇や弾力的な労働時間などの便益や政策に投資した金額に対して、どれだけの利益を、ボトムラインからの比較で会社が手に入れたかについて説明する、分析されつつある調査の一部である。

　他の評価では無視されてきた多くの質問を含むようデザインされたユニオン銀行の研究は、会社の保育センターの節約に対して、より明確な視線を注いでいる。一例を挙げると、研究はセンターが開設される1年前に開始された。それによって、研究者は比較統計以上の対照群を得ることができた。ユニオン銀行は節約額の予測を確認した後に、はじめて保育センター設立のために43万ドルを拠出することを承認した。

　銀行の人的資源部門により提供されたデータを用いて、カリフォルニア州パサデナで子どもケアコンサルタントをしているサンドラ・ブルドは、欠勤、配置転換、そして育児期間について運営開始1年目と開始前の年度と比較を行った。彼女はセンターの利用者87名の結果を調べ、同年齢の子どもをもち、他の保育サービスを利用している105名を比較対照群として設定し、そして全従業員について観察した。

　彼女の結論。保育センターは銀行に1年間13万8000ドルから23万2000ドルの節約となっている。この数値を彼女は「非常に保守的」に見積もった数値としている。ブルド女史は、センター利用者の退職率は2.2％であり、比較対照群では9.5％、銀行全体では18％であるという事実に基づいた節約が大部分を占め、退職率で合計6万3000ドルから15万7000ドルの節約であると述べている。

　また彼女は失われた昼間の労働時間での節約は3万5000ドルと計算した。センター利用者は平均して対照群よりも1.7日短い欠勤であり、彼らの育児休暇は他の労働者に比較して1.2週間短かった。ブルド女史はさらに、センター広報の到達範囲の推計に基づいて、宣伝が無償であることによる4万ドルの特別な配当を追加した。

　測定の複雑さにもかかわらず、彼女は、研究が「育児の単純化した観点」を否定することに成功したと語り、「これは短期支払いの種類のプログラムではない。これは、勤労者にとっての利益であるばかりでなく経営手段でもある」と述べた。

出　典：J. Solomon, "Companies Try Measuring Cost Savings From New Types of Corporate Benefits", *Wall Street Journal*, December 29, 1988, p.Bl. *The Wall Street Journal*, Dow Jones & Company, Inc.（All rights reserved worldwide.）より許可を得て掲載。

特定の投入やアウトカムの測定値に経済的価値を付与することから生じるかもしれない。このような論議が起きることにより、他の点では有用で厳密な評価の適切さを曖昧にし、潜在的な有効性を最少化するかもしれない。第4に、効率性の観点での評価研究の結果を強調することは、スポンサー、利害関係者、サービス利用者、そして評価者自身の観点や価値（これらを**会計学的観点**（accounting perspectives）と呼ぶ）に応じて、異なった費用やアウトカムを選択的に考慮することを要求するかもしれない。どのような会計学的観点を採用するかということに結果が依存することは、ここでもまた、評価の関連性や有効性をあいまいにし、少なくとも利害関係者の一部にとっては理解を困難にする可能性がある（会計学的観点について本章の後半でより詳細に検討する）。

さらに、効率性分析は検証されていない仮定に非常に大きく依存していたり、費用便益分析や費用効果分析の計算を行う際に要求されるデータが完全には利用可能でないこともありうる。それどころか、効率性分析の最大の擁護者でさえ、単一の「正しい」分析が存在しないことが多いことを理解している。そのうえ、ある種の適用においては、使用された分析的概念的なモデルと、そこで設定された基本的仮定を用いると、その結果が妥当な分散値に対して許容できない水準の感度を示すこともある。

私たちは、すべての費用便益分析や費用効果分析の結果は、注意深くときにはかなりの程度の懐疑をもって取り扱うべきであることを強調したいが、これらの分析は、プログラムの効率性を推計する再現可能で合理的な方法を提供できることも事実である。効率性分析の強い擁護者でさえ、このような分析がプログラムの決定に対して唯一の決定因であるべきだと主張することはほとんどない。それにもかかわらず、これらの方法は、複雑なモザイクに注ぎ込まれて、決定を生み出す価値ある投入といえる。

1）事前効率性分析と事後的効率性分析

効率性分析は、最も一般的には、(1)先駆的事業の計画や企画段階の期間中に、将来を見込んで（**事前効率性分析**；*ex ante* efficiency analysis）、あるいは、(2)事後的に、プログラムがある期間実行され、インパクト評価で効果があることが明らかになり、プログラムを継続するか、可能なら拡大するかということに関心があるときに（**事後的効率性分析**；*ex post* efficiency analysis）、実施される。

計画や企画段階では、**事前**効率分析はプログラムの予期される費用とアウトカムを基礎として実行される。もちろんこのような分析は、たとえその値が推測にすぎないものだとしても、所与の規模の肯定的なインパクトが仮定されなければならない。同様に、介入を実施し提供する費用も推計されなければならない。ある場合には、試験プログラム（または他地域での同様のプログラム）が行われていたり、プログラムがその実施においてかなり単純であったりすることから、投入とインパクトの規模の双方について相当に信頼のおける推計を行うことが可能である。それにもかかわらず、**事前**分析は経験的な情報に完全には基礎を置くことができないため、評価は純便益（さしあたっては総便益から総費用を引いたものと理解してよい）を相当過少あるいは過大に推計

するリスクがある。たしかに、投入とアウトプット（生産物）の推計精度の問題は、事前分析における論議を呼ぶ領域のひとつである。

　事前費用便益分析は、一度開始したら中止することが困難であったり、実現するために予算や時間を広範囲にわたって投入することが要求されるプログラムにとっては最も重要である。たとえば、ニュージャージー海岸沿いに新しい防波堤を設置することにより海岸のレクリエーション施設を増大させる決定は、防波堤をいったん建設してしまえば覆すことが困難である。このように、このプログラムに関しては、レクリエーションの機会を増大させる他の方法との比較においてそのアウトカムを推計したり、他の社会プログラムの領域に資源を配分した場合の費用やアウトカムとの比較において、レクリエーションの機会増大が賢明であるかどうかを判断するニーズがある。

　このように、提案されたプログラムが巨額の費用を必要とする場合には、それを実行するかどうかの意思決定は、事前費用便益分析により大きく影響される。Exhibit 11-B は HIV のための保健従事者の検査に関連してこのような状況を説明している。たとえば、外科医や歯科医が患者に HIV/AIDS を感染させる可能性は、深刻な結果をもたらすものであり、重要な関心事であるにもかかわらず、HIV のためにこの国で莫大な人数の保健従事者に検査を行うことは、確実に高額な費用がかかるであろう。このようなプログラムに乗り出す前に、たとえ粗雑でも、予防された患者感染数に関連してどの程度の費用がかかるかについて、なんらかの推計を行うことは賢明である。Exhibit 11-B で要約された分析は、最もリスクの高いシナリオのもとでは、どのような合理的な政策もきわめて高額であることを示した。さらに、利用可能な情報から想定された推計には、相当な不確実性があった。高額だが不確実な費用推計からみて、政策決定者は、よりよい情報が開発されるまでこの問題への取り組みを注意深く進めていくことが賢明であるだろう。

　しかしながら、社会プログラムのための事前効率性分析は、多くの場合、実施されていない。結果として、多くの社会プログラムは、費用便益や費用効果の観点から活動の有用性について考慮せずに開始されたり、大幅に変更されたりしている。たとえば、ヘッドスタート事業［70頁の訳注参照］の対象となっている子どもたちのための歯科保健サービスを拡大して、虫歯を予防することが明らかな特別な歯科治療を含めることは価値のあることのようにみえる。しかしながら、その治療が小児1年間あたり平均して2分の1ヶ所の虫歯を減少させることが期待できるとしても、小児1人あたりの年間の費用が、歯科医がひとつの虫歯の穴を詰めるために平均してかかるであろう費用の4倍かかるとしたらどうであろうか。このような場合の効率性分析は、意思決定者にこのプログラムを実行することを思いとどまらせるであろう。

　最も一般的には、社会プログラムの分野における効率性分析は、プログラムのインパクトがわかり、インパクト評価が実行された後に実施される。このような事後的費用便益アセスメントや費用効果アセスメントでは、分析は、介入費用がプログラムの効果の程度により正当化されるかどうかを評価するために実行される。

　このようなアセスメントの焦点は、絶対的な観点（absolute terms）もしくは比較の観点（comparative terms）で、あるいは双方の観点でプログラムの効率性を検討することにおかれる。絶対的な観点をとる場合の考え方は、プログラムの費用と金額表示された便益を比較すること

■ EXHIBIT 11-B ■　保健従事者のための HIV 検査の費用効果の事前分析

　1994年のフィリップスらによる研究は、内科医、外科医と歯科医を含む保健従事者の HIV 検査のための代替的政策の費用効果分析を調査したものである。考慮された政策オプションは、(a)義務づけられた検査と(b)自発的な検査、そして検査で陽性とされたものに対して、(a)患者の治療から解除すること、(b)治療の制限をすること、(c)患者に従事者の HIV の状態を知らせることを要求する、といったものであった。

　この研究で費用の算出は、適切な文献のレビューと専門家に対する意見聴取より得られたデータに基づいていた。費用推計は以下の3つの要素を含んでいた。(a)相談と検査費用、(b) HIV 陽性のケースの早期発見による追加的な治療費用、そして(c)感染予防された患者1人あたりの予防のための医療費用。費用は、(c)から(a)＋(b)を引くことで推計された。

　HIV の高、中、低の発症数と感染リスクシナリオのすべてのオプションの分析により、本研究は、HIV 陽性であることが明らかとなった保健従事者に対して、1回の検査の義務づけと治療制限の義務づけが、他のオプションよりも費用効果的であると結論づけた。考慮された政策の最小の費用のものが認められたにもかかわらず、そのオプションでは外科医のための感染予防には29万1000ドル、歯科医のためには50万ドルの費用がかかると推計された。これらの高額の費用や治療制限の義務づけを適用し実行する政治的困難さがあるとすれば、これは実行可能な政策オプションとは考えることできなかった。

　分析者はまた、費用効果の推計が、発症数と感染リスクの分散と、歯科医と契約している内科医の治療の異なるパターンに対して非常に感度が高かったことを発見した。感染予防あたりの増加費用は、低い発症数－感染リスク状態での歯科医のための4億4700万ドルから、高い発症数－感染リスク状態での外科医のための8万1000ドルの節約までの範囲であった。

　さまざまなオプションの推計された高額の費用や結果の不確実性があるとすれば、著者らは以下のように結論づけた。「倫理的、社会的、そして公衆衛生学的意味合いから、検査の義務づけ政策は、それらが費用効果的となるように、より確実性が高まらないと実行されるべきでない」。

出　典：Tevfik F. Nas, *Cost-Benefit Analysis: Theory and Application* (Thousand Oaks, CA: Sage, 1996), pp.191-192. より一部修正のうえ引用。原著は、K. A. Phillips, R. A. Lowe, J. G. Kahn, P. Lurie, A. L. Avins, and D. Ciccarone, "The Cost Effectiveness of HIV Testing of Physicians and Dentists in the United States", *Journal of the American Medical Association*, 1994, 271: 851-858.

や、一単位のアウトカムを生み出すのに使われる費用を計算することにより、そのプログラムが価値あるものなのかどうかを判断することである。たとえば、費用便益分析によって、デパートでの万引きを減少させるために1ドルが使われるごとに、商品の盗難の防止を通じて2ドルが節約できることが明らかになった場合には、万引きプログラムは、経済的に有益だということになる。あるいは、別の費用効果分析研究により、万引きを1件防ぐのに50ドルがかかることが示されるかもしれない。

　比較の観点では、問題は、あるプログラムと他のプログラムの収益の差（pay off）を明らかにすることである。たとえば、小学生の読解力の点数を、コンピュータによる教育プログラムにより1段階上昇させるためにかかる費用と、仲間同士の教えあいプログラムを通じて同じ増加を達成するためにかかる費用を比較するということがあげられる。事後的分析では、費用とアウトカムの

推計は、インパクト評価に関する前の章において記述されたようなタイプの研究に基づいている。

2）費用便益分析と費用効果分析

　経済的効率性のほかに多くの考慮すべき事項が、政策形成、計画やプログラムの遂行においては検討の対象となる。資源が不可避的に希少である状況では、経済的効率性はほとんど常に決定的である。費用便益分析や費用効果分析は、評価者にプログラム費用について知ろうとさせるという長所を有している。驚くべきことに、多くの評価者は費用にほとんど注意していないし、彼らが接する必要がある情報源やプログラム費用を記述することの複雑さを知らない。対照的に、プログラム費用は、プログラムの採用や改良において重要な役割を果たす多くの利害関係者グループにとって非常に目につきやすい。結果として、評価スタッフが費用に注目することは、このようなグループからの協力や支援をしばしば増加させる。

　費用便益分析は、明確なものと不明確なものを含むプログラムの便益の推計と、プログラムの遂行にかかわる直接的および間接的な費用の推計を要求する。一度特定されると、便益と費用は共通の尺度、通常は金額単位に変換される。

　費用便益分析は特定の経済学的観点の適用を要求する。さらにある仮定が、プログラムの投入とアウトプットとを金額合計に変換するために設定されなければならない。前述のように、この分野では、投入とアトプットを貨幣価値に換算する際に用いる「正しい（correct）」手順に関しては、相当な論議がある。明らかに、費用と便益の測定の定義に用いられている仮定は、最終的な結論に強く影響する。結果として、分析者は少なくとも分析で依拠した仮定の根拠を述べることが要求される。

　しばしば分析者はそれ以上のことを行っている。彼らは、結果がどのくらい仮定の変化に敏感なのかを試験するために、重要な仮定を変えるいくつかの感度分析（sensitivity analyses）を実施することがある。感度分析は、適切に実施された効率性分析の主要な特徴である。さらに、アウトカムとの関連における費用に関して印象的に集められた情報と比較したときの正式の効率性分析の重要な利点は、その仮定や手順が、レビューと再検討に対して開かれているという点である。たとえば、常習犯を減少させるプログラムにより達成された節約の事前費用便益分析では、避けられた逮捕による裁判費用は「あてずっぽうにでも見積も」らなければならない。プログラムによる節約額は、これらの費用を5000ドル、1万ドル、またはその他の金額と仮定することに依存してかなり変化する。

　一般的に、投入に関してよりも、アウトカムを貨幣価値に換算することに非常に多くの論争がある。費用便益分析は、技術的プロジェクトや産業プロジェクトに適用されるときには、費用と同様に便益を貨幣換算することが比較的簡単であるため、ほとんど論議を引き起こさない。例としては、消費者にとっての電力の費用を減少させるように設計された技術プロジェクト、商品の輸送を促進する高速道路建設、作物収穫を増加させる潅漑プログラムがあげられる。貨幣的観点で便益を推計することは、プログラムの投入とアウトプットの一部しか簡単には貨幣換算できな

い社会プログラムでは、しばしばより困難である。たとえば、教育プログラムによる将来の職業上の利得は、非常に多くの仮定をおかずには貨幣価値（たとえば増加する所得）に換算できない。究極的には人間の生命の価値を完全にプログラム便益に貨幣換算しなければならないため、産児制限プログラムや保健サービスプロジェクトなどの社会的介入では、問題はより複雑である（Jones-Lee, 1994; Mishan, 1988）。

基礎におかれている原則は、費用便益分析では、投入とアウトプットの双方を、限界的な社会的価値と呼ばれるものによって評価するということである。ある種の薬を提供する費用や少ないガソリンを燃焼するエンジンの新車を提供する貨幣的便益などのような多くの問題では、市場価格によりこの問題は完全に解決される。商品やサービスが商取引されておらず、そのため市場価格がないときには、状況はいっそう困難である。

多くのケース、とくに対人サービスに関連するケースでは、アウトカムを金銭的に評価することが論議を引き起こしやすいことから、費用効果分析が費用便益分析よりもより適切な分析手法であるとみなされている。費用効果分析は、プログラムの費用のみを貨幣換算することを要求する。その便益は、アウトカムの単位で表現される。たとえば、田舎の小学生に無料の教科書を配布することの費用対効果は、プロジェクト費用の1000ドルごとに対象とした子どもの平均的な読解点がどのくらい増加したかで表現される。

費用効果分析にとって、効率性は、与えられた結果を達成するための費用という観点で表現される。すなわち、目標を達成するうえでのプログラムの効率性は、アウトカムの指定された単位のために要求される投入の貨幣価値に関連して評価される。この種類の分析は、異なるプログラムの効率性を比較するときに有効である。たとえば、代替的な教育プログラムは、それぞれのプログラムが、テストの点数で計られるような特別な教育的成果を達成するための費用を測定することによって比較されるだろう。Exhibit 11-C はこのようなケースを記述している。ここでは、費用を、小学生における算数と読解の成績向上と関連づけることにより、異なる介入の費用効果の比較が可能になった。この分析では、他の生徒による相談・助言が、他のアプローチに比較して、100ドルあたりのインパクトにおいて、より高いことが明らかとなった。驚くべきことに、このような同級生の相談・助言は、高度な技術によるコンピュータを用いた教育プログラムよりもよりいっそう費用効果的であった。

費用効果研究はプログラムを導入する事前でも、事後でも有効である。事前費用効果分析は、推定される費用との関連における期待される効果の程度に即して、潜在的なプログラムを比較したり、順位づけたりすることを可能にする。事後的費用効果分析では、相当程度まで、プログラムの実際の費用と便益が推計と仮定に取って代わる。さらに、後ろ向き分析は、特定のプログラムプロセスに関して、有効な洞察を与え、それが、より効果的なプログラムの設計に適用できることもありうる。しかしながら、費用との関連におけるアウトカムの比較は、考慮すべきプログラムが同じタイプのアウトカムを有していることを要求する。もしプログラムが、医療サービスプログラムの場合の在院日数の減少と教育的プログラムの例での増加した読解力というように、異なるアウトカムを生み出すのであれば、2つのアウトカムを価値づける困難さがいまだに残されている。すなわち、平均して2日の在院日数減少は、標準的な読解テストの平均10点の増加に

■ EXHIBIT 11-C ■ コンピュータ支援教育の費用効果

　小学生の算数および読み書き能力を改善するための異なるアプローチを検討している意思決定者を支援するために、コンピュータ支援教育（computer-assisted instruction; CAI）を3つの代替的な介入と比較する費用効果研究が実施された。結果はいくつかの慣習的な期待とは反するものであった。CAIという代替案は費用効果の基準からは比較的よかったにもかかわらず、仲間による指導には費用効果は及ばなかった。伝統的で労働集約的なアプローチ（仲間による指導）がCAIアプローチで広く用いられている電子的な介入よりも、はるかに費用効果的であり、それは少し驚きであった。さらに、教室での教育時間を増加するオプションでは費用効果が低く順位づけられたことは、このオプションが教育改革にとって多くの要求のなかで最も重要なこととされているのだが、費用効果の観点から読み書きと算数は比較的選択されにくいオプションとなった（表参照）。

　多様な代替案の費用対効果を推計するために、研究者は最初に各アプローチの結果として得られる算数と読み書きの学力考査点数の増加の程度を、標準偏差単位（エフェクトサイズ）で決定した。次に、各教育プログラムの費用を決定し、各アプローチで生徒1人あたりに100ドル使った場合の学力点数効果を計算した。結果は、算数と読み書きの学力結果の平均は表に示したとおりである。

2つの科目に対する4つの介入の平均的費用対効果比
（科目ごと生徒1人あたりの100ドルの費用に対する算数と読み書きの効果規模の平均）

介　入	費用対効果比
年齢を変えた指導	
仲間と大人の結合プログラム	.22
仲間の要素	.34
大人の要素	.07
コンピュータ支援教育（CAI）	.15
教室規模の縮小	
35人から30人へ	.11
30人から25人へ	.09
25人から20人へ	.08
35人から20人へ	.09
教育時間の増加	.09

出　典：H. M. Levin, G. V. Glass, and G. R. Meister, "Cost-Effectiveness of Computer-Assisted Instruction", *Evaluation Review*, 1987, 11(1): 50-72. より一部修正のうえ引用。

比較して、どれだけ「価値」があるのであろうか。

3）効率性分析の使用

　効率性分析、すくなくとも事後的分析は、インパクト評価の代替というよりも、その拡張と考えるべきである。貨幣換算された便益や現実の効果の推計は、プログラムのインパクトに関する

知識に依存しているので、インパクトがわからなかったり、推計できないプログラムで事後的費用便益や費用効果の計算に取り組むことは不可能である。非効果的なプログラム、すなわち、インパクト評価によって意義ある効果が発見できないプログラムについて、そのような計算を行うことも無意味である。効果的なプログラムに適用されたとき、効率性分析は、いくつかのプログラムのうちのどれに支援を行うかについての政策決定をしなければならない人たちや、プログラムのアウトカムがその費用に対して価値あるものかどうかを絶対的な観点から決める必要がある人たち、あるいは異なる時点でプログラムの有効性を再評価することが求められる人たちにとって有効である。さらに効率性分析は、レベルや「強さ」が異なる介入が、どの程度まで異なるレベルの便益を生み出すかを確定することに有効であり、プログラムのパフォーマンスの改善を助けるために形成的な方法で使うことができる（Yates, 1996）。

2. 費用便益分析を実施する

　効率性分析の基本概念が理解できたところで、次に、そのような分析がどのように実施されるかということに話を移すことにしたい。基本的な手順の多くは同様であるので、以下ではまず費用便益分析について詳しく説明し、次に、少し簡潔に費用効果分析を扱う。両タイプの研究のどちらにも必要なひとつの段階である費用データの収集から始めることにする。

1）費用データの収集

　費用データは明らかに効率性測定の計算に不可欠である。事前分析の場合には、プログラム費用は、類似のプログラムで実際に発生した費用、またはプログラムの個々の過程の費用に関する知識に基づいて見積もられなければならない。事後的効率性分析の際には、プログラムの各プロセスのために使われた費用を区別し、また標的集団および他の機関によって用いられた費用を収集したうえで、プログラムの予算を分析することが必要である。
　有用な費用データ源は以下を含んでいる。

- 機関の会計記録：プログラムに関与する職員の給料、建物等の賃借料、利用者に支払われる給付金、物品費、維持費用、商用サービス、などを含む。
- 標的集団の費用の推計：利用者がプログラム活動のために使った時間の帰属費用、クライエントの移動費用、などを含む（通常、これらの費用は推計しなければならない）。
- 協力機関：プログラムが学校、診療所、または別の政府機関などの協力機関の活動を含んでいるならば、協力機関が負担する費用の情報は、その機関から得ることができる。

■ EXHIBIT 11-D ■ 仮想的プログラムの年間費用を見積もるためのワークシート

「土曜日の科学者」プログラムは、高校生のグループが高校の科学教師とその地方の大学の教授に会うために一学年の間に月に2回、土曜日に集まるプログラムである。その目的は科学者の仕事に対する生徒の関心を刺激し、彼らを最先端の研究にふれさせることである。以下のワークシートはさまざまな費用が、政府、大学、参加している生徒、および彼らの両親などの各レベルによって、どのように負担されたかを示す。

費用成分	総費用	学校区への費用	州政府への費用	大学への費用	生徒と親への費用
人員					
高校教師（2人）	9,000	9,000			
大学教授（2人）	14,400			14,400	
親の援助（2人）	3,600				3,600
施設					
高校の科学実験室と教室	2,000	2,000			
材料と設備					
コピー機	400	400			
科学実験の材料	500	250		250	
実験室の設備	500			500	
その他					
維持・管理サービス	1,500	1,500			
保険	1,800	1,800			
ユーティリティ	900	900			
クライエントに要求された移動の費用（時間、交通費）	625				625
総成分費用	35,255	15,850	0	15,150	4,225
利用者の料金		−1,000			1,000
他の補助金		−7,500	7,500		
純便益	35,225	7,350	7,500	15,150	5,225

出　典：Henry M. Levin and Patrick J. McEwan, *Cost-Effectiveness Analysis*, 2nd ed., Table 5.2. Thousand Oaks, CA: Sage, 2001. より一部修正のうえ引用。

　会計の記録は、容易に理解できるものとは限らないことに注意すべきである。評価者は会計専門職から助言を求めなければならないかもしれない。

　プログラムに必要である費用データのリストを作成するのは、しばしば有益である。Exhibit 11-Dは、科学者としてのキャリアを追求することへの生徒の関心を高めるために、学究的な科学者の活動に触れさせる機会を高校生に提供するプログラムのさまざまな費用を表したワークシートである。ワークシートでは、プログラムへの費用を負担するいくつかの集団が明記されていることに注目されたい。

2）会計学的観点

　費用便益分析を実施するためには、最初に費用と便益を計算するにあたり、どの観点をとるかについて決めなければならない。便益と費用を特定し測定し、貨幣換算するための基本はどんな観点であるべきか。要するに、だれにかかる費用でだれのための便益なのか。見方を混在させると、費用の明細が混乱したものとなったり、重複すなわち二重勘定（ダブルカウント）が生じたりするので、利益と費用はただひとつの観点から定義されなければならない。もちろん、単一のプログラムのために、いくつかの費用便益分析が異なった観点から着手されるということもありうる。異なった観点に基づく別々の分析は、費用との対比において便益がどの程度のものであり、関連する利害関係者にどのような影響を与えるのかという点に関する情報を提供する。一般に、社会プロジェクトの分析のためには3つの会計学的観点が使用され、それらは、(1)個々の参加者または標的集団、(2)プログラムスポンサー、(3)プログラムに関連する共同の社会的なユニット（たとえば、自治体、郡、州、または国）、である。

　個々の標的集団の会計学的観点（individual target accounting perspectives）は、プログラムの対象である集団、すなわち介入かサービスを受ける人たち、グループ、または組織の観点に立つ。個人の標的の観点を用いる費用便益分析は、しばしば他の観点を用いるよりも高い便益対費用結果（純便益）を生む。言い換えれば、プログラムスポンサーや社会が費用を負担して、成功している介入に助成金を支給するならば、個々のプログラム参加者は最も利益を得る。たとえば、教育プロジェクトは比較的わずかな費用しか参加者に課さないかもしれない。実際、通常は本と文具は供給されるので、参加者にかかる費用は主としてプロジェクトに参加するのに費やされる時間であるかもしれない。そのうえ、必要である時間が主として午後や夕方であるならば、収入に関する損失は生じないかもしれない。その間、参加者への便益は、プロジェクトに参加している間は移転支出（給付金）が受けられることに加えて、教育水準の向上、仕事への満足度の上昇、そして職業選択肢の増加の結果としての所得の改善が含まれるかもしれない。

　プログラムスポンサーの会計学的観点（program sponsor accounting perspectives）は、便益の評価と費用要素の特定において、資金供給者の立場をとっている。資金供給者は民間機関か財団、政府機関、または営利企業であるかもしれない。この観点から、費用便益分析は、個人的な収益性分析とよく呼ばれるものに最も類似している。すなわち、この観点からの分析は、スポンサーがプログラムを提供するために支払うものと、スポンサーに生じるべき便益（または「利益」）とを明らかにするように設計される。

　プログラムスポンサーの会計学的観点は、スポンサーが固定予算に直面させられ（すなわち、追加資金を発生させる可能性がないとき）、代替プログラム間で決定的な選択をしなければならないときに最も適切である。たとえば、郡政府は、学生奨学金を含む職業教育の先駆的事業を、他のプログラムより好むかもしれない。このタイプのプログラムが、公的扶助および類似の補助金の費用を削減させるだろう（職業教育プログラムの受講者のなかには、このプログラムに参加していなければ所得保障制度による援助を受けているはずの人もいると思われるので）と考えられるためで

ある。また、参加者の将来の収入が職業訓練を受けた結果として増加するならば、彼らの直接的・間接的な納税額は増加するだろうし、またこれらをプログラムスポンサーの観点から計算した便益に含めることもできるであろう。政府スポンサーへの費用は、運営、管理、指導、物品、設備に要する費用、および職業訓練の間に参加者に支払われるあらゆる追加的な補助金や移転支出を含んでいる。もうひとつの例（Exhibit 11-E）は、精神障害と物質乱用問題が併発している患者に専門的サービスを提供することによる精神保健システム費用の節約に関する費用便益計算を示したものである。

　共同体の会計学的観点（communal accounting perspectives）は、通常は総収入の見地から、コミュニティか社会全体かの観点をとる。したがって、最も包括的な観点であるだけでなく、通常最も複雑で、適用するのが最も難しい。社会全体の観点をとるということは、**二次的効果**（secondary effects）もしくは**外部効果**——すなわち、有益であるか、または有害であるかにかかわらず、介入に直接的にかかわらないグループに対して生じた間接的なプロジェクト効果——の計算に、特別の努力がなされることを意味する。たとえば、トレーニングプログラムの二次的効果は、関係者の親類、隣人、および友人へのトレーニングの波及効果（溢出効果）かもしれない。一般的に議論されるように、産業的、技術的なプロジェクトの負の外部効果は、汚染、騒音、交通、植物界と動物界の破壊である。さらに、現在の文献においては、共同体の観点からの費用便益分析は、公正についての考慮、すなわち、異なる下位集団へのプログラムの**分配効果**（distributional effects）を含むように拡張された。そのような効果は人口全体のなかでの資源の再分配をもたらす。共同体の立場からは、たとえば6ヶ月以上失業している少数のメンバーによって得られたすべての金額が「二重の便益（double benefit）」と認識されて、分析に組み込まれることがある。

　Exhibit 11-F は共同体の観点から考慮に入れる必要がある便益を示している。この図では、Gray ら（1991）が、異なる処罰アプローチの効率性についての相応な費用便益分析結果を示しているいくつかの疑似実験的な研究を統合する努力に関して報告している。Exhibit 11-F の表に示したように、便益にはいくつかの異なったタイプがある。記事に慎重な注意があるように、推計の精度に関しては重大な不確実性があるが、その結果は判決の異なるタイプの社会費用に関連をもつ裁判官と他の犯罪の司法専門家にとって重要である。

　共同体の観点から導かれる費用便益分析の構成要素は、個人の観点、あるいはプログラムスポンサーの観点からなされる計算中に現れる大部分の費用と便益を含んでいるが、個々の項目は、ある意味では違ったやり方で評価されて、貨幣換算される。たとえば、あるプロジェクトの共同体にとっての費用は、**機会費用**（opportunity costs）、すなわち当該プロジェクトに資金を提供するために自治体が控えた代替的な投資の額を含んでいる。これは、明らかにプロジェクトに参加する結果として個人が負うことになる機会費用とは異なる。また、共同体の費用は、施設、設備および職員のための支出を含み、通常はプログラムスポンサーの観点からなされる場合とは異なった評価がされる。さらに、これらの費用には移転支出は含まれていない。というのは、移転支出はまた共同体への便益に含められ、両方に含めた場合は、単に互いを相殺する結果になってしまうと考えられるためである。

■ **EXHIBIT 11-E** ■ 専門的な重複診断プログラムを提供する精神保健システムの費用と経費削減

　重篤な精神障害と同時に発生した物質関連障害（重複診断）を有している人たちは、通常の精神保健サービスまたは物質乱用サービスによって治療することが大変困難であり、費用もかかる。彼らに特別の重複診断治療プログラムを提供するのは結果を改善するかもしれないが、サービス費用が加算されるだろう。しかしながら、それらの改善された結果がその後の精神保健サービスのニーズを減少させるならば、それらは専門的なプログラムの費用を差し引くような節約をもたらすだろう。それゆえ、精神保健システムを政策立案者の観点からみると、このクライエント集団のための専門的なプログラムの精神保健システム費用が、その後のサービスの必要性の削減を通して、節約分としてシステムに償還されるどうかが重要な問題であった。

　この問題に取り組むために、評価研究者のチームは、無作為に132人の患者を3つの専門的な重複診断プログラムに割当て、アウトカムと費用の両方を評価した。対照プログラムは12ステップの回復モデルに基づくもので、この精神保健システムの重複診断患者への「通常ケア」であった。対照プログラムは、患者のアルコホリック・アノニマス（AA）またはナルコテックス・アノニマス（NA）への紹介が含まれ、利用者の回復過程を管理する手助けとなる支援サービスが含まれている。より集約的なプログラムのオプションは、社会生活や自立生活スキルと再発防止に焦点をあてた認知行動療法による行動スキルモデルを用いた。それほど集約的ではないプログラムのオプションは、臨床医に生活、住居、法的な問題などの領域で個別支援を提供させる程度にケースロード［1スタッフあたり利用者数］を減少させたケースマネジメントを特徴としている。

　行動スキルモデルは、利用者の機能と症状の尺度に最大の正の効果を生んだが、また、提供したなかで最も高価なプログラムでもあった。さらに費用の問題を調査するため、評価者は4つの時期での3つの各プログラムにおいて利用者のサービス利用と費用データを調べた。重複診断プログラム開始6ヶ月前（ベースライン）、6ヶ月後、12ヶ月後、および18ヶ月後である。

　精神保健サービス費用は2つのカテゴリに分割された。支援的サービスと、集約的サービスである。支援的サービスはケースマネジメント、外来、薬物外来、デイサービス、そして他のそのような精神科患者のため通常サービスを含んでいた。集約的サービスは、たとえば入院、高度看護ケア、居住施設治療、救急外来といった、重篤なエピソードのためのより高額な治療を含んでいた。

　支援的サービスの費用は、専門的な重複診断プログラムのすべてについて増加することが予測された。そして、その額はサービス提供に必要である追加の資源に対応していた。精神保健システムについてのあらゆる重要な節約が、高額な集約的サービス使用の削減結果として示されることが期待された。したがって、費用分析はベースラインから増加した支援的サービス費用の総計と、減少

　明らかに、どの会計学的観点を用いるかの決定は、分析のオーディエンス、あるいはスポンサーとなっている利害関係者に依存している。この意味で、会計学的観点の選択は政治的な選択である。たとえば、主として病院のケア費用を抑制することに関心をもっている民間財団に雇われるアナリストは、えてしてプログラムスポンサーの会計学的観点をとり、病院の観点を強調するだろう。アナリストは、スポンサーの会計学的観点からは高い純便益をもつ費用抑制プログラムが、個人の観点から見たときには実際に負の費用便益値を示すかもしれないという問題を無視するかもしれない。このような問題は、個人の会計学的観点に次の機会費用が含まれる場合に起こりうることである。それは、患者の早期退院により、通常なら病院で受けられるはずのベッドサイド

した集約的サービス費用の総計の比較に焦点があてられた。6ヶ月のベースライン期間とプログラム開始から18ヶ月後の間のサービス利用費用の変化の結果を表に示した。

予想されたように、ベースラインのサービス期間から総支援費用の減少を実際に示したケースマネジメント・プログラムを除き、支援的サービスの費用は、概して専門的プログラムの実施後に増加した。一方、支援費用の最大の増加は、比較的集約的な行動スキルプログラムと関連していた。

また、期待されたように、集約的サービスの費用は、専門的プログラムのすべてについて、ベースラインより削減された。しかし、利用者の機能と症状に関する行動スキルプログラムの影響が大きいにもかかわらず、サービス利用と付随する費用の節約分に相当する削減に移行しなかった。実際、12ステップ・プログラムの通常ケアの条件では、その後かかる集約的サービスの費用に最大の減少を生じさせた。しかし、ケースマネジメント・プログラムはそのような大きい減少をもたらさなかったが、その低い支援費用は、12ステップ・プログラムの費用に匹敵する節約－費用比をもたらした。また、追加分析によって、一般にこれらのプログラムが、医療システム、犯罪処罰システム、および利用者の家族に対する経費削減をもたらすことが示された。

したがって、精神保健システムへの直接的な費用と経費削減の観点から、12ステップ・プログラムとケースマネジメント・プログラムの両方が、費用よりかなり多い経費削減を生んだ。実際に、費用分析は、プログラム提供に投資されるあらゆる1ドルによって、その後の18ヶ月に生じるであろう約9ドルの経費削減ができると見積もった。そのうえ、ケースマネジメント・プログラムは、実際に支援サービス費用の純減少のもとで実施され、その結果、どんな追加投資も必要なかった。一方、行動スキルプログラムは精神保健システムに純損失を生んだ。それに投資される1ドルあたり、精神的保健システムには0.53ドルの削減しかもたらさなかった。

ベースラインから18ヶ月後まで使われたサービス費用の利用者1人あたりの平均（ドル）

	12ステップのプログラム	行動スキル	ケースマネジメント
精神保健の支援的費用の変化(a)	+728	+1,146	-370
精神保健の集約的費用の変化(b)	-6,589	-612	-3,291
(a)と(b)の比率	9.05	0.53	8.89

出 典：Jeanette M. Jerell and Teh-Wei Hu, "Estimating the Cost Impact of Three Dual Diagnosis Treatment Programs", *Evaluation Review*, 1996, 20(2): 160-180. より一部修正のうえ引用。

ケアの提供が、患者の家族に対して要求されるため家族が仕事から離れて家にいる場合である。

一般に、共同体の会計学的観点は最も政治的に中立である。この観点を使用する分析が適切に行われるならば、個人またはプログラムスポンサーの観点から得られた情報は、費用と便益の分配に関するデータとして含まれるだろう。もうひとつのアプローチは、2つ以上の会計学的観点からの費用便益分析を企てることである。しかし、重要なポイントは、費用便益分析にも他の評価活動と同様に政治的な性格があるということである。

Exhibit 11-G に、ある雇用訓練プログラムに関する異なった会計学的観点からの費用便益分析の基本的な構成要素のいくつかを示した（この場合、プログラムスポンサーは政府機関である）。

■ EXHIBIT 11-F ■ 矯正判決の費用対便益

　有罪と宣告された犯罪者に適切な判決を与えることによる犯罪の制御は、通常、裁判で適用可能な3つの選択、すなわち懲役刑、拘留刑、執行猶予判決それぞれの実施費用だけではなく、派生する便益を考慮しなければならない。主要な処罰方法は、刑務所や拘置所における拘留によって、地域社会から犯罪者を分離することを通して、犯罪能力の封じ込めと、潜在的犯罪者を思いとどまらせるように犯罪の行動の結果を目に見えるようにすることによる抑止、犯罪者の行動の再社会化と再指導によるリハビリテーションである。各アプローチは社会に対して異なったタイプの「便益」をもたらす。たとえば、拘留刑は通常短いので、犯罪能力の封じ込めの便益は、懲役刑から得られる便益に比べて非常に小さい。しかし、拘置所に居たいと思う人はだれもいないので、拘置所の抑止便益は刑務所のそれのおよそ6分の5になるように見積もられる。

　Grayらは、それぞれの判決の選択に対するこれらの異なる社会的便益の事前的金銭価値を見積もることを試みた（表参照）。平均的には、執行猶予判決は、懲役刑の次に負の便益が小さい拘留刑よりも、より純便益が大きいことを示した。しかしながら、犯罪のタイプと状況に従って、各便益に与えられている相対的な重みは異なった。たとえば、強盗の費用（犠牲者への損失と警察の調査、逮捕、および法廷議事の費用）は約5000ドルになり、おそらく長期の懲役刑が強盗の常習犯の場合に犯罪能力喪失の便益を最大にするように求められることを示す。これに対して、盗まれた財産を取り戻すために、犯罪者を逮捕して裁判する費用は2000ドル未満であり、短い拘留刑、あるいは執行猶予さえ最も効率的な対応であるのかもしれない。

異なる判決についての犯罪者あたり年間社会的費用と便益の見積もり（ドル：全犯罪者平均）

	犯罪能力の喪失の便益	リハビリの便益	抑止便益	費用	準便益
懲役刑	+6,732	−10,356	+6,113	−10,435	−7,946
拘留刑	+774	−5,410	+5,094	−2,772	−2,315
執行猶予	0	−2,874	+5,725	−1,675	+1,176

出　典：T. Gray, C. R. Larsen, P. Haynes, and K. W. Olson, "Using Cost-Benefit Analysis to Evaluate Correctional Sentences", *Evaluation Review*, 1991, 15(4): 471-481. より一部修正のうえ引用。

　ただしリストはあくまで例示であり、完全なものとみなすべきでない。実際の分析にどのような特定の項目が含まれるかは、分析によって異なる。

　Exhibit 11-Hは3つの会計学的観点からの訓練プログラムについての費用便益計算の簡潔な、仮の例を提供する。ここでも、金額はかなり簡略化している。実際の分析は、関連する測定の問題のより多くの複雑な処理を要求するだろう。同じ要素が、ある観点からは便益、他の観点からは費用として計算されていくかもしれないこと、便益と費用の差、すなわち純便益は用いられた会計学的観点によって変化することに注意しなければならない。

　いくつかの場合には、多くの分析に着手することが必要かもしれない。たとえば、政府グループと民間財団が共同でプログラムに出資するならば、その投資に対する利益をそれぞれが判断するためには別々の分析が必要であるかもしれない。また、アナリストは、プログラムの直接的な

■ **EXHIBIT 11-G** ■ 仮想的雇用訓練プログラムについての異なった観点からの費用便益分析の構成要素

	個人（標的集団）	プログラムスポンサー（政府）	共同体または社会
便益	純所得（税引後）の増加 追加的に受ける便益（例：直接移動、二次的なもの、非経済的便益）	税収の増加 公共援助と他の補助金額の支出の削減 プロジェクト実行時になされる仕事の価値（市場価格での給料や二次的なもの）	全体の所得（税引前）の増加 他の収入の増加（例：二次的な便益、直接便益の排除） 適用できない代替プロジェクトの支出の削減 プロジェクト実行時になされる仕事の価値（市場価格での給料や二次的なもの）
費用	機会費用（見過ごされた純便益）、適用できない直接補助金の損失（代替プログラム）、参加費用（例：料金、材料費）	プロジェクト費用の税金の損失（例：資本、管理、指導、直接補助金）	機会費用（見合わせた純便益）、プロジェクト費用（直接補助金の除外や移転支出）

出　典：Jeanette M. Jerell and Teh-Wei Hu, "Estimating the Cost Impact of Three Dual Diagnosis Treatment Programs", *Evaluation Review*, 1996, 20(2): 160-180. から引用。

標的集団と間接的な標的集団のような異なった標的集団にとっての費用と便益を別々に計算したがっているかもしれない。たとえば、多くの自治体が事業法人に対して、その地域内で自社プラントを建設した場合に優遇税制を適用することにより、住民に雇用機会を与えることを試みている。費用と便益の比較は、雇用者、被用者、また、「平均的な」自治体住民について行うことができる。住民の税金は、工場の所有者に対する税の減免措置による税収不足を補うために引き上げられるかもしれない。この他の改善も行ってもよい。たとえば、共同体の観点にたった場合に、費用として便益としての直接的補助金は、それらがおそらく相殺されるであろうことから便益と費用の計算から排除した。しかし、ある状態においては、おそらく補助金の実際の経済的便益は費用を下回るかもしれない。

効率性分析計算の詳細な実用的ガイドに関しては、Greenberg ら（1998）を参照するとよい。この著者らは、例として雇用訓練プログラムと、「福祉から仕事へ（welfare-to-work）」のプログラムを用いて、詳細で段階的なマニュアルを提供している。

3）費用と便益の測定

費用便益分析にとって重要な費用と便益の列挙、測定、評価の手順は２つの異なる問題を浮かび上がらせる。第１に、すべてのプログラム費用と便益の同定と測定である。この問題は、事前

■ **EXHIBIT 11-H** ■ 典型的な雇用訓練プログラムについての異なった
会計学的観点からの費用便益計算の仮説的例

便益／費用			
(1)被訓練者の所得の改善（税引前）			$100,000
(2)被訓練者の所得の改善（税引後）			80,000
(3)訓練期間になされた仕事の価値			10,000
(4)施設と人員のプロジェクト費用			50,000
(5)設備と供給のプロジェクト費用			5,000
(6)被訓練者の給料（直接移転費用）			12,000
(7)被訓練者の見合わせられた所得（税引前）			11,000
(8)被訓練者の見合わせられた所得（税引後）			9,000
(9)税の損失：(7)—(8)			2,000
	個　人	プログラムスポンサー	共同体
便　益	(2)80,000	(1)—(2)20,000	(1)100,000
	(6)12,000	(3)10,000	(3) 10,000
	92,000	30,000	110,000
費　用	(8) 9,000	(4)50,000	(4) 50,000
		(5) 5,000	(5) 5,000
		(6) 2,000	(7) 11,000
		12,000	66,000
		69,000	
純便益[a]	83,000	-39,000	44,000

a．社会の（自治体の）純便益は、被訓練者の純便益と政府の純便益に分けることができることに注意せよ。この場合、後者は負の便益である：83,000+(-39,000)=44,000

評価のためには最も重大なものであり、しばしば費用とインパクトの測定は推測に基づくものでしかない。しかしながら、事後的費用便益分析においても、データはしばしば限定的なものでしかない。多くの社会的な介入にとって、一件の評価からの情報は（あるいは一連の評価を行ったとしても、そこで得られた情報は）、それだけでは後向き費用便益分析を実施するには不十分であるとわかるかもしれない。このように、評価はしばしば必要な情報の一部分を提供するだけであり、アナリストは追加的なデータ源かどうかの判断を用いなければならない。

多くの社会プログラムにおける第2の問題は、すべての便益と費用を共通の単位で表示すること、すなわち貨幣単位に変換することの難しさである。社会プログラムは、市場価格によって正確に価値づけされうる結果を生まないことが多い。たとえば、多くの人が、産児制限計画、読み書き能力キャンペーン、また健康習慣改善訓練を提供するプログラムの便益は、さまざまな利害関係者に受け入れられる方法で貨幣換算することはできないと主張するだろう。識字力のない成人の困惑に置かれるべき価値はなんだろうか。そのような場合、費用効果分析が合理的な代替手段であるかもしれない。費用効果分析においては、便益を金銭で評価することを要求せず、アウトカム測定値によって定量化されさえすればよいのである。

a．アウトカムの貨幣換算

とくに費用便益分析において、貨幣単位で便益を表示することの利点のために、アウトカムまたは便益を貨幣換算する多くの特定のアプローチが開発されてきた（Thompson, 1980）。よく用いられる5つのアプローチは以下のとおりである。

(1)**金銭測定**　最も異論の少ないアプローチは、直接的金銭便益を推定することである。たとえば、夜間にヘルスセンターを2時間開いておくことで、標的集団の仕事の欠勤（それによる賃金の損失）を1年あたり平均10時間削減するのであれば、個人の観点からは、年間の便益は、標的集団の従業員数に10時間と平均賃金を掛けることによって計算できる。

(2)**市場評価**　もうひとつの比較的異論の少ないアプローチは、市場価格で評価して利得やインパクトを貨幣換算することである。犯罪が自治体において50％削減できるならば、便益は、住宅価格の現在の価値を、地域社会の特徴が同じようなものでありながら犯罪発生率が低い地域の住宅価格を基礎に修正することを通して、住宅価格の見地から推定することができる。

(3)**計量経済学的推定**　より複雑なアプローチは、市場価格で利得やインパクトの推定値を算出することである。たとえば、犯罪の恐怖の削減による企業収益の増加の結果としての税収増加額は、類似の自治体で犯罪発生率がより低いところの税収入を計算し、その結果から、当該の自治体での予想される税収増を計算することによって推計できる。そのような推計は、複雑な分析への取り組みと、高度に訓練された経済アナリストの参加を必要とするかもしれない。

計量経済学的分析、とくに洗練された現在の多変量技法で実施されるものは、問題の変数（前の例では、犯罪の恐怖による税金の損失）への他の変数の影響を説明できるため、人気のある選択肢である。良質の計量経済学的業務をするために必要な分析の努力はたしかに複雑であり、関連する仮定はしばしば厄介なものである。しかしながら、すべてのよい方法論の手順と同じように、計量経済学的分析は仮定を明示することを要求するのであり、それにより、なされた主張の分析上の根拠を他人が評価することが可能である。

(4)**仮説的質問**　かなり問題の多いひとつのアプローチは、標的集団に対して直接質問することで、本質的に貨幣換算できない便益の値を推定するものである。たとえば、歯の病気を予防するプログラムは参加者の虫歯を40歳で平均1本減少させるかもしれない。このように、どのくらいの人たちが、詰め物をした歯との対比において虫歯のない歯をもつことにどれだけの価値を見出すかについての調査を実施する方法である。そのような推定は、この方法で得られた貨幣的な価値が、実際に虫歯のない歯の価値を表示していると想定している。明らかに、この種の仮説的な価値づけにはかなりの疑問が抱かれている。

(5)**政治的選択の観察**　最も試行的なアプローチは、政治的行動に基づいて便益を見積もることである。州議会が、ハイリスクな小児医療のプログラムのため、救われる子ども1人あたり4万ドルの資金を割り当てるのを一貫して望んでいるならば、この数字をそのようなプログラムの金銭的便益の推定値として用いてもよいかもしれない。しかし、政治的な選択が複雑であって、変化するものであり、一貫性がないものだとするならば、このアプローチは概して非常に危険である。

要するに、費用便益分析の結果が、妥当で、信頼できるものであって、かつプロジェクトの経済効果を完全に反映させるものであるためには、すべての関係する構成要素が含まれなければならない。重要な便益が測定できないか、貨幣換算できないために無視されると、プロジェクトは実際よりも効率的でなくみえることがある。もしある費用が省略されると、プロジェクトはより効率的にみえるだろう。費用や便益の推計値が控えめすぎても、気前がよすぎたりしても、結果はちょうど同じくらい誤解をまねきやすいものになるだろう。この問題を扱う方法として、アナリストは無理なくできる価値づけをすべて行ったうえで、それができないものを列挙することが多い。それから、彼らはプロジェクトが「実行」されるために非貨幣的な便益に付与されなければならない価値を推定するのである。

b．潜在価格

どのような会計学的観点を用いるかによって、便益と費用は異なって定義され評価される必要がある。しかしながら、多くのプログラムにとって、アウトプットには市場価格がついていないので（たとえば、汚染の減少や主婦の仕事）、それらの値は推定しなければならない。好まれている手順は、計算価格としても知られている潜在価格（shadow prices）を使うことであり、潜在価格は、実際の市場価格よりも、社会にとっての真の費用と便益をよりよく反映する。潜在価格は、財やサービスの真の便益と費用を反映するとされている財やサービスの派生価格（derived price）である。しばしば、実際の価格が利用可能であるときにさえ、潜在価格を使用するのはより現実的である。たとえば、建物取引のあらゆることに関して知悉している管理者を必要とする実験的プログラムが実施されると仮定してみよう。プログラムのひとつの実施場所で、プログラムスポンサーたちは、プログラムにとても興味があり、年あたりたとえば3万ドルで働きたいという退職者を見つける幸運に出会うかもしれない。しかし、プログラムがインパクト評価を通じて成功であることが明らかとなり、費用便益分析が実施された場合には、管理者の給料として5万ドルという潜在価格を用いるのが最もよいかもしれない。なぜなら、最初の管理者のように非金銭的な関心をもつ人材が、その人のほかにも見つかることはあまりなさそうだからである（Nas, 1996）。

c．機会費用

機会費用の概念は、資源は一般的に有限であるという事実を反映している。その結果、個人か組織は、これらの資源が配分される方法を既存の選択肢から選ぶことになり、これらの選択が、意思決定者の活動と目標に影響する。選ばれなかった選択肢の価値によって、それぞれの選択の機会費用を測定することができる。

この概念は比較的簡単であるが、機会費用の実際の推計は、しばしば複雑である。たとえば、［自治体の］警察本部は、学校教育をさらに受けることで警察官の職務遂行能力が改善できるという根拠で、心理学かソーシャルワーカーの大学院へ通うことを希望している警察官の授業料を支払うと決めるかもしれない。このプログラムのためのお金を持つために、警察本部は、2ヶ月余分にパトカーを使いつづけなければならないことがある。この場合、パトカーの取り替えの時

期が遅れることにより余分に負担することになる修理費用を計算することで、機会費用を推計することができるだろう。多くの場合、機会費用は、代替投資の結果についての仮定を置くだけで推計することができるので、それらは効率性分析において論議の的になりやすい領域のひとつになっている。

d．二次的効果（外部効果）

これまで述べてきたように、プロジェクトは有益または有害な、二次的または外部効果——副次効果または意図しない結果——を有している。そのような効果は意図したアウトカムではないので、それらを含める特別な努力がなされなければ、費用便益計算から不適切に省略されることがある。

多くの社会プログラムにとって、2つのタイプの二次的効果がありそうである。置換効果（displacement effects）と真空効果（vacuum effects）である。たとえば、教育や職業訓練のプロジェクトは、労働市場に入る新しい訓練された集団をつくりだし、その集団は、すでに雇われる労働者と競争して彼らと置き換わる（すなわち、既存の労働者に仕事をやめることを強制する）。また、プロジェクトの参加者は、他の労働者が満たすかもしれない真空を残して、以前に持っていた仕事から退くかもしれない。

二次的効果や外部効果は同定し測定するのは難しいかもしれない。しかし、ひとたび発見されれば、それらは費用便益計算に組み入れられるべきである。

e．分配に関する考慮

伝統的に、社会的な介入の有効性の判断は、有効な介入というものは、少なくとも1人の人の状態を良くし、だれの状態も悪くしないものであるという観念に基づいている。経済学において、この判断基準はパレート基準（Pareto criterion）と呼ばれている。しかし、費用便益分析はパレート基準を使用せず、むしろ潜在的パレート基準（potential Pareto criterion）を使用する。この基準のもとでは、利得は潜在的に損失を補って余りあるものでなければならない。すなわち、もしプログラムのインパクトが［この基準を満たすものと］推定されるとすれば——それは必ずしも検証されるとは限らないが——、その場合には、プログラムの標的集団のなかで利益を得る者のほうが損失を被る者より多く、あるいは、より正確にいえば、総利得と総損失の間のバランスが正になるであろうとみなされるのである。しかしながら、この基準は、社会プログラム、とりわけ所得移転に依存する社会プログラムにおいては充足することが非常に難しいかもしれない。たとえば、ティーンエイジャーのために最低賃金を下げると、彼らより年長の大人たちの仕事の機会を減少させる犠牲を払って、彼らの雇用が増加するかもしれない。

しばしば、関心は単にだれが勝者でだれが敗者かということにあるのではなく、標的集団のなかでの公正な状態に向けての変化、すなわち分配効果にある。これは、ある集団やコミュニティの一般的な生活の質の改善のために設計されたプログラムの場合にとくに当てはまる。

公正（equity）と分配に関する考慮（distributional considerations）の問題を費用便益分析に取り入れる基本的な方法は、ある便益が予期された［分配の公正に対する］正の効果を生む場合に、

それに高い値を与えるような重みづけのシステムにかかわるものである。その際の仮定は、ある種の達成は、公正に関する理由および人間の幸福の増加の両方のために、その他の達成よりもコミュニティにとって価値があり、それゆえより大きなウェイトを与えるべきだということである。したがって、引き下げられたティーンエイジャーのための最低賃金が、やや不利な境遇に置かれている家族の収入を減少させるならば、そうした家族に及ぼす損害の度合いによって、得られた金銭［的便益］と失った金銭［的便益］には異なった重みづけを行うこともできるだろう。

適切な意思決定者によって割り当てられる重みが決められることがあるが、その場合に価値判断がなされなければならないのは、明らかである。また、重みづけが、なんらかの経済原則や経済学的な仮定から引き出される場合もある。どの場合でも、無差別に重みを適用することができないのは明白である。分配効果の問題を扱いながら、アナリストは間違いなくさらなる改善を計るだろう。費用便益分析における公平さの問題の中間的解決は、最初にプログラムの費用と便益が潜在的パレート基準を満たすかどうかを知るためにテストすることである。基準を満たしているとすれば、次に集団における別々の下位集団についての計算に着手することができる。そのような分解は、たとえば別々の所得グループについて、あるいは成績の異なるレベルの学生について行うこともできる。そのような分配の問題は、学校教育の効果に関する事例のように、直接的な便益を受けない納税者によって費用の一部が負担される問題の分析においてとくに重要である。公的に支援された教育の便益は、第一義的に子どもが学校へ通っている家庭に付与されるが、とくに、あまり裕福でないため納税額が低い家庭には不釣り合いに多くの便益をもたらす。

f．割引

効率性分析の方法論におけるもうひとつの主要な要素は、プログラム費用と便益を評価する際の時間の扱いに関係するものである。介入プログラムは持続期間において異なり、とくに成功しているものは、ときには介入が行われたずっと後に、将来的に派生する便益を生み出す。実際、多くのプログラムの効果がプログラム参加者の生涯を通じて持続することが期待される。したがって、しばしば評価者は、とくにプログラム参加者について予測された所得変化として便益を測る場合には、費用と便益を測定するために将来にまでしばしば外挿（extrapolate）しなければならない。さもなければ、その評価は、実際のプログラム実績データが利用可能である限られた期間のみに基づくことになるだろう。

したがって、異時点で発生する費用と便益は、プログラムの費用と便益の時間的パターンを考慮に入れることにより、同一単位で測れるようにならねばならない。**割引**（discounting）として知られている適用可能なテクニックは、異時点の費用と便益をそれらの現在価値に調整することによって、共通の貨幣ベースに還元することから成り立っている。たとえば、通常、費用は資源の多くが費やされなければならない介入の始めの時期に最も高い。介入が終わると、そうした費用は先細りになるか、またはなくなる。費用が固定されているか、または便益が一定であるときであっても、異時点でなされた支出や引き出された便益の増分を等しいと考えることはできない。「私の投資は将来どれほどより価値がでるだろう」と尋ねることの代わりに、「現在受け取られるものと比較すると、将来的に価値を引き出す便益がどれだけ減るだろう」と尋ねるのが経済

■ EXHIBIT 11-1 ■ 費用と便益の現在価値への割引

割引とは、将来の資本金よりも現在の資本金があることが望ましいという簡単な概念に基づいている。その他のすべてが等しいとき、現在の資本は、利子を蓄積するために銀行で貯蓄することができるか、またはなんらかの代替投資に使用することができる。したがって、それは将来、現在の額面よりさらに価値があるようになるだろう。言い換えれば、将来の固定された支払いは現在の同じ支払いよりも価値が減少する。

概念的には、私たちが将来、固定額を得るために、どれくらい蓄えておかなければならないかを教えてくれるので、割引は複利の逆の考え方となる。代数的には、割引は複利の逆数であり、簡単な数式で実施される。

$$調整後の合計価値 = (合計)/(1+r)^t$$

ここで、rが割引率（たとえば0.05）であり、tが年数である。現在の価値で表されるプログラムの便益（および費用）の一連の総額は、研究において選ばれた時期の間の各年の割引かれた価値を合計することによって得られる。そのような比較の例を以下に示す。

トレーニングプログラムが、各参加者について、収益で1年あたり1000ドルの所得の増加を生じることが知られている。所得改善は5年間で10％の割引率でそれらの現在価値に割引かれる。

5年間で総割引便益は$909.09+$826.45+……+$620.92、すなわち$3790.79に等しい。したがって、次の5年間の1年あたり1000ドルの増加は、現在価値では5000ドルではなくたった3790.79ドルである。5％の割引率では、総現在価値は4329.48ドルとなるだろう。一般に、他がすべて同等であるなら、低割引率を用いて計算された便益は高い割引率で計算された便益よりも大きいものであるだろう。

1年	2年	3年	4年	5年
$1,000	$1,000	$1,000	$1,000	$1,000
$(1+.10)^1$	$(1+.10)^2$	$(1+.10)^3$	$(1+.10)^4$	$(1+.10)^5$
=$909.09	=$826.45	=$751.32	=$683.01	=$620.92

学の標準的な慣例である。費用についても同様である。答えは、利子率、すなわち割引率をどう仮定するか、どんな時間枠が選ばれるかに依存する。Exhibit 11-1は割引の例を示す。

分析を基礎づける期間のこの選択は、プログラムの性質と、分析が事前か事後かどうかに依存する。すべての他の条件が一定とすれば、プログラムは、選ばれる時間の範囲が長ければ長いほど、より有益にみえるだろう。

割引率を定めるための権威あるアプローチはない。ひとつの選択肢は、資本の機会費用、すなわちその資金がほかの場所に投資されるならば得ることができる利益の率に基づいて割引率を定めることである。しかし、資金が、個人が行う場合のように、民間部門に投資されるのか、それとも、準政府機関がそうしなければならないと決定するように、公共部門に投資されるのかによって、機会費用にかなりの相違がでてくる。さらにまた、関与した時間の長さと、投資に関連するリスクの程度についても考慮する必要がある。

このように、費用便益分析の結果はとくに割引率の選択で変動しやすい。実際に、通常、評価者は複数の異なる割合率に基づく割引計算を実施することで、この複雑で論議を呼ぶ問題を解決する。そのうえ、恣意的な割引率と思われかねないものを適用する代わりに、評価者はプログラムの**内部収益率**（internal rate of return）、すなわち、プログラムの便益と費用が同額になるために必要な割引率の値を計算することもある。

　資産価格の経時変化が費用便益計算で考慮されるべき際には、これと関連する**インフレーション調整**（inflation adjustment）といわれる技法が用いられる。たとえば、家と設備の価格は、時点によって貨幣価値が上昇したり低下したりするために、かなり変化するかもしれない。

　先に、総便益から総費用を引いたプログラムの純便益に言及した。しかし、割引の必要性があることから、**純便益**（net benefits）は、より正確には、総割引便益（the total discounted benefits）から総割引費用（the total discounted costs）を引いたものと定義される。また、この合計は**純利益率**（the net rate of return）と呼ばれる。

　多くの問題が関連してくるために、便益に付与されるべき金銭価値についてかなりの不一致がありうることは明らかである。これらの価値を定める際に起こる論争は、費用便益分析がプログラムの効率を推計する正統な方法であるかどうかという対立の多くの根底になっている。

4）費用と便益の比較

　費用便益分析の最終的な段階は総便益と総費用の比較から成っている。この比較がどのようになされるかは、分析の目的と、特定のプログラムセクターにおける慣行にある程度依存している。単に適切な割引を行った後に便益から費用を引くことにより、最も直接的な比較をすることができる。たとえば、あるプログラムでは、18万5000ドルの費用と30万ドルの便益が計算されるかもしれない。この場合、純便益（またはビジネスの類推を用いれば、利潤）は11万5000ドルである。また、一般的に言ってもう少し問題が多い方法であるが、時には、純便益ではなく、便益対費用の比率がむしろ使用される。この測定法は、一般的に、解釈がより難しいと見なされており、避けるべきである（Mishan, 1988）。

　便益と費用の比較について議論する際に、私たちはビジネスの意思決定との類似性に注目した。類似は事実である。とくに、どのプログラムを支援するかどうかを決定する際に、いくつかの大きい民間財団が、実際に投資用語でそれらの決定を言い表す。彼らは高リスクベンチャー（すなわち、高率のリターンを示すかもしれないが、成功確率は低いもの）と、低リスクプログラム（おそらく、はるかに低率のリターンにもかかわらず、はるかに高い成功確率があるもの）とのバランスをとりたがっているかもしれない。このように、財団、コミュニティ組織、または政府機関は、便益の見込みと予想される量の異なるプロジェクトからなるポートフォリオを開発することによって、それらの「投資リスク」を分散させることを願うかもしれない。

　もちろん、しばしば、プログラムの費用はその便益よりも大きい。Exhibit 11-Jには、騒音を制御する連邦の先駆的事業の否定的結果を示す費用便益分析が提示されている。この分析にお

■ EXHIBIT 11-J ■　規制政策の開始と終了の研究

　長い間、一度資金を供給されると、政府のプログラムはほとんど中止されることはなかった。大部分の組織が、脅かされるならば彼らを保護することを求める選挙民を数年間で確立する。したがって、環境保護庁（EPA）の連邦騒音解消統制局（ONAC）がレーガン政権の間に解散されて、その結果主要な社会規制プログラムを公の反対なしで終了したのはとくに注目すべきものであった。

　効率の悪い騒音規制普及の停止は、レーガン政権が行った社会的規制の解除が持続した数少ない例のひとつである。さらに皮肉なのは、政策の変化の動機づけにおいて少なくとも部分的に効力をもった経済分析の多くが、前の政権によって提供されたということである。とくに、カーター大統領の経済諮問会議と、賃金と価格安定に関する会議は、レーガン政権によって解散した機関だが、規制に非常に批判的な公共の協議事項のためのいくつかの経済分析を生み出した。そして、これらの分析に基づいて行動したのがレーガン政権であった。

トラックとバスの騒音規制の費用便益分析

	トラックの騒音規制		バスの騒音規制	
	83dBAs	80dBAs	83dBAs	80dBAs
便益(a)	1,056	1,571	66.2	188.5
費用(b)	1,241	3,945	358.8	967.3
純便益(a)−(b)	−185	−2,374	−292.6	−778.8
便益費用比(a)／(b)	.85	.40	.18	.19

註：dBAs：デシベル。費用と便益は比を除き単位100万ドル（1978年）。
出　典：1. E. Broder, "A Study of the Birth and Death of a Regulatory Agenda: The Case of the EPA Noise Program", *Evaluation Review*, 1988, 12(3): 291-309. より一部修正のうえ引用。

いて、オートバイ、トラック、およびバスからの騒音を制御する規制の努力の費用が、プログラムの便益よりもかなり高くなるという推計結果になった表には、トラックとバスの騒音規制の結果が報告されている。費用から便益を引くと負の値になること、および便益を費用で割ると1.0未満の値になっている点が注目される。もちろん、便益の測定に関して議論の余地はある。騒音のデシベル（dBAs）の低下から生じる不動産価格の増加だけが便益とされているのである。しかし、それにもかかわらず、Broder（1988）によると、この分析はレーガン政権が、このプログラムをやめた主要な理由であった。

　ときには、負の価値をもたらすプログラムであっても、重要であって続けられるべきものもあることに注意する必要がある。たとえば、重い発達障害の人たちのためにサービスを提供する共同社会の責任が存在しているのだが、そうするように設計されたどんな手順も正の値（便益から費用を引いた値）をもつものはありそうもない。そのような場合でも、施設ケアと在宅ケアのような異なったプログラムの効率を比較するために、費用便益分析を使用することも考えられる。

5）事後的費用便益分析を行うべきとき

　本章の前半に、私たちは（ほとんど）覆すことのできない義務をもたらすプログラムを開発する際に、事前の分析に着手することの重要性について論じた。また私たちは、現在実施されているよりも多くの事前分析が、社会プログラム領域で求められることを示した。プログラムが実施された後に、政策決定者とスポンサーが、プログラムの費用を便益と比較すると、そのプログラムを恒久的に実施するのが実際上困難であることに気づくということが、あまりに頻繁に起きている。

　事後的評価の場合には、費用便益分析に着手するかどうかを決める多くの要素について考慮することが重要である。ある評価のコンテクストでは、その技術は実行可能であり、有用であり、包括的評価の論理的な構成要素である。しかし他のコンテクストでは、その利用は疑わしい仮定に基づき、有用性が限られているものであるかもしれない。

　プログラムの事後的費用便益分析の最適な前提条件は以下を含んでいる。

- プログラムには、独立しているか分離できる資金がある。これは、他の活動によって生じる費用とそのプログラムの費用を切り離すことができることを意味する。
- プログラムはもはや開発段階ではなく、その効果が顕著であることは確実である。
- プログラムのインパクトとそのインパクトの大きさがわかっているか、または適切に推計できる。
- 便益は貨幣換算が可能である。
- 意思決定者は、単に既存のプロジェクトを続けるかどうかということだけでなく、むしろそれに代わるプログラムを考慮している。

　事後的な効率性の推計――費用便益分析と費用効果分析の両方で――が、多くのインパクト評価の構成要素であるべきである。Exhibit 11-K において、過度の量のほこりを生み出す紡績工場で機械を取り替えるプログラムのインパクトが報告されている。Viscusi（1985）は、表で2組の数値を提供している。すなわち、プログラム開始によって減少した綿肺症（肺疾患）のケース数と長期にわたる障害の件数とともに、所定のプログラムを完全に遵守すれば削減できたであろうケース数の推計値を示している。その費用データは、あらゆる障害が1,500ドル未満で防げることを示しており、最も保守的な工場所有者であっても、産業労働者のための障害保険の費用が急騰していることを考えれば、この程度の費用を支出するほうが費用の節約になると考えるのは明らかであろう。単に OSHA ［Occupational Safety and Health Administration; 労働安全衛生庁］の基準を実施することによって、減少する肺疾患のケース数に関する情報を提示しても、プログラムの費用が比較的低いことを提示しなければ、おそらくプラントの所有者に多くの影響力を与えないだろう。

■ **EXHIBIT 11-K** ■　綿塵規制（OSHA の成功事例）

　1970年代後半に、アメリカ労働安全衛生庁（OSHA; the Occupational Safety and Health Administration）では、織物工場における綿塵の基準値を厳格化することにより、織物産業に従事する労働者の健康増進政策に乗り出した。OSHA の綿塵基準は有効でないと一般に考えられていたため、政治的な大論争の対象となり、また最高裁判所の重要な判決が出るまでに至った。しかし、この基準が、当初の想定コストよりもずっと小さなコストで、労働者の健康に有意に有益な効果をもたらすことを示す証拠がある。たとえば、綿塵への曝露と罹病率との関係に関するデータや、後遺障害データ、労働者の配置転換の証拠からは、肺病の一種である綿肺症（byssinosis）のリスクが激減したことが示されている。「全身障害」に該当する人だけでも、障害者1人の削減に要するコストは1500ドル以下しかかかっていない。したがって、OSHA 基準の施行には強固な経済的根拠があったといえる。

綿塵基準の導入に関連する綿肺症の患者数の減少（推定）

分　類	年間患者削減数 （1978-1982）	基準が完全に遵守された 場合の年間患者削減数
等級1/2および1の綿肺症患者	3,517	5,047
等級1以上の綿肺症患者	1,634	2,349
部分障害者	843	1,210
全身障害者	339	487

出　典：W. K. Viscusi, "Cotton Dust Regulation: An OSHA Success Story?", *Journal of Policy Analysis and Management*, 1985, 4(3): 325-343. Copyright ©1985, John Wiley & Sons, Inc. より許可を得て、一部修正のうえ引用。

3．費用効果分析の進め方

　費用便益分析では、たとえプログラムが共通の目的を狙いとするものでない場合であっても、プログラムの代替案の経済効率を比較することができる。社会プログラムの分野において費用便益分析を適用しようとする初期の試みが1970年代はじめに行われたものの、その後、評価を実施する者のなかには、たとえば、家族計画の費用便益分析の結果を、健康や住宅、教育プログラムのそれと直接的に比較することに確信がもてなくなる者も出てきた。前述のとおり、重要な価値（たとえば、産児制限によって出生を妨げられた生命や、健康キャンペーンによって救われた生命の金銭価値など）に関して合意に達することができず、結果を比較することも不可能になったのである。

　費用効果分析は、費用便益分析を、同一規準で計ることのできる（通約できる）目標をもつプロジェクトへと拡張したものとみることができる。費用効果分析は、費用便益分析と同じ原則に基づき、同じ分析手法を用いる。分析手法に設定されている仮定や、費用の計測や割引の方法・

■ EXHIBIT 11-L ■ メサドン治療プログラムにおける職業訓練サービスに関する費用分析

　事前評価の研究では、麻薬常習者に対する職業訓練カウンセリングが、雇用だけでなく麻薬の使用や犯罪行為についても正の効果をもたらすことが示されている。これらの前向きな証拠があるにもかかわらず、多くの麻薬治療プログラムにおいて、重点事項の変化や予算上の問題により、職業訓練サービスが縮小あるいは撤廃されてきている。こうした背景に対して、リサーチトライアングル研究所の評価チームでは、物質乱用治療において、再度職業サービスに重点を置くことの実行可能性を意思決定者が探ることを支援するために、職業サービスを有する4ヶ所で実施されているメサドン維持療法プログラムの費用分析を実施した。

　これらのプログラムにおける標準的な治療には、薬物使用者に対する12ヶ月以上のメサドン維持療法、月に約1回の無作為の尿検査、月1回の個人カウンセリング、月に1～4回のグループカウンセリングが含まれている。

　これらのプログラムにおける職業訓練プログラム（TEP: Training and Employment Program）は、職業ニーズアセスメント、メサドン治療受療者のニーズに応じた既存のプログラムと雇用プログラムの配置、および訓練や就業への移行が含まれる。各プログラムには、薬物カウンセラーやメサドン治療受療者と協働して、職業に関する問題を特定しまた対応し、職業関連サービスを提供し、担当する利用者との毎週の継続的なコンタクトを行う職業専門家が常勤している。

　標準的なメサドン治療（STD）にTEPを付加したプログラムと、STDのみのプログラムとを比較した無作為化インパクトアセスメントから得られた知見からは、メサドン治療のみ受療者には高い失業率と、職業支援サービスが認められ、TEPはそうしたサービスへのアクセスや訓練の受講、短期的な失業の減少に役立っていることが明らかにされた。

　これらのTEPを支持する知見が得られたとしても、TEPの付加により標準的な治療プログラムにどれだけ追加的コストがかかるかという実践的に重要な疑問が残る。これを評価するために、4ヶ所で実施されている各プログラムについて、TEPの総コストと受療者1人当たりのコストを、TEPを含まない標準プログラムの各コストと比較した。下表に主要な結果が示されている。

　この分析の結果からは、TEPの受療者1人当たりのコストは1648ドルから2215ドルの範囲にあることが示されている。これはTEPを含まない標準プログラムの1人当たりのコストの42%から50%に相当する。

手順は、どちらのアプローチにおいても同じである。したがって、費用便益分析に関して導入した概念や方法論は、費用効果分析のアプローチを理解する基礎とみなすこともできる。

　しかしながら、費用便益分析とは異なり、費用効果分析では、便益や費用を同一の単位で示すことは要求されていない。その代わり、所与の実質的な目的が達成された場合のプログラムの効果が、費用の金銭的価値と関連づけられる。費用効果分析においては、類似の目的を有するプログラムも評価され、その費用が比較される。プログラムの効率性は、アウトカム1単位あたりに要する費用によって判断される。このようにして、出生率の減少を目的とした複数のプログラムや、達成水準を引き上げるための異なる教育方法、幼児死亡率を減少させるさまざまなプログラムを比較することができる。

　このように、費用効果分析では、目的達成度の異なるプログラムについて、その目的達成に要するさまざまなインプットに関して、プログラム間の比較や優先順位づけを行うことができる。

職業訓練プログラム（TEP）の付加と標準プログラム（STD）に関する
年間総コストおよび1人当たりコストの比較

	プログラムA	プログラムB	プログラムC	プログラムD
人件費	$38,402	$41,681	$49,762	$50,981
職業専門家へのサポートと支給	11,969	14,467	17,053	6,443
交通費	1,211	3,035	2,625	1,870
その他間接コスト	7,736	14,033	2,619	2,728
TEP年間総コスト	59,318	73,217	72,060	62,022
TEP受療者	36	38	43	28
1人当たりコスト	$1,648	$1,927	$1,676	$2,215
STD年間総コスト	$819,202	$1,552,816	$2,031,698	$1,531,067
STD受療者	210	400	573	300
1人当たりコスト	$3,901	$3,882	$3,546	$5,104
TEPとSTDの総コスト比	7.2%	4.7%	3.5%	4.1%
TEPとSTDの1人あたりコスト比	42.2%	49.6%	47.3%	43.4%

　しかし、多くのメサドン維持療法の受療者は職業訓練サービスの適性を欠いているため、TEPは標準治療プログラムの受療者全員に適用されないであろう。したがって、TEPの付加による追加的コストが算出されたが、その結果はプログラム総予算の3.5%から7.2%にすぎないことを示している。また、この分析からは、1人当たりコストの差異に示されているとおり、TEPおよび標準プログラムのサービスの提供に係る効率性がプログラムによって異なることも示している。

出　典：M. T. French, C. J. Bradley, B. Calingaert, M. L. Dennis, and G. T. Karuntzos, "Cost Analysis of Training and Employment Services in Methadone Treatment", *Evaluation and Program Planning*, 1994, 17(2): 107-120. より一部修正のうえ引用。

　しかし、便益が現在価値に変換されないため、こうした分析では対象とされているプログラムの金銭的な価値やメリットを確認することはできない。同様に、異なる分野の複数のプログラムのいずれがより大きな利益をもたらすかを決定することもできない。同一あるいは概ね類似した目的を有し、同じアウトカムの測定が可能な異なるプログラムについてしか、その相対的な効率性を比較できないのである。費用効果分析は、類似したアウトカムを有するプログラムを、アウトカムの貨幣換算を行うことなく評価することができる優れた手法であるといえる。さらに、サービスやプログラムが正のアウトカムをもたらすことが知られているか、あるいは、そう仮定できるならば、受益者1人当たりの費用に関する費用効果分析が実施できるであろう。こうした単位費用を見出すことができれば、類似のサービスを提供するプログラムや、複合サービスプログラムにおける異なるサービスの効率性を比較することができる。Exhibit 11-Lには、メサドンを用いた麻薬常習者の治療プログラムに関するこの種の費用分析の例が示されている。とくに、標

準的なプログラムと比較した追加的な職業訓練に関する1人当たり費用の相対的な大きさが興味深い。また、この分析では、4つの別々の場所におけるプログラム全体に関する1人当たり費用の差異についても明確化することができている。

　発注者やプログラムのスタッフのなかには一連の効率性分析について偏見をもつものもいる。なぜなら、彼らは主に「人」ではなく「カネ」を扱っていたからである。しかし、これらの分析の背景にあるアプローチは、プログラムを実施あるいは維持することの効用を評価したいと考える利害関係者のアプローチとなんら異ならない。限られた資源しかない私たちの世界では、しばしば非難を受けることはあっても、あるプログラムと他のプログラムを比較して、資源配分に関する意思決定を行うことが要請される。すぐれた効率性分析は、プログラムの経済的な可能性や実際的な利益に関する有益な情報を提供することができ、したがって関係者からの支援の獲得、および維持を図るうえで重要であるばかりでなく、プログラムの計画や実施、および政策決定にとっても意義深いものである。

まとめ

- ■効率性分析は、プログラムの費用とアウトカムとの関係を説明する枠組みを与える。費用便益分析は、直接的に便益と費用とを同一尺度（貨幣尺度）で比較するものである。一方、費用効果分析は、貨幣尺度で表された費用と、達成された実質的な結果の単位との関係を説明する。
- ■効率性分析の実施にあたっては、高度な技術的素養が要求されるため、コンサルタントの活用が必要になる場合もある。しかしながら、プログラムの結果に関する考え方として、そうした分析は費用や便益に注意を向けさせ評価の分野に多大な価値をもたらす。
- ■効率性分析は、プログラムの計画から実施および変更に至るすべての段階において有用である。現在、社会プログラムにおいては、その実施に先立って、費用や便益に関する妥当かつ根拠ある推定が行われないことが多いため、事前分析よりも事後的分析が広く実施されている。それでも、とくに、実施あるいは評価に多大な費用を要するプログラムについては、事前分析が現状よりも実施されるべきである。異なる仮定が設定されれば、仮定に応じた分析が行いうる。こうした分析によって、妥当な仮定の下では、望まれる純便益が得られない可能性が明らかになることもある。
- ■効率性分析では、どの会計学的観点──個々の標的集団や参加者、プログラムスポンサー、あるいは共同体や社会の会計学的観点──が採用されるかに応じて、異なる仮定が適用され、異なる結果が得られる。どの会計学的観点が採用されるかは、分析を活用する主体に依存し、従って、政治的選択を伴う。
- ■費用便益分析では、プログラムの費用と便益が把握され、定量化され、共通の計測単位に変換されていることが要請される。アウトカムや便益を貨幣換算するための方法には、金銭的計測、市場評価、計量経済モデルによる推定、関係者への仮想的な質問およ

び政治的選択の観測が挙げられる。市場価格を用いることができない場合や、市場価格が非現実的な値になるおそれがある場合の代替的な値として、潜在価格または計算価格も費用や便益の計測に用いられる。

■ 費用の推定において、機会費用の概念を適用すれば、より真値に近い推定値を得ることができるが、適用は複雑であり論争の的になるおそれがある。

■ プロジェクトの真のアウトカムには、二次的効果や分配効果も含まれる。これらはいずれも全面的な費用便益分析においては考慮されるべきである。

■ 費用便益分析においては、費用と便益の双方ともプログラムの長期的な効果を反映させるために、将来予測を適切に行わなければならない。さらに、将来の便益と費用は現在価値に反映するために割り引かなければならない。

■ 便益が貨幣単位で計測できない場合に、費用効果分析は費用便益分析の実行可能な代替手法となりうる。費用効果分析では、類似の目的を有するプログラムを、その相対的な効率性の観点から比較することができる。また、プログラムの代替案に関する相対的な効率性の分析にも用いることができる。

キー・コンセプト

会計学的観点（Accounting perspectives）
効率性分析において、費用や便益にどの種類の財・サービスを含めるかを決定する背景にある観点。

機会費用（Opportunity costs）
プログラムの実施によって、見合わせることになった機会の価値。

事後的効率性分析（*Ex post* efficiency analysis）
プログラムのアウトカムが判明した後に実施される効率性分析（費用便益分析や費用効果分析）。

事前効率性分析（*Ex ante* efficiency analysis）
プログラムの実施に先立って実施される効率性分析（費用便益分析や費用効果分析）。通常、プログラムの計画の一部として、費用との関連におけるネットのアウトカムを推定するために実施される。

純便益（Net benefits）
割引済み総便益から割引済み総費用を差し引いた値。純収益（率）とも呼ばれる。

潜在価格（Shadow prices）
市場において正確に評価することができない財・サービスの帰属費用あるいは推定費用。潜在価格は、規制や外部効果のために市場価格が適切でない場合にも用いられる。計算価格と

しても知られている。

内部収益率（Internal rate of return）
プログラムの割引済み総便益が割引済み総費用に等しくなるように算出される割引率の値。

二次的効果（Secondary effects）
対象外の個人やグループに費用負担を課してしまうプログラムの効果。

費用（コスト）（Costs）
プログラムを実施するために要する直接的および間接的なインプット。

分配効果（Distributional effects）
一般住民の間で資源の再分配をもたらすプログラムの効果。

便益（Benefits）
プログラムの正のアウトカム。通常、費用便益分析において貨幣尺度に換算されるか、費用効果分析において費用と比較される。便益は直接的および間接的なアウトカムの双方を包含する。

割引（Discounting）
効率性分析におけるプログラムの費用と便益を評価する際の時間の取扱い、すなわち、費用と便益を現在価値化するための調整方法。割引率と評価対象期間の選択を要する。

第12章

● The Social Context of Evaluation

プログラム評価の社会的文脈

● 本章の概要

1. 評価をとりまく社会生態
    1）利害関係者の多重性
        a．利害関係者の範囲　b．利害関係者の多重性の帰結
    2）評価の結果の普及
    3）政治過程としての評価
        a．政策時間 対 評価時間　b．政策上の意義に関する問題
    4）評価を評価する

2. 評価の専門職
    1）知的多様性とその帰結
        a．評価者の教育　b．出身の多様性の帰結
    2）仕事の場の多様性
        a．内部評価 対 外部評価　b．組織の役割
    3）評価「エリート」組織の指導的役割

3. 評価のスタンダード、ガイドライン、倫理

4. 評価結果の利用
    1）評価は直接役に立つのか
    2）評価の概念的利用
    3）利用に影響を与える変数
    4）利用を最大化するためのガイドライン

5. エピローグ——評価の未来

本章では、評価活動の社会的、政治的文脈を扱う。評価は、適切な研究の手順を用いること以外にも多くのことを必要とする。評価は、政策の発展に影響を与え、社会的介入のデザインをかたちづくり、実施を推進し、社会プログラムの運営を改善するための目的志向的な活動である。政治という言葉を広義に用いれば、評価は政治活動のひとつである。

　もちろん、評価それ自体によってもたらされる見返りもある。それはあたかも、決して日の目をみることがない作品を屋根裏部屋に飾る画家や、フールスキャップ紙に鉛筆書きされた詩を机の引き出しに隠す詩人のように、評価者は技術的に最高の方法で評価を行うことができた場合、評価それ自体に満足感や大きな喜びを感じることができるであろう。しかし、評価において重要なのはそのようなことではない。評価は、現実世界の活動である。重要なことは、評価がその領域の同僚たちに称賛されることではなく、政策やプログラム、実践に変化をもたらし、早かれ遅かれ人間の生活の状況を改善するような広がりをもつことである。

　評価の実践者（evaluation practitioners）は、専門分野の観点やイデオロギー、政治的な姿勢、経済的な願望、職業的な向上心において多様である。しかしながらこのような多様性があるにもかかわらず、ほとんどの評価者は、彼らの仕事の目的志向性という点において共通の視点をもっている。社会に変化をもたらす幅広い層の人たちの行動や考え方に影響を与え、評価者がもたらす知見や結論が利用されるということが、評価という応用研究を行う大きな理由となっている。

　Evaluation の初版が出版された1970年代後半とくらべ、21世紀の評価者は、その仕事の技術的な側面においてのみならず、政策や社会プログラムにおける評価研究の位置づけにおいても洗練されている（この領域の成長と変化のあらましは、Chelimskyら（1997），Haveman（1987），Shadishら（1991）を参照。評価の変化についてのほかの視点についてはGubaら（1989）を参照）。しかし同時に、方法論的問題や評価者の教育、評価を実施するための労働形態についての緊張や重圧は根強く存続している。さらに、このような問題に直面しつづける評価者の社会的責任や、知見を普及するうえでの最も効果的な方法についての意見の不一致、評価の利用を最大化するための最善の戦略についての意見の相違といった政治的、そしてイデオロギー的な問題もある。ここ数十年の経験から、評価者は自らの努力の有効性について謙虚になっており、社会政策は評価のみに基づくものではないということを実感させられるようになった。評価活動を最も強く支持する者たちでさえ、評価をする側とそれを利用する側の人たちの興味や能力の幅が大きいこと、評価という仕事のスタイルや労働形態が多様であること、そしてあらゆる社会の変化に伴う政治的な配慮や経済的な制約があることによって、評価が社会政策に寄与する可能性が制限されるということを認めている。民主的な社会において、社会の変化は専門家の栄配によって決定されるべきではなく、また決定されてはならないのであって、さまざまな利害を視野に入れるプロセスの結果として社会の変化がもたらされるということが最も重要である。

加えて、評価者の多くは、社会プログラムが人間の状態を改善するものであると確信する一方で、多くのプログラムが顕著な改善をもたらすものではないこと、一部のプログラムにはまったく効果がないこと、なかには予想に反する結果を示すプログラムすらあることを発見して失望してきた。効果的なプログラムをデザインしそれを適切に実施することの難しさを私たちは学んだ。多くの場合、評価は気分が高揚する経験ではなく、評価者は悪いニュースを伝える役回りになっている。

　したがって、希望や野望を満足させることができなかった評価者はみな共通して、落胆し、悔恨の情にかられ、自信を失う。おおいに反省し、協力的な姿勢は他人への非難に変わり、社会や人間の惨状について、とくに効果的で効率的な介入を開発し実施することの無益さについての解説が、口頭でそして文書であふれ出すというのが、彼らの反応がたどる経路である。現在の評価活動は成功しているプログラムを認識できないことが多くある、と苦言を呈する社会評論家さえいる（Schorr, 1997）。

　よくデザインされ注意深く行われた社会プログラムの評価それ自体が、私たち人間や社会における問題を撲滅しないということは明らかである。しかし、私たちが望ましい方向へ進むという過程のなかで果たされる評価活動の役割は認識されるべきだろう。評価によって得られた知見が、ときには短期的に、ときには長期的に、政策やプログラムの計画、実施、運営方法にしばしば影響を与えてきた証拠は少なからず存在する。

　評価者の目標が政策や実践への影響であるという点において、評価活動は一般に応用研究のひとつとして位置づけられるだろう。応用研究と、基礎研究または学術研究とを分ける境界線はかならずしも明確でないが、両者の間には質的な違いがある（Freemanら、1984）。これまでの章でも議論してきたように、評価研究では、疑問に対する答えが答えとして「まあ十分（good enough）」であることが必要とされる。この実際的な規準は、研究を行ううえで用いることのできる「最高の（best）」方法論のために努力することが当然とされる基礎研究者の規準とは対照的である。もちろん、基礎研究も資源によって制約されるので、妥協が必要とされる場合もしばしばあるが。

　応用研究と基礎研究の間にある3つの区別を理解しておくことは重要である。まず1つめに、通常、基礎研究は研究者の知的好奇心を満足させるために始められ、彼らの野望は、彼らやその同業者たちが興味をもつ独立した領域の知識の基礎に貢献することである。基礎研究者の興味はその研究領域の中心的な関心事にかかわる主題に向かうことが多い。それとは対照的に、応用的な研究作業は、実際的な問題解決に貢献するために行われる。評価の領域では、研究作業の原動力は多くの場合、評価者自身から生まれるものではなく、個々の社会問題にかかわる個人や集団から生まれる。したがって、その評価領域の社会生態（social ecology）を理解していることは、評価者にとっての責務である。これが、この章で私たちが取り上げる最初の主要な話題である。

　2つめに、基礎研究者は、あるひとつの学問領域で教育を受けると、通常その後のすべての経歴を通してその領域にかかわりつづける。彼らは、狭い範囲の方法論的な手順に頼り、ある研究を行えば、次もまた限られた独立した領域の研究に取り組む。たとえば、ある経済学者は、ヘルスケアの費用を専門に研究する領域とし、計量経済学的モデリングの手法をその領域で用いつづ

けるかもしれない。また同様に、ある社会学者は、はじめに参与観察という手法を選び、その後のすべての経歴をその手法を用いた研究に捧げるかもしれない。それとは対照的に、評価者は、さまざまな研究方法やそれぞれの研究領域に精通していることが求められるような多様な問題に直面しながら、ある領域から他の領域へと移り動く。たとえば、本書の著者の一人は、栄養摂取、犯罪予防、自然災害の影響、児童虐待・ネグレクト、ホームレス、規範的同意、学業成績が収入に与える影響などに関するプログラムの評価を、無作為化試験から大規模横断調査、保存された管理記録の統計的分析にいたるさまざまな手法を用いて行ってきた。評価者が幅広くさまざまな主題を扱うという事実が、基礎研究者とは異なり、評価者の養成や態度、論理的な見解といった評価の専門性に関する数多くの問題をもたらす（Shadish and Reichardt, 1987）。評価の専門性がこの章における2つめの主要な話題である。

　3つめに、基礎研究でも応用研究でも倫理や職業規範にかかわる問題は重要であるが、応用研究においてはとくにそれらの問題が大きく立ちはだかり、社会的な重要性が大きい。もし、基礎研究者が職業規範から逸脱すれば、その当該研究領域は損害を受けるかもしれないが、応用研究者がもし一線を越えてしまった場合、そのプログラムや標的集団、さらには社会全体に影響を与えるかもしれない。そこで、評価に関する倫理や職業規範がこの章の3つめの主要な話題である。

　4つめに、基礎研究と応用研究の関係者には大きな違いがあり、研究の利用をアセスメントする基準が異なる。基礎研究者にとって、研究に対する同業者の反応は最も大きな関心事であり、その研究の利用は、論文が学術雑誌に受理されるかどうか、また他の研究者の活動にどこまで刺激を与えることができるかで判断される。応用研究者にとっては、彼らの努力に対する同業者の判断だけではなく、スポンサーの意見もまた重要な関心事である。さらに、利用についての判断は、その領域をどれだけ進歩させたか、ということ以外にも、政策やプログラムの発展、実施、究極的には社会問題の解決にどれだけ貢献したかということでも判断される。評価結果の利用とそれを最大化する方法がこの章の最後の話題となる。

　すべての評価にはそれぞれ独自の特徴があり、直面する問題を解決するためにはそれぞれに特別な解決方法が求められる。このため、評価をどのように行うかについての詳細な規範を提示することは難しい。とはいうものの、この領域は、評価技術に関する状況についての信頼にたる所見や、一般的なガイドライン、評価を行ううえでのアドバイスを提示できる程度には成熟している。この章は、評価をとりまくさまざまな対人的、政治的、構造的な問題の解決に取り組んできた同僚たちの著作物と私たち自身の経験に基づいている。

1．評価をとりまく社会生態

　評価が利用されるかどうかは、その評価が企画されている領域の社会的、政策的文脈によって大きく影響を受ける。したがって、評価を成功に導くためには、評価者は仕事を行う領域の社会生態（Social Ecology）に継続的に接触している必要がある。

ときには、評価の原動力や支援が、最高レベルの意思決定機関からもたらされることがある。たとえば、国会や連邦政府機関が革新的なプログラムの評価を委託したり、アメリカ保健福祉省が所得維持プログラム改変の評価の権限を州に委譲したり（Gueronら, 1991）、あるいは、ロバート・ウッド・ジョンソン財団の援助つき住居プログラムの例のように、大きな財団の総裁が社会活動プログラムの評価を主張することもある（Rogら, 1995）。またあるときには、さまざまな機関の運営者やスーパーバイザーからの要求に対する対応として始められ、その機関や利害関係者に特有の管理的問題に焦点が当てられることもある（Omanら, 1984）。さらにまたあるときには、個々の社会問題について利害関係があり、その問題への対処を計画したり、現在行っている個人や集団の関心事への対応として評価が行われることもある。

きっかけがなんであれ、評価者の仕事は現実世界の多様な状況のなかで、多くの場合は相争う利害関係のなかで行われる。この点において、評価の文脈についての2つの本質的な特徴がみえてくるだろう。それは、多様な利害関係者の存在と、評価が政治的過程の一部であるという事実である。

1）利害関係者の多重性

評価者が研究を行う際、たいていの場合、多様な個人や集団がその評価作業やアウトカムに利害関係をもっていることに気づくだろう。これらの利害関係者は、評価作業の適切さについて、またアウトカムに影響される利害についての競合的、ときには闘争的な視点をもっている。作業を効果的に行うために、そして、懸案の問題の解決に貢献するために、評価者は利害関係者同士の関係はもちろん、評価者と利害関係者の間の複雑な関係を理解していなければならない。この理解を達成するための出発点は、評価の努力の有用性に直接的または間接的に影響を与える利害関係者の範囲を知ることである。

a．利害関係者の範囲

利害関係者の範囲が存在するという事実は、大規模に組織された研究センターや、連邦政府機関、州政府機関、大学、民間財団などの評価グループに属する評価者にとってはもちろん、たったひとつの学校や病院、社会機関で単独に評価を行う者にとってもあてはまる。理論的には、社会の状況を改善しようとする努力の効果や効率にかかわるべきすべての市民が、評価のアウトカムに利害があるということになる。実際には、当然、あらゆる評価活動にかかわる利害関係者のグループの範囲はもっと狭く、あるプログラムに関して直接的で明白な利害をもつ者たちが利害関係者のグループということになる。利害関係者グループのなかでも、評価の結果の意味や重要性について、通常はさまざまな利害関係者が異なった視点をもっている。このさまざまな視点が、利害関係者自身の間だけではなく、彼らと評価者の間の潜在的な対立の原因となっている。評価の結果がどのようなものであっても、その結果はある者にとってはよいニュースであり、ある者にとっては悪いニュースである。

評価を行うということは判断を下すということであり、一方で評価とは、実質的な判断に利用されうる実証的な根拠を提供するということである。判断と、判断の基となる情報の提供を区別することは、有益であり、理論的には明確であるが、実際にはそのような区別がしばしば困難になる。プログラムの効果についての評価者の結論が、綿密な研究デザインときめ細かいデータ分析に基づく素晴らしいものであったとしても、一部の利害関係者は、その評価結果を恣意的で気まぐれな判断であると考え、そして反撃を行うだろう。

　評価の関係者がどのようにかたちづくられ、どのように活発化するのかについてはほとんど知られていない。また、利害関係者グループの利害がどのように組み合わされ、評価のアウトカムがその利害にどのような影響を与えるかについても完全には明らかになっていない。おそらく唯一の確かなことは、評価が実施されている最中と評価の報告書が公表された後の両方において、評価に最も注意を払っている集団は、評価のスポンサーと、プログラム運営者、およびスタッフであろうという点である。もちろんこのような集団は、たいていの場合、プログラムの継続に関して最も大きな利害をもつ者たちであり、評価の報告書によって最も明確にその活動が判断される者たちである。

　プログラムの受益者や標的集団の反応がとくに問題である。多くの場合、受益者が評価のアウトカムに関して最も強い利害をもっているのであろうが、彼らはしばしば発言する能力に最も乏しい者たちである。標的となる受益者は組織化されておらず、空間的にも散在している傾向があり、彼らの教育水準は低く、政治的なコミュニケーションの技術に乏しいことが多い。ときに彼らは標的集団とされることさえ嫌がる場合がある。評価の過程のなかで、プログラムの標的となる受益者が発言するとき、それは彼らの代表となることを目指す組織を通して行われることが多い。たとえば、ホームレスの痛ましい状況を明らかにするためのプログラムについての議論の場で、ホームレスの人たち自身が発言することはめったにない。しかし、ホームレス支援全国連合といったホームレスではないメンバーから主に構成される組織が、ホームレス問題についての政策的な議論の場で彼らの代弁者としての役割を果たすだろう。

b．利害関係者の多重性の帰結

　利害関係者の多重性という現象には2つの重要な帰結がある。1つめが、評価者の努力は、意思決定と行動が起こる複雑な政策的過程へのひとつのインプットにすぎないということを評価者が受け入れなければならないことである。そして2つめに、利害関係者の利害の対立がいつも緊張や負担を生じさせるということである。このような緊張や負担は、それを予測し計画を立てることで解消したり最小化したりできるものであり、また一方で、それらを当然のことと考え、臨機応変に対処するかどうかを単純に甘受しなければならないものでもある。

　評価に関する利害関係者の多重性が、評価者に緊張や負担をもたらす理由は大きくいって3つある。1つめに、評価者はだれの観点から評価を行うべきかしばしば確信がもてないことである。適切な観点とは、全体としての社会の立場なのか、政府機関の立場も考慮するのか、プログラムのスタッフやクライエントの立場か、一つのまたはさらに他の利害関係者グループの立場なのか。一部の評価者にとっては、とくにプログラムを微調整するための助けや助言の提供を望む評

価者にとっては、主要なオーディエンスがプログラムスタッフである場合が多い。立法機関の委託を受けた評価を行う者にとっては、主要なオーディエンスは地域や州、国家の全体であろう。

　評価の際にどの観点をとるかという問題は、だれのバイアスを容認すべきかの問題として理解すべきではない。観点の問題は、プログラムゴールの定義づけや、どの利害関係者の関心事に注意を払うかの決定にかかわる問題である。その一方、評価におけるバイアスは、通常、一部の利害関係者の願望に合う有利な結果がでるように評価のデザインを歪めることを意味する。すべての評価は、一部の観点の集合に基づいて行われるが、倫理的な評価者は、評価のデザインや分析において結果にバイアスがかからないように努力する。

　評価の一部の流派は、評価を実施するうえである特定の観点を評価の中心に据えるべきであると積極的に強調している。「実用重視の評価（utilization-focused evaluation）」アプローチ（たとえば、Patton, 1997）では、評価は「主要なユーザー」の利害を反映するようにデザインされるべきであると強く主張し、特定の考えられるケースについての決定方法の指定もしている。「エンパワメント評価」（たとえば、Fettermanら, 1996）の支持者は、社会的に無視された集団、通常は貧しいマイノリティの集団のエンパワメントこそが評価の目的であると主張し、それゆえ、評価者は、評価のデザインや分析においてそのような集団の観点をとり、彼らを関与させることを強く勧めている。重要なことは、先に述べた意味で、これらのアプローチがいずれもバイアスをもたらすものではないということである。とはいうものの、評価が基づくべき観点に関する私たち自身の考え方は、さらに不可知論的である。効率性分析を行う際の異なる立場に関する第11章の議論で私たちは、ひとつの適切な観点があるのではなく、複数の異なる観点が同様に合理的であると述べた。クライエントの観点や対象集団の観点も、プログラムを実施する側の立場やプログラムの資金を提供する行政機関の立場と同様に合理的である。そして私たちの意見としては、評価者の責任は、数ある観点のなかからひとつを合理的であるとして採用することではなく、ある評価が依拠する観点がある一方で他の観点も同時に存在しているということをはっきりと認識することである。評価の結果を報告するときには、たとえば、社会の全体としての観点や、標的となるクライエントの観点があることを認識しつつ、ここではプログラム運営者の立場から評価が実施されたといったことを、評価者ははっきりと述べる必要がある。一部の評価では、ひとつの評価に複数の観点を持ち込むことが可能であろう。たとえば、所得維持プログラムを考えてみると、標的となるクライエントの観点からは、基礎的な消費ニーズを満足させるくらいの支給がされるプログラムが喜んで受け入れられ、支給額が比較的低いレベルのプログラムは、その目標を達成できていないと判断されるだろう。しかし、プログラムの主な目標はクライエントがプログラムを必要としなくなることであるとする州議会議員の立場からすると、低いレベルの支給額はそのよい動機であるとみなされるだろう。同じ理由で、一般に受益者が喜んで受け入れる所得維持プログラムは、議員の視点からは福祉依存を助長するプログラムとみなされるだろう。このような対照的な見方は、評価者がプログラムアウトカムの両方の種類、つまり、支給額レベルの適切さと、どのように依存が支給額レベルによって影響されるか、に注意を払わなければならいことを示唆する。

　利害関係者の利害の多様性が評価者に緊張や負担をもたらす2つめの理由は、評価の結果に対

する反応に関係する。評価の際に立脚した観点にかかわらず、そのアウトカムが個々の利害関係者グループのいずれかにとって満足のいくものであるという保証はない。評価のスポンサーでさえ、彼らの支持する政策やプログラムの価値を否定するような評価結果が出たときには評価者に敵意を向けることがあり、評価者はこのことを理解していなければならない。多くの場合、評価者は他の利害関係者グループからの否定的な反応は予期しているが、このような期待され望まれていた結果とは正反対の結果が出てしまったときのスポンサーからの反応には心構えができていないことが多い。このようなことが起きてしまったとき、評価者は非常に難しい立場に立たされる。たとえば、評価スポンサーの後ろ盾を失えば、スポンサーの存在によって回避できるかもしれない他の利害関係者からの攻撃を受けやすくなるだろう。さらに、スポンサーは、外部評価の場合には付加的な仕事を紹介する主な関係筋であるし、内部評価の場合には給与の提供者である。このような問題の実例として、シカゴにおけるホームレスのニーズアセスメント研究の結果が権利擁護利害関係者によって激しく異議を申し立てられたという出来事を Exhibit 12-A で紹介している（この同じ出来事に対するまったく異なる見解は、Hoch, 1990を参照）。シカゴでの利害関係者の反応を普遍的なものとみるべきではないが、歓迎されない結果が受け入れられ、実行に移されるという事例は数多くある。しかも、長期的な観点からみれば、評価に対する反応は変化する可能性がある。Rossi (1989) によるホームレスのニーズアセスメントは、数年後には1980年代で最高のホームレスの記述であると見なされるようになった。

　3つめの理由は、異なる利害関係者とのコミュニケーションの難しさによる誤解である。評価の領域のボキャブラリーがそれほど複雑でも難解でもないことは、その起源である社会学のボキャブラリーと同じである。だからといって、評価のボキャブラリーが非専門家の関係者にとって理解しやすく利用しやすいかというと、そうではない。たとえば、「無作為の (random)」という概念は、インパクトアセスメントにおいて重要な役割を果たす。評価研究者にとって、標的集団の実験群と対照群への無作為割り付けは、第8章で議論したように、厳密で明確でじつに価値のあるものを意味する。しかしながら一般の用法では、「無作為 (random)」は、でたらめな、乱雑な、無目的な、無頓着な、といった意味を含んでおり、それらのすべては非難の意味をもっている。したがって評価者が「無作為」という言葉を、その意味を明確に述べることなく用いれば、重大な危険にその身をさらすことになる。

　評価のオーディエンスは幅広く多様で、そのすべてにとって適切なコミュニケーションの機微を評価者がマスターすることは期待できないだろう。しかし、コミュニケーションの問題は、評価の手続きの理解や評価結果の利用の重大な障害として存在しつづける。それゆえ評価者が、利害関係者と関係するコミュニケーションの障壁を予測することは賢明である。この話題については、この章で後ほどさらに詳しく議論する。

2）評価の結果の普及

　評価の結果が利用されるためには、それらが広範囲にわたる利害関係者や一般社会の人たちに

普及し、理解されなければならない。ここで普及とは、評価結果についての知識がその関係する人たちのためにが利用できるものにするための一連の活動を指す。

普及は評価研究者の重要な義務である。関係者にとって利用可能なものにされていない評価は、無視されることが必至である。したがって評価者は、報告書を書くときには注意して、その結果が幅広い利害関係者のもとへと確実に届くように準備しなければならない。

いうまでもなく、評価結果はさまざまな利害関係者にとってわかりやすいかたちで伝えられなければならない。外部の評価者は一般的に、評価のデザイン、データ収集方法、分析手順、結果、さらなる研究への示唆、プログラムに関する提言（モニタリングやインパクト評価の場合）、また、データや分析の限界についての考察、といった詳細で完全な（正直であることはいうまでもない）内容を含む専門的な報告書をスポンサーに提供する。専門的な報告書は、通常、同業者のみに読まれ、肝心の利害関係者に読まれることはほとんどない。このような利害関係者の多くは、膨大な書類を読むことに慣れておらず、そうする時間もなく、おそらくそれらを理解できないであろう。

このような理由で、すべての評価者は「第二次普及者」になることを学ばねばならない。第二次普及（secondary dissemination）とは、評価によってはっきりとした結果や提言を、利害関係者のニーズに合うかたちで伝達することをさす（多くの場合は専門的な報告書によってなされるスポンサーや専門家への第一次普及（primary dissemination）に対して）。第二次普及には、専門的な報告書の短縮版（エグゼクティブサマリー（executive summaries）とよばれることが多い）やもっと魅力的でとっつきやすい体裁の特別な報告書、スライドを用いた口頭での報告、ときには映画やビデオテープを用いるなど、さまざまな形式が考えられる。

第二次普及の目的は単純である。かの「知的な門外漢」（intelligent layperson）に理解されるような方法で評価の結果を提供することである。しかし、実のところ、そのような人たちはビッグフット［訳注：アメリカ・ロッキー山脈で目撃されるというUMA（未確認動物）。「サスクワッチ（サスカッチ）」とも呼ばれ、「毛深い巨人」を意味する］と同じ程度に見つけにくいものである。第二次普及のための文書の適切な準備というものは、この領域ではあまり知られていない技術である。というのも、この領域の学術的な訓練のなかではそのような技術を学ぶ機会がほとんどないためである。二次的な伝達における重要な方策は、研究結果を発表するための適切なスタイルを見つけ、知的ではあるがこの領域の語彙や慣習についての正式な教育を受けていない関係者に理解されるような言葉と形式を用いることである。ここで言葉とは、難解な専門用語のない妥当な語彙のレベルを指し、形式とは、第二次普及で用いる文書は畏怖の念を起こさせない程度に簡潔で短くあるべきだということを意味している。この過程についての有益なアドバイスが、Torresら（1996）にみられる。もし評価者が、その評価結果の利用を最大化するような方法でそれを普及するような才能に恵まれていないとしたら——そのような才能に恵まれているものはわずかだが——、普及の専門家に投資することも正当化される。結局、私たちが強調してきたように、評価は目的志向の活動として行われるわけで、利害関係者の注意を引くことができなければ、それらは無益なのである。

■ EXHIBIT 12-A ■ 相反する結果の帰結

　1980年代半ば、ロバート・ウッド・ジョンソン基金とピュー記念基金が、ホームレスの数を算出するための確かで実用的な方法の開発のために、マサチューセッツ大学の社会人口学研究所に助成金を提供した。この2つの基金は、ホームレスの人たちのための診療所への資金提供プログラムを始めたところで、そのような診療所がどれだけ該当するクライアントをカバーしているかをアセスメントするために、正確なホームレス人口の算出が必要とされていた。

　シカゴのホームレス人口に関する私たちの調査結果は、発表されるやいなや物議をかもした。シカゴにおけるホームレスの利害は、シカゴホームレス連合（the Chicago Coalition for the Homeless）とホームレスに関する市長委員会（the Mayor's Committee on the Homeless）によって擁護、促進され、これらの組織は、職業的に、また概念的にその目的に専念する人たちから構成されていた。この2つの組織は、シカゴのホームレスの状況をアセスメントするために、メディアや公共機関の職員から頻繁に意見を求められていた。基本的に彼らの見解は社会通念やこの話題に関する知識を規定していた。とくに、シカゴでは2万人から2万5000人の人たちがホームレスであるという広く引用されている概算は、この2つの組織による発言に由来していた。

　当初、シカゴホームレス連合は、私たちの調査に関して中立的な立場をとっていた。この調査で私たちは、連合に対して調査の目的や資金源についての説明を行い、協力を依頼し、とりわけシェルターの運営者からクライアントにインタビューすることの同意を得る際に協力が得られるよう要請していた。連合は私たちの調査を支持も批判もしなかったが、調査のアプローチに関して、とくにホームレスの操作的な定義に関していくぶん懐疑的な態度を表し、住居の状況が不安定な人たちや家族と同居している人たち、シングルルームの賃貸人なども含むようなホームレスの広い定義に賛成していた。

　第1段階のデータを処理していたとき、その結果に私たちは衝撃を受けた。ホームレス人口の概算が、連合によって用いられていた数字の20000～25000に比べはるかに小さく2344だったのである。私たちはもっと大きな数を予測していたため、街頭におけるサンプルはこのような小さな数字を精密に測定するには小さすぎた。私たちは、サンプリングのデザインや実施になにか大きなまちがいがあるのではないかという疑問を抱き始めた。この疑問に加え、プロジェクトの大部分に協力してきた2つの基金もまた疑いを抱き始め、ホームレスの擁護者からの直接的な苦情がこの疑いに拍車をかけた。このような問題に加えてさらに、当初数年にわたって実施される予定であった3つの調査のために提供されていた資金のすべてを第1段階の調査で使い切ってしまったのである。第1段階の調査結果にまちがいがないか注意深く調べたところ、私たちはこの結果は適切に導き出されたが、もう1度この調査を再現することができれば外部の者にとってさらに説得力のある結果となるであろうという確信をもつにいたった。私たちはスポンサーに掛け合い、第1段階の調査よりもさらに大きなサンプルで第2段階の調査を行うための資金を提供するよう説得した。第2段階の街頭調査のサンプルには、ホームレスの人たちが多くいる場所（バス停、高架下、地下鉄の駅、病院の待合室など）を特別な目的サンプルとして追加した。そして、夕方には路上で生活し、調査員が街に出かける時間までに宿泊施設を見つけていたために私たちの真夜中の調査で見逃していたかもしれない、ホームレスの人たちがどれだけいたのかを検証した。

第2段階調査のデータが集まり、私たちが算出したシカゴにおける夜間のホームレスの数は2020人で、標準誤差は275であった。第2段階調査で推計値の精度は明らかに向上したが、その結果には第1段階調査と比べて大きな違いがなかった。聞き取り調査のデータを用いれば、一時的に刑務所や拘置所、病院で夜を過ごしていたために見逃していたホームレスの数も推計できた。さらに、親と一緒にいる子どものホームレスの数も推計できた（街頭調査では子どものホームレスが1人もいなかった）。これらの数を、第1段階調査と第2段階調査から算出される夜間のホームレスの数に追加しても2722人であった。この最終的な推計値でもやはり2万人～2万5000人というホームレス連合の概算とはかけ離れた数字であった。

　シカゴの新聞社、テレビ局、利害関係者に対してこの最終報告は同日に配送されたにもかかわらず、どういうわけか報告書のコピーはすでに連合の手元に渡っていた。シカゴの主要な2つの新聞が、この報告書についての記事を掲載し、翌日には連合のメンバーによる批判的なコメントが掲載された。ホームレスの構成に関する結果に注意を向けさせるための私たちの取り組みがあったにもかかわらず、新聞には推計された数字に関する見出しが並んだ。連合からのコメントは激しく批判的で、私たちの調査はホームレスに関する運動にはなはだ有害であり、これはホームレスの数の大幅な（そして故意の）過小評価によって一般市民の意識を和らげようとする試みであると主張した。連合のコメントには、報告書の内容はイリノイ州公的支援局の指示によってつくられたものであるとか、この研究は技術的に欠陥があるとか、このホームレスの定義は友人や親戚との同居や低水準の住居での生活を余儀なくされている人々、寝場所の確保のために毎晩交渉している人たちを除外しているといった意味が含まれていた。

　ホームレスに関する市長委員会に招かれた私の報告は、純粋に技術的な批評から、レーガン政権やイリノイ州のトンプソン共和党政権の保守派に寝返ったとする非難にいたるさまざまな激しい批判でもって迎えられた。しかしそこでの主なテーマは、私たちの報告によって、州や地方自治体の職員がこの問題を些細な問題として切り捨てる口実ができ、シカゴにおけるホームレス運動に多大な損害を与えたのではないかという点であった（事実、イリノイ州公的支援局は、当局が管理している所得維持プログラムの対象者にホームレスの人たちを含めるための努力を誓約していた）。この2時間は、第2次世界大戦中の軍隊での基礎訓練以来、私が経験したなかで最も長い人身攻撃であった。まったくの推論の薄い雲にその実証的な基礎を置く一連の推計値に対して、注意深く確実に導き出した私たちの推計値を弁護しなければならないということが苛立たしかった。

　私はほとんど一晩後には、ホームレス擁護者の輪のなかで好ましからざる人物となっていた。ジョンソン基金が資金提供している診療所のスタッフの会議のためにロサンゼルスに招待されて講演を行ったとき、数人の部外者を除いてだれも私に話しかけようとはしなかった。私は会議場をさまよう失脚者となり、誇張なしにすべての出席者から避けられていた。

出　典：Peter H. Rossi, "No Good Applied Research Goes Unpunished!" *Social Science and Modern Society*, 1987, 25(1): 74-79. より一部修正のうえ引用。

3）政治過程としての評価

　プログラムの発展や運営のあらゆる時点における意思決定のなかで、評価の結果が有用でありうることを私たちは本書の全体を通して強調してきた。プログラムのデザインの初期段階では、評価が社会問題の基礎的なデータを提供することで、敏感で適切なサービスのデザインが可能になる。プログラムの試行段階では、予備試行の評価によって、プログラムが完全に実施されたときに予想される効果の推定ができるかもしれない。プログラムが実施された後では、評価は説明責任の問題にかかわる相当な量の情報を提供することができる。しかしこのことが、原則として有用なものは自動的に理解され、受け入れられ、利用されるということを意味するわけではない。すべての段階において、評価は本質的に政治過程のひとつの要素にすぎない。そしてそうあるべきである。民主的な社会においては、社会的に重要な意思決定は政治過程を通して行われるべきである。

　一部のケースでは、プロジェクトのスポンサーが、プロジェクトの継続や修正、終了にかかわる決定に重大な影響を与えることを期待して評価の契約を結ぶことがある。このようなケースでは、評価者は迅速な意思決定を可能にするために急いで情報を作り出さなければならないという重圧を受けるだろう。要するに、一部の評価では敏感に反応する関係者がいる場合がある。他の状況では、評価者が介入のアセスメントを仕上げた後になって、評価結果への意思決定者の対応がゆっくりしたものだということを発見するということもある。さらに困惑させられるのは、評価によって得られた大切な、そしてまた多くの場合高い費用をかけて得られた情報をまったく考慮に入れることなく、プログラムが継続、修正、終了されるときである。

　このような状況のなかで評価者はその仕事に空しさを感じるかもしれないが、評価の結果は複雑な意思決定の過程のなかのひとつにすぎないということを忘れてはならない。この問題についての実例が1915年にすでに示されており、ニューヨーク市の公立学校におけるゲアリー・プランの評価をめぐる論争がExhibit 12-Bに記載されている。対人サービスプログラムにかかわるスポンサー、マネジャー、実施者、標的集団などのたくさんの関係者は、たいていの場合プログラムの継続に大きな利害をもっており、支持はできないにしても情熱的な彼らの頻繁に行う主張は、冷静で客観的な評価の結果よりも重要視されるかもしれない。さらに、評価のアウトカムはたんにひとつの主張であるのに対して、典型的なアメリカの政治過程のアウトカムは多様な利害の均衡と考えられている。

　相反する主張やたくさんの有権者の利害を重みづけ、アセスメントし、均衡を図るということに敏感であるあらゆる政治体制において、評価者の役割は裁判所の専門家証人・鑑定人（expert witness）のそれであり、プログラムの効果の程度を証言することであり、情報に基づく実証的な証言を支持することである。意思決定者や他の利害関係者という陪審員は、無知な意見や鋭い推測よりもこのような証言を重要視するかもしれないが、彼らは証人ではなく、判決を下さなければならない者たちである。彼らにとっては、他に考慮しなければならない事柄があるのである。

■ **EXHIBIT 12-B** ■　　政策と評価

　これは、第１次世界大戦の頃にニューヨーク市の学校において行われた、学校の組織に関する新しい計画の導入についての記述である。ゲアリープランとよばれたこの計画は、新しい大量生産工場を学校のモデルとし、子どもたちをいくつかの集団にしてシフトにのせ、教科から教科へ移動させた。以下は、新しい教育委員会と既存の学校組織の執行部との間に生じた政治的な闘争に、評価の結果がどのように巻き込まれたのかということに関する記述である。

　ゲアリープランは改革派の市長が指名した新しい教育委員会によって学校に導入されたもので、当初はパイロットベースであった。校長マクスウェルは、自身の専門領域への干渉に対する憤慨と、市長の運営の意図に対する疑いをもち、パイロット校のひとつでこのプランが行われたとき、すでにゲアリープランに対する自身の感情を、以下のように表していた。「私は先日その学校を訪ねましたが、群れになってガリ勉しているたくさんの子どもたちしか見ませんでした」。こうした校長の見解にもかかわらず、ゲアリープランのシステムはブロンクスの12の学校に広まり、さらに広める計画もあった。この計画を広める前にもっと研究をすべきとの声が、教育委員会のメンバーからあがった。

　1915年夏、校長マクスウェルはニューヨークの学校で行われていたゲアリープランについての評価研究を指示した。この仕事はB. R. バッキンガムに課された。彼はニューヨーク市の学校の研究部門の教育心理学者で、学習到達度テストの開発における先駆者であった。バッキンガムは自身が新たに開発した学習到達度テストを用い、ゲアリープランで組織された学校２つ、競合するプランの組織の学校６つ、伝統的な組織の学校８つを比較した。平均をとったところ、伝統的な組織の学校がいちばんよく、２つのゲアリープランの学校がいちばん悪かった。

　バッキンガムの報告は、ゲアリープランのシステムの熱心な提唱者がその優越性に関して時期尚早なことを述べるのに、たいへん批判的であった。バッキンガムの報告が出るとすぐに、マスコミにおいても専門誌においても文字どおり反証の嵐が続いた。ハワード・W・ナッド公教育協会執行取締役はバッキンガムの報告に関する詳細な批評を書き、それは *New York Globe*、*New York Times*、*School and Society*、*Journal of Education* に発表された。ナッドの主張によれば、バッキンガムがテストを実施したときにはゲアリープランは、ある学校では４ヶ月しか、別の学校ではたった３週間しか実施されていなかった。要請した備品の多くが支給されておらず、またゲアリープランを実施する学校の勉強は、このプログラムをテストする絶え間ない訪問者たちによって深刻に妨げられていた。詳しくみると、学校間の比較において、ゲアリープランの学校のひとつは生徒の90％が移民の家庭の子で母国語はイタリア語であったのに対し、いくつかの比較された学校は、中産階級の地元生まれの子どもたちが多くを占めていたことをナッドは示した。さらに、ゲアリープランの学校のひとつに通う生徒は、他の学校の生徒と比べてテストの得点が非常によかった。しかしもうひとつのゲアリープランの学校の得点と平均され、全体の結果がゲアリープランを悪いものにしてしまった。

　バッキンガムはこの不適切な比較についての論争には回答しなかったが、彼は、２つの学校、６つの学校、８つの学校を扱っていたのではなく、１万1000人以上の子どもたちの測定値を扱っており、それゆえ自身の研究はゲアリープランの組織の実質的なテストを提供したと主張した。彼は、研究の時期が早かったことについては、ゲアリープランがすでに12のブロンクスの学校で実施されており、急な勢いでニューヨークの学校や校長に押しつけられていたことを根拠にして正当化した。前述のように、この計画をニューヨーク市の学校に広めるという、そしてゲアリープランの大規模な導入に付随して教育の予算を増やすという、市長執務室からの圧力があった。教育委員長は、教育委員会での審議においては、バッキンガムの報告に関してナッドの解釈を引用することが有利と考えた。校長マクスウェルは、バッキンガムの研究をゲアリープランの有効性に反する根拠として、１年半が経過した後も引用しつづけていた。

出　典：A. Levine and M. Levine, "The Social Context of Evaluation Research: A Case Study", *Evaluation Quarterly*, 1977, 1(4): 515-542. より一部修正のうえ引用。

もしも評価者が専門家証人でないとすれば、評価者が政治的な意思決定の過程のなかで拒否権、つまり意思決定者からその特権を奪うような権限をもっていると考えることになるだろう。そしてそのような状況下での評価者は、個々のプログラムについて他のすべての関係者の意見を覆すような宣告を行う哲人王［訳注：プラトンの理想国家に登場する］となってしまうだろう。

　結局、評価の適切な役割は、評価が扱う問題についての最善の知識でもって政治過程に貢献することであり、その過程に取って代わろうとするものではない。Exhibit 12-Cは、現代評価理論の創始者の一人、Donald T. Campbellの論文からの抜粋で、「実験する社会（The Experimenting Society）」のしもべとしての評価者についての考えが詳細に説かれている。

a．政策時間 対 評価時間

　学術的な社会研究と比べると、評価の実施には付加的な2つの負担があり、それは評価者が多様な利害関係者にかかわる政治的過程に関与しているという事実の帰結である。1つめは、評価が政策的な観点からの妥当性と意義を要求される点であり、この点については後ほど取り上げるとして、他のもう1点が、政策時間と評価時間の違いである。

　評価とくにプログラムのインパクトアセスメントに向けた評価には、時間がかかる。通常、研究のデザインをより厳密に、より的確にすればするほど、評価を遂行するための時間は長くなる。広範囲にわたる革新的なプログラムの純効果を推定するといった大規模な社会実験では、評価を完了し、それを文書化するまでに4年から8年の時間を要するだろう。政治やプログラムの世界は通常もっと早いペースで動いている。意思決定者やプロジェクトのスポンサーは、プログラムがその目標を達したかどうかを知りたくてうずうずしている場合が多く、彼らの時間枠は月であって年ではない。

　このような理由で、最善の方法で行うために必要な時間よりも短い時間でアセスメントを完成させなければならないとか、予備的な結果を発表しなければならい、といったプレッシャーを評価者はしばしば経験する。そのとき、評価者はプログラムの効果性についての「印象」を訊ねられる。たとえ、はっきりした結果が出ていない段階でのそのような印象は役に立たないということを強調したとしても訊ねられる。たとえば、福祉政策の領域での大きな変化が、1996年に制定された個人責任と就労機会調停法でもたらされたが、1997年から1998年にかけて、まだほとんどすべての州において改革が細部にまで計画されていない段階で、まして導入などされていない段階であるにもかかわらず、評価者はマスメディアや議員から福祉制度改革がどれだけ効果的であるかを訊ねられていた。3年から4年の時間が経過してはじめて、信頼にたるエビデンスが現れ始めるものである。その間、評価エビデンスに対する要望はあまりに強いため、マスメディアや、議員でさえも、しばしば見当外れの、多くの場合は劇的なたんなる逸話を、エビデンスとして頼りにした。

　加えて、評価作業の資金援助をしている組織の内部では、評価の開始に関連する計画や手順のために、時宜よく研究を行うことが困難になる場合が多い。ほとんどの場合、その手順はいくつかのレベルで、また多くの重要な利害関係者から承認を得なければならない。結果として、評価の実施や完成のための時間以外に、評価を委託し評価に着手するまでに相当な時間がかかってし

■ EXHIBIT 12-C ■ 実験する社会のしもべとしての社会科学者

　世の中では、幅を利かせている非科学的な政治過程がプログラムの改善的な革新についての決断を下すのだが、そのような政治過程を社会は用いつづける。ここで重要な問題は、試験的に実施されているプログラムの内容に関する決定において、社会科学の役割が増すことがよいことなのかどうかではない。重要なのは社会科学者の受動的な役割である。それは、有害な副作用のない望まれた目標が改革によって達成されたか否かの判断を助けるという役割である。実験する社会における方法論学者の仕事は、行・わ・れ・る・べ・き・こ・と・ではなく、行・わ・れ・た・こ・と・について発言することである。適用される社会科学の特徴は、その記述理論というよりはむしろその研究方法論であり、政治過程によって決定された改革に基づいて現在行っていること以上を学ぶことがその目標である。このような説明は現状と大きくかけ離れているように見える。たとえば、多くの経済学者や国際関係論の学者、外国の専門家、政治学者、貧困や人種関係に関する社会学者や、子どもの発達や学習に関する心理学者などの政府顧問としての役割である。政府は彼らになにをすべきか尋ね、学者はその領域の科学的な状況にまったく不相応な確かさでそれに答える。このような過程のなかで、学者顧問は過剰擁護の罠（overadvocacy trap）に陥り、彼らの助言が聞き入れられたときになにが起こるのかを調査することに関心をもたない。すでに知られた確実なことについて、その理論がどれだけ妥当であるのか調査されることはあまりない。私たち社会科学者は、自然科学者よりもいっそう謙虚になってもよさそうなものであり、［そして］試してみるまでわからないと、もっとひんぱんにいうべきである。……私が言いたいことは、……社会科学者は見かけ倒しの偽りの科学的な確かさに基づく助言を覆い隠そうとするどころか、彼らの助言は実施されるなかで検証されるべきずうずうしい推測だけから構成されていることを自ら認めている、ということである。

出　典：Donald T. Campbell, "Methods for the Experimenting Society", *Evaluation Practice*, 1991, 12(3): 228-229. より引用。

まうことがある。政府機関と民間スポンサーの双方が、計画や斡旋の過程を迅速化するための仕組みを開発しようと努力はしているが、官僚主義的で面倒な手続きによって、契約に関する法的必要条件によって、そして評価クエスチョンやデザインについての同意を確立する必要性によって、これらの努力は妨げられている。

　評価者と意思決定者の時間枠の違いによって生まれるプレッシャーを緩和するためになにができるか定かではない。評価者が、利害関係者の、とくに評価のスポンサーの要求する時間を予測し、非現実的な時間の約束をしないことは重要である。評価が完了する前に情報が必要とされるならば、一般的に長期間にわたる研究は行うべきではない。

　技術的に複雑な評価は、近い将来、大規模に実施されることがなさそうな介入のパイロットもしくは試験的なプロジェクトに限定することが、戦略的なアプローチである。したがって、無作為化比較対照実験は、意思決定機関の議題にあがる前の新しいプログラム（最初は比較的小さな規模で実施される）の価値を評価するための最適な方法であるといえよう。

　評価者のためのもうひとつの戦略は、あてがわれた時間のなかで完了できない作業を無理に行うことよりも、むしろプログラムや政策の動きの方向性を予測することである。ひとつの注目を引く提案として、いつか需要が生まれるであろう介入プログラムのパイロットもしくは試験的な

プロジェクトを調査するための独立した評価研究所を設立することが考えられる。評価センターは、絶え間ない懸案である社会問題、もしくはこれから数年のうちに起こる可能性が高い社会問題に対応するための、既存のものに代わる新しいプログラムの価値を頻繁に評価する機関として定着するかもしれない。とくに、職業的評価者にとってこの提案は魅力的であるが、この先10年の社会問題がなんであるかを予想することが可能であるかどうかははなはだ不明確である。先駆的事業の実施に先立つ評価活動の貢献を最大化する努力を最も成功に近づけるものは、連邦会計検査院（GAO）のプログラム評価・方法部門がつくったプロスペクティヴ評価体系である。Exhibit 12-D で Chelimsky（1987）が述べているように、社会立法の形成に彼女たちの部門の事前評価が重要な貢献をしている（応用社会研究が政策立案とどのように交わるかについての一般的な見解については、Chelimsky, 1991も参照）。しかしながら現状では、政策時間と研究時間の不一致によってもたらされる緊張や負担は、政策立案者やプロジェクト運営者にとって有用な道具である評価の使用上、ひとつの問題として存続しつづけるであろうと私たちは考えている。

b．政策上の意義に関する問題

これまでにも強調してきたように、プログラム評価は本質的に、実用的で政治的な目的のために行われるものである。私たちがすでに議論してきた問題に加え、評価が最終的には政策立案の過程に影響を与えるために行われるという事実によって、評価者の仕事が、基礎研究者の仕事からさらに区別されるいくつかの考慮すべき事柄がもたらされる。

政策空間と政策妥当性　社会プログラムをデザインし、実施し、そしてアセスメントするなかで考え抜かれた代替案は、たいてい現在の**政策空間**（policy space）のなかにある。政策空間とは、その時々の政治的支援を集めることができる一連の代替的政策のことである。しかしながら問題は、他の政策立案者や一般の地域社会の構成員からの支持を得るために行われる影響力のある人物の取り組みに合わせて、政策空間が変化しつづけることである。たとえば1990年代の犯罪抑制に関する政策空間は、長期刑や、ときには重大犯罪に対する強制的な判決といったプログラムが主流となっていた。それにひきかえ1970年代は、刑務所が犯罪の温床であり、正常な一般市民の世界との密接なかかわりが犯罪抑制には最も有効であるという根拠で、懲役刑の代替案として地域ベースの治療センターの整備が中心となっていた。

政策空間の不安定さは、これまでの章で議論した「釈放受刑者への雇用支援プログラム（TARP）」実験で描かれている。それは、1970年代後半に行われ、最近釈放された重罪犯罪者たちに短期間の財政的支援をすることで累犯率を低下させる効果を評価するものであった。ジョージア州とテキサス州の TARP 研究の功績がどのようなものであったとしても、評価の結果が利用可能になるまでに連邦政府の政策空間は抜本的に変化し、この研究から生まれた政策が考慮される機会はまったくなかった。とくに、カーター大統領からレーガン大統領への政権交代は政策を劇的に変えた。したがって評価者は、研究計画が開始されるときに存在する政策空間のみならず、評価の継続中に政策空間を変化させる社会的環境や政治的情勢の変化にも細心の注意を払う必要がある。

■ **EXHIBIT 12-D** ■ 提案された新しいプログラムの分析における評価活動の活用

　私たちの多くは後ろ向き研究（retrospective studies）を行うのに多くの時間を費やす。これは評価研究の基本部分であり、そしてこれからもそうでありつづけるであろう。議会は私たちに後ろ向き研究を要求するとともに、それを行う執行部門を求めてきた。これらの研究は必要とされるものであろうが、その研究は政策の過程にいちばん取り込まれにくいものであり、活用する観点からみれば、いちばん都合のよくないものかもしれない。……対照的に、プログラムが開始される前には、プログラムの目的やゴール（上位目標）の背後にある理論の改良、提起すべき問題点の同定、介入に最適な時点や最も成功しそうな介入のタイプの選択において、評価者は大きな影響力をもつことができる。新しいプログラムによっては、導入される速さにかなりの困難が伴う。……評価結果がすぐに役立つように用意されるようにならなければ、そのペースはしばしば死にもの狂いなものとなり、評価の作業を準備するために必要となる先行期間を確保することは単純に不可能になる。

　連邦会計検査院（GAO）では、とくに新しいプログラムの定式化において役立つことを意図して、評価計画委員会（Evaluation Planning Review）と呼ぶ方法を開発している。私たちは、10代の妊娠に焦点を当てたプログラム案に関して、ちょうどこの方法の第1回目の試行を始めたばかりである。本質的にこの方法は、過去の似たようなプログラムについて知られていることの情報を集め、その経験を新しいプログラム構造に適用するということに努めるものである。

　上院議員のチャッフェは、私たちに彼が提出している議案を見るよう求めた。私たちはこの仕事を行うのにたっぷり4ヶ月確保できるようにし、これは立法上の観点からも、私たちの観点からも大きな成功を収めた。もっと一般的な政策的観点からすれば、前もってプログラムがどのように機能するかについて見解を示すことが、あまり周到とはいえないプログラムを強化する助けとなったり、着手されるものの基本的な健全性を確認することによって、価値ある公共サービスが提供できるようになる。事実、評価者にとってそのクエスチョンをされることは有用であるのに、意思決定者がしないクエスチョンが存在し、これは枠組みにとって重要な問題になると思われる。しかしながら、評価者がそれらのクエスチョンを自由に選択できる状況にあったとしても、この特定のタイプのクエスチョンはあまり問われることはない。評価者もまた、その成果を通して、次の段階の政策的クエスチョンに常に影響を与えうるのである。

出　典：Eleanor Chelimsky, "The Politics of Program Evaluation", *Society*, 1987, 25(1): 26-27. より。

　将来のプログラムが検証される場合に、プログラムの実施を承認しなくてはならない意思決定者がその政策問題をどのように考えられているかが十分に理解されていないことがあまりに多い。それゆえに、問題となっているプログラムの評価にまったく落ち度がなくとも、その結果が的外れなものになってしまうことがある。ニュージャージ州とペンシルバニア州の所得維持実験では、実験の企画者が以下のクエスチョンをその中心的課題として設定した。所得維持計画の労働意欲阻害効果がどれだけ大きいか。しかしながら実験が完了する前に、議会の委員会ではさまざまな所得維持計画が検討され、主要な問題はもはや労働意欲阻害効果ではなくなっていた。議員がさらに強い関心を寄せていたのは、低所得者の重要なニーズを無視することなく、不公平を引き起こすことなく、どれだけ多くの福祉事業をひとつの包括的な法案に整理統合することができるかという問題であった（Rossiら、1976）。政策空間は変化していた。

評価活動の主な目的は、意思決定者が新しい社会政策をかたちづくることを助け、現行のプログラムの価値をアセスメントすることであるので、評価研究は、関係するさまざまな政策問題と政策空間の範囲に敏感でなければならない。プロジェクトの目標は、取り上げられている問題についての審議中に意思決定者によってはっきりと述べられたことと共通していなければならない。ある入念にデザインされた無作為化試験が、特定の逆進税の減税が労働者の生産性を向上させることを示したとしても、意思決定者が起業家の刺激や潜在的投資の呼び込みに強い関心をもっている状況下でのそのような研究は見当違いである。

このような理由から、信頼のおけるインパクトアセスメントには、可能であればだが、検証されているプロジェクトにおける意思決定者の利害関係を確かめるために、そのデザインに彼らとの接触が含まれている必要がある。敏感な評価者は、現在と将来の政策空間がどのように考えられるかを理解している必要がある。現在は意思決定者によって議論されていないが、今後の議論の主題となるであろうという理由で検証されている革新的なプロジェクトに関しては、政策空間の変化がどのようなものであるかについて、評価者やスポンサーは情報に基づいた予想に頼らなくてはならない。他のプロジェクトに関しては、意思決定者の意見を求める過程はじつに簡単である。評価者は、審議会（たとえば、行政機関における委員会の審問や立法機関の議論）の議事録を閲覧することができるし、意思決定者のスタッフにインタビューすることや、また意思決定者に直接意見を求めることもできる。

政策上の意義　　評価が社会調査の基準にしたがって行われるという事実によって、評価は他の社会プログラムの検証形態よりも優れている。もしも評価が政策立案やプログラムの計画や管理にかかわっている人たちに関する問題を直接的に扱っていなければ、つまり、評価に**政策上の意義**（policy significance）がなければ、評価は不必要な情報ばかりを提供することになってしまうだろう。このことに関して、研究クエスチョンがどのように規定されているか、結果がどのように解釈されるかといった問題が、評価の弱点の中心になる傾向がある（Datta, 1980）。ここでの問題は、方法論の問題を超えた配慮を必要とする。評価結果の利用を最大化するために、評価者は2つのレベルで政策上の配慮に対して敏感である必要がある。

まず、重大であると考えられている問題を扱うプログラムは、比較的些細である事柄に関する介入よりも、よりよい（つまりより厳密な）アセスメントを必要とする。統計的検出力のレベル設定といった技術的な判断は、政策の性質やプログラムの動機といった情報に基づいてなされるべきである。これらは判断と感度の問題である。本格的な効率性分析が行われる場合でも、これは依然として問題でありつづける。たとえば、個人の観点をとるのか、プログラムの観点や共同体の観点をとるのかといった判断は、政策や資金援助に対する配慮によって決定される。

2つめに、評価の結果は、どこまでそれが一般化できるのか、政策やプログラムにとってその結果は意義深いものであるのか、そして、そのプログラムはニーズ（政策決定の過程に関係する多くの要素に表れる）に適っているのか、によって判断されるべきである。統計的には有意で一般化が可能であるが、政策や計画立案、管理上の活動におけるその意義は取るに足らない、という結果が評価によって出されることがある。これに関係する問題が、第10章の"実際的有意性（意

義)"の説明で詳細に議論されている。

基礎科学モデル 対 政策志向モデル 社会科学者は、現象を説明するための因果モデルを作り出す場合と、現象を変えるための目的志向のモデルを作り出す場合の着眼点の違いを理解していないことが多い。たとえば、若年男性の犯罪行動は、彼らの父親、兄弟、男性の親戚、隣人や学校の仲間など、彼らの社会的ネットワークにおける男性の犯罪行動の範囲によって説明され得る。これは、犯罪率の地理的分布や人種的分布に対する数多くの洞察を与える非常に興味深い発見である。しかしながら、犯罪率を変えるという観点からは、有益な発見とはいえない。というのも、若年男性の社会的ネットワークを変えるという公共政策が現実的ではないからである。若年男性をその境遇から引き離して他の環境に放り込むということを除いて、彼らの社会的ネットワークに影響を与えるためになにができるか、まったく明らかではない。このような目的のために、政策空間のなかに人口再配分という選択肢が含まれることはない（ことを望む）。

これに対して、犯罪に従事することのコストが犯罪行動の決定因子として弱いとしても、そのコストを変えようとする公共政策は現実的である。犯罪に従事しようとする気持ちは、主観的な可能性と緩く弱く関係している。つまり、犯罪に従事すれば逮捕されるだろう、逮捕されれば有罪判決を受けるだろう、有罪判決を受ければ刑務所に入れられるだろう、と一人ひとりが確信すればするほど、犯罪行動の可能性は低くなる。したがって、警察の犯罪者逮捕が効率的であれば、有罪判決のための訴追手続きが熱心であれば、裁判所の量刑手続きがきびしければ、犯罪行動の発生率はある程度削減されるだろう。このような関係は決してとくに強いというわけではない。しかし、犯罪を抑制しようとする公共政策のためには、犯罪行動の社会的ネットワークによる説明に比べれば、このような発見のほうがよほど意義深い。市長や警察署長は、逮捕される犯罪者の割合を増大させるプログラムであれば実施することができる。検察官は、有罪判決のためにいっそう努力することができる。裁判官は、司法取引を拒否することができる。さらに、このような政策の変更を、潜在的な犯罪者に届くような方法で普及すれば、それ自体が犯罪発生率に多少のインパクトを与えるだろう。ポイントを整理すると、基礎科学モデルはしばしば実際的な政策上の意義をなおざりにするが、評価者にとってこれは中心的な関心事である。

欠けている工学的伝統 政策的に妥当で意義深い研究についての私たちの議論は、さらに一般的な教訓を示唆する。長期的に、評価者——実際にはすべての応用研究者——とその利害関係者は、現在の社会科学の大部分で欠けている「工学的伝統」を構築しなければならない。実生活の問題に取り組むために科学的な知識がどのように用いられるか、という問題の詳細についての考え方において、技術者は「基礎科学」を重視する工学者と区別される。気体は加熱されると膨張することやそれぞれの気体に固有の膨張率があることを知っているということと、経済的で高品質のガスタービンエンジンを大量生産するためにその法則を用いることができるということとは、まったく別問題である。

このような工学技術的な問題は社会科学の発見にも存在する。たとえば、既存の福祉プログラムに対する不満が多くあるのみならず、それらを変えるべきかどうか不確かだった1980年代に、

意思決定者と利害関係者によって突きつけられた実際的な問題について考えてみよう。国会会期中に、要扶養児童家庭扶助（AFDC）という制度による奨励金の給付が、依存を助長し、AFDCの活動がクライエントの就労を妨げているという合意が広まりつつあった。経済学や心理学的学習理論によって十分に裏づけられた社会科学の理論が、報酬の変化は行動を変化させるとしている。ここでの工学技術的問題は、福祉プログラムが提供する報酬の構成をどのように変更することが依存を軽減し、クライエントの求職を促進するために最適であるかということである。しかしながら、当時の社会科学の知識が、さまざまな報酬の変更についての相対的な効果性について指針を提供するということはまったくなかった。このために、アメリカ保健福祉省が各州に奨励したことは、AFDCの規定を変更し、求職し就職することができたクライエントに報酬を提供する、ということであった。後に数種類の報酬パッケージが無作為化試験で検証された（Gueronら，1991）。その実験では、クライエントが就労のための訓練を受けるプログラムや、給付金を減額することなく就労収入の割合の維持を認めるプログラム、就職のための援助を行うプログラムが検証された。もしも、よく発達した社会科学の工学技術的知識が1980年代に存在していれば、福祉制度改革は1990年代末よりもずっと前に行われていたかもしれない。

　たとえ私たちが、社会科学における工学的伝統が価値ある目標であると思っているとしても、社会科学がこのような伝統を確立する状態にまだないということは明らかである。現在、この領域の知識は蓄積されてきているが、それが十分な規模にまで成長するにはまだ数十年を要するであろう。加えて私たちは、このような社会科学の技術者をどのように養成するかについて確信がもてないし、養成モデルが学ぶべき十分な数の模範の出現を待つことになるのではないかと推測している。

　プログラムの現実世界という文脈、そして社会政策という文脈において評価を行うことのダイナミクスに関する前述の意見を読んだ評価者が、評価に着手するときに当該領域を「偵察」することの重要性や評価過程の間に起こる生態学的変化に注意を払いつづけることの重要性について敏感になってくれることが、私たちの期待するところである。評価活動の成功にとって、このような努力は少なくとも用いる手順の技術的な適切性と同程度に重要であろう。

4）評価を評価する

　評価が洗練されるにつれ、特定の評価が巧みに行われたかどうかや、結果が適切に解釈されているかどうかについての判断がますます難しくなってきている。とくに非専門家や役人にとって、評価の信頼性をアセスメントするということは彼らの能力の範囲を超えている。加えて、同じプログラムについての複数の評価から矛盾する研究結果が出てくることがしばしばある。矛盾する評価の主張にどのように折り合いをつけるかは、評価の専門家も考慮している問題である。評価の正当性を確信するというニーズに応えるために、また、それらの結果の適切な伝達のために、いくつかの方法が試されてきた。

　契約や助成金が大規模な評価では、評価の成果物を監督し、評価者や資金提供者に専門家から

の助言を提供するために、評価の専門家や政策の分析家からなる諮問委員会を組織することがしばしば求められる。諮問委員会を組織するという手法は、評価の質を高めると同時にその結果に高い妥当性を提供するための方法であると考えられている。

評価のデータセットの再分析を含む評価の徹底的な再検討ということもある。たとえば、アメリカ国立科学アカデミーは、折に触れて委員会を組織し、評価を再検討し、政治的な利害にかかわる話題や意義深い議論についてその結果を総合するということを行っている。Coyleら(1991)は、エイズ教育プログラムの評価を、このような作業の質を高めるデザインの妥当性について再検討している。同じように、他の多くの領域でも評価についての批判的な批評が書かれている。たとえばMostellerら(2002)は、教育プログラムの評価における無作為化試験の使用についての一連の論文を編集している。

しかしながら、先ほど言及したようにこのような再検討は、完成するまでに通常数年の時間を要し、そのために時宜にかなった情報を必要とする政策立案者のニーズに適わない。より時宜にかなった評価の論評解説には、より迅速な再検討とアセスメントが必要とされる。時機を逃さないためのひとつの有望な試みが、1997年にスミス・リチャードソン基金から助成金を受けている。メリーランド大学の公共政策学部が、1996年の個人責任と就労機会調停法のもと行われた福祉制度改革の評価(Besharovら, 1998)によってもたらされるであろう大きな流れについての再検討と解説のために、著名な評価者や政策分析家の「ブルーリボン」委員会［訳注：倫理的で信任的な独立検討委員会のようなもの］を招集するよう委託された。福祉制度改革の研究を再検討する委員会による評価の妥当性に関するアセスメントや政策のための示唆のあらまし、といった内容を扱う政策立案者向けの定期報告の発表が予定されていた。最初の論評が発表され(Besharov, 2003)、他は将来に予定されている。残念なことに、当初計画されていたように評価結果が公表されてから数ヶ月以内にその論評が発表されるということはなかった。

国際的なキャンベル共同計画という、さらに壮大な事業が近年始められた。これは、評価にかかわる社会科学者の共同事業で、その目的は、いくつかの重要な領域でプログラム評価の系統的なレビューを行うことである。キャンベル共同計画は、いくつかのレビューを出版しており、たとえば、「スケアド・ストレート」［訳注：「怖がらせて、まっすぐに立ち直らせる」という意味で、非行少年を刑務所に招き、受刑者が刑務所生活の恐ろしさなどを語ることで立ち直らせようというプログラム］という青少年非行防止計画についてのレビューがあるが、さらにレビューの定期的な刊行を計画している(www.campbellcollaboration.org)。

このような例があるにもかかわらず、私たちは、典型的なプログラム評価は、評価領域の同業者の判断を受ける必要は通常ないと考えている。一部の政策立案者はそれらの妥当性を判断する能力をもっているかもしれないが、多くは評価報告書の説得力に頼らざるをえないであろう。このような理由から、後に議論するように、評価者の専門職団体において繰り返し重要な問題となるのが、評価のスタンダードなのである。

2．評価の専門職

　自分自身をプログラム評価者であると考えるすべての人が掲載されている名簿などなく、彼らの経歴や彼らが関与してきた活動を完全に記述する方法もない。少なくとも、5万人から7万5000人が評価活動に常勤もしくは非常勤で従事している。この数字は、通学区や病院、精神病院、大学や短大の数に加え、社会プログラムの開発や実施にかかわる連邦や州、郡、市の行政機関の数から概算したものである。これらはすべて通常は1種類以上の評価活動を行うことが義務づけられている機関である。これらの組織のなかで評価業務に関与している人たちの実際の人数を私たちは知らない。そして、大学教授の数や、非営利もしくは営利目的の応用研究機関で評価を行っている人たちの数を見積もる術を知らない。実際には、常勤もしくは非常勤の評価者の実数は概算の2倍から3倍にのぼるだろう。

　評価者が広くさまざまな領域の社会問題に取り組み、さまざまな量の時間を評価活動に費やしているということは明らかである。したがって評価者の役割を定義すると、よくても不鮮明で曖昧になってしまう。

　極端な場合、付加的な活動として評価を行っている人たちもいる可能性がある。地方の学校組織が明らかにそうであるように、評価活動をたんに立法機関や法律の要求に応じるためだけに行うことがときにある。州や連邦の基金からの要求で、学校はしばしばだれかを評価者に指定しなければならないが、与えられた資金量のなかでその仕事を行うためには、教員や管理職のなかのだれかを任命せざるをえない。多くの場合、指名された人は教育的にも経験的にもそのような仕事を行うための適性に欠けていることがある。それとは正反対に、大学の評価研究機関や社会科学分野、民間や非営利の応用研究機関の内部には、常勤の評価専門家がおり、彼らは高度な教育を受けており、経験も豊富で評価領域の最前線で働いている人たちである。

　評価者や評価研究者という肩書きが、この領域の異質性、多様性、不定形性を覆い隠しているのは確かである。評価者は免許や資格をもっているわけではなく、評価者であるという人とその他の評価者が、核となるなんらかの知識を共有しているという確信はもてない。互いに交流し、コミュニケーションを取り合う評価者は、とくに社会プログラムの領域を超えた交流を行う評価者の割合はとても小さいであろう。この領域の主要な「一般的な」組織であるアメリカ評価学会の会員数はわずか数千人であるし、学際的な雑誌で最も多い購読者を抱える *Evaluation Review* でも同様にその読者は数千人である。プログラム領域のなかでも、評価者の社会的なネットワークは不十分で、彼らの多くは、評価部門を組織している国レベルあるいは地方レベルの専門職組織とつながりをもっていない。

　要するに、少なくとも社会学者がこれらの集団を特徴づけるために通常用いる公的基準からみると、プログラム評価は決して「専門的職業（profession）」ではない。むしろ、公的に組織されずに緩い集合体を組織して、行う仕事の範囲や能力、職場、見解などの点で互いにほとんど共通点がない、共通の肩書きを共有する個人の集合と表現するのが最も適しているかもしれない。評

価領域のこの特徴が、後の議論の大部分の根底にある。

1）知的多様性とその帰結

評価は非常に多種多様な知的遺産を有している。すべての社会科学領域——経済学、心理学、政治学、そして人類学——が、この領域の発展に貢献してきた。これらの領域のそれぞれを学んだ個々人が、評価研究の理論的基礎や方法論的なレパートリーに貢献してきた。社会科学、医学、公衆衛生学、社会福祉学、都市計画学、行政学、教育学などと密接な関係をもつさまざまな対人サービスの領域を学んだ人たちが、重要な方法論的貢献をし、画期的な評価を行ってきた。加えて、統計学、計量生物学、計量経済学、心理測定学といった応用数学の領域が、測定や分析についての重要な概念に貢献してきた。

学際的な相互借り入れが広範囲にわたって行われてきている。以下のような例を取り上げてみよう。経済学は、伝統的に実験に基礎を置く社会科学ではなかったにもかかわらず、公共福祉や、職業訓練、所得維持、住宅手当や国民健康保険などの非常に目立った実験研究を含む、連邦政府の後援を受けた大規模な無作為化フィールド実験のかなりの部分を、過去数十年にわたって経済学者が計画し、実施してきた。社会学者と心理学者は、計量経済学者の影響を色濃く受け継いでおり、とりわけ時系列分析法や連立方程式モデリングの利用は特筆に値する。社会学者は、組織的な活動をモニタリングする際に用いられる概念やデータ収集手順に多くの貢献し、心理学者は、時系列分析に対して回帰‐不連続デザインの考え方を提供した。心理測定学者は、すべての領域に当てはまる測定理論の基礎となる概念を提供し、人類学者は、質的なフィールドワークで用いられる基本的な方法を提供してきた。事実、評価の語彙は、これらすべての領域から寄せ集められたものである。巻末の引用文献のリストは、評価という領域の学際的特徴の証拠でもある。

理論的には、この領域の多様なルーツが領域の魅力のひとつである。しかしながら実際的には、評価者がその知識を広げようとすればもちろん、評価者でありつづけようとするだけで、評価者は全般的領域での社会科学者（general social scientists）である必要があるし、一生涯学生でありつづけなければならない状況に直面する。さらにこの領域の多様性は、評価者がときどき批評される研究方法の「不適切な」選択という重要な問題の理由となっている。それぞれの評価者があらゆる社会科学の学者となり、あらゆる方法論的な手順に精通するということは、明らかに不可能である。

「普遍的な（universal）」評価者であるために観念的に求められる広い知識やさまざまな能力の必要性を満足させる方法はない。このような状況は、評価者の知識が及ばなければ、ときに評価者は仕事の機会を見捨てなければならなかったり、その評価者にとって馴染みのない適切な方法よりも「ほとんどまあ十分（almost good enough）」と思われる方法を用いなければならなかったり、評価スポンサーや評価スタッフの管理者が、評価の受託者を決定し、仕事を割り当てる際に非常に目が肥えていなければならなければならないことを意味する。また、評価者がコンサルタ

ントをおおいに活用する必要性や、同僚に忠告を求める必要性が出てくることも意味する。

専門家には、最先端技術についていくための、またレパートリーを広げるためのさまざまな機会が提供される。たとえば、地方または全国組織のミーティングで行われる勉強会や、これらの専門職団体によって提供される教育的な講座である。現在のところ、数万人の評価実践者のなかで、評価専門家の組織に参加し、これらの組織が提供するそのような機会を利用することができる者はほんの一握りである。

a．評価者の教育

評価領域の拡散した性質は、評価者の異なる教育背景によってさらに拡散される。評価者のうち、評価部門のなかで出世し、責任のある地位や報酬を手に入れているのはごくわずかである。多くの評価者は、大学の社会科学部や専門職大学院で正式な学部教育を受けている。評価の学際的な性質の重要な帰結のひとつは、評価に全面参加するための適切な訓練を、単一の専門分野で受けることができないということである。いくつかの大学では、複数の学部にわたる大学院教育を盛り込んだ学際的なカリキュラムを設けているところもある。こうしたカリキュラムで大学院生は、心理学部で試験の構造や測定の課程を履修し、経済学部で計量経済学、社会学部で調査のデザインや分析、政治学部で政策分析の課程を履修するなどといった具合に指導されるだろう。

しかしながら、学際的なプログラムは一般的なものでも、安定したものでもない。大学院教育が受けられるような典型的な研究志向の大学では、力のある学部は伝統的な学部である。学際的なプログラムを実施するための、学部を超えた教員の連携は短命に終わりがちである。というのも、学部は通常、このような冒険的な事業への参加に報酬を出すことはなく、結果として教員たちはそれぞれの学部に戻ってしまうからである。学際的であることの明確な必要性があるにもかかわらず、評価の大学院教育は主として単一学部で行われることになってしまう。

さらにアカデミックな学部では、応用研究が、「純粋」研究や「基礎」研究に比べ高度ではないと見なされることがしばしばある。結果として、評価に関連する教育は制限されてしまうことが多い。心理学部は実験計画法についての魅力的な課程を用意するかもしれないが、実験室での研究にくらべ、フィールドで実験を行う際に特有の問題を考慮することはあまりない。社会学部では、調査研究について教えることはあっても、社会プログラムの標的となるユニークな集団に対する面接といった特別なデータ収集の問題を扱うことはまったくない。そしてさらに、大学院では応用研究に低い地位しか与えていないことが、評価を学位論文や修士論文として取り上げることの障害にしていることが多い。

この点についてのアドバイスがあるとすれば、それは、評価という職業に興味をもつ学生は、積極的に主張しなければならないということである。しばしば学生は、率先して個別の研究プログラムを特別にあつらえ、応用研究で論文を書くことを主張し、関連する実習で公式の教育を補うために、大学研究機関のなかや地域でそのような機会を逃さないようにする必要がある。

評価者のための他の進路として専門職大学院があげられる。教育に関する大学ではその領域でのポストのために評価者を教育し、公衆衛生や医療に関する大学では保健サービスに関する評価に従事する人を養成し、その他も同様である。実際、これらの専門職大学院は、MBAプログラ

ムと同様に、多くの評価者の教育現場となってきている。そしてこのようなプログラムには限界もある。これらの大学院についての批判のひとつは、これらの態度や見解があまりに「職業学校」志向にすぎるということである。その結果として、これらの学校の一部は、社会プログラム領域を縦横に移り動く能力の向上や、技術革新の把握を可能にする概念的な広がりや深みを提供できていない。さらに、とくに修士レベルのこれら専門職大学院では、たくさんの必修科目が必要とされる。というのは、これらの学校の立場やときには資金が、専門職団体による認定に依存しており、これらの団体はソーシャルワーク修士（MSW）、公衆衛生修士（MPH）、経営学修士（MBA）などとして巣立つ卒業生に対して共通した教育の必要性を見込んでいるからである。それゆえ、多くのプログラムで選択科目に残される時間はわずかであり、課程のなかで得られる技術訓練の量は限られている。したがって専門職大学院における評価者の教育は、だんだんと修士課程から博士課程に移ってきている。

　また、多くの大学では、専門職大学院の教員も学生も、社会科学系学部の人たちから二流市民とみなされている。このようなエリート意識が学生を孤立させ、そのような学生はさまざまな社会科学系学部の科目や関係する社会科学研究機関の実習を利用することができないでいる。専門職大学院で教育を受けた学生、とくに修士課程の学生は、プログラムの特定領域の実質的知識のための技術的な訓練を集中的に受ける機会を取るか、それとも専門家としての職業を保証されることを取るか、苦渋の選択をせまられることがよくある。明らかな解決策は、大学院でさらなる研究を行うか、評価の仕事を進めるなかでさらなる技術的熟練を身につける機会をとらえるか、である。

　どちらの進路が優れているということではなく、それぞれに強みと障害があると考えている。ひとつには大学院の社会科学系研究科が、応用研究プログラムを展開したがらないという理由で、専門職大学院がますます評価者の主な供給者となってきているようである。しかし、このような専門学部での教育内容、とくに重要視される評価の方法は決して均質ではなく、この領域の多様性は今後も続くであろう。

b．出身の多様性の帰結

　評価者となるための教育的進路がたくさんあるということは、この領域の一貫性が欠如する一因となっている。少なくともそのことが、評価の定義そのものの相違や、特定のプログラムを評価する適切な方法に関する見解の相違の原因となっている。いうまでもなく、評価者の社会的、政治的イデオロギーといった他の要因もこの多様性に寄与しているのであるが。

　相違の一部は、評価者が専門職大学院で教育を受けたか、社会科学部で教育を受けたかの違いに関係している。たとえば、ソーシャルワークや教育といった分野の専門職大学院出身の評価者は、社会科学学部で教育を受けた者にくらべて、評価者自身をプログラムのスタッフの一員と考え、プログラムの管理者の助けとなるような仕事を優先する傾向がある。したがって、社会科学志向の評価者の主な関心がプログラムの効果性や効率の問題であるのに対し、専門職大学院出身の評価者はプログラムの日常業務を改善するようデザインされた形成的評価を重要視する傾向がある。

そのような多様性は、社会科学部や専門職大学院の内部の相違とも関係している。社会科学者として教育を受けた評価者は、立法者や上級幹部、とくに行政官の助けとなるようデザインされた活動である政策分析を優先することがしばしばある。人類学者は、予想されるように、質的アプローチ志向が強く、評価のアウトカムに関する標的集団の利害に注意を払うことはあまりない。心理学者は、彼らの領域が小規模な実験を重要視するように、プログラム実践への一般化可能性よりも、評価の結果における因果関係に関する推測の妥当性に関心をもつことが多い。その一方で社会学者は、一般化可能性に注意を払い、そのためには因果関係に関する結論についてある程度の厳密性はあきらめることがしばしばある。経済学者は、さらに異なる方法をとり、ミクロ経済理論体系によって評価デザインを導くようである。

これによく似た多様性は、異なる専門職大学院で教育を受けた評価者の間でもみられる。教育に関する専門職大学院で教育を受けた評価者は、早期教育プログラムのアウトカムを測定する場合に能力テストに主眼を置き、一方で、ソーシャルワークの専門職大学院の卒業生は、子どもの感情の状態についてのケースワーカーの評定や子どもの行動についての親の報告に焦点を当てるだろう。そして、公衆衛生の出身者は予防的な実践に、医療管理プログラムの出身者は医師との接触の頻度や入院期間に最も興味をもつだろう。

それぞれの専門領域の特徴や、評価をデザインし実施する方法の違いを強調することは簡単であるが、ここで述べた好みや傾向には多くの例外がある。実際、論文の内容からその著者の学問的背景を言い当てるゲームは、評価マニアのお気に入りである。とはいうものの、学問領域や専門の多様性は、評価の領域のなかでかなりの対立を生み出している。評価者は、認識論から方法の選び方にいたるさまざまな点において、また評価の主要な目標という点においても、まちまちの視点をもっている。以下にいくつかの主要な差異を略説する。

主たる利害関係者への方向づけ　本章で先に述べたように、評価者は評価のなかでだれの観点をとるのかについて意見が異なる。ある評価者は、プログラムを改善するために主にプログラム運営者を助けるような方向で評価が行われるべきであると考えている。この観点によると、評価の主な目的はプログラム運営者の相談にのることであり、技術援助と評価の違いは曖昧である。この意見にしたがえば、評価の成功はプログラムが改善されることである。このような評価の方向性においては、たいていのプログラムは評価者の助けを借りて実施されるという理由で、プログラムの価値を判断することを避けがちである（Patton, 1997を参照のこと。「実用重視の事業評価」に対する明確な検討がされている）。

またある者は、評価の目的は、プログラムの受益者（標的集団）がエンパワーされるような援助を行うことだと考えている。このような見解によると、プログラムやその評価を定義づけるための取り組みに、受益者が共同参画することで、自分たちの生活により「責任をもつ」ことになり、自己効力感が増すと考えられている（Fettermanら, 1996を参照。このアプローチの実例が掲載されている）。

それとは正反対に、評価者は評価の資金を提供する利害関係者のために働くべきであると考える者もいる。このような評価者は、資金提供者の観点を受け入れ、プログラムの目標やアウトカ

ムについても彼らの定義を採用する。

　私たち自身の見解はこの章の前半で述べた。評価はすべての主な利害関係者の視点に敏感であるべきだと考えている。通常は、プログラムの目標やアウトカムについてのスポンサーの定義に最も配慮することは、契約要求事項の求めるところである。しかしながら、このような要求は他の観点を排除するものではない。私たちは、評価者の義務として、評価が基づいている観点をはっきりと述べ、他の重要な観点が関係していることを示さなければならないと考える。複数の関連を受け入れるための資源に恵まれた場合、複合的な観点を用いることができるのである。

　認識論的差異　人文科学と、社会科学の一部における「文化戦争」が、評価にも影響を与えた。知識のポストモダン理論がプログラム評価に反映して、社会問題は社会的な構築物であって、知識には絶対的なものがなくそれぞれの観点に妥当な、異なる「真実」があることを主張している。そこで、ポストモダニストは、豊かな「自然主義的」なデータを生み出す質的研究手法や、プログラムスタッフや標的集団の観点に好意を示す評価の観点を好む傾向がある（Gubaら，1989を参照。ポストモダン評価について最も重要な提唱者である）。

　ポストモダンの姿勢に反対する人も、知識の性質についての信念において均質ではない。そうはいうものの、ポストモダニズム反対派のなかでは、真実は完全に相対主義的ではないとする強い意見の一致がある。たとえば、貧困の定義は社会的構築物であると考える一方で、年間所得の分布は多くの社会科学者が同意できる研究作業を通して記述されうると多くの人たちは考えている。言い換えれば、特定の所得水準が貧困と見なされるかどうかは、社会的な判断の問題であるが、特定の所得水準の世帯数は既知のサンプリングエラーとともに推定されうる。これは、実証的事実についての研究者間の不一致が、異なった真実に関する問題というよりも、むしろ方法論や測定誤差の問題であることを意味している。

　著者たち自身の立場は、本書の全体を通して示してきたように、明らかにポストモダンの立場ではない。私たちは、方法論と評価の課題がぴったり適合することがあると考えている。特定の研究クエスチョンに対しは、よい方法論とよくない方法論がある。実際、本書の主な関心は、特定の研究クエスチョンに対して、最も信頼できる結果を生み出すと思われる方法の選び方にある。

　質と量の差異　評価領域のなかにある相違のうちのいくつかは、質的方法の支持者と量的方法を主張する者の間にある相違と一致する部分がある。この「問題」をめぐる無意味な論争がときに行われる。質的なアプローチを支持する者たちは一方で、プログラムの効果についての妥当な知識を得る際の、プログラムの具体的な現れについての詳細な知識や認識の必要性を強調する。質的な評価者は、形成的な評価に向かう傾向、つまりプログラム運営者に情報を提供することでプログラムをより機能するものにしようとする傾向がある。対照的に、量的方法志向の評価者は、インパクトアセスメントや総括的評価を主に関心をもつフィールドとしてみることが多い。彼らは、プログラムの効果性についての比較的信頼性の高いアセスメントを可能にするような、プログラムの特性やプロセス、インパクトを計る尺度の開発に重点を置く。

この論争はしばしば要点を曖昧にしてしまう。すなわち、それぞれのアプローチにそれぞれの有用性があり、アプローチの選択は当面の評価クエスチョンによって決まるものである。本書で私たちは、それぞれの視点の適切な適用方法を特定しようとしてきた。これまで強調してきたように、質的アプローチはプログラムのデザインに重大な役割を果たすし、プログラムのモニタリング方法としても重要である。その一方で、量的アプローチは、社会プログラムの取り組みの効率をアセスメントする場合はもちろん、インパクトの評価にも非常に適している（質的・量的論争のバランスの取れた議論は、Reichardtら, 1994を参照）。

　したがって、研究される評価クエスチョンを特定しないでどちらがよりよいアプローチかどうか、という問題を持ち出すことは有益ではない。研究の目的にアプローチを合わせることが重要である。一方のアプローチを他と対抗させることは、結果として、この領域に無意味な二分化を招く。いずれかのアプローチの最も熱心な支持者でさえも、社会プログラム評価に、それぞれのアプローチが貢献してきたことは認識している（Cronbach, 1982; Patton, 1997）。たしかに、トライアンギュレーションと呼ばれる複合的な方法を使用することで、もし異なる方法から導かれた結果が一致すれば、その結果の妥当性を高めることができる。

　おわかりのように、問題は哲学的な問題であるとともに、戦略的な問題でもある。評価は、主に政策やプログラムの構築・修正に貢献するために行われ、私たちが強調してきたように、それは強く政治的な性格を帯びている。Chelimsky（1987）が観察したように、「事例研究だけで理論武装して、激しい政治討論に参加することはおよそ賢明ではない」(p. 27) のである。

2）仕事の場の多様性

　評価の領域の多様性は、評価者が働く場の環境や官僚制的な構造の多様性にもまた現れている。まず、仕事の場・環境について2つの相反する主張がある。すなわち、内部－外部論争とでも呼ばれる問題である。ひとつの主張は、評価者の立場がプロジェクト管理やスタッフの影響から可能なかぎり独立し、安全であるときに、評価者は最高の仕事ができるというものである。もうひとつの主張は、評価者が政策やプログラムにかかわるスタッフと接触をもちつづけることで、信頼関係が生まれ、評価者の影響力が大きくなり、組織の目的や活動についての理解が深まり、評価者の仕事がよりよいものになるというものである。

　次に、評価者が内部の者か外部の者かにかかわらず、プログラムスタッフや利害関係者グループに対する評価者の役割についての曖昧さがある。スタッフ間の関係が、企業内のそれと類似のものであるべきなのか、それとも、学問の世界を特徴づけているとされる平等参画モデルに似ているべきかが問題である。しかしそれは、仕事上の関係の適切な構造化という評価者が直面する難問のひとつの局面にすぎない。

　第3に、一部の評価者にとって彼らが所属している組織の「地位」という関心事がある。大学の場合と同様に、評価者が働いている場は、さまざまな次元で評定されランクづけされ、比較的少ない大規模な評価組織が、エリートの職場として認められている。鶏頭と牛後（大きな池の小

さな魚か、その逆か）のどちらがよいのか、評価領域での課題である。

あえて強調しておくが、ここからの議論は実証的な研究の結果よりも本書の著者らの印象に基づく部分が大きい。私たちの印象はまちがっているかもしれないが、これらの問題にまつわる議論は、ある人数の評価者が集まるといつも行われるありふれたものであることは事実である。

a．内部評価 対 外部評価

かつては、評価は決してプロジェクトの管理責任がある組織の内部で行われるべきではなく、かならず外部の組織によって行われるべきであると、経験を積んだ評価者が断言することさえあった。「外部」評価者が望ましい選択肢であると思われていた理由のひとつは、内部と外部の評価者の間に、その教育や当然のことと思われている能力のレベルの差異があったことである。その差異は小さくなってきている。評価研究者の経歴は通常 3 種類のうちのひとつのかたちをとる。1960年代まで、評価研究の多くは、大学と関係のある研究者もしくは調査会社によって行われていた。1960年代後半からは、さまざまなプログラム領域の公共サービス機関が、内部で評価を行えるように研究者を職員として雇用するようになった。また、民間研究グループや非営利の研究グループによって行われる評価の割合が著しく増大した。そのような種類の研究ポストが増えるにつれ、また、学術的な仕事の需要が減るにつれ、社会科学や行動科学の高度な教育を受けた者たちが民間機関や非営利団体の研究ポストに引きつけられるようになった。

内部評価と外部評価、どちらが技術的に高い質を有しているのか、現在のところまったく確証がない。しかし、技術的な質だけが唯一の基準ではなく、有用性もまた重要な基準である。オランダにおける外部評価と内部評価に関する研究では、内部評価のほうがより高い割合で組織の決定に影響を与えているらしいことが示唆された。van de Vall ら（1981）によると、どちらの研究者が社会政策に影響を与えるうえで優れているかということよりも、重要なのは、内部評価者の知見が高い割合で利用されている理由に関して、である。その答えは、ひとつには、より十分な合意を伴う内部評価者と政策立案者の間のより高密度なコミュニケーションであり、もうひとつには、認識論的な妥当性と実施上の妥当性のバランスであると示唆している。「実際的な言い方をすれば、社会政策研究者は、方法論的な完成のために費やす時間と、結果を政策手段に翻訳するための時間との釣り合いを探求すべきだということである」(p. 479) と述べている。彼らのデータは、一般に評価の手段的な目標を達成するためには、内部の社会科学研究者のほうが、外部研究者よりも有利な立場にあることを示唆している。

評価スタッフの能力向上や、評価企業の知名度や精度が向上していることを考慮に入れると、もはやひとつの組織形態が他より有利であるとする理由はない。しかしやはり、評価者の位置にかかわらず、評価の仕事が誤った方向に導かれ、結果的に誤って利用される可能性がある場合には、評価期間中に多くの重大な課題が残る。したがって大切なことは、内部評価と外部評価ではその目的が異なる場合が多いということを認識したうえで、あらゆる評価で技術的な質とその目的に適した利用のバランスを取ることである。

b．組織の役割

評価者が内部の者であろうと外部の者であろうと、彼らはスポンサーやプログラム職員とともに、その役割を明確に理解できるよう努めるべきである。評価者がその役割と責任を完全に理解していることは、評価の実施を成功に導く重要な要素である。

いま一度述べておくと、この領域は不均質で、適切な関係を築き維持する最善の方法を一般化することは難しい。よくみられる手法のひとつとして、評価を監督し、評価の知見に対して頼りになる権威のオーラを提供する諮問委員会やコンサルタントを置くことがあげられる。諮問委員会やコンサルタントの設置といった方法は、評価者が内部の者か外部の者かによって、また、評価者とプログラムスタッフが洗練されているかどうかによって、うまく機能するかどうかが決まってくる。たとえば、連邦政府機関や大きな基金によって実施される大規模な評価は、定期的に会合をもち、評価の質や量や方向性をアセスメントするような諮問委員会をもつことが多い。小規模な評価部門をもつ、健康や福祉に関する公立もしくは民間の組織は、評価者に技術的な助言を行うコンサルタントや、評価活動の適切性について助言を行う指導者、もしくはその両方を置くことが多い。

諮問委員会やコンサルタントがたんなる体裁づくりであることがときどきあり、それだけの役割しかないのであれば、その利用を薦められない。しかしながら、もしその構成員が活動的に関与しているのであれば、諮問委員会はとくに、学際的な評価のアプローチを促進するうえで、またプログラムと評価のスタッフの間にある論争に判決をくだすうえで、そして利益が脅かされる者たちからの激しい攻撃から評価結果を守るうえで、役に立ちうる。

3）評価「エリート」組織の指導的役割

おそらく1000人に満たない評価者たちの小さなグループが、行う評価の規模とその属する組織の大きさに基づいて、この領域の「エリート集団」を構成している。それは、重要な医科大学の付属病院に勤務するエリート医師と幾分似ている。彼らや彼らを取り巻く環境は、数こそ少ないがこの領域の規範を確立するうえで大きな力をもっている。彼らの仕事の仕方や、その組織の実行標準（the standards of performance）が、他の状況にある評価者が用いる専門家意識の役割モデルのひとつとして重要性をもっている。

国家規模の、もしくは技術的に高度な大規模評価を行う組織の数はきわめて少ない。しかし、知名度と、評価のための費やされる費用の両面で、これらの組織はこの領域で戦略的に有利な位置を占有している。連邦政府による数年間にわたる大規模評価の契約の多くが、営利研究機関の小さなグループ（2、3例を挙げると、Abt Associates や Mathematica Policy Research、Westat など）や、非営利機関や大学（たとえば RAND Corporation や the Research Triangle Institute、the Urban Institute、the Manpower Development Research Corporation）に与えられている。ほんの一握りの研究志向の大学や関連研究機関——たとえば、シカゴ大学の the National Opinion Research Center（NORC）や、ウィスコンシン大学の the Institute for Research on Poverty、

シカゴ大学とノースウェスタン大学の the Joint Center for Poverty Research、ミシガン大学の Institute for Social Research——が大規模な評価のための助成金と契約を受けている。加えて、評価研究の契約を結び、助成金を出す連邦政府機関の評価部門や、いくつかの大規模な全国的な財団が、かなりの数の高度に教育を受けた評価者をその職員として雇用している。連邦政府のなかでも、熟練した評価者が最も集中しているのは、近年まで会計検査院（GAO）のプログラム評価・方法論部門であった。そこでは、評価専門家の大きなグループが、会計検査から適切なプログラム実施のアセスメントや連邦政府の先駆的事業のインパクトの評価にいたるまで、重要な「監視（watchdog）」組織としての活動の範囲を広げてきた。

このような営利・非営利のエリート組織の特徴のひとつは、その仕事の質に寄せる継続的な関心である。当初、彼らの行う評価活動は学術的な研究機関で行われるそれと比べて技術的に洗練されておらず、そのことに対する批判がその関心の理由のひとつとなっている（Bernsteinら, 1975）。しかし、少なくとも大規模な評価に関しては、彼らがこの領域を支配するようになり、評価スポンサーが契約者を選ぶ際にその技術的能力の基準をますます用いるようになり、方法論的見地からみて、評価者の活動は著しく進歩した。今日、その職員の能力は応用研究のなかで最も教育された者たちと張り合うようになっている。また、専門雑誌に発表することや専門職組織に積極的に参加すること、最先端技術の発展に向けた未研究分野で仕事に従事することは、彼らの自己利益ともなっている。専門家意識に向かう一般的な動きが生じるくらいにまで、これらの組織はこの領域のリーダーになっている。

3．評価のスタンダード、ガイドライン、倫理

評価領域が、通常の意味での組織化された専門職として特徴づけられないとしても、この領域はますます専門職化されてきている。専門職化の動きに伴い、多くの評価者が、評価の専門職団体に対して、評価業務を行う際に、または評価の資金提供者やほかの利害関係者との交渉の際に、彼らが手引きとするスタンダードを定式化し、出版することを迫るようになってきた。たとえば、標準的な評価実践として公表の権利を含む、出版された一連の実践スタンダードが引用でき、それが評価結果を自由に発表する権利を支持していれば、評価者にとって有益なことであろう。加えて、ほとんどの評価実践者は、倫理的な判断を必要とされる状況に直面する。たとえば、児童虐待防止プログラムについて調査している評価者は、子育てについてのインタビューのなかで家庭内での児童虐待が明らかになった場合、それを報告する義務があるかどうかといった問題である。また、出版されたスタンダードや実践ガイドラインによって、あるサービスをそれらに準拠した実践として広告するものに正当性がもたらされる。

評価者に手引きを提供するための2つの大きな取り組みの成果がある。アメリカ規格協会（ANSI）の後援のもと、教育評価基準合同委員会（1994）が『プログラム評価スタンダード（*Program Evaluation Standards*）』を出版し、現在では第二版が出版されている。教育評価基準合

同委員会は、いくつかの専門職団体の代表から編成され、そのなかには、アメリカ評価学会やアメリカ心理学会、アメリカ教育研究学会が含まれている。当初は教育プログラムを主に扱う組織として設立されたが、合同委員会はその対象領域を広げ、あらゆる種類のプログラム評価を扱うようになった。そのスタンダードが扱う話題は、評価契約において人間の対象者を扱う課題を通してどのような準備がなされるべきかといったことから、量的・質的データの分析のためのスタンダードまで多岐にわたる。いくつかの中核的なスタンダードそれぞれが実例を用いて説明され、それらが特定の事例にどのように応用されうるかが説明されている。

2つめの大きな努力の成果は、「評価者のための指導原理（*Guiding Principles for Evaluators*）」（アメリカ評価学会、評価者のための指導原理に関する専門委員会、1995）が、アメリカ評価学会によって採択されたことである。評価の標準的実践を宣言するというよりはむしろ、この指導原理は評価者の手引きとなる5つのきわめて一般的な原則から構成されている。その全文を Exhibit 12-E に提示し、その原則は以下に示す。

A．系統的調査　　評価者は、評価対象についてデータに基づく系統的な調査を実施する。
B．作業能力　　評価者は、評価の利害関係者の要求にかなう作業能力を提供する。
C．誠実な態度　　評価者は、評価の全プロセスを通して誠実な態度を維持する。
D．人に対する敬意　　評価者は、評価で接する回答者、事業参加者、顧客、その他の利害関係者の安全、品格、尊厳を尊重する。
E．一般・公共福祉に対する責任　　評価者は、一般・公共福祉に関係する多様な利害および価値を明示し評価に反映する。

これら5つの原則は、合同委員会のものほど委曲を尽くしているとはいえないが、入念な議論のうえにつくられたものである。ただ問題となるのは、このように一般的な原則がどれだけ役に立つのかという点である。特定の倫理的な問題に直面する評価者が、このいずれかを参考にするということはあまりないだろう（Shadlshら, 1995を参照。指導原理の批判的評価のために）。

要領を得た助言を評価者に提供できるような実践スタンダードと倫理的原則のセットを作り出すにはまだ時間がかかるだろう。評価形式の多様性が、スタンダードの採択を困難にしている。というのも、そこで選ばれる実践のすべてが、一部のグループがよいと考えている実践と矛盾する可能性があるためである。スタンダードの開発は、判例法の存在によって飛躍的に前進するだろう。ここで判例法とは、原則が応用されて判断が下された個々の事例の蓄積を意味する。しかしながら、合同委員会のスタンダードもアメリカ評価学会の指導原理も、拘束力や判例法の発展のための制度的な仕組みをもっていない。

評価者は、このような評価のスタンダードや倫理上の基準が確立されるまで、現在そうしているように、このような一般的な原則に頼らなければならないだろう。プログラム評価のための応用倫理の問題については、Newmanら（1996）に多くの有益な議論がみられる。

評価者は、この指導原理が、多くの福祉サービス機関や大学で義務づけられている倫理基準に取って代わるものでないということを理解しておくべきである。多くの社会調査センターやほと

■ EXHIBIT 12-E ■ アメリカ評価学会による評価者のためのガイドライン

A．系統的調査（Systematic Inquiry）：評価者は、評価対象についてデータに基づく系統的な調査を実施する。

1．評価者は、質的研究にしても量的研究にしても、そこからもたらされる情報の正確さと信頼性を向上させるために、最も高度で適切な技術的水準を守るべきである。
2．評価者は、評価の顧客とともに、取り上げうるいろいろな評価のクエスチョンとそれに答えるのに使える種々のアプローチの双方について、長所・短所を検討すべきである。
3．評価者は、評価業績を提示するとき、自らの方法とアプローチを正確かつ十分詳しく説明することにより、他者がそれを理解し、解釈し、批評できるようにすべきである。そして、評価とその結果の限界を明らかにするべきである。また、評価結果の解釈に明らかに影響を与える数値データ、仮説、理論、方法、結果に関して、文脈的に適切な方法で考察するべきである。ここで述べられたことは、最初の概念化から最終的な結果の利用にいたる評価のあらゆる局面に当てはめることができる。

B．作業能力（Competence）：評価者は、評価の利害関係者の要求にかなう作業能力を提供する。

1．評価者は、評価で要請される作業を実施するのに適当な教育、能力、技能および経験を保持すべきである（もしくは、場合によっては評価チームとしてそれらを保持していることを確実にするべきである）。
2．評価者は、自らの専門的訓練と作業能力の範囲内で仕事すべきであり、その範囲からかなり外れる評価の実施は自粛すべきである。もし実現不能で不適当な委託や依頼を断る場合、結果として起こるあらゆる評価の限界を明らかにする必要がある。評価者は、その能力向上や必要とされる専門的知識や技術を有する他者の援助のための努力を怠ってはならない。
3．評価者は、常に自らの作業能力の維持・改善に努め、最高レベルの評価パフォーマンスを提供できるようにすべきである。この継続的な専門能力の開発には、公式の学習課程やワークショップ、独学、自身の実践の評価、技術や知識習得のための他の評価者との協働などが含まれる。

C．誠実な態度（Integrity, Honesty）：評価者は、評価の全プロセスを通して誠実な態度を維持する。

1．評価者は、評価の費用、作業内容、方法上の制約、得られるであろう結果の範囲、特定の評価から生まれるデータの活用について、顧客および利害関係者と誠実に交渉すべきである。これらの問題の議論や説明を始めることは、主に評価者の責任であって顧客の責任ではない。
2．評価者は、当初合意された作業計画に対するすべての変更とその理由を記録すべきである。もしこれらの変更が評価の範囲や結果に影響を与えるのであれば、評価者は顧客や主要な利害関係者に（反対する理由がなければ評価作業を継続する前に）その変更や予想される影響についての情報を提供するべきである。
3．評価者は、評価の実施とその結果に関する自分自身と、顧客および他の利害関係者の利益（財政的、政治的、経歴的な利益を含む）を確定し、適当なところがあればそれを明示するよう心がけるべきである。
4．評価者は、評価対象となるあらゆるものについて自分がもっている役割や関係について、自

らの評価者としての役割が利害の衝突を生む可能性がある場合には、これを公表すべきである。このような衝突は評価結果の報告書で言及されるべきである。

5．評価者は、作業の進め方、データあるいは結果を誤って伝えてはならない。また合理的な範囲で、他者による結果の誤用を防ぐか改めるよう努めるべきである。

6．評価者は、もしなんらかの作業の進め方や活動が誤解を招く評価情報や結果に導く可能性があると判断するときは、それに関する懸念と理由を顧客（評価の資金提供者や依頼者）に伝える責任がある。もし、これらの問題についての顧客との議論が不十分で、誤解を招く評価が行われた場合、評価者は、実現可能で適切であれば、合法的に評価の実施を辞退することができる。もしそうでなければ、評価者は同僚や利害関係者に、評価続行のためのほかの適切な方法について助言を求めるべきであろう（選択肢には、以下のものばかりではないが、より高いレベルでの議論、異議を唱える表書きや付録、調印文書への署名の拒否などが含まれる）。

7．評価者は、よほどそうすべきでない不可避の理由がないかぎり、評価のすべての資金源と評価の要請者を公表すべきである。

D．人に対する敬意（Respect for People）：評価者は、評価で接する回答者、事業参加者、顧客、その他の利害関係者の安全、品格、尊厳を尊重する。

1．評価者は、場合に応じて、評価に参加する者に生じるかもしれないリスク、危害および負担に関して、通常の専門家としての倫理感や基準に従わなければならない。これは評価への参加に関するインフォームドコンセント（説明と同意）についても、参加者に守秘義務の範囲と限界について伝えることについても同様である。これらの基準には、被験者の保護に関する連邦行政令や、アメリカ人類学会やアメリカ教育研究協会、アメリカ心理学会などの倫理指針が含まれる。これらは、その倫理や基準の適用範囲を広げることを意図していないにしても、それが適切で望ましいと考えられる場合、評価者はそれらに従うべきである。

2．評価は、その正当な否定的・批判的結論が明示的に述べられなくてはならないがゆえに、時として顧客か利害関係者の利益を損なう結果を生じることがある。そのような場合には、評価者は、起こりうる便益を最大にし、不必要な損害を減らすよう努力すべきである。ただし、それは評価結果の一貫性について妥協しないという条件つきである。評価者は、評価を行うことで恩恵を受けるのか、危険性や悪影響のために特定の評価手順を差し控えるべきなのか検証する必要がある。可能ならば、これらの問題は、評価の交渉中に予測されるべきである。

3．評価者は、評価がしばしば利害関係者のだれかの利益を損なうことを承知し、評価が結果も含めて明らかに利害関係者の品格と尊厳を尊重するかたちで実施されるよう図るべきである。

4．評価者は、可能なかぎり、評価の社会的公平を推進するよう試みるべきで、それにより評価に貢献する者がその見返りとしてなんらかの便益を受けられる。たとえば、情報提供や危険にさらされるという負担を貢献する者が積極的に受け入れていること、また、評価によってもたらされる利益に関して十分な情報が提供されていること、利益を得るための実現可能な機会を最大限に与えられていることを確認するべきである。もしも評価の完全性が損なわれないのであれば、回答者やプログラムの参加者に、サービスを受けられるのか、どのように受けるのか、評価に参加しないでサービスを受ける資格があるのかについての情報が提供さ

れるべきである。
5. 評価者は、参加者の間の文化、宗教、ジェンダー、障害、年齢、性的志向、人種等の相違を同定するとともにそれを尊重し、評価の計画、実施、分析、報告を行うときには、この相違の潜在的な意味合いに配慮する責任がある。

E．一般・公共福祉に対する責任（Responsibilities for General and Public Welfare）：評価者は、一般・公共福祉に関係する多様な利害および価値を明示し評価に反映する。
1. 評価者は、評価を計画し報告するときに、評価の対象に関する全範囲の利害関係者の重要な視点と利益を含めるよう配慮すべきである。重要な価値観や重要な集団の視点を無視することの正当化は注意深く検討されるべきである。
2. 評価者は、評価されているものごとの当座の活動や結果だけでなく、その前提条件、意味合い、潜在的な副次効果も考慮すべきである。
3. 民主主義においては情報の自由が不可欠である。したがって、評価者は、よほどそうすべきでない不可避の理由がないかぎり、すべての利害関係者に評価情報へのアクセスを認めるべきで、もし資源的な余裕があれば積極的に利害関係者に対して情報の普及を図るべきである。それぞれの利害関係者にそれぞれの適切なかたちで評価の結果が伝えられる場合、利害関係者が他の伝えられ方の存在を認識できるようにする必要がある。利害関係者に最適化された伝達には、その利害関係者の利害に関係するすべての重要な結果が常に含まれるべきである。いかなる場合にも評価者は、顧客や利害関係者が容易に評価の過程と結果を理解できるように、明快でわかりやすく正確な結果の提示を心がけるべきである。
4. 評価者は、顧客のニーズと他の利害関係者のニーズとの間のバランスを保つべきである。評価者は、資金提供した顧客や評価を依頼した顧客と、必然的に特別な関係をもつことになる。この関係によって、評価者は正当な顧客のニーズを満足させるために、そうすることが可能で適切な場合は常に努力する必要がある。しかしこの関係によって、顧客の利益が他の利益と競合する場合や、顧客の利益が体系的調査、作業能力、誠実な態度や人に対する敬意といった評価者の義務と相反する場合に、評価者は難しいジレンマに陥る。このような場合、評価者は、顧客と利害関係者の衝突をはっきりと特定し明確にし、可能であれば解決し、不可能であれば評価を継続することが望ましいのか判断し、衝突が解決されなかった場合に起こるであろう評価の限界を明らかにしておくべきである。
5. 評価者は、公共的な利益と善を取り込む責務を負っている。これらの義務は、評価者が公的な資金の後援を受けている場合にはとくに重要であるが、公共の利益をおびやかすようなことはあらゆる評価において決して無視されるべきでない。なぜなら公共の利益や善が特定の集団（顧客や資金提供機関）の利益と同じであることはまずなく、社会全体の福祉を考慮に入れた場合、評価者は特定の利害関係者の利益の分析を通常は超えなければならない。

出　典：American Evaluation Association, "Guiding Principles for Evaluators: A Report from the AEA Task Force on Guiding Principles for Evaluators", by D. Newman. M. A. Scheirer, W. Shadish, & C. Wye. http://eval.org/EvaluationDocumenfs/aeaprin6.html. より許可を得て掲載。
　［訳注：訳文の一部を、大森彌監修、山本泰・長尾眞文編集『実用重視の事業評価入門』（清水弘文堂書房、2001年）「巻末資料」（長尾訳）より許可を得て引用。］

んどの大学が、ヒト対象の調査を扱う常設の委員会をもっており、あらかじめ研究計画を提出して承認を受けることを求めている。このような審査のほとんどがインフォームドコンセントを重要視しており、ほとんどの調査対象者に、参加する研究について、また、曝露される可能性がある危険性について十分な説明がなされるべきであり、対象者となることについての同意を得るべきであるとする原則を支持している。さらに、多くの専門職協会（たとえば、アメリカ社会学会やアメリカ心理学会）は、研究協力のための適切な同意や、私利を図るための研究協力者の利用の防止などといった専門的な問題の解決に役立つ手引きを提供する実用的な倫理規約を用意している。

　評価の推進にこのようなガイドラインをどのように応用するかという問題は、易しくもあり難しくもある。ガイドラインによってだれもがあらゆる状況下で従う一般的な倫理基準を維持するという意味では易しいが、研究の要求するものが基準と相反する場合には難しい。たとえば、評価者はビジネスとしての必要性から、精通していない方法を必要とする評価やガイドラインに抵触してしまう活動を行いたい気持ちになるかもしれない。別の場合では、評価者が用いる予定の研究手順についての十分な情報を参加者に伝え、参加することの危険性を理解させることがためらわれるかもしれない。評価者に対する助言として、そのような場合は、他の経験を積んだ評価者に相談し、いかなる場合でもガイドラインに抵触するような活動は避けることを薦める。

4．評価結果の利用

　結局、評価の価値はその利用によって判断されるべきである。だからこそ少なからぬ思索と研究が評価結果の利用のために捧げられてきたのである。そこでまずはじめに、評価が利用される方法についての伝統的な3分法が参考になる（Levitonら，1981; Rich, 1977; Weiss, 1988）。

　1つめに、評価者は**直接的（手段的）利用**（direct (instrumental) utilization）を尊重する。それは、評価結果が書類で提出され、具体的に意思決定者や他の利害関係者によって利用されることを意味する。たとえば、低所得者に対する医療ケアプログラムの開発において、議会や保健政策立案者は、HMO（Health Maintenance Organization：健康維持機構）［36頁 Exhibit 2-Lの訳注参照］の患者の入院期間が病院の外来診療を利用している患者のそれよりも短かったことを示す評価データを利用した（Freemanら，1982）。つい最近では、要扶養児童家庭扶助（AFDC）［56頁 Exhibit 2-Lの訳注参照］のウェイバー条項のもとで実施された勤労福祉制度について、マンパワー開発研究機構が行った優れたフィールド実験（Gueronら，1991）の結果が、州の福祉制度改革に影響を与えた。

　2つめに、評価者は**概念的利用**（conceptual utilization）を重んじる。Rich（1977）の定義によると概念的利用とは、概して問題についての考え方に影響を与えるような評価の利用を意味する。たとえば、現行の保健福祉サービスを供給する費用を抑制する取り組みなどは、プログラムの有効性や費用便益比についての評価によって少なくとも部分的には刺激された。このような評

価は、特定のプログラムや政策の採択につながることはないが、現行の保健サービスの供給方法が高価で非効率的であることを示す根拠を提供する。

3つめの利用方法は説得的利用である。これは、政治的立場を支持する、もしくは異議を唱える取り組みにおいて、言い換えれば、現状を擁護するもしくは攻撃する場合に評価結果を利用することである。たとえば、レーガン政権が社会プログラムの削減を擁護する際にしばしば用いた理論的説明のひとつは、広範囲にわたるプログラムの肯定的なインパクトを示す明白な評価結果の不足というものであった。説得的利用は、それが適切かどうかは別として、演説原稿作成者が政治演説に差し込む引用のようなものである。おおむね、評価の説得的利用はプログラム評価者やスポンサーが制御できるものでなく、関与するものでもない。

1）評価は直接役に立つのか

評価利用の限界に関する失望は、評価の直接的もしくは手段的利用の限界に起因しているようである。直接的利用を目指して始められた評価の多くが、その目標に達していないことは明らかである。しかしながら、直接的利用の範囲について体系的に研究されるようになったのは、ここ20年のことである。このような最近の取り組みは、評価は直接役に立たないという従来の通念に異議を唱えている。

たとえば、アメリカ教育省の後援のもとに、評価の直接的利用についてのひとつの入念な調査（Levitonら、1983）が行われた。著者らは、評価の結果が重要なプログラムの変更をもたらした数々の事例や、さらにそれらが政策立案の過程への影響力のあるインプットとなった事例を報告している。

Chelimsky（1991）は、社会科学研究が公共政策の発展にとって重大な知識を提供しているいくつかの事例を挙げている。残念なことに、概して大規模な評価が文献を支配している。多くの小規模な評価、とくに診断的で形成的な評価はプログラムの改善に直接的に利用されるが、このような研究は文献にならないことが多い。

要するに、評価者と評価の潜在的利用者の両方で、この点についての悲観的な見方がいまだに広く浸透しているが、かなりの程度の手段的利用があるようである。以下では、評価の利用を増加させる方法について提案する。その提案の多くは、研究の直接的利用ととくに関連性がある。しかしながら、評価の概念的利用を適切に重視することも重要である。

2）評価の概念的利用

評価の結果が世のなかに受け入れられ、ただちに直接的に利用されるという輝かしい夢を見る時期が、すべての評価者にあることはまちがいないだろう。多くの夢が夢のまま終わる。しかしながら評価の概念的利用は、政策やプログラムの発展に重要なインプットをもたらすものであ

り、レースを2着でゴールすることと比べるべきではない。概念的利用は同僚やスポンサーには見えにくいものであるが、このような利用は、地域の全体に、もしくはその重要な部分に深く影響を与える。

「概念的利用」には、評価の結果が、政策やプログラム、手順に間接的に影響を与えるような種々の利用方法も含まれる。このインパクトは、人々を現在の新しい社会問題に関して敏感にさせ、一連の評価結果の蓄積に貢献することで将来のプログラムや政策の発展に影響を与える。

評価は、発生率や有病率、社会問題の特徴を記述することで、人々を敏感にさせるという役割を担っている。診断的な評価活動は、第4章に記載されているように、家族システムのなかで起こっている変化についてのより明確で正確な理解、失業者の場所や分布についての重要な情報、そして他にも社会的世界についての意義深い記述を提供する。

インパクトアセスメントもまた概念的に利用される。具体的な例として、医療政策の発展における「狭間（notch）」層に対する懸念が挙げられる。低所得者に医療ケアを提供するプログラム評価で、メディケイドといった公共プログラムの利用資格があるような超低所得者が十分な保健サービスを受けているということが明らかになった。上記のような公共プログラムを受けるほどではない「狭間」層は、公的扶助が必要な状態と自分たちでケアを賄うことができる状態の隙間に落ち込んでしまいがちである。彼らが重篤な病気にかかった場合はサービスを受けることがとても難しく、また地域の病院は彼らを追い払うことができず、患者からも行政からも支払いを受けられないので、彼らは病院の大きな負担の原因となっている。準低所得者もしくは「狭間」層は、保健、精神保健、社会福祉事業の広範囲から排除されるため、彼らに対する懸念はますます深まる。

かなりの長期間にわたるインパクトをもたらした興味深い研究の例として、いまや有名になった教育機会についてのColemanの報告が挙げられる（Colemanら，1966）。この研究は、1964年に議会から（旧）教育管理事務所への指示に端を発し、その内容は、アメリカ合衆国でマイノリティの生徒に与えられる教育機会の質についての情報を提供するようにというものであった。その実際の影響力は大きかった。この報告によって、政策やプログラムの関心はもはや教育方法改善のための財政上の支援ではなくなり、文教政策の良し悪しについての広く受け入れられている社会通念を変えることになった（Moynlhan，1991）。

評価結果の概念的な利用というものは、結果が政策やプログラムの世界にそっと忍び込むようなかたちで利用され、さまざまな経路をたどり、その道筋を追跡することは難しい。たとえば、Colemanの報告書は、政府印刷局（USGPO）のベストセラーにはならなかったし、これを最初から最後まで読んだ者は数百人に満たないだろう。彼の報告書が政府印刷局から出版された翌年の1967年、Colemanは、その報告書が国立公文書館に収蔵されてもう二度と日の目をみることはないと確信していた。しかし、ジャーナリストがそれについて書き、随筆家がその議論をまとめ、有名な社説記者がそれに言及した。このようなコミュニケーションの仲介人を通して、その結果は教育分野の政策立案者や行政のあらゆるレベルの政治家に知られるようになった。

最終的にその報告書は、あらゆるかたちで影響力のある読者に広く読まれることになった。事実、Caplanとその共同研究者がワシントンの政界の実力者にどの社会科学者が彼らに影響を与

えたかを調査すると、そこでColemanの名前は最も傑出しており、常に言及されていた。

　評価の概念的利用の一部は、たんなる意識昂揚として説明されるかもしれない。たとえば、早期教育プログラムの開発が、セサミストリートのインパクトアセスメントの結果から促進されたことがある。その評価は、それがたしかに幼児の教育的能力に効果があることと、その影響の規模がプログラムのスタッフやスポンサーが想像していたほど大きくはなかったことを明らかにした。評価に先立って、一部の教育者は、このプログラムが「究極の」解決法になり、他の教育プログラムに注意を向けることができると確信していた。この評価の結果によって、早期教育プログラムには更なる研究と開発が必要であるという確信がもたらされた。

　直接的な利用の場合のように、評価者は、概念的な利用を最大化するような方法でその仕事を行う義務がある。しかしながら、概念的な利用を最大化する取り組みは、直接的利用を最大化するためのそれと比べて幾分難しい。評価者は雇われの仕事人であり、評価が終われば次の新しい事業に取り組む。継続して概念的利用を促進するための手段を持ち合わせていない。特定の社会政策や社会問題の領域に継続的に関与しつづけるスポンサーや他の利害関係者は、少なくとも評価の概念的利用を最大化させる責任の一部分を、主要ではない一部分を引き受けなければならない。しばしばこのような関係者は、先に述べた仲介人の機能を果たす立場にある。

3）利用に影響を与える変数

　一般の社会調査の利用に関する研究で、またとくに評価では、5つの条件が常にその利用に影響を与える（Levitonら, 1981）。

- 適切さ
- 研究者と利用者のコミュニケーション
- 利用者による情報処理
- 研究結果のもっともらしさ
- 利用者の関与と権利擁護

　これらの条件の重要性と、その利用に対する相対的な寄与について、WeissとBucuvalas (1980) が入念に研究している。彼らは、50の実際の研究報告書に対する155人の精神保健領域の意思決定者の反応を調査した。この研究によると、意思決定者は真実性テストと実用性テストを用いて社会調査報告書をふるいにかける。真実性は、研究の質と、事前の知識や予測との整合性の2点から判断される。実用性については、実現可能性と、現行政策への異議申し立ての程度が考慮される。WeissとBucuvalasの研究は、利用過程の複雑さを示す説得力のある証拠を提供した（Exhibit 12-Fを参照）。

■ EXHIBIT 12-F ■　真実性テストと実用性テスト

　おしよせる情報の洪水を処理するにあたり、意思決定者は3つの基本的な枠組みを思い起こす。ひとつは彼らが責任をもつ領域に対する研究内容の妥当性、2つめは研究の信頼度、そして3つめはそれが示す方向性である。後の2つの枠組みを私たちは真実性と実用性のテストと呼んでいるのであるが、これらはそれぞれ互いに依存する2つの構成要素でつくられている。

真実性テスト　　この研究は信頼できるか。これをあてにしてよいか。これは攻撃にもちこたえるか。2つの特定の構成要素は、
  1. 研究の質：この研究は適切な科学的方法で実施されたか。
  2. 利用者の予測との整合性：結果は自分の経験、知識、価値観と矛盾しないか。

実用性テスト　　この研究は方向性を示しているか。この研究はただちに実行するための、もしくは問題に対する代わりのアプローチを考えるための指標をもたらしているか。2つの特定の構成要素は、
  1. 実行の指針：この研究は、実現可能な変更に対する適切な変更方法を示しているか。
  2. 現状への疑い：この研究は現在の哲学、プログラム、実践のいずれかを疑っているか。これは新たな見方を提供しているか。

　妥当性（すなわち、研究の主題とその人の仕事の責任領域との適合度）とともに、上にあげた4つの構成要素は、意思決定者が社会科学研究を評価するために参照する枠組みを構成している。研究の質と利用者の予測との整合性がひとつの真実性テストを構成しており、このテストのなかでこれら2つは相互に影響しあう。研究結果が意思決定者の事前の知識と一致しているときには、結果が予測しないものであったり直感に反したものだったりしたときに比べ、研究の質はその研究の有用性にとってそれほど重要ではない。実行の指針と現状への疑いは、研究が果たすもうひとつの機能である。これらが実用性テストを構成している。なぜなら、実行の指針の枠組みからとらえた明確で実用的な指標は、研究が批判や新たな方向性（現状への疑い）を提供しないときには、大きな疑いを提供するときに比べ、研究の有用性にとってより重要だからである。逆に、プログラムへの批判と新たな観点が現状への疑いを有する場合、研究が実行の指標を欠くときにその批判や観点の有用性を増す。

出　典：C. H. Weiss and M. J. Bucuvalas, "Truth Tests and Utility Tests: Decision-Makers' Frames of Reference for Social Science Research", *American Sociological Review*, April 1980, 45: 302-313. より許可を得て、一部修正のうえ引用。

4）利用を最大化するためのガイドライン

　利用に関する研究と評価者の実際の経験から、利用を促進するためのガイドラインがたくさん生まれた。それらは、SolomonとShortell（1981）によって要約され、本書でも参考のため簡潔に言及する。

1．評価者は意思決定者の認知スタイルを理解しなければならない。
　　たとえば、複雑な分析の構成要素のようなものを利用できない、もしくは利用するつもりのない政治家にそのような資料を提供することに意味はない。したがって、特定の相手に合わせてつくられた報告書や口頭での説明のほうが、いわゆる学術誌の記事のような報告よりも適切であろう。
2．評価結果は必要とされたときに時機よく利用可能でなければならない。
　　それゆえ評価者は、分析の徹底や完全性という側面と、結果のタイミングや結果への接近性という側面のバランスをとらなくてはならない。その際には、早急な結果と簡潔な報告の必要性のために、学問に対する考え方を満足させられなかった同僚の一部から批判を受けるリスクを負わなければならないだろう。
3．評価では利害関係者のプログラムへの関与を尊重しなければならない。
　　さまざまな利害関係者の利害に対する敏感さを保証するために、評価をデザインするプロセスに利害関係者を幅広く参加させることで、評価が有用なものとなる。利用者と評価者の間にある価値観や見解の相違は、研究のはじめの段階で詳細に説明されるべきであり、特定の評価チームが特定の評価を行うかどうかを決める決定因子であるべきである。
4．利用や普及の計画も評価のデザインの一部であるべきである。
　　評価の取り組みのなかに、その長所と限界、最終的な結果として期待できること、評価からの情報がどのように意思決定者からその顧客層・有権者に効果的に伝えられるか、どのような批判や他の反応が予測されるかについて、潜在的な評価利用者に「教示」することを含んでいるならば、評価結果は、最もよく利用されるであろう。
5．評価にはその利用のアセスメントも含むべきである。
　　評価者と意思決定者は、研究が行われる目的についての理解のみならず、その利用が成功したのかどうかについての判断基準も共有していなければならない。一方で、非公式の取り組みも重要であり、結果の利用がこれらの期待を満たしている程度についての判断もなされる必要がある。

　これらのガイドラインはあらゆるプログラム評価の利用に関連があるのだが、評価の利用者の役割は異なる。明らかに、これらの異なった役割は、利用のための情報に影響を与え、結果的として、利用を最大化するための手段の選択にも影響を与える。たとえば、もし評価が連邦の立法や政策に影響を与えるとしたら、それらは議会職員のニーズを満たす方法で行われ、"パッケー

■ EXHIBIT 12-G ■ 　教育評価：対処されていない可能性

　インタビュー対象者（教育立法にかかわる議会の職員）は、教育立法における教育評価研究の利用を向上させるためには90以上のステップがあると話した。ここでの最も一般的なテーマは、このような利用に関する現在の障壁を反映していた。それは、研究やアセスメントの報告方法であり、それらが議会でのポリシーサイクルのニーズに応えることができていないというものである。職員は、その仕事とそれに関する情報過多という共通のテーマを訴えていた。彼らは、評価を評価する時間も、デスクにあふれる膨大な報告書をすべて読む時間もない。これは、報告書がまず直面する問題であるエグゼクティブサマリーに対する再三の要求の原因であった。そして、そのサマリーがあれば彼らは、内容の妥当性を判断することができ、さらに内容を読む必要があるかどうかを決定できる。16人（61％）のスタッフが情報過多の問題を訴えていたが、19人はまた、政治・政策に関するクエスチョンについての独自のデータを収集する必要があることも訴えていた。1人の職員は、"私たちは、便利で理解できる情報に関して情報過多を感じない"と表現していた。

　研究報告のタイミングと国会会期前でのその妥当性が、議会の職員によって繰り返し言及された主要な障壁であった。教育次官補のある上級政策アナリストは、政策過程を列車にたとえ、情報提供者はポリシーサイクルを知り、それに合わせる義務があると述べた。そして信頼性の問題もまた悩みの種である。ホワイトハウスの内政副長官は、すべての社会科学が、信頼性と政策的な妥当性に欠けるとみられることに苦しんでいると述べた。彼のコメントは、他のインタビュー対象者の回答にも反映されている。たとえば、"研究は決定的な結論を提供することがほとんどない"や"すべての結果を他の研究が否定する"、"教育分野の研究は再現できることが少ないし、研究成果のアセスメントに応用できる規準がほとんどない"といった意見である。プログラム評価は嘘であり、考え直してもそれは装飾でしかないと思っている者さえいた。

　知識や情報を受け取る側の者は、研究、評価、データ収集などについて異なったタイプのものを区別することはほとんどない。もし、プログラム評価がでっちあげであると考えられているとすれば、それは、すべての教育調査領域への非難である。政策的に妥当な研究が時機よく提供されたときでさえ、職員たちは、情報量が多すぎて簡単に理解できないとか、研究がパッケージ化されていない、専門用語が多すぎる、私利的である、などと文句を言う。何人かは、研究者は他の研究者のために報告書を書き、議会に委託された研究を除いて、立法の過程で意思決定にかかわる聴衆向けに表現を言い換えるということをほとんどしない、と述べた。

出　典：D. H. Florio, M. M. Behrmann, and D. L. Goltz, "What Do Policy Makers Think of Evaluational Research and Evaluation? Or Do They?" *Educational Evaluation and Policy Analysis*, 1979, 1(6): 61-87. Copyright © 1979 by the American Educational Research Association, Washington, DC. より許可を得て、一部修正のうえ引用。

ジ化"されなければならない。教育分野の評価や立法の場合では、Florioら（1979）が、要求事項について有益な概説を提供しており、それは今日でも当時と同じように事実であると思われる（Exhibit 12-G 参照）。

5．エピローグ——評価の未来

　評価活動への変わらぬ支持を期待する多くの理由がある。まず、意思決定者や計画立案者、プロジェクトのスタッフ、そして標的集団である参加者が、意図したゴールを達成するための社会プログラムを設計する十分な基盤として、ますます常識や社会通念に懐疑的になっていることである。人口爆発や社会間もしくは社会内での資源配分の不均衡、民衆の不満、犯罪、大人にも子どもにも共通する教育の不足、薬物やアルコールの乱用、家制度のような伝統的制度の弱体化などに代表される問題を解決しようと試みてきたこの数十年間、結局これらはしぶとく難しい問題であるということを実感させられただけだった。この懐疑論は、政策立案者や意思決定者を、それらの失敗からより素早くより効率的に学ぶ方法を探求するように、そしてよく機能する手段に対しては、より迅速に出資するように導いてきた。

　評価研究の発展が期待できる2つめの大きな理由は、社会科学における知識と技術的手続きの発達である。標本調査手順の洗練によって、重要な情報収集方法がもたらされてきた。フィールド実験でこれらに伝統的な実験方法が加えられれば、このような手順は社会プログラムを検証するための強力な手段となるだろう。社会科学における測定や統計理論、重要な知識の進歩は、評価研究という特別な課題に挑む社会科学者の能力を増加させてきた。

　最後に、私たちを取り巻く社会的状況や政治情勢が変化していることである。社会として——実際には世界として——、私たちは、公共的な問題も個人の問題も人間の状態の固定した特徴ではなく、社会制度の再構成によって改善できるものであると主張するようになった。社会は改善されうる、そして、不利な境遇に置かれた人たちや困窮する人たちの状況が改善されることで、すべての人たちの状態がいっそうよくなると、先祖の世代がそうであったよりも、強く私たちは確信している。同時に私たちは、福祉や保健プログラム、他の社会プログラム資源のきびしい制約という問題に直面している。失業や犯罪、ホームレス問題といった非常に身近な社会悪がなくなればよい、と素朴に願うことや、「道徳の再建」が、効果的で効率的な社会プログラムの必要性をなくしてくれると信じることは、魅力的である。しかし、そうすることで問題が解決されると考えるのは、恐ろしいほどに認識不足の考え方である。

　緊急援助を必要とする懸念事項の数と多様性と、それらを抑え改善するために捧げられる資源のレベル、その両方を凝視したとき、少なくとも短期的には相当な困難が予想される。どの問題に最初に立ち向かうか、そしてその解決のためにどのプログラムを実施するのかを選択するために、思慮のある、秩序立った手順が要求されていることは明らかである。私たちの立場は明快である。人類をよりよい状態へ向かわせる現在そして将来の取り組みとして、システマティック評価の価値は計り知れない。

まとめ

- 評価は目的志向で応用的な社会調査である。基礎研究と比べて、評価は実際的な問題解決のために行われる。評価実践者はいくつかの学問領域の方法論に精通し、さまざまなタイプの問題に対してそれを応用しなければならない。そして、評価の利用、評価がプログラムや人間の状態に与えた影響などが、評価実践者の仕事を判断する基準となる。

- 他の人によって利用されることが、その評価の価値を左右するため、評価者は、自分たちが仕事をする領域の社会環境を理解していなければならない。

- 評価は、変化し、ときに矛盾するニーズ・興味・考え方をもつさまざまな利害関係者に向けられている。評価者は、評価が基づくべき観点（perspectives）を決定し、他の観点があることをはっきりと認識し、スポンサーからの批判にも心構えをし、さまざまな利害関係者の要求や意見を調整しなければならない。

- 評価者は、評価結果の普及計画を重要視し、とくに2次的普及者となって、多様な利害関係者のニーズや能力に合わせた方法で、評価の結果をまとめなければならない。

- 評価は、利害関係と政策決定のバランスをとる政治的活動の一要素にすぎない。評価者の役割は、専門家の証言のように、その状況のなかでの最善の情報の提供をすることであり、判断や判決を下すことではない。

- 評価の政治的な特性によってもたらされる2つの特筆すべき負担は、(1)政治的時間の要求と評価的時間の要求が違うことと、(2)政策立案における妥当性と有意性が必要とされることである。評価者は、このような問題に配慮しつつ、技術的に優れた純粋に科学的な調査を目指し、その領域を大きな視野でとらえることと、評価の目的を忘れてはならない。

- 評価者は、専門的職業というよりも集合体といったほうが適切であろう。この領域は、専門家の訓練や学校教育の種類、適切な方法に対する観点の多様性、実践者間でのコミュニケーション不足で特徴づけられる。この豊かな多様性はこの領域の魅力であるが、適正能力の不均衡、適切な方法に関するコンセンサスの欠如、評価者が用いる方法への批判などの原因ともなっている。この領域で長く続いている議論のなかに、質的研究と量的研究の問題がある。本章［冒頭］の抄録でも述べたように、この問題は誤っており、これら2つのアプローチは異なる相補的な役割をもっている。

- 評価者の活動や場の構造もまた多様である。評価者はプログラムスタッフから独立しているべきかどうかという多くの議論があるにもかかわらず、内部評価または外部評価が好ましいと断言する理由はほとんどない。大切なことは、評価者が与えられた状況のなかで、自分の役割を明確に理解することである。

- エリート評価組織の少人数のグループとそのスタッフが、この領域における戦略的に重要な地位を占めており、大規模評価の多くを行っている。彼らの方法やスタンダードには磨きがかかり、これらの組織はこの領域の専門職化の動きに貢献している。

■評価領域の専門職化が進むにつれ、出版されたスタンダードや倫理ガイドラインに対する需要が生まれてきた。その需要に応えるための取り組みが行われてはいるものの、詳細にわたるスタンダードや倫理規定の作成にはまだある程度の時間がかかるだろう。その間、評価者は、彼らの仕事は自分たちの仕事の質についての判断と同様に、倫理的な問題と必然的にかかわっているという一般的な原則や認識に導かれていかなければならない。

■評価研究は、利用されてこそ価値がある。利用の3つのタイプは、直接的（手段的）利用、概念的利用、説得的利用である。かつては評価の直接的利用には疑問の声が少なくなかったが、今は評価がプログラムの開発や修正に影響をたしかに与えていると信じる根拠がある。少なくとも重要なことは、評価の概念的利用が、その利用の過程を追跡することはかならずしも簡単ではないが、社会的な優先事項の設定とともに、政策やプログラムの開発・発展に確実に影響を与えているということである。

キー・コンセプト

概念的利用（Conceptual utilization）
知識や評価結果の長期的で間接的な利用。

政策空間（Policy space）
政策立案者が一時に容認することができる範囲内の一連の政策代替案。

政策上の意義（Policy significance）
政策やプログラムの発展における評価結果の意義（統計的有意性に対して）。

第一次普及（Primary dissemination）
スポンサーや専門的な関係者のための詳細な評価結果の普及。

第二次普及（Secondary dissemination）
利害関係者により構成された関係者のために、要約された多くの場合は簡略化された評価結果の普及。

直接的（手段的）利用（Direct (instrumental) utilization）
意思決定者や利害関係者による特定の知識や評価結果の明確な利用。

REFERENCES

Advisory Committee on Head Start Research and Evaluation
1999 *Evaluating Head Start: A Recommended Framework for Studying the Impact of the Head Start Program.* Washington, DC. Department of Health and Human Services.

Affholter, D. P.
1994 "Outcome Monitoring". In J. S. Wholey, H. P. Hatry, and K. E. Newcomer (eds.), *Handbook of Practical Program Evaluation* (pp. 96-118). San Francisco: Jossey-Bass.

Aiken, L. S., S. G. West, D. E. Schwalm, J. L. Carroll, and S. Hsiung
1998 "Comparison of a Randomized and Two Quasi-Experimental Designs in a Single Outcome Evaluation". *Evaluation Review* 22(2): 207-244.

American Evaluation Association, Task Force on Guiding Principles for Evaluators
1995 "Guiding Principles for Evaluators". *New Directions for Program Evaluation*, no. 66 (pp. 19-26). San Francisco: Jossey-Bass. Available from http://www.eval.org/Publications/publications.html#Guiding%20Prin

Ards, S.
1989 "Estimating Local Child Abuse". *Evaluation Review* 13(5): 484-515.

AuClaire, P., and I. M. Schwartz
1986 *An Evaluation of Intensive Home-Based Services as an Alternative to Placement for Adolescents and Their Families.* Minneapolis: Hubert Humphrey School of Public Affairs, University of Minnesota.

Averch, H. A.
1994 "The Systematic Use of Expert Judgment". In J. S. Wholey, H. P. Hatry, and K. E. Newcomer (eds.), *Handbook of Practical Program Evaluation* (pp. 293-309). San Francisco: Jossey-Bass.

Baron, R. M., and D. A. Kenny
1986 "The Moderator-Mediator Variable Distinction in Social Psychological Research: Conceptual, Strategic and Statistical Considerations". *Journal of Personality and Social Psychology* 51: 1173-1182.

Berk, R. A., and D. Rauma
1983 "Capitalizing on Non-Random Assignment to Treatment: A Regression Continuity Analysis of a Crime Control Program". *Journal of the American Statistical Association* 78 (March): 21-28.

Berkowitz, S.
1996 "Using Qualitative and Mixed-Method Approaches". In R. Reviere, S. Berkowitz, C. C. Carter, and C. G. Ferguson (eds.), *Needs Assessment: A Creative and Practical Guide for Social Scientists* (pp. 121-146). Washington, DC: Taylor & Francis.

Bernstein, I. N., and H. E. Freeman
1975 *Academic and Entrepreneurial Research.* New York: Russell Sage Foundation.

Besharov, D. (ed.)
2003 *Child Well-Being After Welfare Reform.* New Brunswick, NJ: Transaction Books.

Besharov, D., P. Germanis, and P. H. Rossi
1998 *Evaluating Welfare Reform: A Guide for Scholars and Practitioners*. College Park: School of Public Affairs, University of Maryland.

Bickman, L. (ed.)
1987 "Using Program Theory in Evaluation". *New Directions for Program Evaluation*, no. 33. San Francisco: Jossey-Bass.
1990 "Advances in Program Theory". *New Directions for Program Evaluation*, no. 47. San Francisco: Jossey-Bass.

Biglan, A., D. Ary, H. Yudelson, T. E. Duncan, D. Hood, L. James, V. Koehn, Z. Wright, C. Black, D. Levings, S. Smith, and E. Gaiser
1996 "Experimental Evaluation of a Modular Approach to Mobilizing Antitobacco Influences of Peers and Parents", *American Journal of Community Psychology* 24(3): 311-339.

Boruch, R. F.
1997 *Randomized Experiments for Planning and Evaluation: A Practical Guide*. Thousand Oaks, CA: Sage.

Boruch, R. F., M. Dennis, and K. Carter-Greer
1988 "Lessons From the Rockefeller Foundation's Experiments on the Minority Female Single Parent Program". *Evaluation Review* 12(4): 396-426.

Boruch, R. F., and W. Wothke
1985 "Seven Kinds of Randomization Plans for Designing Field Experiments". In R. F. Boruch and W. Wothke (eds.), *Randomization and Field Experimentation. New Directions for Program Evaluation*, no. 28. San Francisco: Jossey-Bass.

Braden, J. P., and T. J. Bryant
1990 "Regression Discontinuity Designs: Applications for School Psychologists". *School Psychology Review* 19(2): 232-239.

Bremner, R.
1956 *From the Depths: The Discovery of Poverty in America*. New York: New York University Press.

Brindis, C., D. C. Hughes, N. Halfon, and P. W. Newacheck
1998 "The Use of Formative Evaluation to Assess Integrated Services for Children". *Evaluation & the Health Professions* 21(1): 66-90.

Broder, I. E.
1988 "A Study of the Birth and Death of a Regulatory Agenda: The Case of the EPA Noise Program". *Evaluation Review* 12(3): 291-309.

Bulmer, M.
1982 *The Uses of Social Research*. London: Allen & Unwin.

Burt, M., and B. Cohen
1988 *Feeding the Homeless: Does the Prepared Meals Provision Help?* Report to Congress on the Prepared Meal Provision, vols. 1 and 2. Washington, DC: Urban Institute.

Calsyn, R. J., G. A. Morse, W. D. Klinkenberg, and M. L. Trusty
1997 "Reliability and Validity of Self-Report Data of Homeless Mentally Ill Individuals". *Evaluation and Program Planning* 20(1): 47-54.

Campbell, D. T.
1969 "Reforms as Experiments". *American Psychologist* 24 (April): 409-429.
1991 "Methods for the Experimenting Society", *Evaluation Practice* 12(3): 223-260.
1996 "Regression Artifacts in Time-Series and Longitudinal Data". *Evaluation and Program Planning* 19(4): 377-389.

Campbell, D. T., and R. F. Boruch
1975 "Making the Case for Randomized Assignment to Treatments by Considering the Alternatives: Six Ways in Which Quasi-Experimental Evaluations in Compensatory Education Tend to Underestimate Effects". In C. A. Bennett and A. A. Lumsdaine (eds.), *Evaluation and Experiment* (pp. 195-296). New York: Academic Press.

Campbell, D. T., and J. C. Stanley
1966 *Experimental and Quasi-Experimental Designs for Research*. Skokie, IL: Rand McNally.

Caplan, N., and S. D. Nelson
1973 "On Being Useful: The Nature and Consequences of Psychological Research on Social Problems". *American Psychologist* 28 (March): 199-211.

Card, J. J., C. Greeno, and J. L. Peterson
1992 "Planning an Evaluation and Estimating Its Cost". *Evaluation & the Health Professions* 15(4): 75-89.

Chelimsky, E.
1987 "The Politics of Program Evaluation". *Society* 25(1): 24-32.
1991 "On the Social Science Contribution to Governmental Decision-Making". *Science* 254 (October): 226-230.
1997 "The Coming Transformations in Evaluation". In E. Chelimsky and W. R. Shadish (eds.), *Evaluation for the 21st Century: A Handbook* (pp. 1-26). Thousand Oaks, CA: Sage.

Chelimsky, E., and W. R. Shadish (eds.)
1997 *Evaluation for the 21st Century: A Handbook*. Thousand Oaks, CA: Sage.

Chen, H.-T.
1990 *Theory-Driven Evaluations*. Newbury Park, CA: Sage.

Chen, H.-T., and P. H. Rossi
1980 "The Multi-Goal, Theory-Driven Approach to Evaluation: A Model Linking Basic and Applied Social Science". *Social Forces* 59 (September): 106-122.

Chen, H.-T., J. C. S. Wang, and L.-H. Lin
1997 "Evaluating the Process and Outcome of a Garbage Reduction Program in Taiwan". *Evaluation Review* 21(1): 27-42.

Ciarlo, J. A., and D. L. Tweed, D. L. Shern, L. A. Kirkpatrick, and N. Sachs-Ericsson
1992 "Validation of Indirect Methods to Estimate Need for Mental Health Services: Concepts, Strategies, and General Conclusions". *Evaluation and Program Planning* 15(2): 115-131.

Cicirelli, V. G., et al.
1969 *The Impact of Head Start*. Athens, OH: Westinghouse Learning Corporation and Ohio University.

Cohen, J.
1988 *Statistical Power Analysis for the Behavioral Sciences*, 2nd ed. Hillsdale, NJ: Lawrence Erlbaum.

Coleman, J. S., et al.
1966 *Equality of Educational Opportunity*. Washington, DC: Government Printing Office.

Cook, T. D., and D. T. Campbell
1979 *Quasi-Experimentation Design and Analysis Issues for Field Settings*. Skokie, IL: Rand McNally.

Cooper, H., and L. V. Hedges (eds.).
1994 *The Handbook of Research Synthesis*. New York: Russell Sage Foundation.

Cordray, D. S.
1993 "Prospective Evaluation Syntheses: A Multi-Method Approach to Assisting Policy-Makers". In M. Donker and J. Derks (eds.), *Rekenschap: Evaluatie-onderzoek in Nederland, de stand van zaken* (pp. 95-110). Utrecht, the Netherlands: Centrum Geestelijke Volksgezondheid.

Coyle, S. L., R. F. Boruch, and C. F. Turner (eds.)
1991 *Evaluating Aids Prevention Programs*. Washington, DC: National Academy Press.

Cronbach, L. J.
1982 *Designing Evaluations of Educational and Social Programs*. San Francisco: Jossey-Bass.

Cronbach, L. J., and Associates
1980 *Toward Reform of Program Evaluation*. San Francisco: Jossey-Bass.

Culhane, D. P., and R. Kuhn
1998 "Patterns and Determinants of Public Shelter Utilization Among Homeless Adults in New York City and Philadelphia". *Journal of Policy Analysis and Management*, 17(1): 23-43.

Datta, L.
1977 "Does It Work When It Has Been Tried? And Half Full or Half Empty?" In M. Guttentag and S. Saar (eds.), *Evaluation Studies Review Annual*, vol. 2 (pp. 301-319). Beverly Hills, CA: Sage.
1980 "Interpreting Data: A Case Study From the Career Intern Program Evaluation". *Evaluation Review* 4 (August): 481-506.

Dean, D. L.
1994 "How to Use Focus Groups". In J. S. Wholey, H. P. Hatry, and K. E. Newcomer (eds.), *Handbook of Practical Program Evaluation* (pp. 338-349). San Francisco: Jossey-Bass.

Dennis, M. L.
1990 "Assessing the Validity of Randomized Field Experiments: An Example From Drug Abuse Research". *Evaluation Review* 14(4): 347-373.

Dennis, M. L., and R. F. Boruch
1989 "Randomized Experiments for Planning and Testing Projects in Developing Countries: Threshold Conditions". *Evaluation Review* 13(3): 292-309.

DeVellis, R. F.
2003 *Scale Development: Theory and Applications*, 2nd ed. Thousand Oaks, CA: Sage.

Devine, J. A., J. D. Wright, and C. J. Brody
1995 "An Evaluation of an Alcohol and Drug Treatment Program for Homeless Substance Abusers". *Evaluation Review* 19(6): 620-645.

Dibella, A.
1990 "The Research Manager's Role in Encouraging Evaluation Use". *Evaluation Practice* 11(2): 115-119.

Dishion, T. J., J. McCord, and F. Poulin
1999 When interventions harm: Peer groups and problem behavior. *American Psychologist* 54: 755-764.

Duckart, J. P.
1998 "An Evaluation of the Baltimore Community Lead Education and Reduction Corps (CLEARCorps) Program". *Evaluation Review* 22(3): 373-402.

Dunford, F. W.
1990 "Random Assignment: Practical Considerations From Field Experiments". *Evaluation and Program Planning* 13(2): 125-132.

Eddy, D. M.
1992 "Cost-Effectiveness Analysis: Is It Up to the Task?" *Journal of the American Medical Association* 267: 3342-3348.

Elmore, R. F.
1980 "Backward Mapping; Implementation Research and Policy Decisions". *Political Science Quarterly* 94(4): 601-616.

Fetterman, D. M., S. J. Kaftarian, and A. Wandersman (eds.)
1996 *Empowerment Evaluation: Knowledge and Tools for Self-Assessment & Accountability*. Thousand Oaks, CA: Sage.

Figlio, D. N.
1995 "The Effect of Drinking Age Laws and Alcohol-Related Crashes: Time-Series Evidence From Wisconsin". *Journal of Policy Analysis and Management* 14(4): 555-566.

Fink, A.
1995 *Evaluation for Education and Psychology*. Thousand Oaks, CA: Sage.

Florio, D. H., M. M. Behrmann, and D. L. Goltz
1979 "What Do Policy Makers Think of Evaluational Research and Evaluation? Or Do They?" *Educational Evaluation and Policy Analysis* 1 (January): 61-87.

Fournier, D. M.
1995 "Establishing Evaluative Conclusions: A Distinction Between General and Working Logic". *New Directions for Evaluation*, no. 68 (pp. 15-32). San Francisco: Jossey-Bass.

Fowler, F. L.
1993 *Survey Research Methods*, 2nd ed. Newbury Park, CA: Sage.

Fraker, T. F., A. P. Martini, and J. C. Ohls
1995 "The Effect of Food Stamp Cashout on Food Expenditures: An Assessment of the Findings From Four Demonstrations". *Journal of Human Resources* 30(4): 633-649.

Fraker, T., and R. Maynard
1984 *The Use of Comparison Group Designs in Evaluations of Employment-Related Programs*. Princeton, NJ: Mathematica Policy Research.

Freeman, H. E.
1977 "The Present Status of Evaluation Research". In M. A. Guttentag and S. Saar (eds.),

Evaluation Studies Review Annual, vol. 2 (pp. 17-51). Beverly Hills, CA: Sage.

Freeman, H. E., K. J. Kiecolt, and H. M. Allen III
1982 "Community Health Centers: An Initiative of Enduring Utility". *Milbank Memorial Fund Quarterly/Health and Society* 60(2): 245-267.

Freeman, H. E., and P. H. Rossi
1984 "Furthering the Applied Side of Sociology". *American Sociological Review* 49(4): 571-580.

Freeman, H. E., P. H. Rossi, and S. R. Wright
1980 *Doing Evaluations*. Paris: Organization for Economic Cooperation and Development.

Freeman, H. E., and M. A. Solomon
1979 "The Next Decade in Evaluation Research". *Evaluation and Program Planning* 2 (March): 255-262.

French, M. T., C. J. Bradley, B. Calingaert, M. L. Dennis, and G. T. Karuntzos
1994 "Cost Analysis of Training and Employment Services in Methadone Treatment". *Evaluation and Program Planning* 17(2): 107-120.

Galster, G. C., T. F. Champney, and Y. Williams
1994 "Costs of Caring for Persons With Long-Term Mental Illness in Alternative Residential Settings". *Evaluation and Program Planning* 17(3): 239-348.

Glasgow, R. E., H. Lando, J. Hollis, S. G. McRae, et al.
1993 "A Stop-Smoking Telephone Help Line That Nobody Called". *American Journal of Public Health* 83(2): 252-253.

Glasser, W.
1975 *Reality Therapy*. New York: Harper and Row.

Gramblin, E. M.
1990 *A Guide to Benefit-Cost Analysis*. Englewood Cliffs, NJ: Prentice Hall.

Gramlich, E. M., and P. P. Koshel
1975 *Educational Performance Contracting: An Evaluation of an Experiment*. Washington, DC: Brookings Institution.

Gray, T., C. R. Larsen, P. Haynes, and K. W. Olson
1991 "Using Cost-Benefit Analysis to Evaluate Correctional Sentences". *Evaluation Review* 15(4): 471-481.

Greenberg, D. H., and U. Appenzeller
1998 *Cost Analysis Step by Step: A How-to Guide for Planners and Providers of Welfare-to-Work and Other Employment and Training Programs*. New York: Manpower Demonstration Research Corporation.

Greene, J. C.
1988 "Stakeholder Participation and Utilization in Program Evaluation". *Evaluation Review* 12(2): 91-116.

Greene, J. C., and V. J. Caracelli (eds.)
1997 "Advances in Mixed-Method Evaluation: The Challenges and Benefits of Integrating Diverse Paradigms". *New Directions for Evaluation*, no. 74. San Francisco: Jossey-Bass.

Greene, W. H.
1993 "Selection-Incidental Truncation". In W. H. Greene, *Econometric Analysis* (pp. 706-715). New York: Macmillan.

Guba, E. G., and Y. S. Lincoln
1987 "The Countenances of Fourth Generation Evaluation: Description, Judgment, and Negotiation". In D. Palumbo (ed.), *The Politics of Program Evaluation* (pp. 203-234). Beverly Hills, CA: Sage.
1989 *Fourth Generation Evaluation*. Newbury Park, CA: Sage.
1994 "Competing Paradigms in Qualitative Research". In N. K. Denzin and Y. S. Lincoln (eds.), *Handbook of Qualitative Research* (pp. 105-117). Thousand Oaks, CA: Sage.

Gueron, J. M., and E. Pauly
1991 *From Welfare to Work*. New York: Russell Sage Foundation.

Halvorson, H. W., D. K. Pike, F. M. Reed, M. W. McClatchey, and C. A. Gosselink
1993 "Using Qualitative Methods to Evaluate Health Service Delivery in Three Rural Colorado Communities". *Evaluation & the Health Professions* 16(4): 434-447.

Hamilton, J.
1994 *Time Series Analysis*. Princeton, NJ: Princeton University Press.

Hamilton, Rabinowitz, and Alschuler, Inc.
1987 *The Changing Face of Misery: Los Angeles' Skid Row Area in Transition--Housing and Social Services Needs of Central City East*. Los Angeles: Community Redevelopment Agency.

Hatry, H. P.
1994 "Collecting Data From Agency Records". In J. S. Wholey, H. P. Hatry, and K. E. Newcomer (eds.), *Handbook of Practical Program Evaluation*. San Francisco: Jossey-Bass.
1999 *Performance Measurement: Getting Results*. Washington, DC: Urban Institute Press.
［上野宏・上野真城子訳『政策評価入門——結果重視の業績測定』東洋経済新報社、2004年］

Haveman, R. H.
1987 "Policy Analysis and Evaluation Research After Twenty Years". *Policy Studies Journal* 16(2): 191-218.

Hayes, S. P., Jr.
1959 *Evaluating Development Projects*. Paris: UNESCO.

Heckman, J. J., and V. J. Hotz
1989 "Choosing Among Alternative Nonexperimental Methods for Estimating the Impact of Social Programs: The Case of Manpower Training". *Journal of the American Statistical Association*, 84(408): 862-880 (with discussion).

Heckman, J. J., and R. Robb
1985 "Alternative Methods for Evaluating the Impact of Interventions: An Overview". *Journal of Econometrics* 30: 239-267.

Hedrick, T. E., L. Bickman, and D. Rog
1992 *Applied Research Design: A Practical Guide*. Thousand Oaks, CA: Sage.

Heinsman, D. T., and W. R. Shadish
1996 "Assignment Methods in Experimentation: When Do Nonrandomized Experiments

Approximate the Answers From Randomized Experiments?" *Psychological Methods* 1: 154-169.

Henry, G. T.
1990　*Practical Sampling*. Newbury Park, CA: Sage.

Herman, D. B., E. L. Struening, and S. M. Barrow
1994　"Self-Reported Needs for Help Among Homeless Men and Women". *Evaluation and Program Planning* 17(3): 249-256.

Hoch, C.
1990　"The Rhetoric of Applied Sociology: Studying Homelessness in Chicago". *Journal of Applied Sociology* 7: 11-24.

Hsu, L. M.
1995　"Regression Toward the Mean Associated With Measurement Error and the Identification of Improvement and Deterioration in Psychotherapy". *Journal of Consulting & Clinical Psychology* 63(1): 141-144.

Humphreys, K., C. S. Phibbs, and R. H. Moos
1996　"Addressing Self-Selection Effects in Evaluations of Mutual Help Groups and Professional Mental Health Services: An Introduction to Two-Stage Sample Selection Models". *Evaluation and Program Planning* 19(4) 301-308.

Jerrell, J. M., and T.-W. Hu
1996　"Estimating the Cost Impact of Three Dual Diagnosis Treatment Programs". *Evaluation Review* 20(2): 160-180.

Joint Committee on Standards for Educational Evaluation
1994　*The Program Evaluation Standards*, 2nd ed. Newbury Park, CA. Sage.

Jones-Lee, M. W.
1994　"Safety and the Saving of Life: The Economics of Safety and Physical Risk". In R. Layard and S. Glaister (eds.), *Cost-Benefit Analysis*, 2nd ed. (pp. 290-318). Cambridge, UK: Cambridge University Press.

Kanouse, D. E., S. H. Berry, E. M. Gorman, E. M. Yano, S. Carson, and A. Abrahamse
1991　*AIDS-Related Knowledge, Attitudes, Beliefs, and Behaviors in Los Angeles County*. Santa Monica, CA: RAND.

Kaye, E., and J. Bell
1993　*Final Report: Evaluability Assessment of Family Preservation Programs*. Arlington, VA: James Bell Associates.

Kazdin, A. E.
1982　*Single-Case Research Designs*. New York: Oxford University Press.

Keehley, P., S. Medlin, S. MacBride, and L. Longmire
1996　*Benchmarking for Best Practices in the Public Sector: Achieving Performance Breakthroughs in Federal, State, and Local Agencies*. San Francisco: Jossey-Bass.

Kennedy, C. H., S. Shikla, and D. Fryxell
1997　"Comparing the Effects of Educational Placement on the Social Relationships of Intermediate School Students with Severe Disabilities". *Exceptional Children* 64(1): 31-47.

Kershaw, D., and J. Fair
1976   *The New Jersey Income-Maintenance Experiment*, vol. 1. New York: Academic Press.

Kirschner Associates, Inc.
1975   *Programs for Older Americans: Setting and Monitoring. A Reference Manual*. Washington, DC: U. S. Department of Health, Education and Welfare, Office of Human Development.

Kraemer, H. C., and S. Thiemann
1987   *How Many Subjects? Statistical Power Analysis in Research*. Newbury Park, CA: Sage.

Krueger, R. A.
1988   *Focus Groups: A Practical Guide for Applied Research*. Newbury Park, CA: Sage.

LaLonde, R.
1986   "Evaluating the Econometric Evaluations of Training Programs". *American Economic Review* 76: 604-620.

Landsberg, G.
1983   "Program Utilization and Service Utilization Studies: A Key Tool for Evaluation". *New Directions for Program Evaluation*, no. 20 (pp. 93-103). San Francisco: Jossey-Bass.

Levin, H. M., G. V. Glass, and G. R. Meister
1987   "Cost-Effectiveness of Computer-Assisted Instruction". *Evaluation Review* 11(1): 50-72.

Levin, H. M., and P. J. McEwan
2001   *Cost-Effectiveness Analysis*, 2nd ed. Thousand Oaks, CA: Sage.

Levine, A., and M. Levine
1977   "The Social Context of Evaluation Research: A Case Study". *Evaluation Quarterly* 1(4): 515-542.

Levine, R. A., M. A. Solomon, and G. M. Hellstern (eds.)
1981   *Evaluation Research and Practice: Comparative and International Perspectives*. Beverly Hills, CA: Sage.

Leviton, L. C., and R. F. Boruch
1983   "Contributions of Evaluations to Educational Programs". *Evaluation Review* 7(5): 563-599.

Leviton, L. C., and E. F. X. Hughes
1981   "Research on the Utilization of Evaluations: A Review and Synthesis". *Evaluation Review* 5(4): 525-548.

Lipsey, M. W.
1990   *Design Sensitivity: Statistical Power for Experimental Research*. Newbury Park, CA: Sage.
1993   "Theory as Method: Small Theories of Treatments". *New Directions for Program Evaluation*, no. 57 (pp. 5-38). San Francisco: Jossey-Bass.
1997   "What Can You Build With Thousands of Bricks? Musings on the Cumulation of Knowledge in Program Evaluation". *New Directions for Evaluation*, no. 76 (pp. 7-24). San Francisco: Jossey-Bass.
1998   "Design Sensitivity: Statistical Power for Applied Experimental Research". In L. Bickman and D. J. Rog (eds.), *Handbook of Applied Social Research Methods* (pp. 39-68). Thousand Oaks, CA: Sage.

Lipsey, M. W., and J. A. Pollard
1989 "Driving Toward Theory in Program Evaluation: More Models to Choose From". *Evaluation and Program Planning* 12: 317-328.

Lipsey, M. W., and D. B. Wilson
1993 "The Efficacy of Psychological, Educational, and Behavioral Treatment: Confirmation From Meta-Analysis". *American Psychologist* 48(12): 1181-1209.
2001 *Practical Meta-Analysis*. Thousand Oaks, CA: Sage.

Loehlin, J. C.
1992 *Latent Variable Models: An Introduction to Factor, Path, and Structural Analysis*. Hillsdale, NJ: Lawrence Erlbaum.

Luepker, R. V., C. L. Perry, S. M. McKinlay, P. R. Nader, G. S. Parcel, E. J. Stone, L. S. Webber, J. P. Elder, H. A. Feldman, C. C. Johnson, S. H. Kelder, and M. Wu
1996 "Outcomes of a Field Trial to Improve Children's Dietary Patterns and Physical Activity: The Child and Adolescent Trial for Cardiovascular Health (CATCH)". *Journal of the American Medical Association* 275 (March): 768-776.

Lynn, L. E., Jr.
1980 *Designing Public Policy*. Santa Monica, CA: Scott, Foresman.

MacKinnon, D. P., and J. H. Dwyer
1993 "Estimating Mediated Effects in Prevention Studies". *Evaluation Review* 17: 144-158.

Madaus, G. F., and D. Stufflebeam (eds.)
1989 *Educational Evaluation: The Classic Works of Ralph W. Tyler*. Boston: Kluwer Academic Publishers.

Mark, M. M., and R. L. Shotland
1985 "Stakeholder-Based Evaluation and Value Judgments". *Evaluation Review* 9: 605-626.

Martin, L. L., and P. M. Kettner
1996 *Measuring the Performance of Human Service Programs*. Thousand Oaks, CA: Sage.

Mathematica Policy Research
1983 *Final Report of the Seattle-Denver Income Maintenance Experiment*, vol. 2. Princeton, NJ: Author.

McCleary, R., and R. Hay, Jr.
1980 *Applied Time Series Analysis for the Social Sciences*. Beverly Hills, CA: Sage.

McFarlane, J.
1989 "Battering During Pregnancy: Tip of an Iceberg Revealed". *Women and Health* 15(3): 69-84.

McKillip, J.
1987 *Need Analysis: Tools for the Human Services and Education*. Newbury Park, CA: Sage.
1998 "Need Analysis: Process and Techniques". In L. Bickman and D. J. Rog (eds.), *Handbook of Applied Social Research Methods* (pp. 261-284). Thousand Oaks, CA: Sage.

McLaughlin, M. W.
1975 *Evaluation and Reform: The Elementary and Secondary Education Act of 1965/Title I*. Cambridge, MA: Ballinger.

Mercier, C.
1997 "Participation in Stakeholder-Based Evaluation: A Case Study". *Evaluation and Program Planning* 20(4): 467-475.

Meyers, M. K., B. Glaser, and K. MacDonald
1998 "On the Front Lines of Welfare Delivery: Are Workers Implementing Policy Reforms?" *Journal of Policy Analysis and Management* 17(1): 1-22.

Mielke, K. W., and J. W. Swinehart
1976 *Evaluation of the "Feeling Good" Television Series*. New York: Children's Television Workshop.

Miller, C., V. Knox, P. Auspos, J. A. Hunter-Manns, and A. Prenstein
1997 *Making Welfare Work and Work Pay: Implementation and 18 Month Impacts of the Minnesota Family Investment Program*. New York: Manpower Demonstration Research Corporation.

Miller, G., and J. A. Holstein (eds.)
1993 *Constructivist Controversies: Issues in Social Problems Theory*. New York: Aldine de Gruyter.

Mishan, E. J.
1988 *Cost-Benefit Analysis*, 4th ed. London: Allen & Unwin.

Mitra, A.
1994 "Use of Focus Groups in the Design of Recreation Needs Assessment Questionnaires". *Evaluation and Program Planning* 17(2): 133-140.

Mohr, L. B.
1995 *Impact Analysis for Program Evaluation*, 2nd ed. Thousand Oaks, CA: Sage.

Mosteller, F., and R. Boruch (eds.)
2002 *Evidence Matters: Randomized Trials in Education Research*. Washington, DC: Brookings Institution.

Moynihan, D. P.
1991 "Educational Goals and Political Plans". *The Public Interest* 102 (winter): 32-48.
1996 *Miles to Go: A Personal History of Social Policy*. Cambridge, MA: Harvard University Press. [嶌信彦監訳、リクター香子訳『政治家は、未来を告げる声を聞く——病めるアメリカと闘った30年』社会思想社、1998年]

Murray, D.
1998 *Design and Analysis of Group-Randomized Trials*. New York: Oxford University Press.

Murray, S.
1980 *The National Evaluation of the PUSH for Excellence Project*. Washington, DC: American Institutes for Research.

Nas, T. F.
1996 *Cost-Benefit Analysis: Theory and Application*. Thousand Oaks, CA: Sage.

Nelson, R. H.
1987 "The Economics Profession and the Making of Public Policy". *Journal of Economic Literature* 35(1): 49-91.

Newman, D. L., and R. D. Brown
1996 *Applied Ethics for Program Evaluation*. Thousand Oaks, CA: Sage.

Nowacek, G. A., P. M. O'Malley, R. A. Anderson, and F. E. Richards
1990 "Testing a Model of Diabetes Self-Care Management: A Causal Model Analysis With LISREL". *Evaluation & the Health Professions* 13(3): 298-314.

Nunnally, J. C., and I. H. Bernstein
1994 *Psychometric Theory*, 3rd ed. New York: McGraw-Hill.

Office of Income Security
1983 *Overview of the Seattle-Denver Income Maintenance Final Report*. Washington, DC: U. S. Department of Health and Human Services.

Oman, R. C., and S. R. Chitwood
1984 "Management Evaluation Studies: Factors Affecting the Acceptance of Recommendations". *Evaluation Review* 8(3): 283-305.

Palumbo, D. J., and M. A. Hallett
1993 "Conflict Versus Consensus Models in Policy Evaluation and Implementation". *Evaluation and Program Planning* 16(1): 11-23.

Pancer, S. M., and A. Westhues
1989 "A Developmental Stage Approach to Program Planning and Evaluation". *Evaluation Review* 13(1): 56-77.

Parker, R. N., and L. Rebhun
1995 *Alcohol and Homicide: A Deadly Combination of Two American Traditions*. Albany: State University of New York Press.

Patton, M. Q.
1986 *Utilization-Focused Evaluation*, 2nd ed. Beverly Hills, CA: Sage.
1997 *Utilization-Focused Evaluation: The New Century Text*, 3rd ed. Thousand Oaks, CA: Sage. 〔大森彌監修、山本泰・長尾眞文編集『実用重視の事業評価入門』清水弘文堂書房、2001年〕

Phillips, K. A., R. A. Lowe, J. G. Kahn, P. Lurie, A. L. Avins, and D. Ciccarone
1994 "The Cost Effectiveness of HIV Testing of Physicians and Dentists in the United States". *Journal of the American Medical Association* 271: 851-858.

Quinn, D. C.
1996 *Formative Evaluation of Adapted Work Services for Alzheimer's Disease Victims: A Framework for Practical Evaluation in Health Care*. Doctoral dissertation, Vanderbilt University.

Raudenbush, S. W., and A. S. Bryk
2002 *Hierarchical Linear Models: Applications and Data Analysis Methods*, 2nd ed. Newbury Park, CA: Sage.

Reichardt, C. S., and C. A. Bormann
1994 "Using Regression Models to Estimate Program Effects". In J. S. Wholey, H. P. Hatry, and K. E. Newcomer (eds.), *Handbook of Practical Program Evaluation* (pp. 417-455). San Francisco: Jossey-Bass.

Reichardt, C. S., and S. F. Rallis (eds.)
1994 "The Qualitative Quantitative Debate: New Perspectives". *New Directions for Program*

Evaluation, no. 61. San Francisco: Jossey-Bass.

Reichardt, C. S., W. M. K. Trochim, and J. C. Cappelleri
1995 "Reports of the Death of Regression-Discontinuity Analysis Are Greatly Exaggerated". *Evaluation Review* 19(1): 39-63.

Reineke, R. A.
1991 "Stakeholder Involvement in Evaluation: Suggestions for Practice". *Evaluation Practice* 12(1): 39-44.

Reviere, R., S. Berkowitz, C. C. Carter, and C. G. Ferguson (eds.)
1996 *Needs Assessment: A Creative and Practical Guide for Social Scientists*. Washington, DC: Taylor & Francis.

Rich, R. F.
1977 "Uses of Social Science Information by Federal Bureaucrats". In C. H. Weiss (ed.), *Using Social Research for Public Policy Making* (pp. 199-211). Lexington, MA: D. C. Heath.

Riecken, H. W., and R. F. Boruch (eds.)
1974 *Social Experimentation: A Method for Planning and Evaluating Social Intervention*. New York: Academic Press.

Robertson, D. B.
1984 "Program Implementation versus Program Design". *Policies Study Review* 3: 391-405.

Robins, P. K., et al. (eds.)
1980 *A Guaranteed Annual Income: Evidence From a Social Experiment*. New York: Academic Press.

Rog, D. J.
1994 "Constructing Natural 'Experiments'". In J. S. Wholey, H. P. Hatry, and K. E. Newcomer (eds.), *Handbook of Practical Program Evaluation* (pp. 119-132). San Francisco: Jossey-Bass.

Rog, D. J., K. L. McCombs-Thornton, A. M. Gilert-Mongelli, M. C. Brito, et al.
1995 "Implementation of the Homeless Families Program: 2. Characteristics, Strengths, and Needs of Participant Families". *American Journal of Orthopsychiatry*, 65(4): 514-528.

Rosenbaum, P. R., and D. B. Rubin
1983 "The Central Role of the Propensity Score in Observational Studies for Causal Effects". *Biometrika* 70(1): 41-55.
1984 "Reducing Bias in Observational Studies using Subclassification on the Propensity Score". *Journal of the American Statistical Association* 79(387): 516-524.

Ross, H. L., D. T. Campbell, and G. V. Glass
1970 "Determining the Social Effects of a Legal Reform: The British Breathalyzer Crackdown of 1967". *American Behavioral Scientist* 13 (March/April): 494-509.

Rossi, P. H.
1978 "Issues in the Evaluation of Human Services Delivery". *Evaluation Quarterly* 2(4): 573-599.
1987 "No Good Applied Research Goes Unpunished!" *Social Science and Modern Society* 25(1): 74-79.
1989 *Down and Out in America: The Origins of Homelessness*. Chicago: University of Chicago Press.

1997 "Program Outcomes: Conceptual and Measurement Issues". In E. J. Mullen and J. Magnabosco (eds.), *Outcome and Measurement in the Human Services: Cross-Cutting Issues and Methods*. Washington, DC: National Association of Social Workers.

2001 *Four Evaluations of Welfare Reform: What Will Be Learned?* The Welfare Reform Academy. College Park: University of Maryland, School of Public Affairs.

Rossi, P. H., R. A. Berk, and K. J. Lenihan

1980 *Money, Work and Crime: Some Experimental Evidence*. New York: Academic Press.

Rossi, P. H., G. A. Fisher, and G. Willis

1986 *The Condition of the Homeless of Chicago*. Chicago, IL, and Amherst, MA: Social and Demographic Research Institute and NORC: A Social Science Research Institute.

Rossi, P. H., and K. Lyall

1976 *Reforming Public Welfare*. New York: Russell Sage Foundation.

Rossi, P. H., and W. Williams

1972 *Evaluating Social Programs*. New York: Seminar Press.

Rutman, L.

1980 *Planning Useful Evaluations: Evaluability Assessment*. Beverly Hills, CA: Sage.

Savaya, R.

1998 "The Potential and Utilization of an Integrated Information System at a Family and Marriage Counselling Agency in Israel". *Evaluation and Program Planning* 21(1): 11–20.

Scheirer, M. A.

1994 "Designing and Using Process Evaluation". In J. S. Wholey, H. P. Hatry, and K. E. Newcomer (eds.), *Handbook of Practical Program Evaluation* (pp. 40–68). San Francisco: Jossey-Bass.

Schorr, L. B.

1997 *Common Purpose: Strengthening Families and Neighborhoods to Rebuild America*. New York: Doubleday Anchor Books.

Schweinhart, L. J., and F. P. Weikart

1998 "High/Scope Perry Preschool Effects at Age 27". In J. Crane (ed.), *Social Programs That Work*. New York: Russell Sage Foundation.

Scriven, M.

1991 *Evaluation Thesaurus*, 4th ed. Newbury Park, CA: Sage.

Sechrest, L., and W. H. Yeaton

1982 "Magnitudes of Experimental Effects in Social Science Research". *Evaluation Review* 6(5): 579–600.

Shadish, W. R., T. D. Cook, and D. T. Campbell

2002 *Experimental and Quasi-Experimental Designs for Generalized Causal Inference*. Boston: Houghton-Mifflin.

Shadish, W. R., T. D. Cook, and L. C. Leviton

1991 *Foundations of Program Evaluation: Theories of Practice*. Newbury Park, CA: Sage.

Shadish, W. R., D. L. Newman, M. A. Scheirer, and C. Wye (eds.)

1995 "Guiding Principles for Evaluators". *New Directions for Program Evaluation*, no. 66. San Francisco: Jossey-Bass.

Shadish, W. R., Jr., and C. S. Reichardt
1987   "The Intellectual Foundations of Social Program Evaluation: The Development of Evaluation Theory". In W. R. Shadish, Jr., and C. S. Reichardt (eds.), *Evaluation Studies Review Annual* (pp. 13-30). Newbury Park, CA: Sage.

Shlay, A. B., and C. S. Holupka
1991   *Steps toward Independence: The Early Effects of the Lafayette Courts Family Development Center*. Baltimore: Institute for Policy Studies, Johns Hopkins University.

Shortell, S. M., and W. C. Richardson
1978   *Health Program Evaluation*. St. Louis: C. V. Mosby.

Skogan, W. G., and A. J. Lurigio
1991   "Multisite Evaluations in Criminal Justice Settings: Structural Obstacles to Success". *New Directions for Program Evaluation*, no. 50 (pp. 83-96). San Francisco: Jossey-Bass.

Smith, M. F.
1989   *Evaluability Assessment: A Practical Approach*. Norwell, MA: Kluwer Academic Publishers.

Solomon, J.
1988   "Companies Try Measuring Cost Savings From New Types of Corporate Benefits". *Wall Street Journal*, December 29.

Solomon, M. A., and S. M. Shortell
1981   "Designing Health Policy Research for Utilization". *Health Policy Quarterly* 1 (May): 261-273.

Solomon, P., and J. Draine
1995   "One-Year Outcomes of a Randomized Trial of Consumer Case Management". *Evaluation and Program Planning* 18(2): 117-127.

Soriano, F. I.
1995   *Conducting Needs Assessments: A Multidisciplinary Approach*. Thousand Oaks, CA: Sage.

Spector, M., and J. I. Kitsuse
1977   *Constructing Social Problems*. Reprinted 1987, Hawthorne, NY: Aldine de Gruyter.

SRI International
1983   *Final Report of the Seattle-Denver Income Maintenance Experiment*, vol. 1. Palo Alto, CA: Author.

Stolzenberg, R. M., and D. A. Relles
1997   "Tools for Intuition About Sample Selection Bias and Its Correction". *American Sociological Review* 62(3): 494-507.

Stouffer, S. A., et al.
1949   *The American Soldier*, vol. 2: *Combat and Its Aftermath*. Princeton, NJ: Princeton University Press.

Suchman, E.
1967   *Evaluative Research*. New York: Russell Sage Foundation.

Sylvain, C., R. Ladouceur, and J. Boisvert
1997   "Cognitive and Behavioral Treatment of Pathological Gambling: A Controlled Study". *Journal of Consulting and Clinical Psychology* 65(5): 727-732.

Terrie, E. W.

1996 "Assessing Child and Maternal Health: The First Step in the Design of Community-Based Interventions". In R. Reviere, S. Berkowitz, C. C. Carter, and C. G. Ferguson (eds.), *Needs Assessment: A Creative and Practical Guide for Social Scientists* (pp. 121–146). Washington, DC: Taylor & Francis.

Thompson, M.

1980 *Benefit-Cost Analysis for Program Evaluation.* Beverly Hills, CA: Sage.

Torres, R. T., H. S. Preskill, and M. E. Piontek

1996 *Evaluation Strategies for Communicating and Reporting: Enhancing Learning in Organizations.* Thousand Oaks, CA: Sage.

Trippe, C.

1995 "Rates Up: Trends in FSP Participation Rates: 1985–1992". In D. Hall and M. Stavrianos (eds.), *Nutrition and Food Security in the Food Stamp Program.* Alexandria, VA: U. S. Department of Agriculture. Food and Consumer Service.

Trochim, W. M. K.

1984 *Research Design for Program Evaluation: The Regression Discontinuity Approach.* Beverly Hills, CA: Sage.

Turpin, R. S., and J. M. Sinacore (eds.)

1991 "Multisite Evaluations". *New Directions for Program Evaluation*, no. 50. San Francisco: Jossey-Bass.

United Way of America Task Force on Impact

1996 *Measuring Program Outcomes: A Practical Approach.* Alexandria, VA: United Way of America.

U. S. Department of Justice, Office of Justice Programs, Bureau of Justice Statistics

2003, January *Criminal Victimization in the United States,* 2001 *Statistical Tables.* Washington, DC: U. S. Department of Justice. Retrieved from www.ojp.doj.gov/bjs

U. S. General Accounting Office

1986 *Teen-Age Pregnancy: 500,000 Births a Year but Few Tested Programs.* GAO/PEMD-86-16 BR. Washington, DC: Author.

1990 *Prospective Evaluation Methods: The Prospective Evaluation Synthesis.* GAO/PEMD Transfer Paper 10.1.10. Washington, DC: Author.

1995 *Mammography Services: Initial Impact of New Federal Law Has Been Positive.* GAO/HEHS-96-17. Washington, DC: Author.

van de Vall, M., and C. A. Bolas

1981 "External vs. Internal Social Policy Researchers". *Knowledge: Creation, Diffusion, Utilization* 2 (June): 461–481.

Vanecko, J. J., and B. Jacobs

1970 *Reports From the 100-City CAP Evaluation: The Impact of the Community Action Program on Institutional Change.* Chicago: National Opinion Research Center.

Viscusi, W. K.

1985 "Cotton Dust Regulation: An OSHA Success Story?" *Journal of Policy Analysis and Management* 4(3): 325–343.

Weiss, C. H.
1972 *Evaluation Research: Methods of Assessing Program Effectiveness*. Englewood Cliffs, NJ: Prentice Hall.
1988 "Evaluation for Decisions: Is Anybody There? Does Anybody Care?" *Evaluation Practice* 9(1): 5-19.
1993 "Where Politics and Evaluation Research Meet", *Evaluation Practice* 14(1): 93-106.
1997 "How Can Theory-Based Evaluation Make Greater Headway?" *Evaluation Review* 21(4): 501-524.

Weiss, C. H., and M. J. Bucuvalas
1980 "Truth Tests and Utility Tests: Decision-Makers' Frames of Reference for Social Science Research". *American Sociological Review* 45 (April): 302-313.

Wholey, J. S.
1979 *Evaluation: Promise and Performance*. Washington, DC: Urban Institute.
1981 "Using Evaluation to Improve Program Performance". In R. A. Levine, M. A. Solomon, and G. M. Hellstern (eds.), *Evaluation Research and Practice: Comparative and International Perspectives* (pp. 92-106). Beverly Hills, CA: Sage.
1987 "Evaluability Assessment: Developing Program Theory". *New Directions for Program Evaluation*, no. 33 (pp. 77-92). San Francisco: Jossey-Bass.
1994 "Assessing the Feasibility and Likely Usefulness of Evaluation". In J. S. Wholey, H. P. Hatry, and K. E. Newcomer (eds.), *Handbook of Practical Program Evaluation* (pp. 15-39). San Francisco: Jossey-Bass.

Wholey, J. S., and H. P. Hatry
1992 "The Case for Performance Monitoring". *Public Administration Review* 52(6): 604-610.

Wilson, S. J., M. W. Lipsey, and J. H. Derzon
2003 "The Effects of School-Based Intervention Programs on Aggressive Behavior: A Meta-Analysis". *Journal of Consulting and Clinical Psychology* 71(1): 136-149.

Winfree, L. T., F.-A. Esbensen, and D. W. Osgood
1996 "Evaluating a School-Based Gang-Prevention Program: A Theoretical Perspective". *Evaluation Review* 20(2): 181-203.

Witkin, B. R., and J. W. Altschuld
1995 *Planning and Conducting Needs Assessments: A Practical Guide*. Thousand Oaks, CA: Sage.

Wu, P., and D. T. Campbell
1996 "Extending Latent Variable LISREL Analyses of the 1969 Westinghouse Head Start Evaluation to Blacks and Full Year Whites". *Evaluation and Program Planning* 19(3): 183-191.

Yates, B. T.
1996 *Analyzing Costs, Procedures, Processes, and Outcomes in Human Services*. Thousand Oaks, CA: Sage.

Zerbe, R. O.
1998 "Is Cost-Benefit Analysis Legal? Three Rules". *Journal of Policy Analysis and Management* 17(3): 419-456.

索 引

[頁数の脇に (ex) とある場合は、その頁の Exhibit 内にあることを示す。
本文内に太字で示したキー・コンセプトの語については、頁数をボールドにした。]

【A】

ACT モデル Assertive Community Treatment (ACT) model ……………………230(ex)
AIDS 予防プログラム AIDS prevention programs ……………107, 108(ex), 132-133, 311, 312(ex), 359
CLEAR 団体(地域鉛粉塵教育・削減団体) CLEAR Corps (Community Lead Education and Reduction Corps) ……………………215(ex)
GREAT(暴力団抵抗教育・訓練)プログラム GREAT (Gang Resistance Education and Training) program ……………………151(ex)
PUSH-EXCEL ……………………181

【あ】

アウトカム(結果)Outcome ……………………**193**, 217
アウトカム変化 Outcome change ……**194**, 195(ex), 217
アウトカムモニタリング Outcome monitoring
 ……………………**161**, 188, 210-211
 ＿＿の落とし穴 ……………………212-213
 ＿＿の指標 ……………………211-212, 212(ex)
 データ解釈 ……………………213-216, 215(ex)
 →プログラムアウトカムも参照
アウトカムレベル Outcome levels
 ……………………**194**-195, 195(ex), 217
アクションリサーチ Action research ……………………8
アパラチア地方委員会(ARC)Appalachian Regional Commission (ARC) ……………………131(ex)
アメリカ評価学会 American Evaluation Association (AEA) ……………………27(ex)
アルコホリクス・アノニマス(AA)Alcoholics Anonymous (AA) ……………263-267, 264(ex), 267(ex)
意思決定 Decision making →政策決定、政治過程、評価クエスチョンを参照
飲酒パターン尺度 Drinking Pattern Scale ……………263-268

インパクト理論 Impact theory →プログラムインパクト・アセスメント、プログラムインパクト理論を参照
エフェクトサイズ統計 Effect size statistic
 ……………………**281**-282, 284-285(ex), 303
エンパワーメント評価 Empowerment evaluation
 ……………………**50**-51, 61
オッズ比 Odds ratio ……………………**282**, 303

【か】

回帰-不連続デザイン Regression-discontinuity design
 ……………………**268**, 277
会計学的観点 Accounting perspectives ……**310**, 318, 337
 ＿＿の選択 ……………………320
 機会費用と＿＿ ……………………319
 共同体の＿＿ ……………………319, 321, 322(ex)
 個々の標的集団の＿＿ ……………………318
 多角的観点と＿＿ ……………………319-323
 多角的分析と＿＿ ……………………322-323
 二次的効果と＿＿ ……………………**319**
 プログラムスポンサーの観点
 ……………………318-319, 320-321(ex)
 分配効果と＿＿ ……………………**319**
介入群(プログラム実施群)Intervention groups
 ……………………**223**, 244
概念的利用 Conceptual utilization ……**374**, 375-377, 383
外部効果 Externalities ……………………319, 327
科学的管理法 Scientific management ……………………11
科学的評価実践 Scientific evaluation practices
 ……………………23-25, 23-24(ex)
家族および結婚カウンセリング機関 The Marital and Family Counseling Agency ……………………168(ex)
カッティングポイント・デザイン Cutting-point design
 ……………………268-269
家庭内暴力(DV) Domestic Violence ……………………103(ex)
家庭内薬物使用に関する全国調査 National Survey of

　　　　　　Household Drug Use ……………106
カバレッジ *Coverage* ……………**173**-175, 176(ex), 188
　　到達範囲の過小／過大問題 …………………175
　　プログラム記録と＿＿ ……………175-178, 177(ex)
簡易症状目録（BSI）*Brief Symptom Inventory（BSI）*
　　…………………………………………209(ex)
簡易精神症状評価尺度（BPRS）*Brief Psychiatric Rating Schedule（BPRS）* ……………209(ex)
感度 *Sensitivity* ……………………**207**-208, 217
管理的標準 *Administrative standards* ………**163**-164, 188
キーインフォーマント調査 *Key informant surveys*
　　……………………………**108**-109, 109(ex), 123
機会費用 *Opportunity costs* ……………**319**, 326-327, 337
逆行マッピング法 *Backward mapping* ……………87-88
キャッチメントエリア *Catchment area* ……………**71**, 93
教育的プログラム *Educational programs* ………259(ex)
協働型評価 *Collaborative evaluation* ………**50**-51, 61, 83
クエスチョン *Questions* →評価クエスチョンを参照
経営情報システム（MIS）*Management Information System（MIS）* ……………57, **167**, 168(ex), 188
形成的評価 *Formative evaluation* ………**35**, 36(ex), 61
健康管理プログラム *Health management programs*
　　……………………………104(ex), 154(ex), 166(ex),
　　　　　　　　　　　215(ex), 229(ex), 312(ex)
権利擁護（アドボカシー）*Advocacy* ……………12
公共行政の動向 *Public administration movement*
　　…………………………………………10-11
　　＿＿における専門職 ………………11-12
　　対人サービス；政府と＿＿ ………………10-11
効率アセスメント *Efficiency assessment*
　　……………………………**59**-60, 59(ex), 61
効率性分析 *Efficiency analysis* ……………306-308
　　会計学的観点と＿＿ ………………………310
　　概念的観点と＿＿ ……………………308, 309(ex)
　　＿＿の限界 ………………………308-310
　　＿＿の有用性 ……………………………315-316
　　事後的分析と＿＿ ……………………310-312
　　事前分析と＿＿ ……………310-311, 312(ex)
　　費用便益分析と費用効果分析 ………307-308
　　→費用便益分析も参照
個人責任と就労機会調停法 *Personal Responsibility and Work Opportunity Reconciliation Act*
　　………………………………5, 105, 352, 359

【さ】

サービス提供方式 *Service delivery* →組織機能モニタリングを参照
サービス利用計画 *Service utilization plan*
　　…………………………**132**, 134-136, 136(ex), 158
サービス利用モニタリング *Service utilization monitoring*
　　…………………………………………172-173
　　カバレッジ／バイアスと＿＿
　　…………………………173-175, 174(ex), 176(ex)
　　カバレッジの過小／過大問題と＿＿ ………175-179
　　参加者調査と＿＿ ……………………178-179
　　プログラム記録と＿＿ ……………175-178, 177(ex)
　　バイアスアセスメントと＿＿ ………………179-180
　　→プログラムプロセス・モニタリングも参照
再帰的コントロール *Reflexive controls* ……**269**-274, 277
参加型評価 *Participatory evaluation* ………**50**-51, 61, 83
時系列デザイン *Time-series designs*
　　………………**270**-274, 272(ex), 273(ex), 278
資源利用可能性 *Resource availability* ……………45-47
　　時間 ……………………………………47
　　専門分化した知識・技術 …………………46
　　プログラム職員；その協力 ………………46
事後的効率性分析 *Ex post efficiency analysis*
　　………………………**310**-312, 314, 332, 337
事前効率性分析 *Ex ante efficiency analysis*
　　………………………**310**-311, 312(ex), 314, 337
［実施評価 *Implementation evaluation*］
　　……………………………………160, 165, 166(ex)
実施上の失敗 *Implementation failure* ……………**76**, 93
実証プログラム *Demonstration programs* …………20
実績基準 *Performance criterion* ………71-74, 72(ex), 93
児童・青年期心血管系保健試行（CATCH）
　　Child and Adolescent Trial for Cardiovascular Health（CATCH） ……………229(ex)
児童保健イニシアティブ［プログラム名］
　　Child Health Initiative ……………166
嗜癖重症度指標（ASI）*Addiction Severity Index（ASI）* ……………209(ex)
社会活動 *Social action* ……………………20-21
社会指標 *Social indicators* ……………**105**, 123
社会政策 *Social policy* ………………………10-12
　　＿＿における専門職 ………………11-12
　　評価活動と＿＿ ……………………10-11
社会生態学的観点 *Social ecology perspective* ……340-341
　　応用対学術研究と＿＿ ………………341-342
　　結果の普及と＿＿ ……………………346-347
　　評価；政治過程としての＿＿ ……………350-358
　　評価；その評価 ………………………358-359
　　利害関係者の期待と＿＿ ………344-346, 348-349(ex)
　　利害関係者の多重性と＿＿ ………………343-346
　　利害関係者の範囲 …………………………343-344
社会調査法 *Social research methods* ……15-19, 16(ex), 29
　　キーインフォーマント調査 ………108-109, 109(ex)

機関（の）記録···106
スノーボールサンプリング ···········**119**-121, 121(ex)
標本調査／全数調査情報 ······**106**-108, 107-108(ex)
標本調査 ···106-108
フォーカスグループ ···················**119**, 120(ex)
プログラム参加調査 ···························178-179
利用者満足度調査 ································212(ex)
社会的ニーズアセスメント Social needs assessment
　　　　　　　　　　　　·······**144**-147, 145(ex)
社会プログラム Social programs ··················**3**, 29
拡大；財政的保守主義と＿＿＿ ···············12-15
実証プログラム ··20
＿＿＿の効果性 ··17
＿＿＿の評価の歴史 ·································8-10
プログラム変更；評価と＿＿＿ ···············22-23
→プログラム評価、ニーズアセスメントも参照
釈放受刑者への就労支援（TARP）研究 Transitional Aid to Released Prisoners（TARP）study
　　　　　　　　　　　　·············238-239(ex), 354
就労促進プロジェクト Work Pays ··············182(ex)
受刑者復帰プログラム Prisoner release programs
　　　　　　　　　　　　·····························236-239(ex)
手段的利用 Instrumental utilization ········**374**, 375, 383
準実験的インパクトアセスメント Quasi-experimental impact assessment ·······**223**, 244, 256-257
回帰-不連続デザインと＿＿＿ ···············268-269
再帰的コントロールと＿＿＿ ···············269-274
時系列デザインと＿＿＿ ·······270-274, 272-273(ex)
前後比較デザインと＿＿＿ ···················269-270
＿＿＿の限界 ······································274-276
統計学的手続きと＿＿＿
　　　　　　　　··············260-268, 261(ex), 264(ex), 267(ex)
マッチングデザインと＿＿＿
　　　　　　　　··············257-260, 259(ex), 260(ex)
純便益 Net benefits ···································**330**, 337
初等中等教育法 Elementary and Secondary Education Act ··181
所得維持実験 Income maintenance experiment
　　　　　　　　　　　　·····························231(ex), 242
所得とプログラム参加調査 Survey of Income and Program Participation ····································178
信頼性 Reliability ···························**205**-206, 217
スタンダード Standards ············369-374, 371-373(ex)
スノーボールサンプリング［アプローチ］ Snowball sampling ····················83, **119**-121, 121(ex), 123
政策上の意義に関する問題と＿＿＿ ··········354-358
政策空間 Policy space ··················**354**-356, 383
政策決定 Policy decisions ································10
政策上の意義 Policy significance ············**356**, 383

政策分析 Policy analysis ·····························11-12
政策的観点と＿＿＿ ································12-15
＿＿＿の歴史 ·····························11-15, 13-14(ex)
→政治過程も参照
政治過程 Political process ······**350**-352, 351(ex), 353(ex)
科学モデル対政策志向モデル ···············356-357
工学的伝統と＿＿＿ ······························357-358
政策時間対評価時間と＿＿＿ ········352-354, 355(ex)
政策空間と＿＿＿ ································354-356
政治的文脈 Political context ···············17-19, 19(ex)
精神保健ケア Mental health care
　　　　136, 137, 140, 168, 209(ex), 230(ex), 320-321(ex)
政府 Government ·······································10-11
政策分析と＿＿＿ ·····································12-15
＿＿＿における評価部局 ·························11-12
＿＿＿の財政の保守主義 ·························12-15
→政治過程も参照
接近性（アクセシビリティ）Accessibility ······**185**, 189
説得的利用 Persuasive utilization ···················375
説明責任（アカウンタビリティ）Accountability
　　　　　　　　　　　　·····························13(ex), **169**, 189
総括的評価と＿＿＿ ·······················35-36, 37(ex)
プログラムプロセスのモニタリングと＿＿＿
　　　　　　　　　　　　·····························169-170, 170(ex)
1992年乳房X線撮影の質的規準法 Mammography Quality Standards Act of 1992 ····························37
前後比較デザイン Pre-post design ············**269**-270, 278
潜在価格 Shadow prices ···························**326**, 337
潜在的プログラム理論 Implicit program theory
　　　　　　　　　　　　·····························**137**, 158
選択バイアス Selection bias ···············**251**-253, 278
選択モデリング Selection modeling ·······**265**-268, 278
専門的実践 Professional practices →評価の専門性を参照
総括的評価 Summative evaluation ······**35**-36, 37(ex), 62
組織計画 Organizational plan ····················**133**, 158
組織機能モニタリング Organizational functions monitoring ·······································180
誤った／不適切な介入 ························181-183
サービス提供方式 ·······························180-183
サービスの特定 ··································185-186
実施上の失敗と＿＿＿ ························180-183
接近性の配慮 ··185
提供システムの経路／活動 ···················183-185
標準化されていない介入 ···························183
不完全な介入 ·······························181, 182(ex)
プログラム支援機能と＿＿＿ ···············185-186
無プログラム ··181
→プログラムプロセス・モニタリングも参照

組織的文脈 Organizational context ....17-19, 18(ex)

【た】

第一次普及 Primary dissemination **347**, 383
第Ⅰ種／第Ⅱ種の過誤 Type I / type II errors
　..........................284-290, 286(ex), 288(ex), 304
第1章［初等中等教育法］Title 1 181
大恐慌 Great Depression 11
対照群 Control groups **223**, 240-241, 244
　　　回帰-不連続デザインと＿＿.................268-269
　　　統計学的手続きと＿＿
　　　　...............260-268, 261(ex), 264(ex), 267(ex)
　　　マッチングと＿＿ ....257-260, 259(ex), 260(ex)
対象者の欠損 Attrition **252**-253, 278
代替案的研究デザイン Alternative research designs →
　　　準実験的インパクトアセスメントを参照
第二次普及 Secondary dissemination **347**, 383
妥当性 Validity **206**-207, 217, 223
地域活動プログラム（CAP）Community Action Program（CAP）.....................................183
知識生成 Knowledge generation ....36-37, 38(ex)
調査 Surveys　→社会調査法を参照
調整変数 Moderator variable **294**-297, 304
直接的（手段的）利用 Direct utilization ...**374**-375, 383
適職サービス（AWS）Adapted Work Services（AWS）
　..140(ex)
デザイン Design　→評価デザインを参照
デマンドアセスメント Demand assessments 114-115
統計学的コントロール Statistical controls
　..................................**261**-262, 261(ex), 278
統計学的手続き Statistical procedures...260-268, 264(ex)
　　　アウトカムの決定因と＿＿ ....263-265, 264(ex)
　　　エフェクトサイズ統計と＿＿
　　　　...................281-282, 284-285(ex), 303
　　　傾向スコア分析と＿＿ 266-268
　　　選択の決定因と＿＿ ....265-268, 267(ex)
　　　選択モデリングと＿＿ 265-268
　　　多変量統計解析法と＿＿ 262-268
　　　→プログラム効果も参照
統計的検出力 Statistical power 286-287, 304
独立評価 Independent evaluation **50**, 62

【な】

内部収益率 Internal rate of return **330**, 338
ニーズ Need　→ニーズアセスメント、ニーズのある
　　　集団を参照
ニーズアセスメント Needs assessment
　..............................**53**, 54(ex), 62, 96
　　　介入（プログラム）の標的集団 110-113
　　　キーインフォーマント調査 ....108-109, 109(ex)
　　　機関（の）記録と＿＿ 106
　　　サービスニーズ；その性質 ....116-120, 118(ex)
　　　社会指標；傾向同定と＿＿ 105
　　　社会調査情報と＿＿ 105-109
　　　診断；それにおける評価者の役割 97-99
　　　ステップ ....99, 100(ex)
　　　データソース ....102-103, 104(ex)
　　　デマンドアセスメントと＿＿ 114-115
　　　＿＿における質的方法論 .....119-121, 120-121(ex)
　　　発生数／有症数と＿＿ 115
　　　発生率と＿＿ ....116, 117(ex)
　　　標的集団；その記述 113-116
　　　標本調査／全数調査情報 .....106-108, 107-108(ex)
　　　問題；その定義 99-102
　　　問題；密度／分布推定 ....102-110, 103(ex)
　　　予測されるニーズと＿＿ 110
　　　リスク／ニーズの特定 114-115
ニーズのある集団 Populations in need **114**, 123
二次的効果 Secondary effects **319**, 327, 338
ニューオーリンズ・ホームレス物質乱用プロジェクト
　　　New Orleans Homeless Substance Abusers Project 256

【は】

バイアス Bias ....**173**-175, 174(ex), 189
　　　干渉的イベントと＿＿ 255
　　　プログラム効果推定と＿＿
　　　　..................249-250, 250(ex), 251(ex), 254
　　　持続的趨勢と＿＿ 254-255
　　　成熟と＿＿ 255
　　　選択バイアス 251-253
　　　対象者の欠損と＿＿ 252-253
　　　非無作為化デザインと＿＿ 255-256
　　　不等価比較デザインと＿＿ 251
　　　無作為化と＿＿ 232-233, 253
媒介変数 Mediator variable ....**297**-298, 298(ex), 304
発生数 Incidence **115**, 123
発生率 Rate of occurrence ....116, 117(ex)
パレート基準 Pareto criterion 327-328
費用（コスト）Costs **306**, 338
評価（プログラム評価）Evaluation 2
　　　＿＿における研究活動 2-3, 8-10
　　　＿＿の社会科学的活動 8
　　　＿＿の政策への適用 ....11-15, 13-14(ex)
　　　＿＿の専門性 360-369

　　　　の標準／ガイドライン／倫理 ············369-374
　　　　の未来 ···381
　　　　の利用 ···374-380
　　　　の歴史 ···8-15
　　　→社会生態学的観点、プログラム評価も参照
評価可能性アセスメント Evaluability assessment
　　　　·······················**128**-130, 129(ex), 158
評価クエスチョン Evaluation questions
　　　　·······················33, 39, 51-**52**, 62, 63
　　　アウトカム上の失敗 ·······························76
　　　インパクトアセスメント ···········57-58, 58(ex)
　　　効率アセスメント ·····················59-60, 59(ex)
　　　実績次元の同定と____ ······················68-71
　　　質の標準 ·······························67-68, 68(ex)
　　　妥当な／適切な基準 ··························69-70
　　　特定の問題に焦点を当てた____ ···78-79, 80-81(ex)
　　　ニーズアセスメント ······················53, 54(ex)
　　　評価課題の階層と____ ···············77-78, 77(ex)
　　　____の回答可能性 ······························70-71
　　　____の組織化；優先順位の設定 ···········91-92
　　　____の典型的カテゴリー ······················74-77
　　　評価の利用と____ ····················85-88, 87(ex)
　　　プログラム実績基準 ·····················71-74, 72(ex)
　　　プログラムプロセスのアセスメント
　　　　···55-57, 56(ex)
　　　プログラム理論のアセスメント ······53-54, 55(ex)
　　　プログラム理論／仮定；その分析 ···88-91, 90(ex)
　　　目標；その明確化 ·····················84-85, 86(ex)
　　　利害関係者からの情報と____ ········66-67, 82-88
　　　利害関係者の観点と____ ··········78-81, 82(ex)
評価研究 Evaluation research ··················2-3, 21
　　　革新的なアプローチと____ ······················20
　　　政策／経営への適用 ·······················12-15
　　　政治的関心と____ ································14
　　　____におけるコンシューマーの観点 ······9-10
　　　____に関する出版物 ····················9, 10(ex)
　　　____の科学的対実用的実践 ···23-25, 23(ex), 24(ex)
　　　____のスポンサー ······························9, 18
　　　→政治過程、プログラム評価も参照
評価者-利害関係者関係 Evaluator-stakeholder relation-
　　　ships ·······································33-34, 51
　　　エンパワーメント評価と____ ···············50-51
　　　参加型／協働型評価と____ ···············50-51
　　　知見についてのコミュニケーション ···51, 52(ex)
　　　独立評価と____ ······································50
　　　評価；それへの利害関係者の関与 ···48-49, 49(ex)
　　　利害関係者類型 ······························47-48
　　　→利害関係者も参照
評価者のための指導原理 Guiding Principles for
　　　Evaluators ···················369-374, 371-373(ex)
評価者のための指導原理に関する専門委員会 Task
　　　Force on Guiding Principles for Evaluators
　　　····································370-374, 371-373(ex)
評価スポンサー Evaluation sponsors ······9, **18**, 29, 79-80
評価デザイン Evaluation design ························32
　　　インパクトアセスメントと____ ······57-58, 58(ex)
　　　概念的／組織的プログラム構造と____
　　　　···43-45, 45(ex)
　　　効率アセスメントと____ ···········59-60, 59(ex)
　　　資源利用可能性と____ ······················45-47
　　　政治的駆け引き／広報活動的側面と____ ···37-38
　　　説明責任と____ ·····················35-36, 37(ex)
　　　知識生成と____ ·····················36-37, 38(ex)
　　　ニーズアセスメントと____ ··········53, 54(ex)
　　　評価者-利害関係者関係と____
　　　　·································33-34, 47-51, 49(ex)
　　　評価の目的と____ ·······························34, 35
　　　プログラムの改良と____ ·············35, 36(ex)
　　　プログラム構造／環境と____ ··············38-45
　　　プログラム発達段階評価機能と____
　　　　···39-41, 39(ex)
　　　プログラムプロセスのアセスメントと____
　　　　···55-57, 56(ex)
　　　プログラム理論のアセスメントと____
　　　　···53-54, 55(ex)
　　　方法／手順選択と____ ···························33
　　　利害関係者の葛藤と____ ············41-43, 41(ex)
　　　→評価クエスチョンも参照
評価の専門性 Evaluation profession ········73-74, 360-362
　　　ある観点から見ることと____ ···············365
　　　エリート組織；その指導的役割 ··········368-369
　　　仕事の場の多様性 ··························366-368
　　　質的アプローチと量的アプローチ ·······365-366
　　　組織役割と____ ··································368
　　　多様性；その帰結 ··························363-366
　　　知の多様性と____ ···························361-362
　　　内部評価と外部評価 ·····························367
　　　認識論的差異と____ ······························365
　　　____における教育背景 ·····················362-363
評価の利用 Utilization of evaluation ······**25**, 29, 87(ex)
　　　概念的利用 ·································374, 375-377
　　　最大化戦略 ·································379, 380(ex)
　　　説得的利用 ··375
　　　直接的利用 ····································374, 383
　　　____における変数 ························377, 378(ex)
評価理論運動 Evaluation theory movement ···26, 26(ex)
費用効果分析 Cost-effectiveness analysis
　　　·······················**59**, 59(ex), 62, 307-308, 314, 315(ex)

アウトカムの貨幣換算と＿＿ ……………334-335(ex)
単一基準で測定不能のゴールと＿＿ ………333-334
＿＿における費用比較 …………………334-335(ex)
標準化平均差 *Standardized mean difference*
　……………………………………**281**-282, 304
標的集団（ターゲット）*Targets* ……………**33**, 62
　観点の多様性と＿＿ ……………………………113
　集団；その記述………………………………113-116
　直接的／間接的標的集団 ………………………111
　＿＿の境界 ……………………………………112-113
　＿＿の定義／同定 ……………………………110-113
　＿＿の特定 ……………………………………112-113
費用便益分析 *Cost-benefit analysis*
　………………………………**59**, 62, 307-308, 313-314
　アウトカムの貨幣換算 …………………325-326
　会計学的観点と＿＿
　　…………………318-323, 320-321(ex), 322-323(ex)
　機会費用と＿＿ …………………………326-327
　事後的評価と＿＿ ………………………332, 333(ex)
　純便益と＿＿ ……………………………………330
　潜在価格と＿＿ …………………………………326
　内部収益率と＿＿ ………………………………330
　二次的効果と＿＿ ………………………………327
　費用データ収集 …………………316-317, 317(ex)
　費用と便益の比較 ………………330-331, 331(ex)
　＿＿の測定 ………………………323-330, 324(ex)
　分配に関する配慮 ………………………327-328
　割引技法と＿＿ …………………328-330, 329(ex)
標本調査 *Sample survey* …………………**106**-108, 123
フードスタンプ・プログラム *Food stamp program*
　…………………………………………40-41, 176(ex)
フォーカスグループ *Focus groups* ……**119**, 120(ex), 123
福祉制度改革 *Welfare reform*
　………………………7, 22, 56(ex), 235(ex), 259(ex)
不等価比較デザイン *Nonequivalent comparison design*
　………………………………………………**251**, 278
ブラックボックス評価 *Black box evaluation*
　……………………………………………**155**-156, 158
プログラムアウトカム *Program outcomes* …………**193**
　アウトカムレベル／変化；プログラム効果と
　　……………………………………194-196, 195(ex)
　意図されないアウトカムと＿＿ …………200-201
　先行研究 ………………………………………200
　適切なアウトカムを特定 ………………196-201
　測定手順／測定特性と＿＿ ……………204-205
　測定の感度 ………………………………207-208
　測定の信頼性 ……………………………205-206
　測定の妥当性 ……………………………206-207
　＿＿に関する利害関係者の観点 ………196-197

　＿＿の記述 ………………………………197(ex), 198
　＿＿の測定 ………………………201-210, 209(ex)
　＿＿の多次元的性質 ……………201-202, 202(ex)
　＿＿の多面的測定 ………………202-203, 203(ex)
　＿＿のモニタリング ……210-216, 212(ex), 215(ex)
　プログラムインパクト理論と＿＿
　　……………………………………198-199, 199(ex)
プログラムインパクト・アセスメント *Program impact*
　assessment …………**57**-58, 58(ex), 61, 220-221
　＿＿の質 …………………………………223-224
　＿＿の実験デザイン対準実験デザイン………223
　＿＿の比較論 ……………………………………222
　＿＿の有用性 ……………………………221-222
　→準実験的インパクトアセスメント、バイアス、
　　無作為化フィールド実験法も参照
プログラムインパクト理論 *Program impact theory*
　……………**63**, 130-134, 135(ex), 145-146, 158
　遠位（最終的）アウトカムと＿＿ …………198-199
　近位（即時的）アウトカムと＿＿ …………198-199
　プログラムアウトカムと＿＿ ……198-199, 199(ex)
プログラム改良 *Program improvement* ………35, 36(ex)
プログラム効果 *Program effect* …**194**, 195(ex), 196, 217
　エフェクトサイズ統計と＿＿
　　……………………………281-282, 284-285(ex)
　オッズ比エフェクトサイズと＿＿ ……………282
　検出力の低い研究と＿＿ ………289-290, 289(ex)
　第Ⅰ種／第Ⅱ種の過誤と＿＿ ……284-290, 286(ex)
　調整変数と＿＿ …………………………294-297
　統計学的有意性と＿＿ …………………283-284
　統計的検出力と＿＿ ……………286-290, 288(ex)
　媒介変数と＿＿ …………………297-298, 298(ex)
　標準化平均差と＿＿ ……………………281-282
　＿＿の大きさ ……………………………280-282
　＿＿の検出 ………………………………282-290
　＿＿の実際的有意性 ……………290-293, 292-293(ex)
　メタ分析と＿＿ …………289-290, 299-302, 300(ex)
プログラムゴール（上位目標）*Program goals*
　…………………………………………**84**-85, 93
プログラム実績基準 *Program performance criterion*
　…………………………………71-74, 72(ex), 93
プログラムの概念構造 *Conceptual program structure*
　………………………………………43-45, 45(ex)
プログラムの組織構造 *Organizational program structure*
　………………………………………43-45, 45(ex)
プログラム目標 *Program objectives* …………**84**-85, 93
プログラム評価 *Program evaluation*
　………………………………3-7, 6-7(ex), **15**, 29
　見解／アプローチにおける多様性………26, 26(ex)
　効果性の判定 ……………………………………17

社会政策と行政の展開と____ ·················10-12
　　社会調査法と____ ··············15-17, 16 (ex)
　　政治的／組織的文脈；それへの適合
　　　　　　············17-19, 19 (ex), 32
　　政策的意思決定と____ ·······················11-15
　　____の科学的対実用的実践 ···23-25, 23 (ex), 24 (ex)
　　____の実践家 ······························27-28
　　____の社会活動目的 ························20-21
　　____の利用 ····································25
　　→社会プログラム、評価研究、評価デザイン、プ
　　　ログラムアウトカムも参照
プログラムプロセスのアセスメント Program process
　　assessment ················**55**-57, 56 (ex), 62
プログラムプロセス・モニタリング Program process
　　monitoring ·········**55**, 62, 160-**161**, 189
　　インパクト評価と____ ··························165
　　管理的標準と____ ·························163-164
　　経営情報システム（MIS）と____ ······167, 168 (ex)
　　サービス利用 ·····························172-180
　　実施場所：その比較 ·······················186-187
　　説明責任の観点と____ ···············169-170, 170 (ex)
　　組織機能領域 ·····························180-186
　　データ分析 ·································186-187
　　デザイン-実施間整合性 ··························187
　　評価形式と____ ··························164-167
　　プログラム運営の記述 ···························186
　　____における判断基準 ···················162-164
　　____に関する運営の観点 ·················171-172
　　____に関する評価者の観点 ····················169
　　プログラムプロセス評価と____ ············161-162
　　プロセス／実施評価 ··················165, 166 (ex)
　　→プログラムアウトカムも参照
プログラムプロセス理論 Program process theory
　　···················63, **133**, 146-147, 158
プログラムモニタリング Program monitoring →プロ
　　グラムプロセス・モニタリングを参照
プログラム理論 Program theory
　　··············**43**-44, 63, 88-89, 126-128
　　アウトカム-機能関係と____ ·················141-142
　　インパクト理論と____ ···············130-134, 135 (ex)
　　研究／実践比較と____ ···············150-152, 151 (ex)
　　ゴール（上位目標）／目標と____ ··········140-141
　　サービス利用計画と____ ···········132, 134, 136 (ex)
　　実証的な「理論-検証」研究 ·········153, 154 (ex)
　　社会的ニーズアセスメントと____
　　　　　　················144-147, 145 (ex)
　　潜在的プログラム理論 ··························137
　　組織計画と____ ·······133, 134-136, 137 (ex), 138 (ex)
　　評価可能性アセスメントの観点と____
　　　　　　··············128-130, 129 (ex), 131 (ex)
　　ブラックボックス評価と____ ···············155-156
　　プログラムインパクト理論と____ ············145-146
　　プログラム構成要素／機能／運営と____ ········141
　　プログラムの境界と____ ·················138-139
　　プログラムプロセス理論と____ ············146-147
　　____における曖昧さ ····················155-156
　　____のアセスメント
　　　　　　·············53-54, 55 (ex), 127-128, 143-156
　　____の記述 ····················130-136, 132 (ex)
　　____の抽出／明示 ······················136-143
　　____の発達プロセス ···············139-142, 140 (ex)
　　明示的プログラム理論 ···················136-137
　　予備的観察と____ ························152-154
　　理論-実際較差 ····························142-143
　　論理／尤度（尤もらしさ）アセスメントと____
　　　　　　·················147-149, 148 (ex)
プログラム理論のアセスメント Program theory assess-
　　ment ········53-**54**, 55 (ex), 63, 127-128, 143-147
プロセス評価 Process evaluation ·········**55**-57, 56 (ex), 63
プロセスモニタリング Process monitoring →プログ
　　ラムプロセス・モニタリングを参照
プロセス理論 Process theory →プログラムプロセス
　　理論を参照
分析単位 Units of analysis ················**226**-227, 244
分配効果 Distributional effects ············**319**, 327-328, 338
ヘッドスタート Head Start ····················183
ヘルシースタート・イニシアティブ（健やかなる第一
　　歩）Healthy Start Initiative ··············104 (ex)
便益 Benefits ··························**306**, 338
放課後プログラム Afterschool program ········80-81 (ex)
ホーソーン効果 Hawthorne effect ····················8
ホームレスプログラム Homeless programs
　　　　　　··············82, 107-108, 107 (ex), 145 (ex)
　　　　　　··············175, 176 (ex), 177 (ex), 209 (ex)
母子保健ニーズ Child/maternal health needs ···104 (ex)
ボルティモアLIFEプログラム Baltimore LIFE Pro-
　　gram ························236-237 (ex)

【ま】

マクマスター臨床評価尺度 McMaster Clinical Rating
　　Scale ··································168
マッチング Matching ·····················**257**, 278
　　個別マッチング ······················258-259, 259 (ex)
　　集合的マッチング ·······················258, 260 (ex)
　　統計学的作為による産物と____ ·····················259
　　変数；その選択 ·······························257-258
　　____のための手続き ····················258-260

未成年母親のための育児プログラム Teen mother parenting program …………90, 138(ex)
ミネソタ家族投資プログラム Minnesota Family Investment Program（MFIP）…………235(ex)
無作為化フィールド実験法 Randomized field experiments …………**223**, 240, 245
　　インパクトアセスメントへの適用 …………228-229, 229-230(ex), 231(ex)
　　サービス提供；実験的介入と実際的介入 …………241-242
　　時間／費用成分と___ …………242
　　実施初期段階と___ …………240
　　統計学的有意性検定と___ …………225-226
　　複合実験と___ …………234, 235(ex), 238-239(ex)
　　___における分析単位 …………226-227
　　___における倫理的配慮 …………240-241
　　___の完全性 …………242-243
　　___の限界 …………240-243
　　___のためのデータ収集戦略 …………233-234
　　___のための必要条件 …………231-232
　　___の分析 …………234-235, 236-237(ex), 238-239(ex)
　　___の論理 …………227-228, 227(ex)
　　無作為化；等質性と___ …………225-226
　　無作為化の近似法 …………232-233
　　→準実験的インパクトアセスメントも参照
無作為化 Randomization …………**225**, 232-233, 245
明示的プログラム理論 Articulated program theory …………**136**-137, 158
メタ分析 Meta-analysis …………**289**-290, 299, 304
　　インパクトアセスメントと___ …………299-301, 300(ex)
　　評価研究分野への情報提供と___ …………301-302
モニタリング Monitoring →アウトカムモニタリング、組織機能モニタリング、プログラムプロセス・モニタリングを参照
問題：Problems:
　　機関（の）記録と___ …………106
　　社会指標；傾向同定と___ …………105
　　社会調査情報と___ …………105-109
　　データソース …………102-103, 104(ex)
　　ニーズの予見 …………110
　　密度／分布推定 …………102-110, 103(ex)

　　___の定義 …………99-102

【や】

有症数 Prevalence …………**115**, 123
要扶養児童家庭扶助（AFDC）Aid to Families with Dependent Children（AFDC）…………56(ex), 182(ex), 235(ex), 358
予見されるニーズ Forecasting needs …………110
4-H プログラム 4-H programs …………148(ex)

【ら】

利害関係者 Stakeholders …………**18**, 29
　　知見の伝達（コミュニケーション）…………51, 52(ex)
　　評価；それへの関与 …………48-49, 49(ex)
　　評価者-利害関係者関係 …………33-34, 49-51
　　プログラムアウトカムと___ …………196-197
　　プログラム説明責任と___ …………169-170
　　利害関係者間の葛藤 …………43-45
　　___のリスト …………47-48
　　→社会生態学的観点、評価クエスチョンも参照
リスク Risk →リスクアセスメント、リスク集団を参照
リスクアセスメント At-risk assessments …………114
リスク集団 Populations at risk …………**114**, 123
率 Rate …………**116**, 117(ex), 123
利用 Utilization →サービス利用モニタリング、評価の利用を参照
利用者満足度（調査）Client satisfaction（surveys）…………211-212(ex)
理論上の失敗 Theory failure …………**76**, 94
倫理に関する実例 Ethical practices …………369-374, 371-373(ex)
連邦会計検査院（GAO）U.S. General Accounting Office（GAO）…………6, 101, 152, 169, 354
論理モデル Logic model …………89-91, 90(ex), 136, 138(ex)

【わ】

割引技法 Discounting technique …………**328**-330, 329(ex), 338

著者紹介

ピーター・H・ロッシ（Peter H. Rossi）

マサチューセッツ大学アマースト校の Stuart A. Rice 社会学名誉教授および Social and Demographic Research Institute 名誉所長。ハーバード大学、シカゴ大学、ジョンズ・ホプキンズ大学を歴任。1960年から1967年まで National Opinion Research Center 所長であり、米国科学財団、国立精神保健研究所、会計検査院、ロックフェラー財団などの社会調査および評価に関する顧問を歴任。彼の研究の中心は、社会問題に対する社会調査方法論の適用であり、最近は福祉改革の評価に取り組んでいる。最近の著書として、*Feeding the Poor*（1998）, *Thinking About Evaluation*（1999, 2nd ed., with Richard A. Berk）, *Just Punishments*（1997, with Richard A. Berk）, *Of Human Bonding: Parent-Child Relations Throughout the Life Course*（1990, with Alice S. Rossi）などがある。American Sociological Society の元会長で、1985年に Commonwealth Award を受賞。Evaluation Research Society、Eastern Evaluation Society、American Sociological Association、Policy Studies Research からも表彰されている。*American Journal of Sociology* および *Social Science Research* の編集委員長を歴任し、American Academy of Arts and Science および American Association for the Advancement of Science の特別会員。

マーク・W・リプセイ（Mark W. Lipsey）

Center for Evaluation Research and Methodology 所長およびヴァンダービルト大学の Vanderbilt Institute for Public Policy Studies シニア研究員。1968年に Georgia Institute of Technology 応用心理学科を卒業し、1972年にジョンズ・ホプキンズ大学で心理学博士を取得。彼の専門的関心は公益事業、プログラム評価研究、社会的介入、フィールド調査方法論、研究統合法（メタアナリシス）の領域であり、最近の研究テーマは、非行のリスクとそれへの介入、プログラム評価研究の方法論的品質の問題である。リプセイ教授は *American Journal of Evaluation*、*Psychological Bulletin*、*American Journal of Community Psychology* の編集委員、National Research Council、国立衛生研究所、Campbell Collaboration、Blueprints for Violence Prevention などの理事または委員を務めている。American Evaluation Association の Paul Lazarsfeld 賞を受賞し、American Psychological Society の特別会員。

ハワード・E・フリーマン（Howard E. Freeman）

彼はカリフォルニア大学ロサンゼルス校［UCLA］の社会学部教授であった。1985年から1989年まで教室の主任教授であり、1974年から1981年まで UCLA の Institute for Social Science Research の創立所長であった。また UCLA の医学部および教育学部の役職も兼務していた。フォード財団のメキシコ、および中央アメリカ、カリブ諸国に対する社会科学顧問を務めた後、1974年に UCLA に赴任。それ以前は、ブランダイス大学、ハーバード大学、Russell Sage 財団を歴任。彼は150本以上の論文を発表し、精神科患者の退院後の経験に関するモノグラフや、保健サービスの提供における政策的課題、そして研究方法論に関する多くのモノグラフを著した。現在第4版である *Handbook of Medical Sociology*、および *Evaluation Review* の共編者。American Psychiatric Association の Hofheimer 賞、American Evaluation Association の Myrdal 賞を受賞し、Institute of Medicine の会員であった。また、法律家のために社会調査を行う小さなコンサルティング会社である㈱ Litigation Institute の社長でもあった。1992年に逝去。

監訳者あとがき

　この本は、Peter H. Rossi, Mark W. Lipsey, Howard E. Freeman が執筆した、*Evaluation: A Systematic Approach*, 第7版，Sage Publications（2004年刊）の日本語版です。アメリカや西欧諸国では、最近30年ほどの間に実証的なプログラム評価・政策評価が、科学的・学問的にも実践的にも、急速に大きく発展をしており、社会プログラムや社会政策を、社会のなかに位置づけるうえで欠かせない存在になっています。1979年にプログラム評価に関する初の体系的なテキストとして出版されて以来、Rossi らのこの本は、版を改めながら、プログラム評価に関する最も代表的で標準的なテキストとして、欧米の社会福祉学、公衆衛生学、教育学、行政学などといった領域の大学院などで使用されてきました。

　それとともに、この本は、プログラム評価にかかわる多くの関係者の間で、常に時代の最先端のプログラム評価方法を体系的にまとめた書籍としても受けとめられてきたようです。第7版に至るまで、数年おきに毎回大胆な改訂が試みられ、たとえば、プログラム理論とその評価や、インパクトアセスメントの分類方法、プログラム評価の社会的文脈にかかわるエンパワーメント評価や参加・協働型評価などの分類、エフェクトサイズやメタ分析などの方法論の記述など、新しい概念や方法論が積極的に取り入れられて、プログラム評価の新しい潮流をリードしてきました。

＊＊＊

　監訳者のうち大島、森、元永が、Rossi らのこのテキスト第5版に出会ったのは1996年頃でした。新しい精神保健福祉プログラムの導入と評価にかかわってきた私たちは、この本が強調するシステマティックアプローチの視点に強く惹かれました。そして、東京大学大学院医学系研究科健康科学大講座に所属する他の教員や研究員、大学院生たちとともに、勉強会・研究会を組織し、第5版の読書会を開くとともに、保健・福祉領域、なかでも精神保健福祉領域におけるシステマティックなプログラム評価の方法論を検討するようになりました。とくに、1996年夏には西軽井沢で合宿を行

い、この本が展開するプログラム評価研究・実践の世界により深く触れることができました。対人サービスを中心とした社会プログラムの評価に重点を置く本書では、評価研究・実践の実例として、精神保健福祉領域の実例が豊富に取り上げられています。日本では、対人サービスの社会プログラムのなかで、精神保健福祉領域はむしろ後発グループに属しますが、そのような社会状況を変えていくためにも、科学的で実践的なアプローチであるシステマティック評価の方法論を積極的に活用していく必要があるだろう、と語り合ったのを今でもよく記憶しています。

　私たちは、この本の邦訳書出版が少しでも早く実現することを、その当時から願っていました。しかし、なにより大部の書籍でもあり、内容が学際的で多専門分野にわたるために、私たちが翻訳体制を組めるかどうか確かな自信がもてませんでした。さらに、この本が日本の読者にどの程度受け入れられるのかについても見通しがもてず、結局は出版までに約10年を要することになりました。

　2004年に発刊された原書第7版は、第5版よりさらに拡充を遂げた第6版に比べて、アウトカム評価（インパクト評価）の各章が大きく改訂されたものの、全体のページ分量がやや減り、記述もわかりやすく、より明解になった印象があります。版ごとに拡張を続けたこの本の改訂も、安定期に達しつつあるように感じました。他方で、日本では、2000年に「日本評価学会」が設立され、ここ数年間に、中央省庁・各自治体において行政評価・政策評価が活発に行われるようになりました。プログラム評価がようやく市民権を得つつあるように思います。このようななか、私たちはアメリカにおける最も代表的なこのプログラム評価学のテキストを翻訳する期が熟してきたのではないかと考えるようになりました。

　いま一人の監訳者である平岡は、実証的な社会政策・社会福祉政策の研究者として、早い時期からサービス評価・プログラム評価研究に関心をもち、最近は介護サービス供給システムの評価などを行っています。Rossiらのこのテキストについては、1982年に発刊された第2版を所蔵し、継続的に改訂版の進捗状況を注目してきました。大島らの翻訳グループがやや保健・医療領域に偏っているため、社会政策・社会福祉政策領域の専門家である平岡との共同作業によって、本書の翻訳がより適切で、充実したものになっていることを期待しております。なお、私たちの翻訳チームには、この他に、アメリカUCLAの公衆衛生大学院でプログラム評価を学んだ鈴木友理子氏が加わり、本書で取り上げられているアメリカのプログラム評価事情に関する具体的な方向づけを得ることができたこと、さらに三菱総合研究所の田上豊氏らのグループが加わり、経済評価の章を担当していただくとともに、日本におけるプログラム評価の活用という観点からさまざまなアイデアをいただいたことを明らかにしておきたいと思います。

＊＊＊

　ここで、邦訳書のタイトルである「プログラム評価の理論と方法——システマティ

ックな対人サービス・政策評価の実践ガイド」の解説と、本書を読み解くにあたって必要と思われる若干のガイドをしておきたいと思います。

まず、本書で使用される evaluation は、本文中にもあるとおり、原則としてプログラム評価（program evaluation）の意味で用いられています（本書2頁参照）。プログラム評価の領域としては、先ほど触れたとおり「社会プログラム、とくに対人サービスプログラムの評価を重視しているが、その分野に限られるものではない」（同4頁）としています。邦訳書副題で、「対人サービス・政策評価」としたのは、主な対象領域が対人サービスであることを示す一方で、政策評価・施策評価全般をも射程に入れた本であることを明らかにしようと考えたためです。

原書の副題には "A Systematic Approach（システマティックなアプローチ）" が用いられており、多彩な内容をもつ本書を統合する中心的概念と思われます。本書では、プログラム評価の定義を、「社会的介入プログラムの効果性をシステマティックに検討するために、プログラムを取り巻く政治的・組織的環境に適合し、かつ社会状況を改善するための社会活動に有益な知識を提供しうる方法で、社会調査法を利用すること」（同15頁）と述べています。そして、システマティックな検討のためには、社会調査の活用が不可欠とし、社会調査法によって、プログラム実績のエビデンスを体系的に収集し、分析し、解釈できるとしています。また、プログラムをシステマティックに検討するために、社会調査によって、社会システムとしてのプログラムを、それを取り巻く政治的・組織的環境と適合し、問題となる社会状況を改善するための社会活動を明らかにするとしています。

邦訳書タイトルにある「理論と方法」「実践ガイド」については、本書が理論的で科学的な方法論の記述を心がけながらも、同時に、評価に携わる実践家のテキストとして活用されることを目指していることを表そうと考えました。

先ほど述べたように、本書では evaluation が「プログラム評価」の意味で用いられており、一般的には類似の用語と考えられる assessment や estimate、appraisal、rating、などとこの点で区別されます。とくに assessment は、本書のなかで頻出し、evaluation と同様の言い回しがしばしば見受けられます（たとえば、"impact evaluation" と "impact assessment" など）。しかし、このような場合、evaluation はあくまでも「プログラム評価」の意味で使用されていると考えるべきでしょう。なお、本書では、evaluation を「評価」、assessment を「アセスメント」と訳し分けることにしました。

プログラム評価を行う専門家を、本書では「評価者（evaluator）」と呼んでいます。「評価者」は必ずしも確立された専門職ではありませんが、アメリカでは、特有の専門性とアプローチの方法をもつ専門職に成長しつつあります。本書は、いってみれば「プログラム評価専門職」のために、その活動の理念と方法論を示したテキストとみることもできるでしょう。評価者に対置されるのが「利害関係者（stakeholders）」で

す。利害関係者は、「プログラムがどの程度うまく機能しているかということに重要な利害関係をもつ個人、集団、または組織」(同18頁)であり、主な関係者は、政策立案者と意思決定者、プログラムスポンサー、評価スポンサー、プログラム運営者、プログラムスタッフ、プログラムの競合者、社会文脈上の利害関係者、評価と研究の学界などです(同48頁)。評価者-利害関係者間関係は、プログラム評価の最も基本となる重要な社会関係であることを認識しておく必要があります。

　ところで、本書で使用されているプログラム評価領域の専門用語は、日本の関係者の間では、必ずしもまだ十分に共有化されてはいないように思われます。そこで、本文中のキーコンセプトや、索引用語などについては、まず事前に翻訳チームのなかで共通訳語を作成し、それを翻訳中および監訳終了前後に、繰り返し検討会を開いて再検討しました。評価の基本用語に関しては、OECDの「評価および結果重視マネジメントにおける基本用語集(Glossary of Key Terms in Evaluation and Results Based Management)」の邦訳が、外務省、JICA、JBIC、日本評価学会の共同翻訳で公表されています(2002年12月)。本書では、可能なかぎりこの訳語を生かすように配慮しました。なお、専門用語の英文原語は、読者の便を考えて、和文用語と併記するようにしました。

＊＊＊

　この本の翻訳を終えて、私たちは、アメリカやヨーロッパのプログラム評価関係者に幅広く受け入れられ、大きな影響力を及ぼしてきた本書が、日本でも、プログラム評価に関心をもつ多くの関係者に普及し、それとともに、この領域の研究と実践が大きく発展することを願っています。繰り返し述べるように、ここ数年、行政評価・政策評価に対する関心が行政関係者を中心に広まっています。行政関係者に加えて、民間の研究調査機関・シンクタンク、コンサルティング企業などでプログラム評価にかかわっている皆様方に、まず本書をお読みいただきたいと思います。それとともに、社会福祉学や公衆衛生学、教育学、行政学などの領域の大学教員、研究者、大学院学生の皆様にも本書をご活用いただき、ここで提案されているプログラム評価という社会的アプローチの方法を、それぞれの学問領域に積極的に取り入れていただきたいと考えます。現在、各地で行政評価・政策評価の取り組みが進展する一方で、対人サービスを含めた、個別の施策・プログラムの評価に、実証的なプログラム評価の方法論が取り入れられることは、まだ少ないように思います。今後、個別プログラムの選択や改善などの社会的意思決定に、本書で述べられているシステマティックで、科学的な方法が活発に利用されることを、強く期待したいと考えます。

　最後になりましたが、この日本語版に対してていねいな序文をご執筆いただいた原著者のRossi先生、そして、ご多忙のところ快く、本書を的確に位置づけるご推薦の言葉をご執筆いただきました日本評価学会理事・長尾眞文先生(広島大学教育開発国

際協力研究センター教授）に心より感謝申し上げます。また、Evaluation 第5版の読書会・研究会に参加し、ともに議論を重ねた皆さん方には、その当時の議論からこの翻訳を行うための多くの示唆と方向づけをいただきました。この場を借りて、改めてお礼申し上げます。また、翻訳のお手伝いをしていただいた東京大学大学院精神保健学分野の贄川信幸氏、編集と校正を手伝っていただいた上田香子氏にも感謝の気持ちを表したいと思います。日本評論社林克行社長には、この大著の邦訳書出版の意義をよくご理解いただき、出版をご決断いただきました。さらに、翻訳の企画段階から私たち検討会にご参加いただき、多くの貴重なご示唆をいただきました。ここに厚くお礼申し上げます。

2005年8月

監訳者一同

● 訳者一覧

平岡 公一　HIRAOKA Koichi
東京通信大学人間福祉学部教授／お茶の水女子大学名誉教授（第1章担当＝監訳者）

大島 巌　OSHIMA Iwao
東北福祉大学教授・副学長／日本社会事業大学名誉教授（第2章担当＝監訳者）

森 俊夫　MORI Toshio
元東京大学大学院医学系研究科精神保健学分野助教、逝去（第3章担当＝監訳者）

元永 拓郎　MOTONAGA Takuro
帝京大学大学院文学研究科臨床心理学専攻教授（第4章担当＝監訳者）

福井 里江　FUKUI Satoe
東京学芸大学教育心理学講座臨床心理学分野教授（第5章担当）

高山 莉理子　TAKAYAMA Ririko
IQVIA ソリューションズジャパン株式会社（第6章担当）

鈴木 友理子　SUZUKI Yuriko
独立行政法人国立精神・神経医療研究センター精神保健研究所成人精神保健研究部災害等支援研究室長（第7章担当）

瀬戸屋 希　SETOYA Nozomi
聖路加国際大学大学院看護学研究科精神看護学教授（第8章担当）

長沼 葉月　NAGANUMA Hazuki
東京都立大学人文社会学部人間社会学科社会福祉学教室准教授（第9章担当）

黒沢 幸子　KUROSAWA Sachiko
目白大学心理学部心理カウンセリング学科教授（第9章担当）

瀬戸屋 雄太郎　SETOYA Yutaro
世界保健機関（WHO）インド事務所 NCD チームリーダー（第10章担当）

田上 豊　TAGAMI Yutaka
埼玉県立大学大学院保健医療福祉学研究科教授（第11章担当）

長谷川 専　HASEGAWA Atsushi
株式会社三菱総合研究所営業本部インダストリ・マネージャー（建設・不動産）主席研究員（第11章担当）

八巻 心太郎　YAMAKI Shintaro
株式会社三菱総合研究所未来共創本部主任研究員（第11章担当）

園 環樹　SONO Tamaki
株式会社シロシベ代表取締役（第12章担当）

● 索引作成

深澤 舞子　FUKASAWA Maiko
福島県立医科大学健康増進センター准教授

●監訳者略歴

大島　巌（おおしま・いわお）
1979年、東京大学医学部保健学科卒業。東京大学大学院医学系研究科博士課程保健学専門課程修了（保健学博士）。国立精神・神経センター精神保健研究所室長、東京都立大学助教授、東京大学大学院医学系研究科精神保健学分野助教授、日本社会事業大学教授・学長を経て、現在、東北福祉大学教授・副学長／日本社会事業大学名誉教授。日本社会福祉学会、日本ソーシャルワーク学会、日本評価学会（前会長）ほかに所属。家族心理教育、援助付き雇用プログラムなど保健・福祉領域のプログラム評価研究に関与する。著書に『実践家参画型エンパワメント評価の理論と方法』（編著、日本評論社、2019年）、『プログラム評価ハンドブック』（編著、晃洋書房、2020年）など。

平岡公一（ひらおか・こういち）
1978年、東京大学文学部社会学科卒業。東京大学大学院社会学研究科博士課程単位取得修了。社会保障研究所研究員、明治学院大学教授、お茶の水女子大学大学院人間文化創成科学研究科教授を経て、現在、東京通信大学人間福祉学部教授／お茶の水女子大学名誉教授。日本社会学会、日本社会福祉学会、福祉社会学会ほかに所属。介護サービス供給体制の再編の成果に関する評価研究ほか。著書に『講座社会学11』（共編、東京大学出版会、2010年）、『イギリスの社会福祉と政策研究』（ミネルヴァ書房、2003年）、『高齢期と社会的不平等』（編著、東京大学出版会、2001年）、『福祉政策の理論と実際』（共編著、東信堂、2000年）など。

森　俊夫（もり・としお）
1988年、東京大学大学院医学系研究科保健学専攻第Ⅰ種博士課程修了（保健学博士）。東京大学大学院医学系研究科および東京大学医学部助教。2015年逝去。著書に『解決志向ブリーフセラピー』（共著、ほんの森出版、2002年）、『ミルトン・エリクソン 子どもと家族を語る』（訳書、金剛出版、2001年）など。

元永拓郎（もとなが・たくろう）
1986年、東京大学理学部生物学科卒業。東京大学大学院医学系研究科保健学専攻（精神衛生学）。駿台予備校生活心理カウンセリング室、帝京大学医学部精神神経科を経て、現在、帝京大学大学院文学研究科臨床心理学専攻教授。日本心理臨床学会、日本精神衛生学会、日本学校メンタルヘルス学会ほかに所属。著書に『新しいメンタルヘルスサービス』（新興医学出版社、2010年）、『心の専門家が出会う法律』（共著、誠信書房、2003年）など。

プログラム評価の理論と方法：システマティックな対人サービス・政策評価の実践ガイド

2005年10月20日　第1版第1刷発行
2023年7月15日　第1版第8刷発行

著　者　P. H. Rossi, M. W. Lipsey and H. E. Freeman
監訳者　大島巌＋平岡公一＋森俊夫＋元永拓郎
発行所　株式会社　日本評論社
　　　　〒170-8474 東京都豊島区南大塚3-12-4
　　　　電話 03-3987-8621　FAX 03-3987-8590
　　　　振替 00100-3-16　https://www.nippyo.co.jp/
印刷所　精文堂印刷株式会社
製本所　牧製本印刷株式会社
装　幀　駒井佑二
検印省略　© Oshima Iwao, et. al.

Prined in Japan

ISBN4-535-58403-6

JCOPY 〈(社)出版者著作権管理機構 委託出版物〉
本書の無断複写は著作権法上での例外を除き禁じられています。複写される場合は、そのつど事前に、(社)出版者著作権管理機構（電話 03-5244-5088、FAX 03-5244-5089、e-mail: info@jcopy.or.jp）の許諾を得てください。また、本書を代行業者等の第三者に依頼してスキャニング等の行為によりデジタル化することは、個人の家庭内の利用であっても、一切認められておりません。